# 杭州钱塘新区年鉴

HANGZHOU QIANTANG NEW AREA YEARBOOK

杭州市钱塘区地方志编纂委员会办公室 编

2021

方志出版社
Publishing House of Local Records

## 杭州市钱塘区地方志编纂委员会（2021）



## 杭州市钱塘区年鉴编辑部

# 编辑说明

一、2019年4月2日，浙江省人民政府批复同意设立杭州钱塘新区。2021年4月9日，杭州市实施部分行政区划优化调整，钱塘新区成为行政区，杭州市钱塘区正式设立，实行功能区和行政区“区政合一”体制。中共杭州市钱塘区委员会、钱塘区人民政府成立杭州市钱塘区地方志编纂委员会及其办公室，承接《杭州钱塘新区年鉴（2021）》的编纂工作，并组织杭州市钱塘区年鉴的承编事宜。

二、《杭州钱塘新区年鉴》旨在逐年记载新区自然、政治、经济、文化、社会和生态文明建设等方面的基本情况，为新区机关部门、街道、进区直属管理服务机构、社会各界人士及中外投资者了解和研究新区提供地情资料。

三、本年鉴记述时限为2020年1月1日至12月31日，部分内容、数据涉及时限外。

四、《杭州钱塘新区年鉴（2021）》为新区成立后编纂的第2卷。本年鉴以马克思列宁主义、毛泽东思想、邓小平理论、“三个代表”重要思想、科学发展观、习近平新时代中国特色社会主义思想为指导，坚持辩证唯物主义和历史唯物主义的立场、观点、方法，全面记载2020年度新区大事、要事、新事和特事，反映新区围绕“建设世界级智能制造产业集群、长三角地区产城融合发展示范区、全省标志性战略性改革开放大平台和杭州湾数字经济与高端制造融合创新发展引领区”的战略目标，践行高质量发展之路所取得的成就、亮点、经验，以及在发展中遇到的新情况、新矛盾、新问题。

五、本年鉴按分类法编排，主体内容分类目、分目、条目3个层次。卷首设特载、特记、年度要览、大事记，卷尾设人物、统计资料、附录。正文百科部分设类目36个、分目182个、条目813条。全书框架结构按地方综合性年鉴编纂要求设置。

六、本年鉴所刊载的情况和数据，均由新区有关职能部门提供，并经过严格审核，文后署作者姓名。统计表由新区统计部门提供，业务数据由各业务主管部门提供。统计资料使用现行法定计量单位。文中数据比较除特别说明外，均为2020年与2019年相比，“上年”指“2019年”，其他年份之间数据的比较写明年份。因统计口径和统计时间的原因，部分数据与往年不具可比性，以统计资料公布的为准。

七、为表述简洁，杭州钱塘新区简称新区，中国共产党杭州钱塘新区工作委员会简称新区党工委，杭州钱塘新区管理委员会简称新区管委会；新区机关部门、直属单位、进区直属管理服务机构第一次出现时用全称，下文出现时用简称，机构全称及规范化简称见附录。文中所涉杭州大江东产业集聚区简称集聚区，杭州经济技术开发区简称开发区。

地图审核号：浙杭S（2020）035号

嘉
兴
市
诸桥
丁桥镇
盐官
海宁南
G92
杭州湾环线高速（沪杭甬）
中海
新仓
塘
江
前进街道
滨江路
文联物资
六工段
华东医药
华东医药二期
长安福特
苏泊尔
统一食品
前进智造园
新湾
临江
前进科技
知青文化园
四和机械
富易搅
临江高科园
红景香品
新湾街道
国海针织
钱塘江纺织
百超
荣盛
联源
东风杭汽
远大住工
万东合健
福莱蒽特科技
舒能新材料
传化化工
宜邦橡胶
百合花
华东化工
鼎龙
惠力化纤
临江街道
普洛斯
传化公路港
费蓝供应链
临江环保
龙山化工
颖泰生物科技
杭电化集团
杭州油脂化工
九隆芳纶
舒能电力
恒逸
恒逸己内酰胺
恒逸高新材料
东南新材料
钱塘江出海码头
格力电器
乐歌
庆成
深国际
三一
吉利汽车
协诚
创健
青松
宏图
泽欣纺织
中策职高（东校）
新湾汽车城
永乐
永安
新前
曙光
党湾镇
幸福
团结
庆丰
红界
镇中
勤联
八里桥
官一
五六二
益农
益农镇
东沙
兴围
利围
兴裕
三围
久联
群围
围力
车路湾
前兵
东联
长北
梅东
新梅
共和
共裕
新南
S9
区
绍
兴
市
曹
娥
江
杭州市
绍兴市

◆ 区位图

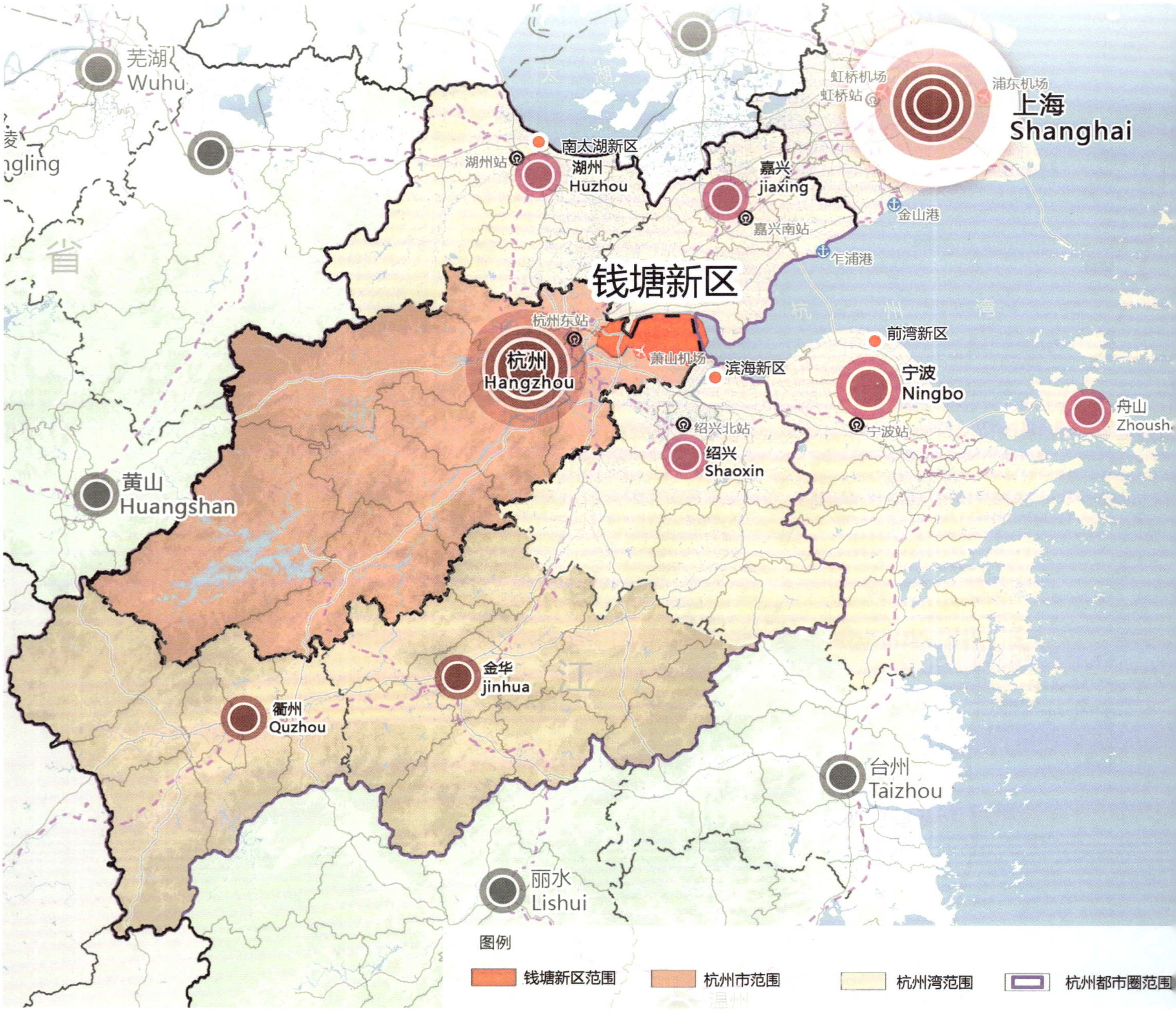

新区在长江三角洲的区位

湖州市
HU ZHOU
嘉兴市
JIA XING
钱塘新区
杭州市区
西湖
钱塘江
QIANTANG RIV
绍兴市
SHAO XING
新区在杭州市的区位

新区俯瞰

（新区融媒体中心 供稿）

2020 年 4 月 29 日，杭州市举办的“杭向未来”人才成果云享会启动仪式暨生物医药专场发布会在新区召开

2020 年 5 月 8 日，中国科学院肿瘤与基础医学研究所重大人才项目签约落户新区

2020 年 7 月 23 日，杭州国际人才创业创新园钱塘园区开园，新区开启探索“创业孵化＋产业输出”孵化新模式

2020 年 10 月 15 日，全国“双创”活动周浙江省分会场暨钱塘芯谷启动仪式在新区举行

（此版照片由新区融媒体中心供稿）

2020 年 11 月 9 日，中国（浙江）自由贸易试验区杭州片区钱塘区块启动暨 2020 钱塘新区（上海）投资推介会在上海举行

2020 年 9 月 22 日，第四届（2020）浙江国际协同创新峰会在新区大创小镇国际创博中心举行

2020 年 8 月 4 日，以“创新医药、协作共赢”为主题的新区 2020 年生命健康产业推介会在上海举办

2020 年 10 月 20 日，钱塘新区第二期“青年建功学院”暨青年成长计划仪式在新区启动

（此版照片由新区融媒体中心供稿）

2020 年 1 月 26 日，新区抗击新冠肺炎疫情"暖心"热线临时党支部成立　（严　巍　摄）

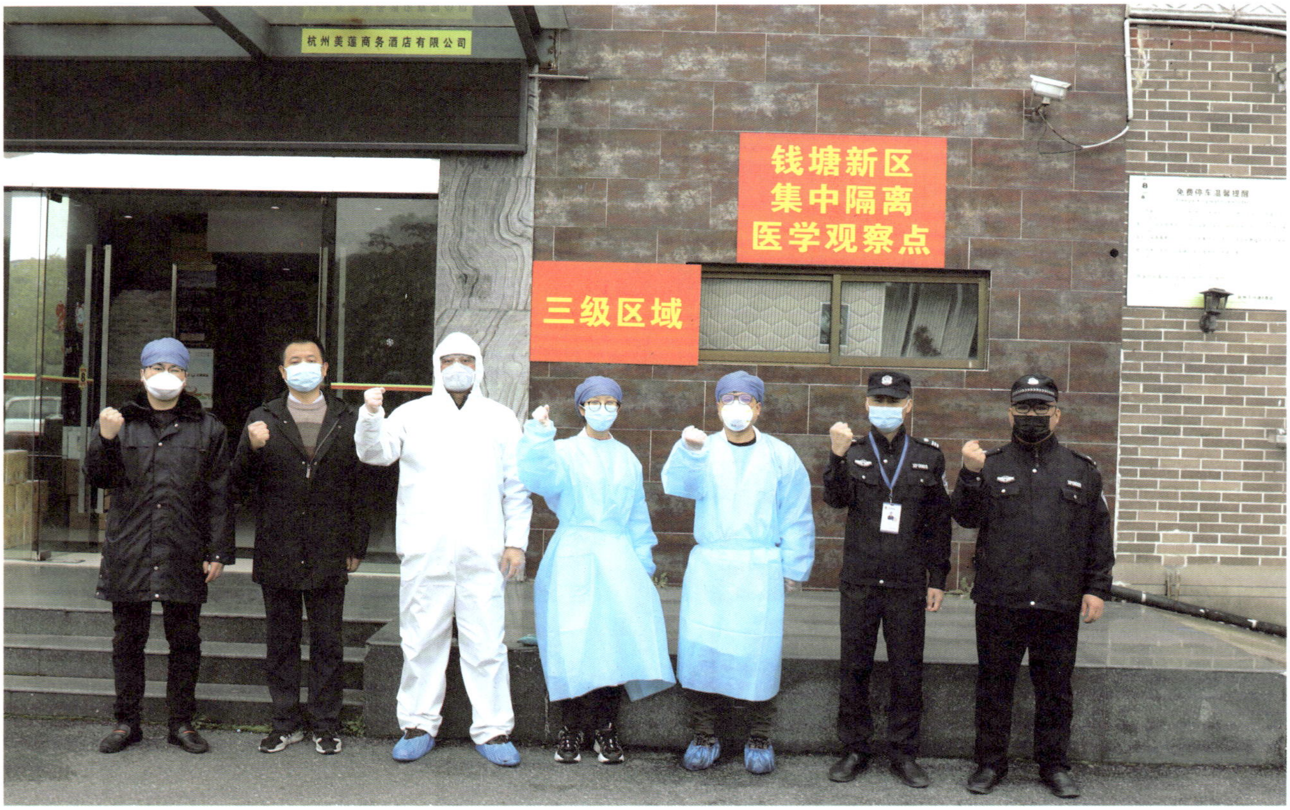


2020 年 2 月 13 日，新区部门联动在集中隔离医学观察点开展抗疫工作　（新区融媒体中心　供稿）

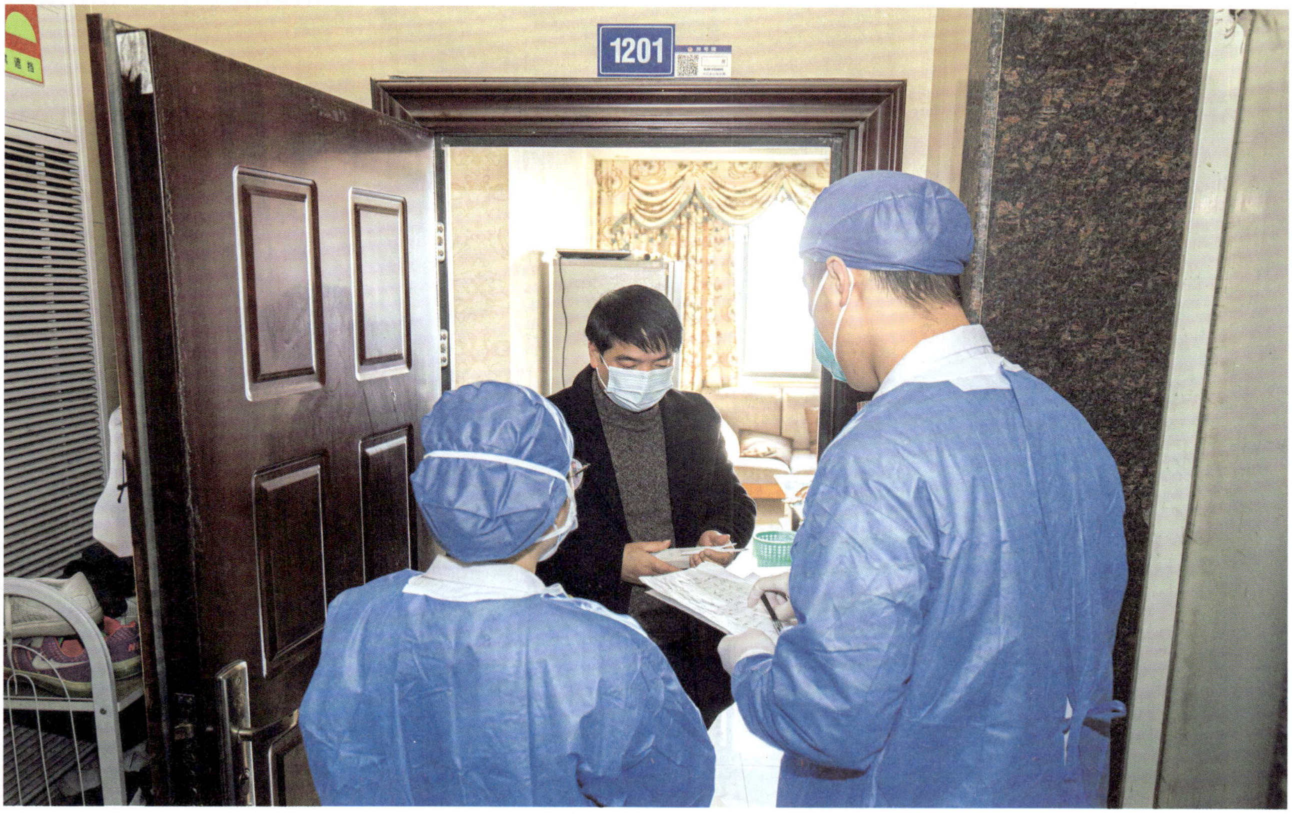


2020 年 2 月 13 日，新区在新冠肺炎疫情期间严格落实居家隔离点管理　（陆　锋 摄）

2020 年 1 月 31 日，新区卫生部门和公安部门在高速公路下沙出口及主要要道上筑牢“第一道防疫线”　（陈浩杰 摄）

2020 年 2 月 17 日，新区开辟复工直通列车专线，服务企业员工返岗复工　　（新区融媒体中心　供稿）

2020 年 2 月 1 日，新区志愿者为居家隔离群众送去生活物资　　（陈浩杰　摄）

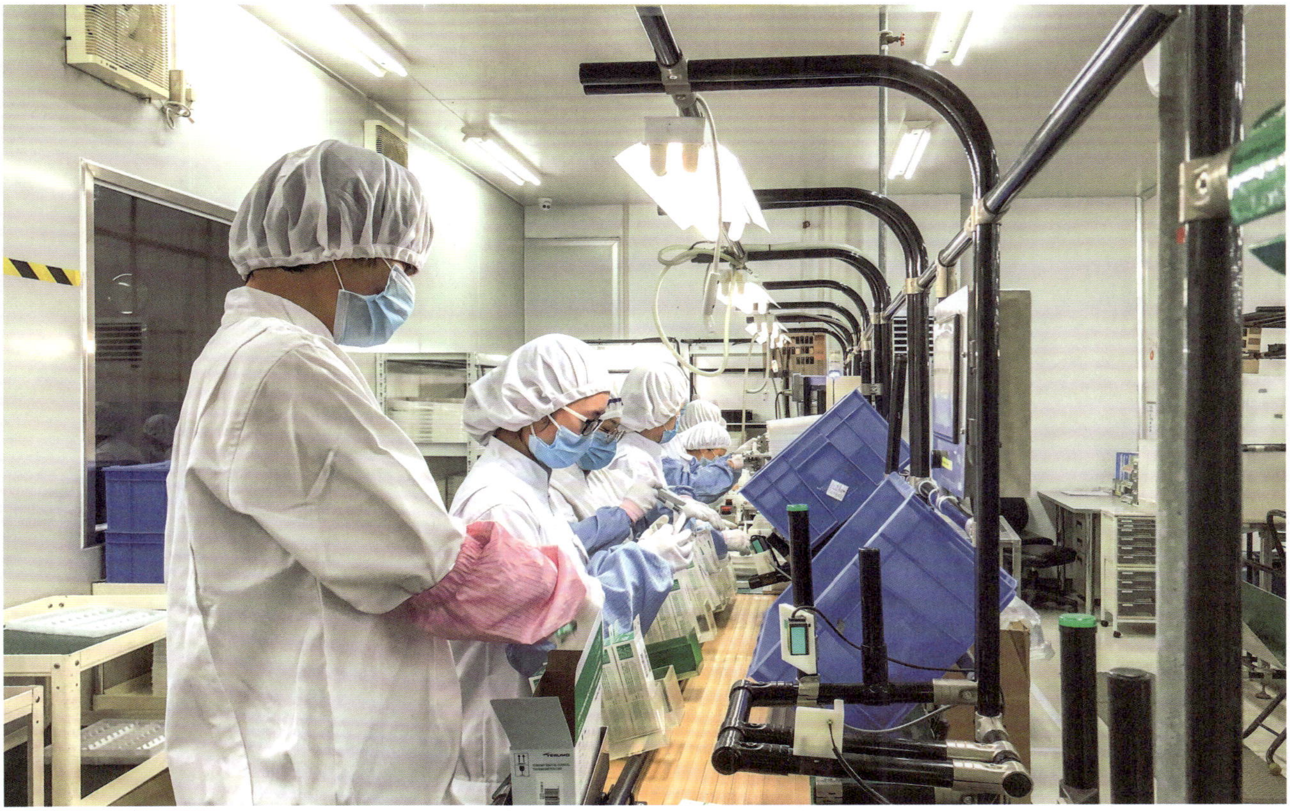

2020 年 2 月 3 日，泰尔茂医疗器械（杭州）有限公司复工，单日生产防疫产品体温计 4000 支　（平梦丽　摄）

2020 年 2 月 7 日，杭州奥泰生物技术股份有限公司研发完成国内首批新冠病毒双抗体试剂盒　（新区融媒体中心　供稿）

新区俯瞰

（方 波 摄）

2020 年 11 月 27 日，建设中的新区群众艺术文化用房（金沙湖畔大剧院）　　　（童志忠 摄）

2020 年 11 月 8 日，新区地铁专线——杭州地铁 8 号线一期工程全线贯通　　　（方 波 摄）

2020 年 12 月 27 日，联接钱塘新区的杭州地铁 7 号线即将开通，新区数百位市民提前试乘 （陈浩杰 摄）

2020 年 12 月 30 日，杭州地铁 7 号线首通段奥体中心站—江东二路站开通运营。图为杭州地铁 7 号线青六中路站 （陈浩杰 摄）

2020年5月20日，新区召开产业平台建设推进大会，深化体制机制改革，杭州医药港小镇、杭州大创小镇、杭州综合保税区、杭州钱塘芯谷、杭州临江高科园、杭州前进智造园6个产业功能平台以实体化运作模式组建成立。

2020年5月20日，新区召开产业平台建设推进大会

2020年5月20日，新区党工委、管委会领导为六大平台负责人颁发聘书

杭州医药港小镇

杭州大创小镇

（此版照片由新区融媒体中心供稿）

杭州综合保税区

杭州钱塘芯谷

杭州临江高科园

杭州前进智造园

（此版照片由新区融媒体中心供稿）

2020 年 5 月 26 日，新区企业杭州正典生物科技有限公司获得杭州市首张“境内关外”企业食品生产许可证　（童志忠 摄）

杭州多禧生物科技有限公司研发抗癌药物　（韩冬华 摄）

硕格智能技术有限公司引进世界最先进的SMT贴片、组装、测试自动化生产线　　（童志忠　摄）

新区高科技光伏产品生产企业龙焱能源科技（杭州）有限公司工厂屋顶全景　　（童志忠　摄）

2020 年 12 月 6 日，杭州女子半程马拉松在新区开赛

（陈浩杰 摄）

2020 年 6 月 20 日，新区开展“不忘初心担使命，比学赶超当先锋”暨庆祝中国共产党成立 99 周年开放式主题党日活动

（新区融媒体中心 供稿）

2020 年 8 月 12 日，新区召开第三季度项目集中签约、开工、投产暨生物医药“万亩千亿”新产业平台建设推进会

（新区融媒体中心 供稿）

2020 年 4 月 13 日，新区“投资之家”全面启用，为企业提供全生命周期投资服务　　（新区融媒体中心　供稿）

2020 年 9 月 15 日，新区与余杭区、海宁市举行政务服务“杭海通办”仪式，政务服务杭海一体化专窗启动

（唐寿英　供稿）

2020 年 11 月 7—8 日，新区 111 个村（社区）党组织召开党员大会，进行换届选举　　（新区融媒体中心　供稿）

2020 年 12 月 15 日，钱塘人才之夜暨首届钱塘才创园开放月闭幕晚会在新区国际创博中心举行　　（新区融媒体中心　供稿）

2020 年 5 月 19 日，新区首个街道级非物质文化遗产馆——河庄街道非物质文化遗产馆建成并免费对外开放 （陈美佳 摄）

2020 年 9 月 5 日，首届杭州历史经典产业潮玩节在新区大创小镇国际创博中心开幕 （新区融媒体中心 供稿）

2020 年 12 月 6 日，杭州女子半程马拉松在新区举行　　（新区融媒体中心　供稿）

2020 年 8 月 26 日，浙江省青少年阳光体育射箭比赛在新区举行　　（祝水军　摄）

2020 年 11 月 11 日，杭州市第十七届邻居节在新区白杨街道邻里社区举行　（新区融媒体中心　供稿）

2020 年 1 月 15 日，前进街道三丰村第一届年俗节活动现场　（张祥荣　摄）

新区东沙湖

（马晗聪 摄）

新区田园风貌

乔司农场　　（新区融媒体中心 供稿）

杭州江东农场　　（刘　年　摄）

（新区融媒体中心 供稿）

现代农业机械播种 （陈浩杰 摄）

新区十七工段养殖户鱼塘丰收 （褚利钢 摄）

钱塘新区农村新面貌

（方　波　摄）

临江街道四号桥直河风景　（陆　锋　摄）

新湾街道盛陵湾公园　（陈浩杰　摄）

义蓬街道义隆横河　（沈志芳　摄）

**规划控制总面积** 531.7 平方千米
**陆域面积** 436 平方千米
**钱塘江水域面积** 95.7 平方千米
**临江江海湿地** 77 平方千米
**户籍人口** 31.93 万人
**托管街道** 7 个
**行政村** 59 个
**社区** 55 个

**地区生产总值（GDP）** 1095.7 亿元
**规模以上工业总产值** 2953.9 亿元
**规模以上工业增加值** 630.2 亿元
**服务业增加值** 349.1 亿元
**农林牧渔业总产值** 22.6 亿元
**粮食总产量** 2.9 万吨
**固定资产投资** 411.5 亿元
**工业投资** 109.9 亿元
**财政总收入** 190.3 亿元
**一般公共预算收入** 100.3 亿元
**社会消费品零售总额** 301.7 亿元
**进出口总额** 128.8 亿美元

**实际利用外资** 12.3 亿美元

**规模以上工业企业** 617 个
**年产值 100 亿元以上企业** 4 个
**年产值 50 亿～100 亿元企业** 5 个
**年产值 10 亿～50 亿元企业** 51 个
**年产值 1 亿～10 亿元企业** 263 个

**研究与试验发展经费支出** 48.5 亿元
**国家高新技术企业** 618 个
**国家级孵化器、众创空间** 10 个
**专利申请量** 16331 件
**专利授权量** 9434 件

**高级中学** 4 所
**初级中学** 15 所
**小学** 27 所
**幼儿园** 83 所
**综合性公立医院** 3 个
**区属医疗机构** 398 个

# 目 录

## 特 载



## 特 记



## 年度要览

## 大事记



## 新区总览



## 中共杭州钱塘新区工作委员会

## 杭州钱塘新区管理委员会



## 人大·政协事务

## 人民团体



## 法　治

## 制造业



## 产业平台

## 服务业



## 农业·农村

## 招商引资



## 口岸·贸易



## 改革·开放·合作



## 人才与科技创新

## 规划·建设



## 公用事业

## 生态环保



## 城市综合管理

## 经济综合管理



## 公共安全管理



## 财政·金融·税务

## 国资公司



## 教　育

## 卫生健康



## 文化·体育

## 社会民生



## 杭州下沙高教园区

## 辖区街道

## 人　物



## 统计资料



## 附　录



## 索　引

# 杭州钱塘新区产业功能平台体制改革实施方案

（2020年5月19日）

为深入贯彻落实省市对钱塘新区发展的总体部署，根据《中共浙江省委办公厅 浙江省人民政府办公厅印发〈关于加快推进杭州钱塘新区高质量发展的若干意见〉的通知》（厅字〔2020〕6号）、《中共杭州市委 杭州市人民政府关于加快钱塘新区高质量发展的意见》（市委〔2019〕6号）、全省开发区（园区）改革提升推进会精神和省市主要领导重要指示精神，经研究决定，加快推进产业功能平台体制改革，实现新区高质量发展，特制定本方案。

## 一、指导思想

以习近平新时代中国特色社会主义思想为指导，全面贯彻党的十九大和十九届二中、三中、四中全会精神，认真落实习近平总书记对浙江工作的最新指示要求，贯彻落实省、市对新区建设发展的各项重大决策部署，坚持以人民为中心，坚持新发展理念，坚持“八八战略”再深化、改革开放再出发，围绕高质量发展要求，以加快产业转型升级，强化创新驱动引领为重点，探索“市场化运作、企业化管理”的产业功能平台体制，激发加快发展、做强主业的生机活力，推动新区经济提质增速，为实现“世界级智能智造产业集群、长三角地区人产城融合发展示范区、全省标志性战略性改革开放大平台和杭州湾数字经济与高端制造融合创新发展引领区”发展目标提供强大的动力支撑。

## 二、产业功能平台设置

坚持差异化发展原则，着眼长远产业定位，按照强化特色、发挥优势、错位发展的思路，调整优化新区产业功能平台设置，近期重点打造以下6个产业功能平台：

（一）杭州医药港，设杭州医药港管理办公室。

1.区域范围：下沙街道行政管理区域范围内和前进区块规划2.3平方千米的成果产业化基地等。

2.核心区块：主要由三个区块组成（包含五大市场在内的部队区块等），总面积约18.4平方千米。

四至边界：北区块为医药港小镇规划及拓展区，范围东至文渊路，南至德胜快速路，西至运河二通道，北至新建河，面积约7.6平方千米。南区块为金沙湖商务区，范围东至文渊路，西至运河二通道，北至德胜高架，南至下沙路，面积约8.5平方千米。前进区块规划2.3平方千米的成果产业化基地为东至前进大道，南至江东六路，西至梅林大道，北至滨江二路–围垦沿塘河。

3.发展方向：医药港小镇重点发展生物医药、高性能医疗器械、数字医疗和健康食品，全力打造生物医药万亩千亿产业大平台。金沙湖商务区重点发展现代高端服务业，重点发展楼宇经济和为未来产业服务的科技研发、检验检测、软件信息等生产性服务业，深入推进国家检验检测高技术服务业集聚区（杭州园区）核心区建设。

（二）杭州大创小镇，设杭州大创小镇管理办公室。

1.区域范围：白杨街道行政管理区域范围内。

2.核心区块：以大创小镇规划面积3.8平方千米基础，辐射白杨街道行政管理区域。

四至边界：东至二十五号大街，东北至宝龙广场、高教东公园，北至二号大街，南至十号大街，西至九号大街—四号大街—文渊路—十一号大街。

3.发展方向：以大创小镇为核心，重点发展双创、人才科技项目和总部经济，全力打造数字经济、校友经济、人才集聚、创新创业、总部经济五个高地。

（三）杭州综合保税区，设杭州综合保税区管理办公室。

1.区域范围：综合保税区现规划面积约2.0平方千米（包含围网内四侧巡逻通道）；预留临空产业园片区和传化公路港西片区的部门区域为杭州综保区产业项目的拓展区块。

2.核心区块：综合保税区现规划面积为2.0平方千米。

四至边界：东至二十一号大街，南至二十号大街，西至绕城高速公路，北至十二号大街。

3.发展方向：以跨境电商、综合保税、临空经济、转口贸易和出口加工为基础，以融入“一带一路”建设为突破口，构建以保税加工、保税物流和跨境电商、展览销售为主导，现代金融，检测维修、研发设计、加工制造业为支撑的“保税+”新业态，推进eWTP和自贸区联动创新片区建设，打造全省战略性、前瞻性、标志性对外开放平台。

（四）杭州江东芯谷，设杭州江东芯谷管理办公室。

1.区域范围：河庄街道行政管理区域范围内；义蓬街道行政管理区域范围为其拓展区域。

2.核心区块：位于新区江东区块西北部，总面积约15.6平方千米。

四至边界：主要为现江东园区范围，范围东至六工段直河，南至江东一路，西至靖江路，北至滨江二路。

3.发展方向：以现有产业为基础，以半导体产业、未来产业为主导方向，重点发展集成电路、柔性电子显示、智能终端、人工智能、5G、虚拟显示、区块链、增材制造等产业，打造半导体千亿产业大平台和杭州的芯片之城。

（五）杭州临江高科园，设杭州临江高科园管理办公室。

1.区域范围：临江街道行政管理区域范围内（含托管区块）。

2.核心区块：位于新区江东区块东南部，主要由两个区块组成，总面积约22平方千米。

四至边界：北区块位于十工段直河以西，新世纪大道以东，江东大道以南，面约约8.1平方千米。南区块位于临江街道东南部，包括恒逸、龙山化工等，面积约13.9平方千米。

3.发展方向：以临江区块现有产业为基础，重点发展高端精细化工、关键战略材料、前沿新材料、先进基础材料等产业，打造新材料千亿产业大平台。

（六）杭州前进智造园，设杭州前进制造园管理办公室。

1.区域范围：前进街道行政管理区域范围内及义蓬街道部分区域约0.9平方千米（原前进园区服务管理的交联物流公司及企业周边面积为24.33公顷、8.6公顷的两块地块）；新湾街道行政管理区域范围为其拓展区域。

2.核心区块：位于新区江东区块东北部，总面积约22.6平方千米（不含杭州医药港万亩千亿平台规划的2.3平方千米）。

四至边界：东至九工段横河，南至江东一路，西至苏绍高速，北至规划滨江二路。

3.发展方向：以前进区块现有产业为基础，重点发展航空航天、汽车及零部件、智能机器人、高端数控机床、智能家电、智能专用装备等产业，打造航空航天和汽车及零部件两个万亩千亿产业大平台。

产城融合建设发展中心、城市有机更新指挥部办公室、“五大市场”管理办公室、重大交通项目建设办公室等机构暂保持现行运行模式不变。

**三、职责划分**

围绕做强产业功能平台，减负放权赋能，进一步明晰产业功能平台、街道、部门等之间的智能，做到职责明确，责任清晰，形成“平台龙头引领、部街合力助推”的新局面。

（一）产业功能平台。主要负责区域内主导产业培育、招商引资和招才引智、开发建设，投资项目审批的预审代办及项目推进服务，企业生产经营相关协调服务、统计和经济调查、企业党建及负责申报基础设施、公用工程等城市服务配套设置建设需求等职责。

（二）属地街道。主要负责辖区内公共服务、公共管理、公共安全及属地基层党建等职责；负责街属企业服务管理；承担辖区内环境保护、安全生产等属地监管职责。

（三）职能部门。主要负责指导产业功能平台制定产业发展规划；分解下达产业功能平台经济社会发展的主要指标并负责考核；统筹协调产业功能平台重大基础设施项目和重大公共项目的建设；统筹安排重大招商项目及土地、资金要素保障安排；负责投资项目审批等工作；按照“管行业必须管安全”的原则做好行业安全生产监管等相关工作。

（四）开发公司。产业功能平台暂不独立组建开发公司，由区属三大集团国有公司内部组建工作专班，按集团公司功能定位分别承接产业功能平台的基础设施建设、城市管养、平台开发服务等各类开发建设任务。

## 四、管理体制

（一）干部人事管理体制

1.机构编制。按照“精干高效、突出发展”的思路，各产业功能平台管理办公室实行实体化运作，并结合综合管理、经济发展、招商引资、规划建设、企业服务等职能设置5～6个内设机构。产业功能平台人数根据工作需要确定，实行员额制管理，近期人员员额控制在30人以内。

2.人员管理。选准配强产业功能平台领导力量，产业功能平台党工委书记由委领导兼任，同时配备管理办公室主任1名、副主任3—4名，其他工作人员面向全区机关企事业单位按照“领导推荐、组织选将、区内选聘”等方式进行配备；赋予产业功能平台相应人员招聘权限，在员额控制数内，产业功能平台可直接参与新区党政储备人才招聘，或通过面向社会公开招引人才充实力量。深化产业功能平台干部人事管理制度改革，全面推行岗位聘用制，每届聘期三年，期满重聘，行政事业人员进入产业功台工作的，一律实行档案封存管理。创新产业功能平台人员薪酬体系，推行“基本工资+绩效薪酬”的岗位绩效工资制，人员绩效薪酬实行总额控制，按照不低于机关部门同职级人员1.2倍的标准核定基数，经考核确定绩效薪酬总额后由产业功能平台自主分配。产业功能平台与部门同步推行全员绩效考核，按比例评定SABCD考核等级，与个人绩效薪酬挂钩。

3.政策激励。坚持在产业功能平台一线培养使用干部，对符合选拔任用基本条件且表现优异的，优先向上推荐提拔，优选区内提拔交流任职或晋升职级；表现优秀的干部可先安排到产业功能平台高一职级岗位任职，对考核优秀、组织认可、符合选拔任用基本条件的，档案身份可按规定晋级。对拟提拔使用的处级领导干部人选原则上需具有一年以上产业功能平台工作经历；新区新进人员一般到产业功能平台挂职锻炼一年。各类评比推荐人选、奖励和培训名额均向产业功能平台倾斜。

（二）财政保障机制

产业功能平台设立初期暂不实行独立财政体制，采用经费保障制，待条件成熟后，推进区级预算保障与财政收入分成相结合的激励发展机制。

1.平稳过渡。对已列入2020年区级部门预算编制的3个产业功能平台，继续按现行预算执行；对新设立的3个产业功能平台，暂实行经费保障制，相应支付纳入国库集中支付体系。

2.费随事转。各产业功能平台在人员转隶完成后，按照改革明确的职能和人员去向，提出经费调整方案。基本支出由划出单位调整至划入单位，项目经费由划出

新区沿江区块俯瞰　　（新区融媒体中心　供稿）

和划入单位协商后调整。

3.协同推进。涉改单位应按规定做好预算调整和执行、预决算公开、政府采购、资产管理等财务和审计工作。

（三）招商决策机制

1.项目信息管理机制。五个驻外招商机构提供的项目信息，由招商与人才局分类分配至各产业功能平台；各产业功能平台主导引进的项目，涉及重大产业项目和跨平台区域的重点项目，由新区投资促进工作领导小组研究后确定项目选址平台。

2.项目决策机制。（1）下述三类项目（满足其一的）由各产业功能平台上报产业项目联席会议、新区党工委会议研究决策：①总投资1500万美元（或1亿元人民币）以上的租赁厂房项目、使用国资平台厂房10000平方米以上项目；②产业扶持总额超过3000万元人民币的项目；③产业项目用地面积超过2公顷的项目。（2）不涉及用地项目及符合新区“1+4+X”政策或招商普惠政策的项目，由各产业功能平台自助研究决策，其余项目需申报新区党工委会议研究决策。（3）涉及重大产业项目和跨平台区域的重点项目由招商与人才局牵头上报产业项目联席会议、新区党工委会议研究决策。

3.项目推进机制。产业项目由所属产业功能平台负责项目进区后开工、竣工、投产等项目推进工作；特别重大的产业项目由招商与人才局、经发科技局负责项目进区后开工、竣工、投产等项目推进工作。

4.履约监管机制。产业项目由所属产业功能平台负责项目的履约监管事宜。

5.政策兑现机制。产业项目由所属产业功能平台负责项目的扶持政策兑现事宜。

6.考核工作机制。招商与人才局牵头实施新区投资促进考核工作。

（四）审批服务机制

以“最多跑一次”改革为引领，按照权力事项能放尽放，审批服务统分结合的原则，充分发挥“互联网+政务”和“投资之家”平台服务集成优势，围绕服务项目、服务企业、服务人才推行“网上办”“就近办”“全程代办”，实现“办事不出平台”。

（五）考核评价机制

坚持实绩实干考核导向，产业功能平台作为单独序列进行考核；建立街道与产业功能平台协作考核机制，将产业功能平台考核结果与街道考核进行关联运用。

（六）要素保障机制

1.明确报批项目。经产业项目联席会议、新区党工委会议集体审议确定产业项目和产业功能平台规划范围的配套性基础设施、民生保障等政府投资项目由各产业功能平台负责谋划确定。

2.明确报批主体。各产业功能平台项目用地报批工作由产业功能平台主体负责，落实专人全程跟踪报批责任。

3.明确资金保障。各产业功能平台用地保障涉及的资金，由管委会财政统筹保障。各产业功能平台主体在每年年初根据年度用地情况，提出资金需求，统一纳入规划和自然资源用地保障年度预算。

4.明确要素保障。各产业功能平台主体负责报批的用地项目及跨平台区域的用地项目，所需土地要素指标由管委会统筹保障。

5.赋予产业功能平台规划参与权及对管辖区域内事关产业功能平台企业利益重大决策和重大项目建议权。

## 五、保障措施

（一）加强组织领导。产业功能平台体制改革是新区聚焦经济发展主责主业，加快推进新区高质量发展需要，各级关注，任务艰巨，各项工作要在新区党工委、管委会的统一领导下，认真组织、扎实推进。

（二）严格时间节点。各级党组织要坚决贯彻新区党工委的决策部署，统一思想，提高认识，坚持从新区发展的大局出发，按照职责分工，对照方案精神，积极配合，抓好落实，确保5月中旬产业功能平台按照新机构新队伍实体化运行。

（三）注重统筹结合。坚持把产业功能平台体制改革与“世界级智能制造产业集群、长三角地区人产城融合发展示范区、全省标志性战略性改革开放大平台和杭州湾数字经济与高端制造融合创新发展引领区”发展方向结合起来，与全面推进新区高质量发展结合起来，与推进干部人事改革，激发发展活力、突破发展瓶颈结合起来，实现机制体制改革与新区目标任务的双促进、双提升。

# 特 记

## 新冠肺炎疫情防控

【新区新冠肺炎疫情防控组织动员】2020年1月20日，新区党工委召开新冠肺炎疫情防控专题会议，成立新区新冠肺炎疫情防控领导小组。23日，根据浙江省重大公共突发卫生事件一级响应，开展排查、隔离、管制、监测等工作；31日，新区领导小组成立“一办九组”，“一办”即以新区教卫局、办公室为主的新冠肺炎疫情防控领导小组办公室，“九组”即以新区教卫局为主的救治组；新区党工委政法委、新区公安分局、新区综合行政执法局、新区应急管理局为主的群防群治组；新区建设局、新区公安分局、下沙运管处为主的高速公路出入口输入防控组；杭州综合保税区、杭州医药港、大创小镇为主的高校及平台组；新区经发科技局、综合保税区管理办公室、新区市场监管分局为主的企业防控及复工复产组；新区建设局、新区有机更新指挥部为主的建筑工地及五大市场组；新区财政金融局、综合保税区管理办公室、新区市场监管分局为主的保障及市场稳控组；新区党群工作部为主的舆情宣传组；新区纪检监察工委、办公室为主的纪律督查组。分管委领导任各专项组组长，7名委领导负责联系7个街道，指导开展新冠肺炎疫情防控工作。加强值班值守，由委领导带班、专项组干部在岗，在下沙行政中心实行24小时值班值守，做好与上级对接汇报、应急处置等工作。

【新区新冠肺炎疫情防控专班运作】2020年新冠肺炎疫情期间，新区成立专班“一办九组”，围绕新冠肺炎疫情防控、复工复产、防境外输入3个阶段，统筹专题会议100场次。出台“五个一律”等政策文件68份，检查医疗机构200多个，“暖心热线”服务电话7000多次。群防群治组制定街道风险等级评估制度，安全监管新区危化企业，做好城市清洁消毒。道口输入组开展新区入杭通道卡口检查，至2月底，累积检查车辆16.3万辆，检查人员27.6万人。高校及平台组开展高校、企业走访服务。综合保税区管理办公室启动区港联通快速通关模式，由阿里巴巴集团进口的286万件新冠肺炎防疫物资11个小时内完成通关，医药港小镇发动企业捐赠口罩1.67万只、防护服3900多套，大创小镇制定区内高校返校应对方案，帮助14所高校落实分区隔离和物资保障。企业防控及复工复产组承担新区企业复工复产职责，开展复工企业审核备案，协调安排4趟返工人员复工高铁和121辆复工巴士，协调企业储备周转床位5000个，协调解决新区和海宁市员工跨区域住宿。至2月末，新区企业复产率居杭州市第二位；3月上旬，规模以上（限额以上）企业全部复工，3月中旬，新区工业企业复产率95.2%。保障及市场稳控组安排财政性资金4100多万元、拨付产业扶持资金1亿余元，落实惠企专项预算资金1.26亿元，保障口罩、防护服、防护镜、消毒液、体温计等重点物资供给。舆情宣传组通过微信、微博、电视专栏、抖音等渠道，宣传新区新冠肺炎疫情防控和复工复产，在中央电视台《新闻联播》、《焦点访谈》及省、市媒体发稿1600多篇；纪律督查组开展督查暗访，反馈问题197个，督促整改到位194个。数据组通过“钉钉”等数字渠道部署新冠肺炎疫情防控，推行杭州健康码申领使用，开展“红、黄、绿”三色码人员数据汇总，进行精准智控。防境外组制定应急处置预案，开展外国人入境排摸、梳理、防控，落实信息报送等机制。

**【新区新冠肺炎疫情精准防控】** 2020年2月12日，新区落实杭州市政府《关于调整“防控疫情、人人有责”十项措施的通告》要求，精准防控新冠肺炎疫情策略。对劝返人员、集中隔离14天人员、居家隔离14天人员、隔离7天人员、无须隔离人员实施分类管控。对入住小区人员，街道落实属地管理，并与行业主管部门对企业、房屋出租人员落实监管；对返岗复工人员，企业、房屋出租人员落实主体责任。分区管理，下沙、白杨2个街道各社区保留封闭式管理，对非本社区人员和车辆卡口出入一律严控；河庄、义蓬、新湾、临江、前进5个街道保留封闭式管理、卡口单向测温，本社区、村庄、单位人员凭杭州健康码绿码或有效证件出入。所有入杭通道卡口人员手机扫杭州健康码，绿码通行。实行货运车辆“一证通”，市域范围内持公安部门核发的新冠肺炎疫情防控有序复工专用车辆通行证和交通部门核发的新冠肺炎疫情防控应急物资运输车辆通行证的车辆人员只测体温或核实健康绿码通行；撤除市域范围内城市道路和普通国道、省道、区县（市）道检查，保留高速公路入杭通道、省际和市际公路卡口检查点。推进企业复工，批准空气流通的沿街商铺、便民摊点恢复经营。统筹城市交通运转，恢复公交线路运营。

**【杭州健康码动态分类管理】** 2020年2月18日10时止，新区无高风险街道。白杨街道为中风险街道，其中晨光国际小区、朗诗国际街区小区为重点村（社区）。下沙、河庄、义蓬、新湾、临江、前进6个街道为较低风险、低风险街道。根据省、市“五色新冠肺炎疫情图”和街道风险等级情况，新区管委会完善精密智控机制，对辖区村（社区）按风险等级分类管控，发布街道风险等级和重点村（社区）动态调整。推行杭州健康码动态管理，市民和到杭返杭人员申领杭州健康码，持绿码通行。对持“红码”“黄码”人员、密接人员、确诊已康复人员及其他卫健部门明确的重点人员进行重点管控。

**【新区新冠肺炎疫情防控运行机制调整】** 2020年3月9日起，新区新冠肺炎疫情防控工作由防国内传播调整为防境外输入和恢复社会经济正常运行。新区防控办启动境外新冠肺炎疫情人员输入防控领导工作小组。3月23日，根据浙江省新冠肺炎疫情防控形势变化，新区管委会统筹新冠肺炎疫情防控和经济社会发展，做好精密智控和分类纳管。对华人华侨、新区籍出国留学生、定居新区外国人、外国在新区留学生、海外短期旅居新区籍人员开展新冠肺炎疫情防控宣传，引导他们入境前通过“浙江省海外侨胞回国健康信息预申报平台”申报登记；实施分类集中纳管，对入境新区的外籍人员（不含高校留学生及外籍教师）和中国香港居民、中国澳门居民、中国台湾居民由新区隔离点落实14天集中医学隔离；中国籍居民由各街道集中隔离点落实14天集中医学隔离；做好向入境人员和老人、儿童等特殊人群赋码，建立覆盖新区全部人员的健康码使用体系，实现依码管理；恢复生活、生产秩序。推进住宿、餐饮、文体娱乐、旅游等生活性服务业和建筑业产能恢复；落实省、市、区惠企政策，对经营困难的小、微企业和个体工商户专项帮扶；优化营商环境，增强市场主体信心，推动经济社会运行秩序恢复。

2020年1月27日，新区公安分局协同医护人员在高速公路新湾出入口进行车辆人员医学监测管控（陈浩杰 摄）

## 联防联控

**【高速公路新区管控出入口车辆医学监测】** 2020年1月27日，新区启动高速公路出入口进区车辆医学监测，做好苏绍高速公路（S9）新湾出口、苏绍高速公路（S9）六工段出口、杭州绕城高速公路

（G2501）下沙东出口、杭州绕城高速公路（G2501）下沙南出口新冠肺炎疫情防疫查控。结合防控形势，关闭苏绍高速（S9）六工段出口和杭州绕城高速（G2501）下沙南出口。28日，新增二十二工段闸口卡口（临江街道）、新区文海北路新华书店卡口（白杨街道）2个县道医学检查点。

2020年1月28日，白杨街道伊萨卡社区组建新冠肺炎疫情防控“党员尖刀班”
（黄炯炯 摄）

**【集中隔离医学观察实施管控】** 2020年1月28日，新区对新冠肺炎密切接触者和相关人员实施集中隔离医学观察。制订集中隔离医学观察点设立、观察对象、观察时限、观察工作内容及牵头部门工作职责。成立由管理人员、医务人员和安保人员组成工作小组，24小时驻点值守。避免内部交叉感染，指定专用车辆作好消毒，运送相关人员集中隔离。医务人员做好医学观察相关信息采集、登记和汇总，指导工作人员做好个人防护；做好解除医学观察对象房间室内消毒，收集清理隔离点垃圾等工作。医学观察期间，对未出现发热、咳嗽、咳痰、胸闷气促等临床症状，隔离观察期满后签署解除隔离通知书。

**【隔离观察点建设及规范设置】** 2020年2月5日，新区发文集中医学观察点建设管理及规范设置运行，对选址及内部设施、医学观察措施、消毒隔离措施、工作人员个人防护和隔离环境消毒提出要求。7个街道成立由街道机关、社区、公安、城管、社区卫生等部门组成的工作领导小组，指定专人负责集中医学观察点日常运行管理；成立由管理、医务和安保人员组成的工作小组，24小时驻点值守；各医学观察点落实观察对象一人一间、收纳、解除闭环管理；7个街道为集中观察点提供办公、生活保障，指定专用车辆用于运送医学观察对象。新区教卫局落实防护用品用具，提供技术指导。未明确责任区域，按照“属地管理、分级负责”和“谁主管、谁负责”原则，设置运行集中医学观察点。

**【新区抗击新冠肺炎疫情行动】** 2020年1月下旬至2月上旬，新区根据中央、省、市统筹推进新冠肺炎疫情防控决策部署要求，落实街道、社区、企事业单位等主体责任，对6个入区卡口24小时进行重点人员排查。启用新区、街道集中隔离医学观察点8个，设置高校集中隔离点23个，管控隔离人员311人。成立居家医学观察管理小组，运用“人防+技防+物防”等方式，管控居家隔离人员。新区纪检监察工委会同相关部门组建7个督查小组，对区属7个街道、3个平台值班值守、入区管控、集中隔离点和村（社区）进出口封控及居家观察点管控情况进行督查暗访，反馈问题165个，整改146个。

**【7个街道成立抗击新冠肺炎疫情临时党支部】** 2020年年初，面对突如其来的新冠肺炎疫情，新区7个街道发动党员干部参与新冠肺炎疫情防控工作。下沙街道党工委推行“1256”工作机制，“1”，即成立一个临时党委，建立临时党委；“2”，即成立街社两级临时党支部，成立1办8组临时党支部及19个社区临时党支部。“5”，即临时党支部5项工作保障，做好人员发动、落实专业培训、统筹工作安排、加强专业防护、强化激励保障。“6”，即6项工作任务（网格巡逻、信息排查、岗点值守、居家隔离管理服务、宣传引导、党组织部署各项临时任务），建立“街道—社区—网格—片组”四级包干责任体系，发动2000多名党员干部和志愿者按照进社区有序、进家门有序、与企业对接有序、各项工作开展有序工作要求，进行临时交通管制升级、人员进出检查升级、排摸跟踪升级、防护物资保障升级，实施小区封闭式管理。白杨街道在各社区建立19个临时党支部“党员尖刀班”，协助安保人员对进出小区居民和车辆进行管理。河庄街道启动“红色动员令”，建立临时党支部，成立9个临时党小组，下辖21个村（社区）成立40个党员志愿者队伍支部，1000

多名党员进行宣传新冠肺炎科学防疫引导、人员排摸、坐班值班、从严管控。义蓬街道组建7个临时党支部、26个村（社区）党组织、87个网格支部、245个党小组、245个村民小组“五级网格”结构，其中26个村（社区）党组织设立“党员巡逻队”；街道开出9趟企业复工“直通车”到湖南、安徽、贵州等地为新区企业接回员工。新湾街道在37平方千米全境设置规范化检查点37处，针对集镇开放型无物业小区组建“战时网格员”队伍，实行24小时值守。临江街道党工委组建萧东村、东庄村、临江佳苑社区、农一农二总场和飞地5个“守初心、显担当、战疫情、保平安”临时党支部。实施网格化和责任制管理体系，建立重点人员排查包干制度，组成“红色代跑队”，为居家隔离群众提供物资配送服务。前进街道针对辖区外来务工人员多、商务酒店价格贵、职工宿舍不够住等实情，对江雅苑小区90间空置单身公寓进行改造，启用新区首个“滚动居家公寓”，解决街道辖区企业员工居家隔离难题。

**【辖区高校防控】** 2020年新冠肺炎疫情期间，新区承担属地管理责任，与辖区14所高校联动做好新冠肺炎疫情防控工作。制订高校新冠肺炎疫情防控工作方案、高校师生返校应对预案、“全面排摸+重点管控”方案，落实防控措施。设置25个医学隔离点（可容纳814人），隔离医学观察9人。

**【经费安排和物资保障】** 2020年2月9日，新区发文规定，新冠肺炎疫情期间防疫物资集中采购由新区保障及市场稳控组负责，集中采购所需资金通过新区财政专项安排和社会捐赠资金解决，优先使用新区抗击新冠肺炎疫情捐赠资金。集中采购新冠肺炎疫情防疫物资实行分级保障，优先保障医疗机构、隔离点、高速公路卡口、道路卡点等使用，保障街道内部卡点及医学观察点，以及巡防检查、单位内部管理等其他需要。根据新冠肺炎疫情防控需要，集中采购防控物资，各街道、各部门可通过“政采云”平台采购。保障及市场稳控组内设物资采购组，负责物资采购。另设物资调配组，具体负责物资的交接入库、储存管理、分发调配等。

## 复工复产复学

**【企业有序复工】** 2020年2月，新区新冠肺炎疫情防控趋于稳定后，企业开始实行分类、分区、分时段有序复工申报备案制。2月10日起，工业企业中涉及新冠肺炎疫情防控必需、保障城市运行和企业生产必需、群众生活必需、重点项目建设施工必需及其他涉及国计民生的企业申报复工；2月15日起，员工来自非疫区、产业链供应链较为完整的企业申报复工；2月20日起，其他企业申报复工。2月10日起，服务业企业中为居民提供必要的生产生活服务的宾馆、餐饮企业和商贸流通服务企业申报复工；2月15日起，为企业生产提供投融资、科技咨询、企业管理等服务的企业申报复工；2月20日起，房地产开发企业房屋网上销售、中介销售等房地产服务企业申报复工。根据新冠肺炎疫情防控有关规定，涉及群众日常生活必需的药店、超市、便利店保持营业。2月10日起，重点民生工程（含市政重点工程、轨道交通工程、亚运项目、省市重点工程等）及其混凝土生产、渣土运输等必要配套企业申报复工；2月15日起，安置房建设等一般民生工程申报复工；2月20日起，其他工程申报复工。企业落实主体责任、制定新冠肺炎疫情防控方案和联动新冠肺炎疫情防控机制，排摸员工信息、准备新冠肺炎疫情防控物资、保障安全生产等，复工后强化教育宣传、员工管理、就餐管理、卫生防护、应急措施。

**【复工专班与运行机制】** 2020年2月初，新区组建企业复工专班，做好统筹协调指挥。设立综合组、五大市场专项组、商贸流通专项组、经发专项组、农业专项组、建设专项组、保障指导组7个复工指导小组，确保企业安全有序复工。抽调机关干部30多人组建审核员队伍，设置集中办公点，相关部门、平台开展联合会商、联合研判，开展复工企业审核备案。根据杭州市“企业复工导则”，结合“企业严格防控有序复工申报备案”数字平台，制定新区企业复工方案，采取线上申报、现场审查、线上反馈方式，把好申报审核关。至2月10日24时，新区收到2130个企业提交的复工申请，审批核准复工企业131个、涉及员工3.28万人。制定发布《致新区企业的一封信》《新区企业复工新冠肺炎疫情防控工作指导方案》《关于新区企业复工的15个问答》等10多份指导性文件和意见，引导企业做好新冠肺炎疫情防控和有序复工。制定《新区企业复工通用防疫手册》《新区企业防控新冠肺炎疫情“十条标准”》等材料，帮助企业完善防控举措。

**【复工政策帮扶】** 2020年，新区新冠肺炎疫情稳控企业复工后，新区管委会开展企业经营情况网上问卷调查，涉及企业1039个，其中制造业企业506个、服务业企业220个、建筑业企业18个、农业企业12个、贸易等其他类型企业283个，掌握新区企业所受新冠肺炎疫情影响，为谋划惠企政策出台提供依据。2

月19日，新区出台《关于支持企业应对新冠肺炎疫情渡难帮困的若干政策》，主要从帮运转所需、减企业负担、缓社保税费、增惠企业力度、补资金要素、快程序办理六大方面给予企业优惠，保障企业运行。对接省、市经信局部门，争取到新冠肺炎防疫口罩7万个、手持式测温仪300个、84消毒液5吨、次氯酸钠10吨、防护服400套、护目镜100副、大型红外门禁式测温仪2台，解决新区企业复工复产中新冠肺炎防控之需。

2020年2月7日，杭州波一清卫生用品有限公司生产医药用品保障医院一线抗疫工作（方　波　摄）

**【复工复产统筹推进】** 2020年2—3月，新区统筹推进新冠肺炎疫情防控和企业复工复产，至3月末，新区有2.3万个企业复工，1435个规模以上企业复产，36个商场、超市复工，319个在建工地复工。组建企业新冠肺炎疫情防控及复工复产组，对区内1039个企业进行线上调研，完成关于新冠肺炎疫情对企业影响及企业调查报告；出台助企帮复“钱塘十条”，细化“拓市场、促外贸、稳就业”等专项政策。助力新冠肺炎疫情防疫指导，制订企业和工地新冠肺炎疫情防疫操作指南，其中泰尔茂医疗产品（杭州）有限公司制作的新冠肺炎疫情防控方案样本在全市推广。帮助员工复工返岗，协调运输单位开出121辆“钱塘直通车”、5趟复工高铁，运送返岗员工4300多人；推出新区与海宁市两地往来人员互认通行证，推广制造业企业共享职工；加快政策兑现，新区落实专项预算资金1.9亿元，拨付8400万元，惠及企业1.15万个次、员工5万余人。结合“走亲连心三服务”活动，抽调党员干部组建25个企业网格化小组，走访企业工地4500多次，发现问题929个，解决问题749个；强化复工保障，推出流动诊疗车上门体检服务；协调9个企业转型生产口罩，日产口罩240万只。帮助企业、工地采购220万只口罩等防疫物资；帮助3000多个企业申请线上贷款，其中437个企业新增贷款22.2亿元；破解供应链难题，协调新区汽车企业在湖北的配套供应商实现复工；协调解决煤炭荒、煤渣外运难、建材荒、渣土处置难等问题，启动区港联动快速通关模式。

**【建筑工地复工指南】** 2020年新冠肺炎疫情防控期间，新区出台建筑工地复工指南，印发《建设领域新冠肺炎疫情管控方案》《新区建设领域“新冠肺炎”防控工作规程》。成立新区建设领域新冠肺炎疫情防控工作指挥部，建立建筑工地专项组，组建8个小组开展专项督查和指导。出台《新区建筑工地新冠肺炎疫情防控复工工作操作指南》，规范建筑工地新冠肺炎疫情管控。系统梳理415个项目，建立由新区建设局统筹，街道属地和政府投资主体负主责的联防联控机制。根据有序复工和民生保障要求，将新区建设项目划分三批：第一批是轨道交通、亚运场馆、省市重点等重大民生项目，2月10日落实复工准备并申请复工；第二批是市政道路、保障房、学校等一般民生工程，2月15日起申请复工；第三批是其他类项目，2月20日起申请复工。推行“暖心返岗”直通车服务，将复工人员输送到工作岗位。根据省、市有序复工工作部署，对能按期局部复工的项目，工期适当顺延，延期工期不超过杭州市突发公共卫生事件一级响应时限；对未按期复工的项目，第一批复工项目按2月25日、其余政府投资项目按2月29日作为复工日期起计算工期。对前两批复工项目成立8个项目复工专项组，上门服务、排查问题。2月末，对新区建筑工地复工流程进行调整，325个建筑工地完成复工备案，辖区工地复工审核完成。对接区内建筑材料供应企业，提供材料检测和机械检测服务，确保新区建筑工程的混凝土供应量。

**【复学复课安排】** 2020年新冠肺炎疫情期间，新区教卫局根据新区新冠肺炎疫情防控工作领导小组《关于做好春季学期开学的通知》，全区高三、初三年级于4月13日开学，其他年级和小学四、五、六

2020年4月20日复学第一天，新湾小学学生通过测温区进行电子测温后入校
（陈浩杰 摄）

年级于4月20日后开学；小学一、二、三年级于4月26日后开学；幼儿园于5月6日后开学；校外培训机构及专修学院经审批、登记部门核验新冠肺炎防疫合格后，在中小学开学一周后恢复线下培训和开学。开学前，各类学校（幼儿园）提供开学复课申请报告及教职工、学生健康申报和卫生新冠肺炎疫情防疫工作自查核验，并申报教育局审批。落实精密智控健康监测，建立校园安全防控“健康码”每日监测制度，师生入校实施“健康码+测温”。管控校园及周边安全，保障师生往返途中安全，分类型、分学校、分年级错峰错时组织学生到校和离校。新区公安、交警、市场监管、城管等部门对校园周边秩序进行维护和巡查。街道社区卫生服务中心为学校派驻医护人员担任健康指导员，提供驻校助学指导意见27条。

## 境外输入防控

**【入境人员输入防控】** 2020年2月下旬，面对海外新冠肺炎疫情扩散态势，成立由新区招商与人才局、新区党群工作部、新区政法委（数据组）、新区教育与卫生健康局、新区综保办、新区公安分局、医药港小镇、大创小镇及各街道和钱江海关驻下沙办事处等部门组成的“涉境外来新区人员应对工作小组”，根据浙江省新冠肺炎疫情防控工作领导小组办公室《关于做好境外新冠肺炎疫情输入防控工作电话通知》《关于做好入境来杭人员分类防控指导意见》《上海口岸境外来杭人员受控进入工作方案》等要求，研判境外新冠肺炎疫情形势，做好入境人员摸排。利用外资企业商会、留学生组织，海外社团等渠道，与计划入境海外华人、华侨、外籍人士进行沟通，协助街道及平台做好入境人员防控管理。3月2日，在“涉境外来新区人员应对工作小组”的基础上建立新区防控境外新冠肺炎疫情输入工作领导小组，设综合协调、信息摸排、口岸对接、监管服务4个专项工作组；设置会商制度，负责全区防控境外新冠肺炎疫情输入各项工作。各专项组落实人员进驻专班运作，专班设置在下沙行政中心西楼303会议室。

**【入境人员分类管控】** 2020年3月，面对境外新冠肺炎疫情态势，新区成立境外新冠肺炎疫情输入防控专班，做好新区境外新冠肺炎疫情输入防控和侨胞侨情排查，强化与省市统战部（侨办）、侨联对接，做好新区侨情调查基础数据提供和初选工作。依照来源国新冠肺炎疫情严重程度做好管控，对上海口岸、萧山机场和杭州火车东站入境人员，14天内来自和到访过新冠肺炎疫情严重国家（地区）人员，由新区接送工作专班接送，并由管控主体落实管控；外籍人员、境外侨胞安排至锦江都城酒店集中医学隔离观察14天。对14天内来自或到访过非新冠肺炎疫情严重国家（地区）的入境人员，实施全程登记、定期申报健康状况管理措施。针对辖区高校外籍教师及留学生，由大创小镇与高校联系，根据分类情况落实管控。

**【入境人员输入防控举措】** 2020年3月26日，新区发文要求加强境外新冠肺炎疫情输入防控，规范集中隔离医学观察点建设，其中隔离点出入口要求不少于两处。隔离点内要进行功能分区，建立相应的工作流程和管理制度。集中隔离医学观察点须由专人负责管理，保证24小时有医护人员、管理人员和安保人员在岗工作。从各口岸入境的中国籍人员由各街道落实管控，实施集中医学隔离观察14天；入境外籍人员入住区集中隔离点接受集中医学隔离观察14天。入境人员解除隔离前须进行核酸检测，解除隔离人员应申领“健康码”国际版或特别通行证，并纳入网格化管理体系。

**【入境人员住居管理】** 2020年3月，境外新冠肺炎疫情趋于严重后，新区加强新冠肺炎疫情期间在杭外国人管理服务，辖区单位、宾馆、出租屋房东、房屋中介企业和物业服务等主体单位对已入境、入职、签租、入住人员执行“六必知”〔手机号码必知、来源国必知、同行同住必知、居住处所必知、来新区目的必知、接待单位（人）必知〕要求，掌握已申请“健康码”和未申请“健康码”人员情况并申报。采取“网格化+大数据”模式，开展出租屋排摸。属地派出所协助各街道、村（社区）做好出入境人员闭环管控。落实街道专管员对境外人员住宿登记，对从高发地区新入境人员、未登记境外人员护照号码或签证信息已更新人员、离开居住地人员、房屋中介出租房屋给境外人员等情况，24小时内上报属地派出所。提供“线上+线下”房源管理、招租信息发布、承租受理等租房管理，通过“钱塘行政审批局”微信公众号，受理境外人员住宿登记自主申报，提高信息报送效率和质量。依托出租房屋“旅馆式”管理总台，对复工复产企业上门服务，协调解决境外人员返岗困难等问题。新区出入境管理部门做好对外国人签证和境外人员出入境证件办理和延期服务。

2020年3月12日，前进街道开展“抗疫护家、绿化前进”义务植树活动

（方 波 摄）

## 常态化防控

**【恢复常态化防控】** 2020年6月1日，新区落实上级常态化新冠肺炎疫情防控工作部署，恢复村（社区）、小区因新冠肺炎疫情防控临时封闭的进出口，拆除围挡等搭建物。新区各级应急状态下成立的新冠肺炎疫情防控领导机构转为常态化运行，分解任务、固化职能、精简人员。保留新区新冠肺炎疫情防控办和数据组建制，挂靠新区教卫局。防控专项组不再执行实体化运作，仍保持联络机制。对重点地区到新区人员，凡其提供近7天内核酸检测阴性或既往血清特异性IgG抗体检测阳性证明材料的，予以核验，无须接受再次核酸检测。中国内其他城市到新区人员与浙江省内人员一样对待。

**【新冠肺炎疫情冬季防控】** 2020年11月起，新区做好冬季新冠肺炎疫情防控。制定印发新冠肺炎疫情防控物资储备目录清单，起草新区全民核酸检测实施方案，联系2个合作机构，为开展采样和检测提供服务支持。制定《新区2020年秋冬季新冠肺炎疫情防控工作方案》《新区秋冬季新冠肺炎疫情防控应急预案和监测预警工作方案》，组建3支机动流调消杀队伍，上线新区心理服务平台，建立8支区街心理服务团队，与杭州市第九人民院联合开展新冠肺炎疫情防控应急演练。坚持外防输入，强化人物并防措施，落实远端防控，严格入境人员闭环管理，加强进口冷链食品核酸检测和预防性消毒，降低疫情传播风险；落实学校、养老机构、农贸市场、社区、小区等重点场所防控措施，对高风险岗位人群定期开展核酸检测，强化流感等呼吸道疾病多病防控；对医疗机构、隔离场所进行排查，避免交叉感染和新冠肺炎疫情传播。用好“一图一码一指数”，建立健全“源头查控+硬核隔离+精密智控”机制，加强应急物资储备和培训演练，落实常态化精准新冠肺炎疫情防控和应急处置；加强信息报送，做好监测预警和信息发布。

**（年鉴编辑部）**

# 年度要览

## 六大产业平台建设

【六大产业功能平台启动】2020年，新区党工委、管委会整合设立杭州医药港、大创小镇、杭州综合保税区、江东芯谷、临江高科园、前进智造园六大实体化产业功能平台。5月20日，新区召开产业平台建设推进大会。杭州医药港重点发展生物医药、高性能医疗器械、数字医疗和健康食品，建设生物医药“万亩千亿”产业大平台；大创小镇重点发展创新创业、人才科技项目和总部经济，建设数字经济、校友经济、人才集聚、创新创业、总部经济五大高地；杭州综合保税区重点构建以保税加工、保税物流和跨境电商、展览销售为主导，现代金融，检测维修、研发设计、加工制造业为支撑的“保税+”新业态，推进全球电子商务平台和自贸区联动创新片区建设，建设全省战略性、前瞻性、标志性对外开放平台；江东芯谷重点发展集成电路、柔性电子显示、智能终端、人工智能、5G、虚拟显示、区块链、增材制造等产业，建设半导体千亿元产业大平台和杭州的芯片之城；临江高科园重点发展高端精细化工、关键战略材料、前沿新材料、先进基础材料等产业，建设新材料千亿元产业大平台；前进智造园重点发展航空航天、汽车及零部件、智能机器人、高端数控机床、智能家电、智能专用装备等产业，建设航空航天和汽车及零部件2个“万亩千亿”产业大平台。

【六大产业平台实体化运行】2020年5月，新区设立的六大产业功能平台中，下沙区块保留原有的医药港小镇、大创小镇、杭州综合保税区3个功能平台，主要是提升优化、服务扩面、充实力量；江东区块新设立钱塘芯谷、临江高科园、前进智造园3个功能平台，主要补齐江东区块平台短板，重点是平台做实、园区做多、产业做大。根据新区战略规划和产业发展规划，每个平台区域范围、核心区块、拓展区块、主要方向均有明确界定。每个平台设立管理办公室，参照正处级机构管理，设立若干内设机构，实行实体化运行。平台主要职责是集中精力抓经济，做好招商引资、项目推进和企业服务。新区管委会赋予平台深化规划配套的职能、产业政策深化细化职能、抓好自身建设职能，其他职责由各平台属地街道承担。新区制定出台干部人事管理、财政保障、招商决策、审批服务、考核评价、要素保障等配套体制机制，明确产业功能平台、街道、新区管委会部门之间的职能，为平台发展经济提供保障。

【产业平台实行全员聘用制】2020年，新区探索平台干部人事管理制度改革，改革干部管理方式，取消人员身份限制，推行全员岗位聘用制。新区布局设立的六大产业平台淡化身份、编制、级别的差别，去除“机关化”“行政化”，26名管理层和127名来自机关、街道、国企的工作人员均实行全员聘用制。每届聘期3年，期满重聘，行政事业人员进入平台工作后，实行档案封存管理。平台工作人员均为大学以上学历，其中硕士研究生以上学历51人，95%以上人员经历过招商引资、企业服务岗位锻炼，其中党政储备人才28人。

（年鉴编辑部）

## 浙江自贸区杭州片区钱塘区块启动

**【中国（浙江）自贸区杭州片区钱塘区块获批】** 2020年9月21日，国务院印发《关于北京、湖南、安徽自由贸易试验区总体方案及浙江自由贸易试验区扩展区域方案的通知》。根据方案，浙江自贸试验区扩展区域实施范围119.5平方千米，涵盖宁波片区、杭州片区、金义片区3个片区。其中，杭州片区37.51平方千米（含杭州综合保税区2.01平方千米）。钱塘区块为杭州片区三大区块之一，实施范围10.1平方千米，主要由杭州综合保税区、大创小镇、东部湾总部基地等组成。杭州片区目标为打造全国领先的新一代人工智能创新发展试验区、国家金融科技创新发展试验区和全球一流的跨境电商示范中心，建设数字经济高质量发展示范区。

**【自贸区发展与规划布局】** 中国（浙江）自由贸易试验区杭州片区钱塘区块（简称浙江自贸区钱塘区块）拥有杭州综合保税区、杭州跨境电子商务综合试验区、国家双创示范基地、国家级创新人才培养示范基地4个国家级平台。区块内集聚4000个企业，包括6个上市公司、15个世界500强企业，以新区1.8%的面积实现新区11%的生产总值、15%的税收、21%的工业产值。浙江自贸区钱塘区块规划“一核两极三园四片”战略布局，“一核”指杭州综合保税区，重点发展跨境电商和“保税+”经济；“两极”指大创小镇、东部湾总部基地，重点发展数字经济、数字贸易、跨境金融。“三园”指生物医药、集成电路、智能制造产业园，“四片”指三个联动创新片区和一个对外合作片区。浙江自贸区钱塘区块以杭州综合保税区“保税+”功能为基础，以制度创新和产业培育为核心，以数字赋能为手段，重点发展数字经济、智能制造、生物医药、跨境电商和总部经济等产业，建设成为链接国内大循环和国内国际双循环的改革开放大平台。

**【自贸区钱塘区块启动暨新区（上海）投资推介会】** 2020年11月9日，中国（浙江）自贸试验区杭州片区钱塘区块启动暨2020钱塘新区（上海）投资推介会在上海举办。推介会作为杭州参与第三届中国国际进口博览会的重要配套活动，有外国领事馆、商协会、贸促机构、国内外知名企业、科研院所和高校代表等300多人参加。会上，30个项目签约落户，投资总额约110亿元，涵盖生物医药、智能制造、集成电路、跨境电商等领域。其中：松下家电（中国）智慧电器项目、星月沪杭科创谷项目等总投资33.1亿元的首批10个项目落户自贸区钱塘区块；中肽泰德医药项目、高光制药新药研发项目等总投资74.8亿元的10个重点项目落户自贸区联动创新区；新区与浙江工商大学合作的“中国（浙江）自贸学院项目”和新区与浙江传媒学院合作的“中国（杭州）直播电商产业教育学院项目”等10个共建项目完成签约。会上，举行浙江自贸区钱塘区块启动仪式。（印婧鑫）

## 新区两条地铁线路开通运营

**【杭州地铁7号线首通段和1号线三期开通运营】** 2020年12月30日，涉及新区的杭州地铁7号线首通段、1号线三期开通运营。地铁7号线起于吴山广场站，终于江东二路站，全长47.51千米，设车站24座，串联起新区与西湖景区、杭州火车站、钱江世纪城、萧山国际机场等地，是重要的交通枢纽线路。先期开通运营的首通段由江东二路站至奥体中心站，长约39.3千米，设地下站19座，其中新区段设新镇路、义蓬、塘新线、青六中路（换乘站）、启成路、江东二路6个站点。地铁1号线三期起自下沙江滨站（不含）至萧山国际机场站，线路全长约11.2千米，采用全地下敷设方式，设车站5座，其中换乘车站1座，为萧山国际机场站，市民可选择在此换乘7号线，往来新区下沙片区与江东片区。

**【新区江东片区地铁7号线特色明显】** 2020年12月30日，先行开通的杭州地铁7号线江南段是首条深入新区江东片区的地铁线路。其开通运营标志新区江东片区进入“地铁时代”，沿线市民出行变得便利，交通出行压力减缓，有助新区加快融入大杭州共享地铁生活圈。7号线列车是杭州地铁首列A型电客车，主色调为紫色。A型车是“鼓形车”的车体，车体最大宽度3.09米，每节车厢单侧设置5个车门。相比AH型车，A型车每列可多载客近300人，比B型车多载客近500人。列车设计运行速度每小时100千米，为市民出行提供更快捷便利的选择。列车内外饰设计延续杭州地铁经典风格，大方、简洁、具有现代感；车内设置残疾人靠扶、爱心专座、环形扶手等设施。车辆采用空气净化技术及可视对讲单独设置独立系统，车控室设置可视对讲平台，车站值班员可通过平台终端与呼叫人视频通话，为市民提供安全舒适的乘车环境。（年鉴编辑部）

责任编辑　黎洪正

# 大事记

## 2020年钱塘新区大事记

### 1月

**2日** 省委常委、省委政法委书记王昌荣率队到新区开展“走亲连心三服务”活动，走访调研杭州医药港小镇并召开座谈会。

△ 副市长、新区党工委书记柯吉欣主持召开座谈会，听取驻新区市人大代表、市政协委员对《杭州市政府工作报告（征求意见稿）》意见和建议。

△ 杭报集团融媒体云智造集群总部基地项目在新区开工。

△ 浙江高校产学研联盟钱塘中心启动仪式暨第三期“创新驱动促转型、高校博士进企业”对接会在新区举行。

**3日** 杭报集团钱塘新区新闻文化传媒中心揭牌。新区管委会负责人和杭报集团党委书记、社长董悦为传媒中心揭牌，宣布《钱塘新区报》创刊、“钱塘发布”App上线。

**5日** 新区义蓬街道义府名苑一期（南区）安置分房完成，安置拆迁户1093户。

**8日** 新区召开高校负责人座谈会，与辖区14所高校负责人就新区发展和深化区校合作展开交流。

△ 杭州综合保税区开通全国首单以“1210”模式出口跨境电商包裹退换货业务。

**9日** 第二届时尚产教融合国际论坛暨浙江时尚大会启动仪式在新区浙江理工大学举行。

**11日** 新区摄影家协会成立大会召开。

**13日** 中国少年先锋队新区第一次代表大会召开。大会举行新区红领巾学院揭牌活动，并为32个新区红领巾学院教育实践基地授牌。

**15日** 杭州萧山国际机场航空物流有限公司与杭州综合保税区的“城市货站”合作项目揭牌。该项目为国内首个机场综保区“城市货站”项目，实现萧山机场与杭州综合保税区区港联动。

△ 新区企业杭州奥普家居股份有限公司在上海证券交易所主板挂牌上市。

△ 新区2020年重点企业新春恳谈会举行，40多个重点企业、项目负责人为新区高质量发展建言献策。

**16日** 新区“融合创新、携手同行”中央、省、市媒体座谈会举行，20多家中央驻浙和省市级新闻媒体及部分媒体评论员作发言交流。

**17日** 省纪委常务副书记、省监委副主任王海超率队到新区开展“深化三服务、助推开门红”活动，走访考察杭州九阳小家电有限公司、白杨街道邻里社区清廉建设工作开展情况。

△ 新区2019年度基层党建和人才工作述职评议会召开。

△ 新区高端生物医药产业平台入选省第二批“万亩千亿”新产业平台培育名单。

**22日** 新区召开党工委会议，专题研究新冠肺炎疫情防控工作。成立新区疫情防控工作领导小组，在新区教育与卫生健康局设立办公室。

**23日** 新区组织收听收看浙江省疫情防控电视电话会议，召开新区防控疫情会议，全面部署防控工作。

**28日** 新区疫情防控工作领导小组成立“一办九组”。“一办”为领导小组办公室，“九组”为疫情防控救治组、群防群治组、道口输入防控组、高校及平台防控组、企业防控组、建筑工地及五大市场防控组、保障及市场稳控组、舆情宣传教育组、纪律督查组。

**31日** 新区召开全区疫情防控工作部署会，传达杭州市疫情管控视频调度会精神，部署新区疫情防控工作。

## 2月

**2日** 市委常委、副市长戴建平一行到新区走访杭州味全食品有限公司、泰尔茂医疗产品（杭州）有限公司和新区新冠肺炎疫情集中隔离医学观察点，检查企业复工与疫情防控工作。

**4日** 新区发布新冠肺炎疫情防控期间“五个一律”通告，即一律严控外来车辆和人员，一律实行封闭式管理，一律禁止提前开（复）工、开市、开学，一律暂停房屋出租，一律暂停公交车、出租车、网约车、包车、机场专线等运营。

**5日** 杭州综合保税区管理办公室联合钱江海关驻下沙办事处，助力阿里巴巴集团慈善基金会进口从南非采购的286万只口罩防疫应急物资。

△ 由新区企业明峰医疗系统股份有限公司向湖北武汉协和医院捐赠的方舱式应急专用CT设备装运出发。该设备是国内首台可移动式应急专用CT装备。

**7—8日** 副市长、新区党工委书记柯吉欣到杭州医药港小镇发展服务中心、新区大创小镇发展服务中心、新区杭州综合保税区、苏绍高速公路（S9）新湾出入口及新湾街道、临江街道、前进街道，检查新冠肺炎疫情防控和企业复工准备情况并慰问值班执勤人员。

**9日** 新区发布《关于进一步做好疫情防控期间企业有序复工工作的通知》。2月10日起，新区企业实行复工申报备案制，分类分区分时段有序复工。

**10日** 省委常委、市委主要负责人到新区检查恰得乐电子（杭州）有限公司、泰尔茂医疗产品（杭州）有限公司、浙江太古可口可乐饮料有限公司新冠肺炎疫情防控和复工复产情况。

△ 新区企业杭州奥泰生物技术股份有限公司研发出2019年新型冠状病毒（2019-nCoV）抗体检测试剂盒。

**11日** 省委常委、常务副省长冯飞到新区调研杭州心怡仓储服务有限公司、杭州士兰集成电路有限公司、泰尔茂医疗产品（杭州）有限公司复工复产和疫情防控工作。

△ 新区首批131个复工企业名单公布。

**12日** 新区首个园区企业“滚动居家公寓”在前进街道启用。该公寓为没有条件接受居家医学观察的外地返杭员工提供居住场所。

**13日** 新区智能疫情随访系统上线。借助AI智能机器人，启用智能语音系统，对居家观察对象开展每日随访、体温询问等情况。

**14日** 位于新区的邵逸夫医院下沙院区142名医护人员出征武汉，参与新冠肺炎疫情救治工作。

**15日** 新区出台《关于疫情防控期间服务人才及人才企业的十条举措》，帮助和服务企业返岗复工。

**16日** 新区“钱塘复工”专列专线开通，助力周边省市员工返岗工作。

△《新区规模以上服务业企业“亩产效益”综合评价实施方案》印发实施。

**19日** 《新区关于支持市场主体应对疫情加快复工复产的十条举措》印发实施。

△ 省商务厅厅长盛秋平带队到新区调研杭州澳亚生物技术有限公司、杭州壹网壹创科技股份有限公司、米奥兰特国际商务会展股份有限公司和辉瑞生物制药（杭州）公司复工复产情况。

**24日** 新区以视频会议形式召开部署推进新冠肺炎疫情防控和经济社会发展工作会议。各街道设分会场。

△《新区关于疫情期间支持外贸企业渡过难关的十大举措》印发出台。

**24—28日** 副市长、新区党工委书记柯吉欣专题调研新区环境综合提升、基层治理、营商环境建设、前进街道前悦社区设立、数字钱塘建设、企业服务、城市配套等工作。

**27日** 副省长王文序到新区杭州万事利丝绸数码印花有限公司开展“走亲连心三服务”活动。

△ 副市长、新区党工委书记柯吉欣开展“走亲连心三服务”活动，走访新区企业杭州贝瑞和康基因诊断技术有限公司和杭州龙湖金沙天街沿街商铺。

△ 新区所辖7个街道转为疫情防控低风险街道。

**28日** 2019年度杭州市生活垃圾分类工作评比结果公布。新区白杨街道被授予“优胜街道”称号，白杨街道荣寓小区、四季风景苑小区被授予“优胜小区”称号。

**29日** 新区产业发展集团有限公司首条口罩生产线投产，该生产线每日可生产一次性民用口罩10万只。

## 3月

**2日** 省委办公厅、省政府办公厅印发《关于加快推进杭州钱塘新区高质量发展的若干意见》。

△ 杭州市“战疫情，促发展”工作推进会召开。会上，新区企业中策橡胶集团有限公司、长安福特汽车有限公司杭州分公司、广汽乘用车（杭州）有限公司、玳能科技（杭州）有限公司、杭州默沙东制药有限公司等企业入选市首批“鲲鹏”企业、2019年度市政府质量奖、2019年度市有效投资突出贡献企业及“大好高”项目榜单并接受

表彰。

**2—6日** 副市长、新区党工委书记柯吉欣专题调研新区社会事业发展、活力钱塘建设、传统产业提升、服务业发展、乡村振兴、人才及区校合作等工作。

**5日** 新区产业发展集团有限公司下属全资子公司——杭州和达金融服务有限公司投资的新能源领域太阳能发电项目，在中央电视台科教频道纪录片《中国影像方志·青海卷·德令哈篇》中介绍播出。

**9日** 市委常委、市委组织部部长毛溪浩率队到新区调研杭州立昂东芯微电子有限公司、杭州中肽生化有限公司复工复产工作。

**10日** 新区环境综合提升工作领导小组会议暨动员部署会召开。

**11日** 省委组织部副部长、新经济和新社会组织工作委员会书记马小秋一行到新区走访杭州多禧生物科技有限公司、杭州士兰集成电路有限公司。

**12日** 省平安考核组到新区复核检查平安建设情况。

**16日** 新区云帆社区、镇海至萧山公路萧山南阳至新区义蓬段一期工程、桐乡至苍南公路钱塘新区段工程、萧围西线（一工段至四工段）提升标准工程4个项目入选2020年省重点建设项目及预安排项目名单。

△ 新区建设投资集团有限公司发行2020年非公开项目收益债券。

**17日** 市人大常委会党组书记、主任于跃敏到新区走访松下家电（中国）有限公司，看望全国人大代表、松下家电（中国）有限公司制造部系长刘廷。

**18日** 新区机械化开展春耕备耕工作在中央电视台综合频道《新闻联播》栏目报道播出。

△ 新区兑现新冠肺炎疫情期间普惠性专项政策，累计发放疫情防控专项资金1.9亿元（含国企房租减免6400万元）。

△ 新区企业浙江检康生物技术股份有限公司自主研发的新型冠状病毒快速检测试剂盒获欧盟CE认证。

**19日** 新区企业杭州奥泰生物技术股份有限公司出口40万人份新冠病毒检测试剂盒。

△ 新区新湾街道被授予2019年度杭州市“五水共治”（河长制）“二十佳”镇街称号。

**21日** 首趟湖北恩施劳务协作扶贫专列抵达杭州，新区69名湖北恩施籍员工返岗。

**21—27日** 副市长、新区党工委书记柯吉欣专题研究新区复工复产促发展、临江高新技术产业开发区转型提升、文化旅游、文化创意等工作。

**27日** 副省长朱从玖率队到杭州医药港小镇调研外资工作，走访杭州默沙东制药有限公司、杭州捷诺飞生物科技股份有限公司。

△ 新区总工会第一届委员会第二次全体（扩大）会议召开。会议表决通过替增补新区总工会第一届委员会委员、书面审议经审工作报告。

**31日** 新区纪检监察工作会议召开。

**3月** 新区“新区新速度——移动办公大幅提升办文、办会、办事效率”案例被评为杭州市2019年改革创新优秀实践案例。

△ 新区推荐申报的新加坡杭州科技园·文化与科技融合创新中心、浙江传媒学院传媒文化创意产业园、杭州和达创意设计园、华媒科创园被认定为“杭州市文化产业园区”。

△ 新区企业杭州普望生物技术有限公司获杭州联合银行下沙支行授信的800万元融资，为2020年杭州市首例商标质押融资。

## 4月

**1日** 副市长、新区党工委书记柯吉欣会见中国工商银行浙江省分行行长戴春林一行，就深化战略合作进行沟通交流。

△ 新区审计工作委员会第一次会议召开。

**2日** 市政协副主席周智林率队到新区调研杭州文海实验学校、文清小学和杭州第四中学下沙校区开学复课准备工作。

**3日** 新区党工委召开扩大会议，传达学习中央政治局会议精神和习近平总书记在浙江、杭州考察时的重要讲话精神，以及省委常委会扩大会议和市委常委会扩大会议精神，研究新区贯彻落实意见。

**9日** 市委副书记张仲灿到新区开展“走亲连心三服务”活动，调研辉瑞生物制药（杭州）有限公司、中科院肿瘤与基础医学研究所项目、弈安济世研发生产基地、杭州医药港小镇展厅并召开座谈会。

△ 新区党工委理论学习中心组召开会议，专题学习贯彻习近平总书记在浙江、杭州考察时的重要讲话精神。

**10日** 新区召开街道党工委书记座谈会，听取7个街道党工委书记在街道体制改革、招财引税、环境提升、数字赋能、队伍建设等方面工作的意见建议。

**13日** 新区“投资之家”全面启用。该平台集成整合政府涉企审批管理服务职能，可为企业提供项目落地前准入、落地后审批、投产后服务3个阶段的全生命周期投资服务。

**14日** 上海飞机制造有限公司董事长魏应彪到新区考察调研企业杭州艾美依航空制造装备有限公司。

**15日** 新区营商环境工作领导小组会议召开。

**17日** 新区党群工作部（组织部）联合杭州电视台综合频道推出的“战疫情、促发展”24小时直播节目《春江水暖·奋进钱塘》开播。

**20日** 市委副书记、代市长刘忻到新区考察调研，走访浙江西子势必锐航空工业有限公司、广汽汽车集团乘用车（杭州）有限公司、杭州中欣晶圆半导体股份公司、杭州默沙东制药有限公司、杭州九阳小家电有限公司5个企业，了解企业生产及研发情况。

**21日** 市人大常委会党组副书记、副主任许勤华率队专题调研新区数字经济发展情况，走访新区企业玳能科技（杭州）有限公司、杭州和利时自动化有限公司并召开座谈会。

△ 新区2020年度技能大师工作室、首席技师、金牌工人评选工作启动，评选技能大师工作室5个、首席技师5人、金牌工人30人。

**22日** 市委常委、常务副市长戴建平率队调研新区汽车产业发展情况，走访新区企业广汽汽车集团乘用车（杭州）有限公司、长安福特汽车有限公司杭州分公司、杭州吉利汽车有限公司。

△ 新区电力执法行政办公室成立。该机构是杭州市首个揭牌成立的区县级电力行政执法办公室，由国家电网新区供电有限公司与新区综合行政执法局联合组建。

△ 杭州壹网壹创科技股份有限公司总部园区项目在新区奠基。

**29日** 副省长陈奕君到新区调研走访省质量技术监督检测基地和省食品、药品等重点检验检测机构。

△ 杭州市"杭向未来"人才成果云享会启动仪式暨生物医药专场发布会在新区国际创博中心举办。

## 5月

**5日** 市委副书记、市长刘忻到新区调研制造业发展情况，走访杭州士兰集昕微电子有限公司、杭州松下家用电器有限公司、中策橡胶集团有限公司、柔性电子技术协同创新中心等企业和平台。

**8日** 中国科学院肿瘤与基础医学研究所重大人才项目签约落户新区。副省长成岳冲参加签约仪式。

△ 新区首班公交新线3101路开通。

**11日** 省委常委、市委主要负责人专题调研新区新型基础设施建设活动，考察乐金电子（杭州）有限公司新能源动力电池核心材料生产及技术创新情况、中科院肿瘤与基础医学研究所四大公共服务平台建设推进和人才引进等情况。

**14日** 新区管委会与中国能建集团华东建设投资有限公司、浙江省建设投资集团有限公司签订战略合作协议。

△ 副省长陈奕君到新区专题调研浙江东南网架新型装配式钢结构绿色建筑基地项目建设。

**15日** "众志筑希望·大爱绘未来——'大爱浙商'"抗疫英雄颁奖大会在省人民大会堂举行。新区企业圣奥集团有限公司、三花控股集团有限公司名列"浙商抗疫英雄榜"。

**19日** 新区首个街道级非物质文化遗产馆——河庄街道非物质文化遗产馆建成开放。

**20日** 新区产业平台建设推进大会召开。杭州医药港小镇、杭州大创小镇、杭州综合保税区、杭州江东芯谷、杭州临江高科园、杭州前进智造园6个产业功能平台以实体化运作模式组建成立。

△ 副省长陈奕君调研新区建设发展及国家检验检测高技术服务业集聚区建设情况，参加"5·20"世界计量日主题活动——"测量支撑全球贸易"主题报告会暨计量测试和市场监管科技成果竞价（拍卖）会。

**21日** 副市长、新区党工委书记柯吉欣专题调研新区产城融合示范区工作。

**23日** 市长刘忻到新区开展"走亲连心三服务"活动，走访杭州郝姆斯食品有限公司、新松机器人自动化股份有限公司、杭州和利时自动化有限公司、长安福特汽车有限公司杭州分公司、三花控股集团有限公司、格力电器（杭州）有限公司、奥普家居股份有限公司等企业。

**26日** 省发改委主任孟刚到新区开展"走亲连心三服务"活动，调研生态海岸带新区示范段，查看钱塘江大江东段绿道和下沙滨海绿道。

△ 杭州综合保税区内企业青岛正典生物科技有限公司通过审核，获杭州市首张"境内关外"企业食品生产许可证。

**27日** 新区全面深化改革委员会首次会议召开。

△ 2019年度中国医疗大健康产业投融资荣耀榜公布，新区位列中国最佳医疗健康产业园区十佳名单。

**28日** 新区管委会与市水务集团签订战略合作协议。

**29日** 新区"最美劳动者·建功新时代"首届劳动模范和最美产业工人云表彰大会举行。35名劳动模范、15个劳动模范集体、10名最美产业工人和27名巾帼文明岗代表获大会表彰。

△ 2019年度浙江五星级农村文化礼堂名单公布，新区河庄街道向公村文化礼堂在列。

**30日** 第二届全国创新争先奖表彰奖励大会在北京召开，新区杭州捷诺飞生物科技股份有限公司董事长、杭州电子科技大学教授徐铨恩获"全国创新争先奖"。

**5月** 新区推行全区域企业登记住所申报承诺制改革，为杭州市首个推行该项改革的地区。

△ 由新区管委会与浙江工商大学合作开办的中国（杭州）跨境电商学院发布招生公告，面向省内高

校招收学生100名，学制1年。

## 6月

**1日** 省委改革办（跑改办）副主任沈素芹到新区调研优化营商环境便利化集成改革工作，走访辉瑞生物制药（杭州）有限公司并召开座谈会。

**3日** 经公开征集、专家评议、网络投票、市政府决策等环节，“天目山路—环城北路—艮山东路”快速路（规划名）命名为钱塘快速路。该快速路西起绕城高速公路西线留下互通，东至头蓬快速路，全长48千米，途径余杭区、西湖区、下城区、江干区、钱塘新区5个区域。

**5日** 新区地铁阶段专线——杭州地铁8号线进入铺轨阶段。该线路一期工程总长17.1千米，设车站8座。

**6日** 商务部一行到新区调研杭州跨境电子商务综合试验区（下沙园区）中心仓、菜鸟仓和玳能科技（杭州）有限公司。

**8日** 南昌经济技术开发区党工委书记赵海东一行到新区考察学习，走访大创小镇、杭州九阳小家电有限公司和杭州医药港小镇，并就产业发展、创新平台、产城融合等工作与新区管委会座谈交流。

**9—14日** 第二十二届中国浙江投资贸易（网上）洽谈会在浙江举行。新区“百事百草味”亚太区独立运营事业部项目代表杭州市参加主会场签约，项目并购总金额7.05亿美元。新区优替济生细胞药物研发生产、聚合顺特种尼龙新材料、松鹿药业研发中心等4个项目在杭州分会场签约，合计总投资约90亿元。

**9日** 第三届SEC中以创新论坛在新区举行。7个以色列医疗项目参加论坛“云路演”。

**10日** 省粮食和物资储备局党组书记、局长周维亮率队到新区开展以送订单、送定金、送政策、送科技和送信息为主要内容的“五送”为农服务活动。

△ 杭州市汽车零部件企业整零对接交流会在新区吉利汽车大江东基地举行。

△ 艮山东路过江隧道项目首台盾构机——“钱塘先锋号”下线交付。“钱塘先锋号”盾构机长度160米，直径14.96米，配备重型刀具216把，设备总装功率9000千瓦。

**11日** 省委常委、省委组织部部长黄建发到新区调研中国科学院肿瘤与基础医学所一期项目工程建设情况及人才团队科研工作开展情况。

**12日** 新区管委会与杭州实业投资集团有限公司签署战略合作协议。双方围绕产业园、项目投资、优质项目培育引进、产学研平台搭建、国企管理与业务合作等领域开展合作。

**14日** 钱塘快速路（同协路至东湖高架路段）开通试运行。

**15日** 新区首届“创在青春梦钱塘”大学生创新创业大赛启动。

**15—24日** 第127届中国进出口商品交易会在网上举行。新区企业杭州宇隆科技有限公司等31个企业通过网络直播间展示产品的形式参加该届交易会。

**18日** 新区企业杭州聚合顺新材料股份有限公司在上海证券交易所主板上市。

**19日** 经省税务局、省商务厅、省文化和旅游厅联合审核，新区万事利丝绸公司（天城路店）入选省（不含宁波）首批离境退税商店名单。

**22日** 新区老年人体育协会成立大会召开。

**23日** 新区管委会与浙江东南网架集团有限公司签订战略合作协议。

**26日** 市委副书记、市长刘忻到新区调研，走访顾家家居股份有限公司、统合电子（杭州）有限公司、玳能科技（杭州）有限公司、辉瑞生物制药（杭州）有限公司、杭州壹网壹创科技股份有限公司等10个企业，了解企业发展情况。

**28日** 新区首批8名干部赴贵州省黔东南苗族侗族自治州凯里市学校、医院挂职，开展部门支持、医疗指导、农村支援工作。

**29—30日** 新区管委会负责人率队赴贵州省黔东南苗族侗族自治州凯里市开展对口帮扶工作。其间，两地举行东西部扶贫协作座谈会，新区向凯里市捐赠帮扶资金，凯里市与新区企业杭州郝姆斯食品有限公司签订合作备忘录。

**30日** 新区开展“不忘初心担使命，比学赶超当先锋”暨庆祝中国共产党成立99周年开放式主题党日活动。

## 7月

**1日** 钱江海关验放海关监管方式代码为“9710”（全称“跨境电子商务企业对企业直接出口”）、“9810”（全称“跨境电子商务出口海外仓”）的出口报关单和出口申报清单，杭州综合保税区在全国率先实现跨境电商B2B出口4种模式的全覆盖。

△ 新区首个市级清廉文化示范点——临江围垦纪念馆清廉文化示范点授牌。

**2日** 新区召开法治钱塘建设工作推进会暨杭州市法治政府建设督查迎检会议，聘任法治建设监督员，通报2019年度法治钱塘考核情况。

**7日** 新区企业浙江西子势必锐航空工业有限公司入选欧洲空客公司“挑战者”供应商，成为中国地区唯一入选企业。

**8日** 新区管委会与钉钉（中

国）信息技术有限公司签订合作签约暨新区“亲清钱塘”数字平台发布上线。

△ 新区企业长安福特汽车有限公司杭州分公司生产的大型美式豪华SUV全新林肯飞行家车型上市。

**9日** 杭州医药港临床试验中心签约授牌。该中心由杭州医药港同浙江大学医学院附属第二医院、浙江大学医学院附属邵逸夫医院、省人民医院、中国科学院大学附属肿瘤医院合作共建。

**14日** 新区新加坡（杭州）科技园在浙江省商务厅组织的“2019年度浙江省国际产业合作园”考核中，位列全省19个国际产业合作园年度考核第一名。

**15日** 杭州互联网法院跨境贸易法庭在中国（杭州）跨境电子商务综合试验区（下沙园区）挂牌成立。市委副书记、市委政法委书记张仲灿为法庭揭牌，并启动应用跨境贸易司法平台。

△ 市委副书记、市委政法委书记张仲灿到新区调研数字赋能基层治理工作，走访下沙街道下沙社区并召开座谈会。

**16日** 浙江省特种设备科学研究院与中国计量大学在新区签订共建“特种设备检验检测及风险评价协同中心”战略合作协议，并为“特种设备检验检测及风险评价协同中心”和“中国计量大学学生实习实践基地”揭牌。

**17日** 由杭州实业投资集团主办、杭州医药港和大创小镇协办的实创汇医疗高峰论坛在新区举行。

**18日** 上海法庭科学技术集创中心杭州基地在新区江东科创园揭牌。该基地由落户新区的中科院上海技物所杭州空间信息技术研究院引进，为融合新型装备技术与人工智能的新技术平台。

**21日** “天猫国际”电商平台与新区杭州综合保税区联合创新项目——“保税区工厂”启动。同日，首条品牌生产线——马来西亚“正典”鲜炖燕窝工厂在“保税区工厂”投产。

**22日** 新区白杨街道、义蓬街道综合行政执法队揭牌成立。两支队伍承接新区综合行政执法局、社会发展局、教育与卫生健康局等8个职能部门行政执法职权，作为全省试点以街道办事处名义开展执法工作。

**23日** 落户新区大创小镇的杭州国际人才创业创新园钱塘园区开园。

△ 浙江省推进“四大建设”工作联席会议办公室公布2019年度省产业集聚区（新区）综合评价结果，钱塘新区居全省第二位，获评“优秀单位”。

△ 新区慈善总会第一次会员大会暨第一届一次理事会召开。

**27日** 首届中国计量大学全球校友创新创业大赛暨杭州钱塘新区NQI创新创业大赛决赛在大创小镇举行。

**28日** 市委副书记、市长刘忻带队到新区开展城市环境提升改善工作评查。

**29日** 省委常委、市委主要负责人率队到新区考察下沙体育长廊和亚运轮滑馆项目建设情况。

**31日** 新区庆祝中国人民解放军建军93周年暨首届“最美退役军人”颁奖大会举行。新区首届10名“最美退役军人”获表彰。

## 8月

**1日** 市委副书记、市长刘忻调研新区，走访新区江东芯谷管理办公室、规划馆、江海湿地、临江出海码头、临江循环经济产业园项目和电装（杭州）有限公司等5个企业。

**4日** 新区2020年生命健康产业推介会在上海举办。推介会以“创新医药、协作共赢”为主题，新区党工委副书记、管委会常务副主任施华淼做投资环境推介。

**6日** 市委副书记、市长刘忻调研新区，走访金沙湖商务区、中科院肿瘤与基础医学研究所，以及杭州梓铭基因科技有限公司、杭州立昂微电子股份有限公司等11个企业。

**7日** 贵州省凯里市市委副书记、市长杨波率队到新区开展东西部扶贫协作对接考察工作。双方召开联席会议，并签订教育帮扶结对协议书。

△ 2019年度中国医药行业最具影响力榜单公布，新区企业杭州和泽医药科技有限公司位列中国医药研发企业20强第7名。

△ 市委常委、市公安局局长金志到新区听取村（社区）党组织换届情况。

**12日** 新区举行第三季度项目集中签约、开工、投产活动暨生物医药“万亩千亿”新产业平台建设推进会，集中签约、开工、投产项目76个，总投资逾840亿元。

△ 贵州省黔东南苗族侗族自治州委书记桑维亮，州委副书记、州长罗强率党政代表团到新区考察杭州郝姆斯（百草味）食品有限公司。

**18日** 根据省、市委任命文件，朱党其任中共杭州市人民政府党组成员、中共杭州钱塘新区工作委员会副书记。

**19日** 新区企业杭州格林达电子材料股份有限公司在上海证券交易所挂牌上市。

**21日** 新区召开领导干部会议，宣布省委、市委关于对新区管委会主要负责同志调整的决定。朱党其任中共杭州市人民政府党组成员、中共杭州钱塘新区工作委员会副书记，提名任杭州钱塘新区管委会主任。

△ 宁波杭州湾新区管委会考察团到新区考察。考察团一行走访考

察西子势必锐航空部件制造项目、中欣晶圆半导体股份有限公司、奕安济世生物药业有限公司、辉瑞生物制药（杭州）有限公司等。两区就招商引资、重大项目投资和体制机制运作等进行交流。

**23日** 新区首届企业家领菁学堂开班，52名新区企业家作为首批学员参加培训。

**26日** 朱党其任杭州钱塘新区管理委员会主任。

**27日** 2020年“创客中国”浙江赛区暨浙江好项目中小微企业创新创业大赛总决赛在新区大创小镇举行。

△ 省委副秘书长、省信访局局长王忠志调研新区下沙矛盾调解中心。

**28日** 位于新区义蓬街道的杭州市大江东医院更名为杭州市第九人民医院（杭州市第一人民医院钱塘院区），成建制划转至市卫生健康委管理，并举行成立揭牌仪式，副市长陈卫强参加仪式并揭牌。

**29日** 新区中国科学院肿瘤与基础医学研究所一期项目获2019年度“全国医院人文建筑奖”。

**31日** 杭州市首个35千伏公用预制舱式智能变电站——新区围垦补强变投入运营。该变电站主要为新区围垦区域350个鱼虾养殖场、1500户养殖户提供电力保障。

## 9月

**2日** 杭州市召开迎接第二轮中央生态环境保护督察工作动员部署会。新区设视频会议分会场。

**5日** 由新区管委会、帝国理工学院英国国家心血管研究中心、英国皇家布朗普顿医院联合主办的第三届中英医疗健康论坛在新区举行。

△ 首届杭州历史经典产业潮玩节在新区大创小镇国际创博中心开幕。

**7日** 省委常委、市委主要负责人督察环保突出问题整改落实工作，考察新区七格污水处理厂四期工程。

**7—9日** 新区党工委副书记、管委会常委副主任施华森率队赴贵州省凯里市开展东西部扶贫协作考察。

**8日** 副省长高兴夫到新区调研中科院肿瘤与基础医院研究所建设及项目推进情况，听取研究所建设历程、人才队伍及科研合作等情况介绍。

**9日** 萧山第九中学更名为杭州市钱塘高级中学，并举行揭牌仪式。萧山第九中学于1958年建校，前身为义盛中学，2019年8月加入杭州第四中学教育集团。

**11日** 新区企业杭州立昂微电子股份有限公司在上海证券交易所上市。该企业于2002年3月成立，业务涉及半导体硅材料、半导体分立器件、集成电路芯片三大领域，连续5年获评“中国半导体材料十强企业”。

△ 浙江省能源集团党委书记、董事长童亚辉率队到新区考察，与新区管委会就加强合作开展交流。

**15日** 新区与余杭区、海宁市举行政务服务“杭海通办”仪式，政务服务杭海一体化专窗启动。

△ 新区优化营商环境集成改革试点工作专题会召开。

**16日** 副市长、新区党工委书记柯吉欣主持召开会议，专题研究新区城市有机更新拓展工作。

**17日** 新区大创小镇入选“杭州数字经济旅游十景”并授牌。

**21日** 国务院发布《关于北京、湖南、安徽自由贸易试验区总体方案及浙江自由贸易试验区扩展区域方案的通知》，浙江自贸试验区扩展区域实施范围119.5平方千米，涵盖宁波片区、杭州片区、金义片区。位于新区的杭州综合保税区被纳入杭州片区。

**22日** 第四届（2020）浙江国际协同创新峰会在新区大创小镇国际创博中心举行。峰会聚焦大数据与人工智能、生物医药、企业赋能、5G技术与应用等领域，以“于变局中布新局”为主题。

△ 市委常委、常务副市长戴建平一行到新区检查危化品行业安全生产工作。

△ 新区党工委副书记、管委会主任朱党其督查文明城市国测迎检和中央环保督查问题整改工作。

△ 维亚生物项目在新区的杭州医药港小镇落户签约。该项目投资建设CRO（临床试验）服务加创新孵化中心，总规模投资10亿元。

**23日** 新区河庄至临江公路（临鸿东路）新建工程通过交工验收。该道路起点位于规划靖江路，终点位于规划新世纪大道北上，全长4.52千米。

**24日** 新区劳模工匠协会第一次代表大会召开。大会成立劳模工匠协会，选举产生协会理事、会长、副会长和秘书长。

△ 中国（浙江）自由贸易试验区扩展区域挂牌仪式在杭州举行。浙江自贸试验区宁波片区、杭州片区、金义片区揭牌，新区企业杭州扶轮国际贸易有限公司等首批入驻浙江自贸试验区扩展区域的10个企业获授牌。

△ 人力资源社会保障部行风办专职副主任吴礼舵调研新区社保审批窗口。

**29日** 杭州海关关长王伟率队调研浙江自贸试验区杭州片区情况，走访新区中国（杭州）跨境电子商务综合试验区（下沙园区）中心仓。

**30日** 新区社会治理综合服务中心（江东中心）成立并试运行。该中心位于迎康路28号，总面积2000平方米，设信访综合、劳动监察及仲裁、法律援助、法律咨询等窗口。

## 10月

**12日** 副省长朱从玖率队到新区调研浙江自贸试验区杭州片区总体情况，强调新区要以“重要窗口”头雁精神，建设数字经济高质量发展示范区。

**15日** 2020年全国“双创”活动周浙江分会场在新区启动。启动仪式上，钱塘芯谷揭牌成立，10个半导体产业项目落户新区，钱塘“芯制造”创业联盟成立。

△ 海宁市委书记朱建军率海宁市党政代表团到新区对接交流。

**16日** 省委书记、省人大常委会主任袁家军到新区调研民营企业运营情况，考察娃哈哈集团有限公司大健康产品生产线，了解企业新产品开发及生产经营情况。

△ 新区环境整治集中攻坚行动工作总结暨“迎亚运”城市环境大整治、城市面貌大提升工作部署会召开。

△ 新区管委会与中非民间商会举行浙非服务中心签约仪式，浙非服务中心（浙非发展促进中心）落户新区。

**22日** 新区党工委副书记、管委会主任朱党其会见玫琳凯亚太区总裁蔡庆国一行。

△ 2020年杭州钱塘新区文化旅游周开幕式暨工业旅游高质量发展研讨会在大创小镇国际创博中心举行。

△ 新区获由财政部组织的“全国政府采购百强县（市、区）”称号，新区财政金融局获“全国政府采购百强县（市、区）突出贡献单位”称号。

**23日** 2020（第四届）浙江本土跨国公司成长论坛暨“丝路领航”三年行动计划启动仪式在新区举行。

**26日** 新区“创星汇”党建联盟启动仪式暨园区平台党建赋能发展主题活动在大创小镇国际创博中心举行。

**27日** 自然资源部耕地保护监督司司长刘松明到新区调研河庄全域整治工程，以及义蓬等3个街道267公顷“旱改水”项目。

**28日** 省委常委、市委主要负责人到新区考察临江环境能源公司并召开座谈会。

**30日** 新区文化地图在第十四届杭州文博会上发布。该地图主页分文化旅游、文化创新和文化工程三大版块，包括围垦文化、工业文化、钱塘江文化、红色文化等文化资源。

**30—31日** 第二届创新药物研究高峰论坛（暨抗病毒药物开发）在新区举行。论坛分享抗病毒药物开发领域前沿研究成果与应用，国内外抗病毒研究领域领军型专家、知名学者、企业负责人共300多人受邀参加。

## 11月

**2日** 新区整车制造企业广汽乘用车（杭州）有限公司举行第30万辆汽车下线仪式。

△ 副市长、新区党工委书记柯吉欣到下沙街道调研村社组织换届工作。

△ 新区召开领导干部会议，传达学习中共十九届五中全会精神。

**3日** 副省长、省公安厅厅长王双全调研新区公安工作，并到特色小镇和企业开展“走亲连心三服务”活动。

**4日** 浙江华云电力物联网产业研发制造项目在新区奠基。项目位于围垦街以南、幸福北路以东，总投资9.8亿元，总用地面积5.9万平方米。

**5日** 2020年全国新区开发区第三十三次工会工作研讨会在新区开幕，全国30个新区开发区150名代表参会。

**6日** 杭州综合保税区入选浙江省进口贸易促进创新示范区名单。

△ 市人大常委会主任于跃敏到新区调研人大工作。

**7—8日** 新区111个村社党组织大会召开。选举产生新一届党组织书记111人、副书记114人、委员199人、兼职副书记61人。

**8日** 杭州地铁8号线一期工程实现全线洞通。杭州地铁8号线一期工程为2022年杭州亚运会重点配套工程，起于新区文海南路站，终于新湾路站，设车站8座，全长17.1千米。

**9日** 中国（浙江）自由贸易试验区杭州片区钱塘区块启动暨2020年钱塘新区（上海）投资推介会在上海举行。会上，签约项目30个，投资总额110亿元，涵盖生物医药、智能制造、集成电路、跨境电商等领域。自贸区钱塘区块为杭州片区三大区块之一，占地10.1平方千米。

**11日** 2020年杭州国际人才交流与项目合作大会钱塘新区分会场活动在大创小镇举行。

**13日** 浙江省抗击新冠肺炎疫情总结表彰大会在杭州举行。会议以视频形式召开，新区党工委、管委会班子成员及各部门、街道参会人员在新区分会场收看。会后，新区向省先进集体和先进人物颁奖。

**16日** 新区村社换届工作领导小组第二次会议暨村社换届工作推进会召开。

**17日** 副市长、新区党工委书记柯吉欣率队到杭州市西湖区考察养老产业。

**18日** 中央政研室副主任张季率中央改革办督查组到新区考察，了解中国（浙江）自贸试验区杭州片区钱塘区块建设进展情况。

**19日** 浙江省化工学会“浙江省化学工业科学技术奖”评审结果公布，新区企业杭州之江密封胶有限公司“工业用有机硅密封胶产品的研发与产业化”获一等奖。

**20日** 药明生物杭州基地在新区的杭州医药港小镇开业。

**24日** 市委副书记、市长刘忻到新区调研外资企业，走访眼力健（杭州）制药有限公司、拜耳作物科学（中国）有限公司、杭州神钢建设机械有限公司、杭州爱知工程车辆有限公司、东芝开利空调（中国）有限公司等企业。

**25日** 新区企业杭州壹网壹创科技股份有限公司以240亿元的市值，排名胡润中国500强本土民营企业第475位。

△ 省村（社区）组织换届工作督导组到新区督导调研村社组织换届工作。

**26日** 市委副书记、市长刘忻率全市民生实事比学赶超活动（第二组）到新区考察云上澜苑产业社区。

**27日** “忆临江芳华五十载、守初心扬帆再启航”文艺演出暨杭州钱塘新区知青五十周年纪念活动在临江兵团知青文化园举行。

**28日** 2020年中国医药企业家科学家投资家大会在杭州国际博览中心开幕，副市长、新区党工委书记柯吉欣参加活动并致辞。

**29日** 浙江大湾区自行车公开赛在新区举行。

## 12月

**2日** 云南省委常委、昆明市委书记、滇中新区党工委书记程连元率昆明市党政代表团到新区考察，走访杭州医药港、大创小镇、中科院基础医学与肿瘤研究所、英国帝国理工先进技术研究院等。

**4日** 新区首个慈善基地试点单位——河庄街道“善合钱塘”慈善基地成立，15个爱心单位（社会组织）入驻基地。

**5日** 第四届浙江药学大会开幕式在新区举行。中国医药领域院士、专家围绕前沿热点问题做大会报告，设立药物警戒、药物制剂、制药工程、化妆品等专业论坛进行学术交流。

**6日** 2020年杭州女子半程马拉松在新区举行，来自全国各地共计5000多人参赛。唐晓芳以1小时17分54秒的成绩获赛事冠军。

**9日** 2020年浙江省“万亩千亿”航空航天产业国际峰会在新区举办。国内外专家学者、投资机构、院校、政府机构和产业界人士等300人参加。

**10日** 新区新的社会阶层人士联合会成立大会召开。会议选举产生新联会第一届理事会会长、常务

新区下沙片区国家级科技企业孵化器大楼 （新区融媒体中心 供稿）

副会长、副会长、秘书长，审议通过新区新联会第一届理事会副秘书长聘任名单。

**13日** 新区7个街道所辖111个村社党组织、村（居）委会、村（居）监会、经合社换届选举完成。

**14日** 新区党工委副书记、管委会主任朱党其主持召开产业空间专题会议，听取新区产业空间、低效工业用地整治、总部经济布局等情况汇报。

**15日** 钱塘人才之夜暨首届钱塘才创园开放月闭幕晚会在新区国际创博中心举行。会上举行首批钱塘新区“举才官”聘任仪式，向5名院士颁发聘书，向36个优秀人才创业企业及人才领衔企业颁发最佳创业新秀奖、最具成长潜力奖、最佳校友创业奖、最佳科技创新奖、最具发展动力奖、最具影响力奖，授予10名人才首届“钱塘智慧英才”“钱塘青年英才”称号。

**16日** 市委副书记、市长刘忻到新区调研外资企业，走访乐金电子（杭州）有限公司、西门子（杭州）高压开关有限公司、伊莱克斯（杭州）家用电器有限公司、杭州富通电工有限公司、杭州丘比食品有限公司、杭州松下马达有限公司。

△ 新区党工委召开理论学习中心组（扩大）会，传达学习中共十九届五中全会精神和市委十二届十一次全体（扩大）会议精神。

**17日** 第三届全国跨境电商人才培养峰会在新区举行。

**19日** 新区十九届五中全会精神宣讲会暨新区年轻干部座谈会召开。

**20日** 新区江东大道、青西三路、河景路3条地下综合管廊工程地铁专线入廊并投运。

**21日** 省住房和城乡建设厅公布浙江美丽城镇建设工作2020年度样板城镇和达标城镇考核结果，新区前进街道入选省级样板城镇名单，义蓬街道入选达标城镇名单。

**24日** 中国（浙江）自由贸易试验区杭州片区建设推进大会举行。副市长、新区党工委书记柯吉欣代表新区党工委、管委会做交流发言。

**25日** 副市长、新区党工委书记柯吉欣到杭州第四中学下沙校区开展中共十九届五中全会精神宣讲。

△ 新区举行村社干部履新第一课暨“头雁领航学院”揭牌仪式。副市长、新区党工委书记柯吉欣出席仪式并为新一届村社干部讲授履新第一课。

△ 新区义蓬街道义府名苑二期（中北区块）抽签分房。该安置房项目有房源3277套，建筑面积38.26万平方米。

**29日** 副省长陈奕君到新区调研生物医药企业，走访泰尔茂医疗产品（杭州）有限公司、明峰医疗系统股份有限公司、辉瑞生物制药（杭州）有限公司、杭州嘉因生物科技有限公司。

△ 新区管委会与省药监局签订战略合作协议，即《共同打造高端生物医药“万亩千亿”新产业平台战略合作框架协议》。与省食品药品检验研究院签订《共建生物医药创新公共服务平台合作协议》。

**30日** 杭州地铁1号线三期、7号线江南段首次载客运营。地铁1号线三期始于下沙江滨站，止于萧山国际机场站，线路总长11.5千米，设5个站（不含下沙江滨站）。地铁7号线始于吴山广场站，止于江东二路站，线路总长47.5千米，在新区设站6个。

△ 副市长、新区党工委书记柯吉欣专题调研新区交通及电力基础设施项目。

**31日** 新区“十四五”规划编制工作专题会议召开。

**（年鉴编辑部）**

# 新区总览

## 整合成立

【批复与授牌】2019年4月2日，浙江省人民政府批复成立杭州钱塘新区（简称新区）。根据批复，新区规划控制总面积531.7平方千米，空间范围包括原杭州大江东产业集聚区和原杭州经济技术开发区，委托管理下沙、白杨、河庄、义蓬、新湾、临江、前进7个街道，以及原杭州大江东产业集聚区规划控制范围内的其他区域（不含党湾镇所辖接壤区域的行政村）。新区实行“一个平台、一个主体、一套班子、多块牌子”的管理体制架构，保持拥有杭州经济技术开发区、杭州综合保税区、临江高新技术产业开发区3块牌子，撤销区域内省级以下产业平台牌子。4月18日，杭州市召开推进钱塘新区高质量发展大会。会上，市委、市政府向钱塘新区授牌。4月19日，新区在江东一路7899号办公楼挂牌。

【发展定位】根据浙江省人民政府批复，新区承担融入长江三角洲一体化发展国家战略的重要职责，落实省委、省政府加快建设大湾区、大花园、大通道、大都市区决策部署，发挥杭州经济技术开发区等国家级平台的带动作用，优化资源配置，强化科技创新，加快转型升级，目标建设成为世界级智能制造产业集群、长三角地区产城融合发展示范区、全省标志性战略性改革开放大平台、杭州湾数字经济与高端制造融合创新发展引领区。

【两区块概况】新区整合成立前的2018年，原杭州大江东产业集聚区规划控制面积427平方千米，户籍人口14.68万人。集聚区地区生产总值304.29亿元，规模以上工业企业销售产值1200亿元，高新技术产业增加值140.6亿元，货物出口总额83.5亿元，财政总收入80.4亿元。原杭州经济技术开发区为国家级开发区，管辖面积104.7平方千米，辖区有45万人，发展形成装备制造、电子信息、生物医药等主导产业，年规模以上工业企业销售产值逾1600亿元，年高新技术产业产值逾600亿元，有40多个国家和地区的700多个外商投资企业投资创业。承担国家电子商务试点，集聚200多个企业参与跨境贸易业务。　　（年鉴编辑部）

## 地理·气候·人口

【地理位置与面积】新区地处长江三角洲南翼、杭州市区东部，位于杭州主城区和萧山区东北部的沿钱塘江区域。具体四至范围为东、北以钱塘江界线为界，南至红十五线、十二埭横河及与绍兴接壤的北侧河道，西南与杭州空港经济开发区交界，西至东湖路，西北与原余杭区、海宁市交界。规划总用地面积531.7平方千米，其中陆域面积436平方千米、钱塘江水域面积95.7平方千米。规划区南北长19千米、东西长43.2千米。

【气候特征】新区地处亚热带季风气候带，温和湿润，雨量充沛，光照充足，四季分明，春秋较短，冬夏较长。春季回暖早，冷暖转换快，气温日差较大。初夏常为梅雨季节，高湿闷热；盛夏晴热少雨，台风影响频繁。秋季多秋高气爽，冬季多晴冷天气。2020年，新区平均降水量1565.5毫米，平均气温18.2℃，平均相对湿度76.6%。夏季极端最高气温40.4℃，冬季极端最低气温-6.1℃，极端大风每秒

27.6米。全年降水偏多，平均气温偏高，强对流天气多发，梅雨量偏多。春季强对流天气多，3月7日入春后多次出现短时暴雨、雷雨大风、强雷电、小冰雹等天气，最大小时雨量逾40毫米，最大风力10级。梅汛期偏长，暴雨过程频繁。5月29日入梅，7月18日出梅，梅期50天。梅雨量630.4毫米，是常年的2.4倍。全年无台风明显影响，“黑格比”台风过境时新区中东部局部有8级风。（俞京锋）

**【农田湿地】** 新区现状永久基本农田1.68万公顷，占总面积35.4%。其中水田1.29万公顷、旱地2616公顷、坑塘水面1265公顷、果园15公顷、其他园区36公顷。东部农田分布较为集中，规模较大；西侧农田集中在西北角，相对集中。规划区东北角沿海为湿地，范围为钱塘江与滨江二路之间生态区，全长约40千米。湿地地势平坦、视线开阔，内部水系纵横。湿地生态环境整体较优，种类丰富、面积较大、空间延绵、整体性强，是鸟类的重要栖息地，同为杭州建设世界级生态景观休闲廊道“三江两岸”的重要组成部分，规划定位为杭州东部生态带核心区域、新区生态“绿肺”和屏障。

**【水系河道】** 新区下沙区块和江东区块河道密布，地块开发之前主要承担杭州东部的排涝、灌溉、运输和海塘抢险等功能。下沙区块南北向主要有幸福河、11号渠、环堤护塘等，东西向主要有闸北河、五一河、新建河、2号渠、6号渠、12号渠，呈网格状分布，多为人工开挖，主要用来排涝、防洪。江东区块南北向主要有四工段直河、六工段直河、八工段直河、九工段直河、十工段直河等，东西向主要有沿塘地抢险河、围垦沿塘河、围垦后横河、义隆横湾等，同呈网格状分布、多为人工开挖，系随围垦区不断拓展而形成。主干河道水面60~70米宽，一般河道20~30米宽。

新区江东农场　（新区融媒体中心　供稿）

**【山体堤坝】** 新区地势平坦，下沙区块为钱塘江常年冲刷沉积及围垦而成的一块平原，没有山体。江东区块为围垦区，唯有一座较小的丘陵——蜀山，位于河庄街道，海拔44.8米，山脊呈宽、窄长条状，占地面积约4万平方米。南沙大堤是萧山围垦文化的起源。现存南沙大堤西起南阳，后向东北再向东南延伸，过临江后终至红十五线以南萧绍分界点附近。南沙大堤新区段全长28.37千米。河庄街道建有南沙大堤遗址公园。（年鉴编辑部）

**【户籍人口】** 2020年，新区户籍人口总户数87430户，比上年增加3357户，增长4%，平均每户3.7人。全区户籍总人口319258人，比上年增加14919人，年递增率为4.9%。其中：城镇人口249774人，占全区总人口的78.2%；乡村人口69484人，占全区总人口的21.8%。在总人口中，男性人口158295人，占全区总人口的49.6%，增加7213人，增长4.8%；女性人口160963人，占全区总人口50.4%，增加7706人，增长5%。性别比（女=100）为98.34，比上年下降0.24个百分点。全区省内迁入人口6931人，省外迁入人口9164人；迁往省内人口937人，迁往省外人口1891人。（方晓波）

## 围垦与开发

**【治江围垦】** 新区现属地原为钱塘江海塘滩涂，为20世纪50年代起陆续抛石筑堤围垦而来。地处钱塘江北岸的下沙原属余杭，地处南岸的大江东属萧山。为治理江患，下沙地区于1953—1970年开展第一次围垦，形成1号、2号、3号大堤，称围垦老区，完成围涂面积4193公顷。1971—1980年，余杭成立围垦海涂联合指挥部，对3号大堤以西大片海涂进行第二次大围垦，形成4号、5号、6号、7号大堤，围涂面积3127公顷。两次大围垦合计围涂7320公顷。第一次围垦地以乔司农场为主管理，用于耕种垦殖，第二次围垦地以原余杭县下沙、九堡、乔司、翁梅等10个公社管理种植。属萧山的大江东地区又称南沙，民国时期南沙大堤以外沙地主要由萧绍农民自发围垦。中华人民共和国成立后，萧山结合钱塘江河口治理规划，于20世纪60年代中期开始大规模围垦。1968年围垦白虎山至蜀山段南沙大堤外滩2400公顷，1969年东部围垦5267公顷，1970年在围垦区东侧及南部新湾丁坝至十二埭闸大堤东侧军民联合围垦6667公顷。1986年，依照“谁出力、谁投资、谁得益”土地分配政策，萧山又进行3467公顷围垦。进入90年代，萧山开始采用机械化施工围垦，于1993年和1994年分别围涂867公顷和1267公顷。至1995年，萧山共进行17期万亩以上的围涂，围得滩涂毛地3.45万公顷，筑堤235.45千米。由南沙大堤自西至东划分5个垦区，后建立农场88个，另有军垦农场3个。

**【地块开发】** 下沙围垦区地块开发早于大江东围垦区。1985年，下沙围垦区被确定为杭州市下沙轻化工业区，列入初步规划。1986年9月，杭州市做出下沙工业区域发展规划。1990年8月，建为杭州钱江外商台商投资区下沙区块。1993年4月，设立国家级杭州经济技术开发区，开发面积10平方千米。1996年随下沙镇区域由余杭划入杭州市区。1999年杭州经济技术开发区托管原下沙镇行政区域范围，开发面积增至104.7平方千米。2000年4月，设立浙江杭州出口加工区，面积2.92平方千米。同年8月，开工建设杭州下沙高教园区，面积10.91平方千米。进入21世纪，江东围垦区开始发展工业。2001年筹建江东工业园区，2002年筹建前进工业园区，2003年筹建临江工业园区。2006年，3个工业园区批复成立。2009年，杭州市委、市政府部署加快大江东区域一体化发展，大江东区域“撤镇设街”，采取“城街合一、以城带街”的运行模式，江东新城、临江新城挂牌。2010年9月，根据浙江省产业集聚区发展总体规划（2011—2020年），杭州大江东产业集聚区确立。2011年9月，杭州大江东产业集聚区管委会设立，2012年10月挂牌。2014年8月，大江东产业集聚区体制调整，大江东区域开发建设管理实行“一个平台、一个主体”，规划控制总面积427平方千米。2015年1月，大江东产业集聚区启动实体化运作。同年2月，国家级萧山临江高新技术产业开发区获批。2019年4月，整合杭州大江东产业集聚区和杭州经济技术开发区，成立杭州钱塘新区。（年鉴编辑部）

## 产业经济

**【产业经济实力增强】** 2020年，新区实现地区生产总值1095.7亿元，比上年增长2.7%；规模以上工业企业增加值630.21亿元，增长4.2%；服务业增加值349.1亿元，增长0.8%。实施新制造业计划，设立六大产业功能平台，建立六大配套保障机制，主要任务为招商引资、项目推进和企业服务。布局智能制造和未来产业，高端生物医药平台入选省“万亩千亿”新产业平台培育名单，生物医药产业链和汽车产业链被评为全省开发区产业链“链长制”试点。坚持项目为王，加大招商引资，全年实际利用外资12.3亿美元，其中制造业利用外资6.8亿美元；签约落户总投资1亿元以上项目64个，其中10亿元以上项目34个，合计总投资832亿元。优化企业梯队，新增产值100亿元企业2个、规模以上工业企业48个，1个企业入选中国民营企业500强，13个企业入围杭州“准独角兽”名单企业。

**【规模以上工业总产值2953.87亿元】** 2020年，新区工业经济克服新冠肺炎疫情不利影响，完成规模以上工业总产值2953.87亿元，销售产值2911.14亿元。高新技术产业增加值476.53亿元，装备制造业增加值304.38亿元，战略性新兴产业增加值226.62亿元，分别增长8.2%、16.1%和5.9%。实现工业投资109.88亿元，出让工业用地138.3万平方米。年末在库规模以上工业企业617个，其中年产值100亿元以上企业4个、年产值50亿~100亿元企业5个、年产值10亿~50亿元企业51个、年产值1亿~10亿元企业263个。

**【五大主导产业实现产值2496.63亿元】** 2020年，新区半导体、生命健康、智能汽车及智能装备、新材料、航空航天五大制造业主导产业实现产值2496.63亿元，占新区全部规模以上工业总量的85%。五大主导产业中，半导体产业产值596.12亿元，增长0.3%；生命健康产业产值433.45亿元，增长0.5%；智能汽车及智能装备产业产值823.92亿元，增长17.8%；新材料产业产值641.62亿元，下降10.8%；航空航天产业产值1.52亿元，下降14.1%。

**【数字经济产业发展】** 2020年，受外部环境和新冠肺炎疫情影响，新区数字经济呈现“V”形反弹、稳定回升发展态势。全年新区完成数字经济核心产业增加值108.17亿元，比上年增长2.1%；数字经济核心产业规模以上企业营业收入565.4亿元，增长2.1%。机器人产业规模居杭州市第一位，电子信息制造产业、集成电路产业，均居杭州市第二位。加快5G产业集聚发展，完成5G产业图谱和规划编制，出台实施《新区加快5G先导区建设若干意见》。

（周阿丽）

**【企业转型升级】** 2020年，新区坚持创新驱动，提升发展质量能级。

全年新区有6个企业被列为杭州市“鲲鹏计划”制造业企业，33个企业完成规范升级为规模以上企业的认定，杭州三花微通道换热器有限公司申报成为省级隐形冠军企业，新增57个企业纳入年度“专精特”企业库。推动企业转型升级，完成下沙南部地块低效企业收储，重点区块杭州华春化纤纺织有限公司、杭州朝阳橡胶有限公司等31个企业丈量评估完成，进入收储实质性谈判；开展临江片区低效用地企业摸底调查，涉及低效用地企业54个，完成东风裕隆汽车有限公司等企业地块收储，收储面积41.06公顷。对2019年度亩产效益A类企业在用电、用水、用气等方面给予奖励总计1510万元。改造提升亩均税收1万元以下低效企业15个，淘汰落后和过剩产能企业8个，整治提升“低散乱企业（作坊）”20个。

（朱 伟）

**【服务业加快发展】** 2020年，新区登记注册并正常经营的服务业企业3万余个，实现税收贡献逾230亿元。规模以上服务业企业（含贸易企业）910个，产值1亿元以上企业170个。按行业门类细分，新区服务业企业中交通运输企业127个、信息软件企业28个、商务服务企业82个、科学研究企业38个、批发和零售企业430个、住宿和餐饮企业73个。全年新区服务业实现增加值349.1亿元，比上年增长0.8%，占地方生产总值比重31.9%。（冯 青）

**【农牧渔业产值稳定】** 2020年，新区实现农牧渔业总产值22.62亿元。其中：种植业产值13.77亿元，比上年增长5.3%；畜牧业产值5.12亿元，下降18%；渔业产值3.01亿元，增长16.2%。全年粮食播种面积5933公顷，增长6.7%；粮食总产量2.85万吨，增长14.4%；蔬菜播种面积9820公顷，增长16.5%。全区有市级以上农业产业化龙头企业30个，其中国家级农业龙头企业1个、省级龙头企业2个、市级龙头企业27个，新培育省级农业龙头企业1个。

（蔡 乐）

## 产业平台

**【杭州医药港】** 杭州医药港位于新区下沙区块，管理区域范围包括下沙街道行政管理区域和金沙湖商务区两大区块组成，面积18.4平方千米。重点发展生物医药、医疗器械、数字医疗、健康食品和高端服务业。2020年，平台实现生物医药产业总产值400亿元，增加值比上年增长10.3%。全年招引及落地总投资1亿元以上项目36个、10亿元以上项目10个，总投资304亿元；9个用地项目开工，7个项目工程竣工，3个项目投产运营。

**【大创小镇】** 大创小镇位于新区下沙区块，省级特色小镇红线面积3.8平方千米，平台实际管理面积55平方千米（等同白杨街道区域）重点发展创业创新、人才科技项目和总部经济。2020年，小镇核心区新增企业936个。管理区域新增省级科技型中小企业137个，累计677个；新增国家级高新技术企业81个，累计295个。规模以上工业企业完成总产值1183亿元，实现工业增加值309亿元。完成固定资产投资26.9亿元，其中工业固定资产投资23亿元。全年新认定国家级众创空间1个、省级科技孵化器及众创空间3个，累计有市级以上科技孵化器18个、市级以上众创空间12个，科技创业创新空间面积60多万平方米。

**【杭州综合保税区】** 杭州综合保税区由原浙江杭州出口加工区升级而成，面积2.01平方千米。作为新区探索“市场化运作、企业化管理”的功能平台，园区以跨境电商、综合保税、临空经济、转口贸易和出口加工为基础，构建以保税加工、保税物流、跨境电商、展览销售为主导和现代金融、检测维修、研发设计、加工制造为支撑的“保税+”新业态。2020年，园区规模以上工业企业实现总产值95.08亿元，比上年下降12.3%；货物进出口总值268.11亿元，增长3.6%；跨境零售进口额102亿元，下降13.7%。

新区大创小镇 （陈浩杰 摄）

【钱塘芯谷】 钱塘芯谷原名江东芯谷，位于新区江东区块，规划总面积138平方千米。以半导体产业、未来产业为主导方向，重点发展集成电路、柔性电子显示、智能终端、5G等产业，致力于建设半导体千亿元产业大平台和芯片之城。2020年，平台引进集成电路产业链项目37个，其中10亿元以上项目16个。年末实现规模以上工业企业总产值192.39亿元，完成固定资产投资17.76亿元，货物出口额20.9亿元。有“鲲鹏计划”企业1个、“准独角兽”企业1个、国家高新技术企业24个、省级科技型中小企业18个、市级“雏鹰计划”企业3个、市级以上企业研发中心14个、市级以上企业技术中心6个，设博士后工作站1个。

【临江高科园】 临江高科园位于新区江东区块东南部，规划控制面积160.2平方千米，核心区面积22平方千米，主要发展新材料产业。2020年，园区规模以上工业企业实现增加值91.24亿元，完成财政总收入13.48亿元，固定资产投资30.07亿元，其中工业投资26.84亿元。货物出口总额32.49亿元。全年新项目招引实到外资6085万美元，其中制造业外资到资1329万美元；6个亿元以上产业项目签约落户，总投资60.8亿元。引进工业项目当年度实现固定资产投资15亿元。

【前进智造园】 前进智造园位于新区江东区块，规划总面积75平方千米，重点发展航空航天、汽车及零部件、智能机器人、高端数控机床、智能家电、智能专用装备等产业，建设航空航天和汽车及零部件两个“万亩千亿”产业大平台。2020年，园区实现工业总产值330.7亿元，完成税收12.03亿元。签约“152”工程项目1个，10亿元以上项目1个。实到外资1.38亿美元。工业用地出让43.73公顷，整治低效企业9个，盘活低效工业用地30.25公顷。年末园区规模以上企业47个，其中工业企业36个、服务业企业6个、贸易业企业3个、建筑和房地产企业2个。 （年鉴编辑部）

## 行政管理与服务

【管理体制】 新区实行“一个平台、一个主体、一套班子、多块牌子”管理体制架构。中共杭州钱塘新区工作委员会、杭州钱塘新区管理委员会（简称新区党工委、管委会）作为市委、市政府派出机构，代表市委、市政府对新区统一履行经济、社会、文化、生态文明建设和党的建设等管理职能，委托管理下沙、白杨、河庄、义蓬、新湾、临江、前进7个街道。按照“大部门、扁平化”管理要求，设置新区党工委、新区纪检监察工委、新区机关党委和新区总工会。新区管委会内设机构12个，有处级直属行政机构1个、市级部门派出机构3个、事业单位28个。 （舒　坚）

【政府数字化转型】 2020年，新区推动政府数字化转型和城市大脑建设，加快“移动办公之区”“移动办事之区”建设。至年末，新管委会“钉钉1.0”架构人数1万余人。开展“钉钉2.0”迁移培训，分批次将协同办公“OA”、机关内跑、就餐扫码、钱塘财金、“亲清钱塘”、钱塘汇商、钱塘数字报、基层治理等40多个“钉钉”原生态审批流程迁移至“2.0”平台，协同业务上“钉钉”平台并完成考核。成立“互联网+监管”专项工作组，加强行政检查、行政处罚、行政强制业务协同，做好事项目录动态更新，实现监管业务全流程闭环管理。管事项认领率、编制率、覆盖率、“双随机”执法等核心指标，均按照考核要求推进，监管效能提升。贯通新区政务部门行政权力服务，新区自建的权力运行“云审批”系统上线运行，系统涵盖部门22个，接入事项1098个。 （王　艺）

【营商环境提升】 2020年，新区以“最多跑一次”改革为牵引，落实137条营商环境工作举措和企业最关心的十大攻坚任务，实行月例会、月通报制度，营商环境集成改革试点获省主要领导批示支持。开展政务服务“去中心化”工作，建设全省首个线上、线下“投资之家”；推行企业投资项目审批承诺制和企业开办“分钟制”办理；推出水电气网协同报装改革，试点杭州“土地码”工业项目审批服务改革；推行“股权转让”一件事改革；社保领域“不见面”办理改革获国家人社部肯定。构建企业服务机制，实现网格服务、驻企服务常态化，依托“亲清钱塘”数字平台，在线受理企业诉求838个。加快政府数字化转型，实现新区、街道、村（社区）三级移动办公全覆盖；与阿里巴巴集团共建“数字钱塘”联合实验室，在政企联动、服务增效等领域深化合作；完成城市大脑市级场景落地推广应用，新区特色场景“你带我办”获全国政务服务改革创新奖。 （程甦超）

【行政审批优化】 2020年，新区行政服务中心启用办事大厅智慧化服务，设置自助网办区、流动咨询区、协助网办区，为群众提供专业、便捷服务。深化“最多跑一次”改革，完成智慧大厅一期建设项目验收并运行，实现江东、下沙两个区块合并后叫号系统统一。开发建设新区投资服务效能平台，针对企业和政府投资项目，围绕土地前期、技术指导、赋码立项、规划许可、施工许可、施工在建、竣工验收7个阶段，实现项目分类管理、审批超时预警、审批效率分析、领导交办事项等功能。开发建设“带你办”网上办事辅助平台，通过“云端见面+屏幕共享”方式，为群众提供指引服务。全年新区行政服务中心累计办理窗口业务148.8万件，办结率99.9%。（蒋莹莹）

## 社会民生

**【教卫文体发展】** 2020年，新区建成中小学、幼儿园10所，新增学位6500多个。区域普惠性幼儿园入园率提升至93%，区域集团化办学覆盖率80%，公办幼儿园、中小学普通教室均安装空调。大江东医院转隶为市直属第九人民医院，新增国家级优质社区卫生服务中心1个。新增婴幼儿照护服务机构9个、托位333个。新建省级小康体育村升级工程10个、百姓健身房7个、农村文化礼堂23个、社区文化家园19个、企业文化俱乐部2个，举办城市定向挑战赛等群众性体育活动70多场，在新区举办的杭州国际女子马拉松比赛获评国家金牌赛事。

**【民生实事工程】** 2020年，新区围绕助残养老、食品安全、居家环境、文化需求等方面，推进民生实事工程建设。全年完成困难老年人家庭适老化改造44户，创建放心农贸市场5个、“阳光厨房”54个、农村家宴放心厨房3个、放心餐饮示范店30个、品质示范超市1个；规范化建设农贸市场检测室9个，全年市场快检4.86万次；创建放心消费商店70个，无理由退货承诺单位808个；完成公厕改造提升6座，高层住宅小区二次供水设施改造5个，道路路灯增亮2条，道路积水点整治24处；新建市级生活垃圾分类示范小区10个，新建垃圾“定时定点”投放和清运的商业街2条、生活小区4个。丰富群众文化生活，开展“送文化下乡”演出57场、“文化走亲”演出7场、公益培训750场。

义蓬颐康医养中心（沈志芳 供稿）

**【民生保障与配套】** 2020年，新区举办就业招聘会36场，推出就业岗位3万余个，培养高技能人才2000多人；城镇新增就业5.55万人，失业人员再就业2934人。城乡居民参保率98%，基本医疗保障参保率99.5%。实施被征地农民参加基本养老保险工作。创建全省“无欠薪”建设达标区。建成全省首批医养结合示范点——义蓬颐康医养中心，建成示范型居家养老服务中心8个，托养床位106张。落实社会保障，全年发放特殊困难群体救助金3372.6万元。做好产业发展服务配套，破解“住房难”“就近消费难”问题，累计建成公租房7279套、人才房2682套、蓝领公寓866套。（年鉴编辑部）

**【社会组织培育】** 2020年，新区有社会组织477个，其中社会团体65个，民办非企业单位412个。推进社会组织能力提升，新增AAA级以上社会组织6个，6个街道完成服务中心实体化建设，5个街道引入第三方运营单位。强化社会组织党建引领，配备专职党务工作者，社会组织综合党委建立首个社会组织党支部，推出“商协助企服务体”党建品牌。实施“新杭州人社区融合共治项目”，开展专项活动25期，项目获评杭州市品牌社会组织项目。（马 丽）

## 生态环境

**【水环境与空气质量】** 2020年，新区有省控功能区河道断面1个，平均水质符合Ⅱ类水质断面，水质达标率100%。区级河道断面19个，全年平均水质符合Ⅱ类水质断面1个，占比5.5%；符合Ⅲ类水质断面6个，占比31.6%；符合Ⅳ类水质断面7个，占比36.8%；符合Ⅴ类水质断面5个，占比26.3%。区级河道断面Ⅳ类水质以上的14个，占比73.%。全年环境空气质量优良率90.1%，比上年上升16.9个百分点，大气主要污染物可入肺颗粒物（PM2.5）平均浓度为32.2微克/立方米，降幅为22.6%；可吸入颗粒物（PM10）平均浓度为55.2微克/立方米，降幅为17.4%；臭氧（$O_3$）平均浓度为146微克/立方米，降幅为17.5%。主要污染因子为臭氧（$O_3$）和可入肺颗粒物（PM2.5）。（陆肖栋）

新区钱江直河公园　（方　波　摄）

【新区生态专项规划】2020年6月，《新区生态专项规划》编制完成。该专项规划提出新区“两核五心、三带多点”总体景观结构，重点建设碧道、河湖水系、农田、绿地、湿地五大系统。“两核”指大江东片区综合核心景观和下沙片区综合核心景观；“五心”指沿城市风貌景观带和滨水特色景观带上布置的5个核心景观；“三带”指滨水特色景观带、城市风貌景观带、江海湿地生态景观带；“多点”指结合公园绿地、水体景观等形成的片区、社区景观节点。（苗　婧）

【生态保护修复行动】2020年，新区开展生态保护修复行动，推进“污水零直排区”建设，落实农村污水治理提标改造项目61个，整治挥发性有机物企业13个、区域恶臭异味企业18个。推进新区江东区块外六工段化工区搬迁，临江环境能源工程和第三固废处置中心建设完成。“千亩春塘”大田花海开工建设，2个市级美丽乡村“精品村”、2个区级“精品村”和10个区级“改善村”建设加快。实施江海湿地保护利用，提升生物多样性保护管理，启动生物多样性调查，对湿地重点物种（鸟类）现状开展夏季2次、秋季1次多样性现场调查，通过网格化调查，记录鸟类140种，隶属16目、49科。（赵　栋）

## 街道社区

【街道社区建设】根据浙江省人民政府批复，新区委托管理下沙、白杨、河庄、义蓬、新湾、临江、前进7个街道。2020年，新区推进村社组织换届，111个村（社区）完成村（居）委会换届选举，并开展村规民约、居民公约修订。实施社工人才队伍建设，完成142名新社工招聘、入职上岗；成立新区“社工学院”，制定出台新区专职社区工作者身份认定办法和管理办法，评选区级“最美社工”15人。深入村（社区）减负增效，清退专职社区工作者20人。完善社区管理格局，成立新社区7个。创新示范社区建设，白杨街道入围2020年省级城乡社区治理和服务创新实验区创建名单，新创建市级国际化示范社区2个、示范型撤村建居社区1个、田园社区2个。推动社会工作站（室）建设，新建街道级社会工作站3个、社区社会工作室5个。

【村（社区）换届选举】2020年，新区贯彻落实中央和省市工作要求，部署推进村（社区）组织换届选举。10月，召开村（社区）组织换届动员部署会，成立工作领导小组及办公室。12月，新区7个街道111个村（社区）（59个行政村、52个社区）党组织、村（居）委会、村（居）监会、经济合作社完成换届选举，产生村（社区）党组织成员424人、兼职委员（副书记）61人、村（居）民委员会成员431人、村（居）务监督委员会成员403人；选举产生经济合作社72个；推选新一届社管会成员216人、社监会成员240人，产生村（居）民代表5742人。

（张钜栋）

**责任编辑　黎洪正**

# 中共杭州钱塘新区工作委员会

## 重要会议

【党工委会议】 2020年，新区党工委召开会议27次，讨论和决定事项269项。传达学习习近平总书记到杭州考察调研重要讲话精神及浙江省委常委、市委主要负责人对《关于新区抓改革促发展工作情况汇报》的批示精神；贯彻中共中央政治局会议、市委十二届九次全体（扩大）会议、十二届十一次全会精神和中共浙江省委办公厅、浙江省人民政府办公厅《关于加快推进杭州钱塘新区高质量发展的若干意见》文件精神；研究新冠肺炎疫情防控、产业功能平台体制改革、街道财政体制改革、推进基层综合行政执法体制改革等事项，成立钱塘科学城建设领导小组及管理办公室；研究新区村（社区）组织换届，人大、政协事务、巡查工作及作风提升专项行动，优化营商环境集成改革试点、招商引资项目等事项。

（辛　杰）

【党工委书记专题会议】 2020年，新区党工委召开书记专题会议10次，讨论和决定事项32项。研究党工委、管委会领导分工，产业功能平台体制改革，干部人事制度改革，有关机构优化调整，公安分局实体化整合，调整优化相关部门职能；教育设施布点规划，平台、街道指标分解；推进行政管理体制改革，提升街道治理水平；推进被征地农民养老保险，人才房保障，专项巡查工作，文海教育集团文清校区招生信访问题，东皇市场依法处置，长江经济带生态环境警示片披露问题调查处理事宜，钱塘科技创新中心落地建设方案及成立钱塘科学城建设领导小组及其管理办公室；干部人事，干部绩效考核，委管干部2019年度考核结果评定，委属国有企业2019年度综合考核评价，企业主要负责人年薪核定，2019年度新区优秀社区党组织书记考核比选计划纳编人选，聘任制公务员（特聘雇员）岗位任职等事项。

（丁晓波）

## 纪律检查

【概况】 2020年，新区纪检监察工作委员会（简称新区纪检监察工委）保障新区年度工作争先进位，成立领导小组。印发“作风提升专项行动实施方案”，围绕日常督查联动、“一键举报”作风投诉、“亲清政商”网上监察、正反典型曝光、信访澄清激励、容错免责、作风效能社会评议、综合考评闭环8项机制。全年印发《督查通报》10期，督促解决问题131个，推动办理企业问题和诉求838件。制定《关于推进“四责协同”专项行动的工作方案》，9次协助新区党工委听取各街道、部门党组织履行主体责任情况专题报告。建设清廉村居，打造社区清廉驿站2个，临江围垦纪念馆获评杭州市清廉文化示范点。开展正风肃纪，查处违反中央“八项规定”问题3个，处理3人。整治“回头看”，排查国有房产、物业221个，整改1个。治理集体所有土地违规征迁安置，督促42户公职人员纠改。开展违规实施“单一来源采购”（直接发包）检查，整改问题23个。开展餐饮浪费监督检查单位41个，整改问题59个。全年办理信访举报件144件，处理问题线索133条。通过审查调查，立案37件，谈话函询4人，组织处理21人，党纪政务处分34人，向市纪委、市监委

2020年3月18日，新区党工委党建专题会议召开　　（陈浩杰　摄）

移送指定留置9人。累计核查涉黑涉恶问题线索113件，党纪立案查处涉黑涉恶腐败和“保护伞”问题35个，给予党纪政务处分35人，组织处理55人。核查涉及下沙董氏家族涉黑案件专案问题线索49件，立案25起，党纪政务处分25人，组织处理14人，向市纪委、市监委指定管辖留置13人。审理和协助审理党纪政务处分案件35起，党纪政务处分35人，其中处级干部4人、科级干部1人、村（社区）干部9人。对基层疑难复杂案件进行业务指导，协助审理党纪政务处分案件31个。推进“一案一剖析、一案一警示、一案一回访”制度，通报基层党员干部违纪违法、影响“亲清政商”关系典型违纪案件2次，发出纪检监察建议书3份。开展警示教育35次，组织庭审旁听2次，受处分党员干部回访教育1次、处分决定执行专项检查1次。

**【基层巡查与新冠肺炎疫情防控】** 2020年4月29日，新区纪检监察工委召开第一轮巡查工作动员部署会，对临江街道、前进街道党工委及下属部分行政村启动巡查。8月24日，召开第二轮巡查动员部署会，对白杨街道、义蓬街道、新湾街道党工委巡查回访；对经发科技局、招商与人才局涉企专项资金和社会发展局扶贫专项资金使用绩效情况巡查；指导各街道开展村社巡查。全年累计巡查5个街道、58个村（社区）和3个部门，发现问题154个。通过督查整改，完善工程建设、专项资金、“三资”管理等领域制度113项，处理33人，挽回经济损失460万余元。新冠肺炎疫情防控期间，制定纪律督查工作方案，成立8个专项督查组对各街道、平台落实防控责任，推进企业复工复产和民生保障跟踪督查，制发《督查专报》12期，整改问题197个；保障企业、群众利益，成立“不碰面信访”通道，办理信访件61件，被《中国纪检监察报》《浙江日报》《杭州日报》等媒体报道。

**【清廉村社“e路看”平台开通】** 2020年，新区纪检监察工委通过信息化技术和数字化赋能，利用“钉钉圈子”打造集村务公开、村务监督、村民互动为一体的清廉村社“e路看”平台。按照党务、村务、财务分类“菜单”，设置组织机构、小微权力、党务公开、财务公开、重大事项公开、公示公告6个模块，把村民关心的村规民约、代表大会会议记录、工程建设项目招标及合同签订情况、村级务工明细、老年人补助金发放情况等公开明细事项“配菜上桌”，村民通过“e路看”平台了解各项动态，在圈内互动，诉求一键获得问题反馈。至年末，新区7个街道104个村（社区）“e路看”全覆盖，解决问题184个，公开资产管理、财务等信息1162条。　（黄治飞）

## 新闻宣传

**【新区融媒体中心建成投用】** 2020年12月，位于青六北路769号二层北楼新区融媒体中心建成投用，建筑面积942平方米。设有智媒体中心、融媒体演播厅、舆情驿站等功能区。入驻合作媒体有浙报集团新区记者站、杭州日报集团新区传媒中心、杭州电视台新区记者站、浙江传媒学院短视频工作室等。依托杭州日报报业集团云平台服务及相关配套服务，调整优化媒体布局，实现《钱塘新区报》、新区新闻网、新区发布App、微信、微博等在内的多媒体集聚，呈现图、文、视频融媒体效果。运用“大数据”、短视频、移动互联网等信息技术，提升传统媒体对信息反应能力，做到“主流舆论、融媒传播”，确立新区主流媒体在互联网时代同群众信息交流新渠道。

**【“抗疫情、促发展”宣传报道】** 2020年2月起，新区党群工作部新闻宣传推出“暖心服务”、数字化抗疫、促企业复工复产、外籍志愿者服务等主题报道，被中央电视台、新华社、中新社等媒体采用。中央电视台《新闻联播》栏目播出新区数字化手段抗击新冠肺炎疫情，《晚间新闻》栏目播出新区“网格员”助力企业复工、艮山东路重大项目复工情况，《焦点访谈》栏目专题报道新区“全链式”服务企业复工复产；中央电视台新闻客户端“抗疫24小时”专题直播推出新区企业杭州万事利丝绸数码印花有限公司改造生产线用于口罩生产、杭州耕德电子有限公司包“专列”接员工返工2期专题；原创歌曲《等待黎明》在新华视频平台播放量100万次；复工首日“太古可乐开工”短视频在抖音等平台播放量达500万次；国际社区外籍志愿者被中新社、杭州“外宣厨房”等平台推出报道。（卢　一）

**【“钱塘·潮声”宣讲团成立】** 2020年11月20日，新区“钱塘·潮”理论学习品牌暨“钱塘·潮声”基层宣讲团在大创小镇创博中心启动成立。宣讲团成员有熟悉新区区情民意、政治责任感强的退休老党员，有理论基础扎实、工作经验和社会实践经验丰富的中青年干部、教育工作者、学者专家、人大代表、劳动模范等，通过“线上+线下”“机关+基层”“定点宣讲+巡回宣讲”模式开展活动。12月8日，“我们都是拓荒者”宣讲活动启动，宣讲团走进农村、社区、企业、学校、机关等基层单位，以群众听得懂、听得进的语言讲述围垦故事、创业心得、志愿服务等内容，为新区推进高质量发展注入精神动力。至年末，累计开展宣讲活动10场，涉及受众2000多人。下沙街道党群服务中心、白杨街道邻里社区、河庄街道蜀南村展陈馆、新湾街道党群服务中心、临江兵团知青文化园、红色“和”动力党群服务中心、学正小学生态科技馆等8个单位被授牌为“钱塘·潮社”理论宣传基地。（傅佳丽）

## 党组织建设

**【新区村（社区）换届】** 2020年12月，新区7个街道111个村（社区）党组织、村（居）委会、村（居）监会、经济合作社换届选举，产生村（社区）党组织成员424人、兼职委员（副书记）61人、村（居）民委员会成员431人、村（居）务监督委员会成员403人；选举产生经济合作社72个，新一届社管会成员216人、社监会成员240人，推选产生村（居）民代表5742人。党组织平均参选率97.4%，村（居）委会平均参选率99.2%，党组织选举平均得票率95.6%，村（居）委会选举平均得票率97.2%，党组织成员平均得票率94.3%，村（居）委会成员平均得票率96.8%。

**【村（社区）换届工作推进】** 2020年，新区党工委将村（社区）换届融入“重要窗口”大势和新区发展大局，强化组织领导，负起主体责任。党工委研究换届工作25次，主要领导带头走村入户调研16次，21名市管干部包乡走村。选举日各包联委领导在7个街道选举一线督导。机关部门协同联动，换届领导小组办公室指导把控、组织、民政、农发、纪检、公安等部门合作协同，12个联审部门落实资格审查。街道负直接责任，村（社区）党组织发挥村（社区）组织领导作用，发扬民主、依法办事。

**【“吹哨一件事”改革试行推广】** 2020年6月起，新区党工委出台“沉入式街社”党建引领基层治理“1+N”文件及“吹哨一件事”改革“1+1”文件，试行“吹哨一件事”改革，帮助基层社区破解治理难题。通过组织、赋权、资源、协商、阵地、数字六大“下沉”赋能机制，“下沉”机关服务事项660多件，建立区域党建联盟（治理共同体）118个，破解关键小事1800多件次，新区、街道、村（社区）三级累计接待调研群众交流100多次。“吹哨一件事”改革获《杭州信息》杂志刊发，相关做法被纳入党建赋能社区治理“二十条”在杭州市推广。《人民日报》、《组织人事报》、新华网等中央、省、市媒体报道120多次。

**【党群服务中心投入试运行】** 2020年12月，位于义蓬街道江东明盛大

2020年12月，新区党群服务中心投入试运行　　（新区融媒体中心　供稿）

厦、面积5500平方米的新区党群服务中心试运行。中心建有“六家”（党员之家、干部之家、人才之家、职工之家、青少年之家、妇女之家）、“三馆”（党史馆、党建馆、图书馆）、“两校”（党校、市民学校）、“三中心”（教育培训中心、职工文体中心、老干部活动中心），服务党员群众资源力量优化整合。依托属地党委、“两新”工委成员单位、社会组织、驻区高校等形成党群服务中心红色资源联盟。按照布局体系化、功能综合化和有人气、有活力目标要求，设置办公议事、党员活动、教育培训、文化宣传、便民服务、健身娱乐等功能，成为新区党员群众共享学习服务活动公共平台。

（张钜栋）

**【“两新”组织云上教学】** 2020年，新区党工委每月推出“两新”组织（新经济组织和新社会组织）云课堂（青年云学院）线上教学，联合区内高校开设周末课堂，针对党委建制开展送学上门。全年开展线下培训16次、线上培训10次。印发《新区“两新”组织党务工作者资质等级认证管理办法（试行）》，启动首批“两新”党务资质初、中、高级认证工作，制定专职“两新”党务工作者管理办法，每月召开1次“参观学习+业务培训”工作例会。全年发放“两新”党建工作补助184.2万元，返还2019年度“两新”组织党费147.62万元。年内，与上海市静安区签订党建共建战略协议，加入长三角高新区党建联盟，开展“两新”组织“一岗四员”争创和“战疫情、促发展、当先锋”行动，推出钱塘“红企芯”专题，杭州士兰集成电路有限公司党委在杭州市党建会议上做“双战双赢”经验分享。

**【产业党建联盟发展】** 2020年，新区党工委围绕重点产业，新组建“芯智造”“自贸”“创星荟”“新材料”四大产业党建联盟，根据企业发展需求，新建人力资源服务协会服务红盟，设置“领航聚力”“惠企服务”“云端共享”“提能强质”“资源集聚”“先锋在线”6项红盟聚力工程，赋能新区产业发展。按照“两新”党（工）委和产业红盟2个序列分类设置组织架构，开发集“红盟风采、信息交流、红盟资源、服务直达”等功能于一体的产业红盟“钉云”平台，实现联盟资源活动共享，服务企业党建发展。年内，新华社专题报道新区产业红盟具体做法，金华市委组织部到新区学习红盟经验，《潮起钱塘》杂志推出“红盟纵横、联创未来”专刊，《杭州日报》报道新区“扶贫公益”党建联盟和“芯智造”党建联盟好做法。

（孙姣钗）

2020年9月20日，新区第一期青年建功学员结业　　（新区融媒体中心　供稿）

## 干部人事

**【干部人事与考核改革】** 2020年，新区党群工作部（组织部）深化产业平台干部人事管理制度改革，改革干部管理方式，实现干部队伍年轻化、专业化；取消人员身份、编制、级别差别，去“机关化”“行政化”；推行全员岗位聘用制，每届聘期3年，期满重聘，行政事业人员进入平台工作的实行档案封存管理。5月20日，新区召开产业平台建设推进大会，26名管理层和127名来自机关、街道、国企工作人员实行全员聘用制。其中：“90后”53人，占41.7%；“80后”57人，占44.9%；“70后”17人，占13.4%。硕士、研究生以上学历51人（博士10人），占40.2%；面向世界前100所、国内“双一流”高校招聘党政储备人才28人，占22%。95%以上人员经历过招商引资、企业服务岗位锻炼。创新平台人员薪酬体系，推行“基本工资+绩效薪酬”岗位工资制”，绩效薪酬由平台按月任务分解到人，月评季考，年终按照排名评定S、A、B、C、D五个等级。

**【干部教育培训】** 2020年，新区党群工作部（组织部）根据干部教育培训三年行动计划部署，开展城市管理、规划建设、产业转型升级、社会治理、创新思维等主题培训。组织处级领导干部参加产城融合高质量发展研讨、深化改革开放和经济高质量发展研讨、上海临港创新研学营、学习贯彻中共十九届五中全会精神集中轮训，以及科级干部成长计划实训营、“青年建功学院”、企业家“领菁学堂”等主体班次。全年培训领导干部7000多人次，收到学习心得180多篇、调研报告80多篇。（朱慧慧）

## 统战事务

**【概况】** 2020年，新区构建“大统战”工作格局，制定统战工作政策15条。明确统战工作目标方向和重点任务，建立统战资源信息库，搭建统战工作数字化平台，开展统战资源摸底调查，全年收集数据8000多条。借助杭州市侨界精英创新创业峰会，组织侨企参加“创业中华”选评活动，加强与平台、企业侨联组织沟通联系，推进侨联基层组织建设，实现侨联组织街道全覆盖，医药港小镇当选侨界创新创业示范基地。杭州创新生物检控技术有限公司被评为领军企业，杭州郝姆斯食品有限公司被评为新锐企业，浙江瀛康生物医药有限公司董事长凌建群、康霖生物科技（杭州）有限公司董事长兼首席执行官吴昊泉分别被评为领军人物和新锐之星。坚果“百草味”品牌创始人邱浩群被推选评为全国侨联系统助力脱贫攻坚先进个人。

关注青年交流，成立杭州市首支区级层面中国台湾青年志工队，通过参与社区治理和社区服务，增强中国台湾青年“新钱塘人”认同感和自豪感。应对新冠肺炎疫情影响，组织企业参加在杭的中国香港、中国澳门大学生“云上在线”实习活动。与民主党派人士沟通联系，组织开展“同心同向、共谋发展”主题活动暨“同心大讲堂”学习培训。协调街道、村（社区），引导各民主党派人士投身基层公益服务，发挥民主党派作用。

**【新的社会阶层人士联合会成立】** 2020年，新区开展统战资源摸底调查，通过统筹分析、择优筛选、商讨审议等方式，拟定章程、选举办法等草案，形成新联会第一届理事会班子成员推荐人选。12月10日，新的社会阶层人士联合会成立，选举产生新联会第一届理事会会长、常务副会长、副会长、秘书长，审议通过新联会第一届理事会副秘书长聘任名单，包括民营企业和外商投资企业管理技术人员42名、中介组织和社会组织从业人员20名、自由职业人员2名、新媒体从业人员5名。新联会成立有助于新阶层人士参与新区城市有机更新、产业招引、征迁安置、社会治理等攻坚行动，助推新区社会发展和民生改善。（舒　坚）

## 信　访

**【概况】** 2020年，新区信访和“12345”市长公开电话受理群众投诉4.77万件次，其中信访248件、到访634批、1336人次，比上年增长21.2%。“12345”网上信访4.69万件，反馈率、办结率100%，回访核实率99.8%，满意率90.1%，重复投诉率5%。群众反映问题集中在劳动纠纷和社会保障、城乡建设、教育管理、市场监管、生态环境和交通运输等方面。全年梳理信访积案20件，建立委领导和单位、部门负责人包案，年末积案化解12件。“无信访积案县（市、区）”创建活动年度达标，农村建房信访积案化解。维护信访秩序，完成省、市“两会”和全国“两会”期间、中央巡视组驻浙期间、中共十九届五中全会期间信访处理和保障任务。

**【信访考核与责任落实】** 2020年，新区信访局落实“一把手”负责制，强化信访工作督查平安考核。全年编发日报220期、简报15期、专报3期、通报及督办单103件次。出台《新区信访人信用管理实施办法（试行）》，成立新区信访事项依法终结工作领导小组和新区信访事项依法终结审查团队，强化信访重点对象接访、稳控、终结工作。处置杭州众泰汽车有限公司欠薪、子女入学纠纷、企业搬迁、民工欠薪、员工分流、学区调整、意外死亡、小区改造、物业争议等访情。

**【新区矛盾调解中心江东分中心建成运行】** 2020年9月，新区社会纠纷矛盾调处化解中心江东分中心建成运行。该中心位于新区迎康路28号，建筑面积1400平方米，设信访接待、联合调处、公共法律服务等7个功能区、15个服务窗口（工作室），实行即接即办、教育疏导、会商研判、协调办事、考核管理等工作机制。纪检监察工委、政法委、法院、检察院、社发局、市场监管分局等11个职能部门，诉前调解对接中心、物业纠纷调解委员会、消费纠纷调解委员会等行业性专业性调解组织进驻（常驻）办公。全年接待到访群众2.1万人次，受理矛盾纠纷4200多件，办理法律援助2200多件，开展法律咨询7100多人次。7个街道矛盾调解中心、111个村（社区）工作室建成运行，为辖区群众提供到访接待、矛盾调处、信访代办、法律咨询等服务。（陈　焕）

**责任编辑　高骏森**

# 杭州钱塘新区管理委员会

## 行政审批

【行政审批服务优化】2020年，新区行政审批局服务事项1895个，其中“最多跑一次”事项1645个。进驻行政服务中心事项1590个。承担涉及新区社保、医保、工商、食药、商务、残联、体育、文化广电新闻、卫健、民政、发改、经信、农业、林业、建设、城管、人防、水利、园文19个工作领域767个事项。行政服务中心大江东分中心进驻部门22个，下沙分中心进驻部门24个，累计办理窗口业务量148.8万件，办结率99.9%。固定资产投资立项项目280个、投资金额772.8亿元；取得工程规划许可证154个，工程规划许可建筑面积961万平方米；开工项目120个，开工面积747万平方米；竣工项目170个，竣工面积567万平方米。

2020年4月，中国农业银行杭州临江支行入选新区商事登记业务“就近办”银行服务网点　（丁宇航　摄）

【办事大厅智慧化服务】2020年，新区行政审批局打破传统柜台里外分开单一布局，在办事大厅设置自助网办区、流动咨询区、协助网办区，为群众提供专业、便捷服务。“深化‘最多跑一次’”改革，提供“一站式”服务，完成智慧大厅一期建设项目验收并运行，实现江东、下沙两区合并后叫号系统统一。新冠肺炎疫情期间，系统接入“健康码”数据接口，采用身份证取号，提速身份认证收集有效信息，通过限流预警智控，降低防疫风险。开发建设新区投资服务效能平台，针对企业和政府投资项目，围绕土地前期、技术指导、赋码立项、规划许可、施工许可、施工在建、竣工验收7个阶段，实现项目分类管理，审批超时预警、审批效率分析、领导交办事项等功能。开发建设“带你办”网上办事辅助平台，通过“云端见面+屏幕共享”方式，为企业群众提供指引服务。依托官方微信平台，上线“AI”智能社保、医保在线咨询服务，智能机器人累计回答问题8000个，识别率89.2%。

【便民办事改革】2020年2月起，新区行政审批局针对企业群众高频率办理事项，试点开展“颗粒化”办事情境梳理，围绕商事登记、城建审批等14个事项梳理办事情境60多个，明确各情境对应的申请材料和审查要点。实施“办事指南”通俗化改革，对年办件量200件以上的个人高频率事项和年办件量40件以上的涉企高频率事项制作“服务指南”。提升办事指引服务水平，开通政务“抖音号”，制作提供“掌上办医保之家庭账户共济”等180多段原创可视化网办流程操作视频。

（蒋莹莹）

2020年7月8日，新区管委会与钉钉（中国）信息技术有限公司举行合作签约暨“亲清钱塘”发布仪式　（新区融媒体中心　供稿）

## 数据应用

【政府数字化转型与城市大脑建设】2020年，新区推动政府数字化转型和城市大脑建设，做好“浙政钉”、“互联网+监管+政务服务”、新冠肺炎疫情防控、复工复产、基层治理、数字化转型、“阿里巴巴”签约加盟、“你带我办”等平台推广应用，跨部门、多业务协同流程再造，加快“移动办公之区”“移动办事之区”建设。至年末，“钉钉1.0”架构人数1万余人，激活率、信息完善率均为100%，人员活跃率95%。开展“钉钉2.0”迁移培训，分批次将协同办公“OA”、机关内跑、就餐扫码、钱塘财金、“亲清钱塘”、钱塘汇商、钱塘数字报、基层治理等40多个“钉钉”原生态审批流程迁移至“2.0”平台。“钉钉1.0”“钉钉2.0”平台头像更新完成，市级抽查通过。由新区数管中心、新区党工委政法委、新区市场监管分局联合成立“互联网+监管”专项工作组，依托浙江省统一执法、处罚、目录系统，加强行政检查、行政处罚、行政强制业务协同，做好事项目录动态更新，实现监管业务全流程闭环管理。管理事项认领率、编制率、覆盖率、“双随机”执法等核心指标，均按照考核要求推进，监管效能提升。对接政务服务“2.0”平台，实现下沙区块与江东区块各自权力运行系统、处罚系统、电子文件归档系统重构、归并和迁移。贯通新区各政务部门行政权力服务，新区自建的权力运行“云审批”系统上线运行，涵盖部门22个，接入事项1098个。连通“互联网+身份认证”和大厅叫号评价系统，对接数据共享平台和“好差评”系统，结合身份特征识别技术，实现群众办事“刷脸可办、无证办事、闭环管理”。

【城市大脑钱塘平台建设】2020年，新区根据“一脑治全城、两端同赋能”设计，搭建“五位一体”城市大脑区级“驾驶舱”，完成基层治理四平台、智慧执法、智慧门禁等系统对接，接入指标200多个。建成“驾驶舱晾晒台”模块，“比学赶超榜”“高质量发展榜”“争先创优榜”等指标通过“驾驶舱”展示。启动街道“数字驾驶舱”建设，完成234项指标梳理和初步版面设计。搭建“亲清钱塘”数字化平台，上线“企业服务”“政策兑现”等7个模块，累计办结企业诉求123项，兑付企业政策652个，兑付资金8.88亿元。开发投用“政府投资建设项目全生命周期信息”系统，累计新建项目82个、续建项目118个、预备项目信息录入144个，提升“全流程管理”“预警”“协同推进”等模块使用率。开发招商项目管理系统，形成“项目信息”“工业项目固投”等五大数据库，涵盖招商项目从意向到落地全流程信息，实现招商项目分级分类管理，79个投资逾1亿元产业项目、53个投资逾10亿元产业项目有序推进。推进城市大脑建设“双月攻坚”行动，322个停车场库接入“便捷泊车”场景，接入场库率96.8%；“舒心就医”场景接入医院8个，平均使用率93.7%；“多游1小时”场景接入酒店12个，平均使用率74.2%。同步推广邵逸夫医院下沙院区周边治理等场景。

【大数据助力防疫获央视报道】2020年新冠肺炎疫情期间，新区应用数据化、智慧化场景，通过“互联网+大数据”推行“健康码”助力疫情防控。建立“7个街道+7个平台”涉境外输入人员隔离管控责任体系，实行全过程监管。通过公安机关对录入“钉钉”App防控系统人员手机地理位置实时定位和轨迹分析，提醒管控责任主体做好人员隔离管理。高速公路下沙进出口、下沙南进出口、苏绍新湾进出口、文海北路县道进出口交通卡点接入入城通道登记系统，驾乘人员通过支付宝扫描二维码进行车牌、姓名、始发地等信息登记，减少路口车辆滞留和人员接触。2月8日起，新区数管中心借助“浙政钉”，利用“协同编辑”“电子印章”“钉群传递”等技术，为抗击新冠肺炎疫情人员定制电子通行证明，运用4G人脸识别设备，扫描二维码完成线上申报。通过引入“伊管家”“人脸识别”等系统，白杨街道伊萨卡社区、邻里社区将居民信息数据化存储，掌握社区人员出入动态，10日，该举措被中央电视台综合频道《新闻联播》栏目报道。

**【“亲清钱塘”数字平台上线】** 2020年7月8日，由新区党工委、管委会与阿里巴巴集团钉钉事业部共同打造的“亲清钱塘”数字平台上线。该平台是结合杭州市“亲清在线”推出的特有数字服务平台，集企业服务、政策兑现、资源共享、信息互通、业务办理等多项功能为一体，数字平台分“政策智兑”“亲清解难”“资源共享”“一键直达”四大模块，方便企业遇到困难时，直接在电脑前或手机端便能实现与政府联动，提升政务效能，优化营商环境。“亲清钱塘”数字平台推出是新区推进政府数字化转型，建设“数字钱塘”的缩影，计划探索开发“一刻问政”“亩均效益”等更多模块。平台上线仪式上，新区与阿里巴巴集团钉钉事业部签订合作协议，将“数字钱塘”建设成为整体智能先进样板，成为直接连接企业、服务企业典范，助力新区打造“移动办公之区”。

**【政务服务新模式开辟】** 2020年，新区推动政务服务“减窗口、云上行”，深化“最多跑一次”和“指尖上的行政服务中心”改革，依托杭州城市大脑和阿里巴巴集团“钉钉”直接赋能，首创“你带我办”全新应用场景、系统解决方案和政务服务模式，通过数据归集、系统集成、业务协同和流程再造等手段，助力各类事项便捷、快速线上办成，破解“网办”“掌办”中的难题。至年末，该平台覆盖新区人社、公安、税务等8个政务窗口，累计服务2万余人次。该模式得到人力资源和社会保障部批示肯定，获全国政务服务改革创新奖。

（王　艺）

## 政策研究

**【会议材料起草】** 2020年，新区管委会办公室完成全省制造业高质量发展大会、全省开发区（园区）改革提升座谈会、杭州市“复工复产促发展”比学赶超推进会等会议活动的发言材料及PPT制作。起草省、市领导调研新区汇报材料15篇，完成“不忘初心、牢记使命”主题教育总结大会、新区产业平台建设推进大会、党建专题会暨专题党课等区级会议讲话材料100多篇，完成全国“双创”活动周浙江分会场暨“钱塘芯谷”启动仪式、中国（浙

2020年1月15日，新区2020年重点企业、重点项目负责人新春恳谈会召开　（华凯烽　供稿）

江）自贸试验区杭州片区钱塘区块启动暨2020钱塘新区（上海）投资推介会等重大活动材料保障。

【重点课题调研】2020年，新区管委会办公室起草完成委领导牵头调研报告2篇。引导新区部门（单位）开展调研，筛选高质量研究成果收录于《调查研究》专报，全年累计印发专报37期，获委领导批示39次。到余杭区、南京市江北新区等地学习交流，深化平台体制改革方案，推动新区开展平台体制改革。牵头完成新区盘活国有闲置资产课题调研并形成书面报告。与浙江工商大学、浙江理工大学、杭州电子科技大学成立联合课题组，开展区校合作，完成《关于新区建设杭州自贸区的思考和建议》《关于打造新区江东片区生态旅游的思路对策》《关于下沙高教园毕业生在新区就业情况的调研报告》3个课题报告。

（曹文慧）

## 督查考评

【新区政务督查】2020年，新区党工委、管委会办公室完善大督查工作机制，推动民生实事项目落地。5月，印发《新区2020年大督查工作实施方案》，成立新区委领导牵头大督查工作专班，对政府投资项目、产业投资项目、营商环境、平安创建、民生实事等工作开展督查。6月，印发《关于开展“比学赶超、争先创优”活动的通知》，选取国内生产总值、固定资产投资增速、工业投资完成率、社会治理、党建引领等34项指标，开设“高质量发展榜”“比学赶超榜”“争先创优榜”。7月，印发《关于做好2020年民生实事工作的通知》，把省、市民生实事进展情况列入大督查范围，组织半年度和第三季度实地督查，对部分滞后项目进行定点跟踪、重点督查。9月，召开“公述民评”问政专题会议，围绕服务企业、环境整治、社区治理和强农惠农工作进行部署，帮助牵头企业做好工作保障。启动2021年民生实事项目公开征集遴选，编制候选项目方案，通过微信公众号、新区官网、《钱塘新区报》等渠道，向党代表、人大代表、政协委员和群众征集建议。全年累计办理新区党工委、管委会主要领导批示件1101件、重点任务1351项；编印《督查通报》17期、《督查专报》10期，放榜公示8期。

（杜伊玲）

【年度工作考评】2020年，新区党工委、管委会办公室（新区考评办）对各街道、各部门2019年度重点难点、常规常抓、社会评价、部门评价、领导评价、加扣分情况、大党建等工作进行考核赋分，结果报党工委书记会议、党工委会议研究。督查考评条线形成27个单位年度考核反馈材料，对重点平台、街道、单位进行反馈。结合考评各维度扣分原因，对排名靠后单位和街道上门约谈，提出或书面提出改进建议，并对2020年综合考评办法细则调整进行解读。

【考评办法调整与任务书制定】2020年，新区考评办围绕“补短板”“堵漏洞”“强弱项”要求，征求各平台、街道、部门意见，吸收市考评办有关做法，对新区综合考评办法进行调整。调整重点为考核序列、市考核结果运用、增加上级部门评价和提前启动社会评价、突出重点难点工作和简化专项考核、平台支持、荣誉加分、明确上级牵头单位职责任务、设置挑战指标等。牵头制定各平台、街道、部门重点工作任务书，明确市重要经济指标、市高质量发展指标、“三化融合”（数字产业化、产业数字化、城市数字化）指标，以及改革攻坚行动、民生福祉行动、党建工作、文化兴盛行动，拥江发展行动，国际一流营商环境打造、平安创建、大党建任务等单位。增加“产城融合”建设发展中心、“五大市场”管理办公室、重大交通项目建设办公室工作任务书。

【社会意见征集与整改】2020年，新区征集到2019年度市级社会意见建议624条，新区社会意见建议75条，涉及环境保护、交通治堵、城市管理、转型升级、教育资源、新区规划等领域。新区党工委、管委会考评办牵头督办，对留有电话的179个社会评价意见反馈核查，确定8项代表性意见作为重点整改目标，由委领导牵头督办，要求涉及单位自查整改，整改结果纳入各单位年度综合考评。

【考核细则制定】2020年，新区考评办指导牵头单位制定各平台、街道、部门考核细则及专项考核办法，完成6个平台、7个街道、21个部门的考核细则编制。通过“机关内部跑一次”App，收集到15个单位申报的56项专项考核项目，梳理后确定25项纳入综合考评，其中信息工作、智慧电子政务、法治钱塘等9项纳入街道、部门共性考核，其余按职责纳入部门、街道重点难点考核。会同经济发展、招商、财政等部门研究，新增“防止企业外迁流失考核”和“街道招商引资引税加扣分”考核。

（罗毅卿）

## 政务信息

【政务信息报送与培训】2020年，新区管委会办公室优化信息工作考核制度，围绕产业发展、新冠肺炎疫情防控、复工复产、社会民生等工作，实行信息工作“周统计、月通报、年考核”。5篇大型稿件被省政府办公厅录用，获省领导批示6则；14篇成绩类大型稿件被市政府办公厅录用，获市领导批示15则，被评为杭州市党委系统信息工作考核优异单位。累计编印《工作动态》47期、《工作交流》47期。全年开展政务信息培训2次。6月，开展新区政务信息员培训座谈会，通报年度信息工作进展情况和考核要求，授课培训39个单位、80多名政务信息编辑员。11月，组织政务信息专题培训，指导下沙街道20个社区、50多名信息员选点采集信息编写。

（李　季）

**【值班值守与信息收集】** 2020年，新区管委会办公室印发《关于加强紧急敏感信息报送工作的通知》，建立新区紧急信息报送“钉钉群”，完成部门、街道信息报送人员业务技能培训。值班室实行24小时值班应急，全年完成值班电话接听处理3574件次、处理重大以上突发信息接报285件次、向市值班室报送重要信息48件次，新区管委会领导批示重要信息50件次；发送值班提醒、重大突发事件等短信1.41万件（条）。加大重大社会影响突发事件信息收集和报送，全年报送处理交通事故（涉及工程车或重型半挂牵引车与电动车擦碰事故）25起，涉及疑似安全生产事故（涉及建筑工地及危险化学品生产企业安全事故）9起，意外事件（主要为溺亡、坠楼、猝死等非主观原因造成的意外事件）52起。

（汪文传）

## 机关事务

**【办公用房管理】** 2020年6月，新区管委会机关大楼搬迁到青六北路499号。新区管委会办公室做好办公用房管理，保障15个部门、1200多人搬迁。配合体制机制调整，保障6个实体化产业功能平台、2个企业服务处机关办公用房布局调整及搬迁。会同纪检监察工委对11个部门办公用房情况进行“回头看”并提出整改意见。协助新区教育与卫生健康局、新区行政审批局、新区规划和自然资源分局、新区市场监管分局、新区农业水利发展服务中心档案室、仓库、值班室等部门完成用房调整。

**【公务用车管理】** 2020年，新区管委会办公室通过社会化租赁用车保障398批次，应急保障公务用车650批次，接待国际、国家、省、市到新区投资、调研等活动车辆保障340多批次，全年累计出车3300多次。履行公务用车管理职能，出台《劳务派遣人员考核管理办法》《驾驶员管理规定》。强化公务用车源头管理，按“先指标后预算”管理模式，实现公务车替代租赁用车全覆盖，降低行政运行成本。推进浙江省公务用车“一张网”综合管理平台建设，实现省、市、区三级信息互联互通。

**【机关食堂服务】** 2020年6月，新区管委会机关食堂搬至钱塘中心机关大楼5号楼北侧2层和3层。新食堂可同时容纳700人就餐。利用电子滚动屏、宣传手册、展架等宣传模式，落实“厉行节约、反对餐饮浪费”行动。设立文明就餐劝导员，推出小份菜、拼盘菜、小份套餐等措施，倡导就餐“光盘行动”。创建3层健康风味食堂，定期推出风味小吃和轻食减脂套餐。制定接待服务手册，召开膳食委员会议，定期开展培训，提高食堂服务保障水平。

**【机关物业保障】** 2020年，新区管委会办公室督促物业公司建立健全机制，按照党政机关反恐怖防范系统管理规范，完善管委会机关大楼人防、技防、物防建设；配合疏导上访群众6000多人次。11月，在钱塘中心开展反恐紧急演练和行政服务中心（江东）大楼消防疏散联合演练。全年开展设施设备巡查1500次、维修5000多次，公共会议室承办会议3300场次，参会人数8万余人次。对进入机关大楼车辆实施精细管理，合理分配车位，确保车辆停放安全有序。推进垃圾分类，建立机关大楼垃圾分类工作制度，落实垃圾分类定时定点投放。

（赵　琪）

**【政务接待与活动保障】** 2020年，新区管委会办公室接待国内外来宾263批、1万余人次。其中：接待国家及部委领导7批；接待省、市级主要领导52批；接待省、市、区县（市）考察团100批，比上年增长24%。保障会务活动182批、1.3万人次，其中保障大型会务活动28批、商务接待活动55批。

（鲍妮佳）

## 档案·年鉴

**【档案管理】** 2020年，新区档案馆推进新馆库房、档案基础业务、数字化档案馆等建设，编印出版新区首部年鉴。完成原杭州大江东产业集聚区2014—2018年历史档案整理，形成文件2万余件，著录电子条目1.7万条，扫描18万页。整理2019年度档案，形成原杭州经济技术开发区文书档案945件、原杭州大江东产业集聚区文书档案1149件、钱塘新区文书档案3617件。做好电子文件归档，全区20多个职能部门参与，通过5轮修补，修补事项193条，修改错误信息206条，实现电子文件归档率100%。全年指导参与农业水利发展服务中心土地确权档案验收，生态环境分局污染源普查档案验收；组织全区42名档案员参加杭州市档案管理岗位培训和档案人员继续教育培训，均完成考试并获得证书。组织开展档案数字化系统操作、新冠肺炎疫情档案整理等培训6次；弘扬档案工匠精神，报送新区4名档案员参加杭州市“兰台工匠”选树活动，选送的《夯实工作基础、规范业务建设》一文被《浙江档案》杂志刊登。

【数字档案室创建】 2020年10月29日，新区档案馆组织开展钱江小学、钱江幼儿园2所学校的规范化数字档案室创建验收。验收组由杭州市档案局、新区教卫局等3名业务人员组成，通过自评介绍、现场查验、验收组核验等程序，对测评单位实体档案、档案数据系统进行抽检，两所学校分别以86分、85.5分通过验收。12月30日，杭州市委办公厅公布2020年全市“规范化数字档案室”和市直属单位“数字档案室”创建名单，2所学校均创建成为杭州市规范化数字档案室。

【档案馆室一体化系统建设】 2020年12月，新区档案馆室一体化系统建设基本完成。该系统设有数据管理、共享利用、档案借阅、档案管理、档案室基本情况、年检与移交进馆、档案统计和共享利用7个模块，覆盖全区42个全宗主体，可实现档案数字化挂接、电子文件归档、在线年检、日常管理等功能，为全区档案信息化管理奠定基础。

【新区年鉴创刊卷出版】 2020年12月，《杭州钱塘新区年鉴（2020）》出版发行。该卷年鉴为新区党工委、管委会启动编纂的创刊卷，全面记载2019年新区大事、要事、新事和特事，内容包含自然、政治、经济、文化、社会和生态文明建设等。全书79.4万字，设类目36个、分目180个，收入条目848条、表格53张，为新区机关部门、街道、进区直属管理服务机构、社会各界人士及中外投资者了解和研究新区提供地情资料。

（张红丹）

2020年10月，义蓬街道火星村文化礼堂被评为杭州市四星级“十佳农村文化礼堂”
（周文怡 供稿）

## 精神文明建设

【文明城市创建迎检】 2020年，新区参与全国文明城市创建并做好测评迎检，从7个街道、21个部门抽调人员成立文明创建迎检专班。围绕“社会主义核心价值观”“讲文明树新风”等主题教育宣传，投入经费180多万元，在主次干道上安装道旗350个，制作海报5万份、草坪提示牌1500个、文明标语提示牌3000个，编发《迎检简报》35期。街道所属社区制作市民公约和居民公约2000多份。印发《核心价值观》《杭州市民公约》《垃圾分类》等宣传教育资料5.5万份。利用宣传橱窗、楼宇电视、电子显示屏、走字屏在各大商场、工地、学校、医院、社区等场所全时段滚动式播放文明城市创建公益广告2600多条。制作文化墙绘600多平方米，其中新湾街道选送的两幅作品获评杭州市年度“最美墙景”。新区文明办牵头召开街道、部门协调会议36次，组织志愿者参与迎检工作1.5万人次。召开动员部署会2次。全年开展督查10次，整改问题25个。开展文明单位评选和复评，新申报国家级文明村1个、新评区级文明单位1个，复评区级文明单位92个；开展文明单位实地检查5次。

【火星村文化礼堂获评市“十佳农村文化礼堂”】 2020年，新区文明办围绕“文化礼堂、精神家园”定位，建设特色型文化礼堂、文化家园。引进区、街、村（社区）三级“文化管家”队伍，打造由政府主导、市场供给、社会参与的文化兴盛之路。全年新区新建社区文化家园18个、农村文化礼堂25个，其中义蓬街道建成文化家园4个，文化礼堂19个。10月，义蓬街道火星村文化礼堂结合自然条件和发展规划，挖掘特色文化资源，获评杭州市四星级“十佳农村文化礼堂”。

（周晓昕 徐 璟）

**责任编辑 高骏森**

# 人大·政协事务

## 人大、政协工作联络

**【概况】** 2020年，新区有人大代表102名，其中全国人大代表1名、省人大代表6名、市人大代表18名、区人大代表77名（江干区33名、萧山区44名），辖7个街道人大工委，设代表联络站32个。政协委员70名，其中省政协委员18名、市政协委员10名、区政协委员42名（江干区29名、萧山区13名）。根据市委、市政府《关于加快钱塘新区高质量发展的意见》和新区党工委、管委会三定方案，萧山区和江干区人大、政协、人民武装按照行政区划范围行使相关职权，新区党工委、管委会办公室负责人大、政协联络工作。加强对人大、政协事务工作领导，新区管委会常务副主任联系人大、政协事务工作，1名巡视员分管人大工作，1名委领导分别作为萧山区、江干区一级代表参加区人大会议和活动。在党工委、管委会办公室设置人大、政协事务联络科，负责建议提案办理、组织监督视察、开展专题调研和召开工作例会等工作。河庄、义蓬、新湾、临江4个街道人大工委专职主任、副主任配备到位；前进街道人大工委专职主任和下沙街道、白杨街道人大工委专职副主任暂时缺配。各街道均在党政综合办公室挂人大工委办公室牌子，明确专人负责，承办人大代表联络、转办代表建议、组织代表开展活动等工作。

2020年11月5日，新区党工委召开“两代表一委员”座谈会　（陈浩杰　摄）

**【人大代表参政议事】** 2020年，新区党工委、管委会支持人大代表履行职责，拓宽代表参政议事知情渠道。推出“一月一活动、一月一主题”制度，确定每月15日为代表活动日。召集新区内各级人大代表开展专题学习、政情通报、专项视察、民生实事监督等活动，了解新区项目建设、新冠肺炎疫情防控、食品安全、教育文化、就业服务、民政帮扶等工作情况，代表与代表、代表与部门之间得到交流，全年累计组织代表活动日17场次，刊发《钱塘人大信息》2期。全国人大代表刘廷提出的《关于对综合保税区相关税务政策进行调整的建议》

## 2020年新区管委会办公室人大、政协条线主要活动一览表

表1

| 时　间 | 活动主题 |
| --- | --- |
| 1月2日 | 副市长、新区党工委书记柯吉欣召开政府工作报告征求意见座谈会 |
| 3月20日 | 新区管委会召开各街道人大工委主任例会，汇报疫情防控、复工复产等工作 |
| 3月23日 | 研究全国人代会建议综合保税区税收事宜专题会议 |
| 4月10日 | 江干区人大常委会原副主任干海和政协副主席于广滨带队到新区进行意见建议、提案交办会 |
| 4月17日 | 新区管委会组织代表、委员听取建设局汇报新区公共交通总体布局、运作及路网建设；新区公安分局汇报社会治安防控工作 |
| 4月20日 | 杭州市人大常委会副主任许勤华带队到新区开展数字经济发展专题调研 |
| 5月10日 | 杭州市政协原副主席曾东元调研体育设施建设规划，听取规划和自然资源分局做工作汇报 |
| 5月13日 | 萧山区政协副主席姜国法带队到新区进行意见建议、提案交办会 |
| 5月28日 | 省、市、区三级代表、委员总结交流“两会”会议精神 |
| 6月1日 | 各街道人大工委传达学习十三届全国人大三次会议精神 |
| 6月4日 | 杭州市人大代表原江干区第三小组到新区调研走访杭州和利时自动化有限公司、奥普家居股份有限公司2个智造产业 |
| 6月19日 | 各街道汇报上半年人大工作开展情况，就如何提升代表履职能力进行交流 |
| 7月1日 | 新区管委会负责人到江东村代表联络站开展联系基层代表和人民群众活动 |
| 7月7日 | 萧山区人大常委会副主任顾大飞带队到新区重点了解建议督办工作，并到江东村现场实地考察 |
| 7月10日 | 杭州市政协主席潘家玮到新区代表联络站开展联系基层代表和人民群众活动 |
| 7月28日 | 新区党群工作部部长陈金泉到新湾街道第四联络站开展联系基层代表和人民群众活动 |
| 7月29日 | 新区党群工作部副主任俞斌到白杨街道第四人大联络站开展联系基层代表和人民群众活动 |
| 8月6日 | 新区党群工作部副主任董蒋灿到河庄街道蜀南村联络站开展联系基层代表和人民群众活动 |
| 8月10日 | 新区党群工作部副主任李鹏到临江街道中心联络站开展联系基层代表和人民群众活动 |
| 8月13日 | 新区党群工作部副主任陈炯林到前进街道企业联络站开展联系基层代表和人民群众活动 |
| 8月20日 | 新区党群工作部副书记陈金生到下沙街道智格社区代表联络站开展联系基层代表和人民群众活动 |
| 8月24日 | 杭州市人大常委会社会工委王辉调研新区住宅小区消防安全 |
| 8月24日 | 新区党群工作部副主任李国梅到义蓬街道第三联络站开展联系基层代表和人民群众活动 |
| 9月23日 | 组织代表、委员实地考察新区“美丽乡村”河庄街道新围村、义蓬街道火星村建设情况 |
| 10月13日 | 杭州市政协副主席汪小玫调研听取管委会民生领域建设情况 |
| 10月19日 | 组织代表、委员考察“阳光厨房”和放心农贸市场建设情况，听取杭州市市场监督管理局新区分局工作报告，参观考察杭州文汇学校食堂、幸福南路农贸市场 |
| 11月5日 | “两代表一委员”围绕新区经济发展过程中的意见建议进行交流 |
| 11月6日 | 杭州市人大常委会主任于跃敏到新区就贯彻落实《中共杭州市委关于高水平推进新时代人大工作和建设的意见》和《浙江省街道人大工作条例》文件精神进行督查 |
| 11月10日 | 金华市政协副主席张跃进一行到新区调研 |
| 11月19日 | 组织代表、委员考察新区民生实事项目建设，听取新区社会发展局工作报告，实地考察义蓬街道残疾人之家建设情况及九阳工业旅游示范基地 |
| 11月20日 | 组织代表考察仓北村文化礼堂、义盛社区文化家园、新湾街道新龙片安置小区（安置房）临江佳苑（老旧小区改造、电梯加装）建设 |
| 12月7–9日 | 到温岭参观考察横峰街道代表联络站、城西街道代表联络站、温岭市城市规划展示馆，听取温岭市在推进街道人大工作及乡村治理体系建设方面经验介绍 |

## 2020年新区人大代表建议一览表

表2

| 序 号 | 建议人 | 案 由 | 备 注 |
|---|---|---|---|
| 1 | 邢遵胜 | 关于要求加快推进杭州中环工程建设的建议 | 浙江省代表建议 |
| 2 | 赵国芳 | 关于加强钱塘新区电力设施建设的建议 | 杭州市代表建议 |
| 3 | 赵国芳 | 关于进一步理顺体制，提升行政服务效率的建议 | 杭州市代表建议 |
| 4 | 王 琼 | 关于加大对部队托管区域环境整治的建议 | 杭州市代表建议 |
| 5 | 钱珏美 | 关于加快推进钱塘新区江海湿地保护开发的建议 | 杭州市代表建议 |
| 6 | 常彬彬 | 关于提高钱塘江排涝能力的建议 | 杭州市代表建议 |
| 7 | 龚观军 | 关于临江、前进区域通地铁的建议 | 杭州市代表建议 |
| 8 | 钱珏美 | 关于加强围垦文化传承的意见建议 | 杭州市代表建议 |
| 9 | 方 毅 | 关于大力支持桐庐发展快递特色产业的建议 | 杭州市代表建议 |
| 10 | 赵国君 | 关于出台发展壮大村级集体经济具体措施的建议 | 萧山区代表建议 |
| 11 | 戚建尔 | 关于为钱塘新区老年人免费接种流感疫苗的建议 | 萧山区代表建议 |
| 12 | 孙 娜 | 关于加大义蓬区块中小学、幼儿园建设力度的建议 | 萧山区代表建议 |
| 13 | 陈柏林 | 关于加快义蓬安置房建设的建议 | 萧山区代表建议 |
| 14 | 黄文通 | 关于保护与开发头蓬老街的建议 | 萧山区代表建议 |
| 15 | 沈锦水 | 关于加快义蓬区域临空产业园开发建设进度的建议 | 萧山区代表建议 |
| 16 | 毛泉红 | 关于城市开发边界调整的建议 | 萧山区代表建议 |
| 17 | 邵建明 | 关于亟待扶持实体经济生存发展的建议 | 萧山区代表建议 |
| 18 | 倪雪飞 | 关于电费单笔缴纳“就近办”的建议 | 萧山区代表建议 |
| 19 | 许伟国 | 关于尽快落实村级留用地政策和解决用地指标的建议 | 萧山区代表建议 |
| 20 | 李建良 | 关于加快艮山东路东伸的建议 | 萧山区代表建议 |
| 21 | 孙国灿 | 关于进一步提高农户拆迁中货币安置标准的建议 | 萧山区代表建议 |
| 22 | 孙先根 | 关于加强“飞地”区域渣土管理的建议 | 萧山区代表建议 |
| 23 | 孙先根 | 关于征地养老保险指标尽快落实的建议 | 萧山区代表建议 |
| 24 | 李冬芬 | 关于恢复计生奖扶政策的建议 | 萧山区代表建议 |
| 25 | 李冬芬 | 关于发展村级经济助力美丽乡村建设的建议 | 萧山区代表建议 |
| 26 | 封 祥 | 关于“飞地”区域基础设施提升改造的建议 | 萧山区代表建议 |
| 27 | 杜晔彪 | 关于加强临江园区大气污染防治的建议 | 萧山区代表建议 |
| 28 | 徐卫芳 | 关于加快打通钱塘新区“断头路”的建议 | 萧山区代表建议 |
| 29 | 徐卫芳 | 关于进一步完善钱塘新区公共交通的建议 | 萧山区代表建议 |
| 30 | 张尔根 | 关于强化外卖电瓶车管理的建议 | 江干区代表建议 |
| 31 | 戴相英 | 关于加强翁盘路及省第六监狱外环道路交通治理的建议 | 江干区代表建议 |
| 32 | 楼湘玉 | 关于加强公共文化服务阵地建设打造文化钱塘的建议 | 江干区代表建议 |
| 33 | 刘 虹 | 关于邵逸夫医院开设儿科门诊的建议 | 江干区代表建议 |
| 34 | 孙志法 | 关于强化四项支撑保障和提升小区业主委员会履职能力的建议 | 江干区代表建议 |
| 35 | 童志华 | 关于加快推进停车场收费支持ETC系统使用的建议 | 江干区代表建议 |
| 36 | 冯海东 | 关于推进城市大脑小区治理应用让新区基层治理拈起“绣花针”的建议 | 江干区代表建议 |

续表2

| 序 号 | 建议人 | 案 由 | 备 注 |
|---|---|---|---|
| 37 | 冯海东 | 关于提升智能交通水平保障人民群众出行安全的建议 | 江干区代表建议 |
| 38 | 赵国其 | 关于新增或更新公务用车率先使用新能源车的建议 | 江干区代表建议 |
| 39 | 丛燕青 | 关于加快推进钱塘新区网络信号覆盖的建议 | 江干区代表建议 |
| 40 | 丛燕青 | 关于下沙高校共享钱塘新区人才新政的建议 | 江干区代表建议 |

注：其中浙江省1件（协办），杭州市8件（主办4件、协办4件），萧山区20件（主办），江干区11件（主办）。

## 2020年新区政协委员提案一览表

表3

| 序 号 | 提案人 | 案 由 | 备 注 |
|---|---|---|---|
| 1 | 兰 兰 | 关于加快实施钱塘新区天然气经营服务一体化改革的建议 | 浙江省政协提案 |
| 2 | 谢志洪 | 关于加大本地品牌扶持力度、推动钱塘新区高质量发展的建议 | 杭州市政协提案 |
| 3 | 蒋慧儿 | 关于加大与名院合作，助推基层卫生服务资源提档升级的建议 | 杭州市政协提案 |
| 4 | 李正刚 | 关于实质性推动拥江发展战略，加快钱塘江沿线开发的意见和建议 | 杭州市政协提案 |
| 5 | 蔡文萍 | 关于尽快落实村级留用地政策和解决用地指标的建议 | 杭州市政协提案 |
| 6 | 唐龙尧 | 关于建立杭州“围垦博物馆”，传承发挥“围垦精神”的建议 | 杭州市政协提案 |
| 7 | 蔡 瑾 | 关于进一步加强城东区域科技创新投入力度的建议 | 杭州市政协提案 |
| 8 | 谢志洪 | 关于加快运河二通道建设进度的提案 | 杭州市政协提案 |
| 9 | 王金才 | 关于大力支持桐庐发展快递特色产业的建议 | 杭州市政协提案 |
| 10 | 沈建国 | 关于深挖后疫情时代“宅经济”“共享员工”背后的新商业模式的提案 | 萧山区政协提案 |
| 11 | 信东辉 | 关于加强新区工业垃圾、建筑垃圾管理及处置的建议提案 | 萧山区政协提案 |
| 12 | 信东辉 | 关于建立民营企业定期座谈制度的建议 | 萧山区政协提案 |
| 13 | 张坚明 | 关于要求钱塘新区提高院前急救综合水平的四点建议 | 萧山区政协提案 |
| 14 | 张坚明 | 关于钱塘新区新建传染病医院及加强综合医院传染病管理工作的建议 | 萧山区政协提案 |
| 15 | 张坚明 | 关于在钱塘新区禁止限制燃放烟花爆竹的建议 | 萧山区政协提案 |
| 16 | 邹丹娜 | 关于江干区轨道交通 与工业园区地面交通接驳的建议 | 江干区政协提案 |
| 17 | 腾玲建 | 关于科学规划建设钱塘新区消防站的几点建议 | 江干区政协提案 |
| 18 | 徐碧元 | 关于促进钱塘新区律师参与公益法律服务的建议 | 江干区政协提案 |
| 19 | 陈 雨 | 关于加强钱塘新区 基层医疗卫生服务工作的建议 | 江干区政协提案 |
| 20 | 郑洲峰 | 关于完善城市型住宅小区基层综合治理工作的建议 | 江干区政协提案 |

注：其中浙江省1件（主办），杭州市8件（主办2件，协办6件），萧山区6件（主办），江干区5件（主办）。

由全国人大立案，得到中华人民共和国海关总署答复。

**【街道人大工作开展】** 2020年，新区实施街道人大工委例会制，支持街道人大工作开展，坚持“一月一例会、一月一交流”，召集7个街道人大常委会主任、副主任、人大干事集中学习。进行工作交流，研究各街道工作重点、难点。推动义蓬街道人大工委开展“组团式”服务，与工会、志愿者组织村（社区）等联合行动，推动上级各项工作落地实施；临江街道推行民生实事“云票选”，46名居民议事代表参与投票。打通人大代表联系服务群众“最后一公里”，在7个街道设立32个代表联络站及意见箱。新区委领导到联络站开展联系基层代表和群众活动，征集建议45条，其中24条建议在联络站当场答复，其余事后全部落实。推动议政代表实现新区全覆盖，7个街道村（社区）企事业单位，以及“飞地”内的单位选出议政代表480名。

（吴淑君）

## 街道人大工委

【下沙街道人大工委】 2020年，下沙街道配备人大工委主任1名、人大常委会办公室主任1名、人大干事（兼职）1名；有省人大代表1名、市人大代表6名（均为驻站联系代表）；有江干区人大代表16名、居民议事会成员62名。制定民生实事项目监督方案、建立“四公开”工作法，票决产生“口袋公园”建设及养老服务提质增效等民生实事项目5个。全年开展监督视察30多次，提出民生项目增速提效意见建议20多条。发挥联络站功能，5个联络站开展接访活动15次，接待选民300多人，收集意见建议51件并全部落实。设在杭州卓尚服饰有限公司的街道企业人大代表联络站被评为江干区“最美人大代表联络站”。

（刘瑞雪）

【白杨街道人大工委】 2020年，白杨街道配备人大工委主任1名、人大常委会办公室主任1名。有全国人大代表1名、省人大代表3名、市人大代表5名、江干区人大代表19名、居民议事会成员71名。出台《关于白杨街道民生实事项目监督方案》，开展污水“零直排”项目、社区党群服务中心项目等视察监督活动。组织对企业复工复产、“美丽村（社区）”、食品安全、养老服务等领域的专题视察工作6次。搭建人大代表与街道职能部门沟通对接平台，办理人大代表议案建议6件，答复率100%。辖区4个人大代表联络站围绕复学复课、社区公共配套设施、老旧小区改造、电梯加装等主题，开展选民接待活动8场。邀请辖区全国人大代表到人大代表联络站宣讲全国“两会”知识，推动解决沿江游步道亮灯工程等民生问题。街道第二人大代表联络站被评为江干区“最美人大代表联络站”。

（姜　晨）

【河庄街道人大工委】 2020年，河庄街道配备人大工委主任1名、副主任1名、人大常委会办公室主任1名。有省人大代表1名、市人大代表1名、萧山区人大代表14名、居民议事会议成员68名。推进“六个一”工作机制，组建民生实事工程建设督办小组，实施代表意见建议“限时督办”。围绕“美丽乡村”建设，定期召开居民议事会议，推进民生实事工程票决制、代表活动常态化、代表建议办理项目化，对农贸市场改造、安置房回迁、老旧小区电梯加装等民生工程开展专题调研与督查。完成街道10项民生实事工程，12项代表意见和事项办结。5名代表进联络站开展“我为民、我履职、我行动”述职活动，江东村代表联络站获评杭州市“最美代表联络站”。

（丁佳英）

【义蓬街道人大工委】 2020年，义蓬街道配备人大工委主任1名、副主任1名、人大常委会办公室主任1名，人大工委组成成员5名。有市人大代表3名、萧山区人大代表12名、街道居民议事会成员78名。4月，通过走访调研、走进联络站、座谈等线下活动与微信群、“钉钉群”等线上工作平台结合，义蓬代表在萧山区人大会议上提出“潮文化”“潮旅游”建设、增设“红十五线”义蓬出口红绿灯、保护与开发头蓬老街、城市开发边界调整等意见建议9条。召开义蓬街道第一届居民议事会会议2次，票选产生街道民生实事工程10项，收集意见建议39条，其中城市建设类15条、党建工作类4条、党政综合类1条、公共服务类3条、农业农村类6条、平安建设类4条、区域发展类4条、综合信息类2条。建立人大代表“献爱心、助成长”精准帮扶机制，在街道机关、义蓬村、仓北村、后埠头村、明盛大厦科创园设立代表联络站5个。全年开展活动接待15次，参与代表156人次，累计征集意见建议20条。

（包益萍）

【新湾街道人大工委】 2020年，新湾街道配备人大工委主任1名、人大工委副主任1名、人大常委会办公室主任1名。有市人大代表1名、萧山

临江街道平安宣传主题公园　　（临江街道 供稿）

区人大代表9名、街道居民议事会成员69名。发挥参政议政职能，参与萧山区第十六届人大四次会议会前视察、民情调研工作，提交“加快艮山路东伸”“落实村级留用地政策和解决用地指标”“提高农户拆迁中货币化安置标准”等意见建议。召开新湾街道第一届居民议事会会议2次，票选产生街道民生实事工程10项。全年接访、走访选民5次，征集意见建议120条，视察6次，暗访3次，提出意见建议15条。

（裘瑶婕）

【临江街道人大工委】2020年，临江街道配备人大工委主任1名、人大工委办公室副主任1名。有市人大代表1名、萧山区人大代表4名、街道居民议事会成员48名。召开居民议事会议2次。推进人大工作项目化机制，制定人大工委年度工作要点，推出“云票选”，产生新冠肺炎疫情防控、环境综合整治、美丽乡村建设、老旧小区改造、园区安全生产、文明城市复评、中央环保督查迎检、全域水质提升民生实事工程8项。助力街道获评国家卫生街道、杭州市环境综合整治优胜街道。跟踪督办各级代表提出的意见建议14条，满意率100%，办结率100%。开展选民走访活动，收集建议62条，均落实整改。优化代表履职平台，完成临江佳苑社区代表联络站提升改造，全年进行网上接待代表活动4次。（沈永方）

【前进街道人大工委】2020年，前进街道配备人大工委主任1名、人大干事1名。有市人大代表1名、萧山区人大代表4名、街道居民议事会成员88名。落实居民议事成员规模以上企业全覆盖，新增补居民议事成员44名。召开街道居民议事会议2次，票选产生迁建前进街道公共服务中心。建成并投用体育公园和街道创业文化广场，建设前进第二幼儿园和前进街道青少年活动中心，完善生活垃圾分类处置网，实施农村危桥工程改造，村道提升工程改造，筹建成立新社区，启动“千亩春塘”大田花海一期开发等10件民生实事项目建设。

（施琴杰）

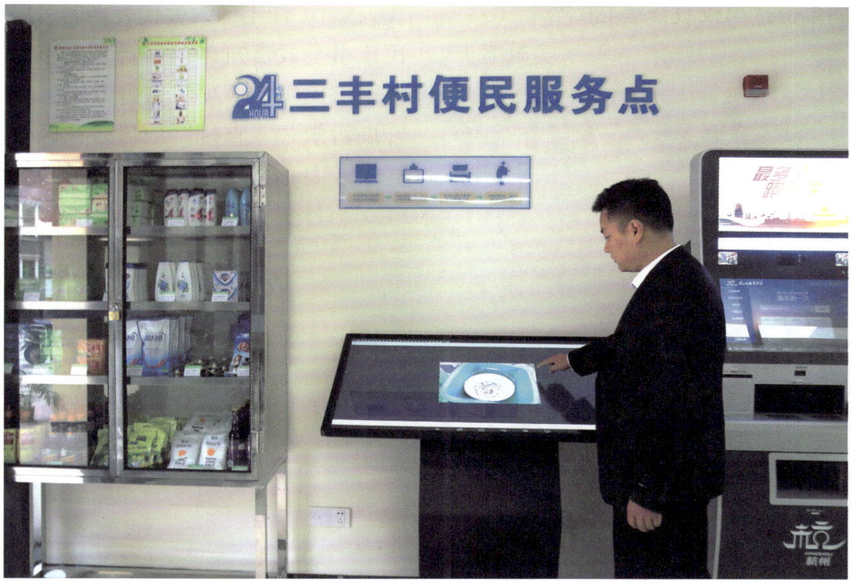


前进街道三丰村智慧垃圾分类平台系统　（前进街道　供稿）

## 建议提案办理

【概况】2020年，省、市、区“两会”期间，新区收到建议和提案60件，其中省、市建议提案18件、新区建议提案42件（江干区16件、萧山区26件）。内容涉及经济发展、城市规划、道路交通、环保民生、科教文卫等方面。新区人大、政协工作部门召开专题会议，明确主办单位把建议提案办理当成常态化工作，坚持办前、办中、办后“三沟通”。新区管委会办公室根据会议部署分解任务落实到各部门单位，实行“二次答复”。8月末，建议提案全部办理并答复代表。其中：A类建议19件，占95%；B类建议1件，占0.5%；面商率（答复率）、满意率均为100%，解决率95%。代表赵国芳提交《关于加强钱塘新区电力设施建设的建议》，要求优化新区电网骨干网架、提高供电可靠性。新区管委会与国家电网有限公司杭州供电公司签署战略合作协议，预计2022年末建成110千伏以上变电站13座。

【2个建议提案办理】2020年，新区人大工作部门召集教育与卫生健康局、新区财政金融局等部门对督办建议第17号《关于为新区老年人免费接种流感疫苗的建议》研究讨论。9月出台优化方案，确定接种单位、宣传动员、人员培训和物资准备等工作，10—11月对70周岁以上老年户籍居民实施接种。开展村级集体经济调研，对人大代表提出的《关于发展壮大村级集体经济具体措施的建议》抓好落实，组织相关部门上门开展业务指导，鼓励各村参股，集中建设村级留用地或集中购买物业等固定资产。计划补助资金2.37亿元，完善农村污水、农村公厕等公共设施，创建“美丽乡村”行政村，提升人居环境，发展村级集体经济，增加农民收入。

（吴淑君）

责任编辑　高骏森

# 人民团体

## 总工会

**【概况】** 2020年，新区总工会辖7个街道总工会、2个片区产业工会工作委员会、2个小镇工会工作委员会和18个直属工会，有基层工会970个，涵盖单位1717个，工会会员20.4万人。聚焦“战疫情、促发展”重点任务，坚持稳中求进工作总基调。筹集价值400万元的防疫物资，应对新冠肺炎疫情。深入一线走访慰问，缓减企业上缴工会经费3448万元，减免小微企业工会经费196万元。搭建比武竞赛平台，承办省、市、区级技能大赛10场；培育“杭州工匠”1名，12人获评杭州市“五一劳动奖章”（奖状）。帮扶困难职工解困，6名市级建档困难职工实现解困脱困；办好十件实事，惠及职工群众10万人次。推出“云协商”、“云课堂”及线上“群团购”；组队参加全市工资集体协商竞赛获评团体第三名，首席代表获“最佳协商员”称号；52个企业通过杭州市企业社会责任建设验收，3个企业获优秀企业称号；组织普法知识竞赛和农民工工资支付专项监督行动，举办8场“送法进企业”现场法律咨询、宣讲活动。职工文体活动中心项目开建，完成产值6000万元；新建工会79个，工会会员实名制认证突破15.5万人；举办文化体育活动10场；新区总工会获评全总基层财务先进单位，九阳家电有限公司工会获评全国先进“职工之家”。

**【工会抗疫专项行动】** 2020年1月31日，新区总工会成立新冠肺炎疫情防控工作领导小组，印发疫情防控工作方案，建立统筹组、督查组、联络组3个专项工作组。2月9日，发布《致全区广大企业职工的一封信》，引领职工同心抗疫。2月13日，启动“打好双硬仗，工人有担当”专项行动，建立专项资金86万元，慰问一线医护人员和公安、交警、城管工作人员2000人。开展“走亲连心三服务”活动，线上督查242个企业制定应急预案，走访复工复产企业148个，协助解决困难问题20个。2月24日，推出《关心关爱疫情防控和复工复产一线职工的八项措施》，助力职工做好心理健康、情绪疏导、金融信贷、技能提升等工作。

**【全国新区开发区工会工作研讨会在新区召开】** 2020年11月5—6日，全国新区开发区第33次工会工作研讨会（杭州·论坛）在新区召开，全国60个新区开发区的150名工会代表参会。大会由中国新区开发区工会工作论坛理事会和中国开发区协会主办、新区总工会承办，中华全国总工会、省总工会、市总工会、新区党工委领导出席会议。大会以“疫情防控常态化条件下工会组织的新使命”为议题，围绕复工复产、职工技能比武、劳资集体协商、困难职工帮扶等交流工作经验，探讨新区开发区工会工作创新发展。研讨会收到论文38篇，开展10场交流发言和2场主题讲座。中华全国总工会基层工作部一级巡视员、副部长孟未做题为《关于当前基层工会组织建设中有关问题的探讨》专题讲座。新区总工会《疫情之下工会工作的实践与思考》获优秀论文一等奖。

**【产业工人队伍建设改革】** 2020年9月3日，新区总工会印发《新区产业工人队伍建设改革实施方案》，明确新区产业工人队伍建设改革的总体要求和目标任务，提出实施政治建设、能力提升、创新激励、维权服务和聚力共建五大专项行动，并细化为18条具体改革措施。成立推进新时代钱塘新区产业工人队伍建设改革工作协调小组，在新区总工会设立办公室。10月19日，召开推进新时代钱塘新区产业工人队伍建设改革工作协调小组会议，要求协调小组成员单位聚焦工作重点、形成工作合力。10月20日，推进新时代钱塘新区产业工人队伍建设改革工作培训班开班，协调小组成员单位、试点企业、各级工会代表50人参加培训。10月23日，在杭州吉利汽车有限公司召开新时代新区产业工人队伍建设改革工作推进会。协调小组办公室汇报阶段性工作成果及工作任务，协调小组成员单位、试点企业代表做交流发言和经验分享。12月16—18日，组织新区29个重点企业、10个试点单位赴湖州学习考察，学习借鉴产业工人队伍建设改革工作先进操作法等经验。

**【劳动模范（集体）和最美产业工人揭榜】** 2020年3月13日，新区劳动模范和模范集体评选活动启动。经基层推荐、资格初审、评选办公室审核、部门联审、劳模评选委员会评议、社会公示、党工委研究确定，于坚栋等35人被评为首届新区劳动模范人物，新区财政金融局预算科等15个集体被评为首届新区模范集体。4月10日，新区“最美产业工人”评选活动启动。经推荐、评审、公示，毛三兰等10人被评为新区首届“最美产业工人”。5月29日，新区以“最美劳动者、建功新时代”为主题，召开首届劳模和最美产业工人“云表彰”大会，向新区劳动模范、新区模范集体及“最美产业工人”获得者颁发荣誉证书、奖章、奖牌，并分别给予5000元、1万元、8000元的物质奖励。

2020年9月24日，新区劳模工匠协会第一次代表大会召开

（新区融媒体中心　供稿）

**【新区劳模工匠协会成立】** 2020年9月24日，新区劳模工匠协会第一次代表大会暨名师带高徒签约仪式举行。大会选举产生劳模工匠协会理事、会长、副会长、秘书长，审议通过《新区劳模工匠协会章程》。8对劳模工匠名师与徒弟结对签约，建立技术技能创新和绝技绝活传承推广长效机制。9月29日，劳模工匠进校园活动走进文思小学。新区劳模工匠代表张晓刚、赵聪、项淑英通过分享自身经历、讲述劳动故事，诠释劳模精神、劳动精神和工匠精神的内涵，文思小学师生代表400人参加活动。至年末，新区劳模工匠协会拥有会员269名。

**【“钱塘杯”职工之家创建】** 2020年3月30日至10月27日，新区总工会组织开展第一届“钱塘杯”先进（示范）职工之家评选活动。经基层工会自行申报，收到111个单位申报材料。经初审、复验、评审、公示4个环节，选出长安福特汽车有限公司杭州分公司工会委员会等12个“钱塘杯”示范职工之家，下沙街道下沙社区卫生服务中心工会委员会等24个“钱塘杯”先进职工之家。新区总工会对新认定的示范职工之家，根据会员规模给予1万至2万元的“建家”资金补助。

**【“爱心向黔进”助学圆梦行动】** 2020年6月16—20日，新区总工会联合怡得乐电子（杭州）有限公司等26个企业工会赴贵州省凯里市开展结对帮扶工作。帮扶组到碧波镇捐赠现场、凯里市第三中学、凯里市第二十五小学，向132名困难家庭学生捐助助学金13.2万元，捐赠爱心书包、暖心饭盒2600套，价值26万元。新区、凯里两地工会就产业、人才、旅游、就业等方面进行深度交流与互动，新区企业工会与凯里市中医院、中药博物馆、云谷田园、西江苗寨等疗休养基地建立起服务交流平台，助力发展凯里市当地旅游项目。（徐霞丽）

## 团工委

**【概况】** 2020年年末，新区团工委辖团组织926个，其中基层团（工）委62个、基层团总支18个、基层团支部846个，团员1.59万人。新区团工委在团市委2020年度综合考评中获评优胜名次；认定市级“青年文明号”5个、“青年安全生产示范岗”2个；3名青年职工获评杭州市“优秀青年岗位能手”称号。获评市级抗击疫情先进团委1个、先进团支部2个；优秀团干部2名、优秀青年突击队3支、优秀青年突击手4名；获评2020年度市级先进团委1个、先进团支部2个、优秀团干部2名。

**【基层团组织换届】** 2020年，新区110个村（社区）团组织换届工作完成。选举产生团组织班子成员335人，其中书记110人、副书记34人。团干部平均年龄29.2岁，1995年以后出生的团干部117人，其中女性55人。团支部书记是中共党员的95人，占比59.7%，团支部书记本科以上学历占比68.7%。

**【青年志愿者助力疫情防控】** 2020年新冠肺炎疫情防控期间，新区团工委招募志愿者2386人，组建青年突击队50多支。在疫情防控宣传、常规医疗服务、集中医学观察点、居家观察服务、卡点医学检测、信息排摸等抗击疫情一线岗位上，开展志愿服务500多场次，累计志愿服务时长5万余小时。发起爱心捐赠，发挥辖区企业青年联盟作用，青联委员们捐款9.75万元，采购消毒液等物资送到抗疫一线。成立“跑小二”青年突击队，入驻对口企业，帮助企业做好复工复产。关爱帮扶援鄂医护人员家庭，了解每家需求，安排青年志愿者进行上门帮扶，为援鄂医护人员家庭提供子女上学接送、心理疏导咨询、生活用品送货、患病家属陪护4项服务。

**【服务大学生就业创业】** 2020年，新区团工委服务大学生就业创业，开展3场“稳就业、促发展”助力服务系列活动，带领大学生走进企业实地走访、参观，促进校企合作，了解新区企业发展情况、人才岗位需求及招聘工作。全年直接服务大学毕业生1000多人次，间接服务大学生2万余人次。成立首批“活力钱塘——大学生社会实践基地”8个。

**【青少年红色阵地拓展】** 2020年1月13日，新区团工委召开中国少年先锋队新区第一次代表大会，成立红领巾学院，授牌首批红领巾教育实践基地32个，涵盖科技教育、法制教育、环保教育、劳动教育等领域。建立社区青少年俱乐部31个，组建先锋讲师团，打造“社区少先队教育资源圈”。

**【青年参与社区治理】** 2020年，新区团工委在街道试点开展“青春社区”活动，成立“青年业委会委员联谊会”下沙街道分会，动员有时间、有能力、有热情的青年人加入社区业委会，让青年参与社区治理。建立“青春社区智囊团”，储备青年后备人才，为社区建设提供智力和人才支持。 （乐红磊）

## 妇工委

**【概况】** 2020年，新区妇工委辖街道妇联7个，村（社区）妇联111个；推进新区新经济组织和新社会组织的妇女工作“两覆盖”，新建基层妇联组织38个。新区妇工委带领全区妇女群众和女职工，开展“巾帼奉献·岗位建新功”活动，新命名区级巾帼文明岗20个，继续认定138个；全区妇联系统获评区级抗疫巾帼建功先进集体12个、巾帼建功标兵30名、抗疫巾帼建功标兵45名；新获评市级三八红旗集体1个、市级三八红旗手3名、市级巾帼文明岗4个、市级巾帼建功标兵4名；省级巾帼文明岗3个、省级巾帼建功标兵1名；获评全国巾帼文明岗1个。国家税务总局杭州经济技术开发区税务局在现场评审会中获评全市第一名，为新区获得首个“全国巾帼文明岗”称号。

**【基层妇联换届】** 2020年，新区妇工委结合村（社区）组织换届选举，推荐优秀女性进入村（社区）两委队伍，其中村委会中女委员70人，占比34.3%，社区居委会中女委员人数114人，占比50.2%；村党组织中女委员49人，占比22.7%，社区党组织中女委员97人，占比46.6%。村（社区）党组织、村（居）委会兼任的女性24人，占21.6%。新区111个村（社区）妇联同步换届，选出主席110人、副主席222人、执委759人。村（社区）妇联主席均进入“两委”村班子。

**【妇联参与疫情防控】** 2020年，新冠肺炎疫情流行期间，新区妇工委发动巾帼志愿者3000多人，参与宣传劝导、卡口值守、自制口罩、捐资捐物、关爱家庭、心理疏导、爱心助农等活动。在“钱塘群团之家”微信公众号开设“战疫·半边天”专栏，宣传妇女、家庭、巾帼志愿者参与抗疫的先进事迹及疫情防控动态、政策和知识等，引导妇女群众参与联防联控、群防群治。走访慰问新区援鄂医护人员家庭15户，落实援鄂医护家庭“一对一”帮扶制度，发动辖区女企业家给杭州首批27户援鄂医护人员家庭送去爱心物资。筹集防疫物品，辖区企业杭州可悦卫生用品有限公司捐赠210万元爱心物资，支援援鄂浙江医疗队。助力复工复产，新区妇工委走访慰问企业23个，发起爱心助农、助企活动7场，480多人次参与消费直播带货活动。

**【妇女儿童维权关爱】** 2020年，新区妇工委加大“平安家庭”宣传力度，线上线下开展普法讲座7场，提高妇女群众法律意识。发挥巾帼律师服务团“法媛帮”和家事调解工作室作用，协调化解家庭矛盾6起。结合“春风行动”，帮扶困难妇女50人，发放慰问金13.5万元，为2名农村“两癌”贫困妇女申请发放医疗救助款6000元。开展基层一线女职工高温慰问活动，为环卫、保洁、停车收费、绿化养护等行业的580多名女工送去慰问品。“六一”儿童节前，为92名困难儿童送上学习用品等爱心礼包。开展巾帼文明岗结对帮扶，结对5名困难儿童。开展暑期“小候鸟”关爱行动，赠送爱心读本200册，举办农耕文化体验3场，惠及儿童320多人。“妈咪暖心小屋”建设提升力度，设立专项资金用于项目创建、年度运行评价和物资补助，新建“妈咪暖心小屋”15个，至年末，新区有“妈咪暖心小屋”96个，其中省级示范点2个。发放补助资金9万元，采购物资补助4万元。

**【家庭文明建设】** 2020年，新区妇工委开展寻找最美家庭系列主题活动，获评省级最美家庭3户、省级年度最美家庭1户、市级最美家庭4户；省级文明家庭1户、市级文明家庭1户。评选首届新区最美家庭10户、提名10户；战疫最美家庭20户、提名20户。举办最美家庭参观交流活动，发布“好家庭”优享政策7条。启动美丽庭院创建工作，获评省级美丽庭院1户、市级绿色家庭8户。评选新区美丽庭院示范户15户、提名15户。开创“互联网+智慧家庭教育”新模式，举办直播课5期，视频8期，音频8期，提供家庭教育指导服务，惠及家长6000多人。开展“学习千鹤妇女精神·传承沙地围垦文化”主题活动，打造新区妇女儿童家庭农耕体验基地。开展培训活动12期，参与480人次，带动新区学校、企业等参与学习体验近1000人次。

**【“湾嫂”议事厅平台创建】** 2020年5月，新区妇工委探索参与基层社会治理，推出“下达政策、上传民意”的品牌项目——“湾嫂”议事厅。该项目是由新区、街道、村（社区）三级妇联联动创建成立，每月固定开展线下议事活动。建立小事线上解决、大事线上讨论形成初步意见、突发事件线上随时联系跟进工作机制。至年末，平台收到意见建议36件，解决32件，答复4件，满意率100%。（赵丹洋）

## 科学技术协会

**【科协会议及活动】** 2020年9月11日，新区科学技术协会主席团（扩大）会议召开。会上，新区各企事业单位的兼职副主席和部门负责人对新区科协未来工作建言献策。启动2020年新区科普宣传周筹备工作，组织开展科普宣传周活动。活动包括科普进广场、科普进学校、科普进社区3大模块，组织科普活动10多场。

**【院士专家工作站申报】** 2020年9月，新区科协对当年拟建院士专家工作站企业进行实地走访调研，针对不同企业在申报上提出的具体问题予以辅导，并推荐2个单位通过市级院士工作站审核，3个单位通过市级专家工作站审核。（盛梁燕）

## 侨联

**【概况】** 2020年，新区归国华侨联合会（简称新区侨联）推进基层组织建设，实现街道侨联组织全覆盖。年末，新区侨联有侨联代表255人，其中下沙街道侨联代表41人、白杨街道侨联代表33人、河庄街道侨联代表45人、义蓬街道侨联代表54人、临江街道侨联代表35人、新湾街道侨联代表42人，前进街道设侨联工作站，成员5人。提升侨企服务水平，组织参加“创业中华”系列选树活动，杭州医药港小镇获评“侨界创新创业示范基地”，杭州创新生物检控技术有限公司获评“侨界创新创业领军企业”，杭州郝姆斯食品有限公司获评“侨界创新创业新锐企业”，浙江瀛康生物医药有限公司董事长凌建群获评“侨界创新创业领军人物”，康霖生物科技（杭州）有限公司董事长兼首席执行官吴昊泉获评“侨界创新创业新锐之星”。

**【先进典型选树】** 2020年，经新区侨联推荐，新区侨联副主席、杭州郝姆斯食品有限公司董事长邱浩群获评全国侨联系统“助力脱贫攻坚”先进个人称号，同时被授予杭州市侨届“十杰”称号；杭州星普企业管理有限公司总经理蔡锦营、浙江梦马控股有限公司总经理缪志庆被授予杭州市侨届“优秀归侨侨眷”称号；新区党群工作部（组织部）副部长、侨联主席杨丽敏被授予杭州市侨联系统“先进工作者”称号。（吴　兵）

责任编辑　周　丹

## 政法委及综治

【概况】 2020年，新区党工委政法委新设秘书科，撤并事业单位社会治理服务中心。下设12个内设科室、7个司法所、1个事业单位。保障社会稳定，重大涉稳矛盾实行项目化监管，全年纳入项目化监管重大涉稳问题25个，其中纳入市级监管5个、区级监管7个、部门及街道监管13个，至年末已化解23个，化解率92%。开展重大决策社会风险评估，对43个项目做标准程序风险评估，30个项目做简易程序风险评估，并落实滚动排查和动态评估。完成村（社区）换届选举保障、省市和全国“两会”期间保障、中共十九届五中全会等重大政事、重要时点安全保卫工作。做好众泰汽车股份有限公司欠薪、货拉拉公司调价、中小学招生、浙江浮力森林食品股份有限公司停工停产等突发事件处置。新区调整治安网格414个，各街道配齐网格长，网格指导员、专职网格员、兼职网格员，完成智慧安防小区建设97个。下沙街道、义蓬街道被列入市级电动自行车专项治理挂牌整治单位，党工委政法委牵头组建专班开展工作。年末，两个街道摘牌。深化“平安钱塘”“法治钱塘”建设，党工委政法委连续两年被评为平安浙江建设先进集体。

2020年5月11日，新区公安部门与运管部门联合在文海南路地铁站对网约车进行防疫安全整治　（高沂冰　供稿）

【新冠肺炎疫情社会面防控】 2020年1月29日起，根据杭州市委政法委召开的新冠肺炎疫情社会面防控视频会议精神，新区党工委政法委成立3个检查指导组，组织网格员走访家庭。重点对义蓬、新湾、前进3个街道、村（社区）开展检查督导，发现问题20多个，现场提出改进措施。做好“杭州健康码”申领、复核、转码，核查健康码504批次、2.2万人，转码1873人。截至2月4日，完成“12345”电话转办件68件，其中疫情办件43件。

【平安创建活动新成果】 2020年，新区党工委政法委组织开展“平安企业”“平安校园”等18个载体行业创平安活动和平安宣传月活动。全年累计开展1500多场，发放宣传册18万份，短信通知3万条，横幅悬挂3000多条，微博宣传3400多条，拍摄平安“三率”微视频，视频播放2万余次；开展全民巡防活动4600多次，出动人数2.89万人次；开展应急演练等活动438场次，参加人数2.62万人次；参加交通劝导7700多人次，被劝导人数11.2万人次。举办“平安钱塘我参与”书画摄影作品展，在《钱塘新区报》开设“平安直通车”专版，累计发表作品47期，评选出平安企业示范单位19个、平安建筑企业示范单位10个、平安网格示范单位10个、平安市场示范单位2个、平安金融示范单位8个、平安医院示范单位1个、平安校园示范单位3个。开展平安村（社区）考核，82个村（社区）评为2020年度新区平安村（社区）。委托第三方开展平安“三率”摸底调查，采集有效样本2万份。结果显示，群众对新区总体安全感、“防范电信诈骗相关知识”知晓率、平安建设群众参与率分别为99.3%、94.7%和48.9%。

2020年1月10日，新区公安分局在金沙龙湖天街商场开展“不忘初心110、共建共治享安宁”主题宣传活动　　（伊芳明　供稿）

**【扫黑除恶专项斗争】** 2020年，新区党工委政法委开展扫黑除恶“六清行动”（线索清仓、逃犯清零、案件清结、伞网清除、黑财清底、行业清源），建立六大长效机制（源头治理防范整治机制、智能公开举报奖励机制、打早打小依法惩处机制、精准有效督导督办机制、激励约束考核评价机制、持续推进组织领导机制）。全年累计核查中央交办线索240条，涉黑恶查实53条；打处涉黑恶团伙74个，刑拘犯罪嫌疑人840人，破获刑事案件433件，抓获中央督捕逃犯1人，审结黑恶案件14起，党纪立案查处涉黑恶腐败和“保护伞”问题22起，查扣资产1.3亿元；出台长效机制文件18份，发出涉黑涉恶“三书一函”28份，群众满意度96.9%；村（社区）换届资格联审1807人次。

## 2020年新区社会治理工作品牌项目情况表

表4

| 序　号 | 项目名称 | 所属专项组 | 牵头部门 |
|---|---|---|---|
| 1 | 沉入式街社 | 党建领和 | 党群工作部 |
| 2 | 红色网格微治理 | 党建领和 | 党群工作部 |
| 3 | 安管服务帮 | 政府主和 | 应急管理局 |
| 4 | 应急管理一体化平台 | 政府主和 | 应急管理局 |
| 5 | 金凤栖梧筑梦钱塘 | 社会协和 | 社会发展局 |
| 6 | “湾嫂”议事厅 | 社会协和 | 总工会 |
| 7 | 十大场景平安查 | 智慧促和 | 党工委政法委 |
| 8 | 社会治理“五色预警” | 智慧促和 | 党工委政法委 |
| 9 | 移动微法院 | 法治守和 | 经开区法院 |
| 10 | 政府合同钉 | 法治守和 | 党工委政法委 |
| 11 | “心旅阳光”健康讲堂 | 文化育和 | 教育与卫生健康局 |
| 12 | “钱塘星火”工程 | 政府主和 | 公安分局 |

【社会治理现代化工作品牌打造】2020年4月，新区党工委政法委制定《新区培育打造社会治理品牌项目实施方案》，部署拟培育社会治理品牌项目12个。6月，成立由党工委副书记、管委会副主任陈金生为总召集人的新区社会治理现代化工作专班，下设“一办六组”，制定《杭州市推进市域社会治理现代化试点工作新区任务清单》，将社会治理现代化工作分为治理体制、工作布局、治理方式三大块41项子任务，逐项分解至各专项组开展落实。制定《关于加快推进社会治理现代化全力打造“平安钱塘港湾”实施意见》，通过实施“党建领航”“联动巡航”“智慧助航”“法治护航”“平安远航”五大工程，打响“平安钱塘港湾、守护新区发展”品牌口号。

【“五色预警”平台助力平安钱塘建设】2020年，新区党工委政法委开展社会治理创新试点，强化问题整改、补齐短板弱项，通过信息化手段加大在数字赋能上的投入，运用大数据、云计算、人工智能等手段研发社会治理“五色预警”平台。该平台涵盖民众关心的访源、黄赌毒、偷盗、纠纷警情、电诈、火警、交通亡人、命案8个维度社会治理，综合常住人口、暂住人口、企业、地址等要素加权赋分排名，对7个街道、117个村社（含11个特殊区域）进行社会治理专项预警。通过计算区域治理难度，利用搜索引擎匹配、空间坐标定位、深度学习算法等大数据处理方法，得出该区域各维度治理指数和评估得分。按照89分以下红色、89～91分橙色、91～93分黄色、93～96分蓝色、96分以上绿色给村社赋上预警色，反映基层社会治理质态，其结果被列入年度平安考核。

【“执法司法提升年”活动】2020年，新区党工委政法委开展“执法司法规范化水平提升年”活动，成立案件评查活动领导小组，对照问题清单全面查摆。组织政法各单位面向政法干警开展“新区执法司法规范化水平提升年应知应会”考试。全年评查2019年以来群众信访人访涉及执法司法规范化问题案件5937件，排查问题1027个，弥补瑕疵309个，改判案件2件，其他整改7件。开展专项治理32项，专题调研6次，开展警示教育33次、428人。新建制度5项，完善17项，通报61人，批评教育46人。（陈　焕）

## 公　安

【概况】2020年，新区公安分局内设机构5个、直属机构13个、派出所8个。民警420人、辅助人员955人、特保队员134人。全年接有效警情1.67万起，其中有效刑事警情1964起，比上年下降45.7%；有效治安警情8101起，下降16.9%。5次重复警情下降32%。现行命案和“五类”案件破获。全年受理群众信访4275件。侦破“全能神”专案、非法出版物专案和邪教“法轮功”专案各1起，取缔非法宗教聚会点4处。统筹推进“云剑”“昆仑”“断卡”“122”打击跨境网络赌博等专项行动，打处新型犯罪团伙44个，抓获犯罪嫌疑人467人，破获百万元案件7起、部督案件1起、诈骗案件2起，端掉“杀猪盘”诈骗窝点9个。妥善处置长租公寓“爆雷涉稳”事件142起，调处化解矛盾纠纷2.39万次。深化扫黑除恶专项斗争，累计打掉以“12·11”土方工程领域专案为代表的涉黑恶犯罪集团、团伙69个，查扣冻结黑恶资产1.2亿元。推进反恐防爆“四联三防”建设，开展反恐检查510次，组织反恐演练3场。

加大交通公共安全管理，查处危化品企业3621个，当场整改104个，限期整改78个；推进道路交通安全三年综合治理，全年交通事故死亡人数29人，比上年下降27.5%。完成中共十九届五中全会、2020年钱塘江观潮节、杭州马拉松、女子半程马拉松、大湾区自行车公开赛、钱塘购物节、村（社区）组织换届选举等大型安保活动57次。加强智慧警务建设，推进“智能门锁”“智安工程”“雪亮工程”，建成智安小区107个、智慧工地10个。加强队伍建设，全年1个支部被评为杭州市抗击新冠肺炎疫情先进集体、1名民警被评为杭州市先进个人、1名民警被评为杭州市优秀共产党员。3个支部、3名支部书记获评杭州市区两级“党建双强”荣誉。1人立二等功，3个集体、22名民警立三等功，41人受到嘉奖。

【金沙湖派出所获评“枫桥式”派出所】2020年，新区公安分局夯实基层基础，打造“三合六全”一体化智慧决策体系，深化“小脑+手脚”勤务机制改革，形成“钱塘星火”“钱塘义警”“白杨警探”、“金沙橙Sir”和临江“交治合一”等防控特色，全域推进“智安工程”“雪亮工程”。开展“枫桥式公安派出所”创建活动，金沙湖派出所创建联动工作机制，布局立体智慧安防设施，辖区有效刑事警情比上年下降46.6%，有效治安警情下降7.6%，传统侵财案件下降26%，该派出所被命名为首批市级“枫桥式公安派出所”。

【新湾街道治安防控“钱塘星火”工程建设】2020年，新区公安分局推进以立体化、数字赋能为主体的信息化开放区域体系建设，以新区街道梅林湾警务站为主平台，按照“智联智治、共建共享、平安联动”建设思路，构建起开放区域动态治安防控“钱塘星火”阵地。阵地以智慧警务站为“火点”，智慧安防平台（数字驾驶舱）、分流化解机制为“火线”，互联视频网、群防群治网、智慧公寓网为“火圈”，点燃汇集全域平安“星火”，破解梅林湾区域基层治理难题。“钱塘星火”工程建设，梅林湾区域案情比上年下降54.3%、警情下降22.1%。

**【钱塘义警激活基层治理】** 2020年，新区公安分局推动新区“大情报”“大维稳”工作平台建设，增强社会治理工作合力，完善“110”联动中心、社区警务与基层“四平台”融合机制，推动街道、村社两级矛盾纠纷化解中心建设，加强警源、诉源联管联调联治，创新建设钱塘义警队伍，用“义警蓝”激活基层治理动力，全年3.87万群众加入义警队伍，协同参加警务活动139场次。

**【公安助力企业营商环境保障】** 2020年，新区公安分局常态化开展为企服务“八大行动”“助企双引”“为企服务月”，建立警企“一对一”联系制度，分批建立7个为企服务站提供服务。打击涉企侵权案件，维护知名企业合法权益，为企业挽回损失5000多万元。聚焦企业、群众生产生活，深化“一件事”集成改革，新区15个“通办窗口”均能一次受理、一次办结、一次出证85个公安事项，全年累计受理事项6026件。在杭州市首创“融境·海外人才安居乐业一件事”改革。统筹“浙里办”“警察叔叔”等App平台，在网办中心搭建“云窗口”“云客服”，深化公安“带你办”，推出审核全程线上服务。

**【公安勤务机制建设】** 2020年5月，新区公安分局创新“警情指

2020年6月11日，义蓬派出所在商圈重点区域试点设立智慧联勤警务站

（蒋小燕 摄）

行、合成作战、刑事研判、基础管控、执法办案”5个中心建设，新建中心警务站18个，实行35名机关民警下沉派出所，67名民警、48个巡逻组走向街面、走进社区就近处警，新区基本构建5分钟“接警圈”。对警情分流再提级，实现三大类21小类警情线上流转、联动处置，辅警前期到警参与处置率46.3%；挤压、化解重复报警258人；整治警情高发重点社区16处。黄赌警情、打架斗殴警情、盗窃警情比上年分别下降35.5%、20.7%、12.1%。

**【接处警“教科书式执法”活动】** 2020年6月，新区公安分局完善“集成化”操作流程，配套制定“1213”接处警“教科书式执法”工作汇编，梳理出接处警过程中常见10种场景，制作10套“法言法语告知牌”，并配套录制播放语音，供处警民警在现场采取“举牌+播放”形式配合开展执法。“可视化”教育训练利用“钉钉云盘”办公媒体软件，把教学短视频通过“掌上学堂”形式播放，供全局民（辅）警学习；“同步化”处置过程，建立“事前预警、事中跟踪、事后监督”流程管控机制，接处警环节投诉量比上年下降42.9%，执法执勤接处警源头问题下降43.7%。

**【科技赋能智慧警务】** 2020年6月18日，新区公安分局运用人脸、AC、车辆等要素研发重点人员管控模型，研判重复报警3次以上报警349人，从中挖掘疑似精神偏执人员15人、社会闲散人员68人，打击恶意谎报警情人员52人。研发“数字派单”系统，将各警种纷繁复杂的基础管控任务整合，实现“点对点”发送指令、在线反馈、数据统计，通过研判派单459条，抓获上网逃犯35人、违法犯罪嫌疑人150人、诊察重点前科人员1480人。

（曹　明　孟飘逸）

## 检察院

**【概况】** 2020年，新区成立后沿用原名的杭州经济技术开发区人民检察院（简称经开区检察院）依法履行法律监督职责，统筹推进刑事、民事、行政、公益诉讼“四大检察”，完善检察环节服务保障举措，建设法治化营商环境。推进扫

2020年9月21日，由14所高校学生参与组建的钱塘义警队成立 （陈浩杰 摄）

黑除恶专项斗争，梳理涉黑涉恶线索，移送线索1条，核查线索2条。开展扫黑除恶案件涉财产性判项执行情况专项检察监督，就3件涉黑涉恶案件财产性判项监督立案执行。办理的孙某某等人黑社会性质组织案被依法判决，涉案14人被判处2年到20年不等有期徒刑。通过座谈交流、检察建议、专题党课等方式，助力涉案地方政府提升乡村治理能力。服务保障外资企业，制定出台《依法保障和促进外资企业健康发展十大举措》；打击知识产权犯罪，办理李某某侵犯著作产权案等案件，保护企业合法权益；开展涉企信访积案清理，妥善办理某民营企业控告法院财产刑执行不当案，促成694万元不当处理被纠正、300多万元税款滞纳金被减免，为企业挽回约1000万元损失，被评为全省检察机关“群众信访件件有回复”典型案例。做好检务公开，加强与人大代表、政协委员的联系沟通，报告检察工作。依托检察网，公开案件程序性信息506条、法律文书318份，重大案件信息发布4件。发布原创宣传稿件138篇（次），被《检察日报》《浙江法制报》等省级以上媒体录用转载12篇（次）。参与新冠肺炎疫情防控，严惩涉疫犯罪，提前介入利用群众对防疫物资迫切需求实施的诈骗和销售伪劣产品犯罪5件，批准逮捕涉疫犯罪2人，起诉2人。组织检察干警参与新冠肺炎疫情防控志愿服务，建立服务企业小队帮助企业解决复工复产困难，推出防疫注意事项等抗疫主题微信公众号文章24期。年内，经开区检察院获国家级、省级、市级荣誉13项，1名干警获评“全国优秀公诉人”称号。

**【刑事检察】** 2020年，经开区检察院受理审查逮捕案件239件、384人，受理审查起诉案件330件、512人，批准逮捕225人，提起公诉379人。贯彻“少捕慎诉”办案理念，对轻微刑事犯罪作出不批捕决定154人、不起诉决定119人。落实认罪认罚从宽制度，适用认罪认罚从宽程序案件299件、424人，适用率85.3%。加强刑事诉讼监督，监督立案1人，追诉漏犯2人。受理监委移送起诉的职务犯罪1件、1人。开展羁押必要性审查，对5名犯罪嫌疑人变更强制措施为取保候审。加强刑事执行监督，监督纠正未在法律规定期限内将罪犯交付执行的案件2件。履行司法工作人员职务犯罪侦查职能，查处司法工作人员职务犯罪3人。

**【民事与行政检察】** 2020年，经开区检察院开展民事检察监督，加强与公安、法院协作，合力惩治虚假诉讼，采取“以人找案”方式排查民间借贷领域可疑案件。加强审判全流程监督，促进民事审判程序、执行活动更加规范。探索民事检察公开听证模式，举办公开听证会2场。发挥行政检察保障公正司法和依法行政作用，开展行政非诉执行监督，促进规范执法。联合新区党工委政法委、经开区法院出台《关于共同推进行政争议实质性化解的实施办法（试行）》，探索建立沟通顺畅、协同高效、优势互补的行政复议，以及行政诉讼与行政检察衔接的工作机制，促使行政争议实质性化解工作落到实处。

**【公益诉讼检查】** 2020年，经开区检察院把诉前实现维护公益目的作为最佳司法状态，推动公益损害问题解决在诉前，与新区综合行政执法局、新区农业水利发展服务中心共同出台《关于进一步规范办理破坏渔业资源案件及开展增殖放流工作衔接机制》，建立渔业资源领域行政执法与民事公益诉讼检察衔接机制。开展口腔诊所安全行医、道路限高架、建筑工地扬尘污染等领域监督行动，守卫城市公共安全。开展提升无障碍设施环境专项行动，促成问题盲道修缮324处，增设无障碍停车位96个。针对群众普遍关注的个人信息保护问题，对1起侵犯公民个人信息犯罪案件提起刑事附带民事公益诉讼，办理情况获《检察日报》刊发。

**【惩戒帮教与诉源治理】** 2020年，经开区检察院贯彻“宽严相济”司法理念，依法对涉嫌轻微犯罪且有悔罪表现的未成年人、在校大学生作不起诉决定并跟进帮教，助力回归社会。与台州市椒江区检察院开展异地帮教协作，对1名在新区就读大学的涉罪未成年人开展联合帮教，体现司法制度的人性化关怀。结合线上“云课堂”与线下讲座，开展“法治进校园”活动16次，用发生在学生身边的典型案例以案释法，提升法治教育质效。做好诉源治理，推进检察环节“最多跑一次”改革，完善“12309”检察服务中心功能，受理群众信访108件次，实现7日内程序性回复、3个月内办理完成。化解涉检涉诉矛盾49件。助力脱贫攻坚，对13名司法救助申请人开展司法救助，发放司法救助金18.32万元。

**【执法司法规范提升】** 2020年，经开区检察院制定出台《执法司法规范化水平提升年实施方案》，建立工作专班，做好案件质量评查、案件流程监控，完善检察权运行监督机制。通过检察监督，促进辩护律师执业权利得到保障，推动侦查机关制定实施《刑事技术现场勘查提取痕迹物证与派出所等办案单位加强衔接的提示》，共同推进执法司法规范化水平提升。开展智慧检察建设，全面适用政法一体化单轨制协同办案模式，加快开展配套系统建设和设备配置，适应数字卷宗，通过业务培训强化干警实际应用能力，应用单轨制受理批准逮捕153件，受理起诉189件。加大检察技术协助办案力度，利用无人机拍摄视频、使用取证勘查箱进行现场检测等新型取证手段，提升调查取证成功率和准确性。

**【信息保护领域刑事附带民事公益诉讼】** 2019年1—5月，被告人潘某与周某（另案处理）违反国家规定，通过微信发送、U盘拷贝等方式交换公民个人信息数据共计19万余条，并将上述公民个人信息用于出售获利。经开区检察院认为，潘某未经他人许可非法获取公民个人信息并出售的行为，导致众多不特定人员信息面临受侵害风险，严重侵害公民个人信息安全，扰乱公民个人信息正常收集、使用、流通秩序，致使社会公共利益受到侵害，其行为已构成侵犯公民个人信息罪，应当承担相应民事侵权责任。11月23日，依法向经开区法院提起刑事附带民事公益诉讼，提请判令被告人潘某赔偿经济损失1万元，并在国家级新闻媒体上公开赔礼道歉。12月24日，经开区法院作出一审判决，支持检察机关的诉讼请求。该案办理情况在《检察日报》宣传报道。（周　易）

## 法　院

**【概况】** 2020年，新区成立后沿用原名的杭州经济技术开发区法院（简称经开区法院）新收案件7751件，办结9085件，法官人均结案398.46件，审判执行长期未结案实现“清零”。推行民事诉讼程序繁简分流改革试点，小额诉讼程序适用率居全市第一位（互联网法院除外）。推动无纸化办案，6月起启动从立案、调解、审理、执行到送达的全流程、全要素、无纸化办案。参与基层社会治理，加强普法宣传，党组成员到企业、社区进行“三服务”活动，下沉蹲点村、社区，走访人大代表，了解人民诉求。落实普法责任制，开展法治宣传活动，组织公众开放日活动4次，召开1场新闻发布会。宣传、推进《中华人民共和国民法典》实施，选派员法官参与新区“民法典”宣讲团，法院官方公众号推出“民法典”宣传专栏，通过发布相关典型案例增进公众对“民法典”亮点的理解。完善便民利民举措，深化司法领域“最多跑一次”改革，强化智慧法院建设，推动执法办案运行与管理模式的转型升级。司法保障贴近民生，法院入驻矛盾调解中心，加快建设微法庭，优化诉讼服务。深化诉访分离改革，完善律师代理涉诉信访案件工作机制，提升涉诉信访法治化、规范化水平。统筹新冠肺炎疫情防控与执法办案，

2020年7月15日，新区与市互联网法院联合设立的杭州互联网法院跨境贸易法庭在中国（杭州）跨境电子商务综合试验区（下沙园区）挂牌成立　（童志忠　摄）

安排干警105人次到辖区4个小区参加志愿服务活动，选派年轻党员干部担任新区12个企业驻企服务员，累计收集企业问题30多个，助力企业复工复产。

**【刑事审判】** 2020年，经开区法院新收刑事案件271件，审结案件273件，分别比上年下降21.7%和22.2%。推进扫黑除恶专项斗争，审结浙江省扫黑办督办的“孙氏兄弟涉黑社会性质组织罪案件”，完成“案件清结”“黑财清底”目标任务。打击影响群众安全感暴力性犯罪，审结“两抢一盗”、诈骗等侵犯财产案件106件、143人，审结故意伤害、强奸等侵犯公民人身、民主权利案件42件、45人。打击影响社会治安犯罪，审结寻衅滋事、黄赌毒等妨害社会管理秩序案件28件、67人。审结危险驾驶、交通肇事等危害公共安全案件35件、35人。探索认罪认罚从宽制度具体实施模式，对92件、117名具有从宽情节的初犯、偶犯、从犯、未成年人犯依法适用缓刑。开展刑事案件速裁工作，审理案件83件。

**【民商事审判】** 2020年，经开区法院新收民商事案件3681件，比上年减少3.1%；审结3803件，下降 0.1%。引导诉前调解，建立特邀调解名册，名册有10个特邀调解组织、50名特邀调解员。加快建设微法庭，辖区微法庭覆盖率102.4%，强化微法庭专业指导，注重发挥微法庭工作实效。创设“四专四化”律师调解工作模块。对不宜调解、调解不成的案件依法做出裁判，为社会生活提供指引。妥善处置涉“万亚”“蒲公英”市场案件等涉群体性纠纷，防范化解重大金融、社会风险。助力法治化营商环境，编撰法院牵头指标行动方案，对辖区内12个律师事务所开展走访，对标对表世界银行标准，优化法院牵头指标。组织召开18个破产案件第一次债权人会议，根据新冠肺炎疫情防控及安保要求，债权人人数10人以上债权人会议均采用线上和线下结合方式召开。

**【行政审判】** 2020年，经开区法院新收行政案件14件，审结24件。解决行政争议，保护行政相对人合法权益，监督行政机关依法行政，判决行政机关败诉率占4.2%。会同新区党工委政法委、经开区检察院联合出台《关于共同推进行政争议实质性化解的实施办法》，增强对行政机关有效约束，确保行政争议化解落实到位。全年经调解后撤诉9件，调解撤诉率42.9%。建立健全行政机关履行诉讼义务通报督查机制，促进行政机关负责人出庭发声，行政机关负责人出庭应诉率100%，并实质性参与审理。发挥监督职能，调解不成及时判决，判决行政机关予以行政赔偿1件，把司法为民落到实处。对敏感及群体性行政案件，加强与有关部门的沟通与协调，做好信访舆情应对。

**【案件执行破解】** 2020年，经开区法院新收执行案件3212件，执结4428件，执结标的金额2.41亿元。有财产可供执行案件法定期限内实际执结率99.2%，居全市第4位，委托评估拍卖变卖平均天数29.58天，比上年减少8.85天。强化曝光力度和信用联合惩戒，纳入老赖“彩铃”11件，移送拒执犯罪8件、9人，宣判3件、4人。落实民间借贷协同治理联席会议机制，联合税务部门对民间借贷案件职业放贷人征税16人，征税金额54.42万元。解决涉军地“五大市场”长期未结执行案件，长期未结执行案件实现“清零”目标。加大涉黑恶案件财产刑执行力度，完成“黑财清底”目标，应执财产刑及应执追缴、没收违法财产两个执行到位率均为90%以上。开展两轮“鲲鹏风暴”集中执行行动，完成“六稳六保”专项执行行动，执行到位标的6090.47万元。巩固信息公开工作，向社会公开执行信息。优化完善执行服务，方便群众了解执行进程、执行约谈、执行咨询、提供财产线索、举报被执行人和投诉反映等，促进依法规范执行。

**【企业破产条例审理】** 2020年，经开区法院维护经济平稳运行，帮扶有挽救可能、有市场前景的企业，预防企业因涉诉而影响正常生产经营，助其维持生产、渡过难关。依法处置“僵尸企业”，为实现“腾笼换鸟”、兼并重组、产业结构调整创造有利条件。全年受理破产申请案件24件（执行转破产案件20件），审查受理破产案件21件，审结4件，平均办理天数156.25天。受理与破产有关案件12件，其中追收未缴出资纠纷8件、追收抽逃出资纠纷1件、破产抵销权纠纷1件、管理人责任纠纷2件。破产案12件中审结7件，其中追收未缴出资纠纷5件、管理人责任纠纷2件。

**【法院助力营商环境优化】** 2020年，经开区法院发挥审判职能，创新举措助力新区营商环境优化。强化流程管理，提升“执行合同”便利度，实现企业维权成本降低。为买卖合同案件开通调解、审理绿色通道，发挥民事简易程序、小额诉讼程序优势，提高审判效率。规范延长执行期限行为，一般执行案件均要求在6个月内执行结案。优化办案模式，提升“办理破产”便利度。发挥破产审判市场拯救和净化功能，激活生产要素，提振市场主体信心。压减破产案件审理时限，要求无产可破案件和适用简易程序审理案件一般应在6个月内办结。提高破产案件办理效率，提升破产审理机制规范度，确保破产案件审判程序和实体处理规范统一，推进破产案件繁简分流，打通简易破产案件“快车道”。

【司法规范化提升】 2020年，经开区法院部署开展司法规范化水平提升年活动暨执行不力问题专项治理。开展问题排查、案件评查工作，落实“三个规定”情况自查，开展警示教育、意见征集等系列活动，累计评查案件997件，排查问题44个。针对司法理念、司法质量、司法作风方面存在的问题，开展专项治理并形成专项治理报告。成立调研组，专项活动开展情况纳入年终绩效考核进行专题调研，并形成调研报告。强化作风建设，坚持从严治院，执行中央“八项规定”、省委“七个绝不允许”和省高院“五条纪律”等规定，筑牢拒腐防变防火墙。全年干警无违法违纪情形，1名干警家庭获评浙江省“最美家庭”称号，1名干警获评新区劳动模范称号，6名干警获评市法院系统抗击新冠肺炎疫情先进个人。2名干警先后获评全国法院系统2020年度优秀案例分析二等奖、全省法院第三十届学术讨论会优秀论文一等奖，2名干警分别获评杭州市法院系统第二十届学术研讨会论文一等奖、三等奖，法院获评组织工作先进单位，1名干警撰写的裁判文书获评全省优秀刑事裁判文书。经开区法院调研工作被市中级人民法院简报专题刊发。（夏佳美）

## 司法行政

【概况】 2020年，新区司法局强化行政执法，出台《新区行政执法公示办法》《新区行政执法全过程记录办法》《新区重大执法决定法制审核办法》，审查行政处罚案卷182件次，提出修改建议70件次。全年有512名执法人员行政执法跨区换证，系统新增报名和到期换证265人。聘任首批26名管委会法治建设监督员参与新区法治建设。完成“互联网+监管”事项认领及清单编制。组织部门和街道80名工作人员进行综合法律知识培训。加强行政复议诉讼案件管理，全年机关负责人出庭率90%以上，比上年增长16.1%。新发行政诉讼案43件，败诉8件，撤诉9件，调解撤诉率22.5%。新发行政复议案42件，复议纠错7件，调解结案18件，调解率39.1%。推进普法工作，建立“以案释法”平台，统筹律师、法学教师各类资源在《钱塘新区报》开设“钱塘普法”专栏，并在官方微信、微博同步推送。开展线上公益普法活动，打造群众“贴身法律顾问”，全年推送“以案释法”24期，部分文章被“学习强国”杭州学习平台转发。开创区校合作普法新模式，利用新区大学城法律资源优势，与浙江财经大学建立区校合作普法项目，联合开展“崇尚法典精神、共筑美好生活”大型“民法典”普法活动。推进律师行业优秀典型评选，10月，新区律师行业党委联合司法局开展“2020年度新区文明律所”和“优秀公益律师”评选，浙江天淳律师事务所、浙江润杭律师事务所、上海邦信阳中建中汇（杭州）律师事务所、浙江金道（新区）律师事务所、浙江浙杭（新区）律师事务所被评为“文明律师事务所”，授予丁晓燕、徐翔、郝佳、陈思、周斌5人“优秀公益律师”称号。下沙街道头格社区、白杨街道江潮社区获评省级“民主法治村（社区）”。

【社区矫正健康教育】 2020年4月，新区司法局联合新区教育与卫生健康局开展社区矫正对象心理健康教育。7月，升级矫正信息化监管系统“智汇矫”，新增在线学习、心理评估、网上视频走访、在线请假4个功能，提升社区矫正工作信息化和规范化。10月，组织社矫工作人员参加杭州市首期《中华人民共和国社区矫正法》学习测试，组织开展社区矫正执法质量检查活动，通过查阅执法台账、信息化核查和交叉检查等形式，对15个类型重点

2020年8月23日，新区首届青少年反诈骗主题绘画比赛颁奖暨义警队伍签约活动在龙湖金沙天街举行（高　栋　摄）

瑕疵问题“挂账销号”，确保执法案卷质量提升。引入社会组织“蓝天公益”，协助组织社区矫正对象定期开展就医导引、交通劝导等志愿服务活动。至年末，新区在册矫正人员180人，其中，男性135人、女性45人；全年入矫158人，解矫130人，居住变更迁走6人，假释4人，暂予监外执行2人；缓刑174人，无脱管漏管人员。

【律师行业党建】 2020年4月，新区司法局组建律师行业党建联盟，为企业联盟单位提供法律服务资源，在“红盟钉”平台上架3个法律服务产品，为“产业红盟”提供“法律服务菜单”。组织律师创新法律服务形式，通过微信群、线上讲堂、钉钉直播、视频普法等方式为企业提供线上法治“体检”、咨询、普法服务。8月，组织各律师事务所党支部开展“学习强国挑战达人选拔赛”，通过趣味问答活动丰富党员生活。10月，成立浙江知厚律师事务所党支部。至年末，新区律师行业党委有党支部9个、党员律师71人，覆盖律师事务所14个。全年组织党组织书记培训4次，党员线上培训6次；开展志愿服务、表彰活动、联学联建党日活动12次，累计为205个企业提供法律咨询；开展普法讲座159场、“法治体检”92次，化解矛盾纠纷75起。

【“法治体检”服务】 2020年5月，新区司法局组织律师为302个民营企业提供“法治体检”服务，解决问题326件次。9月，开展市场主体法律顾问全覆盖，13个律所、139名律师参与，提供法律咨询350次，法治宣传28场，调处矛盾纠纷82件，编发法律服务指引16份，发放推送法律政策资料67份，提升市场主体依法经营和风险防范能力。10月，根据省市律师行业“扬帆行动”方案，建立青年律师培养制度，组织律师发展特色法律服务产品，为中小企业争取社保和税收减免政策等举措，推动律师行业健康发展。

【律师事务所规范管理】 2020年，新区有律师事务所14个，其中合伙律师事务所9个、个人律师事务所5个；执业律师174人，其中专职律师156人、兼职律师18人。办理民商事诉讼、刑事、行政案件6558件，业务收费5796.88万元。4月，启动律师事务所与律师年检年审，对辖区内6个律师事务所开展“双随机”抽查，考核全部合格。6月，开展律师行业专项警示教育活动，所有律师事务所和律师开展自查自纠形成书面报告备案。8月，组织开展律师违规兼职等行为专项清理，规范律师行业执业行为，维护律师队伍声誉。11月，开展律师执业情况检查，抽选6个律师事务所、24名律师，检查其专职执业情况，未发现律师在其他单位任职、领取报酬、缴纳社保及以其他单位名义对外宣传等情况。

【人民调解与法律援助】 2020年，新区司法局设立首个人民调解社会组织“伯爱调解中心”。全年有6个个人品牌调解工作室，并在原有个人品牌调解工作室基础上新命名“义蓬街道人民调解委员会‘裘柏荣调解工作室’”等3个个人品牌调解工作室。全年各级调解委员会调处各类矛盾纠纷3079件，调解成功3075件。推进法律援助“浙里办”、支付宝小程序等智能法律服务应用，增加“智能化”法律服务供给，助力群众多渠道、更便利获得法律援助。选取优秀律师进入110个社区（村）值班3908次，解答法律咨询2008次，出具法律意见书174个，举办法律讲座44次，参与调解149次，化解矛盾纠纷133起。全年新区法律援助中心受理法律援助案件2145件，其中民事1954件、刑事191件、开展法律帮助423件，解答法律咨询4612人次。

【行政规范性文件和政府合同管理】 2020年，新区司法局建立规范性文件网上审查系统，优化文件审查流程。落实行政规范性文件合法性审查制度和公平竞争审查工作制度，全年审查各类规范性文件120多件次，出具法律审查意见书30多次。审查新区管委会和各部门合同、投资协议262件，对重大协议、涉法疑难问题出具法律意见书200件次。

（陈　焕）

**责任编辑　高骏森**

# 制造业

## 综　述

**【产业总量规模回升】** 2020年，新区克服新冠肺炎疫情不利影响，推进复工复产和保稳促增，工业经济触底后逐月回暖。全年实现规模以上工业总产值2953.87亿元，销售产值2911.14亿元，分别比上年增长0.6%和0.4%；规模以上工业企业产销率99.1%；规模以上工业企业增加值630.21亿元，增长4.2%；高新技术产业增加值476.53亿元，装备制造业增加值304.38亿元，战略性新兴产业增加值226.62亿元，分别增长8.2%、16.1%和5.9%；数字经济核心产业增加值108.17亿元，增长2.1%；工业投资109.88亿元，工业用地出让138.3万平方米。年末新区在库规模以上工业企业617个，其中年产值100亿元以上企业4个、年产值50亿～100亿元企业5个、年产值10亿～50亿元企业51个、年产值1亿～10亿元企业263个。

**【主导产业集群发展】** 2020年，新区推进主导产业集群发展，半导体、生命健康、智能汽车及智能装备、新材料、航空航天五大主导产业实现产值2496.63亿元，比上年增长1%，占全部规模以上工业企业总量的85%。五大主导产业中，半导体产业产值596.12亿元，增长0.3%；生命健康产业产值433.45亿元，增长0.5%；智能汽车及智能装备产业产值823.92亿元，增长17.8%；新材料产业产值641.62亿元，下降10.8%；航空航天产业产值1.52亿元，下降14.4%。

**【“新制造业计划”推进】** 2020年，新区推进实施“新制造业计划”，围绕“增总量、存优量、促增量、抓质量”，发展优势产业，提升改造传统产业，整治低效产能，助推制造业高质量发展。全年上市企业发展壮大，新增境内上市企业5个，累计拥有上市企业12个；“领飞计划”深入实施，认定“领飞计划”企业336个，其中“头雁计划”企业56个、“雨燕计划”企业219个、“雏鹰计划”企业61个。“隐形冠军”企业培育进展顺利，推荐“隐形冠军”培育库企业22个，推荐申报省级“隐形冠军”企业17个。“小升规”企业培育工作强化，培育39个“小升规”工业企业并入库，净增规模以上工业企业26个。“鲲鹏计划”推进实施，新区5个企业在第四届杭商大会上获评第二批“鲲鹏计划”表彰企业，约占杭州市三分之一；落实“鲲鹏计划”大企业大集团奖励申报，新增年营业收入超100亿元企业2个，全区累计5个。

**【工业园区转型升级加快】** 2020年，新区淘汰落后产能，下沙南部区块完成签约收储企业15个，收储土地面积82.65公顷。改造提升化工产业，完成临江新材料产业园产业规划编制，通过省级化工园区申报认定。加快产业转型升级，完成提升转型改造企业5个，清退“低散乱”企业20个，推进江东片区外六工段化工企业整治。深化“亩均论英雄”改革，依托“亲清钱塘”平台“亩产效益”模块，开展亩产效益综合评价工作，实现评价报送流程简化，评价结果运用深化。推进小微企业园建设，出台“1+3”系列文件，明确小微企业园3年发展目标，实现绩效考评覆盖。全年新区省级小微企业园新认定2个、累计认定18个。（全升杰）

【“两化”融合促发展】 2020年，新区强化企业数字化转型，分层推进、分类施策，推动制造业数字化“百千万”工程，拓展互联网覆盖面。全年新区组织实施数字化改造攻关项目29个、物联网项目70个、机器换人项目160个，新增“企业上云”（企业以互联网为基础信息进行信息化基础设施、管理、业务等方面应用）623个，实现数字化改造覆盖率90.6%，建设完成5G基站403个。杭州味全食品有限公司、杭州中美华东制药有限公司、怡得乐电子（杭州）有限公司等6个行业龙头企业被认定为省级数字化车间（智能工厂），杭州中策橡胶有限公司被认定为省级“未来工厂”，杭州传化化学品有限公司被认定为省级“未来工厂”培育企业，浙江顾家家居股份有限公司创建成为省级工业互联网平台，浙江正泰中自控制工程有限公司成功申报2020年杭州市5G产业项目。全年新区创建数字化示范园区1个，累计数字化园区4个。

（沈晶鑫）

【重点产业评估及发展提升规划】 2020年，新区与智库合作编制《新区重点产业评估及发展提升规划》，分析产业链发展水平，提出主攻方向和招商建议。推进产业基础再造和产业链提升工程，开展产业排摸，掌握582个工业企业及1134项主要配套企业（产品）供需体系，形成重点产业链“风险清单”“需求清单”，解决风险问题14个；强化产业链、供应链上下游对接，帮助100多个企业建立上下游供应关系，构建产业链、供应链微循环；推出新区“资源超市”，组织区内企业在“资源超市”上架特色产品和服务，松下家电（中国）有限公司生产的智能马桶盖、浙江顾家工艺沙发制造有限公司生产的沙发等80多款新区特色产品上架。

【亲商助企服务】 2020年，新区落实亲商助企服务机制，对企业诉求明确分级协调，问题流转、处理及交办程序由新区纪检监察委进行效能督查。江东、下沙2个企业服务中心对企业实行综合服务的同时，选派50名干部担任重点企业“服务专员”。六大产业功能平台成立后，新区亲商助企领导小组办公室完善机制，发布结对工作机制，管委会领导和各职能部门结对427个重点企业和28个重大项目，定期走访并问需问策。4月，推出“亲清钱塘”政企服务数字平台，包含工业、服务业、建筑业及其他行业在内4047个企业入驻，其中“四上”企业（规模以上工业企业、资质等级建筑业企业、限额以上批零住宿餐饮企业、规模以上服务业企业）完成全面覆盖。该平台集经济监测、数据分析、企业服务、资源共享、信息互通、业务办理等功能为一体，设有“政策智兑”“亲清解难”“资源共享”“一键直达”4个模块。至年末，“亲清解难”模块累计收到企业诉求838项；“政策智兑”模块累计为2737个企业兑现政策资金5.5亿元；“资源超市”累计开设店铺107个，上架产品或服务949个。

（吴燕君）

【小微企业园建设】 2020年，新区出台《新区小微企业园建设三年行动计划（2020—2022）》《新区小微企业园绩效评价实施细则（试行）》《新区小微企业园建设实施意见（试行）》等纲要性文件，提出建设形成小微企业园点位97个，总用地面积392公顷，总建筑面积478万平方米，推进14个园区开展区级小微企业园创建。年内，新区按计划推进全域小微企业园建设，支持小微企业规范发展，97个园区点位中被认定省级园区17个，总占地面积72.4公顷，总建筑面积118万平方米，实现营业收入309.9亿元，完成税收15.9亿元，亩均税收134万元；引进或培育规模以上（限额以上）企业55个，引进或培育国家高新技术企业58个，17个省级园区在2020年杭州市经信局组织的小微企业园绩效评价考核中，获A档园区5个、B档园区5个。

（朱　伟）

## 半导体产业

【概况】 2020年，新区半导体产业实现规模以上工业企业总产值596.12亿元，比上年增长0.3%。培育集成电路产业发展新增长极，设立钱塘芯谷产业发展平台，延伸“芯智造”产业链；拟定集成电路产业扶持政策，针对芯技术、芯材料、芯设计、芯制造、芯应用，制定研发补助、平台补助、经济奖励和配套支持等14项扶持举措。依托下沙高教园区14所高校，吸收杭州电子科技大学、浙江工商大学、浙江财经大学等信息技术类重点实验室及重点学科资源，为芯片智造产业链提供人才资源条件。与清华大学、京东方科技集团股份有限公司合作共建柔性电子全球研究中心，促进“世界柔谷”聚焦柔性集成电路产业化应用；集成电路终端生产方面，集聚东芝信息机器（杭州）有限公司、杭州安费诺飞凤通信部品有限公司、怡得乐电子（杭州）有限公司等制造生产企业，带动集成电路产业发展。完善半导体产业链，集聚集成电路产业上下游企业87个，其中重点集成电路企业5个，涉及半导体原材料、设备、IC设计、晶圆制造、封装测试及终端产品等领域。

【集成电路产业政策扶持】 2020年，新区突出发展集成电路产业，参照南京江北新区、南京软件园、

## 2020年新区17个省级小微企业园区发展基本情况表

表5

| 园区名称 | 园区类型 | 亩均效益指标 | | | |
|---|---|---|---|---|---|
| | | 营业收入（亿元） | 税收总额（万元） | 亩均税收（万元/亩） | 亩均产出（万元/亩） |
| 杭州传化公路港 | 生产性服务类 | 59.77 | 20 188 | 55.46 | 1 642 |
| 正泰中自科技园 | 生产制造类 | 17.24 | 7 593 | 108.62 | 2 466 |
| 浙江省海外留学人员创业园（下沙） | 生产性服务类 | 17.75 | 12 496 | 166.61 | 2 367 |
| 杭州市高科技企业孵化园区 | 生产性服务类 | 34.46 | 13 581 | 261.17 | 6 626 |
| 新加坡科技园 | 生产性服务类 | 96.10 | 39 721 | 273.94 | 6 627 |
| 和达·智造产业化基地 | 生产制造类 | 16.08 | 23 304 | 342.70 | 2 365 |
| 杭州和达文化创意产业园 | 生产性服务类 | 3.00 | 1 160 | 42.18 | 1 092 |
| 杭州智慧谷移动互联网创业园 | 生产性服务类 | 11.50 | 3 587 | 358.69 | 11 499 |
| 杭州义蓬科创园 | 生产性服务类 | 21.16 | 30 108 | 15 053.83 | 105 813 |
| 国脉科技园 | 生产性服务类 | 0.94 | 215 | 24.46 | 1 066 |
| 龙驰科创园 | 生产性服务类 | 9.09 | 2 062 | 29.46 | 1 299 |
| 临江科技孵化园 | 生产性服务类 | 0.89 | 332 | 30.63 | 816 |
| 建友科创园 | 生产性服务类 | 3.06 | 925 | 13.60 | 451 |
| 新湾科创园 | 生产性服务类 | 0.27 | 99 | 6.59 | 181 |
| 创想邦AT800创新中心 | 生产性服务类 | 0.40 | 86 | 4.11 | 192 |
| 海聚中心 | 生产性服务类 | 10.4 | 1 388 | 26.00 | 1 962 |
| 红帮东部乐创 | 生产性服务类 | 7.84 | 2 594 | 240.00 | 7 260 |

## 2020年新区芯集成电路产业相关高校及科研院所情况表

表6

| 类　型 | 高校名称 | 行业（专业） |
|---|---|---|
| 高校 | 杭州电子科技大学 | 制造类：电子信息（集成电路为核心） |
| | 中国计量大学 | 制造类：电子信息（磁性材料/光电子材料研发等） |
| | 杭州师范大学 | 制造类：航空航天材料（有机硅化学及材料类） |
| | 浙江传媒学院 | 相关服务类：数字经济（基于网络媒体技术科技创新） |
| | 浙江财经大学 | 相关服务类：产业政策创新平台 |
| 科研院所 | 清华大学柔性电子技术研究中心 | 柔性电子与智能技术 |
| | 搜狗杭州研究院 | 人工智能 |
| | 杭州中科先进技术研究院 | 新一代信息技术 |

上海浦东新区、上海临港新片区，在人才购房购车、缴纳个税、子女就学等方面拟定10项产业人才政策，形成新区集成电路产业高层次人才政策。梳理国家、省、市相关政策机制，对比上海临港、杭州滨江、深圳、合肥高新区、厦门、无锡、成都、武汉高新区（光谷）等地出台政策文件，拟定包括研发补助、平台补助、固定资产投资补助、经济奖励和配套支持等12项产业扶持政策，形成新区集成电路产

杭州中欣晶圆半导体股份有限公司厂区　　（新区融媒体中心 供稿）

业扶持政策，针对集成电路产业设计类、制造类企业及公共服务平台制定扶持政策，在企业研发、基础设施配套方面给予支持保障。

**【杭州士兰集成电路公司产值12.56亿元】** 2020年，新区芯片生产企业杭州士兰集成电路有限公司完成产值12.56亿元。该公司位于新区下沙区块10号大街（东）308号，是杭州士兰微电子股份有限公司投资设立的高新技术企业，也是浙江省芯片生产基地之一，建有国内首条由民营资本投资的半导体生产线。公司用地12.53公顷，建筑面积12.92万平方米，主要生产集成电路产品、特种分立器件产品及外延片等产品，有员工1958人。经过多年努力，公司已有10个产品系列、逾200个产品形成批量生产。

**【杭州中欣晶圆公司实现晶圆片完整生产】** 2020年，经Ferrotec集团半导体硅晶圆产业内部整合，新区半导体芯片规模生产企业杭州中欣晶圆半导体股份有限公司成为Ferrotec半导体硅晶圆的龙头企业，形成以杭州工厂、上海工厂、银川工厂三地一体化的硅晶圆产业格局。公司实现从半导体单晶硅棒拉制到100～300毫米半导体晶圆片加工的完整生产，拥有9条8英寸生产线、2条技术成熟的12英寸生产线，其中300毫米生产线是国内首条拥有核心技术可实现量产的半导体硅晶圆生产线。落地新区江东区块的杭州中欣晶圆半导体股份有限公司于2017年成立，主要从事高品质集成电路用半导体晶圆片的研发与生产制造，是国内规模较大的半导体大晶圆片生产商。

**【杭州士兰集昕微电子公司产值7.87亿元】** 2020年，杭州士兰集昕微电子有限公司实现产值7.87亿元。该公司位于新区下沙区块，由杭州士兰微电子股份有限公司、杭州士兰集成电路有限公司、杭州集华投资有限公司、国家集成电路产业投资基金股份有限公司和杭州高新科技创业服务有限公司共同投资建设，为专业从事8英寸集成电路芯片制造的企业。主要生产高压集成电路和电源管理集成电路芯片、功率半导体器件芯片、MEMS传感器芯片。其中高压集成电路和电源管理集成电路主要应用于电源、电机驱动控制、LED照明驱动等应用领域；功率半导体器件应用于太阳能逆变器、大型变频电机驱动、电动汽车等新兴产业领域；MEMS传感器主要应用于移动智能终端和电子消费产品。MEMS传感器主要指三轴加速度计、三轴陀螺仪、压力传感器、磁传感器、麦克风传感器、心率传感器等。

**【杭州立昂微电子公司产值4.71亿元】** 2020年，杭州立昂微电子股份有限公司实现产值4.71亿元。该公司位于新区下沙区块，是专注于集成电路用半导体材料和半导体功率芯片设计、开发、制造、销售的高新技术企业，建有浙江省重点企业研究院——“浙江省立昂射频集成电路制造技术重点企业研究院”，以及院士工作站、博士后企业工作站。公司拥有杭州、宁波、衢州三大经营基地，分别对应公司总部、杭州立昂东芯微电子有限公司、浙江金瑞泓科技股份有限公司、金瑞泓科技（衢州）有限公司。作为国内唯一具有硅单晶、硅研磨片、硅抛光片、硅外延片及芯片制造能力的完整产业平台，公司横跨半导体分立器件和半导体硅材料两大细分行业，是国内具有竞争力的半导体材料、功率半导体和集成电路制造的产业平台。9月，公司在上海证券交易所主板挂牌上市。

**【杭州大和江东新材料公司产值4.34亿元】** 2020年，新区半导体陶瓷零部件加工企业杭州大和江东新材料科技有限公司实现产值4.34亿元。该公司于2014年7月成立，2018年9月竣工开业，前身隶属于杭州大和热磁电子有限公司的陶瓷事业部。作为半导体陶瓷行业企业，长期致力于半导体用特种精密陶瓷行业，同时在液晶显示、精密仪器、通信、机械制造等领域构筑特种精密陶瓷综合性解决方案，为客户提供特种精密陶瓷产品和服务。公司拥有研发和检测设备，全自动影像量测仪、高分辨光学显微镜、三坐标测量仪、X射线衍射仪及三轴自动控制高精度平磨磨床等，同时拥有2条10000级和100级氧化铝陶瓷自动清洗线，以及1条100级碳化硅陶瓷自动化清洗线，且检测和清洗工艺均获得国际先进半导体厂商认证。

**【杭州士兰明芯科技公司产值2.94亿元】** 2020年，杭州士兰明芯科技有限公司实现产值2.94亿元。该公司主营设计、制造发光半导体器件、化合物半导体器件及半导体照明设备，由杭州士兰微电子股份有限公司和杭州士兰集成电路有限公司合资成立。公司设有研究院，职工800多人。公司蓝绿光LED产品品质、可靠性指标达国际先进和国内领先水平，LED显示屏产品性能稳定可靠，国内显示屏芯片市场占有率逾30%。至年末，公司累计投资超过18亿元，拥有完善的研发、生产配套设施和进口设备400多台。

（朱　伟）

## 生命健康产业

**【概况】** 2020年，新区拥有生命健康产业及相关企业91个，主要涉及生物医药、医疗企业、健康食品，为新区第三大重点行业。全年新区生命健康制造业实现规模以上工业企业总产值433亿元，比上年增长0.5%。年末集聚生命健康产业规模以上企业78个，其中年产值超1亿元企业50个、超5亿元企业18个、超10亿元企业10个。生物医药生产企业以辉瑞生物制药（杭州）有限公司、杭州默沙东制药有限公司、杭州九源基因工程有限公司、杭州中肽生化有限公司、杭州康莱特药业有限公司、杭州惠松制药有限公司、杭州爱生药业有限公司为代表；医疗器械企业以艾博生物医药（杭州）有限公司、杭州泰尔茂医疗器械有限公司、雅培眼力健（杭州）制药有限公司为代表，并引进浙江省医疗器械检验院等医疗器械检测平台；健康食品企业以杭州费列罗食品有限公司、杭州郝姆斯食品有限公司、杭州娃哈哈食品有限公司、杭州中萃食品有限公司、杭州百事可乐饮料有限公司、杭州统一企业有限公司、康师傅（杭州）饮品有限公司、杭州加多宝饮料有限公司、杭州顶园食品有限公司为代表。年内，天境生物、药明康德、明峰医疗、奕安济世、科惠医疗、多禧生物、和泽医药、卓健科技等重点企业及项目签约落地，产业呈集聚发展态势。

**【生物医药创新要素集聚】** 2020年，新区拥有生物医药高新技术企业39个、省级高新技术研发中心23个。杭州多禧生物科技有限公司、杭州中肽生化有限公司入选省创新创业领军团队，杭州景杰生物科技有限公司、浙江惠松制药有限公司、杭州捷诺飞生物科技有限公司等企业承担国家级科技项目。围绕杭州生物医药产业空间格局，新区加快推进建设生物医药“万亩千亿”产业平台，谋划建设钱塘实验室和沪杭生物医药合作园区。坚持产学研带动高端创新要素集聚，先后与牛津大学、斯坦福大学、奥克兰大学等全球100强高校共建产业转化中心，和清华大学、浙江大学、北京协和医学院、中国药科大学、中国科学院上海药物所、温州医科大学等6个国内院校合作设立产业创新平台。

**【健康医疗项目征集与推介】** 2020年，新区开展健康医疗项目征集，促进创新创业。3—5月，在杭州医药港举行全球健康医疗创新创业项目征集活动。邀请海内外医疗机构、医学科研机构、高校实验室的创新项目及健康医疗领域的创新项目报名，征集项目97个，45个项目获奖并意向落地。加大健康产业推介，8月，在上海举办新区生命健康产业推介会，以“创新医药、协作共赢”为主题，宣传杭州医药港发展生物医药产业的区位优势、科研资源优势、产业基础和政策支撑，吸引沪、杭两地以及长

杭州医药港加速器三期项目外景　　（方　波　摄）

三角域外100多个企业、科研院所等参会。

【新区与省药监局签订战略合作协议】 2020年12月29日，新区管委会与浙江省药监局签订战略合作协议，共同打造高端生物医药“万亩千亿”新产业平台，共建浙江省生物医药创新公共服务平台。该平台项目选址于杭州医药港小镇，占地2.13公顷，按照“一次规划、整体设计，分步实施、协同推进”原则，分两期建设。一期建设疫苗批签发和高端生物制品检测实验室、生物医药研发和中试基地等功能区块，二期规划建设原料药安全研究中心、化妆品安全与功效评价中心，并对接全球生物医药行业新发展趋势建设国际前沿实验室。

（张迪庆）

## 智能汽车及智能装备产业

【概况】 2020年，新区作为杭州市和浙江省汽车产业发展的重要平台，集聚有广汽乘用车（杭州）有限公司、杭州长福汽车零部件有限公司、杭州吉利汽车有限公司3个整车企业和63个汽车零部件生产企业，具备轿车、电动汽车、客车、新能源整车及零部件的汽车全系列设计开发与生产能力。广汽、吉利、福特三大汽车品牌在产车型12款，总设计产能78.1万辆。全年新区汽车产业实现规模以上工业企业总产值610.5亿元，比上年增长18.7%。年末新区汽车产业产值超1亿元企业32个、超5亿元企业13个、超10亿元企业9个。新区智能装备产业处起步发展阶段，主要引进以工业机器人等产业为特色的智能装备企业和科技机构落户。集聚有史陶比尔（杭州）精密机械电子有限公司、杭州新松机器人自动化有限公司、泰瑞机械股份有限公司等企业，年末新区有智能装备产值10亿元以上企业6个、产值1亿元以上企业37个。

【未来汽车市场增量分析与规划布局】 2020年，新区汽车产业受下行趋势及疫情叠加影响，总量规模及汽车品牌有待提升，零部件配套率及高增加值零部件偏少、研发及后市场服务业发展不足等问题显现。面对未来汽车市场增量主要源于现有车主对中高档车型的增再购，以及限行限购政策下城市的新能源车增量需求，新区对接省市相关部门，争取将新区生产的车型纳入政府采购目录，通过举措刺激汽车消费。依托自身优势，新区加强新能源、智能、网联等“新四化”汽车领域布局，抢抓未来智能汽车产业发展机遇。引导整车企业制定实施零部件战略伙伴计划，与省内龙头零部件企业在研发、采购等层面开展合作。编制完成包含汽车产业在内的主导产业评估，组织开展“十四五”时期新区汽车产业发展规划编制，推动汽车产业基础再造和产业链提升。推动汽车产业整零协同发展，承办杭州市汽车整零对接会、浙江省汽车产业链整零协同创新大会、“链长制”服务团会议等活动，吸引300多个供应商参与。

【智能装备产业亮点及发展方向】 2020年，史陶比尔（杭州）精密机械电子有限公司、杭州新松机器人自动化有限公司、泰瑞机械股份有限公司是新区智能装备产业领域的3个重要企业。史陶比尔（杭州）精密机械电子有限公司在纺织机械、工业连接器和工业机器人三大领域保持领先，涵盖多种自动化机器人及控制系统；杭州新松机器人自动化有限公司是沈阳新松集团在中国南方的总部，完成国内首条“用机器人生产机器人”的智能移动机器人自动化装配产线建设，具备AGV机器人批量化生产能力；泰瑞机械股份有限公司为中国高端装备——智能注塑成型机的世界知名品牌企业，综合实力居中国行业前三位。发挥落地平台和项目在智能装备产业发展中的引擎作用，新区先后与中国科学院计算机所、沈阳自动化研究所、上海光学精密机械研究所、上海技术物理研究所、上海微

2020年11月2日，广汽乘用车（杭州）有限公司第30万辆汽车下线仪式在总装联合厂房内举行 （沈秋伟 摄）

系统与信息技术研究所展开合作；着眼未来发展，发展以工业机器人、服务机器人为核心的智能机器人，围绕区内其他主导产业，发展以数控车床整机、关键零部件为重点的高端数控机床，以食品包装设备、纺织装备为主的智能装备，以工业大脑为核心的智能化解决方案，建立柔性制造中心，推动制造业向数字化、网络化、智能化转型。（王凌云）

## 航空航天产业

**【概况】** 2020年，新区航空航天产业处于起步发展阶段，有规模以上企业3个，分别是浙江西子势必锐航空工业有限公司、浙江西子飞机部件有限公司和杭州艾美依航空制造装备有限公司。全年3个航空航天企业实现总产值1.52亿元。新区规划建设航空航天产业平台，被列入省级首批"万亩千亿"新产业平台培育名单。浙江西子航空、华瑞航空、浙大艾美依飞机数字化装配项目、浙江大学航空制造高端装备研究中心、嘉德航空零部件、百合航太等航天领域产业化和研发项目落户。加快产品研发，浙江西子势必锐航空工业有限公司投入研发费用约2500万元，完成空客A320翼肋（大）工作包的首件转批产开发工作；浙江西子飞机部件有限公司完成某A型、B型、C型3种型号电机的技术开发，并开展航空材料表面处理技术研究；杭州艾美依航空制造装备有限公司开发双机器人铺丝机、龙门铺带机等新产品，实现产值4700万元。推动航空航天产业发展，成立钱塘新区智造产业联盟，召开2020年浙江省"万亩千亿"航空航天产业国际峰会，主办2020年复合材料自动铺放装备与技术研讨会，共商航空航天产业发展新机遇。

**【航空产业项目和研发项目】** 2020年，新区西子航空、艾美依航空制造装备、浙江嘉航科技航空零部件、百合航太、浙江大学航空制造装备研究、中科院上海技术物理研究所、西子势必税7个航空航天产业项目和研发项目在建或投产。西子航空项目一期总投资7.2亿元，2016年投入生产；二期总投资6.5亿元（含土建2.3亿元）西子航空二期厂房完成竣工。该项目主要承担中国商用飞机有限责任公司C919大型客机舱门，以及庞巴迪、空客、波音等飞机制造公司和其他民用航空零部件的生产制造业务、国内外其他航空制造企业飞机零部件的生产加工及转包业务。艾美依航空制造装备项目主要从事飞机数字化装配技术输出、复合材料结构设计与制造技术输出、脉动生产线建设、脉动生产线工装、飞机零部件定位装备生产等，总投资4亿元。浙江嘉航科技有限公司项目投产后将形成年产200万件飞机客舱座椅配件、餐储柜配件、卫生间配件等航空部件产品，以及年产9万套机舱内饰总成件。百合航太项目应用于航空航天工业的RTM 树脂研发和制造，已通过权威认证，总投资0.6亿元，已投入生产。浙江大学航空制造高端装备研究中心为浙江大学校设研究机构，人员编制安排到位后投用。中科院上海技物所大江东空间信息技术研究院在商业卫星（立方星）光谱成像载荷、业务应用型无人机光谱成像系统等多个领域成功研制出产品。西子势必锐航空项目总投资40亿元，通过引进国际先进的飞机大部件生产技术、制造工艺及高端设备，从事飞机大型金属结构部段的生产和装配。

**【西子势必锐公司成为空客"挑战者供应商"】** 2020年6月的空客全球供应商大会上，新区企业浙江西子势必锐航空工业有限公司入选空客"挑战者供应商"，成为中国地区唯一获该荣誉的企业。西子联合控股有限公司在航空领域的积累已逾10年，曾填补浙江省民用航空工业空白。2009年，浙江西子航空工业有限公司成为国产C919大飞机项目9个机体供应商中唯一的民营企业；2012年8月，浙江西子航空工业有限公司飞机零部件项目在新区江东区块投建；2020年11月，美国势必锐航空系统公司与浙江西子航空工业有限公司签订合作协议，浙江西子势必锐航空工业有限公司成立。以浙江西子航空工业有限公司为前身，浙江西子势必锐航空工业有限公司已取得287项特种工艺资质认证。

（王凌云）

## 新材料产业

**【概况】** 2020年，新区新材料产业以精细化工、化纤纺织为主，主要集中在江东区区块的临江片区，拥有规模以上企业107个。全年新材料产业实现产值641.42亿元，比上年下降10.8%；销售产值621.48亿元，下降13%。按产业细分，先进基础材料产值312.05亿元，增长2.3%；前沿新材料产值202.62亿元，下降14.5%；关键战略材料产值126.96亿元，下降28.3%。应国家节能减排和安全环保工作要求，新区新材料企业在新设备、新工艺、新技术方面增加投入，申报技改类项目或机器人项目的化工印染企业数量增多，企业数字化生产装备和信息设施水平提高。结合新区纺织、化纤、化工等产业升级和产业链延伸，新区着力推进临江片区产业转型，加快低效用地整治，加快城市配套建设，促进临江片区生态环境提升改造，建设临江新材料产业园区。

**【精细化工和电子化学品规模生产】** 2020年，新区新材料产业重点领域

新区企业永杰新材料股份有限公司生产车间　（杨洪辉　供稿）

主要为精细化工和电子化学品。随着产业提升改造，精细化工领域已形成一定规模，产业集聚发展效应初显。在分散染料行业领域，杭州吉华江东化工有限公司主营染料及染料中间体精细化工产品，先后取得国家授权发明专利28项，主持起草国家、行业标准15项，承担浙江省工业新产品28项，获浙江省优秀新产品二等奖1项，承担多项国家、浙江省重大科技专项重大工业项目。在电子化学品领域，杭州格林达电子材料股份有限公司年内在上海证券交易所主板上市，产品为半导体光刻胶用四甲基氢氧化铵显影液，主要应用于柔性OLED新型半导体显示和半导体芯片领域。

**【2个新材料企业挂牌上市】** 2020年6月18日，新区新材料生产企业杭州聚合顺新材料股份有限公司在上海证券交易所挂牌上市。该公司是一个集聚酰胺6切片研发、生产、销售为一体的国家高新技术企业，产品应用于电子电器、电子机械、食品包装膜、民用纤维、军警装备等领域。8月19日，杭州格林达电子材料股份有限公司在上海证券交易所主板上市。该公司专业从事定制湿电子化学品及其配套服务与解决方案，主要产品为正胶显影液、负胶显影液、各种蚀刻液、剥离液、稀释清洗液等。

**【之江密封胶公司获省化学工业科学技术一等奖】** 2020年11月9日，浙江省化工学会公布“浙江省化学工业科学技术奖”评审会的评奖结果。新区企业杭州之江密封胶有限公司“工业用有机硅密封胶产品的研发与产业化”项目获一等奖。该项目通过设计与合成新型交联固化剂、增粘剂及偶联剂，实现密封胶的初粘接性能、电性能和力学性能等性能的大幅提升。该项目自2010年开始，经过8年研究与实施，于2018年建成年产1.5万吨工业有机硅胶系列产品生产线，获授权国家发明专利9项。公司将其推广使用到六大领域，产品销往韩国、日本、马来西亚、欧洲等国家和地区。杭州之江密封胶有限公司是国内密封胶生产的先进企业，建有面积1.2万平方米的开放式创新平台，与高校合作建立产学研平台，每年研发投入6000万元以上，累计获授权发明专利46项。

（项飞达）

**责任编辑　黎洪正**

# 产业平台

## 杭州医药港

【概况】2020年5月，新区产业平台建设推进大会召开，杭州医药港作为实体化运作的六大产业功能平台之一启动运行。成立杭州医药港管理办公室，主要负责招商引资、项目推进及企业服务，管理区域范围包括下沙街道行政管理区域和前进区块规划2.3平方千米的成果产业化基地，核心区由医药港小镇和金沙湖商务区两大区块组成，面积18.4平方千米。医药港小镇重点发展生物医药、高性能医疗器械、数字医疗和健康食品，建设成为生物医药“万亩千亿”产业大平台；金沙湖商务区重点发展现代高端服务业、楼宇经济，以及为未来产业服务的科技研发、检验检测、软件信息等生产性服务业，深入推进国家检验检测高技术服务业集聚区（杭州园区）核心区建设。全年平台实现生物医药产业总产值400亿元，增加值比上年增长10.3%。围绕增强产业发展后劲，加大项目招引力度，全年招引及落地投资1亿元以上项目36个、10亿元以上项目10个，总投资304亿元；推进项目建设，9个工业用地项目开工，7个项目工程竣工，3个项目投产运营；优化企业服务，建立长效机制，举办大型活动20多场；加强企业走访，调研走访企业300个次，梳理问题200多个。

加强“产学研用”协同创新体系建设，与大院名校开展合作，建设中科院医学所一期、中国药科大学（杭州）创新药物研究院、浙江大学（杭州）创新医药研究院等创新服务平台；与浙一医院、浙二医院、邵逸夫医院、省人民医院、省肿瘤医院5个大医院共建临床试验中心；提升产业发展影响力，举办全球健康医疗创新创业项目征集活动、2020年中国医药企业家科学家投资家大会、第四届浙江药学大会、同写意全球创新药论坛等活动，在上海举办新区生命健康产业推介会。产业发展成绩突出，杭州医药港入选“中国最佳医疗健康产业园区十强”、浙江省“万亩千

2020年，杭州医药港企业创胜集团新增一个2000升生物反应器及一条200升原液和成品生产线（梅伟烽 摄）

## 2020年杭州医药港部分规模以上生物医药企业销售产值情况表

表7

| 序　号 | 企业名称 | 销售产值（亿元） | 比上年增长（%） |
|---|---|---|---|
| 1 | 杭州默沙东制药有限公司 | 103.25 | 3.4 |
| 2 | 拜耳作物科学（中国）有限公司 | 20.60 | −5.1 |
| 3 | 杭州九源基因工程有限公司 | 10.58 | 13.5 |
| 4 | 杭州奥泰生物技术股份有限公司 | 10.09 | 315.5 |
| 5 | 泰尔茂医疗产品（杭州）有限公司 | 9.66 | −0.2 |
| 6 | 杭州中美华东制药江东有限公司 | 8.62 | 5.5 |
| 7 | 艾博生物医药（杭州）有限公司 | 7.96 | 11.4 |
| 8 | 杭州朱养心药业有限公司 | 5.21 | −8.0 |
| 9 | 浙江惠松制药有限公司 | 5.14 | −3.5 |
| 10 | 旭化成医疗器械（杭州）有限公司 | 4.87 | 4.2 |
| 11 | 杭州贝瑞和康基因诊断技术有限公司 | 4.71 | 0.6 |
| 12 | 浙江康莱特药业有限公司 | 3.70 | −23.8 |
| 13 | 杭州协合医疗用品有限公司 | 2.82 | 13.1 |
| 14 | 明峰医疗系统股份有限公司 | 2.81 | 35.9 |
| 15 | 杭州创新生物检控技术有限公司 | 2.51 | 85.4 |
| 16 | 眼力健（杭州）制药有限公司 | 2.51 | −24.7 |
| 17 | 杭州和泽医药科技有限公司 | 2.39 | 459.4 |
| 18 | 浙江爱生药业有限公司 | 2.28 | −5.2 |
| 19 | 中肽生化有限公司 | 2.10 | 21.3 |
| 20 | 杭州苏泊尔南洋药业有限公司 | 2.10 | 2.0 |

亿”新产业平台，平台企业杭州和泽医药科技有限公司连续3年入选中国医药研发企业20强，杭州索元生物医药股份有限公司获中国创新创业大赛总决赛成长企业组冠军，杭州奥泰生物技术股份有限公司、明峰医疗系统股份有限公司等10个企业入选杭州“准独角兽”企业榜单。

**【中科院肿基所一期项目建成投用】** 2020年9月，落户杭州医药港的中国科学院肿瘤与基础医学研究所一期项目建成投用。一期项目用地8公顷，建筑面积3.5万平方米，中国科学院院士、发展中国家科学院院士谭蔚泓受聘担任研究所所长，引进付小兵、于起峰、马大为、夏佳文4位院士团队，共同建设核酸适体筛选中心、浙江省肿瘤智能诊断与分子技术诊治技术研究中心、浙江省上消化道肿瘤诊治技术研究中心、医用重离子工程技术研究中心及重离子装备智能化项目四大平台，与凌科药业（杭州）有限公司共建新药研发中心。中科院肿瘤与基础医学研究所项目于2019年6月签约落户，项目总用地13.33公顷，由浙江省卫生健康委、中科院肿瘤所、新区管委会三方合作共建。

**【赋源生物基因和细胞治疗项目开工】** 2020年8月，落户杭州医药港的赋源生物基因和细胞治疗项目开工建设。该项目主体是赋源（杭州）生物技术有限公司，由“高瓴资本”“红杉资本”等领投，创始投资机构“斯道资本”“富达基金”和“礼来亚洲基金”跟投，是一个创新驱动的生物制药公司，主要经营基因和细胞治疗的药物开发、临床研发及商业化。项目位于杭州医药港和享科技中心12幢，租赁面积6134平方米，总投资2亿元。

**【嘉因生物项目平台建设完成】** 2020年9月，落户杭州医药港加速器三期的嘉因生物项目6000平方米平台建设完成。该平台符合中美欧GMP标准，具备满足基因治疗药物研发和GMP生产，建立自临床前、上下游工艺和临床阶段完整的基因治疗产业链。平台已开展6个基因治疗研发项目，其中1个项目完成临床前研究，申请国际发明专利2项。项目主体杭州嘉因生物科技有限公司主要经营基因治疗药物开发，研发管线布局在眼科和神经领域疾病，研发创新药物和基因疗法，产品面向国内和国际两个市场。

**【明峰医疗项目开工建设】** 2020年11月，落户杭州医药港的明峰医疗项目开工建设。项目占地面积2公顷，总投资13亿元，新建研发及生产厂房约4万平方米，生产系列高端影像诊断设备及相关核心部件。项目主体明峰医疗系统股份有限公司于2011年4月成立，是一个由明峰集团、国家及省“千人计划”科学家共同投资管理的国产医疗设备高新技术企业，主要经营高端医学影像设备产品研发、生产、销售和服务。

**【药明生物杭州基地开业】** 2020年11月20日，落户杭州医药港的药明生物杭州基地开业，标志企业一体化新业务杭州创新中心投入运营。药明生物一体化新业务杭州创新中心包括工艺开发和分析测试实验室、机器人无菌灌装制剂生产线等，规划建筑面积3.5万平方米，计划招引超过1000名工程师为全球合作伙伴提供服务，推动新区生物医药产业扩大规模、提升能级。药明生物杭州基地自6月初进场施工，历时5个月完成建设。基地已建成约有300人的研发运营团队，与浙江大学、浙江工业大学、浙江理工大学、杭州师范大学等多所高校建立人才输送共同培养的项目，助力新区校企产学研融合和高质量发展。

**【省生物医药创新公共服务平台选址医药港】** 2020年12月29日，新区管委会与浙江省药监局签订战略合作协议，打造高端生物医药“万亩千亿”新产业项目，共建浙江省生物医药创新公共服务平台。签约活动上，新区管委会与省药监局签订《共同打造高端生物医药“万亩千亿”新产业平台战略合作框架协议》，与省食品药品检验研究院签订《共建生物医药创新公共服务平台合作协议》。该平台项目选址杭州医药港，占地2.13公顷，按照“一次规划、整体设计，分步实施、协同推进”原则，分两期建设。一期建设疫苗批签发和高端生物制品检测实验室、生物医药研发和中试基地等功能区块；二期规划建设原料药安全研究中心、化妆品安全与功效评价中心，对接生物医药行业新发展趋势，建设国际前沿实验室。

**【华云电力物联网研发制造项目开工】** 2020年11月，落户杭州医药港的华云电力物联网研发制造项目开工。项目用地5.93公顷，总投资15亿元，计划将集团总部及下游协作企业引入，开拓业务板块，实现集团下属企业集中办公、协同发展。项目主体浙江华云电力实业集团有限公司是国家电网浙江省电力有限公司直属产业集团，主要经营信息科技、工程咨询、智能运维、后勤物业、海外平台五大板块业务，拥有国家高新技术企业3个、省级实验室2个，获专利145项、软件著作权98项、科技创新奖18项、中国电力创新奖一等奖。

**【医药港设立政务服务驿站】** 2020年12月18日，新区首个政务服务驿站在杭州医药港挂牌设立。此为新区提升政务效能和优化营商环境的创新举措，同为杭州医药港重点推进营商环境集成改革的重要成果。政务服务驿站总建筑面积80平方米，包括窗口服务区和自助服务区。窗口服务区设置行政审批、中介服务和园区管理窗口，其中行政审批窗口由新区行政审批局（行政审批服务中心）派驻人员，每周受理商事、市民卡、税务、社保等服务；自助服务区放置便民服务自助终端、营业执照自助服务终端及税务网上办事服务大厅终端，功能覆盖395件民生事项，涉及五大类营业执照办理事项和175件税务事项。

（方　燕）

## 大创小镇

**【概况】** 大创小镇为新区2020年5月启动运作的六大产业功能平台之一，管理面积55平方千米，重点发展创业创新、人才科技项目和总部经济。组建成立大创小镇管理办公室，主要负责管理区域内招商引资、人才服务、科技创业等工作。全年小镇核心区新增企业936个。管理区域新增省级科技型中小企业137个，累计677个；新增国家级高新技术企业81个，累计295个。241个规模以上工业企业完成总产值1183亿元，实现工业增加值309亿元。完成固定资产投资26.9亿元，其中工业固定资产投资23亿元。高新技术产业投资18亿元。75个服务业企业实现营业收入61.31亿元，社会消费品销售额72.63亿元。推进创业创新，全年新认定国家级众创空间1个、省级科技孵化器及众创空间3个，累计拥有市级以上科技孵化器18个、市级以上众创空间12个，科技创业创新空间面积60多万平方米。市级以上科创载体累计在孵企业2000多个。科创载体实现营业收入222.4亿元，完成税收10.2亿元。加快总部经济企业集聚，全年落地总部项目9个，总投资39.56亿元。推进人才项目引进，开展高层次人才创新创业项目认定8批和项目评审5次，举办创新创业大赛3次，征集高层次人才项目370多个，新增落地人才项目95个，项目总投资逾30亿元。参加高层次人才项目评审的20个项目，累计融资8亿元，总估值约42亿元，其中估值1亿元以上企业14个。年内，小镇高科技孵化园在科技部“国家级科技企业孵化器”考评中获A级，新加坡科技园在省商务厅“年度浙江省国际产业合作园”考核中获第一名，小镇管理区域内杭州立昂微电子股份有限公司、杭华油墨股份有限公司挂牌上市。

**【大创小镇获2项突出荣誉】** 2020年9月17日，杭州市政府办公厅发布《关于对2019年度“小升规”培育监测工作成绩突出的集体和个人给予通报表彰的决定》，对新区大创小镇管理办公室给予通报表扬。2019年，小镇实施小微园区建设和培育，做好以新经济为主的产业培育，建有省级小微企业园7个，面积90万平方米；跟进“小升规”培育对象46个，指导达到规模的企业申报入库，完成36个服务业、贸易企业升规模企业入库。10月30日，浙江省公布第二批省级知识产权服务业集聚发展示范区，大创小镇示范区名列其中，成为杭州市继未来科技城示范区外的第二个省级示范区。小镇依托区域产业优势，提供全链条式知识产权服务，2019年小镇内企业、大专院校、科研院所取得发明1580件，占全区当年授权量90%以上；拥有有效发明专利7000多件；拥有浙江省创造力百强企业4个，有7个企业获中国专利奖13项。

**【杭州国际人才创业创新园钱塘园区开园】** 2020年7月23日，杭州国际人才创业创新园钱塘园区在大创小镇海聚中心开园，新区探索以“技术+人才”和技术成果转化为基础的“创业孵化+产业输出”孵化新模式开启。杭州国际人才创业创新园钱塘园区引进第三方专业服务机构杭州枫惠六和桥创投科技有限公司作为合作共建单位，发挥第三方服务机构管理运营、创投融资、科技服务等孵化体系优势。园区选址大创小镇，以新加坡（杭州）科技园和杭州市高科技孵化器为核心，已建设投用孵化器、加速器、众创空间等创新平台170多万平方米。园区首期运营地址选在海聚中心6幢，建筑面积5000多平方米，入驻企业6个。开园仪式上，大创小镇管理办公室、杭州枫业科技有限公司（园区管理公司）与浙江工商大学国际教育学院、浙江理工大学国际教育学院共同签署战略合作协议。

**【大创小镇成为杭州产城融合典范】** 2020年9月，新区大创小镇入选首批杭州市“数字经济旅游十景”，成为杭州特色小镇产城融合的典范之一。大创小镇参观路线分“美丽经济”和“创新驱动”两条线路。“美丽经济”线包含艺术、美食、彩妆、自然风光等，游客进入小镇代表性“美丽”企业进行参访、体验、互动与交流，让游客感受“黑科技”与美丽产品的生产过程。“创新驱动”线让游客参访国家级孵化器为代表的多个“双创”基地，同时可走进清华柔电研究院、搜狗研究院、奥克兰大学研究院等专业研究机构，感受科技与应用背后的力量，了解小镇企业“双创”工作成果，知悉小镇未来产业规划与发展方向。入选“数字经济旅游十景”的小镇将作为杭州数字经济参观考察点，面向文化旅游、商务会议、研究学习参观开放，并纳入杭州市会奖旅游产品。

（周　珏）

2020年12月，东芝开利空调（中国）有限公司在新区投资4亿元筹建的总部新基地竣工

（童志忠　摄）

## 杭州综合保税区

**【概况】** 杭州综合保税区为原浙江杭州出口加工区升级而来，为新区六大产业功能平台之一，面积2.01平方千米。作为新区探索“市场化运作、企业化管理”的功能平台，园区以跨境电商、综合保税、临空经济、转口贸易和出口加工为基础，构建以保税加工、保税物流、跨境电商、展览销售为主导，现代金融、检测维修、研发设计、加工制造业为支撑的“保税+”新业态，推进世界电子贸易平台和自贸区联

动创新片区建设，打造成为全省战略性、前瞻性、标志性对外开放平台。2020年，园区实现规模以上工业总产值95.08亿元，比上年下降12.3%；规模以上工业企业实现利润总额2.3亿元，下降23.1%；税收总额20.68亿元，下降3%；货物进出口总值268.11亿元，增长3.6%；跨境零售进口额102亿元，下降13.7%。园区叠加跨境电商综合试验区的双重功能，联合钱江海关驻下沙办事处创新“无纸化通关”“先理货后报关”“跨境电商进口B2C包裹退货新模式”“1210邮路出口”等业务模式，拥有以“天猫国际”“考拉海购”“海仓科技”“贝贝网”为代表的电商平台，以及“准独角兽”企业和供应链企业30多个。

2020年1月15日，杭州综合保税区与杭州机场物流公司城市货站合作项目启用（董科娜 供稿）

**【综保区城市货站挂牌成立】** 2020年1月15日，杭州机场（下沙）综保区城市货站挂牌成立。省交通厅、杭州海关、省机场集团、杭州市口岸办、市综试办、钱江海关、萧山机场海关、新区管委会及多个国际航空公司、货运代理、综保区企业代表在杭州综保区参加挂牌仪式。杭州机场（下沙）综保区城市货站位于杭州综合保税区一、二道卡之间，具备进出口普通货物、快件分拨和进仓功能，拥有1000多平方米货站仓库，配备安检机、地磅等专业设备。作为杭州机场货站的延伸，该货站通过数字化陆空联运，实现综保区城市货站与杭州机场货站的数据无缝对接和物流服务的互联互通。货站将实行“一次收费、统一标准”的收费模式，提供进出口货物分拨、途中运输、舱单管理、进出口申报、查验放行、异常处理等业务，为企业提供周到便捷的服务，促使区内营商环境的升级。随着杭州机场（下沙）综保区城市货站的挂牌成立，杭州萧山国际机场异地货站网络两个分支的站点均已建设落成。

**【跨境电商新模式创建】** 2020年1月，杭州综合保税区完成保税B2C出口货物退换货测试，首创全国出口商品退换货模式。1月18日，完成海外仓零售出口业务探索，实现先在综保区内备货、再根据海外销售情况用海运和空运的方式随时补货到海外仓，解决电商出口退货不通畅的痛点。7月1日，成功验放海关监管方式代码为“9710”（跨境电商B2B直接出口）及海关监管方式代码为“9810”（跨境电商出口海外仓）的出口报关单和出口申报清单，在全国范围内率先实现跨境电商B2B出口4种模式覆盖。7月21日，位于综保区工厂的马来西亚“正典”鲜炖燕窝工厂投产。该案例突破原跨境零售进口地方税收留存缺失的政策壁垒，首创全国“保税进口+零售加工”的进口新模式。11月24日，联合天猫国际电商平台在国内首创“保税展示+新零售”模式，首个“跨境新零售店”在下沙银泰商场的“盒马鲜生”餐饮店内开业，利用供应链和互联网科技，直联海关系统，实现商品秒级在线通关并配送，打开跨境零售与线下实体店O2O融合的新通道。

**【保税仓直播总部基地设立】** 2020年4月17日，杭州综合保税区联合“天猫国际”“考拉海购”电商平台设立全国首个保税仓直播总部基地。基地面向进口电商平台、MCN机构、直播孵化培训机构、网红达人及愿意从事进口电商和直播的企业，发起“共建跨境保税仓直播总部基地，发出全球好货”的倡议，通过举办平台线上直播、网红大赛、社群交流等活动，在园区构建集溯源直播带货、线下直播社群、保税仓物流等一站式跨境保税仓直播平台。至年末，建成直播间18间，举办直播20多场，累计销售货品30万件，实现销售额2亿元。

**【跨境贸易法庭落户综保区】** 2020年7月15日，由杭州互联网法院与新区合作的跨境贸易法庭在杭州综合保税区挂牌成立。作为全国首个集中审理跨境数字贸易纠纷的法庭，跨境贸易法庭集中管辖杭州市辖区内应由基层人民法院受理的跨境数字贸易、互联网知识产权等纠纷。跨境贸易法庭成立后，随即启动在线审理新加坡用户起诉某网购平台网络服务合同纠纷案。设在杭州综合保税区的中国（杭州）跨境电商综合试验区下沙园区，作为全国首个跨境电商试验区，涉外商事审判需求随其发展不断增加。2017年5月至2019年7月，杭州互联网法院累计受理新区辖区案件1000多件。杭州互联网法院设立跨境贸易法庭有助就地满足园区需求，为涉外商事案件审判积累经验，为完善跨境贸易规则提供借鉴。（印婧鑫）

## 钱塘芯谷

**【概况】** 钱塘芯谷前身江东芯谷，为新区布局设立的六大产业平台之一，规划总面积138平方千米，以半导体产业、未来产业为主导方向，重点发展集成电路、柔性电子显示、智能终端、5G等产业。2020年5月启动运行后，芯谷管理办公室推进项目招引，组建集成电路招商专班，引进集成电路产业链项目37个，其中10亿元以上项目16个；盯引意向落户项目28个，其中10亿元以上项目15个。加快产业集聚，42个规模以上工业企业和9个服务业企业产值、税收等主要指标二季度实现反弹，年末实现规模以上工业总产值192.39亿元，固定资产投资完成17.76亿元，货物出口额20.9亿元。提升创新水平，年末有“鲲鹏计划”企业1个、“准独角兽”企业1个、国家高新技术企业24个、省级科技型中小企业18个、市级“雏鹰计划”企业3个、市级以上企业研发中心14个、市级以上企业技术中心6个，设立博士后工作站1个，集聚中科院STS杭州中心、浙大航空研究院、杭州大江东空间信息研究院、国家特种金属结构材料质量监督检验中心等创新科研平台，以及智造谷、江东科创园等创新创业平台。加快集成电路产业发展，出台具体实施意见，在企业研发、基础设施配套等方面给予支持保障。助力创业创新活动，承办2020年第六届全国双创活动周浙江省分会场启动仪式活动，浙江省省长郑栅洁、时任常务副省长冯飞、杭州市委主要负责人等领导参加仪式。会上，江东芯谷升格为钱塘芯谷。

**【全国“双创”活动周浙江分会场在钱塘芯谷启动】** 2020年10月15日，2020年第六届全国“双创”活动周浙江省分会场在钱塘芯谷启动。活动由浙江省发改委、浙江省科协、杭州市政府主办，杭州市发改委、新区管委会承办。活动现场举办钱塘芯谷揭牌仪式、芯谷首批落户项目授牌仪式及钱塘“芯智造”创业联盟成立仪式。“双创”周以“创新引领创业，创业带动就业”为主题，采用线上线下相结合的方式在全国同步展开，活动至10月21日止。“双创”周浙江分会场的活动包括双创主题展、企业家进课堂、高端创业论坛、双创训练营、创新创业大赛等。来自全省的创业团队、企业代表及科研人员在活动中展现浙江省创新创业的新进展、新成效，交流促进就业创业的新渠道，讲述浙江“双创”故事，传播浙江“双创”文化。

2020年10月15日，钱塘芯谷揭牌成立（林　曦　供稿）

**【钱塘芯谷揭牌】** 2020年10月15日，钱塘芯谷揭牌仪式举行。杭州市人民政府副市长、新区党工委书记柯吉欣，新区管委会主任朱党其共同为芯谷揭牌，标志着杭州江东芯谷升格为杭州钱塘芯谷。钱塘芯谷位于新区核心板块，规划总面积138平方千米，以半导体产业、未来产业为主导方向，重点发展集成电路、柔性电子显示、智能终端、5G等产业，致力于打造半导体千亿产业大平台和芯片之城。目标建成以集成电路为主导的“1+X”产业体系、以“基础产业+未来产业”双轮驱动、“核芯产业”牵引高质量转型发展的产业形态。钱塘芯谷将进行战略布局，北面规划创建芯智造“万亩千亿”新产业平台，南面依托杭州空港和大会展中心辐射效应，规划建设临空云谷。利用芯谷区位优势和发展潜力，为推动集成电路全省产业发展贡献力量。

**【芯谷项目动态管理优化】** 2020年，钱塘芯谷建立三级智慧动态项目库，实施项目动态推进机制。结合省、市、区发展规划，新增、结转重点项目和招商项目清单，建立芯谷产业项目预备、新建、续建三级动态推进库，全年累计纳入产业项目及配套基础设施项目30多个。根据成熟度对项目进行三级赋码，分批倒排土地“农转用”组件、省重点项目报批等工作计划，累计供地36.8公顷，完成“农转用”报批65.93公顷，组建面积241.2公顷。对新拿地项目开工、竣工、投产全流程预审，根据压缩后的时间倒排年度项目推进计划，缩短项目审批、做地、挂牌、施工、竣工验收等时间。至年末，平台出让产业项目用地9公顷，产业用地类项目摘牌到开工时间压缩至平均46天，最短25天，开工率100%，比新区平均时效提升72.6%。

**【“芯智造”与“芯服务”】** 2020年，钱塘芯谷推进“芯智造”产业链链长制试点，推动杭州士兰微电子股份有限公司、杭州立昂微电子股份有限公司、杭州拓尔微电子有限公司、杭州中欣晶圆半导体股份有限公司等企业快速成长，集聚集成电路产业上下游企业90个。建立并落实产业链保护、发展、提升等长效工作机制，“芯智造”产业链链长制获评浙江省开发区“链长制”试点示范单位，获《浙江日报》头版专题报道。组建平台项目评审智库，成立钱塘“芯智造”创业联盟，与集成电路相关高校、企业和科研机构合作，聘请行业专家为新区“芯智造”产业链发展提建议，与高校合作助力企业实施产业人才培养计划。致力打造“芯服务”品牌，构建企业精准服务机制，走访调研企业420批次，帮助企业协调解决子女就学、公共出行等困难问题405个，举办定向专场招聘会10多次，帮助30多个企业填补企业用工缺口。新冠肺炎疫情期间，帮助企业申请境外人士到华邀请函43批次、108人次。（林　曦）

## 临江高科园

**【概况】** 2020年5月，临江高科园作为新区六大实体化产业平台之一布局启动。园区位于新区江东区块东南部，规划控制总面积160.2平方千米，核心区面积22平方千米，主要发展新材料产业，同时做强精细化工、高端装备、生物医药三大支柱产业。组建成立临江高科园管理办公室，主要履行招商引资、项目推进、企业服务等经济发展职能。加快转型升级，优化营商环境，推进平台产业发展，年末园区规模以上工业企业实现增加值91.24亿元，完成财政总收入13.48亿元，固定资产投资30.07亿元，工业投资26.84亿元，社会消费品零售总额45.87亿元，货物出口总额32.49亿元。新项目招引实到外资6085万美元，其中制造业外资到资1329万美元。6个亿元以上产业项目签约落户，总投资60.8亿元，其中10亿元以上服务业项目1个、1亿元以上制造业项目5个。引进工业项目当年度实现固定资产投资15亿元。杭州市D类人才认定10人。出台《临江高科园产业发展规划（2020—2025）》，明确园区产业发展定位和重点产业方向；编制《临江片区产城融合与空间优化布局规划》，对临江片区产业空间拓展、城市配套功能完善、空间优化及交通设施布局进行研究，助力临江片区高质量发展。

**【临江高科园产业规划出台】** 2020年，临江高科园管理办公室贯彻落实平台主要职责要求，制定出台《临江高科园产业发展规划（2020—2025）》（简称《规划》）。《规划》回顾临江高科园近年发展形势，研究判断国际国内环境，分析园区存在的不足，提出打造以新材料产业为主导、生物医药、智能装备两大特色产业为支撑，配套发展一批生产性服务业，构筑“一新两特”现代产业发展新格局和“一城四区”的空间布局，建设成为创新能力强、特色突出、集聚效应显著、配套服务完善的国际一流、国内领先的新材料创新中心和新区高能级战略发展平台。《规划》提出三大重点工程，即产业集聚壮大工程，围绕重点产业链，布局培育小微企业、发展壮大企业品牌；低效用地提升工程，有序推进有机更新，整治优化低效企业，盘活闲置用地；发展环境优化工程，完善园区基础配套，优化营商环境。

**【临江高科园2个企业挂牌上市】** 2020年，临江高科园依托已有产业布局，发展新材料精细化工绿色产业，培育引导企业上市。6月18日，杭州聚合顺新材料股份有限公司在上海证券交易所挂牌上市。该公司于2013年11月成立，总部位于临江高科园，是集聚酰胺6切片研发、生产、销售为一体的国家高新技术企业，产品应用于电子电器、电子机械、食品包装膜、民用纤维、军警装备等领域。公司市场定位于高端聚酰胺6切片市场，形成尼龙纤维级、工程塑料级、薄膜级三大切片种类，每年达产产能逾20万吨。8月19日，杭州格林达电子材料股份有限公司在上海证券交易所主板上市。该公司是国家高新技术企业，设有省级企业研究院、市级企业技术中心，拥有多项自主知识产权，为杭州市专利试点企业。作为湿电子材料国产化企业，该公司专注于湿电子材料研发、生产和销售，自主创新研发的核心产品电子级四甲基氢氧化铵（TMAH显影液），打破国外技术垄断，替代进口的同时外销到日本、韩国地区，目标成为电子材料领域国际领先的系统服务提供商。

【临江新材料产业园通过省级认定】 2020年12月23日，临江高科园内的临江新材料产业园区通过浙江省经济和信息化厅等部门认定，成为首批通过认定的省级化工园区。临江新材料产业园区是新区在临江高科园设立的化工产业集聚发展园区，产业特色鲜明，为新区规模以上工业企业最为集中的区域。全年该产业园规模以上工业企业实现总产值535.31亿元，增加值91.51亿元，是新区工业经济企稳复苏的助推器。

【“新材料”党建联盟成立】 2020年12月7日，新区“新材料”党建联盟在临江高科园成立。党建联盟发挥“新材料”产业联盟的集群效应，助推产业发展，以企助企促进合作共赢，形成园内企业协同合作机制。联盟单位代表企业有恒逸集团、百合花集团、杭州福莱蒽特精细化工有限公司、浙江传化功能新材料有限公司、杭州聚合顺新材料股份有限公司等，联盟包括成员单位32个。成立党建联盟旨在整合分散的组织资源，是临江高科园围绕产业抓党建、深化园区企业合作的创新举措。

【园区低效用地整治】 2020年，针对临江片区存量低效工业用地基数较大、新增土地空间严重不足的结构性矛盾，临江高科园启动实施低效用地整治工作，通过挖掘存量用地潜力，助推片区转型升级。经梳理调查，确定低效工业用地企业54个，用地总计332.65公顷。平台发放低效用地整治告知书，开展多轮上门约谈，通过综合分析低效成因、后续项目建设意愿，按“督促增税一批、扩建提升一批、存量盘活一批”分类施策、联动执法，至年末完成低效企业整治27个，涉及低效用地183.56公顷，走出增量供应与内涵挖潜相结合的工业用地保障新路，园区产业平台发展空间和能级得到提升。

【园区收回产业用地41.09公顷】 2020年9月16日，临江高科园管理办公室、新区土地整理储备中心与东风裕隆商用汽车有限公司签订土地收回补偿书，完成34.62公顷低效工业用地回收，为临江片区高质量发展腾出优质土地空间。11月24日，新区下沙片区有机更新覆盖临江，杭州科达生物技术有限公司6.47公顷国有建设用地完成收回。通过存量盘活利用，保障“远大生物”“龙焱科技”等新招引项目的土地要素资源，实现产业迭代更新，推动土地利用方式从增量向存量盘活和增量保障并举转变，实现经济发展“吐故纳新”。

（王梓渝）

## 前进智造园

【概况】 前进智造园为新区六大产业平台之一，规划总面积75平方千米，其中核心区块面积22.6平方千米。以区域内已有的15个世界500强企业为基础，重点发展航空航天、汽车及零部件、智能机器人、高端数控机床、智能家电、智能专用装备等产业，建设航空航天和汽车及零部件2个“万亩千亿”产业大平台。园区航空航天以飞机关联制造、航空航天新材料、航空航天电子设备、航空航天创新服务等领域为发展重点；汽车及零部件以汽车整车及核心部件、新能源汽车、智能汽车等领域为发展重点；智能制造以智能机器人、高端数控机床、智能家电、智能专用装备等领域为发展重点。全年实现工业总产值330.7亿元，完成税收12.03亿元，落地“152”省市县长工程项目1个、10亿元以上项目1个，实到外资1.38亿美元。工业用地出让43.73公顷，整治低效企业9个，盘活低效工业用地30.25公顷。新认定杭州市D（E）类及以上人才7名。年末，园区有规模以上企业47个，其中工业企业36个、服务业企业6个、贸易业企业3个、建筑和房地产企业2个。

【园区产业与项目招引】 2020年，前进智造园实现工业总产值330.7亿元，比上年增长88.2%；完成规模以上工业企业增加值81.82亿元，增加值增速83.7%；实现税收12.03亿元，增长33.3%；一般公共预算收入3.66亿元，增长24.4%。全年储备70多条重大招商信息，总投资20亿元的金鱼电器智能家电研发制造基地项目、总投资26亿元的中通全球食品加工和冷链项目、总投资22.4亿元的杭萧钢构项目、总投资4亿元的欧亚轻工智能装备制造项目、总投资2亿元的恒华食品制造项目、总投资4.1亿元的牧星无人机项目、总投资3.45亿元的昌鼎智能制造项目、总投资1.8亿元的古伽智能环保设备项目、总投资1.67亿元的立强智能家居项目9个大项目签约落户。

【3个大项目签约】 2020年8月13日，落户前进智造园的中通全球食品加工冷链、华瑞航空制造2个大项目签约。中通全球食品加工冷链项目以冷链为核心，通过“制冷+物流+智能仓储+电商”模式，目标建设成为全球冷链布局综合枢纽示范项目。建设内容包括食品加工中心、冷链仓储中心、中央厨房、冷链配送中心、产品质检中心、医药冷链服务中心、智能转运中心、云仓中心、冷链操作中心、电商孵化基地、跨境电商服务平台、交易展示中心及其他相关配套等设施。项目总投资26亿元，其中固定资产投资20亿元，用地面积26.2公顷。华瑞航空制造项目以宽体客机CR929机身复合材料大部件为任务对象，

建设专业化民用飞机复合材料研制生产线，新增研制、生产所需的工艺设备，借鉴国际先进航空复合材料生产技术，保障国产宽体客机机身复合材料大部件研制生产。项目总投资120亿元，其中固定资产投资46.8亿元，用地面积39.6公顷。10月19日，落户前进智造园的另一大项目杭萧钢构项目签约。该项目拟建设绿色装配式建筑技术研发中心、智能制造产业基地及数智化管理平台，合计建设钢结构产品及建筑围护产品智能化生产线13条，建成达产后形成年产45万吨重钢结构、250万立方米围护产品的产能规模。项目总投资22.4亿元，其中固定资产投资17亿元，用地面积21.93公顷。

**【前进智造服务中心成立】** 2020年8月26日，前进智造服务中心在前进智造园成立。中心由杭州前进智造园与杭州智能制造产业协会联合发起，旨在为新区数字化经济建设和高端制造业提供企业数字化改造升级和智慧园区整体规划与咨询、智能制造解决方案对接、智能制造人才培育、智能制造创新技术分享交流、政策解读等方面的服务。围绕智能制造，园区从基于企业单点需求的被动服务转向政府搭建服务平台，服务企业需求的同时加入创新元素，帮助企业拓市场、解难题、促合作、建生态，使上下游的企业能够信息共享、发展共有。服务已有智能制造企业，促进企业更优更强，拓宽与新企业接触的路径。园区启动钱塘新区智造产业联盟，举办汽车党建联盟产业发展论坛，上海交通大学机械与动力工程学院副院长王皓、阿里云工业互联网解决方案架构师嵇武、上海交通大学人工智能研究院副院长兼智能汽车研究所所长张希分享智能产业前沿趋势和技术。

**【汽车产业链整零协同创新大会】** 2020年10月28日，浙江省汽车产业链整零协同创新大会在新区召开。大会以“协同汇聚动能、创新推动发展”为主题，旨在贯彻落实《浙江省汽车产业高质量发展行动计划（2019—2022年）》，发挥浙江省汽车零部件大省优势，引导整车企业制定实施零部件战略伙伴计划，与省内龙头零部件企业在研发、采购等层面开展合作，推动全省汽车产业基础再造和产业链提升。会上，各汽车零部件企业采购负责人与整机厂供应商进行对接洽谈，与会供应商在对接采购项目获得订单的同时，推动采供双方打破沟通壁垒，了解行业前沿趋势。汽车产业是新区主导产业之一，新区有70多个汽车零部件企业，其中世界500强企业约20个，涉及出行、智能网联、生产制造、研发设计与供应链产品等领域。大会有来自新区的“长安福特”“吉利”等主机厂企业代表，另有“延锋安道拓”“宝伟”“优科豪马”“卡斯马星乔瑞”等零部件配套企业代表与会。

**【航空航天产业国际峰会】** 2020年12月9日，“2020浙江省‘万亩千亿’航空航天产业国际峰会”在新区举办。峰会以“钱塘新时代、空天新平台”为主题，由杭州市投资促进局和新区管委会主办，前进智造园管理办公室和航空产业网承办。峰会邀请中国科学院院士曹春晓做题为《创新驱动——钛合金在航空产业的应用》的报告，中国商用飞机有限责任公司CR929机型中方总设计师陈迎春分享中国商用飞机的发展历程与展望，西子联合控股有限公司董事长王水福就西子航空创业发展的历程和收获进行交流。波音公司中国原运营副总裁张仁嫦回顾波音公司在华的航空工业合作，空客公司东亚采购总裁向与会代表介绍空客公司的供应链战略与本地化采购情况。会上，前进智造园负责人介绍航空航天“万亩千亿”平台的规划和发展环境。会上举行“钱塘新时代如何发展航空航天‘万亩千亿’新平台”主题的圆桌论坛。参会代表参观浙江西子势必锐航空工业有限公司和杭州艾美依航空制造装备有限公司。

（金卓雯）

**责任编辑　黎洪正**

# 服务业

## 综　述

**【服务业实现增加值349.1亿元】**
2020年，新区登记注册并正常经营的服务业企业3万余个，实现税收贡献逾230亿元。规模以上服务业企业（含贸易企业）910个，产值1亿元以上企业170个，涉及交通运输、软件信息、商务服务、科学研究、批发零售、住宿餐饮等12个门类。按行业门类细分，新区服务业企业中交通运输企业127个、信息软件企业28个、商务服务企业82个、科学研究企业38个、批发和零售企业430个、住宿和餐饮企业73个，其他门类企业数量均为个位数。全年新区服务业实现增加值349.1亿元，比上年增长0.8%，占地方生产总值比重31.9%。年内，新区仓储物流企业减少，软件信息等主导产业项目和企业增长，服务业占比提高。

2020年9月19日，新区商业综合体——龙湖金沙天街举行5周年店庆
（童志忠　摄）

**【新区下沙区块服务业业态分析】**
2020年，新区服务业分生产性服务业和生活性服务业两种业态。生产性服务业行业发展较全，涵盖电子商务、软件信息、科技金融、文化创意、检验检测和现代物流等，另有批发零售等服务业。新区下沙区块业态分布较为均匀，北部有医药港集聚生物医药产业相关检测研发、科技服务等服务业态；西部有金沙湖区域和中部新加坡科技园集聚电子商务、软件信息、文创设计等服务业态；东部有普洛斯物流园、苏宁物流周边；南部有保税区内集聚物流、批发零售业等服务业态。电商贸易和检验检测等依靠杭州壹网壹创科技股份有限公司、浙江方圆检测集团股份有限公司等头部企业带动，发展明显。生活性服务业补齐短板，配套相对成熟的下沙区块拥有龙湖天街、金沙印象城、下沙银泰、宝龙广场、福雷德广场等5个总体量超过50万平方米的大型商业综合体，另有高沙特色商业街、白杨桥美食街、元成时代广场等块状商业街区；区块内美食、娱乐、购物、休闲、教育、亲子等消费业态均有布点，受常住人

口结构白领化发展趋势，中高端娱乐消费需求旺盛，业态整体丰富；区块内大型商业综合体、商贸街区、社区便利店等消费结构层次完善，基本可满足金领、白领，以及产业工人、高教师生、本地居民等不同群体的消费需求，群体服务较为广泛。

**【《新区现代服务业高质量发展指引》发布】** 2020年11月，《新区现代服务业高质量发展指引（2020—2022年）》（简称《指引》）发布。《指引》提出将按照“双核双带十园多点”的模式进行城市空间布局，强化金沙湖核心商务区、江东新城核心区“双核”引领作用，创新中枢科技服务创新带、沿江生态创意文化带“两带”集聚效应，创建“一园一品”十大精品特色园区。和新区总体规划的“515”现代产业体系相契合，《指引》强调要加快打造以软件信息、研发检测、电子商务、科技金融、文化旅游等为重点的现代服务业体系，谋划未来经济、创意经济、高端物流和跨境电商等新兴产业，细化现代服务业总量、结构和平台建设等目标，平台建设方面将新建3～5个现代服务业重点集聚园区，培育10个税收超亿元楼宇，加快形成区域均衡发展格局。服务业的发展，与城市化步伐相连。《指引》明确力争到2022年，新区现代服务业产值总量突破500亿元，占地区生产总值比重逾35%，规模以上服务业企业数量突破1000个，实现服务业对社会经济贡献值明显增加。

（冯　青）

## 现代物流业

**【概况】** 2020年，新区现代物流业实现增加值21.26亿元，比上年下降3.1%，占服务业增加值比重6.1%。年末登记注册物流企业850多个，其中限额以上物流企业127个，总仓储面积450多万平方米，有运输车辆7800多辆，运作类型以运输、仓储、货代及第三方仓储物流为主。新区下沙区块以A级物流企业集聚为主，有杭州德邦货运代理有限公司、浙江八方物流有限公司、杭州口岸国际物流有限公司、杭州和达物流有限公司、浙江苏宁物流有限公司等企业，以国际货运业务、城市配送业务及第三方物流业务为主；江东区块物流以物流园集聚为主，有普洛斯物流园、传化公路港物流园、乐歌杭州物流园、杭州深国际综合物流港等物流园区，以专线运输、传统货运为主。

**【杭州传化公路港二期开工】** 2020年，新区杭州传化公路港二期工程开工。该项目运营后，预计运营能力为每年1000万吨，年平台营业收入超过100亿元，服务工商企业约3万个，杭州传化公路港计划成为杭州的货物集散中心、运力调度中心及物流数据处理中心。杭州传化公路港于2016年建成开园，此后开启传化物流“物流+互联网+金融”O2O模式。园区集中杭州附近90%的公路货运信息资源，可提供信息交易、仓储、分拨、配货、综合管理服务、汽修汽配、餐饮、汽车旅馆及金融服务，是仓储、配货、运输一体化物流业务服务平台，为大型物流企业及制造业公司提供仓储服务和供应链解决方案。

**【深国际·华东智慧城获评省级物流示范园区】** 2020年7月，浙江省发改委公布第三批6个省级物流示范园区名单和2020年浙江省物流创新发展试点名单，位于新区的深国际·华东智慧城名列其中，为新区继传化公路港后第二个获评省级示范园区的物流园。新区物流企业浙江新颜物流有限公司、浙江杰特供应链有限公司获评首批省级创新发展试点物流企业。深国际·华东智慧城位于新区纬二路399号，项目分为两期建设，分别由杭州深国际综合物流港发展有限公司、杭州深国际供应链管理有限公司两个主体负责开发建设和运营，总投资30亿元，占地面积42.8公顷，总建筑面积44.66万平方米。

## 软件信息业

**【概况】** 2020年，新区鼓励发展软件信息服务业，将软件信息行业列为新区现代服务业引资重点，重点发展人工智能、大数据、云计算等核心产业。3月，微点（杭州）网络科技有限公司子公司杭州格调女王科技有限公司落户新区。年末新区有规模以上软件信息服务业企业28个，实现营业收入23.44亿元。助力软件信息产业发展，以掌玩集团（杭州掌玩文化创意有限公司）为核心，成立互联网软件信息产业联盟，加盟企业20多个。联盟响应新区“强化科技创新、加快转型升级”的倡议，开展技术创新、理论创新和成果转化等方面的促进和传播服务，围绕技术研发和人才培养，建设新媒体、新零售、新消费产业集群中心。

**【杭州卓健信息公司进入上市辅导阶段】** 2020年10月，新区软件信息企业杭州卓健信息科技股份有限公司进入上市辅导阶段，计划2021年在上海证券交易所科创板上市。该公司于2011年2月成立，办公地址在新区元成路199号龙驰智慧谷科创园21–22楼。创立初，公司即顺应国家医药卫生改革方向，围绕医疗核心诊治业务，自内而外为大中型医院及医疗机构提供互联网化解决方案，建设智慧医院生态闭环，拥有分级诊疗、互联网医院、移动远程、掌上医院、医链、院后医疗服务系统六大产品体系，是互联网医疗领域中具有成长性的高科技企业。作为腾讯公司战略布局医疗行业的核心企业，公司用户覆盖国内22个省、300多个三级医院、40多个医联体协作平台、2000多个医院。公司有员工400多人，其中医学专业人员占比10%，团队由多名医学博士引领。

**【天翼阅读项目获5G应用总决赛一等奖】** 2020年3月，新区数字出版文化公司天翼阅读文化传播有限公司基于VR平台的“5G SA+MEC商业综合体云XR数字孪生平台”项目获工业和信息化部第三届“绽放杯”5G应用总决赛一等奖。作为软件信息行业头部企业，该公司携手多个国际运营商成立“全球XR内容电信联盟”，与全球运营商和顶级内容制作室进行XR内容合作，助力XR内容生态的繁荣和创新。与高通、华为、网易等产业链合作伙伴在软件硬件、内容制作等领域开展合作，通过资源整合、优势互补，建设云XR“新基建”生态协同体。天翼阅读文化传播有限公司位于新区白杨街道科技园2号，前身为成立于2010年的中国电信数字阅读基地，是中国通信运营商首个数字出版文化公司。（冯　青）

## 检验检测业

**【概况】** 2020年，新区有检验检测机构42个，其中省属机构5个。实验室面积12.6万平方米，户均实验室面积3000平方米，拥有仪器设备2.2万套。全年出具报告81.68万份，户均报告数1.9万份。全年检验检测业实现产值9.54亿元，税收2457万元。年末全行业从业人员2572人，其中实验室技术人员1923人，中级以上职称专家874人，户均从业人员61人。检测领域覆盖建材及无损检测、食品、机动车检测、纺织品、动物疫病、环境及空气、废水、电子电器产品、室内空气检测、刑侦司法鉴定、药物检测、消防检测、建筑防雷等行业，以建筑工程、建筑材料、环境与环保、食品、机动车检测等行业类型占比较多。创建国家级检验检测高技术服务业集聚区杭州园区，年末杭州园区累计引进第三方检验检测机构13个，完成总产值约6亿元。其中，产值逾1亿元的检验检测机构2个，分别是浙江省计量科学研究院、浙江方圆检测集团股份有限公司。企业内部实验室通过CNAS认证15个。

**【国家特材中心通过国家级能力验收】** 2020年12月，由浙江省特种设备科学研究院联合新区管委会建设的浙江省特科院国家特种金属结构材料质量监督检验中心（简称国家特材中心）通过国家级能力验收。为推进国家特材中心项目建设，新区成立联合项目领导小组，组织召开部门协调会7次，专人对接解决选址、配套资金落地、用水用电、消防、运营主体落户等困难问题12项，6个月时间内完成项目基建及硬装修。年末国家特材中心累计完成设备投入3495万元，认证认可标准340个。可开展零下196~1400℃范围内及腐蚀环境下材料拉伸、疲劳、冲击等力学检测，具备钢铁、铝、铜、钛、镍等基体材料的化学成分分析能力，可实现检测样品自加工和重点服务，支持以航空产业为代表的高端装备制造业转型升级。

**【方圆集团检测认证总部基地项目落户新区】** 2020年，浙江方圆集团股份有限公司检测认证总部基地项目落户新区。新区结合下沙区块城市有机更新工作，综合确定其一期面积3.33公顷土地选址。整个项目规划面积6.67公顷，总投资预计在15亿元以上，人员规模2000人以上。总部基地项目拟建成国内一流的、具有国际竞争力的检测认证基地，可提供集标准研究、检验检测、认证认可、计量校准、质量鉴定、培训咨询为一体的、产学研检相融合的全产业链技术服务。

**【新区参与起草《跨境电子商务产业园服务规范》】** 2020年12月，新区市场监管分局参与起草的国家标准《跨境电子商务产业园服务规范》经国家市场监督管理总局（国家标准化管理委员会）批准发布，将于2021年7月1日实施。该标准共八章，规定跨境电子商务产业园的定义与术语、基本要求、设施保障、服务提供内容及要求、安全管理、服务质量管理等相关要求，可作为跨境电子商务基地（集聚区）服务规范依据。该标准的发布有助规范管理跨境电子商务园区服务，促进相应管理经营主体加强自身建设和管理服务水平，为入园企业提供优质服务。

**【泰瑞机器公司获“浙江制造”国际互认证书】** 2020年10月，在年度浙江制造产品认证中，新区企业泰瑞机器股份有限公司推出的挤注式塑料注射成型机通过国际认证机构TUV的“浙江制造”国际认证。该企业完成现场评审取得“浙江制造品字标”认证证书的同时，也获得CE国际互认证书，成为新区首个获国际互认的“浙江制造”生产企业。泰瑞机器股份有限公司为新区一个高端智能注塑装备制造企业，拥有注塑机核心技术研发和主要关键零部件的制造能力。新区市场监管分局将该企业列入品牌重点培育库，开通绿色通道加强指导帮扶，鼓励支持企业开展“浙江制造”国际互认工作，按照“一个标准、一次检测、一次认证、多国证书”一站式认证模式，主动介入与企业、认证机构及认证联盟对接，为企业认证提供服务。（程甦超）

## 文创旅游业

【概况】 2020年，新区有文化企业2904个，覆盖内容创作、新闻信息、文化传播、创意设计、文化娱乐、休闲服务、文化生产等领域。其中上市企业4个、“四上”企业78个、特色文化企业32个。全年文化企业完成营业收入267.7亿元，营业利润16亿元，纳税额6.2亿元，文化产业增加值增长12%。创新工作机制，完成文化产业全库统计，生成新区文化产业、细分行业、“四上”企业、特色企业、街属企业等分类数据库系统，探索建立文化产业地图和数字驾驶舱，研究拟写《钱塘新区文化产业形势、问题和建议》《新区文化产业发展课题研究报告》等分析报告，为文化产业发展提供数据支撑。推进文化旅游发展，编制完成《新区文旅融合发展规划（2020—2030）》《新区工业旅游“十四五”专项发展规划》等专题规划项目；培育工业旅游基地，全年新认定区级工业旅游示范基地3个，新区工业旅游示范区被列入省市重点培育的文旅“金名片”项目。发展工业旅游，全年新区累计接待游客逾50万人次，产生直接经济效益逾5000万元。挖掘美食文化内涵，培育认定新区“诗画浙江·百县千碗”特色美食消费体验店，杭州和达希尔顿逸林酒店、杭州盛泰开元名都大酒店确定为新区美食旗舰店，杭州英冠温德姆酒店确定为新区美食体验店，杭州龙湖皇冠假日酒店确定为新区美食示范店。12月，经杭州市文化广电旅游局、商务局和市餐饮协会认定，杭州盛泰开元名都大酒店、杭州龙湖皇冠假日酒店入选浙江省第二批“诗画浙江·百县千碗”特色美食体验店。

（周晓昕 钱金利）

2020年9月，新区工业旅游特色产品——九阳创意工业园对外开放

（方 波 摄）

【文化产业扶持与企业认定】 2020年，新区落实文化产业政策资金3789万元，其中杭州市竞争性分配资金项目、文化企业帮扶纾困资金、重点项目扶持、动漫节参展补助、贷款贴息补助等共计267.17万元。认定“头雁计划”文化企业11个、“雨燕计划”文化企业28个，兑现奖励金额3473万元。对3个文化企业落实普惠制政策，兑现资金48.84万元。挖掘文化产业资源，推进文化产业发展，新区文化企业杭州玩物得志科技有限公司被认定为省级重点文化企业，杭州微念科技有限公司、杭州壹网壹创科技股份有限公司被认定为省级重点数字标杆企业，杭州钱塘传媒有限公司、杭州锐傲网络科技有限公司、杭州气味王国科技有限公司被认定为第五批浙江省成长型文化企业。传媒文化产业园、新加坡科技园融创中心等4个园区获杭州市文创产业园区，杭州玩物得志科技有限公司、杭州微念科技有限公司等5个企业获“杭州市文化直播平台”“杭州市十大文创新势力”称号。

【医药港小镇获评国家AAA级景区】 2020年4月，杭州市文化广电旅游局和市旅游质量等级评定委员会组织专家，对位于新区的杭州医药港小镇创建国家AAA级旅游景区工作进行评定验收。根据《旅游景区质量等级的划分与评定》国家标准和检查情况，专家组依照《服务质量与环境质量评分细则》《景观质量评分细则》《游客意见评分细则》3个细则逐项打分。结果认为小镇创建AAA级景区交通优势突出、产业地位凸显、景区创建工作扎实有序，达到国家AAA级景区质量等级标准要求。专家组通过评定验收及公示，授予杭州医药港小镇“国家AAA级旅游景区”称号。

【新区文化旅游周开幕】 2020年10月22日，“杭州向东、未来已来”——2020年新区文化旅游周开幕式暨工业旅游高质量发展研讨会在新区国际创博中心举行。活动吸引全国工业旅游联盟专家、新区工业旅游联盟代表、部门、平台、街道负责人、村（社区）负责人和文艺志愿者代表及新闻媒体代表共计300多人参加。新区着力推动文旅融合发展，开展文化旅游周、工业旅游高质量发展研讨会、青年歌手大赛、群众示范团队评选、新区摄影大赛和书画大赛作品评选巡展、群众公益文化培训课堂、街道跨区域文化互动等系列活动，致力于繁荣活跃新区群众文化生活。新区突出重点，打造以数字赋能、融合发展的工业旅游新业态，“工业旅游”列入省市重点培育的文旅“金名片”项目。结合文化旅游周活动，新区成立工业旅游联盟，举行专家专题研讨，做精做优工业旅游，助推新区文旅经济增长。

（周晓昕 徐 璟）

【工业旅游项目培育与评定】 2020年，新区发挥产业集聚优势，培育工业旅游示范基地，促进工业旅游发展。12月，浙江省文化和旅游厅与浙江省经济和信息化厅联合发文，认定新区杭州顶益食品有限公司康师傅梦想探索乐园、浙江太古可口可乐有限公司可口可乐博物馆2个单位为“2020年浙江省工业旅游示范基地”。加上此前入选的杭州味全食品有限公司、杭州万事利丝绸文化股份有限公司、杭州九阳小家电有限公司，新区累计有5个工业旅游基地获“浙江省工业旅游示范基地”称号。评定区级工业旅游示范基地，广汽乘用车（杭州）有限公司、格力电器（杭州）有限公司、杭州新松机器人自动化有限公司3个企业确定为“2020年度新区工业旅游示范基地”。推动文旅与产业融合发展，新区打造浙江省工业旅游示范区项目被列入浙江省文化和旅游厅、杭州市政府联合培育的文旅“金名片”项目。

（钱金利）

## 商贸流通业

【概况】 2020年，因受新冠肺炎疫情影响，新区完成社会消费品零售总额301.7亿元，比上年下降3.2%，其中限额以上零售额164亿元，下降6.7%。批发行业带动新区零售额增长，全年实现限额以上批零住宿餐饮企业零售额增幅21.3%。为弥补疫情带来的影响，新区组织开展第二届“钱塘造·乐购节”活动，推出2500万元消费购物券发放、2000万元汽车促消费补贴、4场电视广播网络直播、6场“云惠钱塘·嗨购全球”跨境消费节和10多场次商超促销、钱塘网红美食评选、工业旅游特色消费等主题促销活动。规范成品油市场经营秩序，开展打击整治走私专项行动，杭州综合保税区管理办公室联合新区市场监管分局、公安分局调研新区29个加油站，多部门联动对走私成品油开展监管，检查销售使用单位22个，抽检6个单位，扣押流动加油车辆6台、不合格柴油50吨，立案3起、结案1起，罚没款1万元。

【第二届“钱塘造·乐购节”启动】 2020年12月11—13日，“云惠钱塘”消费嘉年华第二届“钱塘造·乐购节”在新区下沙围垦文化公园举行。活动在新区各商业购物中心设立分会场，推出促消费系列活动，通过构建联动大格局、线上线下渠道整合，释放消费需求。乐购节由杭州综合保税区管理办公室牵头组织，依托特装展示区、标准展示区设置展位200个，集中展示新区电商、汽车、家电、家具、食品饮料、化妆品、服装等产品，突出钱塘制造特色，推动企业扩展销售渠道，营造新区新消费氛围。活动现场，设立对口扶贫地区特色产品区，展出各地特色农副产品供市民选购。数据显示，为期3天的活动推出优惠举措200多项、企业让利1000多万元，顾客逾20万人次，累计促销商品数量15万件，实现销售额8.24亿元。

【大江东宝龙广场开业】 2020年11月28日，杭州大江东宝龙广场商业中心开业。该商业中心位于新区江东大道与横一线交叉口，为新区江东片区首个大型商贸综合体，总建筑面积45万平方米，商业面积6万平方米，设停车位1464个。项目定位为时尚生活型购物中心，面向家庭型客群的日常需求，集生活亲子、餐饮美食、休闲娱乐、时尚零售等多种商业形态为一体，入驻品牌店100多家，有世纪联华、海底捞火锅、星巴克、上影国际影城等店家。（姚肖飞）

责任编辑 黎洪正

# 农业·农村

## 综　述

**【农林牧渔业产值稳定发展】** 2020年，新区农林牧渔业总产值22.62亿元。其中：种植业产值13.77亿元，比上年增长5.3%；畜牧业产值5.12亿元，减少18%；渔业产值3.01亿元，增长16.2%。全年粮食播种面积5933公顷，增长6.8%，粮食总产量2.9万吨，增长14.4%；蔬菜播种面积9820公顷，增长16.5%。有市级以上农业产业化龙头企业30个，其中国家级农业龙头企业1个、省级龙头企业2个、市级龙头企业27个。新培育省级农业龙头企业1个。农业股份经济联合社实现集体经济总收入2.84亿元。人均收入4.46万元，比上年增长8%。

**【水利管理与水域环境优化】** 2020年，新区农业水利发展服务中心管辖钱塘江一线海塘68千米，二、三线堤塘120千米，对下沙区域四格排灌站、下沙排涝闸进行管理。四格排灌站配水5976台时、配水量1.35亿立方米，确保乔司农场农业灌溉用水37台时、配水量84万立方米；乔司街道配水1293台时、配水量2862万立方米。保障汛期内河无涝灾，四格排灌站排涝193台时、排水量437万立方米；下沙闸排水2403孔时、排水量3.1亿立方米；"850"闸排水243孔时、排水量1576万立方米。

**【林地湿地与野生动物保护】** 2020年，新区森林覆盖面积（乔木林、竹林、灌木林之和）3377.33公顷，覆盖率6.2%。活立木总蓄积19.89万立方米，比上年增加9800立方米。加强陆生野生动物收容救助，全年救护野生动物79只。开展候鸟保护，在沿江湿地和垦区农田清除捕鸭棚、网和地笼，维护生物多样性。

**【台账资料收集整理】** 2020年，新区农业水利发展服务中心做好涉农生态环境工作材料、台账收集整理，形成生态环境资料17套。其中：测土配方、有机肥推广、统防统治等农业面源污染资料3套；氮磷

2020年5月，新区农户进行早稻插秧作业　（陆　锋　摄）

生态拦截沟渠建设资料2套；秸秆焚烧巡查宣传、综合利用资料2套；生活污水治理资料2套；禽畜养殖污染整治和畜禽粪污资源化利用项目、重点养殖场整治资料3套；水产养殖1套；渔船标准化改造、上道路拖拉机提前淘汰清零台账2套；湿地保护规划及河道引配水资料2套。

## 种植业

【概况】 2020年，新区农业水利发展服务中心加强粮食生产收购扶持政策，全年超额完成省市专班下达的粮食种植面积。发展绿色农业，落实绿色生态发展资金262.25万元。其中：推广商品有机肥7730吨，补贴资金231.9万元；市级蔬菜高效双低新农药补贴资金30.35万元，惠及28个农业基地和种植大户。推广绿色高产高效技术，落实资金204万元，建设科技兴农项目24个。其中粮食高产示范项目11个、农作物新品种示范推广项目5个、农作物新技术示范推广项目1个、病虫害绿色生态防控示范项目7个。组织各街道和土地管理单位排查出抛荒地1301.27公顷，对桥头堡区域、产城融合中心等区块抛荒地677.4公顷进行开垦，种植小麦、油菜等粮油作物636.23公顷。全年收购稻麦2.43万吨，其中小麦0.34万吨、早稻0.89万吨、晚稻1.2万吨。推进农产品质量安全追溯体系建设，建立安全追溯点17个；配备二维码打印机，对农产品种植、施肥、采收及销售信息进行采集，给予合格证打印。

【粮食种植大户扶持】 2020年，新区农业水利发展服务中心出台《关于切实抓好粮食产销工作的意见》，推广水稻“两壮两高”栽培技术、“叠盘暗出苗”技术、大豆促早栽培技术等绿色高产高效综合生产技术，助力产业提质。实施稻麦种植扶持，对符合条件的规模种植大户补贴2250元/公顷；对单季连片种植水稻6.67公顷及以上规模种植大户补贴2550元/公顷；对购买小麦和常规水稻主导品种规模种植大户补贴300元/公顷；对推广种植杂交水稻主导品种和优新品种规模种植大户补贴1350元/公顷。

【粮食产销政策扶持】 2020年，新区出台粮食产销扶持政策，落实粮食生产收购补贴资金5123.5万元。其中：耕地地力保护补贴资金710.7万元，补贴农户3.4万户；规模种粮直接补贴资金2156.89万元，涉及稻麦种植大户172户。认定省级旱粮生产基地72个、旱粮种植大户84户。落实社会化服务补贴资金986.91万元。其中：病虫统一防治服务面积3666.8公顷，补贴资金388.71万元；水稻机插面积2216公顷，补贴资金598.2万元；粮食烘干1.6万吨，补贴资金80.1万元。订单粮食收购价外补贴奖励1269万元，订单粮食收购2.85万吨。

2020年10月29日，新区农民在江东农场用收割机进行晚稻收割

（陈浩杰　摄）

【高标准农田项目推进通过评审】 2020年，新区有粮食生产功能区3733.33公顷，高标准农田4733.33公顷。保障民生“米袋子”和“菜篮子”需求，新区农业水利发展服务中心推进下沙街道乔司农场333.33公顷农田项目，开展高标准农田建设，将氮磷生态拦截沟渠污染建设与农业绿色发展相结合，种植水稻、大豆、玉米、蚕豆、蔬菜等农作物。初步设计方案通过新区和市级评审。

【“菜篮子”蔬菜基地创建】 2020年，新区有杭州市级“菜篮子”蔬菜基地9个，面积335公顷；有留地蔬菜120公顷，日供应能力80多吨。保障后续市场蔬菜充足供应，在9个基地新增55.04公顷补种。新冠肺炎疫情期间，新区农业水利发展服务中心根据省市对防控车辆通行证办理要求，为企业办理25张车辆专用通行证和237张运输车辆临时通行证明，确保农资和农产品运输畅通。利用微信公众号、“网上农博”等平台推广基地蔬菜，推出“线上下单”“线下配送”营销方式，将蔬菜送到市民手中。

【新区粮食供应稳定】 2020年，新区有粮权2.2万多吨（折合原粮），

## 2020年新区畜牧业生产情况表

表8

| 项　目 | 计量单位 | 2019年 | 2020年 | 2020年比2019年 | |
|---|---|---|---|---|---|
| | | | | 增加 | 增长（%） |
| 一、生猪年末存栏 | 头 | 119 034 | 91 700 | -27 334 | -22.96 |
| 存栏中母猪 | 头 | 10 213 | 16 400 | 6 187 | 60.58 |
| 出栏肉猪 | 头 | 155 252 | 144 900 | -10 352 | -6.66 |
| 二、牛年末存栏 | 头 | 1 318 | 1 378 | 60 | 4.55 |
| 存栏中乳牛 | 头 | 381 | 670 | 289 | 75.85 |
| 年内出栏 | 头 | 195 | 231 | 36 | 11.79 |
| 三、羊年末存栏 | 只 | 7 611 | 9 800 | 2 189 | 28.76 |
| 年内出栏 | 只 | 9 672 | 8 300 | -1 372 | -45.99 |
| 四、家禽年末存栏 | 羽 | 57 250 | 107 800 | 50 550 | 88.27 |
| 年内出栏 | 羽 | 107 737 | 365 800 | 258 063 | 239.53 |
| 五、肉类产量 | 吨 | 14 393.4 | 9 000 | -5 393.4 | -37.47 |
| 牛奶产量 | 吨 | 4 906.7 | 6 723 | 1 816.3 | 37.02 |
| 禽蛋产量 | 吨 | 218 | 98 | -120 | -55 |

注：列表数据与养殖业条目中不一致处，系条目按年鉴体例对小数点后数字“四舍五入”所致。

其中储备粮小麦4009.92吨、早籼稻谷9095.53吨、粳稻谷5965.99吨、粳米1000吨、商品粮粳稻谷1477吨。新冠肺炎疫情期间，为保障粮食市场供应稳定，新区农业水利发展服务中心对1477吨储备商品粮粳稻谷应急加工并入仓。

**【农业投入品监管】** 2020年，新区有农产品规模生产主体32个、农药生产主体2个、农药经营主体45个、兽药生产主体2个、兽药经营主体4个、饲料生产主体6个、种子经营专卖店3个。全年，新区农业水利发展服务中心出动检查人员435人次，检查主体单位210个，分批对6个农资经营主体专项检查，涉及粮油、蔬菜、水果、水产品、畜禽5类、25个品种。全年定量检测418批次，其中：市级任务168批次，不合格2批次，合格率98.8%；区级任务250批次，不合格7批次，合格率97.2%。定性检测6446批次，其中：街道检测室4731批次，不合格9批次，合格率99.8%；基地检测1715批次，合格率100%。累计抽检蔬菜3591批次、水果8批次、水产6批次、生鲜乳16批次，以及猪、禽类尿样81批次、磁疗5批次，合格率99.7%。制作“一户一策一干部”结对帮扶卡2000本，全年处理信访投诉6起、种子质量纠纷2起、农业投入品2起、农田鉴定2次、动物诊疗纠纷5起，挽回农户经济损失10万余元。

**【农药废弃包装物处置】** 2020年，新区农业水利发展服务中心采取有偿回收模式，委托第三方作为农药废弃包装物定点回收与集中处理的责任主体，负责新区内农药废弃包装物收集、转运、处理等工作。全年落实财政补助资金120万元，设置回收网点39个，回收农药废弃包装物29.52吨，处置农药废弃包装物37.32吨。

## 养殖业

**【概况】** 2020年，新区水产养殖总产值3.01亿元，总产量9418吨，比上年增加816吨，增长9.5%，其中南美白对虾5693吨，占总产量60.5%；龟鳖362吨，其他3363吨。有捕捞渔船24艘，总吨位427.3吨，捕捞产量53吨；有市级“菜篮子”水产企业1个。全年畜牧业总产量9000吨，下降5393.4吨，下降37.47%；总产值5.12亿元，减少18%，其中牲畜总产值4.84亿元、家禽产值825万元、畜禽产品及其他动物产值1975万元。全年出栏生猪14.49万头，下降1.04万头，下降6.7%；年末生猪存栏9.17万头，减少2.73万头，下降23%。出栏奶牛231头，增加36头，增长11.8%；存栏1378头，增加60头，增长4.6%，年产牛奶6723吨。出栏羊8300头，减少1372头，下降46%；存栏9800头，增加2189头，增长28.8%。出栏家禽36.58万羽，增加25.81万羽，增长2.4倍；存栏10.78万羽，增加5.06万羽，增长88.3%；蛋产量98吨，减少120吨，下降55%。蜜蜂存栏7862箱，蜂蜜产量137吨，蜂王浆产量13.66吨。

**【猪瘟疫情防控】** 2020年，新区农业水利发展服务中心加强对猪瘟疫情防控，7个养殖场投入500多万元用于生物安全提升建设完成。设置定点消毒点，发放消毒物资470箱，对23个生猪养殖场主要出入口、外延道路消毒。建立生猪养殖场疫情日排查制度和病死猪日报告、存栏情况周报告制度，开展养殖场周边环境和大环境网格化病毒学监测，采集检测样品890份，监测生猪血清样品100份，结果均为阴性。开展养殖场数字化、可视化、智能化智慧监管，以养殖场生物安全合格率、养殖死亡率、抽检合格率、免疫合格率4类指标为核心，启用养殖场“管理码”。组织生猪养殖场实行红（高风险）、黄（中风险）、绿（低风险）三色码管理培训。加强养殖场全封闭管理，在出猪月台、养殖场大门等重点位置安装监控120个并赋予账

号，实现养殖场、政府共同可视化监管。（章益峰）

【动物检疫与无害化处理】2020年，杭州市动物卫生监督所大江东分所办理行政许可4145件，负责对新区动物及动物产品检疫，全年产地检疫生猪34.5万头，犬4只、羊1049头、奶牛59头；屠宰检疫家禽16.7万羽，领发动物检疫证明3177份。新冠肺炎疫情期间，8位检疫员检疫生猪2.37万头，家禽产品42吨。开展常规免疫动物疫病集中防控，落实免疫“先打后补”政策，使用生猪口蹄疫疫苗21.59万毫升（含规模场自购）、猪瘟疫苗25.21万毫升（含规模场自购）、牛羊口蹄疫疫苗8500毫升、犬狂犬病疫苗9150头份、羊小反刍兽疫疫苗6000头份。实施统一收集、集中处理病死猪无害化处理模式，保障补助资金按时发放。从生态环境管控、养殖用地保障和财政扶持3方面对养殖场政策扶持，在省、市各补500元/头的基础上再补1000元/头，并创新特色保险，在实施政策性保险的基础上对死亡率偏高的仔猪增加保额。安排使用专车对应相关养殖场，减少疫病交叉传播风险。年末，无害化处理中心处理养殖环节病死猪6.21万头。

【渔业互助保险】2020年禁渔期，新区农业水利发展服务中心成立渔业安全生产监管小组，按照新冠肺炎疫情期间“六稳、六保”要求解决渔民困难。4月17日，联合新区财政金融局、新区应急管理局、新区行政审批局、新区综合行政执法局、新区公安分局，出台《杭州钱塘新区钱塘江捕捞渔船、渔民管理实施意见（试行）》，明确安全管理、渔船停泊、捕捞秩序、渔政执法、渔船年审检、渔业资源保护、政策性渔船互助保险等内容，对历史遗留的“一人两船”问题给出财政政策。组织24名渔民到富阳参加渔业安全生产培训，实地查看渔船建造和渔船操作技能。保障渔民安全利益，召开渔民协调会11次，完成24艘标准化渔船改造。提升渔民安全意识，鼓励渔民参加政策性互助保险。6月30日，组织7个街道负责人和24名渔民进行“渔业安全生产培训”，邀请浙江省渔业互保协会、杭州市农业综合行政执法大队负责人讲解互助保险的各级财政补助标准以及渔业捕捞实际保险方案，24名渔民全部参加互助保险。（李红玉）

2020年，新区江东农场连片种植的晚稻（方 波 摄）

## 农村治理与乡村振兴

【概况】2020年，新区59个行政村实现集体经济总收入2.84亿元，比上年增长9.2%，其中经营性收入1.73亿元，各村经济收入均达30万元以上；年末资产总额40.39亿元，村均6845万元；所有者权益总额21.06亿元，村均3570万元。10个农村股份经济联合社分红，分配总额3730万元，惠及股东2.26万人。深化“千万工程”，开展“美丽乡村”建设，全年创建省级达标村8个、善治示范村6个、精品村4个、特色精品村2个，市级精品村2个。启动市级精品村建设2个，通过区级验收精品村2个、改善村12个。组织结对干部与街道和村社联动“一对一”帮扶，核定低收入农户1847户、2447人，年末开展“地毯式”排查，家庭人均支配收入均在1万元以上。组织开展村级集体经济审计，完成村级财务收支审计45项、任期经济责任和离任审计29项，所属经济实体收支审计37项，10万元及以上村级工程项目审计112项，审计总额2.25亿元。新区、街道财政保障审计经费149.92万元。开展“村银共建新农村”活动，萧山农商银行捐赠1871万元，用于村级教育、科学、文化、卫生等农村社会公共事业，以及救助灾害、救济贫困、扶助困难群体、环境保护、社会公共设施建设等公益性项目。

【乡村建设】2020年，新区农业水利发展服务中心实施建设“美丽乡村”“美丽河湖”等工程6个。12个村庄、176个建设项目完成，创建“美丽乡村”精品村4个（市级2个、区级2个），河庄街道江东村、义蓬街道火星村通过市级验收。开展“美丽河湖”建设，利用河道密布，纵横交错特点及“五水共治”成果，通过打通断头河、建设小微水体、整治鱼塘等措施，提升水质环境。经杭州市林业水利局、杭州市城市管理局、美丽杭州建设领导小组五水共治（河长制）办公室评选，前进街道获评“乐水小镇”称号，火星村等16个村庄创建为“水美乡村”。提升人居环境，新建农村公厕148个、覆盖率100%；建成生活垃圾示范村15个，分类处理覆盖率、集中收运率100%；建设污水处理终端208个，日处理污水7600吨，截污纳管覆盖率100%，受益农户2.2万户。彰显“一路一景”“一村一景”，整治“脏乱差”2705处，拆除重点区域及沿线违法建筑4.1万平方米。提升田园清洁化、生态化、规模化，在653.33公顷抛荒地种植油菜、小麦等粮食作物。重塑乡村社会文明，创建59个省级卫生行政村、52个文化礼堂，覆盖率100%。

**【乡村振兴人才培养】** 2020年，新区农业水利发展服务中心推进乡村振兴，提高经济发展和社会“三农”管理水平，指导辖区6个街道（不含白杨城区型街道）、72个股份经济合作社完成换届选举；组织村书记上“美丽乡村”建设党课1次。出台政策引导，鼓励大学生从事现代农业。全年，培训种植、养殖、农机、农村建设、农村经营等500多人次，组织各街道142名报账员集中培训，提升财务监管水平。

## 结对帮扶

**【概况】** 2020年，新区农业水利发展服务中心推进对口帮扶、区域合作。“潮益荟”扶贫公益党建联盟围绕“党建+扶贫”主线，与贵州省凯里市10个贫困村开展东西部扶贫协作；与杭州市淳安县区县开展区协作；与衢州市、江山市、淳安县开展山海协作；与富阳区湖源乡联乡结村；与吉林省长春经济技术开发区对口合作。全年完成各类帮扶资金1.29亿元，采购结对地区农产品8964万元，引导企业投资11.23亿元，带动贫困人口就业422人。吸纳贫困人口到新区就业151人；派出党政干部和专业技术人才挂职50多人次。承担国务院挂牌督战村脱贫，与四川省凉山州喜德县洛莫乡瓦沃尔村签订结对帮扶协议，帮扶资金10万元，为63个贫困户捐赠3万余元床上用品。

**【“潮益荟”扶贫公益党建联盟成立】** 2020年，新区“潮益荟”公益党建联盟组建成立，顾家集团联盟委员会任首届主席单位，杭州士兰集成电路有限公司、松下家电（中国）有限公司杭州分公司、杭州九阳小家电有限公司、格力电器（杭州）有限公司、卓尚服饰杭州有限公司5个企业为副主席单位。组建扶贫公益党建联盟指导委员会，新区党群工作部（组织部）、新区农业水利发展服务中心、新区经发科技局等8个单位为联盟指导单位，新区农业水利发展服务中心任秘书长，负责运行指导和协调。“潮益荟”党建联盟的成立，改变过去企业各自为‘阵’扶贫局面，优化扶贫资源分配结构。首批联盟成员单位涵盖实业制造、物流运输、农业养殖、电商平台、商场超市、人力资源、法务保障等36个领域。组织联盟成员单位开展扶贫日主题活动暨消费扶贫专柜投放仪式，邀请贵州省黔东南州，以及江山市、淳安县、富阳区湖源乡等结对地区和农产品生产企业参与，帮助结对地区农业企业开展农产品推介。

**【“潮益荟”联盟帮扶贵州凯里贫困村】** 2020年，新区“潮益荟”扶贫公益党建联盟顾家集团捐赠贵州省凯里市500万元公益广告，在北京、上海、杭州等100多个城市70万部电梯智慧屏幕上以宣传力量助力脱贫。杭州九阳小家电有限公司援建凯里市4所学校“希望厨房”，卓尚服饰杭州有限公司捐赠价值80万余元服装，浙江康莱特药业有限公司捐赠价值20万余元药品，杭州优科豪马轮胎有限公司等10多个联盟成员单位累计捐赠帮扶资金1000多万元。杭州经济技术开发区前沿科技专修学校资助200多万元，助力贫困学生30名。联瑞机械（杭州）有限公司、杭州维丽杰旅行用品公司等和个人累计捐款捐物50万余元，惠及单位学生100多人。

**【“联乡结村”富阳区湖源乡】** 2020年，新区对口支援办公室、“联乡结村”第41帮扶集团继续与富阳区湖源乡“结对帮扶”，促进乡村旅游发展。筹集项目资金353万元，围绕该乡龙鳞坝网红打卡点旅游资源，落实民宿发展、游客接待中心、老房回购等3个产业项目，实施老房修缮加固和环境提升建设。全年湖源乡累计接待游客77.4万人，实现旅游收入6426万元，比上年增长107.3%。

（蔡　乐）

**责任编辑　高骏森**

# 招商引资

## 综 述

【招商体制优化】2020年，新区招商与人才局配合平台改革，加强内设机构设置，优化招商体制。年初，增设未来经济招商服务处；5月，根据新区产业功能平台体制改革工作部署，配合新区党群工作部完成六大产业功能平台设置，选配32名业务人才和年轻干部到平台工作；10月，因工作需要，将未来经济招商服务处变更为招商运营科。整合两个事业单位，原杭州经济技术开发区招商中心和原杭州大江东产业集聚区招商服务中心注销后变更为新区招商服务中心。统筹推进招商引资，构建“1+6+6+X”招商体系，“1”为新区招商与人才局，第一个“6”为六大产业功能平台，第二个“6”为北京、上海、深圳和德国、日本、美国境内外招商点，“X”为各街道、部门及直属国有企业等配合单位。

2020年5月8日，中国科学院肿瘤与基础医学研究所重大人才项目签约落户新区
（杨　卫　供稿）

【招才引智工作推进】2020年，新区招商与人才局联动六大产业平台招引人才团队项目，通过举办医药上海专场推介活动、航空航天高峰论坛、上海招商推介会、汽车产业论坛等活动，宣传创新创业环境。赞助“2020中国新药CMC高峰论坛”等活动，对接浙江大学和杭州电子科技大学深圳校友会、区内14所高校，以及清华大学、北京大学、西安电子科技大学、西北工业大学等国内高校等，围绕六大平台主导产业开展人才科研项目对接，邀请人才团队到新区考察。经与麦格米特科学家团队多次交流，该项目签约落户新区；杭州电子科技大学实业科技园、华澜微科技（杭电）国家微电子产业园存储芯片研发生产、浙江传媒大学数字摄影产业、杭州电子科技大学校友企业凯格精机等重点项目在洽谈推进。配合解决人才安居问题。根据新区人才租赁住房配租办法，对华瑞航空、艾美依航空、得力普乐士等10多个重大项目，进行排摸租房需求及配租对象统计，梳理汇总配租名单及房源需求，按照企业需求紧迫程度进行排序上报新区人才

办，为重点项目招引的人才解决实际困难。

【招商服务创新与成效】2020年，新区招商与人才局建立运行招商项目数字化管理系统，数字赋能提高招商效率。至年末，有意向信息120条、盯引项目信息450条、新设企业信息5800条。驻外招商发挥作用，全年新区国内3个驻外招商点和驻德招商处，跟进收集项目信息250多条，拜访企业和机构350多批次，带领客户到平台考察洽谈30多批次，驻外点接待对接平台项目20批次。助推复工复产，为区内139个次企业、310人次申请到省商务厅签发的外籍人员到华邀请函，全年入境180人次。组建服务专班促进"以民引外"，助推世界500强企业美国百事公司以7.05亿美元的价格收购行业龙头企业杭州郝姆斯食品有限公司（百草味），该并购是百事公司进入中国市场40年来最大的一笔投资，同为年内浙江省最大的世界500强并购项目。

【招商基层走访与帮扶】2020年，新区招商与人才局线上线下相结合，开展基层走访活动。组建有650多个外商投资企业组成的新区外资企业"钉钉群"，推送政策，搜集企业问题，在线解答政策等，支撑新区"稳外资"工作。组建工作专班，会同新区市场监管、外汇管理、海关等部门跟踪服务企业，推动"百事"收购"百草味"、辉瑞医药、东芝开利等一批重大外资企业和项目完成变更备案、并购等重要业务；"双百联姻"因项目质量高，被商务部认定为重大外资项目并争取到土地指标40公顷。开展"走亲连心三服务""助万企、帮万户"和困难党员群众走访等活动，全年累计走访区内企业200个次；走访新湾街道冯娄村、创建村、共裕村农户42户，开展"一对一"结对帮扶；走访桐庐县横村镇8户困难群众家庭，落实两节慰问；开展新一轮区级困难群众结对帮扶，完成结对3户；全年40人次参加抗击新冠肺炎疫情、文明城市迎检、社区服务等志愿活动。

【招商工作方式调整】2020年，新区招商与人才局调整工作方式，不再对街道、部门等下达年度招商考核指标任务，只对杭州医药港、大创小镇、综合保税区、钱塘芯谷、临江高科园、前进智造园6个招商主体下达具体指标。《中华人民共和国外商投资法》1月1日起施行后，新区外商投资流程简化，不再对外资企业进行备案和联合年检工作；做好项目开工辅导，全年组织召开管委会领导牵头的相关专题协调会17场，协调解决重难点问题100多个；组织产业项目手续办理辅导会20多次，帮助企业了解手续报批流程，提升开工效率。深化因公出国境"内部最多跑一次"改革，对照省市内跑平台事项目录，核查涉及新区招商与人才局事项2项，分别为干部因公出国事项申报内部审批和干部因公赴港澳事项申

**2020年新区实到外资1000万美元以上项目情况表**

表9

| 序号 | 项目名称 | 实到外资（万美元） | 占全年到资比重（%） |
|---|---|---|---|
| 1 | 杭州欣科企业管理有限公司 | 2 460 | 1.99 |
| 2 | 杭州欣恒企业管理有限公司 | 3 405 | 2.76 |
| 3 | 赋源（杭州）生物技术有限公司 | 2 000 | 1.62 |
| 4 | 杭州明德生物医药技术有限公司 | 1 000 | 0.81 |
| 5 | 杭州瑞协房地产开发有限公司 | 19 915 | 16.14 |
| 6 | 杭州临投贸易有限公司 | 10 445 | 8.46 |
| 7 | 杭州缦图摄影有限公司 | 2 221 | 1.80 |
| 8 | 凌科药业（杭州）有限公司 | 1 006 | 0.82 |
| 9 | 杭州三升置业发展有限公司 | 3 225 | 2.61 |
| 10 | 杭州华创车电技术中心有限公司 | 1 050 | 0.85 |
| 11 | 杭州郝姆斯食品有限公司 | 59 797 | 48.46 |
| 12 | 泰富医疗投资有限公司 | 3 400 | 2.76 |
| 13 | 杭州芮东实业有限公司 | 2 418 | 1.96 |
| 14 | 天境生物科技（杭州）有限公司 | 3 000 | 2.43 |

## 2020年新区总投资10亿元以上签约落户产业项目情况表

表10

| 序　号 | 项目名称 | 总投资（亿元） | 所属产业（行业） |
|---|---|---|---|
| 1 | 积海项目 | 122.5 | 集成电路产业 |
| 2 | 华瑞航空制造项目 | 120 | 航空航天产业 |
| 3 | 天境生物抗体产业化项目 | 56 | 生物医药产业 |
| 4 | 百草味项目 | 50 | 食品饮料产业 |
| 5 | 光环新网项目 | 32.4 | 高新技术产业 |
| 6 | 优替济生项目 | 28 | 生物医药产业 |
| 7 | MAX科技园项目 | 26 | 高新技术产业 |
| 8 | 中通项目 | 26 | 总部经济 |
| 9 | 士兰集昕二期及汽车级功率模块封装项目 | 25 | 集成电路产业 |
| 10 | 元融坤商业商务综合体项目 | 25 | 商业综合体 |
| 11 | 杭萧钢构绿色装配式建筑研发创新、智能制造及数智化管理示范基地项目 | 22.4 | 先进制造业 |
| 12 | 华策项目 | 20.6 | 先进制造业 |
| 13 | 金鱼智能制造项目 | 20 | 先进制造业 |
| 14 | 永旺梦乐城 | 17.5 | 商务综合体 |
| 15 | 普洛斯数据中心项目 | 17 | 数字经济 |
| 16 | 远洋物联网项目 | 16.5 | 数字经济 |
| 17 | 麦格米特项目 | 16 | 总部经济 |
| 18 | 兆奕5G智能通讯模块化组件项目 | 15 | 智能制造业 |
| 19 | 华云电力物联网项目 | 15 | 总部经济 |
| 20 | 和达芯谷项目 | 15 | 集成电路产业 |
| 21 | 拓扑解积核先进算法和人工智能加速芯片项目 | 13 | 智能制造 |
| 22 | 虹蚁科技项目 | 12 | 数字经济 |
| 23 | 聚合顺尼龙新材料项目 | 11.29 | 新材料产业 |
| 24 | 网创建设智能化供应链装配中心项目 | 10 | 数字经济 |
| 25 | 九源基因生物技术研究院项目 | 10 | 生物医药产业 |
| 26 | 浙江大学智能创新药物研究院项目 | 10 | 生物医药产业 |
| 27 | 拜华诺项目 | 10 | 生物医药产业 |
| 28 | 金卡智能科技项目 | 10 | 高新技术产业 |
| 29 | 高分子材料项目 | 10 | 新材料产业 |
| 30 | 之江新材料项目 | 10 | 新材料产业 |
| 31 | 灏通芯物联网通信芯片项目 | 10 | 集成电路产业 |
| 32 | 维亚生物项目 | 10 | 生物医药产业 |
| 33 | 硕格智能技术有限公司项目 | 10 | 高新技术产业 |
| 34 | 史陶比尔研发及智能制造基地项目 | 10 | 智能制造产业 |
|  | 总计 | 832.19 |  |

报内部审批。全年办件量3件，均实现网上办理。

## 项目招引

**【实际利用外资领跑全市】** 2020年，新区应对疫情带来的困难挑战，创新招商体制，优化引资工作方式，转变成线上线下立体化的园区“营销”模式，实现外资利用指标领跑杭州全市。全年实际利用外资项目中，实到1000万美元以上的项目14个，合计到资11.53亿美元，其中单个项目到位外资逾1亿美元的项目3个。全年实际利用外资12.3亿美元，比上年增长2.23倍，增幅居杭州市第一位。其中制造业利用外资6.8亿美元，金额居杭州市第一位。

**【签约总投资1亿元以上项目64个】** 2020年，新区围绕“515”现代产业体系，依托生物医药港、大创小镇、综合保税区、钱塘芯谷、临江高科园、前进智造园六大平台，实施招大引强战略。全年新区签约落户总投资亿元以上项目64个，其中总投资10亿元以上项目34个，总投资额832.19亿元。纳入杭州市招商“赛马榜”的固定资产投资1亿元以上产业项目实际落地49个，其中制造业项目42个，1亿元以上制造业落地项目总投资居杭州市第一位；总投资10亿元以上的7个项目列入杭州市“大好高”代表榜，其中兆奕5G和天境生物2个项目被评为“每月之星”；兆奕5G、天境生物、百事百草味、麦格米特高端装备、维亚生物5个项目入围杭州市年度“大好高”项目评选。

**【11个半导体产业项目集中落户】** 2020年10月15日举行的全国“双创”活动周浙江分会场启动仪式上，11个半导体产业项目集中落户新区。11个半导体产业项目总投资86亿元，其中含有“黑科技”的创新项目。结合创建“全国双创示范基地”的机遇，新区加快招引创新人才和创业项目，做大主导产业。新区聚集有66个半导体企业，涵盖从芯片设计、晶圆智造、芯片智造到封装测试和智能硬件等环节。重点发展半导体产业，成立钱塘“芯智造”创业联盟，链接资本、人才、技术等创新要求，助力“芯智造”产业发展。首批加盟包括杭州电子科技大学、钱塘科技创新中心、杭州中欣晶圆半导体股份有限公司等8个成员单位。10月，浙江省商务厅公示首批产业链“链长制”试点示范单位，新区的“芯智造”等3条产业链进入试点。

## 项目促开工

**【项目开工统筹推进】** 2020年，新区招商与人才局统筹推动全区产业项目开工。六大产业平台成立前，推进产业项目37个，推动3个项目开工、34个项目取得实质性进展。平台成立后，牵头协调推进重大项目，25个产业项目年内实现开工；推动总投资21亿元的得力普乐士智能办公家居项目、总投资15亿元的华云电力物联网产业研发制造总部项目、总投资10亿元的兆奕科技新建5G智能通信模块化组件项目等工程开工；牵头完成新区第三季度76个项目集中签约开工投产活动。

**【产业项目用地保障】** 2020年，新区招商与人才局储备一批产业项目用地，争取土地指标。全年完成包装项目25个，总投资1043.6亿元，项目总用地555.29公顷。保障供地，全年完成29宗工业用地土地挂牌出让，总面积138.33公顷，其中新区招商与人才局完成前期并实现出让的地块20宗，共计面积120.26公顷，占新区出让总工业用地的87%。至年末，20宗用地中有13个项目取得施工许可证。

**【76个项目集中签约开工投产】** 2020年8月12日，新区举行第三季度项目集中签约、开工、投产活动，合计项目76个。其中：签约项目26个，总投资281亿元，涉及生物医药、区校合作、跨境电商、集成电路、新材料、智能制造等领域；开工项目35个（产业项目27个、基础设施及民生项目2个、城市功能性项目6个），总投资563亿元，涉及产业、社会事业、重大基础设施及城市配套等领域；竣工投产项目15个，合计达产年产值80.2亿元，包括东芝开利空调生产项目、正典生物科技智能化燕窝深加工工厂及智慧物流仓储项目、和而泰智能科技项目、药明生物综保区项目等。

**【重点签约项目介绍】** 2020年，在新区第三季度项目集中签约、开工、投产活动上，光环新网数字经济科创中心等5个重点项目签约。光环新网数字经济科创中心项目总投资32.4亿元，用地6公顷，建成后可为杭州地区企业提供“公有云”“私有云”“混合云”“云灾备”“云咨询”等云服务一体化解决方案，同时云计算平台中可提供物联网、大数据分析、AI计算等多种技术工具，预计满负荷运营后年收入可达24.2亿元，年利润约为4.1亿元，年贡献税收6000万元以上。中通全球食品加工和冷链项目，由中通快递集团有限公司联合上海银润控股集团共同建设，总投资26亿元，用地面积26.2公顷，建立中澳优势产业园区新模式，成为全球综合枢纽示范项目。新区华策直播电商产业生态园项目，总投资20.6亿元，华策影视集团经过29年发展成

2020年5月8日，中科院肿瘤与基础医学研究所核酸适体筛选中心揭牌
（新区融媒体中心　供稿）

长为中国具备规模的数字影视传媒龙头企业，企业控股母公司大策集团决定在新区建设华策钱塘直播电商产业生态园。金鱼智能制造科创产业园项目，计划投资20亿元，占地面积18.46公顷，运用5G网络技术和工业物联网、云平台、大数据等智能技术，目标建设集柔性化、数字化、信息化、智能化等多元融合的智慧超级工厂。瑞康生物创新型高分子功能助剂材料项目，由从事高分子材料研发20多年的博士毛丽娟团队牵头，产品可应用于塑料、橡胶、涂料、纤维、油漆及油墨等高分子产品，项目总投资10亿元，产品主要为高分子功能助剂及高分子功能配套材料。

**【重点开工项目介绍】** 2020年，在新区第三季度项目集中签约、开工、投产活动上，云帆未来社区等3个大项目开工。云帆未来社区项目总投资100亿元，拟建地上建筑面积54万平方米，其中住宅37万平方米、商业办公面积17万平方米。区别于传统社区，项目以生态发展为导向，将容纳未来邻里、教育、健康、创业、建筑、交通、能源、物业和治理九大场景，以“未来建筑、未来创业、未来交通、未来低碳、未来服务”五大场景为特色，建设“绿色集约、和睦共治、智慧共享、全龄共乐、产城共荣”的特色未来社区典范。明峰医疗高端医学影像系列设备研发及产业化项投资6.5亿元，占地2公顷，建设高端医学影像系列设备研发及产业化项目。投资主体明峰医疗系统股份有限公司是一个国产医疗设备高新技术企业，专注于高端医学影像设备产品的研发、生产、销售和服务。奥泰生物项目建设年产2亿人份体外诊断试剂生产中心及研发中心，总投资2.8亿元，用地1公顷，总建筑面积3.6万平方米。建成后，主要研发化学发光试剂及仪器、血细胞分析试剂及仪器、POCT分子诊断相关检测等，以及新增年产2亿人份体外诊断试剂。

**【重点投产项目介绍】** 2020年，在新区第三季度项目集中签约、开工、投产活动上，东芝开利空调等2个大项目投产。东芝开利空调生产项目，即东芝开利株式会社和开利亚洲投资4亿元在新区投资新建空调生产项目。该项目是集总部、研发、制造为一体的新基地建设项目，占地5.47公顷，建筑面积7.2万平方米。新基地拥有百米落差测试能力的空调设备研发测试中心、大型空调产品组装生产线及日式中庭绿色办公空间，具备年产空调100万台，产值20亿元的能力。正典生物科技有限公司智能化燕窝深加工工厂及智慧物流仓储项目，主要规划生产开发鲜炖燕窝，年产量400万瓶；冲泡型方便燕窝，年产量200万份；分包原装进口高端溯源燕盏，以及酶解肽类产品等，采用“保税进口+零售加工”的模式，将海外成品终端加工前置至杭州综合保税区内，对进口原料进行保税加工，创新实现面向国内消费者的零售和定制化销售。（沈江丽）

**责任编辑　黎洪正**

# 口岸·贸易

## 海关监管

【概况】2020年，履行新区口岸监管和出入境检验检疫职能的杭州钱江海关驻下沙办事处（简称海关驻下沙办事处）监管进出口货运量27.2万吨，货值371.1亿元，征收关税和进口环节税31亿元。受理报关单6.7万份，检验检疫出入境货物4.6万批次，签发原产地证书1.1万份、货值4.7亿美元。监管跨境电商商品4657万票，货值102亿元。年末监管辖区有备案企业2047个，其中高级认证企业8个、一般认证企业107个。参与新冠肺炎疫情防控，开通防疫物资通关专窗，确保防疫物资、诊疗仪器“即到即验即提”。运用“区港联动”叠加“保税暂存”，开辟大批量防疫物资进境通道。针对国外疫情态势，加强辖区出口试剂监管；开通杭州到阿拉山口公铁联运、杭州综合保税区出口转关无锡硕放机场离境等渠道，恢复海、陆、空出口全通道；牵头防疫物资出口新政策宣传贯彻，联合新区医药港党建联盟和浙江中检产品检验鉴定有限公司对辖区47个企业开展政策辅导，助力企业快速通关。帮助企业复工复产，推广“增值税一般纳税人”政策，落实税费优惠政策，为18个征税企业汇总报关单办理税款延期缴纳，涉及税款5290万元；开展排除清单商品退税，帮助9个企业完成退税手续50票，合计涉及关税186万元。

【“海关五色图”助力企业复工复产】2020年2月，海关驻下沙办事处根据企业受新冠肺炎疫情影响情况和企业经营范围与防疫工作的相关程度，针对性地出台五类帮扶政策，制作助力企业复工复产的“海关五色图”。“五色图”分别用红色、橙色、黄色、蓝色、绿色分别代表5类企业，“红色”指辖区尚未复工复产的企业，“橙色”指辖区海关特殊监管区域内的企业，“黄色”指辖区内重点关注的重点企业及中小微企业，“蓝色”指食品、生鲜等与民生紧密相

2020年3月19日，海关首次以“区港联动”模式出口40万人份新冠病毒诊断试剂盒 （侯昕凝 摄）

关的企业，“绿色”指医药、医疗机械与防疫直接相关的企业。针对杭州某跨境电商企业进口奶粉，主供跨境平台线上销售，因货物物流运输紧张、订单快速增长，导致企业库存告急，消费者致电企业表示家中婴儿奶粉几近断供的状态，海关驻下沙办事处按五色图中的“蓝色企业帮扶政策”，为企业提供“延时工作”等服务，保障商品快速上架。针对长安福特汽车有限公司杭州分公司受疫情影响，致使企业未正常复工状况，海关驻下沙办事处根据五色图中的“黄色企业帮扶政策”，为其安排企业联络员，“五色专项工作组”订制监管服务方案，确保24台整车及时到港、装船。“海关五色图”帮助解决实际困难，受到企业好评。

**【进境生物材料检疫改革试行】** 2020年4月，海关总署批复在杭州试行进境生物材料检疫改革新措施，包括缩短进境实验动物隔离期、优化进境生物材料监管措施、简化进境实验动物隔离场审批等。杭州成为继北京、天津、河北、上海之后，第5个实施进境生物材料检疫改革新措施的试行地，也是该项改革全国第二批唯一的试点城市。新区生物医药产业发展迅猛，产业发展带动对进口高端生物实验材料和实验动物的旺盛需求，如何便利生物材料进口，成为提升生物医药技术研发水平、助力生物医药产业创新发展的关键一环。该改革措施将更好地满足新区生物医药企业和研发机构所需生物材料的供给，助力新区杭州医药港建设和生物医药产业加快发展。

**【“进口退货新模式”获全国推广】** 2020年4月，国务院服务贸易发展部际联席会议办公室从深化服务贸易创新发展试点地区选取20个成效较为突出的案例，编撰成“最佳实践案例”，供各地在统筹推进新冠肺炎疫情防控和稳外贸相关工作时借鉴。海关驻下沙办事处“B2C包裹退货新模式”作为浙江省2个突出案例之一入选，经验得到全国推广。“B2C包裹退货新模式”以模式、制度、监管3项创新，通过拓展退货形态、精简退货流程、探索超期退货等方式，解决跨境电商企业网购保税零售进口退货领域普遍存在的认定标准不统一、退货链路过长、超30日退货商品无处置路径等难点问题，提升消费者消费体验，降低企业生产经营成本。

**【海关增列监管方式代码“9710”和“9810”】** 2020年，海关总署发布《关于开展跨境电子商务企业对企业出口监管试点的公告》，决定7月1日起在北京、天津、南京、杭州、宁波、厦门、郑州、广州、深圳、黄埔10个海关开展跨境电商企业对企业出口试点；增列海关监管方式代码“9710”和“9810”，引导企业将原来从普通货物通关转为通过跨境电商B2B出口管理模式下通关，便利海关汇总统计跨境电商出口数据，解决跨境电商出口统计问题。7月1日，海关驻下沙办事处增列海关监管方式代码为“9710”（全称“跨境电子商务企业对企业直接出口”，简称“跨境电商B2B直接出口”，适用于跨境电商B2B直接出口的货物）的出口报关单和出口申报清单；增列海关监管方式代码为“9810”（全称“跨境电子商务出口海外仓”，简称“跨境电商出口海外仓”，适用于跨境电商出口海外仓的货物）的出口报关单和出口申报清单。

**【首张“境内关外”增值税专用发票开具】** 2020年5月6日，杭州综合保税区内企业中日龙电器制品（杭州）有限公司以一般纳税人的身份，开出公司成立后首张增值税专用发票，货物价值40多万元。中日龙电器制品（杭州）有限公司是一个集国际化车载、IT业精密塑胶零部件研发、生产、销售为一体的外商独资企业，由于海关特殊监管区域内企业享受“境内关外”税收政策，该公司不具备增值税一般纳税人资格，无法像国内其他企业一样开具增值税专用发票，参与国内市场竞争时处于相对劣势。杭州综合保税区于2019年1月获得一般纳税人试点资格后，海关驻下沙办事处等部门到企业指导申请一般纳税人资格试点。作为首个申报企业，该公司后经多个部门协同合作，完成海关系统对接和税务审批手续，标志杭州综合保税区首个赋能“增值税一般纳税人试点资格”企业由此上线。（李　晗）

## 对外贸易

**【概况】** 2020年，新区实现外贸进出口额891.73亿元，其中出口额486.28亿元、进口额405.45亿元。出口商品以传统产品为主，机电产品累计出口300.56亿元，增长2.24%；高新技术产品累计出口119.36亿元，增长4.7%。出口以加工贸易为主，全区加工贸易出口256.28亿元，下降3.9%，占出口总额的52.7%。一般贸易出口216.2亿元，增长13.1%，占出口总额的44.7%。出口以亚洲市场为主，出口比重占51.9%；出口欧洲市场居第二位，出口占比15.9%；出口北美洲市场居第三位，出口占比15.8%；出口拉丁美洲、非洲、大洋洲位列其后。出口排名前五的国家为日本、美国、韩国、墨西哥、德国。

**【服务贸易出口总额11.54亿美元】** 2020年，新区完成服务贸易出口总额11.54亿美元，比上年增长24.4%，其中服务外包离岸执行额11.2亿美元，增长33.3%。面对新冠肺炎疫情和出口限制，新区通过“专人服务”“专职协调”“零迟延报送”等举措，帮助7个新冠肺炎检测试剂企业和7个医用口罩企业申请到出口“白名单”，培育生物医药服务贸易新主体，凭借医药企业出口向好趋势，全区服务贸易出口实现逆势上涨，医药类服务贸易出口实现大幅增长。立足新区制造型服务贸易业态为主的产业特色，依托顾家集团、三花集团等服务贸易龙头企业，培育服务贸易示范园区，获评市级服务贸易示范园区2个，新增服务贸易“示范型”“成长型”企业7个。（高春良）

2020年10月28日，海关驻下沙办事处关员在杭州跨境综试区仓库检查待上架商品（李 晗 摄）

## 跨境电子商务

**【概况】** 2020年，位于新区的中国（杭州）跨境电子商务综合试验区下沙园区完成跨境电商进口额138.32亿元，比上年增长0.8%；跨境电商出口额73.7亿元，增长11.3%。全年累计招引跨境电商企业80个，新设立外贸综合服务试点企业1个。为帮助企业降低出口成本，该园区启动出口商品退换货模式，探索海外仓零售出口业务，完成保税B2C出口货物退换货测试，实现保税B2B出口退换货。按照国务院关于加快跨境电子商务新业态的部署要求，验放海关监管方式代码为“9710”和“9810”出口报关单和出口申报清单。

**【“保税进口+零售加工”进口新模式启用】** 2020年，杭州综合保税区工厂启用“保税进口+零售加工”进口新模式。该模式保持原有保税进口、保税物流业务，将跨境零售进口与产品深度加工相叠加，同时结合综合保税区‘全球一件代发’的优势，推动跨境电商企业转型升级。“保税进口+零售加工”的模式对跨境零售进口供应链进行流程改造，将海外成品终端加工前置到杭州综合保税区内，对进口原料进行保税加工，为商家提供供应链服务和加工基地，实现面向国内消费者的零售和定制化销售，为消费者提供新鲜、快捷、优质的产品供应。7月，杭州综合保税区内首条品牌生产线——马来西亚“正典”鲜炖燕窝工厂投产。

**【中国（杭州）跨境电商学院开学】** 2020年11月5日，新区与浙江工商大学共同创办的国内首个中国（杭州）跨境电商学院开学。该学院面向浙江省招收中外学生100名，实施跨境电子商务微专业培养模式。微专业学制一年，集中安排在双休日或短学期组织教学，学分修满的学生颁发浙江工商大学跨境电子商务微专业证书。招收的100名在籍中外学生，首批新生有来自印度尼西亚、泰国、伊朗、俄罗斯、南非等13个国家和地区的15名国际生，85名来自国内各院校的大学生。学院旨在培养具有跨境电商理论基础、跨境电商平台运营和大数据分析能力的复合型、应用型、创新型跨境电商精英人才。跨境电商学院是通过政企校合作，搭建产教融合新模式，是杭州在跨境电商人才培养方面的一个创新举措。

**【首个“跨境新零售店”在新区开业】** 2020年11月24日，杭州首个“跨境新零售店”在新区下沙银泰商场的盒马鲜生店开业。该跨境新零售店是杭州市政府、杭州综合保税区通过政策和监管创新，在国内首创“保税展示+新零售”模式。利用天猫国际电商平台和盒马鲜生供应链与互联网科技的新应用，直联海关系统，实现商品快速在线通关并配送。消费者在店内挑选心仪的商品后，通过“盒马鲜生”App扫商品二维码即刻下单。商品以消费者个人的名义，作为个人物品进行申报清关。“跨境新零售店”项目一期占地300平方米，主要覆盖美妆个护、营养保健、日用百货和母婴用品等60多个进口品牌的130多种商品。店内进口商品均由天猫国际平台从全球84个国家和地区的2.6万个海外品牌中筛选而出。（姜 元）

责任编辑 黎洪正

# 改革·开放·合作

## 改　革

**【新区改革谋发展】** 2020年，新区围绕省委、省政府赋予的重要使命，谋划推进干部人事、功能平台、资源要素、营商环境、数字赋能、区域治理等方面改革，以改革促提升、促发展。强化组织领导和整体统筹，成立新区党工委全面深化改革委员会，制定“改革赋能大比武”行动实施方案和年度重点改革任务清单，开展“改革赋能擂台比武”活动。开展“保稳促增、聚力发展”活动和争先创优活动，落实推进《新区高质量发展三年行动计划（2019—2021）》和“新制造业”计划，激发产业平台体制改革活动，助力新区高质量发展。在全省开发区和集聚区（新区）2019年度综合评价中，新区在全省20个国家级开发区中排名第一位；在全省15个集聚区（新区）中排名第二位，首次获优秀单位荣誉。

**【干部人事制度改革】** 2020年，新区按照“去机关化、去行政化”要求，在组织机构、干部管理等方面进行探索。优化资源配置和机构设置，精简整合事业单位，区属事业单位机构数由85个减至28个，处级事业单位由12个增至15个，28个事业单位“三定”编制和570名事业人员转隶完成。突破身份限制，引进党政储备人才、聘任制公务员和特聘政府雇员69人，46名政府雇员提任科级、处级干部。率先推行产业平台工作人员档案封存的全员聘用制。强化绩效考核，2019年新区干部绩效考核首次采用S、A、B、C、D五级强制正态分布，原则上评先评优和提拔晋升的干部都须为S档和A档。加强“益智”培养，联合清华大学、复旦大学、浙江大学等高校，启动干部三年滚动轮训“益智”行动，搭建钱塘干部学堂、青年建功学院、领菁学堂、云学堂、“钱塘论见”（论坛圆桌会）、“读书荟”六大载体，1000多名年轻干部、企业家、平台工作人员接受培训。

**【产业平台体制改革】** 2020年，新区贯彻落实全省开发区改革提升推进会精神，启动实施产业平台体制改革。针对新区原有的产业布局实情，整合设立杭州医药港、大创小镇、综保区、钱塘芯谷、临江高科园、前进智造园6个产业功能平台，建立招商决策、要素保障等六大配套机制，主攻招商引资、项目推进和企业服务。每个平台都由党工委领导兼任书记，选聘127名工作人员组建6支攻坚队，其中多数人员有招商、企业服务工作经历。开展“红黄黑”张榜问效平台大比武，洽谈推进10亿元以上产业项目47个，项目总数比上年增长40%；1亿元以上制造业项目落地18个，增长80%。新区第三季度集中签约开工投产活动上，26个总投资281亿元的项目集中签约，35个总投资563亿元的项目集中开工，15个总投资80亿元的项目集中投产。

**【内部资源要素整合改革】** 2020年，新区加强内部资源整合挖掘，破解要素资源瓶颈，提升发展潜力。整合空间资源，启动实施下沙区块有机更新、临江片区转型升级、全域土地综合整治，推进48个低效企业、206公顷土地收储盘活，耕地提质改造、新增耕地等合计667公顷。盘活国有资产，61个国有企业按照城市开发、产业发展、城市服务三大功能属性，整合重组为三大集团，实现资源统一配置和集中力量办大事功能；盘活闲置国有资产，将一批小区配套公建用房划转至国企，将房源转为人才租赁房、蓝领公寓。开拓资金渠道，设立规模为100亿元的母基金，撬动社会资本投入不少于500亿元，为项目招引和产业发展提供更多政策资源；深化与签约银行、金融机构、央企等单位的战略合作，解决53个企业超10亿元融资需求。落实“凤凰计划”，全年有6个企业挂牌上市，27个企业进入上市培育名单。

**【营商环境集成改革】** 2020年，新区优化政务服务环境，推进全省营商环境集成改革试点。实施“浙子回归梦钱塘”校友工程，推出人才购车上牌补贴等举措，落地校友经济项目75个，吸引中国科学院肿瘤与基础医学研究所、清华大学柔性电子技术研究中心等一批高端研究机构落户发展。建设全省首个“投资之家”，实行“一般问题1天内解决反馈、较难问题3天内解决反馈、特别复杂的5天内答复”的“135”企业服务机制，一般企业投资项目从赋码备案到竣工验收审批实现“最多80天”，新区成立后新增市场主体2.3万户，占在册总量30.2%，增量占比居杭州市第一位。提升城市配套环境。成立专门机构，统筹推进下沙区块有机更新和江东区块核心区开发；杭州地铁7号线和8号线、艮山东路过江隧道、江东三路过江通道、机场东进线等重点工程加快谋划推进。邀请中国美术学院、同济大学等知名高校参与，实施环境综合整治提升行动，云帆社区成为全省首批未来社区建设试点。营造开放合作环境，与阿里巴巴网络技术有限公司、萧山机场联推eWTP示范区建设和临空经济发展；杭州综合保税区挂牌成立全国首个城市货站、首个互联网法院跨境贸易法庭，率先实现跨境电商B2B出口4种模式全部覆盖，跨境电商进口B2C包裹退货新模式等2个案例入选商务部“最佳实践案例”。加强国际产业合作，杭州硅谷钱塘中心在美国投用，杭州国际人才创新创业园钱塘园区挂牌成立，新加坡（杭州）科技园获全省19个国际产业合作园考核排名第一位。推进与萧山区、海宁市的战略合作，在过境交通、土地置换、“飞地”管理等合作上取得新的进展。

**【区域治理与政府数字化改革】** 2020年，新区按照建设“整体智治”现代政府理念，推进区域治理体系和治理能力现代化，谋划“数字钱塘”建设，实现新区、街道、村（社区）三级“移动办公”全覆盖。“亲清钱塘”、“钱塘汇商”、政府投资项目全生命周期信息系统、城市大脑数字驾驶舱等数字化平台建设取得成效，与阿里巴巴网络技术有限公司共建“数字钱塘”联合实验室，在政府深化应用、政企联动服务增效、社会治理创新方式等领域深化合作。做好新冠肺炎疫情防控，出台“助企帮复”十条举措和“拓市场、促外贸、稳就业”等专项政策，为企业复工员工提供高铁专列和121辆“钱塘直通车”，抽调1000多名党员干部参与企业服务，新区助企复工复产做法在中央电视台《新闻联播》《焦点访谈》栏目和《人民日报》等媒体刊播。赋能基层治理，完成7个街道机构重设，明确街道对产业平台和“飞地”属地管理及安全监管职责，解决长期存在的100多平方千米“飞地”区域和部队用地属地监管职责不清问题。实施街道综合行政执法改革试点，推出“沉入式街社”党建引领基层治理新模式，建立401个网格党支部和116个街社党群服务中心。推动市场监管等8个领域执法力量下沉，实现“网格化+数字化+下沉式”治理。

（房　波）

**【“最多跑一次”改革深化】** 2020年，新区深化“最多跑一次”改革，撤销区级大厅投资项目审批、商事个体户登记、社保审批窗口，通过网上办理、自助办理分流一批，就近办理下放一批，推进政务服务“去中心化”。全年新区行政服务中心窗口由232个减至109个，办事平均等候时长由平均45分钟减至8.8分钟，街道就近办件率71.8%，网上办件率81%。启用新区“投资之家”办事大厅，围绕项目落地前准入、落地后审批、投产后服务全生命周期，将涉企服务整合前移，由跑10多个部门转为只跑“投资之家”一门即可。全年“投资之家”接待到访1.11万人次，办理涉企事项7650件；召开项目审批例会、企业对接辅导会等237场，网站访问量54.8万次；新增注册用户3440个，“网上服务”超市上架涉企商品（服务）902件。推出水电气网协同报装“一件事”改革，新增蒸汽、压缩空气两类报装；通过再造报装流程、配套行政审批告知承诺制改革、容缺受理及代办兜办机制，实现全流程71个环节精简为3个，现场踏勘次数由6次减为1次，18份材料减为一纸承诺；水电气网供能方案和蒸汽、压缩空气配套管线方案设计准备时间、工程报批时间和工程施工时间分别减少30%、40%、20%以上。推行审批承诺制改革，取消企业项目建设行政审批审查环节，政府职能部门变“先批后建”为“先建后验”，变“事前审批”为“事中事后监管服务”。推出“企业一件事联办专区”，实现8个“一件事”类型共12个事项“一窗合并办理”。深化“就近办”改革，新区下放160个事项至街道，杭州市民生事项在街道公共服务中心可办事项占85.8%；推进自助办理，新增综合自助机91台。开展政银合作，个体工商户登记、食品经营许可审批等44个事项实现银行网点可办。（蒋莹莹）

## 开　放

**【浙江自贸区杭州片区揭牌】** 2020年9月24日，浙江省委、省政府在省人民大会堂举行中国（浙江）自由贸易试验区扩展区域挂牌仪式。会上，浙江自贸试验区杭州片区、宁波片区、金义片区揭牌。杭州片区功能定位为“两试验两示范”，旨在打造全国领先的新一代人工智能创新发展试验区、国家金融科技创新发展试验区和全球一流的跨境电商示范中心，建设数字经济高质量发展示范区。杭州片区实施范围为37.51平方千米，包括钱塘区块10.1平方千米、萧山区块16.09平方千米和滨江区块11.32平方千米。涉及新区的钱塘区块由杭州综合保税区、大创小镇、东部湾总部基地等组成，重点发展数字贸易、跨境电商、生命健康、智能制造、跨贸金融、研发检测、保税贸易、保税服务等产业。

**【浙江自贸区钱塘区块启动】** 2020年11月9日，中国（浙江）自贸试验区杭州片区钱塘区块启动暨“2020钱塘新区（上海）投资推介会”在上海举办。活动以推介中国（浙江）自贸试验区杭州片区钱塘区块整体投资环境、杭州“芯”谷、钱塘“芯”城建设发展情况、杭州综合保税区（自贸区）建设发展情况为重点。会上签约30个项目，总投资额约110亿元，涵盖生物医药、智能制造、集成电路、跨境电商等领域。其中，松下家电（中国）智慧电器项目、星月沪杭科创谷项目等总投资33.1亿元的10个项目落户自贸区钱塘区块；中肽泰德医药项目、高光制药新药研发项目等总投资74.8亿元的10个重点项目落户自贸区联动创新区；新区与浙江理工大学合作的国际时尚产业研究院项目、新区与浙江工商大学合作的中国（浙江）自贸学院项目等10个共建项目签约。中国（浙江）自贸试验区杭州片区钱塘区块由杭州综合保税区、大创小镇、东部湾总部基地等组成，定位为打造全球一流的跨境电商和生物医药产业创新高地，全国一流的国际创新人才培养和国家双创示范基地，长三角地区数字贸易与国际合作协同发展的引领区，杭州湾数字经济与智能制造融合发展的引领区，打造全省标志性战略性改革开放大平台。钱塘区块2020年9月纳入浙江自贸区范围，至年末，落户企业约200个。

**【浙江自贸区杭州片区钱塘区块建设】** 2020年，浙江自贸区杭州片区钱塘区块所在的新区拥有国家自主创新示范区、国家级高新技术产业开发区、国家级经济技术开发区、国家级综合保税区、跨境电商综合试验区等国家级特殊政策区域和改革开放试点。作为全省对外开放重要平台，新区在外向型经济、高新产业、跨境经济等方面基础良好，有世界500强企业投资项目75个；高新技术产业增加值435.8亿元，占规模以上工业企业增加值比重的66.2%；跨境交易占杭州全市比重的80%。新区注重创新，建成全国首个跨境电商外贸综合服务平台、全国首个eWTP示范园、全国首个跨境电商学院、全国首个跨境电商法庭、全国首个跨境供应链金融平台；建设“三平台两中心”，即跨境一站式服务平台、大学生实训创业平台、跨境孵化加速器平台和跨境选品中心、跨境履约中心。（印婧鑫）

**【长三角小镇谋划】** 2020年，根据市委十二届七次全会提出要在新区设立长三角小镇的要求，新区党工委、管委会着手开展面积约28.84平方千米的长三角小镇谋划工作。新区跳出传统意义上“特色小镇”的概念，突出“有核无边”的建设理念，完成长三角小镇规划编制。依托钱塘芯谷，长三角小镇规划形成“一核三区”的建设总体布局。“一核”即东沙湖城市核心区，“三区”即智造协同区、产创联动区、开放活力区，范围包括江东工业园、东沙湖城市核心区及临空产业园，以深度对接上海等长三角地区城市的产业外溢为重点，推动设立沪杭生物医药合作园区，加快形成“上海科研溢出+新区智造落地”的产业转化模式。（童春惠）

## 合　作

**【区校合作】** 2020年，新区大创小镇深化区校战略合作，促成区校合作重点项目15个，引进落地校友经济项目400多个（含299个大创项目），促进产学研合作项目115项，合作金额5000多万元，举办区校合作创新创业活动30多场。年内，大创小镇入选教育部第二批高等学校科技成果转化和技术转移基地，成为浙江省唯一一个以地方为依托入选的基地。深化新一轮区校合作，与区内14所高校共建区校党建联盟；与杭州电子科技大学共建研究生联合培养基地，为企业输送高层次创新人才，孵化导师和研究生团队的创新创业项目；与浙江财经大学合作成立乡村振兴研究院，推进新区美丽街道规划建设。

**【校友经济工程推进】** 2020年，新区实施的“浙子回归梦钱塘”校友工程深入推进。借助高校校友总部联盟，引进一批校友项目。与中国计量大学合作举办全球校友创业大赛，与浙江工商大学合作举办浙江省“互联网+”大学生创业大赛；引进“杭电简麦科技”“大数据中心”“浙大星辰大海无人机”“佳临科技”等优质项目；推进校友产业园建设，与中国计量大学合作共建校友经济产业园；举办“钱塘校友杯”篮球、羽毛球、足球等比赛；推出“毕马威”“智学”“电子信息”“全国校友会会长”等校友日活动。

**【校企项目合作推动】** 2020年，大创小镇依托浙江高校产学研联盟钱塘中心，推动高校与平台“联姻结盟”。浙江水利水电学院与帝工先进技术研究院、牛津大学签署合作协议，浙江理工大学、浙江工商大学与杭州国际人才创新创业园签署战略合作协议，杭州职业技术学院与杭州娃哈哈精密机械有限公司、浙江工商大学与百富跨境电商创业园共建实习实践及创业基地。建设“钱塘高校服务驿站”，在前进电子商务园、浙江协同创新研究院、杭州国际人才创新创业园等10个平台园区设立驿站。实施“人才共育”计划，开展第三期“创新驱动促转型、高校博士进企业”活动，组织30名博士进企业服务；开展高层次人才进校活动，企业高层次人才20多人入校担任兼职教授、实务导师；开展“超级实习生”项目，浙江工商大学与浙江东方百富袜业制造有限公司共建“Co-op超级实习生”计划，学生在大学四年利用寒暑假在企业完成参观实习、认知实习、顶岗实习、毕业实习，促进教学与实训融合；开展“钱塘战疫云招聘”“空中双选会”等活动。全年100多个企业提供职位353个，收到高校应届毕业生简历3372份。

**【区域协作推进】** 2020年，新区管委会深化与海宁市政府的战略合作，组建全面战略合作委员会，成立“一办六组”7个工作组，共同谋划推进首批合作事项。双方主要领导人实现定期交流互访，两地完成江东三路过江通道和长安至下沙城际铁路2个跨区域建设项目的合作框架协议，在第11次杭州都市圈市长会议上完成签署。完成新区、余杭区、海宁市三地举行政务服务“杭海通办”签约，新区行政审批局与海宁市政务数据办公室签署政务服务“杭海通办”合作协议，针对15项商事高频事项先行先试，构建“线上网办、线下通办”立体式服务格局。两地互设政务服务自助一体机，新区543项政务服务和证明事项可在海宁办理，海宁653项政务服务和28类证明事项可在新区办理。

（周　珏）

**【新区 · 凯里扶贫协作考察】** 2020年6月，新区代表团到贵州省凯里市开展东西部扶贫协作考察，并举行联席会议。两地提出加强产业合作，强化农副产品深加工，延伸产业链条，将凯里优质农副产品销售到杭州，实现互惠共赢，共推东西部扶贫协作取得成果。会上，新区向凯里市捐赠计划外帮扶资金1250万元，凯里市与杭州百草味食品有限公司签约合作备忘录。新区代表团一行现场考察杭州对口帮扶项目——凯里市林下经济两线产业带铁皮石斛种植基地，了解东西部扶贫协作助推凯里市产业发展情况，并到云谷田园考察现代农业和农旅一体化发展情况。

**【扶贫协作企业帮扶捐赠】** 2020年，新区组织新区企业与贵州省凯里市贫困村开展结对帮扶，动员社会力量参与捐赠。全年组织企业18个，落实捐赠资金及物资合计约642.1万元，其中顾家集团广告捐赠500万元，九阳集团捐赠厨房设备价值20万元，卓尚服饰（杭州）有限公司捐赠资金及服装合计35万元，元盛制衣有限公司捐赠服装价值32万元，杭州优科豪马轮胎有限公司、奥普家居股份有限公司各捐赠10万元，浙江正泰中自企业管理有限公司捐赠10万元，浙江康莱特药业有限公司捐赠5万元、伊比利亚电子（杭州）有限公司捐赠2万元，浙江博学文化生活用品有限公司捐赠价值1.5万元物资，杭州神林电子有限公司、永杰新材料股份有限公司、浙江杰拉科技有限公司、杭州丘比食品有限公司、中日龙电器制品（杭州）有限公司、杭州之江新材料有限公司、杭州华新电力线缆有限公司等企业合计捐赠资金和物资合计16.6万元。（朱　伟）

责任编辑　黎洪正

# 人才与科技创新

## "人才特区"建设

【概况】2020年，新区新引进顶尖人才11人、领军人才45人，建议入选国家级、省级海外高层次人才14人。新认定杭州市E类及以上高层次人才804人，其中D类及以上高层次人才150人；新引进应届大学生9429人，其中硕士及以上高学历人才1488人；新增大学生创业企业377个。新增浙江省博士后工作站4个，首次申报国务院特殊津贴1人，入选杭州市政府特殊津贴3人，入选杭州市钱江特聘专家3人；孵化市"131"中青年人才培养计划资助人选44人；新增专科以上学历人员2.43万人。组织开展8批次高层次人才创业认定项目征集和5批次人才项目评审，新落地项目95个，总投资逾30亿元；年末累计引进高层次人才项目398个，累计顶尖人才42人、市级以上领军型人才225人。开展多项人才奖及人才项目奖评定，评选首届钱塘智慧英才4人、青年英才6人、领军型团队8个、重才爱才先进单位9个，评选"最具影响力奖""最具发展潜力奖"等人才企业奖项36个。拓宽人才引进和选拔渠道，推出"钱塘举才官"制度。展现人才创业园风貌，举办首届浙江钱塘人才创业园开放月活动。推出人才创新创业、人才招聘、人才论坛、人才晚会12

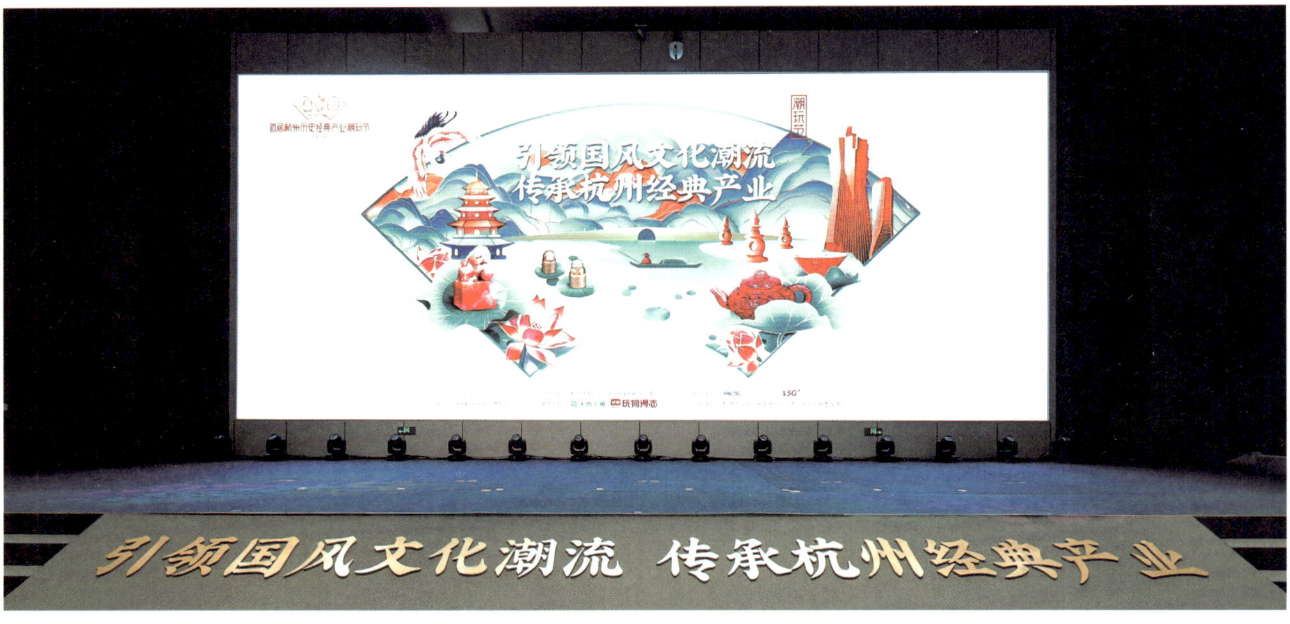


2020年9月5日，首届杭州历史经典产业潮玩节在新区大创小镇举行　（新区融媒体中心 供稿）

项重点活动，举办2020年杭州市国际人才交流与项目合作大会钱塘分会场、新区人才储备库暨高层次人才云聘发布会、2020年第十二届中国医药企业家科学家投资家大会、钱塘人才之夜晚会暨首届钱塘人才创业园开放月活动闭幕晚会等活动13场。

**【人才购车补贴与住房配租办法】** 2020年4月，《新区人才购车上牌补贴实施办法（试行）》出台实施。该办法明确，在新区区属用人单位工作，通过竞拍方式取得小客车上牌指标且购买新区汽车企业品牌旗下车型的，经认定的D类及以上人才根据其实际竞拍价格由区级财政给予全额补足；经认定的E类、F类人才给予竞拍价格50%的补贴，最高不超过1.5万元。人才购买新区汽车企业品牌旗下车型可享受专属优惠。7月，《新区人才租赁住房配租实施办法（试行）》出台实施。该办法明确，在新区注册纳税的重点工业企业、重大招商引资项目企业、高层次人才创办企业、教育卫生等事业单位的高层次人才提供人才房配租，具体包括杭州市E类以上高层次人才，新区F、G类人才等。人才租赁住房租金原则上不高于市场价6折，租期3年。期满后重新申请符合条件的承租人可以续租。除A、B、C、D类高层次人才外，承租人租赁累计不超过两个租赁周期。

**【“人才安居乐业一件事”改革】** 2020年，新区党群工作部（人才办）以“最多跑一次”改革为引领，会同新区行政审批局、公安分局启动“人才安居乐业一件事”改革，对高层次人才服务、海外人才服务、人才入职就业服务、人才创新创业服务四大类服务进行重整，设立“钱塘人才安居乐业一件事”窗口，实现人才行政事务“一窗进出、一窗办结”。全年“钱塘人才安居乐业一件事”窗口累计接待办事群众1.61万人次，办理业务1.45万件，惠及新区人才1.3万人。

**【钱塘人才创业园建设】** 2020年，新区成立浙江钱塘人才创业园建设领导小组，实施园区整合升级、专项政策先试先行、高端项目招引、专业人才引培、高能级平台建设、产业效益提升、服务保障创优、学术神态涵养八大工程。11月，制定出台《关于加快推进浙江钱塘人才创业园建设的意见》，明确到2025年，钱塘人才创业园力争集聚高端人才600多人，其中顶尖人才50人、领军型人才200人、市级以上高层次人才400人，生物医药产业从业人才3.5万人；实现生物医药产业主营业务收入1000亿元，累计企业4000个，规模以上企业数量150个，技术研发投入占比12%，高新技术产业产值（营业收入）占比逾80%；累计与国内外知名院校合作建立研发创新载体20个。浙江钱塘人才创业园2019年9月经省委人才办批复同意成立。园区以生物医药产业为主攻方向，覆盖新区全域空间范围，突出杭州医药港、大创小镇、临江高科园3个核心发展区域，重点引进生物制药、医疗器械、生命医学工程、医疗大数据等领域领军专家及团队。

**【杭州国际人才交流与项目合作大会钱塘分会场活动】** 2020年11月11日，杭州国际人才交流与项目合作大会钱塘新区分会场活动举行。作为“钱塘人才创业园开放月”重要活动，包含海外高层次人才项目“云洽会”、高层次人才招聘会、杭州国际友谊联盟和国际人才俱乐部成立仪式3个子活动，以线上线下结合、境内境外联动的方式展开。新区管委会向Deep Tech深科技、微链科技、树兰基金、赤子基金、景行创投、海硅人才6家引才平台顾问颁发聘书，向6位高层次人才创业发展促进会首批会员代表颁发证书。4个海外项目“云签约”，2个项目现场签约。2020年“钱江友谊奖”获得者东芝物流（杭州）有限公司总经理佐藤智一和国家杰出青年科学基金获得者、国家有突出贡献中青年专家——杭州泛利科技有限公司董事长王高峰2人作为国际人才代表分享体会。

**【“潮起钱塘·杭向未来”钱塘人才之夜举行】** 2020年12月15日晚，“潮起钱塘·杭向未来”钱塘人才之夜暨首届钱塘人才创业园开放月闭幕晚会在新区举行。活动现场，中国科学院院士张泽、谭蔚泓、褚君浩和中国工程院院士陈文兴、郑裕国受聘担任“钱塘举才官”。会上举行首届“钱塘智慧英才”“钱塘青年英才”“钱塘领军型人才团队”“钱塘重才爱才先进单位”表彰活动，推出“钱塘人才e点通”，对原来市民卡App钱塘人才卡功能进行升级改造，设置“我要看看”“我要政策”“我要服务”等六大模块，涵盖新区人才政策、人才工作、人才安居乐业一件事、人才计划申报等内容，帮助人才更好地在新区生活和工作。

（陆平颜）

## 人才服务

**【概况】** 2020年，新区大创小镇深入实施“人才强区”战略，推进“人才特区”建设，新引进市级以上领军型人才14人。年末，集聚国家级领军型人才57人、省级领军型人才67人、市级领军型人才30人。建立高层次人才创新创业项目管理服务平台，通过创新“一张网+一朵云”工作法，搭建高层次人才创新创业项目管理服务平台，推进项目征集、认定、落地、签约、服务等事宜，征集高层次人才项目370多个，新增落地项目95个。

**【高层次人才创业发展促进会成立】** 2020年11月，新区高层次人才创业发展促进会成立。该促进会首批吸纳会员67人，包括新区领军型人才、高层次人才项目领衔人、投资机构、事务所、科研院所相关负责人；专属空间“钱塘新区人才之家”位于大创小镇国际创博中心。依托高层次人才创业发展促进会，筹办高层次人才国情研修、“钱塘话潮”系列沙龙、“乐聚钱塘”系列活动、“精英创客”下午茶、高层次人才子女夏令营等特色活动，提升人才凝聚力、归属感和幸福感。

（周　珏）

**【大学生创业服务】** 2020年，新区社会发展局做好大学生创新创业服务，新增大学生创业企业377个，创业带动就业826人。申报杭州市大学生创业项目资助223个。核查2008—2019年大学生创业企业资助企业508个，通知301个企业申报，收到150个企业申报，受理资金600万元。受理2018—2020年大学生创业企业房租补贴申请310个，申请资金608万元；申报杭州市大学生创业园3个。举办新区首届大学生创新创业大赛、全国双创周浙江分会场双创开放日活动，召开国际人才交流大会高层次人才招聘会，承办杭州市师友计划启动仪式；新增受理应届高学历毕业生生活补贴9430人，发放资金1.25亿元；新增受理往届生高学历毕业生活补贴1782人，发放资金3000万元。江东、下沙两地档案实行统一管理，通过浙江政务服务网、浙里办等网办平台，新区人事档案“云管理”模式运行启用。（倪佳佳）

## 科技创新

**【概况】** 2020年，新区完善部门、平台、街道、国企的科技职责分工，细化年度工作内容和考核指标，建立健全科技牵头、部门协同、平台为主、街道搭台、国企助力的科技创新工作新机制。制定年度科技创新工作目标责任制考核细则，组织成员单位开展工作，完成各项考核任务，高新企业培育、科技合作、平台建设、创新创业工作取得成效。围绕“创新驱动”战略，发挥政府引导力和企业主体力，将临江高新区管理范围扩至新区全域。培育创新主体，新认定国家高新技术企业176个，有效国家高新企业总量618个；新增市级以上企业研发机构67个，其中省级重点企业研究院1个、省级企业研究院13个、省级高新技术研发中心18个、市级企业研发中心35个。年末新区累计拥有市级以上企业研发机构460个，其中省级重点企业研究院10个、省级企业研究院66个、省级高新技术研发中心141个、省级工程技术研究中心4个。提升创新能力，围绕国家战略需求和省委省政府对科技创新的重大部署，加快实施一批关键核心技术攻关项目，组织发动创新主体攻关，全年累计申报国家、省级重大科技创新项目200多项。新立项省重点研发项目10个，新立项市农社一般科研项目9个、重点项目2个。落实企业研发后补助资金，兑现补助1.42亿元，涉及企业297个。加快促进科技成果转移转化，开展创新券补助资金兑付，下发补助资金425.66万元。牵头组织科技成果拍卖会，总拍卖金额2209万元。培育科技研发机构，新增省级新型研发机构3个，分别为中科院肿瘤与基础医学研究所、钱塘科技创新中心、浙江大学智能创新药物研究院。（徐　莎　赵　利）

**【科创载体与科创企业培育】** 2020年，新区制定出台科技创新载体管理办法，鼓励孵化器、众创空间向标准化、专业化、国际化转型发展，打造科技企业集聚高地。全年新增市级以上孵化器5个、众创空间6个，累计拥有市级以上孵化器26个、众创空间16个。新区科技企业孵化器培育国家高新技术企业47个、杭州市“雏鹰计划”企业19个、国家科技型中小企业60个、浙江省科技型中小企业125个。新区众创空间培育国家高新技术企业3个、杭州市“雏鹰计划”企业3个、国家科技型中小企业3个、浙江省科技型中小企业31个。推进科技初创企业梯队培育，新认定新区“雏鹰计划”企业61个、市“雏鹰计划”企业56个、省科技型中小企业476个、国家科技型中小企业194个、高成长性科技企业15个。至年末，新区累计拥有市“雏鹰计划”企业1072个、省科技型中小企业1362个、有效高成长性科技企业44个。助力企业成长，排摸潜力型科技企业，根据企业规模大小、知识产权获得和投融资情况，整理106个有较高成长潜力的科技型企业，开展走访服务100多次。

**【科技普惠政策兑现】** 2020年，新区经发科技局兑现科技普惠政策，兑现金额1.37亿元，普惠企业596个。落实企业研发后补助资金，432个企业递交研发投入资助申请资料，通过初审、复审、联审等程序，兑现研发投入资助1.4亿元，涉及企业297个。完成拨付2020年度市“雏鹰计划”企业市级认定奖励560万元，涉及企业56个。完成拨付2019年第二批市级众创空间补助60万元，涉及企业3个；完成拨付2019年省级科技企业孵化器市级建设经费100万元，涉及企业4个；完成拨付2019年省级科技企业孵化器省级认定奖励400万元，涉及企业4个；

完成拨付2019年市级科技企业孵化器认定补助经费60万元，涉及企业4个；完成2019年市级以上科技企业孵化器培育高新企业补助经费215万元，涉及企业8个。

**【科技生态建设】** 2020年，新区经发科技局强化科技生态建设，牵头组织或参与举办科技创新活动100多场。9月23日，由新区管委会承办的2020年第九届中国创新创业大赛浙江赛区生物行业决赛在大创小镇国际创博中心开赛，27个生物领域项目参赛。新区实施创新驱动发展战略，营造创新创业良好生态，激发市场活力和社会创造力，打造生物医药产业创新策源地。开展科研平台绩效评估，对新区29个履约期内的科研评估项目进行绩效评估。根据评估结果，结合新区“一企一策”协议内容，提高协议执行率，促进科研平台从“量多”走向“质优”。（李　易）

2020年11月19日，国家知识产权质押融资“入园惠企”浙江站活动杭州（钱塘新区）专场在大创小镇创博中心举行（方　波　摄）

## 知识产权保护

**【概况】** 2020年，新区专利申请量1.63万件，比上年增长23%，其中发明专利申请量 6833件，增长12%。专利授权量 9434件，增长42%。其中：发明专利授权量 2094件，增长23%；企业发明专利授权量699件，增长52%。国际专利申请146件，增长41%。拥有有效发明专利8849件，万人发明专利拥有量134.8件。新增市级专利试点、示范企业32个，2个企业获中国专利优秀奖，1个企业获中国外观设计优秀奖，1个企业获浙江省专利优秀奖，1个企业获“市长杯”杭州高价值知识产权创新创意大赛优秀奖。新获评浙江省知识产权服务业集聚发展示范区1个。兑付知识产权奖励资助，完成2019年度知识产权奖励资助政策兑现，惠及新区企业218个，兑现奖励资助资金1752万元。推出知识产权志愿者公益服务，联合杭州联合银行下沙支行，开辟知识产权质押登记绿色通道，帮助企业解决资金难题。杭州普望生物技术有限公司依托自主研发的知识产权获融资授信800万元。

**【“知识产权保护直通车”活动启动】** 2020年7月，新区市场监管分局联合省知识产权保护中心、生物医药行业知识产权联盟等，深入园区、高新技术企业等单位，通过送培训、送政策、送服务等形式，开展“知识产权保护直通车”工作。选派专家到临江高科园区等园区开展题为“如何提升专利申请质量”的专题培训，40多名高新企业的研发人员参加培训。联合省知识产权保护中心、杭州银行科技支行等部门，深入杭州微念电子商务有限公司等企业送政策、送服务。加强新区企业知识产权保护，与中国计量大学知识产权学院、国家知识产权（浙江）培训基地等建立常态化培训合作，为新区企业、代理机构开展培训服务。开展知识产权保护工作问卷调查，回收调查问卷70份。

**【大创小镇知识产权服务业集聚发展示范区获批】** 2020年8月，经浙江省市场监督管理局认定，新区大创小镇知识产权服务业集聚发展示范区（简称示范区）获批，是第二批省级示范区之一，成为杭州市内除未来科技城示范区外第二个省级示范区。新区成立后，资源要素加速融合，产业优势凸显，对知识产权服务提出更高要求。新区知识产权服务机构逐渐形成规模效应，为示范区创建奠定行业基础。大创小镇具有较强的知识产权服务业发展基础，区内创新企业、高层次园区平台众多，发展条件充分。该示范区创建坚持政府主导、部门联合、行业协调、资源共享的原则，以线上集聚、线下入驻的模式，在大创小镇创博中心开设服务专窗，由20个入驻机构定期驻点提供公益性服务和市场化服务，通过线上线下同步推进，满足区域内企业对专利、商标、版权等知识产权代理、咨询、维权等服务需求。

（程甦超）

责任编辑　黎洪正

# 规划·建设

## 综述

【规划布局与城市设计】2020年，新区编制完成生态规划，形成国土空间规划约束和弹性布局方案。启动编制教育设施专项规划、公共服务设施专项规划。开展东沙湖重点区块城市设计、医药港拓展区域城市设计，完成下沙区块城市有机更新概念规划。完善江东区块安置房布点规划。新区轨道交通线网规划纳入杭州全市轨道交通线网规划，新增轨道快线3条、普线3条、内部环线1条，延伸既有线路2条。

【城市生态环境改善】2020年，新区联合知名设计团队共同编制下沙区块、江东区块景观规划和全区视觉形象系统设计。启动实施环境综合整治提升行动，在杭州市环境大整治集中攻坚行动中连续4个月考核为"优秀城区"。开建绿道20.7千米、竣工17.8千米，新区生态海岸带列入浙江省首批示范段。整治突出生态环境隐患，落实第二轮中央生态环保督察整改。开展"碧水、蓝天、净土、清废"行动，区级河道四类及以上水质占比提高至70%，空气质量优良率90.1%。创新"居非分离、分级管理"生活垃圾清运模式，创建市级垃圾分类示范小区42个，杭州临江环境能源工程、第三固体废物中心建成投用，城东分类减量综合体主体工程基本完工。

【乡村振兴统筹推进】2020年，新区围绕乡村振兴目标，集中整治1056公顷抛荒地块，建成农村污水处理终端208个、农村公厕148座。2个村创建为省级美丽乡村"精品村"，2个村通过市级美丽乡村"精品村"验收，12个村通过区级美丽乡村"精品村""改善村"验收。完成1个"乐水小镇"、16个"水美乡村"建设。创新增收模式，实现村级集体总收入2.84亿元，增长9.2%。完成省市下达的粮食复种面积、生猪出栏存栏保供任务，7个养殖场废弃物资源化利用建设验收完成。

【道路交通建设加快】2020年，新区交通项目建设加快推进，杭绍甬高速公路新区段、艮山路东延、江东大道提升改造二三期等重点交通道路项目开工建设，下沙路与12号大街提升改造、艮山东路过江隧道、江东大道提升改造一期等在建工程加快推进。江东三路过江通道明确规划线位，头蓬快速路前期工作展开。年内，杭州地铁1号线三期、7号线江南段通车运营，北二路（临鸿南路至现状河道）、北一路（青西四路至金星全民直河）、义蓬东二路（江东大道至艮山东路）等6条主次干道完工，累计里程13.8千米。110条低等级道路改造提升完成，累计里程150千米。

【城市更新与配套建设】2020年，新区加快推进下沙区块有机更新，完成企业收储18个、面积100.8公顷。提升城市面貌，完成杭州职业技术学院区块和高教西公园提升工程，编制完成新区邻里中心布点规划，云帆社区成为全省首批未来社区建设试点并开工建设。加快城市配套，全年累计建成5G基站403个，建成投用500千伏萧东变、110千伏下东变等5个电力项目。"海绵城市"建设效果评价通过省级验收。开工安置房项目1个、竣工2个，安置房分配3400户、6704套。

完成公租房实物配租入住5911套，筹建蓝领公寓1914套，建成交付866套。完成老旧小区改造4个，既有住宅加装电梯44台。

**【城市公共服务提升】** 2020年，新区建成中小学、幼儿园10所，新增学位6500多个。原杭州大江东医院转隶为市直属第九人民医院，新增国家级优质社区卫生服务中心1个。亚运轮滑馆、金沙湖大剧院、新区文体中心等加快建设，大学城北体育健身中心竣工。新建省级小康体育村升级工程10个、百姓健身房7个、农村文化礼堂23个、社区文化家园19个、企业文化俱乐部2个。新辟公交线路4条、优化调整2条，开通定制公交线路40条；新增配建停车位6814个，建成公共停车泊位1448个；新增新能源汽车充电桩275个。（苗　婧　罗依莲）

## 规划编制

**【规划审批与编制】** 2020年，新区规划和自然资源分局完成107个项目的“多规合一”审查工作，核发选址意见书124件、建设用地规划许可证94份、建设工程规划许可证148份、用地规划意见156件，审查建设项目设计方案83件。实施“阳光规划”，130个项目公示完成。开展规划验收，全年办理规划灰线验收58件，规划核实确认100件。编制完成新区地图，由新区卫星影像图、新区地图、新区图册组成。编制国土空间规划，按“一江双城 · 一廊四组团”的空间格局，划定发展空间和生态保护红线。编制专项规划，完成《新区生态专项规划》《下沙片区景观环境风貌提升规划》《江东片区环境提升规划暨公园城市概念规划》《新区整体视觉形象设计》等。推进城市设计，完成《杭州医药港拓展区城市设计》。

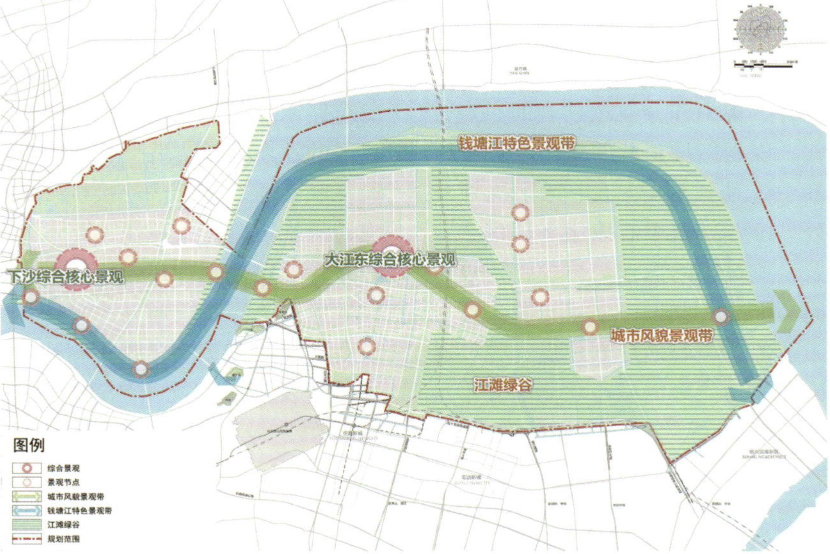


图1 新区生态专项规划图 （苗　婧　供稿）

**【国土空间规划编制】** 2020年，新区落实省市赋予新区的发展目标定位，推进国土空间规划。规划按照“一江双城 · 一廊四组团”的空间格局，科学预测发展规模，划定“三区三线”（城镇空间、农业空间、生态空间三种类型的空间和分别对应划定的城镇开发边界、永久基本农田保护红线、生态保护红线三条控制线），以重大项目为抓手争取永久农田调优，拓展发展空间。对全域整治与生态修复、综合交通、公共服务设施、基础设施、历史文化保护等内容进行研究。前期，新区国土空间规划对新区战略定位、空间要素保障、项目投放、耕地和永久农田占补平衡、就业人口预测等问题进行重点研究，立足长远挖掘存量，配置增量空间，结合“十四五”规划谋划重大产业、重大基础设施、重大民生项目空间布局。

**【专项规划与城市设计】** 2020年，《新区生态专项规划》《下沙片区景观环境风貌提升规划》《江东片区环境提升规划暨公园城市概念规划》《杭州医药港拓展区城市设计》《新区整体视觉形象设计》等规划设计编制完成。《新区生态专项规划》提出“两核五心、三带多点”总体景观结构，构建“碧道环城、翡翠相衔、连河成网、城绿相间”的公园城市。“两核”即江东片区综合核心景观和下沙片区综合核心景观，“五心”即沿城市风貌景观带和滨水特色景观带上布置的5个核心景观，“三带”即滨水特色、城市风貌、江海湿地生态3个景观带，“多点”即结合公园绿地、水体景观等形成的片区、社区景观节点。《下沙片区景观环境风貌提升规划》提出“魅力钱塘湾、品质科创城”的总体风貌定位，《江东片区环境提升规划暨公园城市概念规划》提出锦绣江海湾 · 创新公园城的总体风貌定位，《新区整体视觉形象设计》对新区整体视觉形象系统设计、导向标识系统、城市家具系统三大内容进行系统设计。《杭州医药港拓展区城市设计》通过规划产城融合的功能布局、集聚创新的开发强度、绿色高效的交通组织，提升医药港整体空间品质，为吸引高素质人才和高端产业提供环境基础。

**【工业邻里中心布点规划获批】** 2020年12月18日，《新区工业邻里中心布点规划》获新区管委会批复。规划按照“循序渐进、因地制宜”的原则，通过近期和中远期相结合、集中和分散相结合的布点方式，谋划新增工业邻里中心18处，其中近期规划8处、中远期规划10处。工业邻里中心以服务园区企业及企业员工的需求为导向，建设不同功能的公共设施集聚场所。通过工业邻里中心的规划建设，弥补新区产业功能区内城市功能配套不足的短板。（苗　婧）

## 重大交通建设

**【重大交通项目建设】** 2020年，新区重大交通项目建设办公室统筹协调推进任务26个，其中完工项目6个、在建项目9个、前期研究和报批项目11个；包含浙江省重点项目10个、杭州市重点项目8个，涉及投资总额972亿元。根据项目时间节点，推进快速路、综合管廊、电力设施、地铁等重大交通项目建设，年末完成重大项目建设总里程90.96千米。统筹协调快速路建设，下沙路与12号大街提升改造完成产值31.09亿元，完成总工程量60%；艮山东路过江隧道完成总工程量35.8%，江东段主体结构施工完成，下沙段两台盾构机进行主体结构施工；艮山东路东延施工图批复完成。江东片区的江东大道与钱塘快速路新区段互联互通，是新区连接杭州市的交通骨干道路。头蓬快速路、滨江二路快速路规划待建。该项目二期保通道路第一次交通导改完成，完成投资额1.5亿元。地铁工程建设加快，涉及新区的杭州地铁1号线三期、地铁7号线首通段通车运营。

**【快速路网建设】** 2020年，新区规划建设快速路4条，涉及项目8个，分别为钱塘快速路新区段（下沙路与12号路提升改造、艮山东路过江隧道、艮山东路东延）、江东大道提升改造（一期、二期、三期）、头蓬快速路、杭州中环新区段，总长46.5千米。年内，在建项目3个，分别为下沙路与12号路提升改造、艮山东路过江隧道、江东大道提升改造（一期）；开工项目3个，分别为艮山东路东延，江东大道提升改造（二期、三期）；前期项目2个，分别为头蓬快速路、杭州中环新区段。钱塘快速路新区段西起下沙宝华路西侧，东至头蓬快速路，全长20.7千米，贯穿新区东西两端，分为下沙路与12号大街段、过江隧道段、艮山东路东延段3个单独立项项目，总投资135.6亿元。江东大道提升改造项目西起滨江二路，东至苏绍高速公路，全长12.6千米，总投资95.61亿元，分三期实施。头蓬快速路项目南起红十五线，北至江东一路，全长8.5千米，总投资63.18亿元。杭州中环新区段北起江东三路，南至艮山东路，全长4.7千米，总投资46.72亿元。

2020年3月1日，杭州下沙超大直径盾构隧道始发井主体结构正式开挖

（罗依莲　摄）

**【2条地铁线路通车运营】** 2020年12月30日，涉及新区的杭州地铁7号线首通段及1号线三期开通试运营。杭州地铁7号线首通段自奥体中心始，沿线经萧山区、萧山国际机场及新区江东片区。该线路在新区境内长8.1千米，设新镇路站、义蓬站、塘新线站、青六中路站、启成站、江东二路站5个车站，总投资31.23亿元。杭州地铁1号线三期工程起点为下沙江滨站（不含），终点为萧山机场站，线路长11.2千米，设滨江一路站、滨江二路站、南阳大道站、向阳路站、萧山机场站5座车站，其中新区涉及下沙风井、过江大盾构区间工程，总投资8.3亿元。

**【地铁8号线施工在建】** 2020年，新区地铁专线——杭州地铁8号线施工在建。杭州地铁8号线一期工程全长17.2千米，设文海南路站（为1号线已运营站点）、文桥区间风井、桥头堡站、河庄站、河景路站、青六路站、青蓬路站、义蓬东二路站、新湾路站9座车站和新湾车辆基地1个，其中青六路站与杭州地铁7号线换乘。该线于2020年11月8日实现洞通，各车站主体、区间工程完成，附属结构完成率80%，轨道施工完成95%，年末累计完成投资39亿元，计划于2021年6月开通运营。

**【电力隧道工程德胜路南段主体洞通】** 2020年8月23日，位于新区下沙区块的220千伏和110千伏高压线“上改下”工程德胜路南段主体隧道洞通完成，德胜路以北段进场施工。新区电力隧道工程在新区与江干区交界处以东实施建设，途径德胜东路、乔下线、海达北路、文渊北路，建设电力隧道长度16.98千米，由新区管委会和国家电网杭州供电公司共同建设，浙江大有实业有限公司负责实施，总投资29.8亿元。该项目区块内8个回路（4排）220千伏线路和1个回路（1排）110千伏线路，自东北向西南斜穿金沙湖和医药港小镇两个重点区域，致使不少土地无法开发建设，新区据此决定将沿线4千米的高压线全部“上改下”，迁改进入地下管廊。该工程完工后将盘活46.67公顷的土地资源，为新区发展提供支撑。

**【3条地下综合管廊投入运营】** 2020年12月，新区总长11.37千米的江东大道、河景路、青西三路一期3条地下综合管廊投入运营。3条地下综合管廊建设内容包括综合管廊工程、管线工程、机电附属工程等，总投资13.63亿元，均为国家第二批地下综合管廊试点城市项目。江东大道地下综合管廊工程起点位于河庄大道西，终点至青六路东，全长4.58千米，总投资6.3亿元；青西三路地下综合管廊工程起点位于江东一路，终点至河景路，全长2.59千米，总投资2.8亿元；河景路地下综合管廊工程起点位于靖江路，终点至头蓬快速路，全长4.2千米，总投资4亿元。

**【3条主次干道建成通车】** 2020年，新区江东五路、义蓬东二路、临鸿东路3条主干道路建成通车。江东五路（青东二路至钱江大道）沿线东西走向，新建段长2.89千米，采用一级公路结合城市道路、双向六车道标准设计，建设总投资5.64亿元，其中建筑工程安装费用3.17亿元。义蓬东二路（江东一路至艮山东路东延线）沿线南北走向，全长4.87千米，采用城市次干路标准设计，总投资7.2亿元，其中建筑工程安装费用3.47亿元。临鸿东路沿线东西走向，新建段长度4.52千米，采用一级公路兼城市道路功能，双向六车道设计，总投资6.16亿元，其中建筑工程安装费用3.77亿元。（李婷娜）

## 城市配套建设

**【城市功能配套建设】** 2020年，新区市政道路、电网工程、体育场馆等城市功能配套建设加快。全年4条主次干道开工建设，里程13.12千米；6条主次干道完工，里程13.83千米；支小路建设完工4.3千米。电网工程建设加快，萧东500千伏变电站220千伏送出工程、下东110千伏输变电工程等5个项目完成投产。东部湾体育公园亚运轮滑馆、手球馆、击剑馆3个亚运项目建设推进，“海绵城市”建设项目开工15个、完工10个，省“海绵城市”建设优秀示范区省级验收通过。钱塘生态公园项目入选省“海绵城市”典型示范案例。

**【民生保障项目建设】** 2020年，新区建设局统筹安置分房4次，惠及拆迁农户3400户，分配房源6704套，完成建华、创新、宏新安置小区3647套初始登记办理。完成公租房实物配租入住6170套，将江东保障房2585套房源纳入区级公租房专项受理；筹建蓝领公寓1914套，建成交付866套，完成分配662套；加装电梯新增联审108处，完工44处；完成下沙大学城北等重点区域及江东大桥、18号大街西、文海路与德胜路口等重要节点的交通治堵。

**【批建预售新建商品房7614套】** 2020年，新区建设局批建预售新建商品房7614套，面积92.05万平方米，其中住宅7064套，面积78.61万平方米。预售新建商品房6343套，面积68.34万平方米，其中住宅5022套，面积56.26万平方米，每平方米均价2.27万元。全年摇号33次，推出房源7022套，登记人数6.76万人，其中无房人数2.24万人，平均中签率10%。新区“融创城”住宅楼盘项目签约销售逾1000套房源，每平方米均价2.07万元。另有“坤和融创开元·望金沙”“绿城·春风金沙”“广宇·锦上文澜”“阳光城兴耀·花漾里”“万固·珺府”“大华·潮悦前城”等楼盘在售。

**【2个安置房项目竣工】** 2020年，新区义蓬街道城乡一体化安置小区（二期）中地块、北地块2个项目竣工。总建筑面积62.16万平方米，合计住宅3279套。其中：中地块用地面积9.37公顷，总建筑面积32.21万平方米，住宅房源1704套，项目于2016年11月开工建设，2020年11月竣工备案；北地块用地面积9.59公顷，总建筑面积29.95万平方米，住宅房源1575套，项目于2017年12月开工建设，2020年11月竣工备案。

**【8个安置房项目在建】** 2020年，新区河庄街道新农村建设项目等8个拆迁安置房项目在建，住宅房源合计1.66万套，总投资180.38亿元。其中：河庄街道新农村建设项目总投资18.41亿元，用地面积10.05公顷，总建筑面积31.96万平方米，住宅房源1702套；河庄街道城乡一体化安置小区（棚户区三期）总投资39.64

河庄街道城乡一体化安置小区项目（陈浩杰 摄）

亿元，用地面积31.13公顷，总建筑面积72.6万平方米，住宅房源3660套。义蓬街道城乡一体化安置小区（二期）总投资58.4亿元，用地面积23.66公顷，总建筑面积81.22万平方米，住宅房源4637套；义蓬街道城乡一体化安置小区（棚户区三期）总投资18.41亿元，用地面积10.59公顷，总建筑面积26.01万平方米，住宅房源1204套。新湾街道城乡一体化安置小区总投资4.17亿元，用地面积7.28公顷，总建筑面积13.6万平方米，住宅房源868套；新湾街道新龙片安置小区总投资14.72亿元，用地面积2.91公顷，总建筑面积23.4万平方米，住宅房源1238套。临江街道城乡一体化安置小区总投资10.92亿元，用地面积5.59公顷，总建筑面积20.1万平方米，住宅房源1167套。前进工业园区高层安置房二期总投资15.7亿元，用地面积10.19公顷，总建筑面积36.2万平方米，住宅房源2167套。

**【3个老旧小区提升改造项目竣工】** 2020年，新区下沙街道智格小区改造二期工程、河庄街道钱民花苑小区改造二期工程、临江街道临江佳苑小区改造工程被列入新区老旧小区综合改造提升项目。下沙街道智格小区改造二期工程投资2000万元，改造内容包括保笼拆除、空调移位并安装空调格栅、拓展绿化空间等，项目于2020年8月开工、12月竣工。河庄街道钱民花苑小区改造二期工程投资2000万元，改造内容包括污水“零直排”改造、停车场改造、充电桩改造、绿化景观提升、道路整修、照明系统完善、环卫设施提升、智能化系统提升、“海绵城市”建设及配套设施改造等，项目于2020年5月开工，年末完成总工程量98%。临江街道临江佳苑小区改造工程投资8300万元，改造内容包括建筑外立面整修、屋顶及墙体渗漏修缮、道路和停车场改造、综合管网改造、污水处理等。项目于2020年5月开工、12月竣工。

（罗依莲）

**【省未来社区试点项目地块出让】** 2020年6月，浙江省首批未来社区试点新建类项目——云帆社区项目地块出让完成。云帆社区位于新区义蓬街道，毗邻规划中央水景公园和新区商务中心，设计范围地块南至艮山东路东延线，北侧邻靠规划东沙湖水景公园，东西两侧至规划道路，规划面积22.25公顷。项目拟建地上建筑面积54万平方米，包括住宅、商业办公两大部分，涵盖创业创新中心、老年大学、共享图书馆、共享文化馆、幸福学堂、幼儿园、邻里中心、党建活动室等功能区块。

（苗　婧）

## 城市有机更新

**【存量土地盘活利用】** 2020年，新区城市有机更新指挥部办公室围绕“存量土地盘活、高校空间重塑、公共配套完善”三大任务，开展规划设计研究，《下沙南部区域有机更新概念规划》《下沙高教园区景观提升概念规划》完成结题，《七格单元功能提升规划研究》形成初步成果稿，华春地块城市设计方案和控制性规划调整完成。盘活存量土地，做好企业收储，累计完成签约企业23个，收储土地面积143.47公顷。其中：2020年签约企业18个，收储土地面积100.8公顷；33个企业完成丈量评估并进入实质性谈判，涉及地块面积92.47公顷；在评估企业6个，涉及地块面积30.93公顷。实施土地整理，完成10个收储企业的地块接收。对照土地出让标准，完成5个收储企业的房屋拆除和设备处置，3个企业在拆除和处置设备，4个企业的6宗土地整理完成。土地整理工作为新区储备经营性用地17.73公顷，腾出土地51.07公顷。

**【高教园区景观空间改造】** 2020年，新区城市有机更新指挥部办公室对下沙高教园区既有公共景观设施和空间资源改造优化，弥合板块间交流空隙，促进区校共融互通。实施高教西公园提升工程，采用中式设计风格，打开公园南北两侧密闭界面，增设中央大草坪，扩大公园可参与空间，使其与周边街道相融相通。实施杭州职业技术学院区块提升改造工程，通过橙色漫步道梳理，改造校园周边杂乱封闭的步行空间、设置LED智慧互动屏、增添功能性的景观节点，将该学院“融”文化通过地雕和景墙延伸至校外空间，形成城市新的风景线。

【3个邻里中心项目选址完成】2020年，新区城市有机更新指挥部办公室作为项目建设主体，加快推进下沙南部片区、下沙北部片区、江东前进片区3个邻里中心项目建设。下沙南部片区邻里中心项目选址于和达物流园内东南角地块，占地面积2公顷，建筑面积4.8万平方米，委托新区产业集团建设，年内该项目设计招标工作完成。下沙北部片区邻里中心项目拟选址格莱特森通用设备（杭州）有限公司所在厂房地块。针对该公司违反土地出让协议拒不配合收储的情况，对其开展非诉执行工作。江东前进片区邻里中心项目选址于前进工业园区，东至规划前进商贸周边纵向支路，南至规划前进商贸周边横向支路，西至梅林大道，北至杭州城遇投资管理有限公司人才房。委托新区城发集团建设，年内该项目选址论证完成。（施　晴）

## 产城融合示范区开发建设

【江东核心区开发建设】2020年4月，新区所属事业单位改革实施，原杭州经济技术开发区城市建设发展中心更名为杭州钱塘新区产城融合建设发展中心（简称新区产城融合建设发展中心），主要承担新区江东片区核心区开发建设职能。江东片区核心区范围东至头蓬快速路，西至靖江路，南至艮山东路东延线，北至江东一路，总用地面积18.6平方千米。先行启动区范围为东至青东一路，西至前民直河，南至青龙路，北至南沙大堤，总用地面积6.24平方千米。先行启动区涵盖义蓬、河庄2个街道的小泗埠、全民、金星、民主、向公、建一、新河7个村。开展流转土地复耕，协调推进区内项目建设。开展青六路、通惠湖项目前期工作，与项目方签订“示范区开发策略研究”合同和“启动区地下空间规划策略研究”合同。签订先行启动区A片区开发投融资咨询服务合同，开展4轮示范区内资金测算研究，摸清示范区基本情况，为片区开发做准备。

【抛荒治理与项目协调】2020年9月，新区产城融合建设发展中心对江东片区核心区先行启动区6.24平方千米实施土地抛荒治理。10月，河庄街道民主村、义蓬街道小泗埠村、全民村合计159公顷土地平整完成。年末，委托第三方管理服务机构对平整后土地实施复耕种植，完成小麦冬种140公顷。协调推进产城融合示范区内建设项目，全年召开协调会议30次，现场协调问题52次，解决问题65个。启动北一路、北二路、青西二路、青东一路等7条道路建设，总长度8.3千米；国环三路延伸段（北二路至左十四线）、宝龙南侧道路（江东大道至青龙路）开工建设。对接示范区在建7个房产项目，要求项目方做好周边环境卫生。8月起，实行先行启动区每日巡查制，发放问题整改通知120份，督促项目方整改落实。

【重点项目前期推进】2020年，新区产城融合建设发展中心对产城融合示范区内长度为3.3千米的青六路（江东大道至江东三路）实施整治，内容包括沿线道路两侧及中分带、人行道、沿线两个地铁站出口的整治和“海绵城市”建设、景观绿化及其他附属工程，项目总投资1.16亿元。该项目于7月签订可行性研究合同、地形测量合同，9月完成设计招标。实施通惠湖公园（一期）提升改造工程，该工程东临新区城市发展集团有限公司办公地，南临左十四线，西临青西三路，北临江东一路，改造内容为土方造型、驳岸改造、河道开挖、配套建筑、绿化、铺装、景观小品、景观照明等。项目总用地面积112.8公顷，其中陆地用地面积58.78公顷，年末完成概念性方案设计。

【东沙湖工程项目推进】2020年，新区加快推进东沙湖片区建设，启动东沙湖湖岸整治及景观一期工程、东沙湖防洪调蓄湖工程、东沙湖水质提标工程3项建设。东沙湖防洪调蓄湖工程（东沙湖一期）是新区江东片区外排工程的一期工程，位于江东大道以北、南沙大堤以南，东至青六路，西至西二路。该工程新增调蓄水域面积35.7公顷，新建闸站1座、节制闸3座，新建护岸5901米，调蓄湖总库容150万立方米，总投资约11亿元。年末，东沙湖调蓄湖工程完成投资4200万元，东沙湖公园（通惠湖）提升改造、东沙湖水质提升方案设计完成，一期景观公园初步设计方案编制完成。

【2个规划策略研究合同签订】2020年7月20日，新区产城融合建设发展中心先行启动区地下空间规划策略研究项目合同完成签订。该研究项目结合国家、杭州、新区等层面战略需求，解析自身经济发展和地理空间开发需要，以轨道交通线网为基础，区域整体形成3块地下公共设施集中布局区，以地铁青六路站带动的“钱塘天地”片区和地铁河景路站带动的创新中心片区为主要地下空间开发区域。10月13日，新区产城融合示范区开发策略研究合同完成签订。（韩丹丹）

责任编辑　黎洪正

# 公用事业

## 供 水

【概况】杭州市水务集团有限公司城东分公司（简称市水务集团城东分公司）主要承担新区下沙区块、钱塘智慧城、九堡、七堡、乔司、彭埠以东范围供水，服务面积83平方千米，服务人口60多万人，负责573千米管网（直径10厘米以上）、8284只供水阀门抢修与维保，3.3万余只水表抄表收费。与辖区用户对接，了解用水需求，改造老旧管线，提供延伸服务。落实供排水抢修应急，对施工现场加强管理，全年抢修管网385次，抢修及时率100%。加强在线水表监管，提高水表计量精确度，通过远传监控发现小表大流量配比问题，检修130只远传大表、5只电磁水表。全年公司售水总量8996.17万吨。萧山环境集团承担江东区域供水服务推广“五位一体”网上营业厅，实现用户“最多跑一次”改革，全年受理用户工程1614个，其中管径50毫米以上294个。新建区级污水管线7.8千米，疏通各类管径管线20多千米，修复河道截污管7条，新增并网企业94个。

2020年5月27日，市水务集团城东分公司阿力志愿服务队员为新区沿街商铺提供检修服务（姜佳佳 供稿）

【下沙区块二次供水安全保障】2020年，市水务集团城东分公司针对二次供水运行中存在的“直供用户水小、水压波动大”“交流接触器故障导致整区停水”“水力浮球阀浮球卡死或脱落引起水箱溢流”等安全隐患和突出问题，进行新设备和新技术应用探索，用智慧化手段保障二次供水泵城市高层住宅“最后一公里”用水安全稳定。结合《杭州市新建高层住宅二次供水设施技术标准导则》要求，从标识标准化、管理制度化、环境规范化、维护科学化入手打造二供泵房湖景居小区泵房，实行6S管理；二次供水泵房固体继电器在百翘香江小区应用研究，一年内未发生故障；悦麒美寓、百翘香江两个小区使用的自立式液位控制阀振动消除、噪音降低。全年二次供水泵房发生问题91个，其中浊度仪报警79次。通过应用新设备等技术改造，解决交流接触器烧毁、进水管振动、卡箍松动渗漏等安全隐患，提升二供泵房安全稳定运行。

**【下沙区块供水管网营销管理体系转变】** 2020年11月23日，市水务集团城东分公司通过浙江省水协组织现代化营业所专家评审组复审评审，以提升现代化管理，搭建专业化、一体化管网营销管理体系，实现“三个转变”。推行现代化科技应用，建立GIS信息系统、计算机营业收费管理系统、供水调度系统、呼叫系统等一体化系统，推动传统供用水管理模式向“智慧供水”转变；做好“减”“信”文章，取消不必要办理事项，根据用户需求，通过“上门延伸服务”“最多跑一次”“供用水报装优化”“微信群”等举措实现从基础民生服务模式向“主动服务”模式转变；做好制度建设，简化办事程序，明确办事流程，业务管理由分散式管理调整为小集中式管理、分区网格化管理，传统管理模式向“创新管理”模式转变，推动营业所标准化建设。

**【江东、临江水厂二期改扩建】** 2020年，萧山环境集团江东水厂二期改扩建工程项目总投资5.78亿元，包括扩建一组30万吨/日的水处理设施和污泥处理设施，以及一期深度处理工艺改造。至年末，完成清水池、浓缩池、调节池、砂滤池、炭滤池、沉淀池等单体结构和清水池进出管道安装，原水管安装80%。临江水处理厂二期扩建工程项目总投资12.3亿元，新建20万吨/日污水处理厂1座，完成后总处理规模50万吨/日。8月，通水调试，运行平稳。

**【江东水厂“红色水立方”党建品牌成立】** 2020年，萧山环境集团江东水厂党支部结合水厂安全生产和改扩建任务情况，打造“红色水立方”（党员队伍能量的三次叠加，同指先锋党员红色能量的三维渗透）党建品牌。9月，成立一支由党员、团员和厂内技术骨干的先锋队，强化“红色引领”，推进安全生产和项目建设。开展“每月一讲”活动，提升青年党员职工表达能力、技能水平，带动和培养优秀青年职工敬业和担当精神。（宋晶玉　姜佳佳）

国家电网新区供电窗口　（来　博　供稿）

## 供　电

**【概况】** 2020年，国家电网杭州市钱塘新区供电有限公司（简称新区供电公司）全口径售电量118.57亿千瓦时；35千伏及以下售电量87.94亿千瓦时。夏季最高负荷207.2万千瓦、冬季最高负荷202.5万千瓦。供电辖区内有500千伏变电站2座、220千伏变电站10座、110千伏变电站47座（含用户变20座）、35千伏变电站51座（含用户变45座）。年内，主网项目投运5个，分别是220千伏新围仓北变、110千伏下东变、萧围220千伏送出工程、富丽达和临江环境能源110千伏送出工程，新增110千伏及以上变电容量58万千伏安、线路长度60.3千米，主网容量增长6.9%。开展电网迎峰度夏“百日攻坚”，聚焦局部区域供电“卡脖子”问题，实施迎峰度夏工程25项。6月，完成蚕桑、上沙、启江、河庄等变电站负荷分流及格畈、高沙、义蓬等区域公变增容布点。改造220千伏白洋变、110千伏下沙变等全站工作8项；更换35千伏主变7台，净增变电容量3.1万千伏安。改造接地选线8座，接地选线正确率升至74.6%，改造35千伏主变相角差4座，存在相角差主变降低50%。

**【电力配套与活动保障】** 2020年，新区供电公司迁改金沙区域开发涉及110千伏及以上电力线路3条，配合下沙路与12号路、江东大道提升改造，以及临鸿南路道路、美丽乡村建设、地铁7号线迁改工程。配合推进亚运场馆建设，安排电网侧配套投资专项资金600多万元，击剑馆、手球馆实现通电；保障义蓬城乡一体化等6个安置房小区按期通电，指导辖区8所学校空调用电增容工程改造、老旧小区44部电梯加装涉及电力迁改；完成创新创业活动周等重大活动保电任务21项；督导8户高危用户及重要用户排查整改隐患，配合制定事故应急预案。

【供电助力营商环境优化】 2020年，新区供电公司落实国家阶段性降电价政策，开展“走亲惠企、以电连心”服务，为用户节省资金1.75亿元。推动政府出台涉企供电相关政策，为35个大中型企业节省成本4367万元。作为“转供电费码”策源地，实现辖区园区和主体全面覆盖，向5243个终端用户传导降价政策红利627万元。推广临变租赁服务，为13个临时用电企业节省设备采购等费用400多万元。推行“阳光业扩+网上电网”服务模式，线上获取政府备案企业项目，超前开展电网配套项目储备与实施。推进新区水电气网“4+1+1”协同报装“一件事”改革。出台实施可靠性提升七大举措，对下沙大学城等6个供电网格取消计划停电，联动政府严惩野蛮施工、破坏电力设施行为，供电可靠性达99.9%。完成国务院发展研究中心营商环境调研，助力杭州在“获得电力”栏得到满分评价。（来　博）

## 供　热

【概况】 2020年，杭州杭联热电有限公司（简称杭联热电公司）售热437万吉焦，比上年下降16.8%；发电2.22亿千瓦时，增长2.5%。新开通孛朗孚（杭州）生物科技有限公司、中国科学院肿瘤与基础医学研究所、杭州九源基因工程有限公司、杭州明德生物医药技术有限公司4个蒸汽用户；停用杭州华春化纤染织有限公司、浙江炬泰新材料科技有限公司、国际香料香精（浙江）有限公司、杭州下沙生物科技有限公司等20个蒸汽用户，累计在用蒸汽用户113个。杭州医药港内建有1号、2号能源站，为13个空调用户提供蒸汽及空调所用冷能热能，全年供能量203.7万千瓦时。杭州电子科技大学内建有热水站，在用学生1.5万人，用水量3.8万立方米，增长38%。

【杭联热电工程改造与新热控室启用】 2020年1月6日，杭联热电公司围绕“智能化”升级目标，实施PIMS（数据管理）系统建设、中央机房、DCS（集散控制系统）一期工程改造及热控室启用，改造升级3台锅炉、3台汽机、制水车间及循泵房控制系统软硬件。整修热控室，采用密闭隔音门窗，配有恒温恒湿新风系统、电子显示屏，设有茶吧台、工器具定置点。

【医药港2号能源站投入运行】 2020年5月25日，位于杭州医药港加速器三期和科技中心17号楼的2号能源站投入运行。2号能源站占地面积649平方米，站内配置2台3500千瓦溴化锂制冷机组，配套管径80～250毫米蒸汽管道，总长876米，暖通水管管径200～600毫米，总长2000米。该能源站投运在满足园区内医药企业冷能、热能需求的同时，可节约2300千伏安配电容量，年末在用用户4个、申请及意向用户7个。

【杭联热电院士工作站考核优秀】 2020年9月17日，杭州市院士专家工作站建设协调小组办公室发文《关于公布2019年度杭州市院士工作站复核结果的通知》，杭联热电公司院士工作站考核中被评为优秀。该院士工作站由10多名教授组成，研究燃煤（不局限于煤）热电联产升级换代，打造基于大数据物联网技术燃煤智慧型能源工厂，形成《CFB粉煤灰回炉利用可行性报告》《CFB炉内脱硫优化方案》《CFB炉内燃烧优化方案》等研究报告，为智能化、清洁化、高效化能源利用提出指导意见。（林　玲）

## 供　气

【概况】 2020年，新区江东片区天然气由杭州中燃城市燃气发展有限公司（简称中燃燃气公司）及其子公司杭州东能管道燃气有限公司（简称东能燃气公司）负责供应。依特许经营协议规定，杭州中燃燃气公司拥有新区江东片区管道燃气特许经营权，在江东片区建成河庄天然气门站1座，高中压调压站大江东前站、江东北站各1座。全年供应天然气3.14亿立方米，其中电厂代输2.64亿立方米、居民用气量0.05亿立方米，非居民用气量0.45亿立方米，居民、非居民用气量比上年增长10.4%。下沙片区天然气由杭州钱江燃气有限公司（简称钱江燃气有限公司）提供，全年供气7713.59万立方米，其中居民用气量1512.62万立方米，工业、锅炉用户用气量3296.68万立方米，向海宁连杭经济区售气量2072.28万立方米。全年新增用气居民3381户，累计8.9万户；新增锅炉点火15吨、地热开户279户、热水器开户279户；新增工业公建用户148户，累计591户；新增中压和低压管网投运4.1千米，累计投运551千米；新增调压站13座，累计493座。新冠肺炎疫情期间，为409个用户上门提供免费安检、免费重新点火开通服务；开通“19网”绿色通道，对非居民用户实施一站式业务办理。助理企业复工复产，对相关企业减免燃气费10%，让利866.53万元。

【燃气建设与“煤改气”推进】 2020年，杭州中燃燃气公司推进江东片区管道敷设成网，市政中压工程施工2.2千米。配合新区发展和重点工程建设系列管道改造，其中完成江东大道一二期改扩建工程、江东大道次高压燃气管道迁改5000米；杭州地铁7号线、8号线建设，迁改管径中压燃气管道4000米。开展宏新安置房、义蓬街道乡镇一体化安置小区（二期）等燃气配套，全年安装煤气管道5600多用户。开展秋冬季大气污染综合治理攻坚行动，推进“煤改气”工程建设，改造每小时产35吨蒸汽企业锅炉。成立专项工作小组，走访调研区域内“煤改气”企业，布局气源和管网。至年末，签约改造“煤改气”企业3个，涉及煤锅炉改造10台。钱江燃气公司配合杭州市地下综合管廊、快速路及过江隧道等市政工程建设，完成下沙路、12号路燃气管道迁改。综保区内首项燃气工程杭州松下家电验收通气；乔司九分监狱天然气改造通气；综合保税区、海达北路等燃气工程建设完成。推进老小区、城中村改造，松合社区64户居民完成天然气改造；“晓春城”“揽月玉园”“君悦”三期等小区燃气配套建设，全年新增资源户数1520户。推进“瓶改管”试点工程，全年发展“瓶改管”用户80个。智格商业街、杭州电子科技大学研究生宿舍楼商铺打造为“瓶改管”商业示范街。

2020年6月24日，杭州钱江燃气有限公司、杭天高压储配分公司联合新区消防救援大队在东部LNG应急气源站举行联合应急演练　　（张晓延　摄）

**【天然气安全保障】** 2020年，杭州中燃燃气公司建立燃气设施管理机制、燃气管道巡查机制，制作安全事故案例资料，开展进村、进社区入户检查和普及宣传活动3次。节假日安全专项检查居民用电8次，开展安全培训18次，组织安全演练2次。保障非居民用气安全，开展节前安全检查100多次、设备检测1000多次。组织临江街道70多个天然气用户安全用气培训，宣讲燃气安全知识。保障重点工程中天然气设施安全，监督地铁7号线施工500多次、地铁8号线200多次。保障红十五线高速公路施工10处保通便桥施工，监护天然气设施300多次。钱江燃气公司结合老小区改造政策，助力“安全+安心+安居”目标，完成多蓝水岸穿墙管、碧景湾登高管更换整治；检测管道防腐55千米，修复一类、二类破损点各12个。推动橡胶管整治，劝导用户户内隐患整改，全年开展现场服务进社区37次，夜间劝导13次，更换金属管6036根，更换十年到期表3450只。

**【江东供气服务优化】** 2020年，杭州中燃燃气公司优化供气服务，开设义蓬营业厅；与萧山农商银行合作，设立多个自助服务网点；与村镇合作，设置便民充值POS机，向企业发放智能燃气卡，帮助用户充值燃气费。方便业务办理和用户意见投诉，微信公众号“杭州中燃”新增开户、报装、发票开具等服务，全年处理线上业务240多件。成立工商福管理部，设置专人专岗，全年应急处理企业用气临时突发问题78次。新冠肺炎疫情期间营业厅照常开放，从2月10日起，为100多个企业复工前进行仪器检修、设备清理、安全检测、电池更换等作业，保障用气稳定；开展“同心抗疫保障民生”“抗疫助农”活动，为受困居民累计配送生活必需品1000多次，配送金额300万元。钱江燃气公司结合“19网”服务厅，推出“码上办”服务。全年网上业务办理总量4213件，新增网上用户1.05万户，新增“杭燃码”联码用户6.87万户，自助抄表5.6万次。

（胡　斌）

## 公共交通

**【概况】** 2020年，新区公共交通由杭州公共交通下沙有限公司（简称下沙公交公司）和杭州大江东公共交通有限公司（简称大江东公交公司）提供服务。年末，下沙公交公司有公交车296辆、出租车400辆，公交营业线路28条，公交站点345个（不含重复站点），线路总长425.6千米，线网辐射新区69条主次干道。优化公交365线路走向，解决八堡家园小区及格畈社区百姓出行需求。新辟公交线路3101路，满足大学城北居民出行需求。配备新能源车12辆，试运营“下沙至临安太湖源避暑一日游”专线，为新区居民提供旅游景点专线服务。全年实现票款收入3218.2万元，提供出行服务1893.6万人次。大江东公交公司有公交车64辆，运营线路11条，定制线路24条、优化线路4条、新辟线路1条，公交站点163个（不含重复站点），线路总长229.8千米，线网辐射新区67条主干道，全年提供出行服务109.2万人次，出行分担率32.2%。

**【公交安全与服务保障】** 2020年，新区加强公交安全教育，做好出行服务保障，下沙公交公司全年接到110应急联动平台联动派单9件，张贴宣传横幅164条，发放宣传资料4100多份，制作安全展板28块。组织治安防控、反恐防爆等安全培训32次，受训员工1654人。开展安全生产大检查18次，隐患整改63处。组织安全检查5.93万辆次，查处违章576辆次。开展“迎亚运、提素质、强技能、展形象”营运司机培训、火灾逃生舱疏散演练、实战灭火演练，增强员工消防安全意识。抓好新冠肺炎疫情防控，做好医用口罩、防护装备等物资采购储备；做好办公场所、车厢消毒杀菌，设立体温检测点；司机上岗规范佩戴口罩，“凭码”上车，全员做核酸检测。新冠肺炎疫情稳定后，分批次恢复营运线路，合理安排营运班次，满足新区市民错时出行需求。落实赛程秩序保障，承接杭州马拉松和浙江大湾区自行车公开赛（新区站）赛程人员接送用车，落实赛程秩序保障。大江东公交公司加强公交运营管理，全年检查车辆8945辆次，发现行车违章175起。开展培训50次，受训员工1336人。消防应急演练15次，参与人数292人。微信推送特殊天气驾驶技巧及安全预警信息595条，受理“12345”市长公开信箱（电话）、管委会信访件、杭州市公交集团热线办理件、信访、人访85件。检查公交场站卫生88次，检查车辆889辆，场站整洁率99.7%，车辆卫生整洁率 98.8%。通过对站点乘车人员满意度问卷调查，满意率99.1%。

**【公交线路定制服务】** 2020年，下沙公交公司满足市民春节出行需求，方便高校学生返乡，创新开展“定制+”公交服务，筹备做好地铁与高校生活区接驳，开通2条返乡定制线，分别是中国计量大学、浙江理工大学生活区开往文泽路地铁站，杭州师范大学仁和校区开往文海南路地铁站，两条定制线发放班次424个，运送学生3300多人次。服务中考、高考及公务员考生，组织助力高考直通车和出租车爱心车队，为考生提供优质服务。省公务员录用考试期间，开通2条地铁接驳线文海南路地铁站发班次25个，服务1136人次；文泽路地铁站发班次17个，服务400人次。对接定制8所初、高中学校“求知专线”，缓解出行交通压力。大江东公交公司方便新区企业员工出行，提供定制班车服务，6月5日开通671路、673路全天到站守时线。

（徐　方 朱国锋）

2020年7月4日，新区下沙公交公司组织开展司机“迎亚运、提素质、强技能、展形象”培训（朱国锋 供稿）

## 通　信

**【概况】** 2020年，中国移动钱塘分公司推进政企项目合作，街道、校园、企业等多方商机落地，新区区域DICT项目市场份额扩大。建设6个街道22个智安小区、2所高校智慧校园项目，公路治超、应急避灾、城市大脑等领域首个项目突破。扩大通信覆盖，有线业务通过建立“6+3+1”承包工作模式，聚焦空白小区网络覆盖，深化宽带服务到村等营销活动。全年宽带用户累计9.3万户、宽带电视用户累计6.2万户；无线通话业务用户累计71.1万户，通话用户日通份额79.2%。扩大5G用户发展，细挖用户特征，开展分级分层营销，拉升5G终端渗透率。至年末，新区5G手机换机占比65.5%，5G手机用户年末累计10.6万户，5G资费用户13.7万户。针对属地高校用户，开展特色运营和内容运营，宣传5G品牌，定制校园专属权益流量包，提升和挖掘用户潜在流量需求。年末，新区移动用户DOU（平均每户每月上网流量）20.40GB，比上年增长25%，年手机上网总流量1542亿兆，累计增幅18.8%。针对青年群体，推出系列实用优惠5G权益（视听优惠会员），年末新区5G权益用户（视听优惠会员用户）10.6万户，5G权益进入新区用户日常生活。中国联通钱塘分公司以5G为引领，整合内外部资源，推进线上线下一体化数字转型。与中国电信共建共享，累计安装5G站点并开通882个。4G方面，大江东区域123个站点由中兴设备替换成华为设备、下沙区域126个站点L2100升级。推进智能城域网设备新建及开通，汇聚机房新增10G PON OTL设备，具备新国标小区千兆接入条件，为后期5G SA及数固一体化承载提供支撑。全年发展手机用户6万余户，联通钱塘分公司移动用户规模约20万户。（林　松　徐佳乐）

新区5G网络基站安装　（方　波　摄）

**【移动公司5G网络建设】** 2020年，中国移动钱塘分公司推进5G网络建设及覆盖，建设5G基站723个，下沙片区基本全覆盖，江东片区重点场景覆盖，覆盖面积360平方千米。夯实网络基础，推动6所高校千兆网络升级，2所高校网络扩容补强。推进第五代固定网络建设（简称F5G），发展千兆小区138个，涵盖信息点14.2万个，占比52%。支撑家庭宽带业务发展，全年新装家庭宽带3.4万单。助力新区监控网络智能化发展，完善一体化DICT支撑服务。助力"雪亮工程"二期大区域视频监控项目建设验收，6个智安社区监控类项目落地，630多线业务开通。

**【移动公司网络保障支撑】** 2020年，中国移动钱塘分公司改造整治下沙片区2个社区老旧小区光缆和江东片区15个美丽乡村通信线缆，保证小区内、村里通信线缆整齐有序。参与新区赛事通讯保障，针对大湾区自行车公开赛、国际女子马拉松等大型体育赛事，汇集网络精干力量，组建专项小组，制订保障计划和多个应急方案。通过提前排摸，现场布放光缆，拉专线进行有线信号连接，同步配备多台应急通信车做好保障。比赛过程中，员工们值守现场，为赛事指挥部、转播媒体提供互联网接入，完成赛事直播保障及近万名参赛者在赛事期间通信网络畅通稳定。

**【移动公司网络服务提升】** 2020年，中国移动钱塘分公司党支部融入新区党建联盟，与属地政府部门、社区、高校、监狱、公安等单位达成党建合作，与52个村（社区）达成"党员i家"联盟合作，联合联盟成员单位常态化开展社区进驻服务，实现智慧安防小区、城市大脑、未来社区等项目合作，提升移动网络服务质量。助力疫情防控和企业复工复产，发送防疫短信130万余条，智能AI"外呼助手"助力人员排摸和医学观察，完成7839次外呼。做好新区管委会和各街道视联网保障，应急开通浙江经济技术职业学院、大江东医院视联网。安装新区公安4G布控球监控。推出移动5G热成像、健康一码通等产品，助力高校"停课不停学"。通过5G健康"一码通"做好移动智能防疫服务，助力企业疫情防控和复工复产。（林　松）

**【联通钱塘分公司移动数字化战略转型】** 2020年，杭州联通钱塘分公司整合产业合作生态，聚焦"互联网+"重点行业领域，推进数字化战略转型。新冠肺炎疫情期间，为新区企业、高校、医院提供自主研发防疫"热成像"设备12套，健康ETC产品83套。市政协副主席周智林等领导在新区调研文海实验学校、文清小学开学复课准备工作时，分公司行业经理现场用身份证和市民卡刷健康ETC演示，实现快速通行"热成像"系统。分公司助力社区数字化安全管理水平提升，与街道合作推进下沙社区智慧安防项目、河庄一体化安置小区系统集成项目、义蓬街道盛都苑智慧安防小区建设项目。（徐佳乐）

责任编辑　高骏森

# 生态环保

## 综 述

【污染防治与环境执法】 2020年，新区生态环境分局完成4个工业集聚区、2个街道和90个生活小区“污水零直排”工程建设。创建省级美丽河湖1条、市级美丽河湖2条。完成农村污水处理设施改造24个，强制性清洁生产审核企业5个，以及16个企业恶臭治理、13个企业挥发性有机废气整治等任务。天然气锅炉低氮排放改造18台，62个企业新装挥发性有机废气在线监测系统。拓展划定党农线以西（不含苏绍高速）范围为国三标准柴油货车禁行区域，淘汰国三标准柴油车1678辆。完成杭州朝阳橡胶有限公司最后3台密炼机关停，淘汰散乱污企业6个。完成119个重点行业企业土壤详查，审核危废管理计划621个，转移危险废物13.5万吨。第三固废中心年底建成投用，新增危废处置能力13万吨每年。全年出动执法人员4406人次，检查企业1792个次，立案处罚62件，罚金733.53万元。（韩 涛）

【空气和水环境质量监测】 2020年，新区环境空气质量优良率90.1%。PM2.5年均浓度每立方米32.2微克，比上年下降22.6%。市控以上功能区断面水质达标率100%。区级河道断面19个，达到IV类水质以上的14个，占比73.7%。

（陆肖栋）

【生态环境保护督察】 2020年，新区对118件第一轮中央环保督察信访件、17件省级生态环保督察信访件进行整改“回头看”，开展生态环境隐患大排查，排查企业360多个，消除隐患问题150多个。9月初至10月初，浙江省生态环境保护督察组对杭州开展生态环境保护督察，新区印发迎接浙江省生态环境保护督察协调保障工作方案，成立督察迎检专班，开展日常检查督办，调阅资料4批次、7项；处置完成第二轮中央环保督察38件信访交办件，比第一轮下降67.8%。

（韩 涛）

## 生态环境建设

【“美丽钱塘”建设】 2020年，新区加快推进“美丽钱塘”建设，设立各街道“美丽钱塘”比学赶超指标，从街道区域水气环境质量、河长制绿币积分、治水有声、污水零直排、环境综合整治、垃圾分类、美丽乡村等维度评价街道生态环境保护工作，开展月度评比8期，每月实施“红、黄、黑”榜公示，推动街道生态环保提升。推进数字环保监管，9月完成数字环保项目招标。11月，召开新区数字环保项目建设推进会，完成应用需求收集和优化建议。现场调研重点工业园区企业，通过财政事前审计和数管中心项目备案，申请“政务云”资源，拟定任务管理系统设计原型。组建工作群，实行项目推进例会制；整合优化辖区环境质量和污染源数据及信息，实现发现问题、交办问题、反馈问题的闭环数字监管功能。

【生态建设补贴与规划研究】 2020年12月，新区开展2020年生态文明建设项目补助及2021年储备项目申报，收集整理新区生态补助项目，开展补助资金申报项目3个，对照5类不符合情况进行审核，符合补助条件的2个，拟补助金额120多万元，将于2021年兑现。加强生态环境保护，完成生态环境保护“十四五”规划前期研究。提出到2022年，全区攻坚短板、保障亚运，解决生态环境突出问题，“两山转化”（绿水青山就是金山银山）成效初显，培育多个省级生态文明典型示范案例，力争建成省级生态文明建设示范区。（赵　栋）

## 污染防治

**【污染源普查档案归档】** 2020年，新区开展污染源普查档案归档，完成4000多件普查档案整理并电子化，形成2331个污染源普查成果。组织多方查漏补缺和新区档案自检，通过市普查办组织的污染源普查档案现场验收。普查数据应用于排污许可证核发、“无废城市”创建等工作。（赵　栋）

**【大气污染防治】** 2020年，新区完成13个市级挥发性有机废气整治和17个恶臭点治理，年可减排挥发性有机废气1000多吨。杭州东南毛纺织染整有限公司等6个15台35蒸吨/时以下燃煤锅炉实现淘汰，杭州华电江东热电有限公司等12个公司完成18台天然气锅炉低氮改造，杭州真珠乐器有限公司等2个公司2台工业炉窑完成改造；推进重污染企业关停转迁，中策橡胶集团有限公司完成30%产能转移，杭州朝阳橡胶有限公司炼胶工序关停。淘汰国三标准柴油车455辆，发放淘汰补助费1034.1万元；全年联网远程审验汽车尾气15.68万辆次。完成小微空气站点建设2个，利用新区公安分局天网系统接入高空瞭望点位10个。（周　倩）

**【水污染防治】** 2020年初，新区编制《治污水暨水污染防治行动2020年实施计划》，开展“新区水体纳污能力及污水处理厂尾水排放课题”研究，采用数学模型计算法或污染负荷计算法对辖区内已划定水功能区的地表水域纳污能力逐一进行测算；对标2020年杭州市“五大竞赛十大行动”相关要求，修订完善新区河长制工作考核方案，明确河长工作职责、工作方法和相关激励机制。制定水质突发事件处置应急预案和河长“绿币”积分操作工作方案。完成4个工业集聚区251个企业“污水零直排”项目创建，完成强制清洁生产审核企业5个；临江护塘河创建成为2020年省级美丽河湖，5号渠和松乔河创建成为市级美丽河湖。6月，新区与余杭区签订月雅河流域共治框架协议，建立更灵活高效的跨区域给配水体系。（戴海炎）

**【土壤污染防治】** 2020年，新区生态环境分局编制印发《新区土壤污染防治暨“清废行动”2020年工作计划》，梳理确定28个土壤污染重点监管单位，完成其周边土壤环境监测。完成重点行业企业用地调查首批24个地块采样分析。组织开展21个地块的场地调查评审，其中退役场地调查地块4个、用途变更调查地块17个。

新区钱江直河公园　　（新区融媒体中心　供稿）

**【固体废物管理】** 2020年，新区对重点产废单位及其他产废单位进行梳理，列出经营单位、市重点监控企业、重点产废单位、其他产废单位等4类企业名单，共计162个。完成危险废物管理计划备案审核621个；转移危险废物13.5万吨。召开新区危废规范化管理暨新《中华人民共和国固体废物污染环境防治法》宣传贯彻会议，250多个企业参加培训。

**【固废处置设施建设】** 2020年12月，杭州市第三固废中心建成并投入调试运营。该项目位于新区临江循环经济产业园，占地面积11.27万平方米，概算总投资9.03亿元，建设规模为处置危险废弃物13万吨/年。年末，临江环境能源项目投产运行。项目总建筑面积14.07万平方米，设计日焚烧处理生活垃圾5200吨，年发电量6.95亿千瓦时。同步筹建杭州鸿泉环境服务有限责任公司。该公司专门收集新区小微类危险废物，危险废物收集能力17万吨/年，预计2021年3月投入运行。

**【“无废城市”建设】** 2020年，新区推进“无废城市创建”，制定全域“无废城市”建设工作方案和全域“无废城市”建设四张清单。建设“无废城市”，通过推动形成绿色发展方式和生活方式，推进固体废物源头减量和资源化利用，最大限度减少填埋量，将固体废物环境影响降至最低的城市发展模式标准，制定新区建设“9+36”指标体系。（沈雯迪）

## 环境综合治理

【概况】2020年，新区印发畜禽养殖禁养区划分方案，划定河庄街道、义蓬街道、新湾街道、临江街道、白杨街道、下沙街道6个街道集镇区域为禁养区域，共计面积43.55平方千米。深化环保领域“最多跑一次”改革，实施“正面审批清单”，扩大“区域环评+环境标准”改革实施范围，覆盖1个省级产业集聚区、2个特色小镇及1个小微园区。至年末，全区有超过50%的建设项目实行承诺备案管理，更多项目享受“环评简化”“降级审批”等改革红利。推进国家版排污许可证申领与核发工作。新区生态环境分局以第二次污染源普查为底单，完成1800多个企业的许可证核发或登记，实现区内固定污染源全覆盖。9—12月，对发证企业开展5轮发证质量抽查。（沈雯迪 陆文杰）

【环境统计与信用等级评价】2020年，新区环境统计在原153个重点企业基础上，新纳入企业72个，扩大环境统计覆盖面。组织4次环境统计企业现场培训会，2次污染源排放大户会审会，完成4轮企业数据区级审核及问题整改，按时完成数据上报。指导完成11个重点企业环境统计季报和20多个环境服务业企业财务统计。新区生态环境分局开展415个企业环境信用等级评价，为37个企业提交信用修复材料，提升信用评价等级。（赵 栋）

## 环境执法

【环境监察与巡查】2020年，新区生态环境分局出动4406人次，检查企业1792个次，出具环境监察意见书52份，做出处罚决定62件，处罚金额733.53万元。受理环境信访件1199件，比上年下降17.3%。其中关于大气污染的信访投诉为831件，下降30%。针对中策橡胶集团有限公司、杭州朝阳橡胶有限公司废气排放问题，累计出动执法人员161人次，开展检查和巡查82次，进行监督性监测9次；针对杭州东裕华庭小区异味投诉，累计出动执法人员458人次，开展检查和巡查123次，其中夜间检查9次，进行监测48次，其中5次带领居民代表实地检查监测，对周边企业累计处以罚金107万元。

【环保专项执法行动】2020年，新区生态环境分局根据新区安全生产三年计划，针对挥发性有机废气、汽车修理行业、危险废物处置等开展执法行动。落实污染源日常监管“双随机、一公开”（即在监管过程中随机抽取检查对象，随机选派执法检查人员，抽查情况及查处结果及时向社会公开）制度。至年末，“掌上执法”检查企业305个、即时检查企业147个、“双随机”抽查企业158个，“掌上执法率”、检查公示率、抽查事项覆盖率、应用信用规则率、跨部门监管率等指标均达到考核要求。（王 伟）

位于新区东部围垦外十五工段的临江水处理厂（方 波 摄）

## 环境监测

【污染源监督监测】2020年，新区环境监测站完成重点企业污染源监督性监测128个次，其中水环境重点排污单位66个；大气环境重点排污单位37个；涉及VOC单位19个；涉及土壤单位9个；其他单位9个（重点污染物存在重合）。根据检验检测机构资质认定评审通用要求，开展质量管理工作。5月15日，参加中国环境监测总站组织的水质氨氮、总磷、总氮能力验证。7月20日，参加浙江省市场监督管理局组织的水质中石油类能力验证与技术核查。8月4日，参加杭州市市场监督管理局组织的环境空气甲醛能力比对和授权签字人能力考核。10月21日，参加中国环境监测总站组织的农田灌溉水现场检查和比对监测（包括高锰酸盐指数考核样和悬浮物、六价铬、总汞、总砷实样比对），结果均为满意。11月19日，通过杭州市环境监测系统体系交叉检查。10月29日，浙江省生态环境厅组织开展全省生态环境监测专业技术人员理论比武，由新区环境监测站参赛的杭州市代表队获评团体一等奖，新区环境监测站1人获评个人三等奖。

新区生态能源循环利用实践基地　（新区融媒体中心　供稿）

**【水环境监测】** 2020年，新区监测地表水断面308个，其中下沙区域39个，包括1个湖泊断面、3个闸站和35个河道断面。江东区域269个，包括2个湖泊断面、7个闸站和260个河道断面。监测指标主要为pH值、溶解氧、氨氮、总磷、高锰酸盐指数等。根据全年监测数据，地表水断面平均水质符合II类水质断面3个，占比1.0%；符合III类水质断面43个，占比14.0%；符合IV类水质断面56个，占比18.2%；符合V类水质断面111个，占比36.0%；劣于V类水质断面95个，占比30.8%。满足水环境功能区目标水质要求断面213个，占比69.2%。全年平均水质符合I～III类断面占比14.9%，劣于V类水质占比30.8%，整体水质状况为中度污染，主要污染物项目为氨氮和总磷。新区地表水水质类别与上年保持一致，均符合V类水质。其中：总磷平均浓度为0.34毫克/升，比上年上升10.8%；高锰酸盐指数平均浓度为6.0毫克/升，与上年保持一致；氨氮平均浓度1.13毫克/升，比上年下降3.4%。全区地表水水质主要污染物总磷和氨氮的断面超标率分别为27.6%和5.5%（以V类水质标准评价）。

**【环境空气监测】** 2020年，新区设有3个环境空气质量自动监测站点，分别为浙江理工大学国控站（以下简称理工站）、临江站和九中站。环境空气质量情况分析主要以理工站数据为基础，临江站和九中站数据作为参考。理工站数据显示新区环境空气质量有效监测天数356天，优良天数323天，比上年增加63天；优良率90.7%，比上年上升18.3个百分点。环境空气质量指数级别以二级为主，占有效监测天数的67.4%。新区全年空气质量优良率最高的为2月、3月和11月，优良率均为100%，优良率最低月份为12月，优良率为77.4%；全年出现空气污染33天次，其中轻度污染占90.9%、中度污染占9.1%。（陆肖栋）

## 环保宣传教育

**【环保校园创建】** 2020年12月，浙江省生态环境厅、省教育厅、省发展和改革委员会发布《关于命名浙江省第十批省级绿色学校的通知》，命名168所学校为浙江省第十批省级绿色学校，新区的钱江小学名列其中。12月，新区生态环境分局和教卫局联合开展区级“绿色学校（幼儿园）”评选活动。经综合评议，观澜小学、幸福河小学、义蓬第四小学、江潮幼儿园、学源幼儿园、江滨幼儿园、幸福河幼儿园、江东幼儿园、博雅幼儿园获评2020年新区“绿色学校（幼儿园）”。

**【环保主题宣传】** 2020年，新区以生物多样性日、世界环境日、浙江生态日为载体，开展生物多样性“云展览”。组织铲除“一枝黄花”志愿者行动。举办以参观钱塘生态公园和省级生态文明教育基地为主要内容的环保公众开放日活动，近30名热心市民代表参加。组织开展环保文艺演出进社区活动2场。开展环保知识有奖问答，组织第二届钱塘新区中小学环保主题绘画比赛，收到30多所中小学的500多幅作品，培养中小学生生态环保意识。通过报刊和微信等媒体，宣传生态环保。“钱塘生态环境”微信公众号综合影响力在全省80多个单位中排名21位。全年累计通过媒体发表环保宣传与科普文章120多篇，其中国家级3篇、省级16篇、市级19篇。（韩　涛）

责任编辑　周　丹

# 城市综合管理

## 土地利用管理

【概况】 2020年，新区规划和自然资源分局组件上报农转用项目95个，涉及新增建设用地346.54公顷，报批执行率100%。整治低效工业用地，梳理排摸出低效用地企业200多个。成立工作领导小组，制定清理整治行动方案和低效工业用地整治考核细则，明确整治范围、整治措施、行动计划、保障措施。全年收回低效企业用地25宗、面积164.47公顷；推进低效企业再开工用地21宗，面积66.6公顷；促成低效用地转让4宗，面积22.2公顷，盘活工业用地总量253.27公顷。开展全域土地综合整治，完成河庄街道江东村等村耕地质量提升项目（含“旱地改水田”）、新围村、文伟村建设用地复垦项目等4个土地整治项目验收，累计垦造新增耕地13.4公顷、“旱地改水田”6.73公顷，耕地质量提升78.33公顷，农村建设用地复垦20.53公顷。完成河庄街道全域土地综合整治，农用地整治总规模120公顷，建设用地整治总规模40.13公顷，农村道路修建76.68千米，河道整治18.78千米，对420户农户开展庭院整治和庭院绿化工程，项目区域内形成完整的农村道路系统，成为浙江省首个完成区市两级整体验收的全域整治生态修复项目。

2020年8月13日，副市长、新区党工委书记柯吉欣（右二）专题调研新区城市环境提升工作 （柯　荣　供稿）

【土地征用与管理】 2020年，根据新征地程序要求，新区完成艮山东路东延等94个建设项目征地工作，涉及土地面积402.27公顷，推进金鱼、中通、欧亚等重大产业项目落地，相关“飞地”征地工作完成。试点“一地一码”协同服务平台（从项目生成、审批、验收、登记到监管全生命周期的多部门协同服务平台），结合数字化改革，制定新区试点实施方案，梳理责任清单，构建“基础数据一张图”，包含现状与规划叠加的28张底图，涵盖12个业务条线、17个控制性规划单元；编制“一块土地码底板”，包含2600多个地块信息；归集“一批审批项目资料”，涵盖新建、在建、扩建等24个工业地块信息；实现“统筹管理一张图”，建立规划编制的统筹管理机制，实现年度任务一盘棋布局、编审过程一体化管理、共享成果动态化利用；实现“协同服务一条链”，试点后审批材料精简80%、审批环节精简62%、审批时间精简71%；实现“登记办证一个码”，不动产登记开启“一码申请，一码归集，一码服务”的新模式，工业企业项目实现快速办理。深化不动产登记“一窗受理”，全年窗口受理不动产登记业务1.97万件；发放不动产权证书8904本、不动产登记证明8059份；完成权籍调查196件；用地复核验收51宗，出让土地首次转让审查7宗。

**【土地利用与供地创新】** 2020年，新区规划和自然资源分局完成119个建设项目用地预审；划拨供地69宗，面积261.88公顷；工业用地29宗，面积138.33公顷，其中创新型产业用地1宗，面积1.2公顷；出让经营性用地14宗，面积72.97公顷；盘活存量土地，消化利用批而未供土地358.33公顷，消化供而未用土地516.73公顷，完成低效用地利用236.8公顷，盘活存量土地86.8公顷，处置闲置土地35.13公顷。创新供地方式，优化供地流程，首次实现工业用地出让合同“云签约”，实现线上供地；采用“云签约”“云供地”新模式，为杭州启昊新能源科技发展有限公司等2个企业办理供地手续。8月，为确保重大项目早开工、早建设、早运营，新区规划和自然资源分局通过方案审查前置、多部门联动审批、专题协调等举措，让杭州创威实业股份有限公司等企业实现“拿地即开工”。开启“交地即发证”不动产登记模式，通过制定标准、环节通办、全流程监管，为临江高科园的杭州创威实业股份有限公司颁发新区首本“交地即发证”的不动产权证书。创威项目7月23日摘牌，8月21日临江高科园与杭州创威实业股份有限公司签订地块交地确认书，新区规划和自然资源分局随即颁发土地证，8月24日新区行政审批局颁发施工许可证，从土地摘牌到拿到土地证和施工许可证仅用20个工作日。

**【土地执法监察】** 2020年，新区规划和自然资源分局牵头开展农村乱占耕地建房行为排查，对2013年1月1日以来占用耕地建设且无合法合规用地手续的房屋进行排摸。完成上级下发的1.69万个图斑和7个信访线索的排摸、核实。开展土地督察专项整治，成立专项工作小组，制定工作方案，完成土地整改57宗。组织开展卫星图片执法，全年开展部级卫星图片遥感3次，对92个图斑开展外业调查和内业研判。开展日常执法巡查，全年巡查300多次，发放违法行为通知书20多份。

**▸▸资料：图斑**

以1：10000地形图作为工作底图，将地貌、土地利用类型基本相同，水土流失类型基本一致的土地单元（地块）分为一类，以其为基础调查单元，然后将单元勾绘到地形图上成为图斑。（图上最小图斑面积不小于0.5厘米，实地面积0.5千米；最大不超过50厘米，实地面积50千米）图像分割或者矢量图套合，将整个影像划分成若干个小的区域，这样的区域一般叫作图斑或者像斑。或者是单一地类地块，以及本行政界线，土地权属界线或线状地物分割的单一地类地块称为图斑。

（苗　婧）

## 建设协调管理

**【概况】** 2020年，新区建设局立足“统筹、协调、服务、管理、监督”五大职能，创新工作机制，强化服务质效，推动扩投资攻坚、工地质量安全监管、建设领域环境提升。加强前期管控，推动政府投资建设项目前期审批改革，成立前期工作专家小组，分组实行项目领办制，对项目目标定位、功能规模、投资效益等进行把控。项目前期审批时间压缩约25%，计划执行率提升20%。优化招投标管理，启用网上“不见面”开标和异地远程评标，创新应用“招标备案手”App，实现全流程电子化招投标全行业覆盖。强化项目协调，建立政府投资项目周例会、月通报、年考核机制，动态监控项目建设进度，强化项目协调“四级联动”，及时协调解决重大难题。落实房产管理，打破房管、物业、住保科室界线，实现房产监督、物业管理、住房保障等多个事项“立等办”“立等取”，调整预售证审批模式为“线上+线下”，全市首例二手房自助“云签约”在新区实施；系统梳理省、市、区重点工作及考核任务305项，将责任细化到科室、任务落实到人，出台综合考评制度。

**【住建交通环境提升】** 2020年，新区建设局推动工程质量安全监管力量下沉，协助属地街道开展工地环境网格化管理。组建7个督查小组，开展“双随机”检查8次，开展工地扬尘等突击检查12次；予以曝光和通报5期，对12个项目给予行政处罚，对73个企业给予信用扣分，处理结果与房产预售、企业资质、招投标等挂钩联动。集中整治江东大道、河庄大道等主要路段环境，完成江东一路、江东三路等公路两侧

“抛荒地”整治。推进绿道建设，开工项目7个，长度20.7千米，完工项目5个，长度17.8千米。推进老旧小区改造，河庄街道钱民花苑小区改革获评2019年度杭州市老旧小区改造样板案例，2个老旧小区改造项目完工。做好“四好农村路”建设，完成110条低等级道路提升，“四好农村路”首个三年行动计划完成。推进系列“美丽创建”，通过“基本无违建区”创建省级验收，前进街道获评新时代美丽城镇建设省级样板，义蓬街道获评新时代美丽城镇建设基本达标乡镇。

**【建设行业监督管理】** 2020年，新区建设局加强工程质量安全监督，对62个施工企业信用扣分100分，对48个监理企业信用扣分77分，对26名项目经理信用扣分61分，对22名总监信用扣分46分。加大行政处罚，全年完成立案32起，结案39起，处罚金额509万元。完成经开区检察院移交转包案件7个，五年前的3起行政复议积案得到化解。强化招投标领域管理，排查涉嫌串通投标项目6个、企业12个，落实行政处罚企业4个，涉及人员7人，罚款金额约140万元。开展住房租赁市场专项整治，根据风险等级规范一批、整改一批、淘汰一批，组织核查629个租赁企业，对60多个高风险企业通过约谈整改督促规范。加强危货运输管理，开展道路危货运输安全“雷霆整治”，清理整顿“挂靠”车辆151辆，清退违章严重从业人员、资质存疑人员7人。（罗依莲）

## 城管综合执法

**【概况】** 2020年，新区综合行政执法局参与新冠肺炎疫情防控，建立医疗废弃物清运专线4条，对隔离观察点清运2000多次，清运医疗危险废物46.25吨，对公共场所实行消杀5.3万次，取缔活禽交易点位11处。完成520多千米雨污水管道清淤疏浚，道路路面修缮19.4万平方米。完成桥梁常规检测274座、结构性检测41座，开展管道应急抢修88处，发现并排除隐患30多处。完成交通安全隐患点整治93处。强化河道监管，整改河道污染源125个，实施聚首河、金沙渠清淤工程，完成3.6万立方米的年度清淤量。完成下沙片区1号渠等24条乡镇级河道的管理范围划界，划界长度69.81千米，并埋设河道界桩和公告牌。办好民生实事，实施道路暗区盲点改造2条，完成积水点改造24处，公厕提升改造6座，新增设置停车泊位590个，首批推出“绿色停车位”8处，实施高层小区二次供水改造5个，新增垂钓点30处。2号大街、江东一路（长五线至青六北线）、沿江景观公园（东区三标）等入选省城建系统荣誉榜。开展执法检查，查处行政案件4.46万件，受理群众信访投诉6612件。开展“美丽河道”创建，新区临江护塘河获“浙江省美丽河道”称号，松乔河、5号渠获“杭州市美丽河道”称号。响应杭州“美丽大花园”建设，建设绿化景观小品。河庄街道市民公园国庆立体花坛“鹤舞钱塘”、江东大道梅林大道西北角五一自然花境“花之锦缎”、4号大街5号大街交汇处东南角春节环境小品“钱塘新岁”，分获杭州市节日花卉立体花坛一等奖、自然花境二等奖和春节环境小品三等奖。

**【综合行政执法改革】** 2020年，新区综合行政执法局7次与省、市综合执法部门开展对接，8次组织赴下城区、桐庐县、嘉善县和义乌市等地考察学习，与相关街道、部门对接沟通，制定完成白杨、义蓬两个街道基层执法改革方案。7月，白杨街道和义蓬街道综合行政执法队分别挂牌成立，两支队伍分别承接综合行政执法局、社会发展局、教育与卫生健康局等8个职能部门的行政执法职权，综合行政执法局分别转隶执法队员33人和16人，划转执法事项743项和755项，该项改革被纳入省级基层综合行政执法改革试点。推进电力执法改革，成立杭州市首个区县级电力行政执法办公室，填补新区电力行政执法空白。完成交通运输综合行政执法体制调整，将道路交通运输方面的260多项执法事项纳入综合行政执法。

2020年7月22日，新区义蓬街道综合行政执法队揭牌成立　（柯　荣　供稿）

**【城市环境提升推进】** 2020年，新区综合行政执法局牵头组建专班，推进新区环境综合提升工作，印发《新区环境综合提升工作行动方案》，实施“城市环境大整治、城市面貌大提升”集中攻坚行动。建立周例会机制，每周对各部门、街道的整治工作情况进行通报。建立问题整改督查考核机制，实行“排查—交办—整改—督查—复核—考评”闭环管理。建立攻坚现场办公机制，组织相关部门就江东大道、之江路桥下段、青六路两侧等环境问题召开现场会16次。全年累计排摸问题23万个，整改率99%。与中国美术学院、上海同济建筑设计研究院对接，研究景观提升项目方案，推进入城门户、主要道路及重点区域的景观提升工程。城市重要节点亮灯工程、德胜路北侧、区口广场、绕城南景观提升项目等8个项目开工建设，大创小镇区域及周边6号大街、23号大街等景观提升项目初步设计方案评审完成。投入资金4000多万元，将高沙小区东北侧闲置荒地改造成公园式停车场，郎轩、云水苑、多蓝水岸等小区门前建起公示栏，前新福苑周边困扰多年的道路铺装下沉、破损等老百姓关注的热难点问题获整改提升。

**【区容序化整治】** 2020年，新区综合行政执法局开展“三车”（违停车辆、共享单车、“僵尸车”）整治，提升新区市容面貌。对违停车辆采取堵疏结合，做好人行道违停执法贴单，对人行道和绿地机动车违停加强管理。盘活停车场库，保障场库周边机动车辆停车需求，减少违停现象。开展共享单车“清废行动”，累计减量共享单车和共享电动车4.6万辆次，开展“僵尸车”查处，累计排查发现疑似“僵尸车”296辆，移除“僵尸车”257辆。整治地铁站周边、主要商业区等区域的流动摊点、占道修车、占道洗车、笃牌灯箱、店外摆卖物品等占道经营和乱摆泔水桶、拖把及晾晒衣物、被褥等影响市容市貌的行为，排查发现问题3536个并加以整改。开展“牛皮癣”张贴专项治理20多次，约谈非法张贴单位1840个次，查处非法张贴案件407起，移送治安拘留1人。拆除违规广告横幅，拟定重点管控道路和严管点位，拆除横幅广告331条。出动人员897人次，劝导户外垂钓和非法网渔人员1041人次。禁渔期间，出动人员1000人次，教育劝导沿江非法捕捞人员120人次，暂扣密网106张，取缔非法捕捞2起，没收非法捕捞船只3艘、电鱼工具2套，联合经开区检察院办理公益诉讼案件3起，追偿公益赔偿金6100元。

2020年9月17日，新区市政管养工人在清理路面积水　　（郑舒影　摄）

**【渣土消纳管理】** 2020年，新区综合行政执法局完善渣土管理制度，制定《杭州钱塘新区工程渣土管理办法》《渣土消纳场地标准化管理细则》《规范新区工程渣土类违法行为查处工作指导意见》等文件，明确渣土消纳场地建设、运营、环保、行政处罚等管理标准。全年办理工程渣土处置证397件、工程渣土准运证99件，均实现即事即办。开展渣土“清尘”专项整治，累计出动人员6501人次，检查建设工地7006次、消纳场地2589次、工程车1.27万辆次，立案查处328件。

**【“群智城管”系统建设启动】** 2020年，新区综合行政执法局制定出台《推进新区“群智城管”发展三年行动方案（2020—2022）》，新区“群智城管”系统建设启动。年内，完成系统信息处置指挥中心的硬件装修、指挥大屏安装、大厅新家具采购等工作；对原下沙区域和江东区域已有的队伍管理系统、便捷泊车系统、渣土管控二期系统3个智慧应用系统从数据层面、网络层面和服务器层面统一融合；搭建“群智”专有云网络，完成规范化中队视频监控和执法记录仪建设，执法中队视联网设置到位，并接入信息处置中心专线。

**【餐饮油烟智慧监管系统获奖】** 2020年，新区综合行政执法局推广运用的餐饮油烟排放在线监测智能化管理系统获杭州市城管系统创新实践项目二等奖。该系统主要由餐饮油烟在线监测终端、云服务器、智管平台三部分组成，有170个在线监测终端分别安装在170个餐饮店的油烟管道上，通过云服务器，接入信息指挥中心“数字驾驶舱”进行集中管理。3名专职技术人员常驻综合行政执法局提供服务。系统终端采集风机状态、油烟净化器状态和油烟排放浓度数值、颗粒物排放数值、非甲烷总烃排放数值、温湿度数据等，通过无线实时传输到阿里云服务器，在线监测系统平台从中获取数据。该系统具备实时数据监测、统计分析、地图导航、报警、数据查询等功能。

**【临江护塘河获评省级“美丽河道”】** 2020年12月，新区临江护塘河通过浙江省“美丽河道”现场验收，获评为省级“美丽河道”。临江护塘河位于新区白杨街道，毗邻钱塘江大堤，属大堤护塘河，西起七格渠，东至下沙闸，全长12.8千米，水域面积55.03万平方米。年初，新区综合行政执法局推进“美丽河湖”建设，编制临江护塘河“美丽河道”创建实施方案，通过设定目标、排定计划、分解任务、明确责任，部署推进创建工作。采取“控、治、修、建、调、优”等综合措施，完善和提升安全、生态、文化、管护、和谐等方面的管理机制，基本建成运行通畅、覆盖全面、管理高效、共管共享的河道管理体系。通过提升整治工程，将临江护塘河建设成为一条生态链聚集的绿道。（柯　荣）

## 垃圾分类处置

**【概况】** 2020年，新区完善垃圾分类体制机制建设，出台文件26份，覆盖前端分类、中端运输和内部管理体系，包含计划、检查、考核、资金等方面规范管理。推进垃圾分类定时定点工作，全区范围内统一垃圾分类定时定点指导意见，明确小区、机关事业单位及沿街店铺垃圾分类定时定点管理模式。年末新区有定时定点垃圾分类小区117个，生活小区均落实投放管理；推进商业街垃圾“定时定点”清运，覆盖率100%。推行智慧化农村垃圾分类44个，覆盖率74%，新区省、市两级示范小区累计126个，省、市两级示范村累计17个。建成中端运输现代化体系，推行“居非分离”双轨制清运模式。加大垃圾分类能力建设，推进固废处置项目，市属项目临江焚烧厂实现“六炉三机”建成投运，城东减量综合体建设完成；围绕垃圾控量减量，配建有害垃圾集置转运点1处，配置专用车辆，实行7天预约服务；配建园林废弃物资源化利用点1处、临时餐厨废弃物脱水点1处。强化生活垃圾控量减量，全年累计产生生活垃圾28.46万吨，日均产生垃圾量779.83吨，比上年下降6.7%；全年回收再生资源16万余吨，无害化处置率100%。

新区综合行政执法局信息指挥大厅　　（柯　荣　供稿）

**【垃圾清运新模式启用】** 2020年，新区调整生活垃圾清运体制，启动“政府引导、市场运作、居非分离、分级管理”体制新模式，通过市场化招投标的形式，建成“两级政府、三级管理”的垃圾清运社会治理体系，实现服务质量和清运效率的提升。针对不同类别垃圾，采取分类收费、居非分离的组合式清运框架体系，清运费由公共财政资金兜底。非居民生活垃圾清运费采取“谁产生、谁付费”方式，提高清运效率，降低财政成本。实行“街道为主”管理体系，从“区抓区管”转变成“区抓街管”，实现社会事务管理权限下沉。实行“两级合同”备案管理，街道与清运单位签订的协议报新区综合行政执法局备案并通过后，由该局对签订清运协议的车辆发放有效清运资格证，以便街道和综合行政执法局精准掌握垃圾产生量。借助智慧城市平台、治废平台和智能第三方平台，实现监管“智慧化”、调度“智慧化”、巡查“智慧化”。引入第三方测评系统，实现对清运情况和清运质量全程监管。8月起，新区生活垃圾分类清运全面覆盖，居民小区和工商企业垃圾产生量实现两连降，总体下降幅度逾13%。

**【建筑及装修垃圾管理】** 2020年，新区综合行政执法局牵头制定《新区建筑（装修）垃圾管理办法》《关于加强新区居（村）民装修垃圾收运处置管理的通知（试行）》等文件，对装修垃圾实行名录备案管理机制，通过招投标明确3个装修垃圾备案许可单位。按照“全覆盖、无死角”的要求，明确物业工作职责，从原先无序管理逐步调整归位，基本形成由政府主导、物业牵头的管理模式。至年末，新区有装修垃圾集中分拣点3处，处置场所总面积10.5万平方米，日处理能力900吨，全年收集处置建筑装修垃圾3.33万吨；小区特殊垃圾临时堆放点设置105处，覆盖率77%；建筑拆除垃圾资源化利用点1处，每日处理能力300吨。

义蓬街道江盛社区垃圾直运　　（柯　荣　供稿）

**【垃圾分类示范村（社区）创建】** 2020年，新区推进垃圾分类省级示范创建，以白杨、下沙两个街道为基础申报省级示范创建指标。落实主体责任，结合新区环境整治行动，加大省级示范创建提升力度，保障垃圾分类设施配置。全年累计召开例会20次，街道投入资金300多万元，成功创建省级示范小区7个、省级示范村2个。以大江东区域为主战场，将“垃圾分类”与“美丽乡村建设”相结合，示范村分类正确率94%。推进市级示范创建，全区7个街道申报市级示范小区创建意愿64个。至年末，辖区示范小区现场指导逾500次。全年新区完成市级示范小区创建42个、市级示范村创建15个、市级达标街道7个。（柯　荣）

**【江潮社区垃圾分类入选典型案例】** 2020年11月12日，新区白杨街道江潮社区垃圾分类模式入选中国城市环境卫生协会“2020年度环卫行业典型案例”。破解垃圾分类难题，择选保利·江语海小区试点，白杨街道江潮社区联动保利·江语海小区物业和业主委员会、垃圾分类第三方，创建“固定式+流动式+值守服务式”垃圾投放新模式。撤销垃圾桶合并投放点，江语海小区合并设立3个固定投放点，配备流动式垃圾投放车，专人值守指导垃圾分类。强化社区垃圾分类宣教，组建“暖心之家”党员志愿者工作室、居民“智囊团”、“绿马甲”志愿者队伍，宣传指导垃圾分类，提升居民垃圾分类投放意识，建设社区垃圾分类宣传教育实践基地。

（姜　晨）

## 五大市场管理

**【概况】** 新区五大市场区域位于德胜东路两侧，东至中心路、西至月雅河、南至金沙大道、北至余杭区接壤，区域内有金茂市场、瑞纺市场、东皇市场、银沙市场、恒大市场（包括浙宝城）。2020年4月，新区管委会成立五大市场管理办公室，为独立运行的临时机构，归口新区城市有机更新指挥部管理。五大市场地块因隶属关系，存在消防问题多、社会管理乱等问题，五大市场管理办公室与新区相关职能部门对接商讨，制定出台《消防安全工作制度》《特种设备安全工作制度》《道路交通安全工作制度》《危化品安全工作制度》《防汛抗台应急预案》《巡防管理制度》《巡防工作考评办法》等规章制度，通过建章立制加强对市场的统一管理，促进五大市场规范经营。

**【五大市场摸底调查与风险管控】** 2020年，新区五大市场管理办公室受管委会委托，完成区域56.66公顷土地的确权登记工作。开展五大市场详情调查，对各市场财务信息、投资业主、市场管理人员、租赁对象、经营商户、外来人员、安全设施设备等信息进行调查登记，摸清底数。8月，启动东皇市场处置社会风险评估调查，联系走访投资业主及相关单位，收集风险因素和意见建议。会同新区建设局、新区规划和自然资源分局等部门，研究讨论五大市场处置方案，供新区依法处置领导小组做参考。做好财务监管，依法处置实施之前，做好对五大市场的财务监管，确保市场资金安全和社会稳定。

**【市场区域安全整治】** 2020年，新区五大市场管理办公室围绕消防

2020年12月10日，新区五大市场管理办公室组织开展消防技能比武竞赛

（虞晓峰　供稿）

安全开展检查60多次，检查发现问题54项，发出整改通知书15份，完成问题整改48项，短期无法整改到位的均督促市场建立应急预案和长效管理制度。开展特种设备专项整治，组织专题培训1次、实施行政处罚2件，落实源头管控措施，确保特种设备作业安全。开展道路交通安全整治，联合新区交警大队开展为期3个月的环境交通综合整治行动，扣押违章电动车40多辆，处理骑电动车不佩戴头盔100多人，处理违法行驶和停放车辆30多辆。开展消防隐患挂牌整改，拆除瑞纺市场违章设置商铺68间，面积1156平方米。增设电动车充电桩83个、充电插座438个，核发电动车临时车牌300块。在道路4个主通道口设专人管控，在13个次通道进行物理隔离。

**【市场区域环境整治】** 2020年，根据新区环境综合整治需要，“五大市场”管理办公室牵头整治区域内市、区两级督办事项多处，主要有金沙大道绿化带土地裸露整治、月雅路路基塌陷整治、瑞纺市场临主要干道广告标牌违章摆放整治等。协调治理区域内三地交界黑臭河，清理完毕后通过验收。联合相关职能部门对市场内长期私搭乱建情况予以专项治理，解决占用消防通道、应急避难所、乱搭物流场地、私自破墙开店、私设广告、僵尸车、电动车无序停放等问题，并建立长效管理办法。开展环境自查自纠行动7次，针对市场乱设门头招牌、宣传横幅破损、私搭简易棚、卫生死角等环境问题，发出整改通知书14份。保障国家重点水利工程（运河二通道）建设用地，做好市场商铺搬迁、违建拆除和清理移交。配合城市大脑停车系统建设，完成5个市场的“先离场后付费”功能。

**【市场信访处理与安全管理】** 2020年，新区五大市场管理办公室重点做好信访工作，接待到访206人次，办理市长公开电话及网信件62件，处置聚集维权（恒大市场）1次，五大市场区域总体保持稳定。全年约谈五大市场负责人50多人次，就半年度返款、经营管理及业主反映强烈的问题等事项提出合理建议，指导市场妥善处理，督促市场落实主体责任。协调各市场与业主代表沟通协商半年度返款、利益分配等重大事项，引导双方求同存异，推动市场有序发展。做好情报信息预警，多渠道收集涉稳涉访苗头性、行动性信息，加强预测预判，全年上报预警信息24条，未发生群访和群体性事件。加强安全文明宣传，张挂安全宣传横幅110条、安全宣传海报30套，制作电动车戴头盔提示牌40块、文明宣传牌30块。组织消防安全管理和特种设备安全管理培训会3次，受训人员300人次。组织安全管理员进行消防实战演练，提升市场险情处置技巧及能力。开展技能比武，举办五大市场首届消防技能比武大赛，落实消防安全责任。（虞晓峰）

**责任编辑　黎洪正**

# 经济综合管理

## “十四五”规划编制

【概况】2020年，新区贯彻落实国家和省、市《十四五规划纲要（草案）》战略部署，开展国民经济和社会发展第十四个五年规划和二〇三五年远景目标纲要草案编制，把浙江省数字化改革精神贯穿于规划始终，梳理重大改革、重大政策、重大平台和重大项目，切实体现规划引领经济社会发展导向，保障规划可落地性。编制过程中坚持开门问策、集思广益，通过发布公告、实地调研、座谈交流等方式征求社会各界意见。

【新区“十四五”规划编制专题会议召开】2020年12月31日，新区召开“十四五”规划编制工作专题会议。会议围绕省、市决策部署要求及新区高质量发展三年行动计划，科学分析形势，树立目标导向，做好目标任务合理制定与科学分解，确保规划可操作、好执行、能落地。切实以规划引领新区经济社会高质量发展。把省、市决策部署与新区高质量发展结合，做好上下衔接、贯彻结合，找准工作着力点，创出新区特色。把新区“十四五”规划纲要与各条线专项规划结合，构建以规划纲要为统领、专项规划为支撑的统一规划体系。系统梳理盘点，挖掘优势，找准突破路径，加大外部协调对接力度，争取上级资源，谋深抓实具有引领性和突破性重大改革、重大政策、重大平台、重大项目。加强政府内部会商研判，鼓励群众和社会各界建言献策，凝聚多方智慧，共绘新区发展蓝图。分析研判和评估“十三五”发展取得成绩，梳理盘点各条线工作，明确目标、理清思路，为科学编制规划提供基础支撑。加强调查研究，把握发展大势，编制出符合上级精神、契合新区实际、顺应群众期盼的高质量规划。（蔡姣丽）

## 市场监督管理

【概况】2020年，杭州市市场监督管理局钱塘新区分局（简称新区市场监管分局）获市财政局专项资金2亿元，用于新冠肺炎疫情期间纾困直补符合条件的新区市场主体。截至8月14日，2.3万个市场主体提交补助申请，经审核通过9605个，其中小微企业6481个、个体工商户3124个，累计支付补助资金7104.8万元。落实新冠肺炎疫情防控要求，保障市民基本生活物资供应，2月13日起，推出个体户快速复业二维码，发布《关于新冠疫情防控期间个体工商户开业须知》，告知复业个体户防控措施和注意事项，符合条件的个体工商户通过扫描二维码在线填报复业申请信息后有序复业。通过在线申请复业个体户6145个，核查3492个，签订公示承诺书3492份。12月，参与起草的国家标准《跨境电子商务产业园服务规范》，经国家市场监督管理总局（国家标准化管理委员会）批准发布。

【涉企“观察期”监管模式实施】2020年，新区市场监管分局以“包容审慎”监管工作法，对新业态、新技术、新模式、新产业“四新经济”为代表的市场主体设置一定期限灵活监管，对纳入“观察期”的市场主体以行政提示、行政建议、行政约谈等柔性监管方式引导和督促企业诚信守法经营。贯彻“首违从轻、轻微免罚”原则，除涉及食品药品、特种设备、产品质量等违法外，根据违法行为性质、案件情节、主观恶性及危害后果等因素，在法定种类和法定幅度内适用较轻种类或选择法定幅度中较低部分予以处罚。对轻微违法行为告知承诺制，不予立案查处，指导市场主体自纠自改。以“检查+指导+培训”方式规范涉企检查，除“双随机一公开”检查外，所有涉企检查事先备案审批，未经备案审批不得开展检查。年内，发布“观察期”监管企业52个；出台相关指导意见和工作方案7个；从轻、免予处罚案件43件，开展行政指导企业20个次。

**【市场监管异常名录数字化改革】** 2020年，新区市场监管分局在杭州市试点开展经营异常名录数字化改革，通过建立“经营异常名录管理标准化+异常移出企业自我守信承诺+证明材料多平台大数据共享+查实程序区块链技术应用+双随机抽查事后跟踪”监管模式，实现经营异常名录“零跑、速移”流程。此举优化营商环境，有利于落实企业主体责任，减轻企业负担，提高信用监管治理。经营异常企业可通过国家企业信用信息公示系统（浙江）或关注“市监联连”微信公众号线上申请移出。全年新区市场监管分局受理经营异常企业网上移出申请471个次，办结移出204个。

**【国企物业房租减免】** 2020年新冠肺炎疫情防控期间，新区市场监管分局落实国有企业房屋租金减免政策，会同新区财政金融局、新区产业发展集团、东部城市建设投资集团、新区城市发展集团、新区建设投资集团制订减免方案，明确减免范围、标准、兑现程序、时间，帮助中小微企业、个体工商降低运营成本。2月中旬起，对涉及产业园区、写字楼、商业店铺130万平方米的物业排查免租名单。4月，通过房租缴款告知函减免承租企业2～3个月租金，个别签署补充协议延长2个月，或按程序退款。对存在转租的经营企业，要求提供减免租金必须落实到实际经营承租人的承诺书。对不符合减免政策的承租人做好政策解释。至4月15日，累计免除1284个承租户2～3个月租金6500万元，其中小微企业400万元、个体工商户500万元、其他企业5600万元。

（程甦超）

临江街道食品安全公示栏　　（陆　锋　供稿）

## 食品药品监管

**【概况】** 2020年，新区按照省、市市场监管局抽检分离改革试点工作要求，开展食品安全抽检分离试点。新区市场监管分局建立数据库，挂牌成立新区食品安全抽样队。按照省局抽检“背靠背”要求，制订抽检任务方案和食品安全抽样流程图、食品安全抽样制度，建立信息互通机制，在“互联网+监管”执法平台随机确定抽样执法人员和被抽样场所。创新抽检模式，组建130人抽样队，实行“2+1+X”（“2”为双随机产生执法人员、“1”为分局抽样队人员或检验机构专业人员、“X”为街道食安办工作人员等）抽检模式，实现食品专业抽样与百姓食品安全需求无缝对接。全年开展15次试点采样，抽检对象涵盖食用农产品、粮食加工品、蔬菜制品、方便食品、冷冻水产品、冷冻畜禽肉等15个大类、329批次，完成率165%。

**【进口冷链食品集中监管仓建成】** 2020年，新区市场监管分局防范新冠肺炎疫情境外输入，牵头落实进口冷链食品集中监管仓建设。根据制定集中监管仓改造方案，将公共集中监管仓设在普洛斯物流园内的中外运普菲斯物流（上海）有限公司冷库，按照建设标准设置入仓查验区、车辆外部消毒区、采样区、检测区、卸货区、消毒区、赋码区、冷库区、出库区、医疗废弃物暂存室、消毒和采样物资仓库等功能区，其中检测区设置全省惟一方舱移动核酸检测室，于12月26日改造建成并投用。至年末，进口冷链食品入仓9批次、91.1吨，待入仓2批次、24.5吨。

**【智慧监管助力食品安全】** 2020年，新区市场监管分局运用数字赋能，引进“线下”第三方社会化专业监管，结合“线上”大数据信息化技术、“AI”人工智能技术和“IOT”智慧物联技术，打造食品安全智慧监管平台，解决监管任务繁重与监管力量薄弱、监管专业度高与监管能力不足、政府监管升级与主体意识不强“三大矛盾”。对临江街道集镇区域93个餐饮单位覆盖检查并安装智慧物联设备，排查471个次，发现安全隐患929个，责令整改910个，整改率98%。开设食品安全知识“微课堂”，培训14次。

**【7个街道食安办获评省三星级标准】** 2020年，新区市场监管分局根据《浙江省食品安全委员会办公室关于印发浙江省乡镇（街道）食安办分类管理指导意见的通知》，推动食品安全监管和提升工作，1月以来，杭州市与新区两级食品安全委员会办公室对新区各街道食安办进行资格审查和现场评价考核，下沙街道、白杨街道、河庄街道、义蓬街道、新湾街道、临江街道、前进街道食安办评定结果均达到浙江省三星级乡镇（街道）食安办要求，被命名为“浙江省三星级乡镇（街道）食安办”。

**【4个企业试点实施医疗器械唯一标识】** 2020年8月24—25日，浙江省医疗器械唯一标识（简称UDI）实施工作现场推进会在新区召开。新区4个第三类医疗器械生产企业的11个产品试点实施浙江省第一批医疗器械唯一标识，实施率占全省30%以上。医疗器械唯一标识是医疗器械产品电子身份证，通过建立UDI系统，提高企业信息化管理，实现医疗器械供应链透明化、可视化、智能化，构建医疗器械监管大数据，实现医疗器械来源可查、去向可追，加强医疗器械全生命周期管理。

**【“药知道”医疗服务平台推行】** 2020年，新区市场监管分局在新区药店推行“药知道”24小时医疗服务平台。居民购药时手机微信扫一扫相应药品货架价签二维码进入用药指导小程序页面，点击“药品视频”即可观看包含药品基本分类介绍、药品主要成分、主要适应症、用法用量、使用注意事项、常见搭配、相关饮食运动指导和相关用药问题科普。设置“我的”小程序扫一扫“69码”（条形码）即可获取用药知识。全年“药知道”平台制作800多品种、3000多种药品视频，服务用药人群5000多次。

**【医用口罩生产企业解困】** 2020年，新区市场监管分局针对辖区内生产医用口罩的企业组织线上培训，指导应急口罩医用资质审批流程、生产质量管理规范、技术审查指导原则、产品质量控制等内容，指导药械企业按标准转产获取医用资质。上门开展技术指导、生产车间设计方案指导、相关政策答疑。与省、市市场监管局协调，加速企业应急审批申报流程，解决企业在注册、生产中面临的困难，开展上门服务企业11个，解决困难50项。4月，杭州恩格生物医疗科技有限公司取得一次性使用医用口罩应急注册证、应急生产许可证，成为新区首家具备一次性医用口罩应急生产资质企业。

## 质量技术监督

**【概况】** 2020年，新区强化质量技术监督力度，推进新区品牌建设，全年新增“浙江制造”品字标认证企业8个，15个企业获16本“浙江制造”品字标证书。建立科学培育梯队，以规模以上企业工业为主，建立“提升、发动、冲刺”三级阶梯培育库，培育重点企业80个，覆盖新区高端装备、新材料等行业。强化激励引导，落实兑现2019年度品字标认证企业奖励资金100万元。坚持“闭环管理、溯源倒查、滚动推进、强化规范”方针，落实全省冷链食品追溯系统管理。成立新区新冠肺炎疫情防控高风险冷链食品“物防”工作专班，建立工作机制，全年激活冷链经营主体144个，累计溯源码数3.51万个、入库产品5.22万件，出库2.7万件。杭州恒大国际建材家居博览中心和幸福南路农贸市场改造工程通过浙江省市场监督局验收，被列为首批“五化”（便利化、智慧化、人性化、特色化、规范化）市场提升单位。其中杭州恒大国际建材家居博览中心被推荐为省级10月改革亮点项目。经杭州市市场监督管理局、杭州市教育局认定，杭州九阳小家电有限公司、杭州龚老汉有限公司获批“杭州市中小学质量教育社会实践基地”。

**【新区质量技术监管协会成立】** 2020年12月1日，新区召开质量技术监督暨第一届会员代表大会，选举出质量技术监督协会会长、秘书长、副会长单位及理事单位。首届会员吸纳浙江西子势必锐航空工业有限公司等37个企业，覆盖新区航空航天、高端装备、食品药品等领域。该协会成立为企业搭建起沟通、交流、学习的平台，同时为企事业单位提供质量技术监督管理和技术方面咨询与服务。

**【评估审查】** 2020年，新区市场监管分局委托浙江理工大学制定市场准入、产业发展、招商引资、招标投标、政府采购、经营行为规范、资质标准等涉及市场主体经济活动的文件，引入第三方专业评估机构，对2017年1月至2020年6月期间排除和限制竞争行为的16个市场主

2020年11月1日，全国第七次人口普查入户登记启动。图为白杨街道伊萨卡社区普查员入户登记（方　波　摄）

体、216份政府文件进行预防性审查，其中5个单位、16份政策措施涉嫌违反公平竞争审查标准。评估情况形成《新区2020年公平竞争审查工作白皮书》。邀请行政反垄断专家开展业务培训2次，召开联席工作会议3次，对11个部门、30多项公平竞争审查问题进行指导。联合新区司法局（法制办）建立审查联动机制，会同政策起草部门对155份政策文件"体检"把关，提供协查意见，其中废止21件、修订1件、优化调整限制竞争行为5件。（程甦超）

## 统　计

**【概况】** 2020年，新区经发科技局（统计局）推进企业复工复产、"六稳六保"，建立统计分析监测制度。全年提交统计分析报告58篇，其中领导批示10篇次。组织实施国民经济各行业及基本单位、投资消费、人口就业、社会发展、科技创新、能源资源、互联网经济等领域常规统计调查，修订完善专业数据质量管控办法，明确数据质量闭环式管控流程。健全基层统计工作网络建设，实施统计对象管理体制改革，完善培训机制，全年举办培训40多次，培训政府统计人员300多人次、企业统计人员6457人次。开展统计"双随机"抽查，检查各类企业87个、"点对点"统计普法教育8500多人次。做好第四次全国经济普查和第七次全国人口普查，被浙江省政府经济普查领导小组评定为全省经济普查先进集体。"最多报一次"试点改革获评浙江省"钱塘样板"。（金升杰）

**【国家级开发区综合考评】** 2020年，新区经发科技局（统计局）牵头开展新区2019年度国家级开发区综合考评，组织召开辖区11个部门和配套单位综合考评工作动员会议，专题部署综合考评相关工作任务，综合考评工作中反映开新区经济社会发展全貌。在商务部组织的2020年全国国家级开发区综合发展水平考核评价结果中，新区位列第10名。在省商务厅组织的2019年度国家级开发区综合评价结果中，新区位列第1名。（鲍承君）

**【新区全国第七次人口普查】** 2020年，新区经发科技局（统计局）按照杭州市普查领导小组统一部署，实施新区全国第七次人口普查。3—7月，两次召开人口普查领导小组会议，印发《关于做好新区第七次人口普查经费保障工作的通知》《第七次人口普查应急工作预案》《第七次人口普查宣传工作方案》。组织新区划区绘图工作，对4014名普查工作员进行选聘和培训，普查工作显示，新区7个街道111个村（社区）常住人口76.92万人，家庭户22.28万户，集体户8.4万户，男女性别比为119.14。（骆金伟）

**【统计普法宣传教育】** 2020年，新区经发科技局（统计局）按照年报培训和业务培训"逢会必讲法"原则，累计举办统计培训20期，培训企业1500个，培训统计人员1600多人次。结合"12·4"国家宪法日和"12·8"《中华人民共和国统计法》颁布纪念日等重点宣传日，制作200份统计知识宣传漫画海报，依托公众号等新媒体平台，在7个街道、6个产业平台设点宣传，提高公众知晓率。（鲍承君）

**责任编辑　高骏森**

# 公共安全管理

## 应急救援

【应急管理机制构建】2020年，新区应急管理局围绕构建“大应急、大安全、大减灾”工作体系和机制，强化应急管理举措，推动应急管理体系和能力现代化。全年新区发生生产安全亡人事故7起，死亡7人，比上年（11起11人）下降36.4%。其中：道路运输领域发生事故5起，死亡5人；工商贸领域事故2起，死亡2人。落实责任体系，新区党工委、管委会专题研究安全生产工作4次，研究解决难点问题13个。委主要领导和分管领导带队开展春节、“五一”国际劳动节、国庆等重大节假日安全生产检查82次，召开新区安全生产会议55场次，其中组织参加国家、省、市有关安全生产视频会议23场次，召开安全生产会议27场次，安全生产综合治理专班、专项会议5场次。

【安全生产责任书签订】2020年，新区强化各级安全生产主体责任，管委会主任与各负有安全生产监管职责的分管副主任签订安全生产责任书，完成36个部门、街道、单位的安全生产责任书签订。厘清行业监管部门安全生产监管职责，推动督办交办各行业监管部门任务单19份，完成新区20个重点行业、领域场所1700多个重点单位的安全生产监管责任网格。组织自然灾害风险会商研判14次，启动Ⅳ级应急响应2次，Ⅲ级、Ⅱ级和Ⅰ级应急响应各1次。

【应急数字化管理】2020年，新区依托省、市专业系统和互联网等资源，推动安全监管、应急救援、防灾减灾信息融合，构建新区应急管理“一张网”。初步建成智慧安全与应急一体化管理平台，新区相关重大危险源企业接入视频信号337个，温度、压力、液位等监测信号395路，实现重大危险源监测监控信息接入全覆盖。对危化品运输进出口主要道路视频数据进行整合。完成危化重点企业三维倾斜建模，并导入平台进行深化运用开发，为监

2020年9月24日，全国危化品重点县专家指导服务组对新区企业杭州科利化工有限公司开展“回头看”检查（梁前辉 摄）

管人员提供数据支撑和决策参考。完成相关危化重点企业"智能化二道门2.0版本"建设，提升风险管控能力和精细化安全管理水平。推进应急救援精准化，利用事故信息、物资数据、现代信息技术，实现应急救援闭环管理。

## 安全生产监管

**【安全生产风险防控】** 2020年，新区应急管理局按照《新区安全生产专项整治三年行动计划》安排，针对危化品、工贸等重点领域开展安全大排查，围绕小微企业、非法"小化工"、"6·13"安全生产事故、高温熔融作业企业等开展专项整治14次。新区出动工作人员4200多人次，检查企业（场所）1.38万个次，排查消除隐患3.3万条。组织开展区级隐患暗访曝光督办11次，发放交办单271份，完成整改隐患1232个；督促完成省、市、新区三级挂牌督办企业（点位）整改14个。开展安全执法检查，全年累计立案209件，罚款535.13万元。推进风险管控体系建设，1209个企业完成创建。加强安全生产社会化服务，7名常驻专家检查企业1277个，完成"双随机"执法检查234个，排查隐患1914条。新增安全责任险参保企业235个，累计在保企业426个，保障职工3.2万人，累计保费金额1549.3万元。

**【化工园区规范化管控】** 2020年，新区应急管理局制定《临江高新技术产业开发区新材料产业园化工行业安全发展规划（2020—2025）》，出具《临江高新技术产业开发区新材料产业园区域安全风险评估报告》，为园区建设发展提供技术支撑。制定《新区化工产业本质安全提升实施方案》《新区化工产业本质安全提升标准细则》，从10个方面对本质安全提升标准进行细化。根据《新区危险化学品安全专项整治三年行动实施方案》，对危化企业重点工作任务实行督导。制定《新区危险化学品企业安全管理动态指数管理办法（试行）》，对危化重点企业实行动态指数分级管理。至年末，完成两轮国家危险化学品重点县专家指导服务，以及检查企业、整改隐患工作；依托中国化学品安全协会常驻专家对重点危化企业开展深度检查，完成隐患排查整改；联合新区消防救援大队对重大危险源企业开展两轮检查，排查整改问题隐患；推动相关危化企业特殊作业第三方协管服务全覆盖，7名常驻专家现场协管作业票1.82万张，发现隐患5499个，纠正违章2329人次。

（梁前辉）

2020年11月9日，新区"钱塘杯"企业员工应急技能比武暨"11·9"消防宣传月启动仪式在浙江传化公路港物流发展有限公司举行　（梁前辉　摄）

## 消防安全

**【消防救援与火灾防控】** 2020年，新区消防救援大队所属消防救援站接处警1262起，出动车辆2293车次，出动警力1.47万人次，抢救疏散被困群众263人，抢救保护财产价值约117.6万元。至年末，完成实战化熟悉情况280次、实战化演练266次。加强火灾防控，新区将111个居住小区"生命通道"专项工作、44个社区微型消防站统一调度纳入区级民生实事。将消防安全工作纳入管委会每月平安督导检查。落实"每周一部署一汇总、每月一分析一通报"规范运作。结合"消防安全三年翻身仗""安全生产专项整治三年行动"、平安建设等重点工作，发挥消防安全委员会平台统筹作用。以高层建筑、居住出租房、合用场所、老旧小区、小微企业、危化企业等领域作为整治重点难点，完成市级挂牌德信中外公寓、临江村出租房集中区域、区级挂牌欣康医院等重大火灾隐患单位整改；完成省级挂牌梦琴湾、区级火灾隐患重点区域"十六街区"及德信早城的隐患整改；推进五大市场、栋梁路"飞地"及高校小旅馆的隐患排查。至年末，新区消防救援大队检查单位1998个次，办理行政处罚214起，罚款145.99万元，临时查封34起，责令"三停"（停止施工、停止使用、停产停业）企业45个；受理信访案件227件，办理公众聚集场所投入使用营业前消防安全检查242个。

**【消防安全宣传】** 2020年，浙江省“11·9”宣传月活动启动仪式在新区举行。新区消防救援大队借助《钱江晚报》等媒体力量和微信公众号等新媒体平台，针对特殊时间节点和重特大火灾事故，扩充消防知识内容，创新宣传教育方式。走进102个高层住宅、老旧小区开展消防安全巡讲；对83名孤寡老人开展入户服务；推广消防安全蓝码4.34万个；完成2202名消防安全责任人和管理人、2319名企业重点岗位人员、2945名普通员工的培训；深入辖区企业、校园、综合体等开展消防培训156场。完成4个消防体验馆、7个社区消防宣传点提档升级任务。全年发送消防短信21.55万条、微信公众号300多条，印制、发放、张贴宣传资料5万余份。

**【消防机构布局调整】** 2020年3月17日，新区消防救援大队办公驻地由10号大街办公楼搬迁至七格路116号，与下沙消防救援站在同一营区办公，实行“两严两准”（严肃的纪律、严密的组织，准现役标准、准军事化标准）正规化建设。12月25日，新区消防救援大队元成消防救援站挂牌。该消防救援站规划占地面积8700平方米，建筑面积4000平方米，历时两年完成建设。新营房的启用，优化城区的消防救援布局，提升新区消防救援大队应急救援能力。（梅玲玲）

## 交通安全

**【交通整治与安全保障】** 2020年，新区公安分局围绕“安全、畅通、便民”的总目标和“事故下降、畅通提升”的工作目标，开展“五大治理”行动，实施“管理警务、实战警务、智慧警务、法制警务、民意警务”五大工程，完善交通安全防控治理体系。全年全口径交通事故死亡人数29人，比上年减少11人；交通事故警情4.61万起，下降5.5%。开展道路交通安全综合治理，通过“全局全警”上路整治、百日攻坚战、“奋战45天”守卫战等系列整治，以客运车辆、危化品运输车、工程车等为重点，打击严重交通违法行为。依托科技手段，查处违法鸣号、电动自行车违法、违法停车等交通乱象，增设违法鸣号“声呐电警”5套、物联网感知设备28路、违停抓拍球14个、高清卡口84套、电子警察193处。全年累计查处交通违法54万起，其中非机动车重点违法14.8万起，查获酒驾、醉驾809起。查扣违法车辆1.69万辆。排查重点车辆，完成工程车1493辆、危化品车274辆、大货车4276辆的建档工作。建档管理工程车企业96个、危化品运输企业9个、大型货运（物流）企业712个。

**【交通综合治理】** 2020年，新区公安分局结合新区物流园区多、运输从业人员多、货运车辆多等实情，探索物流园区综合治理，破解园区交通事故多发、主体责任落实难、机制规范缺失等问题。强化顶层设计、机制建设、标本兼治、宣传教育，推进建成“政府领导、交警主导、企业参与、责任落地”园区治理格局。建立工作机制，落实管控措施，压实工地管理责任，预防和减少重点车辆亡人事故。推动“三会一课”制度落实，要求工地落实管理；强化督查监管落地，借助“一码一图”数字化监管，实行赋色管理、精准治理；压实工地责任追究，联合城管、运管、安监等部门对建设工地开展联合检查。制定重点道路、综合体周边信号配时多套方案，及时调整卡口分流措施和勤务等级，区域高峰延误指数1.2，比上期下降0.5%；平均拥堵时长13.66，下降21%。制定《大学城北交通秩序综合治理方案》，贯通银海街，完善杭钢便道和高教园区快捷通道，诱导分流大学城北至主城区流量，缓解区域道路交通拥堵。在22号至24号大街设置夜间停车泊位540个。在市场、商场等停车需求大的重点区域，第一批设置的8个点位50个绿色泊位投入使用。利用全自动违停抓拍系统、电子警察抓拍系统等，提升对违法停车、货车闯禁区、违法变道、单行道逆行等主要交通违法的查处力度，全年非现场抓拍违停14万余起。

**【道路隐患治理】** 2020年，新区公安分局对辖区交通事故多发路段、公路急弯、临水等警告标志和安全防护设施缺失的路段，以及穿越人口聚集村庄公路安全隐患突出路段开展排查。推进斑马线安全隐患治理，对排查出的重点隐患及时抄告建设局等相关职能部门。至年末，排查隐患点位1982个并完成治理；排查T字路口斑马线49个点位，完善点位设施建设。对辖区工程车、大型货车经常右转弯路口进行排查治理，设置59个路口右转危险区232根右转警示柱等设施。

**【交通安全宣教】** 2020年，新区公安分局试点“交治合一”方式，提高处警效能。夯实基层基础，建设交通治理工作站36个，落实源头宣教及重点驾驶人训诫抄告制度。推动1168个小区、企业开展新冠肺炎疫情期间“守小门”行动，宣教受众48万人次。开展“一盔一带”“禁酒驾”“开车不用手机”等宣传和执法提示活动，加强驾驶电动自行车头盔佩戴劝导，实现驾驶人头盔佩戴率95%以上。

（倪高波）

## 防灾减灾

**【应急管理体系建设】** 2020年，新区应急管理局构建防汛防台工作会商、值班常态化沟通协调、应急物资协同保障、应急救援联动四大工作机制。完善应急救援体系，出台《新区应急物资储备管理办法》《关于加强应急救援队伍建设的实施意见》《新区防汛防台（抗雪防冻）指挥部工作规则》《新区防汛防台工作指南》《关于进一步加强防汛防台工作的若干意见的通知》等文件。新建避灾安置场所40个，规范化避灾安置场所累计94个，推动2个街道完成应急安全教育体验馆建设。加强应急队伍建设，7个街道有应急队伍，队员320人；112个村（社区）有116支应急队伍，队员2208人；街道和村（社区）建立灾害信息员队伍，有队员227人；培育扶持社会公益应急救援队伍，建立专家指导团队；统筹建立市政工程、水电气15支队伍应急联动机制。应对超长梅汛、“黑格比”台风、“新安江九孔泄洪”及寒潮冰冻等情况，落实值班4800多人次，开展巡查检查2.93万人次，出动车辆4618台次，使用抽水泵372台、移动排涝车2辆，排查整改隐患129个，清除积水点1929个。

**【安全应急培训】** 2020年，新区应急管理局统筹推动安全生产、防灾减灾宣传活动300多场次，累计参加人数20多万人次。打造“钱塘安全大讲堂”应急文化品牌，招募公益讲师58名、安全生产志愿者100名，成立安全生产服务队4支。防灾减灾宣传周、“安全生产月”“安全生产万里行”和国际减灾日期间，举办防灾减灾网上知识竞答、安康杯安全生产知识竞赛、“安全生产大家谈”线上直播、安全隐患“云曝光”“小手送安全”等系列活动。开展企业百万员工安全大培训，线上线下累计培训7.7万人次。举办企业主要负责人、安管员培训16期，培训负责人582人、安管员1373人；特种作业人员培训6期，培训1200人。举办企业应急指挥骨干专题培训班，组织4次应急演练和第二届“钱塘杯”企业员工应急技能比武。做好应急管理政务信息报送，全年各媒体平台录用信息材料285篇，其中国家级3篇、省级53篇、市级79篇。（梁前辉）

**【防汛防灾】** 2020年汛期，新区农业水利发展服务中心落实46人，24小时值班掌握富春江水库、分水江水库下泻流量，每2小时将降雨量、水位、下泻流量等信息发送至杭州市水文站防汛指挥办公室。加强堤塘巡查，落实发电机2台、水泵6台、装载机2辆、吊机1辆、挖掘机3辆、草垫210捆、救援麻绳15捆、铁丝2000千克、铁锹500把、编织袋5万余只、防汛麻袋8万余只、土工布4800平方米。出动抢险人员34人，分别驻守4个管理点位，对55千米一线海塘及120千米二线、三线堤塘不间断巡查。受新安江水库大坝九孔泄洪影响，钱塘江禁航。新区农业水利发展服务中心出动巡查人员528人次，对一线海塘内坡护塘地、外坡、堤顶道路、抢险道路、河道及节制闸进行全面巡查，发送防灾预警2万余条。

**【水利工程“云招标”实施】** 2020年，新区改善水利工程营商环境，减轻投标企业负担，实现企业投标“跑零次”。新区农业水利发展服务中心对接相关单位，优化设计水利工程项目业务办理流程图，做好建设主体、施工单位、监理单位、代理单位业务技术培训。对招投标平台加强顶层设计，进行多轮系统联合测试和实操演练。6月3日，江东片区东线二线标准塘道路大修项目完成电子开评标。投标单位提前将投标文件上传系统，开标后招标人通过远程接入的省综合评标专家库，以电子评标系统在线评审，系统自动汇总评审结果，实现水利施工“电子投标、电子开标、电子评审”三位一体的“云招标”。

**【观潮节安全保障】** 2020年观潮节期间，新区农业水利发展服务中心联合新区公安分局、新区综合行政执法局等部门和各属地街道，对观潮安全重点区域加强防范。在一工段闸、四工段闸、外六工段闸、外八工段闸、外十工段闸、二十工段闸、东江闸、850盘头、猪头角和临江出海码头等观潮点落实专人值守，局部地区实施硬隔离；印制防潮安全手册10万册、海报4000张；在钱塘江一线设置宣传标语650条、大型宣传牌210块、小型警示牌480块、大型LED宣传屏3块、小型LED屏32块；出动工作人员1.2万人次、车辆710车次；劝阻下堤人员124人次，管理摊贩200多人次，清扫沿线江堤、道路300多千米。公安等部门搭建视频监控平台，首次采用无人机巡视和语音警示。其间，累计观潮人数36万余人次，最多一天22.5万人，未发生一起安全事故。（梅仁爱）

**责任编辑　周　丹　高骏森**

# 财政 · 金融 · 税务

## 财　政

**【概况】** 2020年，新区实现财政总收入190.3亿元，一般公共预算收入100.3亿元。一般公共预算收入规模居杭州市第6位，税收占一般公共预算收入比重为92.4%。全年新区土地出让金收入189.8亿元，执收非税收入6.88万笔、金额18.91亿元，获新增一般债券24.6亿元、再融资债券14.9亿元，一般公共预算支出125.1亿元，政府性基金预算支出133.2亿元。保障地铁、电力隧道、运河二通道等基础设施建设和环境整治38亿元，辖区交通道路项目建设5.3亿元；教育、文体、卫生等社会事业发展9.3亿元；住房安居工程2.1亿元，征地拆迁补偿资金、过渡费等41.25亿元；征地社保支出3.61亿元。

（史爱萍　费笑红　陆鹏飞）

**【社会事业财政支出保障】** 2020年，新区将教育作为财政支出重点领域适度超前保障，落实教育资金20亿元，比上年增长35%。完善教育保障机制，实行“分级管理、以区为主”的管理体制，由区级财政统一保障。筹措资金落实教师待遇补差，全年落实财政资金2.6亿元。保障新冠肺炎疫情防控物资，落实防疫物资采购、防疫人员补助、病区建设改造等资金5931万元；完善机制，牵头制定出台《关于全力保障疫情防控全面加强防疫经费和物资管理的通知》和《防控新型冠状病毒感染肺炎有关捐赠物资管理办法》，指导督促业务部门和街道加强疫情防控经费管理。保障乡村振兴，将农业农村作为财政支出的优先保障领域，全年落实涉农资金5亿元。理顺涉农资金管理，出台《关于建立涉农资金统筹整合机制的通知》，对行业内涉农资金进行整合，对行业间涉农资金进行统筹。

（汪丽景）

**【财政改革深化】** 2020年，新区财政金融局深化财政改革，落实中央“两直”（财政资金直达市县基

2020年11月5日，杭州银行钱塘支行召开“政银企”业务推动会。会上，新区产业集团、建投集团及城发集团分别与该支行签约　　（陈浩杰　摄）

## 2020年新区财政收支预算执行情况表

表11　　单位：万元

| 收入项目 | 2020年 | 2019年 | 增长率（%） | 支出项目 | 2020年 | 2019年 | 增长率（%） |
|---|---|---|---|---|---|---|---|
| 一般公共预算收入 | 1 003 047 | 1 057 592 | -5.2 | 一般公共预算支出 | 1 250 772 | 938 381 | 33.3 |
| 一.税收收入 | 926 383 | 967 118 | -4.2 | 一、一般公共服务 | 109 839 | 93 811 | 17.1 |
| 1.国内增值税 | 427 307 | 516 794 | -17.3 | 二、国防 | 127 | 150 | -15.3 |
| 其中：改征增值税 | 92 733 | 94 619 | -2.0 | 三、公共安全 | 61 468 | 61 201 | 0.4 |
| 2.企业所得税 | 216 220 | 199 897 | 8.2 | 四、教育 | 214 519 | 183 936 | 16.6 |
| 3.个人所得税 | 53 184 | 44 971 | 18.3 | 其中：教育费附加支出 | 0 | 1 493 | -100.0 |
| 4.城市维护建设税 | 72 677 | 84 205 | -13.7 | 五、科学技术 | 94 362 | 64 423 | 46.5 |
| 5.房产税 | 61 789 | 37 347 | 65.4 | 六、文化旅游体育与传媒 | 4 028 | 3 145 | 28.1 |
| 6.印花税 | 19 731 | 19 470 | 1.3 | 七、社会保障和就业 | 39 394 | 34 487 | 14.2 |
| 7.城镇土地使用税 | 14 507 | 6 155 | 135.7 | 八、卫生健康支出 | 29 399 | 70 715 | -58.4 |
| 8.土地增值税 | 59 038 | 56 347 | 4.8 | 九、节能环保 | 75 881 | 66 945 | 13.3 |
| 9.车船税 | 1 722 | 1 273 | 35.3 | 十、城乡社区 | 267 287 | 143 182 | 86.7 |
| 10.环境保护税 | 161 | 231 | -30.3 | 十一、农林水 | 41 045 | 25 113 | 63.4 |
| 11.其他税收 | 47 | 428 | -89.0 | 十二、交通运输 | 20 494 | 4 898 | 318.4 |
| 二、非税收入 | 76 664 | 90 474 | -15.3 | 十三、资源勘探工业信息等 | 188 106 | 122 797 | 53.2 |
| 1.专项收入 | 55 540 | 63 000 | -11.8 | 十四、商业服务业等 | 18 260 | 7 891 | 131.4 |
| 其中：教育费附加 | 27 879 | 31 117 | -10.4 | 十五、金融 | 426 | 0 | |
| 地方教育附加收入 | 18 588 | 20 741 | -10.4 | 十六、援助其他地区 | 3 031 | 2 841 | 6.7 |
| 残疾人就业保障金收入 | 9 050 | 11 120 | -18.6 | 十七、自然资源海洋气象等 | 5 897 | 4 677 | 26.1 |
| 2.行政事业性收费收入 | 11 925 | 16 886 | -29.4 | 十八、住房保障 | 22 070 | 7 469 | 195.5 |
| 3.罚没收入 | 4 425 | 8 084 | -45.3 | 十九、粮油物资储备 | 1 101 | 2 107 | -47.7 |
| 4.国有资本经营收入 | 3 354 | 0 | | 二十、灾害防治及应急管理 | 8 954 | 4 825 | 85.6 |
| 5.国有资源（资产）有偿使用收入 | 1 316 | 2 504 | -47.4 | 二十一、债务付息 | 37 531 | 32 863 | 14.2 |
| 6.其他收入 | 104 | 0 | | 二十二、债务发行费用 | 353 | 179 | 1 601.1 |
| 上划中央税收小计 | 899 488 | 954 409 | -5.8 | 二十三、其他 | 7 200 | 726 | 520.9 |
| 1.消费税 | 68 075 | 70 312 | -3.2 | 附：政府性基金支出 | 1 331 687 | 980 721 | 35.8 |
| 2.增值税 | 427 307 | 516 794 | -17.3 | — | — | — | — |
| 3.企业所得税 | 324 330 | 299 846 | 8.2 | — | — | — | — |
| 4.个人所得税 | 79 776 | 67 457 | 18.3 | — | — | — | — |
| 财政总收入 | 1 902 535 | 2 012 001 | -5.4 | — | — | — | — |
| 附:政府性基金收入 | 93 530 | 66 739 | 40.1 | — | — | — | — |

层、直接惠企利民）政策，完成中央下达“两直”资金共计1149.93万元，其中困难群众救助补助资金90.04万元、疫情防控专项资金130.77万元、普惠金融发展专项资金193.12万元、应急物资保障体系建设资金736万元。推进政府非税收入电子化改革，完成政府非税收入线上线下一体化收缴，全年开电子票据18.3万份，金额39.61亿元。坚持厉行节约，控制行政开支，非重点、非刚性等一般性支出压减幅

度不低于10%，日常公用经费支出压减幅度不低于5%，“三公”经费压减幅度不低于5%。压减一般性支出8000万元，统筹用于保障疫情防控、企业复工复产、教师待遇增资等新增重点支出。清理行政事业单位暂存暂付款项，盘活存量资金12亿元。（史爱萍　徐秋菊）

**【政府采购管理优化】** 2020年，新区财政金融局出台《新区政府采购非公开招标方式审批流程及操作机制（试行）》《关于加强新区政府采购活动内部控制管理的指导意见》，落实采购单位主体责任，规范政府采购行为。实行项目采购法定采购方式全流程电子化，政府采购计划下达、计划执行、合同签订、合同备案公告及资金支付实现全流程一体化；优化招投标运行，实现无纸化招标、投标、评标。推进政府采购信息公开，启动开展政府采购意向公开工作。5月，启动采购意向公开全省试点，全年200多个采购项目规范实施采购意向公开。9月，试点开展政府采购专家打分明细公开，12月开始全面推行。全年新区政府采购预算金额8.5亿元，合同金额7.8亿元，资金节约率8.2%。实施“互联网+政府采购+扶贫”新模式，完成平台扶贫采购预留份额144万元。（任益平）

**【资金监管与风险防范】** 2020年，新区财政金融局加大财政资金监管力度，对政府采购、基层财政管理、财政票据、扶贫资金等14个事项开展监督检查，检查单位167个次，提出整改意见35条。推进绩效目标管理，实现25个部门的515个项目绩效目标填报和运行监控覆盖；开展绩效自评项目437个，抽评项目45个；对5个信息化项目开展事前绩效评价，对10个已实施项目开展财政重点绩效评价，对评价结果进行运用。防范基层财政资金风险，指导街道充实财政财务力量，全年辖区7个街道招聘财政财务人员9名。指导街道规范财政管理，主动进行预决算公开；开展街道资金安全、公款竞争性存放、财政票据等财政监督检查；指导街道健全制度、规范流程，7个街道出台财政财务相关制度55项，内容涵盖预算管理、债务管理、资产管理、项目管理、资金审批、政府采购、内控建设等方面。（任益平　汪丽景）

**【审计监督保障】** 2020年，新区财政金融局组织完成审计项目14个（含市“两直”资金专项），其中领导干部经济责任审计项目8个、专项审计项目6个，涉及被审计单位54个次，发现问题248项，提出审计建议122条，推动出台制度76项，促进资金回收370.42万元，撰写审计专报4篇，向被审计单位主管部门发出移送处理书1份。完善审计体制机制，强化问题整改落实，出台《新区审计整改督查工作实施办法（试行）》，健全审计整改销号制度，完成2019年度审计发现的196项问题整改，整改完成率97.5%，收回财政资金9861万元，推动建立和完善制度28项。4月，组织召开新区审计工作委员会第一次会议，听取2019年度审计工作报告、2018年度审计整改工作报告，审议2020年度审计项目计划、新区审计委工作规则、审计委办公室工作细则。

（高润深）

**【国资管理建章立制】** 2020年，新区财政金融局围绕国资监督管理，加强建章立制工作，制定国企“三定方案”、经营业绩考核办法及细则、国资监管提示及通报工作规则、资金存放、融资备案、非生产经营货物服务采购等14项监管制度，在职能配置、采购管理、融资管理等方面推进规范运行。健全考核体系，深化“一企一策”分类考核评价，完善2020年度国企负责人经营业绩考核细则，对新区国资企业集团设置不同的业绩考核指标及权重，突出考核指挥棒作用加强考核。提升评级，通过理顺产权结构、明晰功能定位、增资注资等工作，年末2个国有企业由原AA评级提升至AA+评级，1个国有企业新获AA评级。（曹维焕）

## 金　融

**【概况】** 2020年，新区有金融机构59个，其中银行机构25个（网点100个）、保险机构7个、证券机构6个、融资担保机构4个、融资租赁机构15个、典当行2个。全年金融业实现增加值3.3亿元，比上年增长10.8%；贷款累计1088.29亿元，增长27.8%。开展金融惠企行动，全年新区财政金融局组织行长访企业活动20多次，通过访谈企业了解企业融资需求。宣讲金融知识，防范金融风险，新区金融精英团10次开展“到企业、进社区、入学校”活动；帮助解决融资困难，全年召开政府、银行、企业对接会4次，为80多个企业解决融资需求，融资金额逾20亿元。（施　军）

**【5个企业挂牌上市】** 2020年，新区鼓励引导企业强化资本意识，推动企业上市。全年新增上市企业5个（IPO募集资金23亿元）、IPO过会企业3个，企业所属行业主要为新材料、半导体和生命健康。至年末，新区累计境外上市企业2个、境内上市企业12个，其中上海证券交易所主板上市9个、科创板上市1个、创业板上市2个。另有过会企业3个、报会企业1个、上市辅导企业6个、完成股改企业6个、后备企业50个。新区设立后，上市企业增

多，新增上市企业数量为设立前A股上市企业总量的2倍（含过会企业）；上市企业由传统制造业逐步向高新技术产业拓展，半导体行业生产商杭州立昂微电子股份有限公司、湿电子化学细分领域企业杭州格林达电子材料股份有限公司等先后登陆资本市场；企业所属行业有突破，杭州壹网壹创科技股份有限公司成为国内电商代运营第一股，浙江米奥兰特商务会展股份有限公司为会展第一股，杭州奥泰生物技术股份有限公司为新区已过会的首只生命健康股。

**【产业基金培育壮大】** 2020年，新区产业母基金参股的基金项目有22只（不包括平移基金），其中国家基金4只、子基金18只。培育产业基金，助推产业发展，新区产业母基金在参股子基金中累计认缴出资金额16.78亿元，带动社会资本认缴104.78亿元。政策性直投基金运行成效明显，和达生物医药基金实际出资项目11个，其中3个项目进入上市辅导期；已投和拟投项目中6个被列入杭州市“准独角兽”企业名单，约占新区“准独角兽”企业一半。社会化合作基金引投表现良好，已运作的社会合作子基金投资项目130个，已投金额30亿元，其中区内项目占比50%，返投比例逾4倍，并引进30个企业落户新区。

（陶　旭）

**【3个银行分支机构更名】** 2020年，中国建设银行杭州钱塘支行、上海浦东发展银行杭州钱塘新区支行、杭州银行钱塘支行3个银行分支机构更名。6月2日，中国建设银行杭州钱塘支行（简称建行杭州钱塘支行）更名揭牌仪式举行。建行杭州钱塘支行呼应新区规划建设，经分行党委研究决定，将辖内原经济技术开发区支行更名为钱塘支行。7月22日，上海浦东发展银行杭州钱塘新区支行揭牌。该支行原名为上海浦东发展银行杭州江东支行（为二级支行，隶属萧山支行），为最早进驻新区江东区块的金融机构之一。新区整合成立后，该行进行内部机构整合，将上海浦东发展银行杭州江东支行升格，更名为上海浦东发展银行杭州钱塘新区支行（升格为一级支行，隶属杭州分行）。11月5日，杭州银行钱塘支行揭牌开业。该支行致力于为新区政府及企事业单位和居民的金融服务，存款规模逾110亿元，贷款规模约170亿元。总部位于金沙湖畔，辖网点5个。

（施　军　沈　津）

2020年11月5日，杭州银行钱塘支行召开“潮涌钱塘、创信未来”“政银企”业务推动会

（陈浩杰　摄）

## 税　务

**【下沙片区税收征管】** 2020年，负责新区下沙片区税收征管的杭州经济技术开发区税务局（简称经开区税务局）组织税收收入124.3亿元，比上年下降5.6%。其中：国内增值税（含免抵调）56.2亿元，下降21.7%；企业所得税40.25亿元，增长7%；个人所得税9.58亿元，增长18.6%；房产税入库4.16亿元，增长56.2%；城镇土地使用税入库0.52亿元，增长219.6%；土地增值税入库4.81亿元，增长25.4%；城市维护建设税入库4.7亿元，下降14.1%。办理出口退（免）税25.18亿元，下降18.3%，出口货物直接退税14.16亿元，下降8.3%。全年累计落实税费减免41.04亿元，增长41%，落实高新技术优惠18.23亿元，增长17.1%；支持金融资本市场10.56亿元，增长73.4%；促进小微企业发展优惠4.74亿元，增长109%。支持新冠肺炎疫情防控和企业复工复产，在杭州综合保税区推行增值税一般纳税人资格试点；支持企业统筹利用国际国内两个市场、两种资源，积极应对疫情影响。优化“互联网+便捷退税”，采用电子退库，加快出口退税进度，缓解外贸企业现金流压力。

**【税收风险管理与数字管税】** 2020年，经开区税务局强化税收风险管理，成立风险研判工作小组，实行集体审议制度，移交稽查风险案源45件次。防范发票虚开风险，发现涉嫌虚开疑点企业440户，认定走逃失联企业141户，推送异常抵扣凭证企业85户，接收异地协作平台异常抵扣凭证1304份。加强数字管税，依托杭州市税务局金税三期系统（工程）深化应用平台，开发“发票增量白名单”“股权转让财务报表参考数据”“不予加收滞纳金清册查询”等10张报表，将常规性、复杂性查询简化为“一事一表”，提升发票增量、股权转让、不予加收滞纳金等方面工作质效。与新区市场监管分局合作开发市场主体协同管理平台，致力于促进市场监管、税务、财政、统计等部门对市场主体的信息协同、管理互动，提升数据资源整合利用。

2020年7月28日，经开区税务局在杭州综合保税区推行增值税一般纳税人资格试点工作 （王彤阳 供稿）

**【下沙办税服务优化】** 2020年，经开区税务局推出手机端“非接触式叫号系统”，实现从取号到办理环节的“零接触”，后升级为“e税疫控平台”，疫情防控做到全流程监控管理。推出“e税哆来咪”办税服务品牌，组建“e税在线”税务沟通中心，推广征纳沟通平台。推动落实国家税务总局明确的185个网上办税缴费事项，窗口办件量比上年下降74.6%，办税窗口平均等候时间降至6分钟左右，综合网上办税率则升至98.4%。优化税收营商环境，推进涉税专业服务实名信息采集，开展纳税信用等级评价，完善征纳沟通平台。做好纳税人满意度工作，采取扩充咨询电话通道及咨询途径、优化预约办税流程等措施予以改进，纳税人满意度和获得感提升。

（王彤阳）

**【江东片区税收征管】** 2020年，负责新区江东片区税收征管的国家税务总局杭州大江东产业集聚区税务局（简称大江东税务局）组织税费收入（含工会经费）86.38亿元，比上年下降2.4%。其中：税收收入67.42亿元，增长2.1%；社保费收入15.93亿元，下降17.9%；非税收入2.35亿元，下降5.8%；其他收入0.68亿元，增长25.4%。完成财政总收入62.45亿元，一般公共预算收入30.73亿元。开展“走亲连心三服务”“万名党员进万企、领导干部下基层”等专项活动，全年累计走访服务企业1699户次，收集解决问题75个。

**【税费优惠政策贯彻落实】** 2020年，大江东税务局贯彻中央和省市关于统筹推进新冠肺炎疫情防控和经济社会发展工作的决策部署，落实国家税费优惠政策，落实“降本减负”金额17.36亿元，落实“减税减费”金额2.13亿元。贯彻落实增值税留抵退税、出口退税政策，为126户次企业办理增值税留抵退税8.19亿元，为1132户次企业办理出口退税5.93亿元；办理延期缴纳税费277（次，合计金额21.05亿元。缓解企业资金压力，优化退税及延期缴纳办税流程，出口退税平均办理时间压缩至1个工作日内。

**【江东片区纳税服务优化】** 2020年，大江东税务局推广“非接触式”办税，构建“掌上办首选、网上办为主、现场办兜底”服务新体系。全年网上办税率97.1%，比上年增长8个百分点。提升办税效率，实现咨询热线3分钟内响应、网上业务1小时内办结、邮寄发票半日内送达。优化税收营商环境，企业年度办税时间压缩至120小时内，纳税次数压减至年均6次。助力企业复工复产，依托征纳沟通平台开展“云端”问需，向2100户纳税人发放“便民办税”问卷，收集并反馈意见151条。推进“放管服”改革，开通“不动产网上税费申报”系统，实现不动产税费缴纳业务“一网提交、零跑审批”。加强纳税信用应用，将1.94万户纳税人纳入信用管理，为信用良好企业解决融资难问题，协助555户企业获得信用贷款3.53亿元，其中涉及小微企业455户，授信金额3亿元。

（姚祎婷）

**责任编辑　黎洪正**

# 国资公司

## 新区产业集团

【概况】 2020年，新区产业发展集团有限公司（简称新区产业集团）落实新区国企改革实施方案，制定集团业务发展规划。充实社保基金，划转10%国有股权至省财务开发有限责任公司。整合集团内部资源，杭州和达高科技发展集团有限公司（简称杭州和达高科集团）以科技产业园区建设运营和园区产业综合服务为主业，启动企业上市程序；推进资产重组，完成杭州华电江东热电有限公司、杭州大江东能源有限公司股权划转。响应新区城市战略规划，启动华媒科创园腾退工作。加快推进能源板块布局，组建杭州和达能源有限公司。全年新区产业集团实现主营业务收入20.52亿元，上缴税款1.88亿元，完成固定资产投资8亿元，合同租金收入5.96亿元。年末集团公司拥有总资产143.62亿元，有下属全资子公司27个、控股（含子公司控股）公司7个、参股（含子公司参股）公司27个。

参与新冠肺炎疫情防控，生物医药公司建成口罩生产线，日产口罩10万只，累计生产口罩780多万只，向安徽歙县三阳学校、新区机关等捐赠2.4万余只口罩及其他防疫物资。海外创新公司向硅谷钱塘中心运送4批次合计6.2万只口罩，向当地公益组织、旧金山总领馆及斯坦福大学医学影像中心等机构捐赠应急口罩3万只。贯彻国有企业减免房租政策，全年减免租金8367万元，覆盖租赁企业及商户1346个。助力疫情防控，党员干部捐款2.9万元；邻里中心项目负责人胡勇军获“杭州市抗击新冠肺炎疫情先进个人”称号。

提升产业园区开发运营质效，中科院肿瘤与基础医学研究所一期工程、生物药研发公共服务平台竣工交付，杭州综合保税区公共场站及创新园区、下沙服务外包人才培训基地扩建工程等项目建设推进；加速器五期、和达物流园三期、金沙湖南侧留用地等项目开展前期工作。建设特色自贸平台，海聚中心挂牌“浙江自贸大厦”，创新服务中心挂牌

新区和达高科·创新服务中心　　（楼志英　供稿）

“浙江数字贸易大厦”。完善科技服务体系，引进和培育国家级高新技术企业29个、市级高新技术企业23个。杭州海外创新有限公司完成新加坡海外总部筹建方案和日本静冈钱塘中心合作方案，杭州和达物流有限公司取得电子世界贸易平台杭州项目出口仓储服务和杭州机场城市货站下沙项目运营资格。杭州医药港2号能源站建成投运。

做好城市运营服务，开发区文化配套用房（大剧院）项目网壳工程完成，新雁公寓项目能效提升改造项目竣工，下沙服务外包人才培训基地扩建工程开工。希尔顿逸林酒店、嘉悦里酒店和莎玛公寓调整经营策略，三店联动开展特色服务。积聚商业综合体“和达城”社区商业品牌影响力，东东和达城商场完成三年品牌提升计划，引进星巴克社区店、万家LIFE生活超市、必胜客精选店等一线品牌。开发区保安服务有限公司拓展江东区块市场，与28个学校签订服务合同；开拓技防业务市场，拓展犯罪嫌疑人监管业务，启动人脸识别监控系统。杭州和达物业管理有限公司提升服务品质，和达城项目获杭州市“美好家园”称号，公司入围“中国物业百强企业”名单。

优化产业金融服务体系，杭州和达金融服务有限公司（简称杭州和达金服公司）构建产业母基金新架构和新管理体系，拓展母基金产业方向。启动融资租赁业务，国弘融租公司以融资租赁形式助推杭产车销售。杭州和港创业投资有限公司国内直投项目估值总额逾100亿元，带动其他社会资金投资新区，资金放大比例为17.8倍；该公司落地新区8个项目中，申报人才评定申请24人，其中国家级8人、省级10人、市级6人。和达投资集团（杭州）有限公司主营业务向资产证券化和资产类金融服务转型，参与新

2020年11月，浙江自贸大厦项目落户新区和达高科·海聚中心（楼志英 供稿）

区存量资产“退二优二”和做地管理，托管杭州大江东国有资本投资管理有限公司，发展成为新区重大招商引资项目股权投资平台。

突出党建引领，开展“红色年轮践初心”系列教育活动，2名党员作为新区代表参加市“用好‘学习强国’、争当‘学习达人’”挑战赛获冠军。红色“和”动力党群服务中心获评新区“钱塘·潮社”理论宣传基地，新区产业集团获杭州市“学习强国·学习组织之星”。强化清廉建设，落实管党治党政治责任，构建责任闭环机制；强化所属企业巡查督查，开展26个子公司历年审计整改情况巡查，对所属6个资产租赁主体单位巡查反馈问题整改落实情况开展检查。强化“以案说纪、以案促廉”警示教育，深化廉洁国企建设。

**【产业集团资产运营】** 2020年，新区产业集团拓展产业空间建设规模，深化内部分工，实施专业化管理，将集团资产按功能类别划分为产业园区、商业商务、公寓酒店三大门类。产业园区主要为园区（加速器），重点引进生物医药研发制造类企业；楼宇（孵化器）在大创小镇范围内，集聚高科技孵化器、创新服务中心、文创园、海聚中心、海拓中心等核心物业，重点引进电子及信息技术、文化创意类企业；厂房类位于杭州综合保税区及周边约16万平方米的工业制造类厂房，为经济发展壮大提供空间保障。商业商务类主要为商务写字楼，以杭州东部国际商务中心、湖畔中心为金沙湖中央商务区的主要项目；商业综合体以东东、文泽、水云3个和达城及宝龙城市广场资产，为社区服务型商业定位。酒店公寓类保障区域商务活动需求，主要为高端酒店希尔顿逸林、嘉悦里、莎玛公寓；配套公寓新雁公寓、邻里社区，为下沙区块生产制造类企业提供基础保障，满足1.5万名产业工人的廉租需求。年内，新区产业集团完善资产管理制度体系建设，优化智慧园区系统和资产管理信息系统，实现资产运营体系规模化、系统化和品牌化。

**【园区平台运营拓展】** 2020年，新区产业集团旗下产业园区类平台15个，总建筑面积121.06万平方米，涵盖2个国家级孵化器、3个省级小微园区。加快产业创新，集聚

**2020年新区产业集团所属全资子公司一览表**

表12

| 序号 | 全资子公司名称 | 序号 | 全资子公司名称 |
|---|---|---|---|
| 1 | 杭州和达高科技发展集团有限公司 | 14 | 杭州和达海聚园区管理有限公司 |
| 2 | 和达投资集团（杭州）有限公司 | 15 | 杭州和达物流有限公司 |
| 3 | 杭州和达房地产开发有限公司 | 16 | 杭州综合保税区服务管理有限公司 |
| 4 | 杭州和达商业资产管理有限公司 | 17 | 杭州汉达国际货运代理有限公司 |
| 5 | 杭州万国酒店管理有限公司 | 18 | 杭州源东投资有限公司 |
| 6 | 杭州经济技术开发区保安服务有限公司 | 19 | 杭州万景房地产开发有限公司 |
| 7 | 杭州和达金融服务有限公司 | 20 | 杭州万维投资有限公司 |
| 8 | 杭州和港创业投资有限公司 | 21 | 杭州东杨商业管理有限公司 |
| 9 | 杭州经济技术开发区创业投资有限公司 | 22 | 杭州金缕投资管理有限公司 |
| 10 | 杭州和达物业管理有限公司 | 23 | 杭州和达意远工程管理有限公司 |
| 11 | 杭州和达科技服务有限公司 | 24 | 杭州和达能源有限公司 |
| 12 | 杭州万海投资管理有限公司 | 25 | 杭州和生生物技术有限公司 |
| 13 | 杭州生物医药国家高技术产业基地管理有限公司 | 26 | 融华亚洲有限公司 |
| | | 27 | 国弘融资租赁（杭州）有限公司 |

创新要素，全年人才引进和培育省“151计划”人才2人、市“521计划”人才2人；培育国家高新技术企业29个、省级科技型企业6个、市高新企业23个、“雏鹰计划”企业11个。园区企业索元生物医药（杭州）有限公司获中国创新创业大赛全国总决赛一等奖。六和桥国际人才创新园、浙大智能创新药物研究院、浙江省钱塘数字贸易研究院、浙江工业大学钱塘生物产业研究院签约挂牌。拓宽招商渠道，利用资产租赁管理系统和智慧园区管理系统，建立招商信息库，实现各平台间企业互推机制。与科研院所、行业协会、高等院校等外部资源加强联系，推进新区“浙子回归梦钱塘”工程，引导校友经济项目回归落地；与浙江高校产学研联盟钱塘中心签约合作，成立“钱塘高校服务驿站”；年末园区出租率91%。

**【2个园区项目竣工投用】** 2020年7月，由杭州和达房地产开发有限公司代建的中国科学院肿瘤与基础医学研究所一期项目竣工。该项目位于新区下沙街道东方街150号，为原杭州聋人学校改造项目。规划总用地面积为6.68万平方米，建筑面积3.66万平方米，由行政楼、实验楼、报告楼、宿舍楼、室内运动馆、学术交流中心等建筑楼组成。12月，由杭州和生生物技术有限公司代建的杭州医药港生物药研发公共服务平台交付投用。项目分两个标段建设，1标段位于医药港小镇加速器10号楼整幢、11号楼1层，建筑面积1.5万平方米，投资额2.46亿元，药明生物杭州创新中心入驻办公；2标段项目位于杭州综合保税区杭州天裕光能科技有限公司厂区9号楼整幢，建筑面积9432平方米，投资额2.09亿元，年末运营方杭州明德生物新技术开发有限公司入驻办公。

**【医药港2号能源站投入试运行】** 2020年5月，新区杭州医药港2号能源站与园区用户李朗孚（杭州）生物科技有限公司联合试运行成功。2号能源站位于杭州医药港“加速器”三期项目和享科技中心17号楼，占地面积460平方米。站内配置2台3500千瓦溴化锂制冷机组，配套蒸汽管道700多米、冷冻水管1400多米。该能源站在原1号能源站区域集中供冷供热的基础上，根据“加速器”三期标准厂房特点而建的集中供冷和蒸汽的能源供应系统，投用后可减少“加速器”三期园区空调用能配电容量30%以上，园区分散机房面积减少2000平方米以上，入驻企业空调设备投资减少30%以上。至年末，该能源站签约用户4个、意向用户7个。

**【文化配套用房项目获评星级建筑设计标识】** 2020年，由新区产业集团代建的开发区文化配套用房项目被评为杭州市优秀绿色建筑和建筑节能示范项目，获三星级绿色建筑设计标识证书。项目位于新区下沙区块，总用地面积3.19万平方米，总建筑面积4.34万平方米。项目应用建筑信息模型（BIM）技术，采用土建工程与装修工程一体化设计、全钢结构、双风机全空气系统、雨水回用等措施，最大程度提高能源资源利用效率和建筑性能。配置绿化植物，严格控制玻璃幕墙可见光反射比和夜景照明光线，避免产生光污染。利用场地空间，设置绿色雨水基础设施，对部分场地进行雨水专项规划设计。12月，项目外部网壳工程完成。

**【产业集团海外创新产业布局】** 2020年，新区产业集团海外创新基地硅谷钱塘中心通过创业公司路演、新书签售会、电视节目发布会、节日活动等形式扩大知名度，以“钱塘中心权威访谈系列”“钱塘中心在线培训系列”为主题，全年开展线下活动14场、线上活动16场，商务洽谈意向客户17个，签约落户13个。加强产业资源合作，向外通过省商务厅促进中心、网上云平台、省境外投资企业协会等平台，参与“全域资源对接会”“新合作、新动能、新秩序——跨国产业链合作专场活动”，向内引入3个项目落户杭州，进入实质性谈判公司2个，对接意向公司40多个，新加坡海外总部筹建方案和日本静冈钱塘中心合作方案完成。硅谷钱塘中心获评“省级海外创新孵化中心”“杭州市首批海外交流基地”“2020境外投资协会抗疫贡献奖”。

**【和达生物医药基金扩张】** 2020年，杭州和达金服公司所属杭州和达投资管理有限公司，作为GP管理的杭州和达生物医药创业投资合伙企业（有限合伙）（简称和达生物医药基金）完成全部一期基金投资，累计投资企业10个，投资金额4.4亿元，其中4个投资企业进入上市辅导期，5个投资企业进入2020年杭州“准独角兽”企业榜单。所投企业杭州索元生物医药股份有限公司获2020年中国创新创业大赛全国总冠军，明峰医疗系统股份有限公司自主研发的动态容积CT项目获批中国国家药品监督管理局医疗器械三类证，获准进入医疗器械市场。基金推动天境生物科技（杭州）有限公司上市，带领4个机构领投6000万美元，完成该公司1.2亿美元的资金募资。

**【和达产业母基金规模扩张】** 2020年，由杭州和达金服公司托管的杭州和达产业基金投资有限公司（简称和达产业母基金）累计合作社会子基金18个，总规模71亿元，集聚社会资本50亿元，累计投资金额35亿元。9月，和达产业母基金与宁波汇鼎基石投资管理有限公司共同发起设立的汇鼎杭州医疗基金签约落户新区，基金总规模10亿元，和达产业母基金出资15%。10月，和达产业母基金与杭州凯泰资本管理有限公司共同发起设立凯泰生命科学创新投资基金，基金总规模10亿元，和达产业母基金出资30%。凯泰资本是省内领先的专注生物医药投资机构，管理总规模500亿元。至年末，该基金累计完成约70个生物医药项目投资，投资方向重点关注和投资布局基因与细胞治疗、大分子生物创新药、小分子靶向创新药、合成生物学、医药工业、社群创新与医疗健康等产业方向。

**【联砺和达新能源基金退出】** 2020年，杭州联砺和达新能源产业投资合伙企业（有限合伙）（简称联砺和达新能源基金）持有的浙江中光新能源科技有限公司（简称浙江中光新能源公司）45%股权挂牌退出。经杭州市产权交易所挂牌，由宁波复聚中光创业投资合伙企业（有限合伙）、杭州锅炉集团股份有限公司作为一致行动人联合摘牌，成交价5.39亿元，股权溢价19.8%。一致行动人受让联砺和达新能源基金持有浙江中光新能源公司股权的同时，对浙江中光新能源公司进行增资。浙江中光新能源公司于2018年成立，由联砺和达新能源基金、杭州和达金服公司、共青城盛美投资管理合伙企业（有限合伙）共同出资设立，主要致力太阳能电站开发和电力生产的资产投资、持有、运营和管理。经股权转让和增资后，杭州和达金服公司仍持有中光新能源公司44.5%的股权。通过浙江中光新能源公司的混合所有制改革，帮助公司建立市场化经营机制，推动新区产业集团后续能源板块整合。（楼志英）

## 新区建投集团（东投集团）

**【概况】** 新区管委会直属国有企业新区建设投资集团有限公司与杭州东部城市建设投资集团有限公司实行“两块牌子、一套班子”运作模式，简称新区建投集团（东投集团），承担新区基础设施、公建配套、保障性用房、公建厂房、产业项目等开发建设，以及做地、经营性资产管理运营、对外投资等。2020年，集团公司通过机构重组优化，形成7个内设机构、10个下属子公司、4个控股参股公司的组织架构，有新区建设发展有限公司、新区基础设施建设有限公司、新区地产开发有限公司、新区置业管理有限公司、杭州东部湾总部基地建设有限公司、杭州东部大学科技园建设有限公司、杭州东部城镇化建设有限公司、杭州东部资产管理有限公司、杭州金沙湖投资发展有限公司、海宁江滨投资开发有限公司10个全资子公司，总资产512亿元，主体信用等级为AA+。履行建设主体职责，全年完成竣工项目26个，竣工房屋面积150万平方米，竣工道路总长8.3千米，新增绿化面积16.77万平方米，新增污水管网长度12.96千米、雨水管网长度12.24千米；固定资产投资60亿元，完成率107.6%；新增银行授信175亿元，贷款利率最低3.8%，活期存款年利率3.5%，拥有净资产136亿元。拓展资产经营，全年集团公司经营性资产可出租面积34.44万平方米，出租面积28.37万平方米，出租率82.4%，收取租金4012万元。完成新垦路189号、277号房产转让，获得收入4.9亿元；东部创智天地项目销售面积3334平方米，获得收入5091万元，累计销售面积1.18万平方米；龙湖东侧、宝龙广场北2宗地块完成出让，获得土地出让金3.62亿元。加强项目管理，开展安全检查，全年对49个在建项目进行检查270次，发现隐患1024处并落实整改。实行项目招标管理，完成招标145项，签订合同771份。

【3个安置房项目竣工】 2020年，由新区建投集团（东投集团）负责建设的河庄、义蓬两个街道3个安置房项目竣工。8月，河庄街道城乡一体化安置小区项目竣工，项目为新区体量最大的安置房项目，东至河东路，南至北二路，西至河庄大道，北至绿地，总用地面积26万平方米，总建筑面积85万平方米，建有36幢高层住宅，合计4918户。11月，义蓬街道城乡一体化安置小区二期中地块、北地块2个安置房项目竣工。其中：中地块项目东至小泗埠河绿化带，南至义蓬南地块，西至义蓬中路，北至规划河道，总建筑面积32.2万平方米，建有高层住宅17幢，有住宅1704套；北地块项目东至小泗埠河绿化带，南至义蓬中地块，西至义蓬中路，北至塘新线，总建筑面积29.95万平方米，建有高层住宅16幢，有住宅1575套。

【19个道路市政设施项目竣工】 2020年，由新区建投集团（东投集团）公司负责建设的19个道路市政设施项目竣工。项目分别是银海街（长空路至文泽北路）道路两侧绿化工程、格力电器绿化景观配套工程、义蓬安置房二期规划支路、七格渠（七格小区）驳坎大修及景观提升工程、经四路110千伏上改下工程、沿江居住区环境整治、之江绿道大江东东南段（外十八工段至东江闸）、大江东沿江绿道（外六工段至外十工段）、文泽路跨新建河桥桥梁工程、海达北路跨新建河桥桥梁工程、环线景观工程、医药小镇环境景观综合提升工程二标、海达南路德胜东路环境景观提升工程、河庄安置房配套道路工程（河中路、新围初中配套道路）、东二路一期（临鸿东路至滨江二路）工程、青年路（钱江通道至丰乐路）工程、宝龙北侧道路（宝龙地块至北二路）、北二路（临鸿南路至现状河道）工程（河庄大道至河中路）、新一路（东一路至东二路）。

【亚运轮滑馆项目建设加快】 2020年，由新区建投集团（东投集团）负责建设的亚运轮滑馆（东部湾体育公园）项目建设加快，工程主体结构上部钢结构完成内外环合拢，轮滑馆钢结构完成施工，金属屋面等工程建设推进，部分工程处于收尾阶段，累计完成总工程量的80%。亚运轮滑馆、训练馆配套服务用房项目位于杭州东部湾体育公园，场馆总建筑面积3.6万平方米，内含国际标准速度轮滑赛道和花样轮滑比赛场地，设有观众席位约1600个，其建筑造型以年轻化、时尚化、动感化为设计特点，为亚洲室内轮滑专业场馆。项目于2018年12月开工，计划于2021年6月竣工。

【东部湾总部大楼主体结顶】 2020年6月，由新区建投集团（东投集团）负责建设的杭州东部湾总部大楼项目主体结构结顶。杭州东部湾总部基地位于新区下沙区块，规划用地面积3.51万平方米，由5幢塔楼及底部连通裙房组成，以办公、商业、餐饮、会议等服务为主要功能业态。其中1号楼为总部大楼，建筑高度199.8米，设地上47层、地下2层，建成后将成为新区“第一高楼”，也是杭州东部钱塘江畔标志性建筑。大楼作为杭州东部湾总部基地的首个项目，其使用节能、环保、钢材可循环利用的钢框架—砼核心筒结构，为新区钢结构装配式建筑范例。

【“两谷”项目竣工验收】 2020年9月，位于新区江东区块的“智造谷”项目竣工备案。“智造谷”作为江东规划中重要的产业园区，被省政府列为省重点工程，由新区建投集团负责建设。项目投资额8.9亿元，北临江东七路，总占地面积13.4公顷，拥有标准厂房、重装厂房及配套用房，是一个综合性的产业园区。12月，新区创新创业综合体项目“智慧谷”总承包单位通过

2020年7月，义蓬街道城乡一体化安置小区（二期）中地块项目竣工

（沈佳琪 供稿）

五方责任主体验收。“智慧谷”位于江东大道与青六路交叉口，由青六路、江东大道、小泗埠直湾和小泗埠横湾围合而成。项目总建筑面积31.67万平方米，总投资19.83亿元，由22幢单体组成，包括5幢高层办公楼、15幢多层办公楼、1幢高层酒店、1幢超高层办公楼。

**【龙湖东侧地块做地出让】** 2020年7月，由新区建投集团（东投集团）全资子公司新区置业管理有限公司与新区土地整理储备中心联合做地的龙湖东侧地块完成出让。经过41轮竞拍报价，由湖州祥新房地产开发有限公司以11.08亿元的价格竞得。地块出让面积3.11公顷，成交楼面价为每平方米1.27万元，溢价率29.9%，自持比例19%。该地块位于新区龙湖江东天街以东，南邻红黄蓝幼儿园，西侧为在建融创城综合体，毗邻启成路地铁站。地块需配建总建筑面积10%作为公租房。配建公租房采用集中配建的方式落实在新区江东保障房项目中。

**【国产宽体客机零部件生产厂房项目开工】** 2020年12月，新区国产宽体客机零部件生产厂房（一期）项目开工建设。该项目选址前进街道，地块位于临鸿东路以南、江东五路以北、东二路以东、规划道路以西，占地面积39.6公顷。项目分两期建设。根据定制协议，厂房项目由新区建投集团全资子公司新区地产开发有限公司投资建设，需按配套保障国产宽体客机CR929机型年产45架、月产约4架的需求，建设成CR929机型中机身、中后机身复合材料大部件设计、研发、制造基地，项目建成将为新区前进智造园“万亩千亿”新产业平台提供支撑。

**【建投3个业务项目结顶竣工】** 2020年1月，由新区建投集团（东投集团）负责建设的新区经济型酒店及金领公寓项目主体结构封顶。该项目位于金融小镇（钱塘中心），总投资4.79亿元，总建筑面积4.41万平方米，由3幢单体组成。11月，位于义蓬街道明盛大厦的新区党群服务中心装修及展陈项目竣工验收。该项目装修面积5270平方米，设置办公议事、党员活动、教育培训、文化宣传、便民服务、图书阅览、健身娱乐等功能，由新区建投集团（东投集团）负责建设。12月，由新区建投集团（东投集团）负责建设的开发区环线景观提升工程竣工。该项目依托沿江原有湿地生态风光，建设滨河绿道带。绿道全长16.2千米，主要改造包括慢行系统、景观提升、配套设施等建设，新增人行景观桥梁1座。

（沈佳琪）

2020年8月，河庄街道城乡一体化安置小区项目竣工　　（沈佳琪　供稿）

## 新区城发集团

**【概况】** 2020年，新区城市发展集团有限公司（简称新区城发集团）贯彻落实国资国企改革部署，整合后设内设机构6个，拥有全资子公司6个、托管公司1个。年末集团公司总资产192.6亿元，净资产36亿元；托管公司杭州临江投资发展有限公司总资产234.01亿元，净资产20.06亿元。集团并表营业收入3.6亿元，净利润0.22亿元；杭州临江投资发展有限公司营业收入1200万元。

强化资产营运，合作开发河庄街道村级留用地，人才房项目地块进入设计招标，新区人力资源大厦开始内部装修。谋划盘活闲置资产，推进钱塘中心、综合楼、红黄蓝幼儿园、启成学校等资产签订租赁协议；研究临江码头经济效益，开展可行性论证，临江码头完成招租；推进宏海地块、舒美尔地块整体盘活，舒美尔地块以2050万元完成拍卖和处置；青年莲花地块（积海一期）、春天能源和春天卫浴地块的构筑物拆除及场地平整完成。谋划提升在营资产，临江科创园一期入驻率升至89%；提升临江科创园整体业态水平，谋划二期租赁；江东科创园入驻率73.8%；华成有机硅区块新增租赁6000平方米；江海时代花园、江雅苑和广盛公寓82间底商及1119个停车位租赁完成。

加强制度建设，印发《新区城发集团重大事项决策实施办法（试行）》，梳理公司制度，编印制度28份。健全工作机制，建成集团年度招标代理库、测绘测量库、预算审核库等服务库9个，完成公司自营项目（结算审价费用100万元以内）或施工合同金额400万元（不含）以下的政府投资项目（结算审价费用30万元以内）结算审价服务单位预选库、监理库。加强人才建设，完成集团中层管理职位竞聘，以“城发微课堂”为载体，组织学习和专题讨论；开展“走亲连心三服务”活动，走访调研21次，参与调研服务60多人次，集中反映问题16个。

**【业务拓展与布局】** 2020年，新区城发集团拓宽业务领域，推进人才房和江东一路北商住地块做地工作，加快新湾车辆段地铁上盖项目做地出让，与浙能集团合作推进前进、临江2个综合供能站的建设和经营，开展青滨、江东综合功能站做地前期工作。组建成立贸易公司，至年末完成19笔销售订单，交易额10.8亿元，实现营业收入10.8亿元，净利润640万元。加强对外投资，参与杭绍甬高速公路新区段投资建设和下沙港投资建设，组建合资公司；参股钱塘公交公司，推进下沙、江东公交整合重组；与市水务集团对接谋划杭州国际智汇水务中心项目。用好金融工具，储备多元化直融产品。年内，杭州临江投资发展有限公司获“AA+”主体长期信用等级并完成PPN（非公开定向债务融资工具）发行；结合业务经营范围，集团公司谋划包装停车场库债、渣土债、企业债；拓展融资渠道，对接银行、租赁、信托等金融机构，建立业务合作，完成授信101.3亿元，新增融资50.9亿元，偿还到期债务64.58亿元；取得财政化债资金支持12.8亿元，完成隐性债务重组9.1亿元。降低融资成本，将集团公司年平均融资成本由6.29%降至6.27%，杭州临江投资发展有限公司年平均融资成本从6.28%降至5.96%，节约成本1亿元。

**【市政管理养护提升】** 2020年，新区城发集团加强市政管理养护，完成下沙17号大街、19号大街、14号大街中压管道燃气等零星工程60多项，修复沥青路面、花岗岩人行道板、普通道板等道路设施。推进新区德胜快速路沿线环境综合提升工程，集团属下杭州和达市政园林建设有限公司环卫班组被评为杭州市抗击新冠肺炎疫情先进集体。保障公共停车，经营管理约30个停车场9000个停车位，开发充电桩、广告、租车等延伸业务；推进智慧停车，融入“城市大脑”，“先停车后付费”比率83%。做好土地经营，全年新增流转土地发包面积253.2公顷，通过零星土地归整发包，实现收益110万元；为杭州市民生工程提供渣土消纳场地6个，土方消纳完成164万立方米，实现收益7500万元。集团下属杭州大江东保障房管理有限公司完成1161人公租房配租及入住工作。

**【助力城市环境提升】** 2020年，新区城发集团贯彻落实杭州“城市环境大整治、城市面貌大提升”百日集中攻坚行动，做好环境卫生整治、市政设施维护、日常保洁、园林绿化等工作，促进城市洁化、序化、亮化、绿化和美化。成立环境综合提升推进领导小组，实行“周沟通、月督导、季评比”工作推进机制；子公司相应成立由分管副总及以上领导为组长、业务部门负责人及专业管理人员为小组成员的环境整治、长效管理专班小组。开展自查自纠，做好短期整治，全年集团检查在建工地31次、公共设施绿化检查28次、发包地环境卫生巡查1661公顷，集团内部派发整改单64次。加大工作宣传力度，派专人组成宣传小组，负责工作情况通报与宣传素材的收集和短讯制作，全年集团各部门累计报送宣传报道26篇。

**【市政绿化整治】** 2020年，新区城发集团创新工作方法，整治市政绿化突出问题。属下子公司杭州和达市政园林建设有限公司组建5个“徒步巡查”小组，对养护区块内主次干道、背街小巷、公园等进行巡查，查看园林绿化养护中存在的短板和不足。做好整改落实，通过对养护区域园林绿化突出问题进行专项整治，市容环境改善明显。全年集团补种6号路、3号路时花2500平方米，补种德胜路麦冬2.3万平方米，补种香樟、栾树等行道树70余株。修剪红花檵木、红叶石楠灌木11.06万平方米，拔草9.42万平方米，割灌机修剪草坪8.52万平方米，清理枯枝烂叶197车。清理公园、河渠白色垃圾4吨，修复公园道板60平方米。清洗护栏7000米，整理树池树穴等500多个。

（郑　敏）

**责任编辑　黎洪正**

## 综　述

**【新区教育事业发展】** 2020年10月29—30日，浙江省政府督导委员会办公室组织专家对新区管委会履行教育职责情况展开督查。考核组最终评定新区管委会履行教育职责情况优秀，总体评价“A”等。做好2019年度教育现代化水平监测，全省排名较2018年提高20个位次，教育满意度提升，得到群众认可。在2020年浙江省现代化学校评审中，新区文海实验学校、杭州市基础教育实验室附属学校、钱江幼儿园、星河幼儿园4个单位通过评估验收。新区幸福河小学、启源中学、临江新城实验学校、杭州大江东明珠学校4个学校通过省标准化学校验收，义务教育标准化学校实现全覆盖。创建省产教融合示范基地。至年末，新区有学校129所，在校师生8.2万人，教育整体体量规模居杭州市前三位，区域教育体系较为完整，发展较好。

**【教育资源规划与建设】** 2020年，新区加快教育规划布点与资源配置，启动《新区教育设施布局规划》《新区医疗卫生设施布局规划》编制工作。全年竣工完成七格区块规划幼儿园（一）、湿地单元规划幼儿园、松合小学、新围初中迁建、悦东方配套幼儿园、景苑小学教学综合楼及地下停车库扩建、安置小区配套幼儿园（江城幼儿园）、新湾初中扩建、学源幼儿园9个项目，完成总投资约6.5亿元；缓解新区适龄儿童就学压力，开工建设大学城北幼儿园（二）、大学城北单元规划小学（一）、金保中学、义蓬中心幼儿园、融创项目配套幼儿园、潮闻天下项目配套幼儿园、阳光城花漾里项目配套幼儿园、义蓬中心小学8个项目。新增学位数6480个。

**【“舒心教室”项目】** 2020年，新区投入1300多万元完成“舒心教室”建设，为22所公办学校的647个普通教室安装空调，实现新区学校、幼儿园普通教室空调覆盖率100%。“舒心教室”项目落地后受到《浙江新闻》《浙江日报》《杭州日报》等10多个主流媒体的追踪报道，社会媒体宣传报道30多篇。

**【美好教育共同体建设】** 2020年，新区教育与卫生健康局推动美好教育共同体建设，推进“三跨一联”（跨区域、跨层级、跨体制、联盟式）集团化办学，新成立养正学校、杭州市基础教育研究室附校、“钱江·天长”小学结对等一批美

### 2020年新区基础教育基本情况表

表13

| 类　别 | 学校（所） | 在校生（人） | 教职工（人） | 专任教师（人） |
|---|---|---|---|---|
| 幼儿园 | 83 | 21 133 | 3 357 | 1 742 |
| 小学 | 27 | 36 647 | 2 335 | 2 261 |
| 初中（含九年一贯制学校） | 15 | 13 224 | 1 352 | 1 263 |
| 高中（含十二年一贯制学校） | 4 | 4 417 | 472 | 372 |
| 合计 | 129 | 75 421 | 7 516 | 5 638 |

注：一贯制学校为贯穿小学与中学教育的一体化学校。

好教育共同体，集团化办学覆盖率88.4%。12月，召开“中国·钱塘2020年新时代美好教育共同体发展”高峰论坛，省、市、区相关领导及专家出席论坛。

**【教育人才引进培育】** 2020年，新区教育系统组织7次事业编制教职工招聘，录取346人。至年末，招引全国优秀教师1人、特级教师1人，具有省教坛新秀等省级荣誉人才8人，具有地市级教坛新秀等综合荣誉人才31人，发放人才引进一次性奖励经费358万元。出台《新区关于义务教育学校教师校长交流工作的实施意见》《新区关于推进义务教育学校教师校长交流工作实施办法》，促进义务教育学校教师资源合理配置，推进区域教育优质均衡发展。推荐评选省“春蚕奖”2人、省“绿叶奖”1人、市优秀教师、优秀校长、优秀班主任、优秀教育工作者、农村教师突出贡献者31人。（田建军）

**【教育督导强化】** 2020年，新区教育与卫生健康局发挥由高校教授、人大代表、特级教师等组成的督学队伍作用，举办督学论坛等品牌活动，提升督学队伍专业水平和工作能力。完成对新区25所抽查幼儿园办园行为规范情况的督导。做好新冠肺炎疫情期间线上防疫督查和返校开学专项督导工作。优化实施每月主题专项督导，开展“亮眼控肥”“劳动教育”“作业管理”“强化食堂安全”“强化德育工作”“坚守教学阵地”“课程建设”等专项督导。对区内公办中小学、幼儿园实施2020年度考核。完成“杭州钱塘新区教育督导”信息平台建设。省人大常委会副主任姒健敏对杭州钱塘新区《“守正出新”，向挂牌督导要质量》挂牌督学工作做出肯定性批示。（沈小玲）

## 学前教育

**【概况】** 2020年，新区有省等级幼儿园83所，其中公办园43所、民办园40所；省一级园12所、省二级园49所、省三级园22所；省等级幼儿园在园幼儿人数覆盖率100%，学前教育优质资源（省一级、二级幼儿园）覆盖率86.1%。全区在园幼儿2.12万人，其中公办幼儿园在园幼儿1.53万人，占在园幼儿总数的72%；民办幼儿园在园幼儿 5892人，占在园幼儿总数的28%；辖区3岁至5岁户籍适龄儿童数 1.62万人，杭州市户籍3岁至5岁在园儿童数1.63万人。全区学前教育3年户籍幼儿入园率 96.2%，0岁至5岁儿童家长和看护人受训率100%。全区幼儿园专任教师（含园长）1816人，其中公办幼儿园专任教师1145人（含在编教师743人），民办幼儿园专任教师671人；幼儿教师（含园长）学历合格率100%，大专及以上学历占98.3%，教师资格证持有率100%；全区幼儿教师（含园长）已评职称人数1080人，其中副高级职称及以上人数14人、中级职称264人、助理级职称635人、员级职称167人。

**【新区幼儿园等级提升】** 2020年7月，新区凌云幼儿园、英伦森林幼儿园通过省二级幼儿园评估。8月，金沙湖幼儿园、学源幼儿园等12所幼儿园预评为省二级幼儿园，紫罗兰幼儿园评为省三级幼儿园。11月，临江幼儿园、文瀚幼儿园、启源幼儿园通过省一级幼儿园评估。12月，星河幼儿园、钱江幼儿园通过省级现代化幼儿园评估。

**【新区幼儿园园长论坛】** 2020年12月14日，新区举办“幼儿园教师队伍建设与发展”园长论坛，新区80多所幼儿园园长参加。通过交流分享、专家点评讲座指导、结对帮扶互助，探索新时代幼儿园教师队伍建设新路径，凝聚新区“崇文向善、守正出新”的教育价值观，激发园长教师队伍管理的内生动力。论坛上，5个新成立的学前教育集团获得授牌。（娄丹丹）

2020年9月14—20日，新区向阳幼儿园开展推广普通话宣传周活动
（沈红丹 摄）

## 义务教育

**【概况】** 2020年，新区有义务教育段学校43所，其中公办学校36所、

民办学校7所。初中16所（含十二年一贯制学校1所、九年一贯制学校5所），小学27所（不含九年一贯制学校）。全区义务段在校学生4.99万人，教学班1329个。其中初中生1.32万人，教学班365个；小学生3.67万人，教学班964个。公办学校在校学生4.14万人，占学生总人数的83%。义务段学校专任教师3524人，其中初中专任教师1263人、小学专任教师2261人，高于规定学历教师3524人，占比100%；中级、高级职称教师1759人，占比49.9%。

**【考点建设与招生报送】** 2020年1月，新区中高考工作领导小组会议召开。会议制定中高考考务工作方案，协调部门、街道做好考点服务保障。在新区原文海实验学校、义蓬中学、新湾中学、养正学校4个中考点的基础上，新增下沙中学、新围中学2个中考点。为解决新高考需求，同步推进萧山第九中学高考考点标准化建设。完成杭州外国语学校保送生推荐及省一级重点普通高中保送生推荐名额分配，新区560名学生保送省一级重点普通高中。

（徐　赟）

**【“互联网+义务教育”学校结对工作推进】** 2020年，新区教育与卫生健康局结合民生实事工程，推动“互联网+义务教育”见实效。强化责任落实，督促、指导结对学校谋划推进同步课堂、专递课堂、网络研修等工作。至年末，新区学校开展同步课堂174节，网络教研120次，总量383节次。强化考核保障，突出考核正向激励效用，将“互联网+义务教育”工作实效纳入学校年度考核。落实专项经费保障，配齐配好设施设备，满足结对学校实施同步教学、同步教研等工作需要。至年末，全区公办学校“互联网+义务教育”技术环境覆盖率100%。

2020年1月18日，新区钱江小学组织学生开展“红领巾暖冬行动、先锋行为初体验”活动　　（方　波　摄）

**【小学生放学后托管服务】** 2020年，新区教育与卫生健康局为增强教育服务能力，解决家长后顾之忧，出台《关于进一步做好小学生放学后校内托管服务工作的指导意见》，推出“1+X”（“1”是指看护性质的基础性托管服务，以学校为主进行落实；“X”是指体育、艺术、科技等兴趣特长类课程，由学校和青少年活动中心共同进行开发。学校可根据已有资源自行聘请教师开设艺术、科技、体育等活动课程，青少年活动中心可开发适合学生成长的兴趣特长类活动资源，为学校提供菜单，供有需要的学校选择）学后托管新服务，化解小学生“放学早、接送难”矛盾。新区拨付专项资金598.95万元，引导区内各小学开发特色活动课程100多项，学生参与率42.6%，参与家长满意率98%。　（邱　耀）

**【省语言文字规范化区创建】** 2020年，新区创建成为省语言文字规范化区，并通过省语言文字工作督导评估，获得省市有关领导和专家嘉奖。新区教育与卫生健康局陆建国应邀参加教育部语用司语言文字“十四五”规划调研座谈会并做典型交流发言。新区实现“杭州市语言文字规范化街道”全覆盖、区域语言文字规范化学校全覆盖。

**【特殊教育提升工程】** 2020年，新区出台《残疾儿童少年融合教育实施办法（试行）》。推进融合教育常态化，成立特殊教育中心和教育康复专家委员会。14个市级合格资源教室通过复查验收，新创市级示范性资源教室1个、市级合格资源教室6个。118名持证残疾儿童少年实现入学，44名持证残疾幼儿学前三年入园率100%，36名持证残疾少年入学31人，高中段入学率86.1%。

（陆建国）

**【课程改革与创新】** 2020年，新区教育与卫生健康局印发《关于进一步深化义务教育课程改革的实施意见》《深化基础教育课程改革专项资金管理办法》，每年落实专项扶持资金350万元，旨在通过3年时间，着力优化课程体系的整体建构，推进课程改革项目建设。印发《公办初中提质强校行动实施意见》，12所公办初中启动提质强校行动方案，其中下沙中学、景苑中学、新围中学3所学校入围市首批试点学校。深化落实第二轮课堂教学改革，课改参与学校100%。组织开展4轮课改方案的论证，5场基于课堂的培训及展示。聚焦跨学科、项目化学习的STEAM（数字游戏社交平台）教育实施，以多样态、多路径为方向确立区级培植学校（幼儿园）22所，其中杭州市文海实验学校被认定为省级STEAM基地学校，并成为省级唯一实验样板。

**【教学科研与交流】** 2020年，新区教育教学课题立项101个，其中省级立项41个。参加省市级课题成果评比，省级获奖16个，其中一等奖2个；市级获奖33个，其中一等奖4个；市级基础教育成果奖获奖率100%，其中一等奖1个。教师教育学院获评市教育科研先进集体，陈海霞、徐璐鑫、汤飞梅、潘舸平获评市教育科研先进个人；学正小学获评市教育改革创新年度学校，潘舸平获评教育改革创新年度人物。江湾教育集团校长沈兴明获评市“美好教育”最佳校长代言人，文海实验学校校长何家壁获评市“美好教育”优秀校长代言人。组织参加“黄浦杯”长三角城市群“创新视角下的教育现代化”征文活动，新区获评杭州地区唯一的一等奖。

（沈伟丰）

**【体艺发展成果】** 2020年，新区学校在杭州市中学生阳光田径运动会获冠军4个、亚军1个、季军3个。文海实验学校在全省少年儿童田径冠军赛上获金牌1枚、银牌3枚、铜牌1枚；下沙中学射箭队获省青少年射箭锦标赛团体总分第一名。钱江小学、云帆小学、江湾幼儿园在全国拉拉操联赛（杭州站）获金牌1枚、银牌2枚、铜牌1枚。新区获评杭州市棋类项目进课堂先进城区。杭州市“市长杯”校园足球小学组决赛中，文海实验学校获男子乙组亚军，新区小学获小学组最强阵容比赛乙组冠军。推进学校艺术教育发展，丰富校园艺术文化，在省艺术节获评二等奖、三等奖共6个，市艺术节获评一等奖15个。新区教育与卫生健康局获评“优秀组织奖”。

（薛恩萍）

## 高中教育

**【概况】** 2020年，新区有市属高中2所，分别为杭州第四中学（下沙校区）和杭州高级中学钱塘学校；区属高中4所，分别为杭州市钱塘高级中学、杭州市实验外国语学校、杭州求是高级中学和杭州英才高级中学。其中公办高中3所、民办高中3所（含十二年制学校1所）。区属高中在校学生4417人，教学班103个，专任教师372人，高于规定学历教师371人，占比99.7%。中级、高级职称教师165人，占比44.4%。

（徐　赟）

**【杭州高级中学钱塘学校招生】** 2020年9月，位于新区的杭州高级中学钱塘学校建成投用，开始招收首届新生。杭州高级中学钱塘学校为杭州市直属公办高中，是浙江省首批一级重点中学、首批一级特色示范学校、首批浙江省4所现代化学校之一。学校占地16.4万平方米，为杭州市占地面积最大的高中。学校目标建设成为科创特色鲜明的现代化高级中学。2020年，学校有班级14个，在校学生672人，住校生最大可容纳2300人。2021年计划再开设班级16个，招收学生768人。

**【杭州第四中学】** 杭州第四中学（简称杭四中）是全国学校体育示范学校、省一级重点中学、省一级特色示范学校、省级文明单位、省千校结好特色学校、市人民满意学校、市首批教育国际化示范校，也是杭州市唯一的全国德育先进学校。学校形成“一校两区一部”多元办学格局。作为省体育、艺术特色学校，该中学是浙江大学、浙江理工大学的高水平运动员培养基地。2020年，杭四中（下沙校区）有省正高级教师3人、特级教师4人，高级教师比例逾60%；有省“5522”工程名师、市学科带头人和省市教坛新秀逾100人。学校以“文化养正”和“科技求真”为两大办学特色，拥有省市精品课程20多门，其课程体系助力学生全面而个性化发展。

（徐　赟）

## 校外教育

**【概况】** 2020年，新区青少年宫完善“金字塔式”课程体系，开设培训项目81个、兴趣班1391个、名师班8个，培训学员1.9万人次，服务人次比上年增长40%。创新校外教育活动形式，组织参与活动37场，包括艺术类活动1场，服务3000人次；体育类活动1场，服务3000人次；艺术团活动15场，服务3000人次；综合实践类活动20场，服务4000人次。推行“展赛促训”，篮球名师班参与浙江省小篮球联赛杭州西溪赛区比赛。强化师训科研，优秀在职教师获评新区教坛新秀称号、第五届长三角地区校外教育教师教育教学基本功展示活动一等奖、杭州市流动少年宫活动先进个人、杭州市第十四届校外教育优秀论文评比9个奖项。致力公益服务，规划设计新区综合服务实践基地，开发综合实践课程；建立非遗项目实践体验公馆；打造终身学习坊，实现全龄段一站式培训服务；对87位抗击新冠肺炎疫情一线医护人员子女实行学费减免政策。新区青少年宫为大型综合性青少年校外活动场所，有文化中心、沿江中心、江潮中心（含东湾教学点）和江东中心4个教学点。计划增设前进中心教学点，建筑面积2.94万平方米，设文学、舞蹈、声乐、电子琴、古筝、书法、儿童画、棋类、智能机器人等教室90间，配备休闲娱乐、科技体验、体育活动等专属功能区。各教学点均有室外广场，设有儿童活动区、休闲广场、集会广场等多个活动区域。

（傅 晖）

**【校外培训机构治理】** 2020年，新区教育与卫生健康局严把培训机构设立关，审批民办培训机构32个。落实新冠肺炎疫情期间复学复课核验要求，组成9个核验组核验培训机构116个，核验通过率100%。组建安全检查小组，每月开展安全检查。强化规范办学检查，加强培训内容、教师资质等方面的检查。9月，召开校外培训机构治理工作专题会议，解读教育部版合同，增强校外培训机构负责人规范办学的法制意识。10月至11月末，完成校外培训机构清查整治，清查校外培训机构523个，对检查发现的消防通道堵塞等问题落实整改。联合市场监管、民政等部门开展“双随机”检查，检查培训机构30个，未发现违法违规办学问题。至年末，新区证照齐全的校外培训机构有129个，其中民政登记的非营利性机构43个、工商登记的营利性机构86个。

（徐华宝）

## 成人和职业教育

**【概况】** 2020年，新区有社区学院1个，街道成人学校5所，村（社区）市民学校104所，基本形成“社区学院—成人学校（社区学校）—村（社区）市民学校”三级成人社区教育工作网络，在职在编专任教师18人，兼职教师100人左右。创建全国社区教育示范街道1个，浙江省示范（标准化）成人学校5所，省现代化成人学校2所。有杭州市30分钟学习圈示范街道4个，区级标准化（示范性）市民学校43所，学习型社团200多个。完成省民生实事项目老年大学建设任务，构建新区老年教育三级网络，老年教育实现全域覆盖，完成老年教育学位7476个。开展社区教育进文化礼堂（家园）400场次，学习培训活动存入省“学分银行”15.41万个。

**【职教小镇建设推进】** 2020年，新区职教小镇项目建设加快推进。职教小镇位于江东区块中部，规划用地面积约460公顷。杭州市中策职业学校大江东分校项目总投资8.08亿元（含土地费用1.72亿元），建设用地面积约18万平方米，总建筑面积14.19万平方米。至年末，该项目18幢单体建筑完成结顶，计划于2021年年末竣工。大江东“智能制造”开放性公共技能实训基地是新区管委会与杭州科技职业技术学院联合申报的国家“十三五”产教融合发展工程规划项目，占地2.77万平方米，建筑面积约4万平方米，总投资3亿余元，项目于11月末结顶，计划2021年末前投入使用。

（王关校）

**【职工劳动技能竞赛】** 2020年9月25日，新区第二届“九象杯”工程机械操作技能大赛启动。以“九象杯”大赛为契机，新区总工会组织开展“我为新区立新功”主题劳动竞赛，多层次搭建比武竞赛平台，联合新区社会发展局承办汽车维修工、钳工、电工、化工总控工等省市区级技能大赛10场。组队参加市级以上职业技能比赛7场，参赛职工30人，新区总工会获评首届全国新区开发区班组长管理技能大赛团体一等奖，新区企业长安福特汽车有限公司杭州分公司戴学臣、赵聪分获浙江省工具钳工职业技能竞赛第二名、第三名，中日龙电器制品（杭州）有限公司劳剑巧获“杭州市职工经济技术创新能手”称号。

**【职工素质提升工程】** 2020年，新区总工会探索“互联网+”技能培训新模式，开辟线上“钱工学堂”职工素质教育公益课，内容包括形体类、手作类、艺术类、国学类、语言类五大类别，涉及课程32项，点击量3.5万人次。举办“钱工学堂”首期工匠培训班，组织310名高技能人才和班组长培训。开展资助优秀外来务工人员业余上大学活动，全年报名724人，成人高考通过561人，资助2020年完成学业获得毕业证书者198人，资助金额43.3万元。

（徐霞丽）

**责任编辑 周 丹**

# 卫生健康

## 综　述

【医疗卫生机构及从业人员】 2020年，新区有综合性公立医院（院区）3个，分别是浙江省中医院下沙院区（省属三级甲等医院）、邵逸夫医院下沙院区（市属三级甲等医院）、杭州市第九人民医院（市属二级甲等医院）。区属医疗机构398个，其中社区卫生服务中心8个、社区卫生服务站54个、内部办医疗机构84个、社会办医疗机构252个。疾病预防控制机构1个、卫生监督机构1个。医疗床位1145张。注册卫生技术人员3392人，其中注册执业医师（含助理执业医师）1779人、注册护士1613人。落实医疗机构从业人员（执业医师、护士）执业注册制度，完成医师、护士执业注册、颁证、定期考核、职称评审等工作。全年完成医疗机构执业许可业务51个次、变更163个次、延续71个次、医疗机构年度校验332个次；执业医师注册及变更注册业务1091人次，护士执业注册及变更、延续注册786人次，医师多机构备案607人次，护士多机构备案6人次。

前进街道社区卫生服务中心　　（新区融媒体中心　供稿）

【秋冬疫情防控】 2020年秋冬季节，围绕新冠肺炎疫情防控，新区教育与卫生健康局落实应急保障措施，印发防控工作方案、应急预案和监测预警工作方案等多个工作预案，与辖区杭州市第九医院联合开展疫情防控应急演练。联合第三方检测机构，为新区居民提供核酸采样及检测服务；上线心理服务平台并成立区、街道心理服务团队8个，服务人员40多人。做好常态管理，有序应对国内外疫情反弹。落实“提前知、提前控，全程知、全程控”机制。落实优化配置，确保隔离安全有序。扩充隔离点房间数量，修订隔离点运行规范，强化日常管理，严防隔离点内感染事件发生，重点把控大型活动防控应急预案，保障全国“创业创新周”、公务员考试等大型公共活动。完成新冠疫苗接种4254人次，老年人流感疫苗免费接种 1.11万人次。实施精密智控，提升重点人员管控效率。

（冯　涛）

【计划生育与青春健康培训】 2020年，新区8所高校申报中国计划生育协会青春健康高校项目，位于全省前列，另有6所高校申报市级青春健康项目，高校青春健康同伴教育社团普及率100%。新区计生协会组织开展青春健康讲师培训3场，培训师资125人次，新增区级师资25名；开展青少年培训22场、784人次，家长培训36期、1302人次；线上推出“沟通之道”家长培训，发布10期，点击量累计5000次。开展计生特殊家庭“暖心行动”，走访慰问7次，慰问49周岁以上失独人员504人次，为1.2万户独生子女、244名计生特别扶助人员购买健康保险，保费合计54万元。为流动人口育龄妇女开展“两癌”筛查，举办健康讲座3场，面向新市民发放防疫宣传礼包500份、口罩5500只，受益人群1万余人。（徐家乐）

**【红十字会救护】** 2020年，新区红十字会开展救护员培训40场，培训救护员1150人次；开展普及培训47场，培训6761人次；开展救护师培训1场，培训红十字救护师61人次。举办“红十字博爱送万家”活动，把党和政府、社会各界的关爱送达辖区20位困难群众。8月，参加杭州市红十字应急救护培训师教学技能大赛，获评团体三等奖、个人主题演讲二等奖、个人救护操作技能三等奖。全年完成造血干细胞捐献5例、器官捐献1例、遗体捐献1例。开展献血活动27场，献血人数3032人次。（瞿怡倩）

**【医疗资源布局优化】** 2020年7月，新区提升医疗能力和发展潜力，完成杭州市大江东医院行政隶属关系转变，使其升格为杭州市卫生健康委直属管理的杭州市第九人民医院。落实辖区医疗资源布点，白杨街道闻潮社区卫生服务中心、下沙街道头格社区服务站点、松合社区服务站点等“一中心六站点”建成投用；基本完成下沙街道金沙湖卫生服务分中心与白杨街道大学城北卫生服务分中心建设，优化完善辖区医疗卫生资源布局。

**【医疗服务能力提升】** 2020年，新区教育与卫生健康局实施“三名”工程建设，支持辖区社区卫生服务中心开展“树名医、创名科、建名院”工作。印发《新区卫生健康重点学科建设管理办法》，开展“一院一品”创建打造工作。经评选，下沙街道下沙社区卫生服务中心中医骨伤科和儿科、白杨街道白杨社区卫生服务中心中医科、河庄街道社区卫生服务中心酒精性肝病诊疗科、义蓬街道社区卫生服务中心妇女保健科等7个专科为首轮重点培育扶持学科，给予为期3年、每年不少于50万元的培育扶持资金。整合辖区医疗能力，设立13个医疗质控工作小组，加强对辖区医疗机构医疗质控监管。邀请上级单位专家20多人次，组织质控培训38次。（何关坤）

**【中医药服务】** 2020年，新区8个社区卫生服务中心在原有医疗资源基础上重点打造中医专病专科诊疗，推出小儿推拿科、中医皮肤科、中医肝病肾病联合门诊等，其中中医骨伤科、中医肝病科、中医内科入选新区医疗重点专科序列。参加杭州市中医适宜技术比赛，新区代表队获团体二等奖。完成中医确有专长资格考试报名及现场确认5人次。进行基层医疗机构中医药服务监测。经上级医院帮扶，开展大型中医义诊3次、冬病夏治主体诊疗活动4次、夏病冬治（膏方节）4次。（周佳宾）

**【医疗机构安全监管】** 2020年，新区教育与卫生健康局对辖区各医疗机构防火、燃气安全、户外广告、电动车等领域进行执法检查8次，发现安全隐患35个，下达整改指令书10份，与320个医疗机构签订安全生产责任书。通过自查及督查、交叉检查等方式，重点开展口腔质控、院感质控等工作。出台《关于进一步加强医疗机构校验工作的通知》，分类开展医疗机构校验工作，规范医疗服务行为，保障医疗质量和安全。联合卫生监督分所进行“飞行”检查，对各项质控、实验室生物安全、依法执业等进行综合监管。全年处置记录在案医疗投诉146例，开展告诫谈话5次、医患调解6次。（郭炜煜）

## 基层卫生

**【基层卫生机构建设】** 2020年3月，新区白杨街道闻潮社区卫生服务中心投用，7月投入运营。年内，启动金沙湖社区卫生服务中心装修设计；大学城北社区卫生服务中心选址完成，进入装修设计阶段；合理布局社区卫生服务机构，“15分钟卫生服务圈”完善。根据《新区基层医疗卫生机构绩效补偿机制改革实施方案（试行）》，对各街道社区卫生服务中心进行“保一块、买一块”经费补助，制定《新区基层医疗卫生机构补偿机制改革绩效考核办法（试行）》。开展“优质服务基层行”活动，组织社区卫生服务中心完成自评，下沙街道社区卫生服务中心、新湾街道社区卫生服务中心进行申报。7月，下沙街道社区卫生服务中心通过省卫生健康委组织的专家团队复评，达到国家推荐标准。（徐艺珍）

**【基层医疗卫生机构补偿机制改革】** 2020年，新区启动社区卫生服务中心财政补偿机制改革，建立“财政专项保基本、服务运行按绩购买”补偿新模式，实现从“办事养人”“以钱管人”到“购买服务”“以钱管事”的转变，基层医疗卫生机构人财物得到制度保障，确保基层医疗卫生机构的日常医疗和正常运行。补偿机制改革实施后，第三方测评显示，全区公共卫生服务群众满意度升至99.2%。机构通过改革实现服务增量、工作增效，“同岗同酬、多劳多得、优绩优酬”奖励分配原则得到体现，在职医务人员平均年薪比上年增加8000元。基层医疗卫生机构推进购买服务，开展业务精细化、经济运行精准化管理，建立健全“管人、管事”机制。全年区财政对基层医疗卫生机构增加投入1052.5万元，增长6.9%。

**【基本公共卫生服务】** 2020年，新区基本公共卫生服务新建电子健康档案11.6万份，建档率91.1%；向居民开放电子健康档案22.8万份，开放率64.6%；清理电子健康档案20多万份，档案质量评分98.7分，居杭州市第二名。整合签约服务与基本公共卫生服务项目，绩效考核向慢性病、老年人、孕产妇和儿童等重点人群倾斜。开展老年人健康体检2.7万人次，管理高血压患者2.9万人、糖尿病患者9000人，规范管理率70%。组建区级项目管理专家组，开展培训18场、条线督导48次，整改市级考核问题4个。新区国家基本公共卫生服务项目年度绩效评价获987.09分。（徐　昊）

**【家庭医生一体化签约服务】** 2020年，新区落实家庭医生签约服务，8个社区卫生服务中心、51个卫生服务站、60个签约服 务团队175名签约医生与16.41万名居民建立签约服务关系，重点面向老年人、慢性病患者、在校学生、企业职工等人群，提供“健康惠企”“校园健康副班主任”等个性化签约服务包。其中“健康惠企”服务将家庭医生服务打包进企业，为辖区7000多名企业职工保障健康；“健康副班主任”制度发挥教卫融合优势，为区内135所学校、7.6万名学生提供“零距离”健康指导。搭建社区卫生服务信息平台，落实“互联网”+签约服务，8个社区卫生服务中心通过省互联网诊疗服务备案，为新区800多名签约慢性病居民提供高效便捷线上服务。年末，新区家庭医生签约服务工作获评99.9分。

（潘晓锋）

2020年2月26—27日，新区新湾街道文化中心开展无偿献血活动

（瞿怡倩　摄）

## 公共卫生

**【爱国卫生行动】** 2020年，新区教育与卫生健康局（爱国卫生行动委员会办公室）组织开展环境卫生整治行动，累计参与2.2万人次，清理垃圾640多吨、卫生死角2200多处、绿化带4.65万平方米。整理共享单车4000多辆，清理地下车库100多处。重点部署春季统一灭鼠和消灭早春第一代蚊蝇工作，累计投入180多人次，投放鼠药2000千克，清除“四害”滋生地1000多处，填埋鼠洞400多个。4月，开展第32个爱国卫生月活动，张贴海报2万余份，发放爱国卫生月倡议书、应对新冠肺炎疫情心理调适指南、慢性病防治等宣传资料2.1万份，挂横幅200多条。开展环境整治活动67场次，清理垃圾90多吨、绿化带3.5万平方米、乱粘乱贴1000多处、卫生死角2350多处、“四害”滋生地3200多处、积水1800多处。7月，河庄街道、义蓬街道、新湾街道和临江街道通过全国爱卫会国家卫生镇命名。8—9月，开展社区（村）“除四害”公益活动，在56个社区和6个集镇村的人流量集中区域进行病媒知识宣传，提供专业咨询和药物发放，发放蟑螂药6.2万包，粘鼠板1.55万块，宣传折页3.5万份。控制鼠密度和鼠传播疾病的发生和流行，发动秋季统一灭鼠活动，张贴灭鼠通告3万余张，安装毒鼠屋1424只，投放鼠药1520千克，蜡块486千克，堵塞鼠洞125个。（王　利）

**【精神卫生防治】** 2020年，新区登记在册严重精神障碍患者1240人，规范管理率99.5%，服药率86.7%，规范服药率80.4%，面访率97.7%。发放严重精神障碍患者检出管理奖励8.5万元。做好严重精神障碍患者发病报告与信息管理，严重精神障

碍发病实行“应报尽报”制度，上报159例。落实严重精神障碍患者监护责任“以奖代补”政策，对符合政策的353名监护人发放监护奖补37.81万元。实施严重精神障碍患者免费服药政策，为患者报销医药费用24.3万元。新冠肺炎期间做好在册患者排查，问卷调查覆盖率96%。（俞利娅）

2020年6月15—16日，钱塘新区青春健康师资培训班开班（姚　英　供稿）

【无烟单位创建与控烟检查】2020年，新区结合“世界无烟日”宣传活动，在街道社区、农贸市场、商场等人流密集区域开展宣传活动30多场。创建无烟单位和全面禁烟示范单位，下沙街道滟澜社区党群服务中心等4个单位被杭州市卫生健康委命名为“杭州市无烟单位”，文翰幼儿园被命名为“杭州市全面禁烟示范单位”。开展控烟联合执法行动，印发《新区控烟工作日常检查办法》，委托第三方公司每两个月一次对新区重点行业和单位开展控烟检查活动。（王良晨）

【社会心理健康服务】2020年，新区成立社会心理服务体系建设杭州试点工作领导小组并设立办公室。5月，新区教育与卫生健康局联合新区党工委政法委、党群工作部（组织部）等单位出台《关于印发〈新区社会心理服务体系建设杭州试点工作实施方案〉的通知》，建立联席会议制度、督导反馈制度和信息月报制度，推进基层社会心理服务平台建设，提供心理服务1600多人次。新区社会心理办为专兼职心理服务人员开展危机干预和常见心理问题识别等专业培训10场，培训500多人次。组建以中小学心理辅导站站长为主的心理健康科普讲师队伍，助力健康素养进村（社区）三年行动计划。发放心理健康宣传折页、宣传品5.5万份，开展心理健康讲座161场，受众1.5万人次。新冠肺炎疫情期间，招募34名专业心理咨询师启动心理援助热线，推出线上公益心理援助平台，为辖区居民提供免费心理咨询和心理测评3500多人次。开展焦躁情绪和不安心理安抚，心理咨询师团队至观察点为隔离人员和工作人员开展心理服务10多次。11月，新区社会心理办联合浙江理工大学召开第二届长三角高校大学生情商教育论坛，来自浙江、上海、江苏和安徽四地的心理学专家学者分享情商教育经验。（陆静芬）

## 健康促进

【健康钱塘新区建设】2020年7月，新区出台《2020年健康钱塘建设考核实施方案和考核细则》，保障健康浙江、健康杭州考核任务的同时，注重为基层减负。街道考核指标由49个缩减至14个，区直属单位和部门考核指标从63个缩减至37个，缩减幅度55%。11月，与浙江大学合作的《实施健康钱塘行动的意见》完成终稿并通过省、市及高校专家论证，将健康浙江26项行动和健康杭州25项行动整合为12项，作为新区未来3年大健康建设的行动纲领。同月，经申报和杭州市推荐，新区“中小学校健康促进行动”和“健康产业发展促进行动”被列为健康浙江行动示范试点。12月，云帆社区健康场景项目顺利申报杭州市健康办“健康镇街（社区）空间规划优化策略案例”。

【健康讲师培育与健康企业创建】2020年4月，新区制定健康讲师队伍建设实施方案，培育健康管理师、青春健康讲师、心理健康讲师等，健康讲师目标培养213名。5月，新区教育与卫生健康局制定出台《新区健康细胞建设实施方案》，明确新区3年健康细胞创建目标，规范5类单位创建标准。8—9月，分类开展健康细胞创建业务培训3期，参训人员175人。12月，完成164个健康单位的评审验收命名工作，其中获评浙江省健康促进学校23个、市级健康企业55个、区级健康企业4个、市级健康村（社区）15个、区级健康村（社区）39个、区级健康机关28个。开展健康素养进村（社区）三年行动计划，举办各类健康讲座、义诊等活动102场，受益1万余人；建设“健康角”49个；启动健康科普进企业、进学校、进社区、进机关、进工地活动，推出讲座335场。7月，启动健康素养监测，新区居民健康素养水平29.8%，比上年提升3.1个百分点。8月，启动健康食堂示范项目创建，印发《新区健康食堂示范项目创建实施方案》。同月，举办营养指导员培训班，进行针对性膳食知识和技能培训，首批50名营养指导员考试合格获聘。12月，经专家验收，创建10个健康食堂。（孙钧炯）

**【健康惠企举措】** 2020年，新区在统筹推进新冠肺炎疫情防控和经济社会发展的特殊时期，制定出台“健康惠企”10条措施，将基本公共卫生服务项目延伸至企业，为职工建立健全健康档案，开展高血压、糖尿病等慢性病和职业病防治等健康教育，提供避孕节育、慢性病管理服务、预防接种、传染病、重点人群（孕产妇、儿童）保健等基本公共卫生服务，以及为企业提供职业卫生咨询指导、职业病防治和饮用水卫生安全等卫生监督协管服务。实地走访和指导企业2730个，新建健康档案11.8万份，对45个企业员工进行健康体检5917人次，为企业员工提供社区基本医疗和基本公共卫生服务。

**【“健康副班主任”制度推行】** 2020年，新区针对学校卫生管理及儿童健康管理薄弱环节，创新实施“健康副班主任”制度，帮助学校完善新冠肺炎疫情防控预案，提升学校卫生管理能力。落实儿童健康管理、全员健康教育等公共卫生服务，组建127个“健康副班主任”服务团队，为学校提供疫情防控、健康宣教、健康档案管理、家庭医生签约等服务。利用家校平台、家长学校等载体，形成“教师—医生—学生—家长—家庭”联动的健康宣教新模式。全区建立中小学幼儿园学生健康档案2.1万份，为1.1万名学生提供签约和基本公共卫生服务。签约居民服务知晓率由88.7%提高到97.8%，服务满意度由98.9%提升到99.7%，手足口病等聚集疫情从2019年的131起下降到2020年的27起，青少年总近视率下降1.7个百分点，肥胖（超重）率下降1.9个百分点。“健康副班主任”工作制度获《杭州日报》整版报道并推广。（潘晓锋）

2020年9月18日，新区“世界急救日”主题宣传活动在杭州电子科技大学举行

（瞿怡倩 摄）

## 妇幼保健

**【孕产妇保健】** 2020年，新区3个助产机构接产分娩产妇5871人，辖区常住人口产妇5808人，其中本地户籍2693人。“一对一”管理危重孕产妇226人，均实现安全分娩。免费产前筛查5343人，免费筛查率85.4%；产前筛查孕产妇5832人，血清学筛查出高风险253人例，高风险发生率4.3%，召回高风险孕妇产前诊断，确诊“唐氏综合征”2例，其他异常3例，均终止妊娠。全年非血清筛查（无创）1423人。落实国家免费孕前优生健康检查3574人次。

**【母婴疾病防治与服务保健】** 2020年，新区教育与卫生健康局加强艾滋病、梅毒、乙肝母婴传播阻断工作，疾病检测率100%。艾滋病孕妇分娩1例，新生儿随访HIV检测阴性；管理梅毒孕产妇14人，有分娩结局的8人，治疗14人；助产机构梅毒产妇所生新生儿12人，预防性治疗12人。查出乙肝表面抗原阳性孕妇289人，乙肝表面抗原阳性产妇分娩活产292人，乙肝免疫球蛋白注射291人。优化母婴服务，辖区3个助产机构均实现“出生一件事”多证联办业务，办理出生证明5941件，其中发起申请“出生一件事”多证联办2146件，出生证明协查9次。开展母婴保健技术服务执法监督，助产机构出生医学证明管理督导4次，重点督导是否实行专人管理，要求做到证章分开、出入库登记完整。

**【婴幼儿疾病筛查】** 2020年，新区户籍婴幼儿活产数2733人，访视2727人，新生儿访视率99.8%。婴幼儿0岁组3268人，系管3212人，系管率98.3%；1岁组4265人，系管4185人，系管率98.1%；2岁组4191人，系管4107人，系管率98%；3岁组4998人，系管4908人，系管率98.2%。5岁内儿童死亡11人，死亡率1.36‰；流动儿童5岁内死亡8人，死亡率2.5‰；户籍儿童5岁内死亡3人，死亡率1.1‰。新生儿疾病筛查6105人，筛查率100.9%；其中免费筛查4746人，免费率78.7%；确诊先天性甲次腺功能减低病（CH）儿童7人、苯丙酮尿症（PKU）0人、葡萄糖-6-磷酸脱氢酶缺乏症（G6PD）15人，总阳性确诊率3.6‰。新生儿听力筛查6013人，筛查率为99.4%；确诊听力异常4人，听力异常发生率0.7‰。先天性心脏病筛查6019人，筛查率99.5%；双指标筛查阳性301人，心超例数275人，心超诊断阳性247人，筛查阳性心超异常率89.8%。

**【婴幼儿照护服务】** 2020年，新区教育与卫生健康局印发《2020年度新区教育与卫生健康民生实事项目实施方案》，建立新区婴幼儿照护服务联席会议制度，联合新区街道、市场监管局开展婴幼儿照护服务行业调查摸底，掌握婴幼儿照护服务机构和民办幼儿园收托儿童的基本情况。新冠肺炎疫情防控期间，结合复学复托指导，市、新区、街道、社区四级联动，开展面对面政策宣传；联合市场监管、住建、消防、疾控、基建等部门和街道提供上门指导服务68次，发放整改建议68份；针对托育机构存在的共性问题，13个托育机构经整改后完成备案。完成10个新增托育机构建设（6个托育机构、4个幼儿园托班），新增托位353个；开展进社区照护服务教育培训8场，受惠群众353人。（徐艺珍）

## 卫生监督

**【卫生行政综合执法】** 2020年，杭州市卫生健康综合执法队钱塘新区卫生监督分所（简称新区卫生监督分所）承担公共场所、生活饮用水、职业卫生、传染病、医疗机构、放射、学校卫生等监督执法工作，负责查处非法行医和非法采供血行为，履行辖区突发公共卫生事件调查处理等职责。落实行政执法职责，开展国家“双随机”检查单位112个次，省“双随机”检查20个次，完成放射卫生、二次供水、游泳场所、学校卫生、尘毒企业等专项执法11次，监督检查监管单位1600多个次，责令整改126个次，调查处置投诉举报31次，实施行政处罚68件，罚款金额8.2万元。

**【公共场所卫生督查】** 2020年3月，新区卫生监督分所重点检查影院、超市、KTV、住宿场所、车站等，检查落实消毒工作和进出人员健康码检验与体温检测登记等。5月，结合第33个世界无烟日，联合新区教育与卫生健康局开展无烟日宣传，并联合公安、市场监管、文化执法等部门，监督检查6个单位，发放宣传资料200多份。秋冬季开展住宿场所专项执法，抽检20个单位的140件样品。开展二次供水专项检查，对辖区30多个二次供水单位责任人进行培训。开展住宿场所、商场超市、美容美发等行业卫生监督执法，出动监督执法人员426人次，监督检查1520多个单位，处理投诉举报件31件，满意率95%以上，查处公共场所卫生违法案件33起。

**【学校卫生监督】** 2020年，新区卫生监督分所加强对学校卫生监督管理，重点开展对学校传染病监督及饮用水监督检查。按生活饮用水卫生、法定传染病报告管理及学校教学卫生、生活卫生设施情况列出20个检查项目，对被检学校及周边卫生状况进行检查。4月末，下沙高教园区复课复学。5月初，辖区中小学与幼儿园复课复学。新区卫生监督分所调整工作重点，派出监督人员8人开展大学驻点检查与疫情防控指导，出动监督人员近50人次，指导解决问题60多个。开展学校教室采光照明专项检查，对6个学校教学环境不符合国家卫生标准实施警告等行政处罚。对16个学校二次供水进行采样检测，检测样品数16份，均为合格。

**【职业卫生监督】** 2020年，新区卫生监督分所开展《中华人民共和国职业病防治法》宣传，与市综合卫生执法队、市职业病防治院、辖区企业联合开展职业病现场宣传与有奖知识竞答，发放宣传资料1000多份。对27个上报尘毒等职业病危害企业开展专项执法检查。至年末，审核职业病体检报告3656份，体检人数6.35万人，立案处罚3个职业病危害企业。对辖区1个职业病体检机构开展执业监督，对其未按规定履行职业健康检查信息报告义务进行警告处罚。

**【医疗机构监督】** 2020年新冠肺炎疫情期间，新区各医院的口腔科、中医理疗科、体检科、社会办医暂停开展诊疗活动。加强医疗机构监督，新区卫生监督部门对3个设发热门诊的医疗机构进行监督检查。根据防控指挥部要求，落实临时性管理措施。对不按规定关停的医疗机构，出具卫生监督意见书12份，实施行政处罚4件。3月，新区卫生监督分所对辖区开业的医疗机构开展预检分诊监督与指导，提出整改意见22份；实施对院感防控与消毒灭菌工作的监督检查。8月，联合环保部门对15个口腔医疗机构进行专项检查，出具卫生监督意见书3份，实施行政处罚4件。11月，协同新区教育与卫生健康局对邵逸夫医院下沙院区、省中医院下沙院区的精麻药品管理使用情况开展专项检查，要求医院加强麻醉药品临床应用评价，临床诊疗严格按照《中华人民共和国禁毒法》《麻醉药品和精神药品管理条例》等法律法规进行。

**【医疗废物无害化处置监督】** 2020年，新区卫生监督分所重点对医疗机构医疗废物无害化处置开展监督检查。新冠肺炎疫情期间，各社区做到为居家医疗观察点设置密接人员垃圾专用收集处，并落实收集、消毒与无害化处置。新区卫生监督分所对辖区4个集中医疗观察点全程进行垃圾收集与无害化处置重点监督检查，确保疫情防控与安全。

**【卫生监督助企抗疫】** 2020年，新区卫生监督分所驻企健康指导专班，抽调健康驻企员116人，组成58支小分队，覆盖新区7个街道，开展健康驻企业指导工作。驻企健康指导专班出动9345人次，服务企业3001个，其中规模以上企业1306个、小微园区16个、其他企业1717个；发现问题1177个，帮助整改1151个；排查境外线索42起，处理42起。发放《企业返岗返工防护手册》1.13万册。结合企业复工健康指导，检查企业职业卫生安全工作，出具职业卫生检查监督意见8份。

## 疾病预防控制

**【疾控中心培训与指导】** 2020年，新区疾病预防控制中心（简称新区疾控中心）开展疾病预防与控制、健康教育与促进、疫情及健康相关因素信息管理、突发公共卫生事件应急处置等工作。组织开展新冠肺炎疫情防控、卫生应急处置、结核病防治、传染病和突发公共卫生事件相关信息报告等业务知识培训，培训业务人员465人次，编发检查简报10多期。围绕“卫生日”主题，在结核病日、预防接种日、爱牙日、肝炎日、禁毒防艾日、学生营养周等节点开展主题宣传活动。开展新冠肺炎疫情防控业务培训和相关技术指导20多次，培训工作人员1200多人次，现场指导200多人次。

**【传染病防治】** 2020年新冠肺炎流行期间，新区疾控中心关注疫情动态变化，加强信息收集，防范疫情传播。落实基层医疗卫生机构核酸检测采样培训考核，完成辖区8个社区卫生服务中心71人核酸采样考核。做好防护物资应急保障，采购物资80多万元。

至年末，报告法定传染病1.19万例，无甲类传染病报告。核实处理传染病预警信息351件（含新冠肺炎个案51件、肺结核个案201件，麻疹个案5件），调查处置流感、诺如病毒感染性腹泻、鼻病毒等传染病疫情30多起，报告突发公共卫生事件相关信息18起。落实登革热、霍乱、流感和手足口病等重点传染病监测，监测疑似登革热病例样本19份、手足口病样本61份，开展人群登革热抗体水平监测100份，完成外环境霍乱弧菌监测样品238件。每季度开展突发事件公共卫生风险评估，完成新冠肺炎专题风险评估，提出传染病疫情防控建议。

**【免疫预防】** 2020年，新区疾控中心接种疫苗29.37万剂次，其中免疫规划疫苗14.2万剂次，非免疫规划疫苗15.17万剂次。落实重点人群免费接种流感疫苗，组织辖区70岁以上老年人免费接种流感疫苗；按照“知情、自愿”原则组织群众，接种流感疫苗1.12万剂次。推进新冠肺炎疫苗紧急接种，设立3个常规接种点和3个临时接种点，培训工作人员20多人。按照“重点人群优先、疫情地区优先、安全接种、知情自愿原则”，开展疫苗紧急接种。至年末，完成8331剂次疫苗接种。落实预防接种疑似异常反应（AEFI）监测工作，报告AEFI病例233例，无严重异常反应病例。

**【结核病与艾滋病防治】** 2020年，新区疾控中心开展结核病疫情监测，登记结核病例395例，结核病总体到位率100%。定期开展季度和年度结核病疫情监测分析。对辖区1起高校聚集性疫情进行调查处置，指导落实防控措施，并对30例学校结核病单病例进行规范调查处置。开展艾滋病随访管理，落实确证病例抗病毒治疗管理。新增HIV/AIDS报告63例，新纳入随访管理45例，新增抗病毒治疗病例45例。开展青年学生艾滋病哨点监测调查，完成问卷调查1000多份。对辖区3个艾滋病筛查实验室开展督导。

**【慢性病防治】** 2020年，新区疾控中心做好慢性病发病监测，报告糖尿病1321例、肿瘤1210例、急性心脑事件836例。指导各街道社区卫生服务中心做好慢性病管理，高血压患者控制率86.7%，糖尿病患者控制率65.6%，高血压规范管理率66.8%，糖尿病规范管理率61.3%。对3个省市级医疗单位116例慢性病报告质量进行复核评估，评估8个社区卫生服务中心4种慢性病142例。

**【公共卫生监测】** 2020年，新区疾控中心检测食品样品695件（其中区级491件、市级204件），完成全年监测任务量的109.6%。每月开展生活饮用水监测，检测二次供水和末梢水样品160件。对35所托幼机构和8个医疗机构开展消毒质量监测，监测样品分别为489件和84件，合格率分别为91%和88.1%。对5个公共场所和2所校园环境进行监测；对2个养老机构开展老年人营养状况调查；定期组织实施“四害”密度监测。完成28所中小学学生窝沟封闭，检查6312人、复查4012人，窝沟封闭牙齿9741颗。开展企业职业病危害现状调查和职业病危害因素监测，调查企业710个，监测企业27个。完成39个医疗机构医用辐射防护监测和38个非医疗机构放射性危害因素监测调查，上报调查和监测数据信息。

（胡连鑫　王青青）

## 人口监测与家庭发展

**【老龄健康服务】** 2020年，新区60岁及以上老年人口5.37万人，占户籍总人口的16.8%。全区有百岁以上老人38人。新区构建“健康教育、预防保健、疾病诊治、康复护理、长期照顾、安宁疗护”六位一体服务体系，新区老年健康指导中心挂牌。新区老年广播电视大学启动招生，区级老年活动中心投入使用，老年广播电视大学教育实现全域覆盖。落实居家养老服务机构医养结合签约服务，机构签约服务率100%，获评市级考核第一名。开展紧密医养联合体转诊试点，双向转诊率100%。完成安宁疗护市级试点建设，开展安宁疗护业务培训。至年末，辖区60岁及以上老年人建立家庭病床数482张，4个医养机构在院老人628人。为9437人投保老年人意外伤害险。发放60岁以上计生特殊家庭生活护理补助，合计补助13.9万元。

（杜　娟）

**【计划生育与政策扶持】** 2020年末，新区有育龄妇女8.38万人，初婚961人，出生2803人，其中“一孩”1356人、“二孩”1401人、多孩46人。落实生育登记、再生育审批、奖特扶（农村部分计划生育家庭奖励扶助制度和计划生育家庭特别扶助制度）等事项权限下放。办理生育登记 3241例，其中一孩 1897例、二孩1344例、再生育审批34例。协调非婚生育、父母双亡、再婚等特殊情况独生子女认定17例，协调涉外、收养、再婚等特殊情况生育登记7例。以积分落户和积分入学事项6080例。落实国家计生奖特扶政策，符合补助条件的对象资格确认准确率100%，奖扶3590人，奖励金额319.46万元；特扶210人，扶助资金185万元。

**【计划生育特殊家庭帮扶】** 2020年，新区加大对计划生育特殊家庭扶助关怀力度，对计划生育特殊家庭实行“双岗”联系人制度、家庭医生签约服务、优先便利医疗服务3项政策全覆盖，与辖区市第九医院签订“绿色通道”协议。市第九医院、新区8个社区卫生中心为计生特殊家庭提供优先便利医疗服务，落实率、走访率、建档率、信息准确率、签约覆盖率均为100%。落实市级公益金享受10人，合计2.5万元；区级公益金享受58人，合计31.1万元。全区新增公共场所、企事业单位母婴设施15个。

（杜　娟）

**【计划生育服务举措】** 2020年，新区开展计生服务729例，为育龄妇女提供免费计划生育技术服务343例，特殊病历补助8例。开展以女性健康知识讲座、艾滋病和梅毒病防治等为主题的宣传活动8次，发放健康教育宣传资料2万余份，受益2万余人。发放安全套17.4万只，新增免费避孕药具自取机1台，累计37台。

（徐海娜）

**责任编辑　周　丹**

# 文化·体育

## 文化服务

【公共文化服务阵地建设】2020年，新区优化公共文化服务体系建设，满足群众公共文化服务需求。至年末，在建文体中心（图书馆）1个、在建大剧院1个、在建城市书房1个；建成杭州书房1个、24小时微型图书馆2个、街道图书馆7个、电子阅读点8个、“一证通”点107个；村级公共文化场所免费Wi-Fi覆盖点106个。提升改造新湾街道图书馆，“杭州书房·钱塘新区书苑”通过市文化广电旅游局验收并获授牌。“杭州演艺·新湾剧场”利用杭州演艺集团资源，满足老百姓观看优秀文艺演出的精神需求。

【文化惠民工程】2020年，新区以“全面小康”为主题开展文化惠民工程，在各街道、村（社区）、企业等地组织送演出、送电影、送展览、送公益讲座约150场次，送春联1000多副，送图书1.8万册，跨区域文化走亲6场次，举办群众文艺公益培训400多场次。将新春祝福、优质演出、戏剧曲艺、主题电影，以及舞蹈、声乐、器乐、形体等公益培训送到新区群众身边，服务范围覆盖7个街道、52个文化礼堂、近40个社区文化家园，覆盖企业、驻新区武警部队等，受益群众超2万人次。

【基层群众文化人才培养】2020年，新区着力群众文艺人才培养，加强基层文艺团队建设。通过推荐申报、集中评审、现场展示等方式，培育舞蹈、器乐、手工艺等群众文化示范团队30个。举办2期基层文艺骨干培训班，提高村（社区）文艺骨干业务能力，实现从“送文化”到“种文化”的转变。组建新区文艺志愿者队伍，拥有新区、街道、村（社区）三级组织文艺志愿者1900多人。

【数字文化赋能】2020年，新区深化“互联网+”模式，推出为群众提供集数字阅读、网上“慕课”（大规模开放的在线课程）、网上剧场、非遗展示、工业旅游预约等功能为一体，内含130万册电子书、400门线上“慕课”等一站式数字公共文化服务平台。联合海宁市文化馆打造“云端文化走亲”，同忆“钱塘风物”，共谱“钱塘新潮”。

【文化“云互动”】2020年，新区举办“艺同战疫”主题活动，推出“钱塘遐想·诗意新区”城市诗歌和“我的钱塘我的歌”城市歌曲征集等线上群众文化活动。围绕主题，征集“2020年抗击新型冠状病毒疫情”主题书画、城市主题诗歌与歌曲等作品。通过新媒体平台，在线直播新区青年歌手大赛总决赛、群众文化示范团队展演等活动。

【钱塘十景评选】2020年，新区社会发展局开展“我的新区最美丽”钱塘十景主题征集评选活动，经过公开征集、组委会初选、网络投票、专家评审等程序，评定体现新区历史文化底蕴、特色明显、人文内涵丰富、具有较高观赏价值的“钱塘十景”，分别是“蜀山怀古”“钱塘潮涌”“潮音听禅”“海塘绿道”“学林秋枫”“金沙环碧”“江海朝霞”“老街寻踪”“围垦拓荒”“知青岁月”。

【钱塘“十碗头”美食品牌】2020年，新区社会发展局联合新区餐饮协会，通过社会征集、专家评审等方式，深挖新区特色美食，整理“糖醋排骨”“白鲞拼鸡”“爆炒时件”“本芹三丝”“醋熘肉皮”“钱塘三鲜”“沙地东坡”“土法双臭”“倒笃春笋”“鱼跃钱塘”为代表的10碗特色菜名录，完善新区美食菜品体系。宣传线上美食品牌，编印新区特色美食手册，利用官网、微信公众号等互联网平台，讲好新区美食故事。

【文广旅市场管理】 2020年，新区办理文化广电旅游市场行政事项10件，其中办理行政许可事项7件（网吧1件、广播电视4件、歌舞娱乐1件、营业性演出1件），办理广播电视单位变更3件。开展非法地面卫星电视节目接收设施整治行动，发出整改通知书1163份，通过报纸、广播等媒体宣传相关政策法规254次，开展检查160次，出动检查人员667人次。推进城市大脑“文旅系统”建设，新增安装“30秒自助入住机”酒店11个，累计安装酒店17个。

## 文艺创作及展览

【主题文艺精品创作】 2020年，新区社会发展局组织完成全面小康主题文学作品创作结集《全面小康路“作家看新区”作品集》、沙地方言散文集《故乡的腔调：沙地土话与生活日常》、漫画作品集《与孩子一起坚毅》、原创音乐作品《等待黎明》、原创音乐舞蹈《潮头颂》、城市歌曲《航向未来》等主题作品10多个。委托作家朱晓军写作团队创作的文学集《钱塘一家人》完成采访，进入整理撰写阶段。

【非遗主题原创舞蹈】 2020年，新区深入挖掘钱塘文化元素，以非物质文化遗产项目“抢潮头鱼”为创作灵感，与浙江传媒学院合作创作歌舞《潮头颂》，在杭州市第十届“风雅颂”民间舞蹈展演活动中获银奖。

2020年8月26日，新区社会发展局组织文艺工作者赴建德开展“文化走亲”活动
（周　洁 摄）

## 文化市场管理

【文化市场专项整治】 2020年，新区社会发展局做好文化场所日常检查，开展网吧接纳未成年人整治、歌舞娱乐场所夜间检查、文明城市迎检、文化市场消防安全落实等专项行动10多次，出动检查2928人次，检查场所2667个次，查处并责令改正违规行为1起，行政处罚立案调查1件，警告1次，罚款1.5万元。开展护校安园、扫黑除恶专项行动，组织以“清源”“秋风”“固边”“净网”“护苗”等为主题的出版物市场和网络文化环境专项整治行动。

【文化市场监管举措】 2020年，新区社会发展局加强文化市场监管，突出重点时段对重点行业实施重点整治。开展寒暑假期间网吧和娱乐场所接纳未成年人、开学前后校园周边环境、教辅材料市场、暑期游泳场所、夏冬文化市场安全隐患大排查等专项整治行动。建设“互联网+监管”系统，启用“浙政钉”系统，实现浙江省行政执法监管平台文化、广电、体育、旅游相关条线抽查事项全覆盖。开展“双随机”抽查15次，跨部门“双随机”抽查1次，完成省文化和旅游厅、省体育局下达的检查任务2次，通过“掌上执法”巡查文化场所967户次，查处问题10个。

【文化场所消防监管】 2020年，新区社会发展局督导文化场所落实安全责任制度。新区文化执法大队与辖区内网吧、电子游艺、歌舞娱乐等场所签订消防安全目标责任书，明确安全职责，确保责任到人。开展元旦、春节、中秋节、国庆节期间文化市场安全检查行动，对娱乐场所进行夜间检查，重点检查各场所设置的消防设施、应急照明灯、灭火器材、消防通道、电线电路、安全出口标志，以及应急预案和演练等情况。3月18日，组织消防安全主题活动，举办文化市场消防安全培训会，邀请杭州市消防培训中心老师授课。（包慧敏）

2020年11月29日8时，浙江大湾区自行车公开赛（钱塘新区站）在下沙沿江赛道鸣枪开赛 （刘 年 摄）

## 群众体育

【公共体育设施建设】2020年，新区根据杭州亚组委下达年度目标，推进体育设施项目建设。至年末，亚运轮滑馆屋面工程顶钢结构外环合拢，幕墙装修施工完成92%；亚运滑板项目配套工程开工建设，大学城北体育中心项目主馆完成竣工验收；新区文体中心项目游泳馆、体育馆地下施工完成。提升公共体育场馆服务，完成浙江省民生实事体育工程18个，其中百姓健身房7个、社区多功能运动场1个、小康体育村升级工程10个。百姓健身房均接入“浙里办”平台，实现网上预约、网上支付等功能。

【群众体育事业发展】2020年，新区发展群众体育事业，举办体育赛事76场，其中国家级赛事2场、省级赛事3场、市和区级赛事71场；组织体育进社区活动27场。开展国民体质测试800多人，合格率94%。新增新围初中、云帆小学、幸福河小学、启源中学4所中小学校体育场地向社会开放，累计39所。新增体育场地面积33.29万平方米，累计164.04万平方米，人均拥有体育场地面积2.13平方米。成立新区老年人体育协会、轮滑冰雪运动协会、国际象棋协会等体育社会组织。培养三级社会体育指导员1190人。

【体育产业培育】2020年，新区引进培育冰雪轮滑、射击射箭、自行车、攀岩、电子竞技等20多项优质运动，以赛事为引领，培育赛事表演、文化旅游、器材研发等整体产业。鼓励社会力量办体育，兴办梦京体育（孙铭徽）体育馆、杭州猎鹰射击俱乐部、和达悦自由体育公园、迈吉姆体育馆等民间优质体育场馆。整体提升新区体育品牌影响力，利用区内亚运场馆和体育公共设施投用，吸引阿里体育有限公司、北京万馆体育文化产业公司等体育运营公司洽谈落户。

## 竞技体育

【体教融合成果显著】2020年，新区深化体教融合，与杭州市体育局签订合作协议，共建杭州市陈经纶体校钱塘校区，引入摔跤、柔道、拳击、散打、跆拳道、空手道6个项目。至年末，新区有国家级特色体育项目学校6个、省级体育特色学校6个、市级体育特色学校26个。注册省、市青少年运动员1441人，向省、市输送运动员36名，代表杭州市参加省级及以上青少年体育竞赛，获国家级比赛奖牌7枚，其中金牌1枚；获省级比赛奖牌215枚，其中金牌77枚。

【品牌赛事培育】2020年，新区坚持线上线下相结合，通过政府搭台、企业办赛，举办杭州女子马拉松赛、浙江大湾区自行车公开赛、省青少年射箭冠军赛、太极拳推手邀请赛、新区百村（社区）篮球联赛等赛事。推进区校合作，联合举办高校校友篮球赛、羽毛球赛、电子竞技等赛事。11月29日，与浙江省体育局共同举办的2020年浙江大湾区自行车公开赛在新区举行，1000多名自行车爱好者参赛。12月6日，2020年杭州国际女子马拉松赛在新区举行，来自全国各地的5000多名女性跑友参赛。 （胡青青）

责任编辑 周 丹

# 社会民生

## 社会保障

**【新区帮扶救助体系】** 2020年1月28日，新区发布抗击新冠肺炎疫情爱心捐赠公告，收到捐赠资金671.89万元和捐赠物资10万余件。落实防疫抗疫物资接收和资金发放，及时将防疫抗疫物资送达一线抗疫人员，发放资金671.16万元。做好“春风行动”救助，“春风行动”职能划入新区社会发展局后，新区慈善总会账户单独设立“春风行动”科目，对接新区党群工作部（组织部）、教育卫生、农业水利发展等部门，建立涵盖边缘困难家庭、困难职工、外来务工人员、百岁老人等12类困难群体的帮扶救助体系。7月23日，新区慈善总会成立。履行慈善救助职能，开展“凯里市困境儿童营养午餐补贴”和“凯里市特困供养人员、孤儿、事实无人抚养儿童生活补贴项目”，合计支出帮扶资金530.7万元，完成东西部协作任务。全年慰问辖区困难群众460人，新区发放抚助资金118.4万元。

**【居家养老服务】** 2020年，新区有老年人5.3万名，建成示范型居家养老服务中心8个，设托养床位66张；养老机构6个（含未备案），床位数1947张，其中护理型床位占比65%，每千名老年人拥有床位38.2张。建成河庄街道、新湾街道、前进街道和临江街道4个街道级居家养老服务中心，完成44户生活困难老年人家庭适老化改造工作，增设养老机构床位104张，护理型床位占比100%。年末，新区有96个照料中心（含居家养老服务中心）与卫生服务机构合作，占比95%。建有50个老年食堂（助餐点），完成养老民生实事项目3个。

**【社会救助】** 2020年末，新区在册低保户1965户、2461人，低保边沿71户、213人，特困户36户，临时救助224户。遵照“应保尽保、应退即退”原则，累计发放低保救助金2822.55万元、低保边沿救助金18.75万元、特困供养人员救助金88.96万

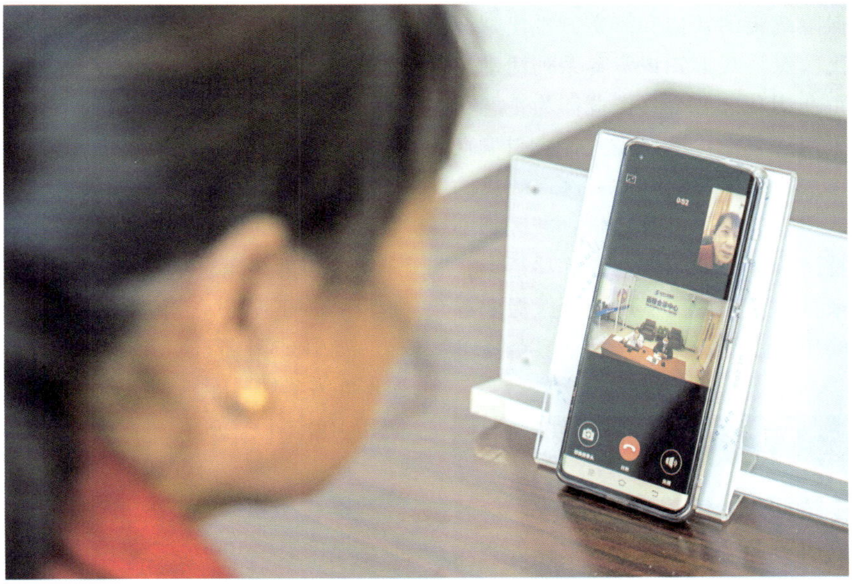

2020年11月3日，“互联网+”特色居家养老服务项目在新区义蓬街道江盛社区启动。图为老人与互联网医院的医生视频连线问诊　　（傅　云　摄）

元、物价补贴322.88万元、临时救助资金119.47万元。开展“钱塘同心圆”青少年关怀项目，服务青少年30多人次；开展困难老人爱心关怀，服务80岁以上老人276人次。创新机制建设制度化、专业社工标准化、社会组织参与多元化、兜底保障信息化、帮扶项目个性多元化的“五化工作模式”，推进困难群众定期探访服务，入户探访7454户次，上报个性化需求120条，解决困难群体问题90个。（沈燕羽）

## 医疗保险

【医保事业发展】 2020年，新区社会发展局依托省社保中心统一平台，动态维护辖区户籍人口医疗保险基础信息库数据，基本医疗保险参保率99.4%。指导新生儿“出生一件事”办结1700多件。征地农转非人员医保补助审批703人，比上年增长44.4%，审批补助金额167万余元。部署街道灵活就业人员参加职工基本养老保险人员体检，累计安排体检5.19万人次。

【医疗保险宣传】 2020年10月起，新区社会发展局加强新区基本医疗保险政策的宣传和落实，推出“全民医保”线上知识竞赛系列活动。每期活动以一个参保群体为主题，采用“先学再答”模式，吸引群众参加，加深参保群体对医保政策的认识和理解。10月30日，新区举办首届人社医保业务技能练兵活动，来自企业和街道从事人社医保业务的10个代表队参赛。（蔡炳峰）

## 就业服务

【技能人才培养】 2020年，新区城镇新增就业人数5.5万人，失业人员再就业2934人。鼓励企业提升技能水平，重点围绕技能提升行动，构建以市场为导向、行业企业为主体、职业院校为载体的培养体系。全市首个“企业新型学徒制”培训班开班11班次，培训企业学徒386人，指导顾家集团有限公司、杭华油墨股份有限公司、联德精密机械有限公司4个企业开展技能等级认定，多维度培养人才。全年组织开展职业技能大赛10场，其中省级技能大赛3场、市级区域性技能大赛7场，完成上级竞赛考核指标。开展线上职业技能培训工作，累计通过备案项目107个，培训企业职工7567人，已发放线上培训补贴455万余元。在“亲清在线”平台上推出提升技能一次性奖励政策，对新评定为高级技师、技师的，分别给予5000元、3000元一次性奖励。经审核，累计175个企业申报254人，发放奖励资金92.6万元。

【就业和人才招聘会】 2020年，新区强化对高校毕业生、退役军人、就业困难人员、残疾人等群体就业的托底帮扶力度。推行“不见面招聘”服务，组织开展“云招聘”20多场、线下小型专场招聘会40多场，推出就业岗位4.7万个。举办杭州市高层次人才招聘会、高校毕业生线上“双选会”等网络招聘会5场，为1300多个次企业在《新区发布》、《钱塘新区报》、新区人才就业网、杭州人才网、杭州就业网等各类宣传渠道发布岗位近2万个。推进公共服务优质均衡发展，开展主题为“职求卓越，‘药’你加盟”浙江理工大学专场直播招聘会，吸引3.3万名求职者在线观看，参与的6个优质企业收到学生投递简历400多份。9月23—24日，举办“职求卓越·跨江送岗”钱塘新区秋季大型招聘会，179个企业参加，提供岗位5000多个，吸引2000多名招聘者报名，现场达成意向400多人。

【创新创业帮扶】 2020年，新区社会发展局加强创新创业园区建设，优化创业扶持政策。发放创业担保贷款103笔，合计金额5294万元。开展杭州市创业孵化示范基地、杭州市创业陪跑空间、杭州市“众创十佳”等各项评选申报工作，新区红帮东部乐创创业陪跑空间获评杭州市认定创业陪跑空间。

【就业援助与资金补贴】 2020年，新区围绕就业精准服务计划，开展“就业援助月”“就业援助私人定制服务周”“政策宣传服务周”“公共就业服务周”“基层能力提升月活动”“就业援助公益周”等公共就业服务系列活动，加大就业援助和职业指导。全年走访失业、就业困难以及“零就业”家庭人员2000多人次，联系辖区企业300多个次，线上通过平台宣传200多次，发放宣传资料4000多份，帮助就业困难人员实现就业756人。推进东西部扶贫劳务协作，帮助对口帮扶地区贵州省黔东南苗族侗族自治州、湖北省恩施土家族苗族自治州80名建档立卡人员到新区就业。审核发放稳就业政策资金3.1亿元，其中对新冠肺炎疫情期间招聘人员、员工返岗、共享员工政策补贴的1616个企业，发放补贴资金1800万余元，惠及职工1.21万人；开展社保费返还4批，审核补贴企业9990个，返还金额1.7亿元，惠及员工19.36万人；开展商贸企业专项奖补贴申报审核，申报审核企业471个，发放补贴资金2857万余元，惠及企业职工6.57万人；开展企业以工代训补贴申报审核，申报审核企业1.14万个，发放补贴资金7597万余元，惠及企业职工15.2万人；审核发放就业补贴资金2089万余元，补贴企业748个次，惠及职工5098人，其中就业困难灵活就业补贴3435人次，金额982万余元。（张宇丹）

**【和谐劳动关系构建】** 2020年，新区社会发展局开展用工诊断、薪酬调查、两证培训等专项服务，推进新区和谐劳动关系构建。全年走访服务企业420个次，化解隐患100多个，妥善安置员工1300多名。组织开展新区人力资源和社会保障政策法规专项培训6场，惠及企业1000多个次；开设“和谐劳动关系云学堂”宣传板块，开展人才、就业、社保、劳动关系等各类宣传培训活动76次，提升新区企业和员工的法律法规意识，推动建立规范有序、公正合理、互利共赢、和谐稳定的劳动关系。组织企业参加“平安创建示范单位”活动，新区中粮包装投资有限公司、杭州士兰集成电路有限公司、长安福特汽车有限公司杭州分公司、杭州秉信环保包装有限公司、杭州丘比食品有限公司5个企业被评为“平安和谐劳动关系示范单位”。推进劳动合同电子化试点建设，利用电子信息技术和大数据分析手段强化人力资源管理，新区500个企业注册试用电子劳动合同，获省人力资源和社会保障厅领导批示推广。

2020年4月22日，由新区社会发展局主办的主题为“职求卓越，‘药’你加盟”浙江理工大学专场直播招聘会举行（张宇丹 供稿）

**【新区人力资源服务协会党建联盟成立】** 2020年11月3日，新区人力资源服务协会党建联盟启动，现场发布关于联盟实施的七大行动意见。助力加强钱塘新区人力资源服务协会基层党组织建设，促进新区人力资源服务行业健康、有序发展。该党建联盟有成员单位195个，有正式党员5000多人、预备党员200多人、党委18个、党总支27个、党支部76个。活动现场，两位新区管委会领导共同为“杭州钱塘新区人力资源服务协会党建联盟”揭牌，中粮包装投资有限公司获评该党建联盟主席单位，浙江锦阳人力资源集团有限公司等21个企业获评副主席单位。抗击新冠肺炎疫情期间，新区人力资源协会党建联盟以“政治优势资源联享、实践活动联办、党建队伍联建、信息知识联通、红色品牌联创”为主要内容，开展“政企组团服务、行业资源整合、人才队伍引育、红色品牌创建、红色细胞激活、红色堡垒提效、党建活动提质”七大行动，发挥党建工作的政治引领作用，建立新区企业人力资源领域互帮互学、共创共赢新机制，提升企业人力资源服务协会党建工作新格局。

（凌　萍）

**【劳动纠纷化解】** 2020年，新区社会发展局处理劳动纠纷案件5084件，其中劳动监察投诉举报立案案件820件、劳动人事争议仲裁立案案件1764件。基层劳动纠纷调解案件2500件，为1万余名劳动者挽回工资报酬、工伤待遇、经济补偿等经济损失3亿余元。移送公安机关拒不支付劳动报酬罪案件2起，劳动监察行政处罚案件4起。通过省、市、区三级政府相关部门联动，妥善处置众泰汽车工程研究院和众泰新能源汽车有限公司拖欠1700多人1.6亿元工资事件。处理“110”联动突发警情事件2084起，对重大事件第一时间赶赴现场处置；接收“12345”信访交办件3680件，均在规定时限内予以答复处理。

**【省“无欠薪”区达标】** 2020年，浙江省根治欠薪工作领导小组实地检查新区4个在建工程项目“无欠薪”6项长效制度落实情况（人员实名制管理、工资性工程款分账管理、工资按月足额发放、银行代发、工资保证金、信息维权告示），经考核验收和综合评估，新区通过浙江省“无欠薪”建设达标区考核，并得到杭州市根治欠薪工作领导小组的书面表扬。

**【工资支付数字化监管】** 2020年，新区构建“欠薪联合指挥平台事前预警预防、工资支付监管平台事中过程监管、劳动纠纷一体化平台事后集成处置”的全过程数字化监管闭环。通过信息共享，对涉及社保、水电、税务等数据异常的企业提前介入，提前防范化解欠薪隐患苗头，全年接收到欠薪预警或欠薪线索500多条；通过浙江省工资支付监管平台，推进新区在建工程项目落实“无欠薪”6项长效制度，实时线上监管项目每月工资发放情况，新区在建工程项目6项制度落实率100%；通过劳动纠纷一体化平台线上流转，分类处置劳动纠纷案件，实现劳动纠纷调解成功率80%以上。

【劳动纠纷多元化解机制】2020年，新区建立并完善以调解、监察、仲裁三位一体，司法、综治、公安、工会等多方力量参与的“1+X”劳动纠纷多元化解机制，实现劳动维权“最多跑一地”。开通“互联网+调解仲裁”工作新模式，新冠肺炎疫情期间通过线上远程形式处理劳动纠纷，提升工作效率和劳动者获得感，防范人员聚集风险。推行劳动监察仲裁执法沉入街道，整合街道执法力量和资源，以街道名义开展劳动监察执法活动；强化街道统一指挥和统筹协调职责，实行属地管理的执法体制，实现劳动纠纷矛盾在属地化解。（戎玲观）

## 民　政

【村社换届与社区建设】2020年，新区111个村（社区）完成村（居）委会换届选举任务，并开展村规民约、居民公约修订工作。加强社工人才队伍建设，完成142名新社工招聘和入职上岗。成立杭州钱塘新区“社工学院”，制定出台新区专职社区工作者身份认定办法和管理办法，评选区级“最美社工”15人。开展村社减负增效工作，完成20名专职社区工作者清退工作。完善社区管理格局，成立新社区7个。白杨街道入围2020年省级城乡社区治理和服务创新实验区创建名单。伊萨卡社区、大北社区创建成为市级国际化示范社区，新元社区创建成为示范型撤村建居社区。推动社会工作站（室）建设，新建下沙、白杨、临江3个街道级社会工作站，新增上沙、新元、邻里、伊萨卡、美达5个社区社会工作室。

【社会组织477个】2020年年末，新区有社会组织477个，其中社会团体65个、民办非企业单位412个。推进社会组织能力提升，新增AAA级以上社会组织6个，下沙、白杨、义蓬、新湾、河庄、临江6个街道完成服务中心实体化建设，其中5个街道引入第三方运营单位。强化社会组织党建引领，配备专职党务工作者，社会组织综合党委建立首个社会组织党支部，推出“商协助企服务体”党建品牌。实施“新杭州人社区融合共治项目”，开展专项活动25期，项目获评杭州市品牌社会组织项目。

2020年11月11日，新区婚姻登记服务中心接受新人登记结婚（童志忠 摄）

【区划地名管理】2020年，新区社会发展局联合行政审批局完成辖区道路命名29件、楼盘等地名核准29件；为楼盘编制门牌33件，涉及2.73万户；开具地址证明193件，发放门牌证494本。开展不规范地名清理整治，整治不规范地名5处。完成属地界桩的维护和查探，配合做好平安边界建设。

【困境儿童帮扶】2020年，新区社会发展局推进儿童福利服务体系建设，为辖区内164名困境儿童发放生活补贴103.08万元。依法推进收养工作，办理收养评估5户，协同新区妇工委推进示范型儿童之家建设，建设示范型儿童之家6个。

（马　丽）

【婚姻登记】2020年，新区婚姻登记服务中心办理婚姻登记业务2849件，比上年增长51%；主持结婚颁证仪式1011对次，增长44%；开展婚姻家庭专业辅导服务263人次，增长189%；提供婚姻档案服务208人件，增长142%。推进婚姻登记便民服务，实现跨区域登记1421件，增长4.2倍；推出周六值班预约结婚登记举措，办理预约结婚登记282件，增长1.9倍；推进“婚育户一件事”联办，推送申请1568件，增长6.1倍。（周　佳）

## 退役军人服务

【退役军人抗疫】2020年，面对新冠肺炎疫情，新区退役军人服务站主动作为，发动退役军人参加疫情联防联控、群防群治、秩序维护等志愿活动。新区参加抗击疫情退役军人1.54万人次，为抗击疫情捐款1.12万元，捐物价值（估值）约13.75万元。年内，新区退役军人服务站获评多项荣誉，下沙街道、白杨街道、河庄街道、义蓬街道、新湾街道、临江街道6个街道创建成为全国示范退役军人服务站；下沙街道退役军人服务站、下沙街道下沙社区退役军人服务站获评省“新时代枫桥式退役军人服务站”；下沙街道、白杨街道、河庄街道3个退役军人街道服务站和下沙街道下沙社区、白杨街道伊萨卡社区、河庄街道向前村等13个村（社区）服务站，获评市首批“新时代枫桥式退役军人服务站”。

**【“最美退役军人”评选】** 2020年5月，新区组织开展“最美退役军人”评选活动，经审查、遴选、投票、评定和公示等环节，评选出新区首届“最美退役军人”10人、“最美退役军人”提名10人；下沙街道头格社区书记钱水荣获评杭州市第二届“最美退役军人”。7月31日，新区庆祝中国人民解放军建军93周年暨首届最美退役军人颁奖大会召开。成立新区戎宣团，选定8名戎宣团讲师。开展农村现役义务兵父母等优抚对象健康体检，建立健康档案。发放抚恤金和生活补助，进行重大节日走访慰问，筹建关爱退役军人协会，提升重点困难优抚对象生活质量。

**【退役军人就业创业安置】** 2020年，新区社会发展局通过多部门互联、数据共享等方式，推进“军人退役一件事”办事机制改革，完成年内退役士兵报到接收，审核整理退役士兵档案工作；发放2019年自主就业退役士兵自主就业金。开发“钱塘老兵”小程序，方便退役士兵“掌上”报到、职业培训、就业招聘及政策了解，多名退役士兵申请参加汽车维修、保安员、健身教练、西式面点师等技能培训班学习，参训率79.3%。完成部分退役军人社保接续，符合条件的退役军人补缴个人部分，单位完成其余部份补缴，完成率100%。7月16日，启动退役军人档案电子化工作。

（周　晨）

## 残疾人事业

**【残联基层组织建设年】** 2020年，新区根据全省残疾人联合会“基层组织建设年”目标要求，在强组织、强队伍、强服务、强管理等方面推出系列举措。建立新区残疾人工作委员会，统筹协调全区残疾人工作，明确成员单位工作职责；健全新区、街道两级残联机构，调整下沙、白杨、义蓬、新湾、临江5个街道残联理事长；成立110个村（社区）残疾人协会，配备残疾人工作联络员，负责残疾人日常管理服务工作；成立肢残人协会、盲人协会、智（精）残疾人亲友会、残疾人无障碍环境促进会、聋人协会，实现5个类别专门协会覆盖目标。推进残疾人事业城乡统筹，开展与建德市残疾人联合会的合作与交流，提供帮扶资金30万元。合作旨在增强辐射带动作用，推动城乡、区域、经济社会发展统筹，缩小残疾事业存在的城乡差别、区域差别，推动残疾人事业可持续发展。

**【残联参与疫情防控】** 2020年，新区残疾人联合会（简称新区残联）参与新冠肺炎疫情防控，各级残联组织坚守疫情第一站，残联干部深入到村（社区）参与一线疫情防控，40多名残疾人参与疫情防控工作。新区肢残人协会组织开展抗疫募捐献爱心活动，收到27名肢残人线上捐赠的7700元善款。做好残疾人托养、就业等机构疫情防控和停工服务管理，完成医护力量、后勤保障、应急措施等参与的复工复产工作。

**【“残疾人之家”建设】** 2020年，新区残联按照“八个有”（有合法登记注册或者依托合法的主体设立、有统一的名称和标识、有稳定的服务对象、有适宜的服务场所、有配套的设施设备、有完善的服务功能、有专业的管理服务团队、有健全的管理制度）规范化标准，推进“残疾人之家”建设。下沙街道残疾人之家获评省级“五星级残疾人之家”，新湾街道、义蓬街道、河庄街道残疾人之家获评“四星级残疾人之家”。照护残疾人145人。实施个性化服务，落实无障碍设施量身定制改造方案。8月，完成160户困难残疾人家庭无障碍设施改造任务。

**【残疾人补贴与就业帮扶】** 2020年，新区残联落实困难残疾人生活、重度残疾人护理、残疾人社保、残疾人康复4项补贴政策，实施残疾人商业保险补贴政策，服务覆盖率100%。全年发放困难残疾人生活补贴、重度残疾人护理补贴、津贴补助、节假日慰问及提供服药和住院补助等资金累计3893万元。做好残疾人就业帮扶，面向企事业单位开展“用人单位残疾人职工申报与审核”工作，审核企业419个，残疾人职工1200多人，为符合条件的140个企业发放补助金155万元。开展残疾人线上、线下就业培训，鼓励帮助用人单位及残疾人通过互联网进行线上发布招聘和求职信息，新增残疾人就业76人。

**【残疾人康复服务】** 2020年，新区残联依据5类、57项服务的工作清单，为3100名持证残疾人和残疾儿

2020年1月，新区残疾人综合服务大楼建成投用　　（吴　孟　供稿）

童提供精准康复服务，为273名残疾人适配辅具。将“三瘫一截”等成年盲度残疾人、精神残疾人和残疾儿童纳入基层责任医生签约服务范围。新区残疾人等重点人群基层责任医生签约服务率85%以上，精神残疾人免费服务覆盖率100%。

**【助残惠残服务】** 2020年，新区推出“助残惠残·云上诊疗”举措，为出行困难的残疾人提供居家康复服务。完成“功能社区”创新项目，走访服务安置残疾人企业，向残疾职工提供“健康惠企，暖心助残十条”服务。面向418个企业开展惠企服务。促进智慧助残与残疾人社会保障和服务体系深度融合，推进助残服务“最多跑一次”改革与困难残疾人“四访四助”专项行动有机结合。对辖区110个社区的6499名残疾人进行专项调查并发放智能化残疾人证。借助“亲清在线”、“民生直达”、杭州市数据共享平台等资源，将扶残助残“跑零次”落到实处。

**【无障碍环境建设】** 2020年，新区残联推进“省级无障碍社区”创建，河庄街道城隍庙社区完成第三批创建改造任务，获评“省级无障碍社区”；成立由新区残工委成员单位代表和残疾人代表参加的新区残疾人无障碍环境促进会，通过参加无障碍体验培训，掌握相应工作方法。对新建项目“海达北路桥梁工程”进行无障碍体验验收。

**【残疾人教育】** 2020年，新区残联配合做好残疾儿童少年调查摸底和送教上门服务，推动特殊教育向学前教育、职业教育为主的高中阶段延伸，新区三类障碍儿童少年学前入学率96%，义务教育率99.5%。推行残联免费培训制度，对残疾人参加社会化培训实行经费补助，引导残疾人参加职业技能培训，全年开展线上线下职业技能培训学员246人次。

**【残疾人文体活动】** 2020年，新区推进文化助残“五个一”（读一本书、看一份报刊、游一次公园、参观一次展览、参加一次文化活动）工程，承办2020年杭州市残疾人“钱塘杯”首届网络艺术节和8场“迎小康”特殊艺术巡演；围绕康复体育进家庭工作，通过送器材、送指导等方式，引导残疾人参加市第十届残疾人健身周线上打卡挑战赛，带动重度残疾人参加体育锻炼。全年新区残联拨发65.5万元残疾人文体活动补助资金，指导街道残联组织开展社区文体活动；新区肢残人协会、盲人协会承办“全民健身·共享亚运”2020年新区绿道毅行大会，鼓励残疾人走出家门，享受健身乐趣。

**【残疾人综合服务大楼落成】** 2020年1月，位于七格路465号的新区残疾人综合服务大楼项目建成投用。项目用地面积5863平方米，总建筑面积2.67万平方米，主楼18层、辅楼4层。项目总投资1.7亿元。年内，新区残疾综合服务大楼引进新区和禾康复医院，设有门诊部、住院部及儿童康复中心，为残障人士提供康复服务。

（吴　孟）

**责任编辑　周　丹**

# 杭州下沙高教园区

## 辖区高校

【概况】 杭州下沙高教园区位于新区下沙区块，总面积10.92平方千米。以杭州绕城高速公路东线为界，分东、西两个区块。2000年8月启动建设，2005年基本建成。园区入驻高校14所，东区入驻浙江工商大学、浙江财经大学、杭州师范大学钱江学院、浙江水利水电学院、浙江金融职业学院、浙江经贸职业技术学院、浙江经济职业技术学院7所高校，西区入驻浙江理工大学、杭州电子科技大学、中国计量大学、浙江传媒学院、浙江警官职业学院、杭州职业技术学院、浙江育英职业技术学院7所高校。14所高校中，属省属高校11所（其中教育部或其他部委局共建高校6所）、市属高校2所、民办高校1所。2020年，园区总建筑面积603万平方米，入学新生9.82万人，全日制普通高校在校学生27.92万人。其中：研究生2.2万人、本科生14.2万人、专科生5.71万人、留学生4468人；有成人继续教育学生6.79万人。在编教职工1.69万人。园区高校有博士培养单位4个、硕士培养单位6个。

（周　丹）

2020年9月，杭州下沙高教园区的高校新生在接受军训　　（童志忠　摄）

## 2020年杭州下沙高教园区高校基本情况表

表14

| 院校名称 | 总面积（万平方米） | 分校区（个） | 学院/系（个） | 独立学院（个） | 专科专业（个） | 本科专业（个） | 硕士专业（个） | 博士专业（个） |
|---|---|---|---|---|---|---|---|---|
| 浙江理工大学 | 144.85 | 4 | 18 | 1 | — | 68 | 56 | 7 |
| 杭州电子科技大学 | 101.46 | 4 | 25 | 1 | 12 | 87 | 75 | 18 |
| 浙江工商大学 | 182.67 | 3 | 25 | 1 | — | 68 | 96 | 6 |
| 中国计量大学 | 102.27 | 3 | 19 | 1 | — | 55 | 40 | — |
| 浙江财经大学 | 105 | 4 | 20 | 1 | 6（继续教育） | 45 | 54 | 6 |
| 浙江传媒学院 | 87 | 2 | 16 | — | 1 | 41 | 1 | — |
| 杭州师范大学钱江学院 | 50.09 | — | 9 | — | — | 34 | — | — |
| 浙江水利水电学院 | 82.06 | 1 | 11 | — | 5 | 29 | — | — |
| 杭州职业技术学院 | 42.40 | — | 9 | — | 38 | — | — | — |
| 浙江金融职业学院 | 40.87 | — | 14 | — | 25 | — | — | — |
| 浙江警官职业学院 | 34.96 | 2 | 6 | — | 12 | — | — | — |
| 浙江经贸职业技术学院 | 48.2 | — | 8 | — | 29 | — | — | — |
| 浙江经济职业技术学院 | 32.85 | — | 10 | — | 33 | — | — | — |
| 浙江育英职业技术学院 | 12.26 | — | 6 | — | 20 | — | — | — |

## 2020年杭州下沙高教园区高校教育基本情况表

表15

| 院校名称 | 招生（人） | | | | | 在校生（人） | | | | | | 毕业就业率(%) | 教职工（人） | | |
|---|---|---|---|---|---|---|---|---|---|---|---|---|---|---|---|
| | 总数 | 研究生 | 本科生 | 专科生 | 成人本专科 | 总数 | 全日制普通生 | | | | 成人教育生 | | 总数 | 其中专任教师 | |
| | | | | | | | 研究生 | 本科生 | 专科生 | 留学生 | | | | 总数 | 副高级以上职称 |
| 浙江理工大学 | 15 146 | 2 375 | 4 619 | — | 8 152 | 44 644 | 51 49 | 25 828 | — | 863 | 12 804 | 94.3 | 2 366 | 1 872 | 972 |
| 杭州电子科技大学 | 12 744 | 3 079 | 7 742 | — | 1 923 | 39 141 | 7 571 | 26 513 | — | 1 383 | 3 674 | 90.7 | 3 114 | 2 036 | 959 |
| 浙江工商大学 | 19 554 | 2 202 | 7 749 | — | 9 603 | 60 713 | 4 320 | 25 570 | — | 1 445 | 29 378 | 91.7 | 2 587 | 1 979 | 1 031 |
| 中国计量大学 | 7 394 | 1 310 | 4 145 | — | 1939 | 22 138 | 2 762 | 15 775 | — | 179 | 3 422 | 90.5 | 1 793 | 1 262 | 474 |
| 浙江财经大学 | 4 925 | 1 046 | 3 879 | — | 2 498 | 17 055 | 1 952 | 14 690 | — | 413 | 5 429 | 91.0 | 1 656 | 1 156 | 565 |
| 浙江传媒学院 | 4 283 | 201 | 3 632 | 8 | 442 | 14 385 | 323 | 13 974 | 8 | 80 | 1 672 | 91.4 | 1 438 | 964 | 397 |
| 杭州师范大学钱江学院 | 3 075 | — | 3 075 | — | — | 9 811 | — | 9 811 | — | — | — | 93.3 | 452 | 330 | 128 |
| 浙江水利水电学院 | 4 076 | — | 3 340 | 602 | 134 | 10 754 | — | 8 869 | 1 513 | — | 372 | 95.9 | 746 | 502 | 217 |
| 杭州职业技术学院 | 5 214 | — | — | 4 677 | 537 | 13 528 | — | 344 | 12 403 | 31 | 750 | 98.0 | 734 | 445 | 164 |
| 浙江金融职业学院 | 3 964 | — | — | 3 964 | — | 11 165 | — | — | 11 101 | 25 | 39 | 96.2 | 586 | 429 | 174 |
| 浙江警官职业学院 | 1 323 | — | — | 1 323 | — | 3 575 | — | — | 3 509 | — | — | 93.8 | 388 | 238 | 99 |
| 浙江经贸职业技术学院 | 5 260 | — | — | 4 269 | 991 | 13 759 | — | — | 11 478 | — | 2 281 | 97.4 | 561 | 480 | 169 |
| 浙江经济职业技术学院 | 7 741 | — | — | 3 429 | 4 312 | 10 138 | — | 583 | 9 540 | 15 | 7 252 | 98.3 | 622 | 448 | 167 |
| 浙江育英职业技术学院 | 3 553 | — | — | 3 310 | 243 | 8 436 | — | — | 7 549 | 34 | 853 | 99.6 | 368 | 265 | 79 |

## 2020年杭州下沙高教园区高校投档分数线（浙江省）情况表

表16

| 院校名称 | 普通类 | 艺术类 | 体育类 |
|---|---|---|---|
| | 投档线 | 投档线 | 投档线 |
| 浙江理工大学 | 597 | 575 | — |
| 杭州电子科技大学 | 610 | 573 | — |
| 浙江工商大学 | 582 | 570 | — |
| 中国计量大学 | 592（普通类）<br>578（中外合作类） | 562（综合分） | — |
| 浙江财经大学 | 597 | 563 | |
| 浙江传媒学院 | 575〔报考英语专业的考生，英语单科高考成绩要求115分以上（含）〕 | 566 美术类（不含中外合作办学）<br>546 美术类（含中外合作办学）<br>508 音乐类<br>535 舞蹈类<br>575 影视表演类<br>578 编导类<br>575 摄制类<br>播音与主持艺术专业（双语播音），要求外语单科成绩105分以上（含）；服装与服饰设计专业（中外合作办学），要求外语单科成绩95分以上（含）。 | — |
| 杭州师范大学钱江学院 | 529 | 544（美术类）<br>553（播音类）<br>539（编导类）<br>481（音乐类）<br>510（舞蹈类） | — |
| 浙江水利水电学院 | 550 | — | — |
| 杭州职业技术学院 | 490 | 498 | — |
| 浙江金融职业学院 | 491 | 500 | — |
| 浙江警官职业学院 | 490 | — | — |
| 浙江经贸职业技术学院 | 493 | — | — |
| 浙江经济职业技术学院 | 499 | 501 | — |
| 浙江育英职业技术学院 | 380 | 465 | — |

## 浙江理工大学

【概况】 浙江理工大学总面积144.85万平方米，下设18个学院（教研部），举办1所独立学院。有本科专业68个，博士学位授权一级学科3个、硕士学位授权一级学科24个，并可授予专业学位类别16种，博士后科研流动站3个。化学、材料科学学科进入ESI全球排名前5‰，工程学学科进入ESI全球排名前1%。学校拥有“纺织纤维材料与加工技术”国家地方联合工程实验室、“先进纺织材料与制备技术”教育部重点实验室、“生态染整技术”教育部工程研究中心等国家级和省部级科研平台40多个。学校获得国家技术发明二等奖8个，国家科技进步二等奖8个，国家科技进步三等奖1个，鲁迅文学奖1个，何梁何利基金科学与技术创新奖2个，近5年获得省部级奖励161个。学校拥有中国工程院院士1人，发达国家院士2人，讲座教授1人、青年学者1人等国家级和省部级人才。学校坚持开放办学，已与45个国家和地区的149所教育、科研机构建立合作关系。2020年，浙江理工大学有全日制在校学生4.46万人，其中研究生5149人。拥有教职工2366人，其中专任教师1872人，具有副高级以上职称972人。

【陈文兴受聘为新区“举才官”】 2020年12月15日，新区举行“潮起钱塘·杭向未来”钱塘人才之夜暨首届钱塘才创园开放月闭幕晚会。活动上，中国科学院院士张泽、谭蔚泓、褚君浩，中国工程院院士陈文兴（浙江理工大学校长）、郑裕国受聘成为新区“举才官”，将在日常的科研和教学工作中，为钱塘新区举荐包含生物医药、电子信息、智能制造等多领域的综合性人才。

【专业学位研究生培养新模式】 2020年12月29日，浙江省研究生教育会议在杭州召开。浙江理工大学校长陈文兴介绍专业学位研究生培养“浙理新昌模式”的创新举措与成效。该模式坚持需求导向，将人才培养前置到企业，形成“企业出题、学生解题、政府助题”局面；健全体

2020年12月31日，卓尚服饰（杭州）有限公司董事长、浙江理工大学名誉校友丁武杰向学校捐赠2500万元，用于建设“尚+”院士大楼　　（屠江川　供稿）

制机制，在课程体系设置、学位论文评价和导师考核等方面进行改革实践，推进专业学位研究生培养质量评价改革；聚焦目标导向，提升专业学位研究生培养成效。

**【获评中国纺联科学技术一等奖】** 2020年11月16日，中国纺织大会召开，浙江理工大学获评中国纺织工业联合会科学技术一等奖2个。浙江理工大学教授傅雅琴的“节能减排制丝新技术及产业化应用”项目，明确节能减排缫丝技术对生丝质量和干燥效率的影响规律，研发新型制丝干燥系统和缫丝机内节水降耗技术，构建茧量自动平衡系统，创立微孔组合、导入式集绪和湿态生丝机械揉搓技术，实现缫丝生产节能降耗减排和效率提高。浙江理工大学纺织科学与工程学院（国际丝绸学院）副院长于斌的“高效低阻PTFE复合纤维膜防护材料制备关键技术及产业化”项目，发明具备高剪切特征的异型截面挤出口模，建立无节点纤维型PTFE微孔膜制备方法，创新性发明PTFE微纳纤维膜为阻隔表层，通过复合技术开发出稳定的高效低阻PTFE复合纤维膜，以及适用于PTFE微纳纤维膜基材的聚丙烯（PP）纺粘和多层湿法材料，能满足不同类型口罩的要求，为我国医疗防护等领域提供高端新型材料，推进产业用纺织材料转型升级。

**【红色文化研究院成立】** 2020年7月31日，浙江理工大学成立红色文化研究院，围绕红色文化学术研究与学科建设、资政建言与社科普及、课程体系开发与应用、社会服务等方面开展工作。10月9—12日，由教育部高等学校社会科学发展研究中心指导的第二届全国红色文化研究暨学科建设高端论坛在乐山职业技术学院举行。论坛上，浙江理工大学红色文化研究院乐山分院揭牌成立，推进红色文化研究与传承。　　（屠江川　柴　田）

## 杭州电子科技大学

**【概况】** 杭州电子科技大学设下沙、文一、东岳、下沙东及青山湖5个校区，占地面积1.67平方千米；下设25个学院及教学单位，举办1所独立学院。2020年，该高校有全日制在校学生3.9万余人，教职员工3100多人，其中专任教师2000多人，正高级职称300多人，具有博士学位教师1200多人。拥有院士3人，国家杰出青年基金获得者、国家社科重大项目首席专家、国家新世纪百千万工程人才、教育部新世纪优秀人才支持计划等国家级人才50多人，浙江省特级专家、浙江省突出贡献中青年专家、浙江省万人计划、浙江省“钱江学者”特聘教授等省部级人才约200人。拥有国家“111计划”学科创新引智基地2个、博士后科研流动站4个、省级院士专家工作站1个。有本科专业87个，国家级综合改革试点专业2个，教育部卓越工程师教育培养计划试点专业6个，国家级特色专业建设点7个，国防特色重点专业2个。6个专业通过工程教育专业认证。学校拥有博士学位授权一级学科6个，博士后科研流动站4个，一级学科硕士学位授权点18个，二级学科硕士学位授权点75个。拥有国防特色学科4个、浙江省重中之重一级学科2个、浙江省重中之重学科2个、浙江省一流学科（A类）4个、浙江省一流学科（B类）6个、浙江省哲学社会科学重点研究基地1个、浙江省人文社会科学重点研究基地1个、浙江省重点学科19个。获国家级教学成果奖励10项。有国家级人才培养模式创新实验区1个，是教育部批准的卓越工程师教育培养计划高校。

学校拥有检测仪表与自动化系统集成技术教育部工程研究中心、射频电路与系统省部共建教育部重点实验室等14个省部级重点实验室，拥有3个国家级实验教学示范中心、2个国家级虚拟仿真实验教学中心、10个浙江省实验教学示范中心，4个省科技创新公共技术平台、1个浙江省工程实验室（工程研究中心）、2个浙江省国际科技合作基地、1个浙江省2011协同创新中心、1个浙江省新型高校智库，以及培养基于网络的先进制造技术人才为主的工程训练中心。

学校是“全国信息产业科技创新先进集体”单位。2020年，学校获国家级科研项目136个，实到科研经费超过4亿元。其中，首次获得财政经费5000万元以上国家级重大项目1个；国家重点研发项目4个（含千万级1个），课题3个，任务3项；国家社科基金30个。获省部级以上科技奖励26个，其中获国家科技进步二等奖1个，获国防科学技术进步奖1个。教师发表高水平论文1710篇次。新增授权发明专利748个，授权数比上年增长100%。产学研合作取得成效，新增横向科研项目453个，到校经费首次突破1亿元大关，建成校企合作平台212个。

2020年，杭州电子科技大学明确各校区功能定位，改造后的东岳校区已投入使用，文一校区数字经济创新科技园建设基本完成。

**【国际化合作办学】** 2020年，杭州电子科技大学获教育部批准，与塞浦路斯理工大学合作办学项目1个；推进境外办学持续发展，中白硕博联合学院连续三年完成招生培养；在罗马尼亚新成立1个境外办学机构。与墨西哥蒙特雷科技大学合作成立“中国-墨西哥、杭州电子科技大学-蒙特雷科技大学双边嵌入式安全研究中心”。根据浙江省教育厅公布的《2019浙江省高等教育国际化发展年度报告》，杭州电子科技大学综合排名省属高校第一位。

**【产学研合作发展】** 2020年，杭州电子科技大学年度实到横向科研经费1.69亿元，其中新增横向科研项目453个，到校经费1.19亿元。项目中百万级横向合同57个（含千万级项目2个）；以转让或许可方式进行转化的科技成果393个；新建校企合作平台52个，累计建成212个；新增创新中心2个、技术转移分中心7个，总量32个；新增校企重点科研平台2个，推进“山东中孚”“广东汇专”“华大九天”“中电大数据”“杭州城市大数据”等7个校内重点科研平台入驻前沿科学技术研究中心；加入浙江省鲲鹏计算产业联盟、新疆旅游产业协作联盟、浙江省高校院所技术转移联盟、长三角高校技术转移联盟和杭州湾芯智造创业联盟，与华为技术有限公司、中国计量科学研究院等签订战略合作协议。入选教育部第二批“高等学校科技成果转化和技术转移基地”、科技部“赋予职务科技成果所有权和长期使用权试点单位”，以及国家知识产权局、教育部的“国家知识产权试点高校”。

**【一流本科专业创建】** 2020年1月3日，杭州电子科技大学机械设计制造及其自动化、测控技术与仪器、电子信息工程、通信工程、自动化、软件工程、网络工程、信息安全、信息管理与信息系统、会计学10个本科专业获评首批国家级一流专业建设点认定，20个本科专业获评省级一流专业建设点认定。贯彻落实全国教育大会、新时代全国高校本科教育工作会议精神和教育部《关于加快建设高水平本科教育全面提高人才培养能力的意见》要求，学校建设“杭电版”一流本科教育取得初步成效。

**【合作科研项目获评国家级奖项】** 2020年1月10日，杭州电子科技大学作为主要完成单位获评2个2019年度国家科学技术进步奖；科研人员作为主要完成人获得国家自然科学奖。其中“功率型高频宽温低功耗软磁铁氧体关键技术及其产业化”项目获评国家科学技术进步奖二等奖，材料与环境工程学院教授张雪峰在项目主要完成人中列第4位；“超慢速扩张洋中脊热液硫化物发现与探测关键技术创新”项目，获评国家科学技术进步奖二等奖，机械工程学院教授刘敬彪在项目主要完成人中列第6位。自动化学院教授颜成钢，作为第2完成人参与的“互联网视频流的高通量计算理论与方法”项目，获评国家自然科学奖二等奖。

2020年10月15日，杭州电子科技大学与华为技术有限公司举行“智能基座”产教融合协同育人基地签约揭牌仪式 （齐敏敏 供稿）

【邱均平夫妇助学捐赠】 2020年6月19日，杭州电子科技大学邱均平颜金莲教育发展基金捐赠签约仪式在下沙校区科技馆举行。杭州电子科技大学中国科教评价院、浙江高等教育研究院院长邱均平教授及夫人颜金莲女士捐赠700万元，主要用于设立“杭州电子科技大学研究生教育杰出贡献奖”“经管人文社科类学院研究生奖励基金”“优质生源基地建设基金”，并用于支持管理学、情报学、计量学、评价学、教育学等相关学科发展。杭州电子科技大学党委书记王兴杰与邱均平签署“邱均平颜金莲教育发展基金”捐赠协议。校教育发展基金会秘书长张钟蕾与邱均平教授、湖南省涟源市第四中学校长颜雄林共同签署“优质生源基地建设”协议。9月23日，邱均平颜金莲教育基金首次奖学金颁发仪式、图书馆揭牌仪式在湖南省涟源市第四中学邱均平信息技术中心举行。

【入选领军人才计划】 2020年8月22日，杭州电子科技大学44位教师入选首批“浙江省高校领军人才培养计划”，其中，张雪峰等21人入选创新领军人才，李领伟等13人入选高层次拔尖人才，余宙等10人入选青年优秀人才。杭州电子科技大学推进“人才强校”战略，激发人才发展动能，在服务国家战略和浙江经济社会发展中发挥重要作用。

【与华为公司共建育人基地】 2020年10月15日，杭州电子科技大学与华为技术有限公司签约共建“智能基座”产教融合协同育人基地。杭州电子科技大学是华为公司在浙江省的首个签约基地。双方将在未来三年联合进行“鲲鹏”“昇腾”产业的人才培养，将在“计算机”（鲲鹏计算）和“人工智能”（昇腾计算）相关课程开发与创新实践教学等方面开展合作。计算机、自动化、电子、网安、通信5个学院的60多名教师将开展教学改革及课程优化，共同建设“人工智能”等25门优质课程，其中13门已开课。

【新增化学科学进入ESI前列】 2020年11月24日，全球基本科学指标数据库（ESI）发布的数据显示，杭州电子科技大学化学科学进入ESI全球前1%学科排行榜，成为学校继工程学、计算机科学、材料科学之后第4个进入ESI全球排名前1%的学科，实现学校“双一流”建设新突破。至年末，杭州电子科技大学4个入选ESI前1%的学科中，工程学和计算机科学在全球竞争优势更加明显，均进入ESI各自学科领域前5‰排名行列。（齐敏敏）

## 浙江工商大学

【概况】 浙江工商大学有下沙、教工路和桐庐（杭州商学院）3个校区，占地面积182.67万平方米。学校下设学院26个、本科专业68个，涵盖管理学、经济学、法学、文学、理学、工学、历史学、哲学、艺术学九大学科。学校拥有教育部省部共建人文社会科学重点研究基地1个，教育部“国别和区域研究中心”培育基地1个，国家农产品加工技术研发专业分中心1个，教育部互联网应用创新开放平台示范基地1个，省2011协同创新中心3个，省新型重点专业智库1个，省重点培育智库1个，省新型高校智库2个，省“一带一路”建设智库1个，省哲学社会科学重点研究基地（A类）1个，省重点实验室6个，省工程实验室4个，省国际科技合作基地3个，省统计科学研究基地1个，省社会科学普及示范基地2个。2020年，学校有全日制普通在校生3.1万人，其中本科生2.55万人、研究生4300多人；留学生1440多人，其中学历生1180多人；有教职工2500多人，其中专任教师近2000人，博士生导师110多人，正高级职称390多人，副高级职称640多人，博士学位1070多人。有省重点创新团队6个、省高等学校创新团队6个、省高校高水平创新团队2个。

【人才培养成效】 2020年，浙江工商大学落实“立德树人”教育，强化人才培养，15个专业入选首批国家级一流本科专业建设点，12门课程入选首批国家级一流本科课程。2个专业通过中国工程教育专业认证。获批1个国家虚拟仿真实验教学项目、1个教育部高校思想政治工作精品项目。1名教师获评全国高校青年教师教学竞赛文科组一等奖。MBA教育通过AMBA和BGA（金牌）联合认证。学校本科生继续深造率29.2%。学科竞赛参与面83%以上。在第六届中国国际“互联网+”大学生创新创业大赛中获金奖2个、银奖1个、铜奖1个。在第十二届“挑战杯”中国大学生创业计划竞赛中获金奖1个，银奖2个，铜奖2个。学校女子篮球队在第二十二届CUBA总决赛中获得冠军。承办第六届浙江省国际“互联网+”大学生创新创业大赛，获评“特别贡献奖”。在2020年浙江省大学生艺术节中获一等奖8个。

【服务经济社会发展】 2020年，浙江工商大学深化与国家商务部、省商务厅等单位合作，成立双循环研究小组，对新发展格局开展有组织研究。助推法治浙江建设，与省人大法工委共建浙江省规范性文件备案审查工作研究基地。学校7个项目入选省首批产教融合“五个一批”名单。筹建中国（浙江）自贸学院，推进浙商大创业园建设，做好永嘉县结对帮扶工作。浙商研究院入选中国智库检索（CTTI）来源智库，浙商博物馆成为浙江省侨界智库联盟侨商协同创新中心。与青海省政府、杭州亚运组委会、浙江省贸促会、中国建设银行浙江省分行、浙江美浓集团等20多个政府机构和企业集团达成战略合作关系。新签产学研合作合同218个，新增产学研基地8个，申请专利136项，专利成果转化21项。

2020年12月12日，浙江工商大学举行重要窗口研究院揭牌仪式

（朱　帆　供稿）

**【国际交流与合作】** 2020年，浙江工商大学与英国萨塞克斯大学合作成立的“人工智能学院”获批为该领域全国首个中外合作办学机构。新增3个国际科研平台，其中“人工智能与先进计算国际科技合作基地”被认定为2020年度浙江省国际科技合作基地。完成比利时西弗兰德大学孔子学院转隶工作。完成省国际化特色高校建设工程验收。新招收学历国际生246人，来自“一带一路”沿线国家学生占69.5%。举办“云上”国际文化节。

**【大数据实验室（智库）揭牌】** 2020年9月25日，由浙江工商大学与杭州市发改委共建的杭州之江经济大数据实验室（智库）揭牌。该实验室（智库）将围绕“十四五”时期杭州市经济和社会发展的重大需求，在经济大数据分析、企业监测优化提升、经济运行预测预警、热点课题研究等方面深化校地合作，拓宽应用领域。面向杭州市的经济运行数字化平台、企业监测平台、市发改委数据驾驶舱平台等，加强双方数据运维合作，保障数据的及时性、准确性和有效性，提高数据质量和使用效率，助力浙江数字经济“一号工程”建设。

**【跨境电商学院成立】** 2020年11月5日，中国（杭州）跨境电商学院“扬帆起航、筑梦未来”开学典礼在浙江工商大学举行。中国（杭州）跨境电商学院是由杭州跨境电商综试办、浙江工商大学、钱塘新区管委会共同创办，致力成为全国性跨境电商精英人才培养中心、学术研究中心、产教融合发展和体制机制创新的全国性标杆学院，助力杭州打造“全国跨境电商第一城”。首期招收100名中外学生，其中省内在籍国际生15名、省内在籍国内本科生85名。

**【中国台湾研究院揭牌】** 2020年11月13日，浙江工商大学举行中国台湾研究院揭牌成立暨浙江省人民政府台湾事务办公室与浙江工商大学合作签约仪式。该研究院将发挥学校学科优势，致力办成有特色的高端智库平台，为中央和省委、省政府对台工作服务，促进两岸交流合作，提供高水平研究成果。

**【东海食品研究院成立】** 2020年11月27日，浙江工商大学举行东海食品研究院成立暨朱蓓薇院士聘任仪式。学校党委书记陈柳裕与朱蓓薇共同为东海食品研究院揭牌，校长郁建兴与朱蓓薇签约并向她颁发聘书。东海食品研究院由中国工程院院士朱蓓薇担任学术院长，将在海洋食品研究基础上，拓展食品微生物技术、食品营养科学等研究方向，目标建设成为食品学科全面发展的标杆平台。东海食品研究院将通过联合技术攻关和成果转化，提升学校在食品产业领域的研究水平和影响力。

**【与中国人民大学合作深化】** 2020年12月5日，中国人民大学深化支持帮扶浙江工商大学合作协议签约仪式在杭州举行。根据合作协议，中国人民大学将在原有支持浙江工商大学统计学和法学学科基础上，增加工商管理、经济学、公共管理和马克思主义理论学科的支持，深化双方在打造研究平台、培养高层次人才、开展智库建设等方面合作，推动浙江工商大学建设高水平大学。仪式上，浙江省领导和双方校领导共同为“之江大数据统计研究院”和“长三角（先行）法治研究院”揭牌。12月6日，浙江工商大学与中国人民大学举行深化合作学科建设研讨会，两校专家学者就高水平教研平台建设、人才引进与培养、标志性成果产出等问题交换意见。

【重要窗口研究院成立】 2020年12月12日，浙江工商大学重要窗口研究院成立，这是全国首个开展"重要窗口"理论研究与政策咨询的协同创新平台。重要窗口研究院由浙江省委宣传部指导，教育部、商务部、中国社会科学院、中国人民大学、浙江大学与浙江工商大学6个单位的相关机构联合共建，旨在全面阐释、系统研究浙江建设"重要窗口"的经验做法、制度创新、治理效能，展示"中国之治"，为浙江"争创现代化先行省"献智献策。重要窗口研究院采取全国顶级专家团队建设模式，由浙江工商大学校长郁建兴任研究院院长，教育部习近平新时代中国特色社会主义思想研究中心副主任兼秘书长王炳林，中国社科院党组成员、当代中国研究所所长姜辉，中国人民大学习近平新时代中国特色社会主义思想研究院院长、马克思主义学院教授秦宣，商务部国际贸易经济合作研究院院长顾学明，浙江大学国家制度研究院院长张文显任研究院联合院长。（王庆生 朱 帆）

## 中国计量大学

【概况】 中国计量大学是浙江省与国家市场监督管理总局共建大学和"省市共建"重点大学，设有19个学院（部、中心），与义乌市共建中国计量大学现代科技学院（独立学院）。2020年，学校有全日制在校普通本科生1.5万人、研究生近2800人、独立学院普通本科生6000多人、留学生170多人。有专任教师1500多人，拥有共享中国工程院院士2人，国家杰出青年科学基金获得者、国家百千万人才、国家创新人才推进计划等国家级人才20多人次。获国家科学技术二等奖3个，获教育部高等学校科学研究优秀成果奖、国家质检总局科技兴检奖、浙江省科学技术奖、浙江省哲学社会科学优秀成果奖等100多个。学校有本科专业55个，其中国家级一流专业9个、国家特色专业4个、国家专业综合改革试点专业1个，省级一流专业19个、省级优势和特色专业17个，通过全国工程教育认证专业7个，入选教育部"卓越工程师教育培养计划"专业5个。建有硕士学位授权一级学科15个、硕士专业学位授权点9个，3个学科进入ESI全球排名前1%行列。学校在"2020软科中国大学排名"中位列硕士点高校第一名。学校有国家质检中心、国家市场监管总局重点实验室、国家级国际科技合作基地、国家地方联合工程实验室、教育部工程研究中心、浙江省国际科技合作基地、浙江省重点实验室、浙江省工程实验室（工程研究中心）、浙江省新型（高校）智库、浙江省2011协同创新中心等省部级以上科研平台近40个。建有国家创新人才培养示范基地、国家计量法治研究基地、ISO国际标准化培训基地（杭州）、国际标准化人才培训基地、国家知识产权培训（浙江）基地、国家认证认可教育培训基地、全国工业自动化人才认证培训基地、国际法制计量组织培训中心（杭州基地）等高水平行业人才培养基地，是国家知识产权试点示范高校。学校推进国际化办学，牵头成立"一带一路"标准化教育与研究大学联盟。与50多个国家的高校和研究机构建立合作关系，建有中东欧研究院和浙江—捷克人文交流中心。2020年，学校引育国家级人才2人、省部级人才6人，入选首批省高校领军人才培养计划20人。举办中国计量大学第二届青年学者国际论坛暨义乌市"一带一路"青年科学家论坛、海外人才视频招聘会，引进青年博士73人，其中海外博士12人。

2020年12月26日，中国计量大学牵头成立长三角高水平行业特色大学联盟

（孙安宁 供稿）

【人才培养质量提升】 2020年，中国计量大学学生获国家级奖项68个、省级奖项360个，授权专利、软件著作权等75项。获评"2020年浙江省普通本科生国家奖学金（特别评选）""全国第三届'闪亮的日子'大学生就业创业人物"等荣誉。本科生招生重点生源率91.6%，升学读研率27.7%，排名全省高校

第五位，就业率排名全省高校第三位。学校被教育部评为“国防教育特色学校”。

【学科实力跃升】2020年，中国计量大学深化推进学科建设“321工程”，加快“大仪器”学科建设。学校学科发展经费比上年增长85.8%。3个学科排名ESI全球前1%。获批国家级线上一流课程2门、线下一流课程2门、线上线下混合式一流课程1门、虚拟仿真一流课程1门。1门课程入选全国在线教学优秀案例。学校新增博士学位授予单位和3个新增博士申请点均通过浙江省审核推荐。

【科技创新实力增强】2020年，中国计量大学到校科研经费2.6亿元，比上年增长15.6%。主持省部级及以上项目150个，其中国家自然科学基金区域创新发展联合基金重点资助项目2个，国家重点研发计划课题1个。获教育部第八届高等学校科学研究优秀成果奖（人文社会科学）二等奖1个、获浙江省科学技术奖6个、中国计量测试学会奖及其他社会力量奖10个。主持制定国家标准4个，参与制定国际、国家标准25个。与湖州市安吉县合作完成的《美丽乡村建设指南》国家标准获“2020年中国标准创新贡献奖”。获批浙江省国际科技合作基地等省级平台3个。科技成果拍卖成交6016万元。

【办学拓展与国际化】2020年10月11日，中国计量大学义乌研究生院、中国计量大学现代科技学院义乌校区投入使用，拓展学校办学资源和空间。学校强化国际合作平台建设，成立“浙江—捷克布拉格丝路学院”。中国计量大学布拉格金融管理大学孔子学院开班授课。举办第二十二届中国浙江贸易洽谈会“标准联通中国—中东欧国家（17+1）合作与发展论坛”。

【服务社会能力提高】2020年，中国计量大学争取国家市场监管总局支持落实省部共建“一揽子”计划，确认从10个方面支持学校开展工作。获批国家创新人才培养示范基地和国家知识产权试点高校。学校参与国家市场监管总局《计量发展规划（2021—2035）》编写。牵头成立由沪苏浙皖13所高校参与的“长三角高水平行业特色大学联盟”，助力长三角一体化发展。与全国30多个省市政府部门、行业机构签署战略合作协议，获“2020年中国产学研合作创新奖”。

（孙安宁）

## 浙江财经大学

【概况】浙江财经大学是浙江省重点建设高校，一级学科博士点授权单位，具有博士、硕士、学士学位授予权和外国留学生、中国港澳台学生招生权，下设学院16个、教学部1个、独立学院（东方学院）1个、研究院3个。有普通全日制在校研究生和本科生2.7万人（含独立学院1万名学生）。设有应用经济学博士后科研流动站，拥有应用经济学一级学科博士点，9个一级学科硕士点，13个专业硕士学位点。应用经济学为省优势特色学科，应用经济学、统计学为省A类一流学科，公共管理、工商管理、理论经济学、中国语言文学为省B类一流学科。有本科专业45个，其中国家级一流本科专业建设点13个、省级一流本科专业建设点11个。有国家级教学团队1个、国家级一流本科课程7门、国家精品课程4门、国家精品资源共享课程4门、国家精品在线开放课程4门、省级一流本科课程78门，国家级教材14部、省级重点教材66部。2020年，浙江财经大学本部有教职工1600人，其中专任教师1150人，具有正高级职称专任教师180人，副高级职称专任教师380人，具有博士学位专任教师700人。拥有国家宣传文化系统“四个一批”人才、国家“百千万人才工程”人选、国家级有突出贡献中青年专家、教育部“新世纪优秀人才支持计划”人选、省特级专家、省“万人计划”领军人才、省“钱江学者”特聘教授、省“新世纪151人才工程”人选等省级及以上人才115人次。另聘有120名国内外知名专家、学者为兼职教授。

【学校通过省重点高校建设中期考核】2020年，浙江财经大学完成省重点高校建设自评和建设经费专项审计，通过省重点高校建设中期考核。学校优化学科管理体制机制，成立应用经济学、统计学、工商管理、公共管理4个一级学科建设委员会。7个学科上榜2020软科中国最好学科，应用经济学跻身全国前10%，统计学跻身前20%，工商管理、公共管理、管理科学与工程居前30%，法学、外国语言文学居前50%。工程学进入全球ESI排名前1%行列。学校入选软科中国大学学科精度百强名单，在全国财经类高校中列第9位。

【师资人才引育】2020年，浙江财经大学强化“竞争择优、能上能下”用人机制，创新人才引进机制，成立海外引智工作（“111计划”）专班；举办第二届“青年学者国际论坛”，拓宽海内外引才渠道；落实引进人才教学研究单位党委、行政“双签字”制度，引进高层次人才71人。学校1人入选国家百千万人才工程并被授予“有突出贡献中青年专家”荣誉称号，1人入选省“万人计划”青年拔尖人才，

2020年6月3日，浙江财经大学中国乡村振兴研究院揭牌仪式在下沙校区举行
（高　灵　供稿）

21人入选首批省高校领军人才培养计划。应用经济学博士后科研流动站获综合评估优秀等级。

【人才培养模式改革】2020年，浙江财经大学探索高素质应用型人才培养新模式，联合开展专升本教育试点。增设人工智能新专业、税务经理微专业和16个第二学士学位专业。获首批国家级一流本科课程7门、省级一流本科课程78门、省本科高校“互联网+优秀教学案例”课程21门。22个专业位居《中国大学及学科专业评价报告（2020—2021）》全国前20%，2个专业继续位居全国前5%，8个专业位居全国前10%，专业优秀率48.9%。优化创新创业教育体系，推进分层分类创业人才培养，举办第三届浙江省大学生乡村振兴创意大赛。1个案例获评中国研究生公共管理案例大赛最佳案例奖，2篇学位论文获评全国MPAcc优秀学位论文奖。省内本科招生一段线录取率继续保持100%，省外本科招生录取重点批覆盖率100%，举办“才赋钱塘”人才培养高峰论坛。首次开展“申请审核制”博士研究生招生，硕士研究生、博士研究生招生人数比上年分别增长47%和12%。本科生升学率28.1%，考博士率6%。

【科研和社会服务能力增强】2020年，浙江财经大学修订校学术委员会章程，选拔产生新一届校学术委员会。加强科研平台内涵建设，增设校级协同创新中心6个。获国家社科基金项目立项36个，其中重大项目3个、重点项目4个；国家自然科学基金项目立项22个、省部级课题项目立项93个，获评教育部第八届高等学校科学研究优秀成果奖二等奖3个、三等奖1个、青年奖1个。在国内外一级刊物发表学术论文241篇，出版学术专著42部（其中A类专著24部），获批专利授权49项（其中实用新型专利36项、发明专利10项、软件著作权3项）。承担政府部门、企事业单位委托的研究课题200个。

【国内国际交流合作】2020年12月28日，浙江财经大学与中国社会科学院大学（中国社会科学院研究生院）签署合作办学框架协议，双方将以学科发展为重点，在人才培养、科学研究、智库服务、人才队伍建设、国际交流与合作等方面开展合作。对接地方经济社会发展需求，深化校地、校企合作，与省财政厅、省金控集团、省担保集团、杭州市滨江区政府、杭州钱塘新区管委会、杭州联合银行、文都国弘教育集团等单位签署战略合作协议。做好中外合作办学项目管理，保持和深化交流合作关系。举办第十八次全国中青年统计科学研讨会、第三届中哈经济社会研究论坛、第九届中国政府管制（监管）论坛等高层次学术活动。

【文化校园建设】2020年，浙江财经大学围绕爱党爱国、知校爱校、爱岗敬业、尊师重教等主题，抓好“三风”建设。开展优良家风家教、校风校训、教风学风宣传教育。出台书香校园建设意见，推进文华书院建设，完成二级楼道文化改造提升，成立“清风宣讲团”，打造浙财特色清廉文化。获评省大学生艺术节一等奖9个、二等奖5个、三等奖4个和优秀组织奖。获省级体育比赛金牌33枚、银牌33枚、铜牌26枚，在第五届省大学生田径锦标赛中取得甲组团体、男子团体、女子团体3项冠军。获评全国高校影视文化比赛一等奖6个、二等奖3个、三等奖2个。

【乡村振兴研究院成立】2020年6月3日，浙江财经大学中国乡村振兴研究院揭牌仪式在下沙校区举行。该研究院是浙江省首个依托大学生乡村振兴创意大赛创办的探索乡村振兴理论与实践的机构，将针对国家乡村振兴战略开展基础性、公益性、前瞻性研究，是致力于乡村振兴的“政校企村”四位一体的科研、实践与系统创新平台。

（高　灵）

## 浙江传媒学院

【概况】浙江传媒学院有杭州下沙和桐乡两个校区，占地面积87万平方米，总建筑面积57.7万平方米，设有16个二级学院（部、中心）。2020年，有在校生1.4万人，其中研究生300多人；教职员工1400多人，其中专任教师900多人。学校通过新专业建设、传统专业改造、优势与特色专业培育等项目建设，拓展和完善学科专业布局，设置本科专业41个，其中9个专业获批国家级一流专业建设点，9个专业获批省级一流专业建设点。学校与美国、英国、日本、澳大利亚、新西兰等国家及中国港澳台地区的110多所高校开展交流合作。先后与英国考文垂大学合作“服装与服饰设计专业本科教育项目”，与英国博尔顿大学合作“视觉传媒硕士学位教育项目”，与美国纽约州立大学石溪分校合作“全球运营管理（大数据方向）”双硕士培养项目，与香港浸会大学合作双硕士培养项目；与美国密苏里大学、英国考文垂大学和韩国光州女子大学等国外院校开展双学士联合培养项目。学校是教育部教育国际交流协会“中美人才培养计划121双学位项目”、教育部中外人文交流中心“中外高水平大学学生交流计划”项目单位。2020年，学校加入“中非民间商会”，并成为“浙非高等教育合作伙伴计划”成员单位。获批“国家语言文字推广基地”“教育部国际人文交流与传媒人才培养基地”“浙江省对台交流基地”，获评“全国文明单位”“国家级语言文字规范化示范学校”“浙江省AAAA级平安校园”“浙江省应用型建设试点示范学校”等称号。

【学科建设强化】2020年，浙江传媒学院召开首届学科建设大会。强化一流学科建设顶层设计，完善学科分层分类建设机制，构建“一流学科、优势学科、特色学科、基础学科”协同发展的学科集群，推进学科专业一体化建设。健全学科管理制度体系，出台《浙江传媒学院学科建设与管理办法（试行）》《浙江传媒学院学科建设经费使用与管理办法（试行）》等系列制度。完成“十三五”时期省一流学科验收评估工作。

【教学质量提高】2020年，浙江传媒学院获批国家级一流本科课程5门、省级一流本科课程21门。“传媒新工科人才创意创新创业能力培养探索和实践”获得教育部第二批新工科研究与实践项目立项。获得省“互联网+教学”优秀案例评选特等奖2个、一等奖3个、二等奖3个。39个项目获批教育部2019年第二批产学合作协同育人项目，总数居浙江省高校第一位。浙江省文创产业产教融合联盟落户学校，获批省产教融合“五个一批”工程项目2个、省产学合作协同育人项目4个。学科专业竞赛获国家级奖项59个。

【教育改革推进】2020年，浙江传媒学院出台2020版研究生培养方案，学制由2年改为3年。研究生招生数首次超过200人，录取人数比上年增长63.9%，首次招收国际研究生。学校获评浙江省专业学位研究生优秀实践成果奖1个、省优秀研究生教学案例2个，研究生获省教育厅一般科研项目2个、获省级以上学科竞赛奖2个。学校与桐乡市共建研究生联合培养实践基地。

【科创水平提升】2020年，浙江传媒学院新增国家级项目25个，其中国家社科基金重大项目2个、重点项目1个，全年国家社科基金艺术学立项数居浙江省第一位。科研成果获得2020年教育部高等学校科学研究优秀成果奖（人文社科）三等奖。新增共建“浙江省社会治理与传播创新研究院”“国家语言文字推广基地”“浙江省诗路智库联盟”3个省部级科研平台。举办第三届中国戏曲电影节。发表论文130多篇，出版学术著作19部，获得授权专利63项，其中国家发明专利授权14项。师生主创或参与创作的《三生三世枕上书》《浴火书魂》《一

2020年6月4—5日，浙江传媒学院以“现场+线上”会议模式召开首届学科建设大会
（黄田心 供稿）

条大河》《盼你回家》《病毒追踪》《海草》等影视作品在省级以上传媒平台播出，大型舞剧《秀水泱泱》、电影《丰子恺》等联合创作加快推进。学校咨政研究成果显著，以第一单位名次获省部级以上单位采纳或领导批示69项。

**【师资水平优化】** 2020年，浙江传媒学院引进人才54人，其中博士51人（海外归国博士14人），全国中青年德艺双馨文艺工作者、教育部“新世纪优秀人才”、省级教学名师、省级宣传文化系统“四个一批”人才，“飞天”“金鹰”“白玉兰”、中国新闻奖获得者等人才12人。实施“三鹰”人才工程首轮培育，33名入选人才签约。学校选派教师32人分赴行业一线实践，选派教师22人赴国内知名院校访学。首次自主培养1人入选省海外高层次人才引进计划，12人入选省高校领军人才培养计划，1人入选省“钱江人才计划”C类项目。1个机构获评省“三育人”先进集体，3名教师获评省“三育人”先进个人。

**【社会服务深化】** 2020年，浙江省政府与国家广播电视总局签署新一轮共建浙江传媒学院协议。浙江传媒学院先后与杭州亚组委、省广电局、嘉兴市、中国歌舞剧院、华数集团、杭州移动等签署战略合作协议。成立浙江省短视频学院、中国（杭州）直播电商（网红经济）研究院和产业教育学院。与钱塘新区联合建设传媒校友产业园。建成浙江传媒学院桐乡研究院，推进濮院重大合作项目落地。成立诗路文化形象策划与传播研究中心，创作“唐诗之路文化地图”。与中国社会科学院大学、中国人民大学联合举办“青年卓越新闻传播人才见习营”。选派教师赴新疆理工学院支教，为甘肃省岷县开展国家通用语言文字能力提升培训。开展结对帮扶，助力温州市平阳县新联村乡村振兴。学校获评浙江省第四批“大众创业、万众创新”示范基地，传媒文化创意产业园获评“杭州市文化产业园区”，学校桐乡园区获评“桐乡市科技企业孵化器”。

**【国际合作加强】** 2020年，浙江传媒学院新增新西兰奥克兰大学、英国利兹大学、丹麦奥尔胡斯音乐学院、德国柏林媒体设计学院等合作院校。与新西兰惠灵顿维多利亚大学远程签署传播学（跨文化传播方向）中外合作办学项目协议。加入“中非民间商会”，成为“浙非高等教育合作伙伴计划”成员单位。引进12位外籍高层次专家担任全职、特聘和客座教授。承办浙江省第十四届“梦行浙江”外国留学生中华才艺展演活动。2020年国际化办学质量位列全省同类高校第七名。（黄田心）

## 杭州师范大学钱江学院

**【概况】** 2020年，杭州师范大学钱江学院（简称钱江学院）有全日制本科生9811人，教职工452人，其中专任教师330人，高级职称教师128人。下设7个分院、27个招生专业，覆盖文学、工学、理学、管理学、法学、医学、教育学、经济学、艺术学9个学科门类。建有智能制造专业群（机械设计制造及其自动化、工业设计、计算机科学与技术、应用化学）；数字经济专业群（跨境电商、经济学、会计学、旅游管理、市场营销、数字媒体等）；文化艺术专业群（音乐表演、舞蹈表演、播音与主持艺术、环境设计、动画等）和健康产业专业群（社会体育、护理学）。学院拥有浙江省一流学科2个（护理学和化学），杭州市重点学科1个（物联网工程），浙江省重点建设专业1个（播音与主持艺术），浙江省一流本科专业建设点4个（护理学、经济学、机械设计制造及其自动化、播音与主持艺术），浙江省普通本科高校“十三五”特色专业2个（英语、经济学），浙江省“十二五”时期普通本科高校新兴特色专业3个（播音与主持艺术、机械设计制造及其自动化、护理学）。杭州市属高校新型专业/专业群3个（环境科学、护理学、跨境电商专业群），市属高校产学对接特需专业1个（机械设计制造及其自动化），杭州市重点专业1个（电子商务），杭州市特色专业1个（经济学）。市属高校第二轮优秀创新团队1个（基于物联网技术的环境检测技术创新团队）。2020年招生最低录取分数线在省内独立学院中排名第三位。27个招生专业方向，21个在省内独立学院列第一位。2020届毕业生就业率93.3%，考研录取率8.6%。

**【学科建设与教学改革】** 2020年，钱江学院申报国家、省一流本科专业各1个，新建微专业1个（数字媒体技术），获批“跨境电子商务”新专业，成为全国首批获批该专业的7所高校之一。获批省一流本科课程5门、省精品在线开放课程1门、省“十三五”时期新形态教材3部，推荐申报全国优秀教材奖1部。完成省“十三五”时期第一批教学改革项目验收5项（1项优秀）、省虚拟仿真实验教学项目3个。“课程思政”建设项目完成结题3个，新立项10个，与《浙江日报》联合推出网上“百变思政课”10期。加入“青春钱塘·区校党建联盟”，领办“高校联新区，师生进礼堂”一校一特色项目。

**【平台建设与产学合作】** 2020年，钱江学院新引入中国大学MOOC校本平台并建设SPOC课程17门。建成线上、线下音视频同步教学功能教室30间，完成“会计模拟实训室”“云计算实验室”等22个实验室项目建设。建有协议期内校外实习基地172个，接收实习生523人。获批教育部产学合作协同育人项目2个，申报省产教融合示范基地1个、省产学合作协同育人项目1个。

**【教学成果】** 2020年，钱江学院教师获评“第二届长三角民办高校教师教学技能大赛”本科常规教学组二等奖1个；浙江省本科院校“互联网+教学”优秀案例、省高校教师教育技术成果评比、省医学（医药）院校青年教师教学竞赛特等奖1个、一等奖1个、二等奖4个、三等奖2个；获国家社科基金项目1个、省部级项目3个、市厅级项目17个，横向经费 172.97万元。发表论文192篇，其中高水平论文53篇（二级以上）。获授权专利25项，其中发明专利14项，新申请发明专利22项，完成专利转化22项；4个研究报告获得省部级领导肯定性批示。

**【竞赛成绩提升】** 2020年，钱江学院学生获国家级竞赛奖项54个，其中一等奖3个、二等奖10个、三等奖25个、优胜奖16个；获省级竞赛奖项176个，其中一等奖26个、二等奖50个、三等奖68个、优胜奖32个。获批2020年度浙江省大学生科技创新活动计划（新苗人才计划）项目4个，第六届浙江省“互联网+”大学生创新创业大赛铜奖3个，浙江省第十二届职业生涯规划大赛二等奖2个，浙江省第三届“农信杯”乡村振兴大学生创意大赛银奖5个、铜奖2个。

**【社会服务深入】** 2020年，钱江学院推进杭州师范大学服务杭州工作，新增22个服务杭州项目，其中6个项目被选为“杭州师范大学2020年服务杭州工程”项目。学生深入社会开展线上支教、红色道路、乡村振兴、创新创业、文化体验、社会关怀等形式调研学习活动，5支社会实践团队获评浙江省暑期社会实践风采大赛优秀团队。

（郭莎莎　胡建英）

2020年11月16日，杭州师范大学钱江学院启动电子商务专业直播电商实践周，培养电商直播人才　（郭莎莎　供稿）

## 浙江水利水电学院

**【概况】** 浙江水利水电学院是水利部和浙江省政府共建高校、浙江省应用型建设试点示范院校。学校以水利水电为特色，以工学门类为主体，下设11个二级学院，2个教学部和2个研究机构，开设工学、理学、管理学、经济学和文学5个学科门类的本科专科专业34个，其中本科专业29个。学校拥有6个浙江省B类一流学科、1个浙江省院士专家工作站、1个浙江省重点实验室、1个浙江省工程研究中心、1个省“一带一路”联合实验室、1个浙江省新型高校智库、1个国家水情教育基地、1个浙江省水文化研究教育中心、1个浙江省高校高水平创新团队。拥有1个浙江省优势专业、7个浙江省特色专业、7个浙江省一流专业。拥有2个省级教学团队、7门国家精品资源共享课、7门省级精品在线开放课程、30门省级一流课程。拥有3个省级实验教学示范中心、1个浙江省非物质文化遗产传承教学基地、2个中央财政支持实训基地、2个省级大学生校外实践教育基地。建有10个企业学院，有教育部与浙江省协同育人项目60个，获评国家级教学成果二等奖1个、浙江省教学成果一等奖5个、二等奖9个。2020年，学校获批水利部强监管人才培养基地，获批中外合作办学本科项目，南浔校区获省政府批复开工建设。学校在校生1万余人，其中本科生8869人，联合培养研究生31人。教职工746人，其中专任教师502人，高级职称教师占43.2%，硕士以上教师占85.3%。拥有共享院士、国家杰出青年教师、外国专家、省一流学科带头人、省中青年学科带头人等高层次人才和浙江高水平创新团队，并有全国模范教师、国务院特殊津贴获得者、浙江省劳模、省级教学名师、省优秀教师等20多人。

**【专业布局优化】** 2020年，浙江水利水电学院新增智能电网信息工程、机器人工程和环境生态工程3个本科专业；水利水电工程、电气工程及其自动化、土木工程、机械设计制造及其自动化、软件工程、人力资源和测绘工程7个专业获批浙江省一流专业；水利水电工程和农业水利工程2个工程教育专业认证被中国工程教育专业认证协会受理。课程建设有序推进，新增27门省一流课程，评选“课程思政”示范课程15门，认定项目制课程15门、“三位一体”考核课程55门，认定校企合作课程21门、“翻转课堂”实施课程9门。落实OBE教育（指成果导向教育）理念，工科专业全面实施SWH-CDIO-E工程教育模式；推进全程能力测评认证工作，试点专业获证率均在50%以上；开展“1+X”证书制度试点，累计开展建筑信息模型（BIM）等11个“1+X”证书试点，居浙江省应用型本科院校前列。与宁夏大学、三峡大学、华北水利水电大学签订研究生联合培养协议，53位老师具有硕士生指导资格，新入校研究生31名。学生获第九届全国大学生机械创新设计大赛一等奖、全国大学生数学建模二等奖、美国大学生数学建模竞赛一等奖各一个。学校面向20个省招生4076人，其中全日制本科招生3340人；毕业生初次就业率95.9%，本科升学率15.2%。

**【学科科研水平提升】** 2020年，浙江水利水电学院构建“一体两翼”现代水利学科群，基本形成以工学为主体，理学、经济学、管理学、文学等学科门类协调发展的学科体系，推进6个省级一流学科建设。11月30日，浙江水利水电学院“浙江—白俄罗斯水利水电安全监测智能化装备与系统联合实验室”获批省“一带一路”联合实验室。立项省重点研发计划项目2个，省自然科学基金重大项目1个；纵向科研经费1300万元。服务水利行业能力提升，新增国家级项目3个、省部级以上项目23个。

**【师资队伍引育】** 2020年，浙江水利水电学院实施“人才强校”战略，引进博士36人、省部级人才1人，柔性引进高层次人才4人。协同推进内部培养，出台教职工能力提升助推计划，建立校外导师库，促进教师能力提升。认定高层次人才17人，获批浙江省高校领军人才培养计划人选8人。推荐9人参评“浙江省（市）长三角一体化水利工程建设与质量管理专家库”成员，成功申报国家留学基金委员会项目成员1人，获批国内高校访学项目成员5人。

2020年11月11日，浙江省人民政府批复同意建设浙江水利水电学院南浔校区。图为校区示意图　（刘艳晶　供稿）

**【服务地方能力增强】** 2020年，浙江水利水电学院对接水利和区域经济社会发展需求，参与“三百一争”指导服务及“农村饮用水达标提标”“美丽河湖建设”“海塘安澜千亿工程”等社会服务350多次、1200多人次，承担“水利风景区抽查及技术支撑”“泰顺县古井水源调查研究”等科技服务项目，签订横向项目129个，合同金额2586万元。落实省部共建项目，申建水利部“强监管”人才培养基地。落实产教融合协议，推进与钱塘新区管委会合作；根据与瑞安市政府战略合作协议框架，与瑞安商务局签署校地合作补充协议；立项教育部产教融合协同育人项目11个。

**【开放办学新成果】** 2020年5月28日，浙江水利水电学院在帝工先进技术研究院国际交流中心，与牛津大学圣安学院、帝工先进技术研究院签订合作协议，三方就学术及科研合作、学生访问学习、教师及管理人员访问交流、博士及博士后培养等方面开展合作。7月24日，学校与英国埃克塞特大学签订《浙江水利水电学院与英国埃克赛特大学合作谅解备忘录》，双方将在本硕联合培养、本科合作办学、科研合作、师生互访交流等方面开展合作。10月28日，根据教育部公布的2020年上半年中外合作办学项目审批结果，学校与白俄罗斯国立技术大学联合举办的机械设计制造及其自动化专业本科教育项目正式获得批准。11月22日，学校与河海大学签订合作办学战略协议，双方共同为全国水利人才培养贡献力量。学校与美国加州大学河滨分校、澳大利亚南昆士兰大学签订合作协议，为师生交换、本硕联培、科研合作等开拓渠道。

【水文化育人特色工程】 2020年，浙江水利水电学院挖掘、研究和传承水文化，致力打造新时代水利精神和浙江水文化教育传播高地。开展水文化教育、水文化传播和水文化研究三大工程，构建“以水育人、以文化人”特色育人体系。3月3日，主要负责起草的浙江省地方标准《泵站运行管理规程》正式发布。11月，参与编撰的浙江省重大文化工程《浙江通志·水利志》正式出版，《运河专志》《海塘专志》在出版社校稿阶段。承担《浙江水利年鉴》《浙江水利工程遗产集萃》编写工作，参与制作浙江八大水系微视频作品《水韵》。

【南浔新校区开工建设】 2020年6月4日，浙江水利水电学院与湖州市南浔区政府在南浔区行政会议中心签署共建南浔校区协议。11月11日，省政府批复同意建设南浔校区；11月24日，南浔校区开工建设。南浔校区规划占地1平方千米，项目由南浔区政府投资建设，总投资25亿元，计划 2022年6月完工，9月招收新生。

【水利部“强监管”人才培养基地获批】 2020年5月24日，浙江水利水电学院经过申建，成为水利部“强监管”人才培养基地成员单位，并承担水利部“强监管”主基调培训专家选送、水利建设项目稽查质量安全巡查专家委派，参与部水利工程建设监管案例编写及评审承担有关项目开发等工作。

（刘艳晶）

## 杭州职业技术学院

【概况】 杭州职业技术学院下设友嘉智能制造学院、商贸旅游学院、达利女装学院、生态健康学院、信息工程学院、吉利汽车学院、杭州动漫游戏学院、彩虹鱼康复护理学院、特种设备学院9个二级学院，开设数控技术、艺术设计、电子商务等38个专业（含专业方向）。2020年，学校有教职工734人，其中正高级职称38人；新招生4677人，在校生总数1.35万人。学校建有国家级专业教学资源库4个、国家高水平专业群2个、中央财政支持专业1个、国家重点建设专业3个、省级优势（特色）专业12个、省级重点（特色）专业8个、中央财政支持重点建设实训基地2个。

【人才引进与培养】 2020年，杭州职业技术学院新引进高级职称人才4人，博士5人，海外人才2人。出台《博士学历学位提升工程管理办法》，引进新读博士14人。获评杭州市“钱江特聘专家”4人、“杭州市政府特殊津贴”4人。推荐申报浙江省“万人计划”教学名师2人、申报杭州市“万人计划”高技能领军人才1人、杭州市“万人计划”青年拔尖人才人选1人、申报杭州市“131”人才第三层次培养人选12人。完成高层次人才认定55人，落实高层次人才待遇，购房补贴、生活补贴和租房补贴等待遇。

【职业技能大赛获奖】 2020年，杭州职业技术学院承办第十六届“振兴杯”全国青年职业技能大赛、浙江省中等职业学校职业能力大赛等各级各类技能大赛6次，学校4名选手代表浙江省参加“振兴杯”计算机网络管理员赛项和模具工（冲压）赛项，获金奖2个、铜奖2个。学生获评全国职业院校技能大赛二等奖3个，全国大学生机械创新设计大赛一等奖1个。在浙江省第十二届“挑战杯·宁波江北”大学生创业计划竞赛中获一等奖1个、二等奖4个、三等奖2个、最佳进步奖1个。

【校企合作】 2020年，杭州职业技术学院推进与行业一流企业合作，与华为集团签署战略合作协议，共建华为云计算学院，成立认证中心、适配中心及成果转化中心，为杭州经济发展培养大数据应用和云计算专业技术人才。聚焦新区产业数字化发展目标，与联想集团合作，共建联想工业互联网研究院，共同打造国内工业互联网人才培养高地。与杭州燃气集团、友嘉实业集团、浙江西奥电梯有限公司、濮阳惠成电子材料股份有限公司、中国纺织工业联合会检测中心、海宁市许村镇等签署合作协议，围绕人才培养、技术创新、产品升级、社会服务等方面开展合作，搭建校企合作新平台。推进产教融合基地建设，“现代职业教育研究中心”“杭州市产教融合研究院”入选市哲学社会科学研究基地，入选市哲社研究培育基地。与浙江西奥电梯有限公司共建“杭职院西奥电梯产业技术研究院”，与濮阳惠成电子材料股份有限公司共建“惠成新材料杭州研究院”，与温岭市科技局共建“温岭技术转移中心”，与浙江省知识产权中心签订合作协议。

【浙江科技成果杭州专场拍卖会】 2020年12月16日，杭州职业技术学院与钱塘新区管委会共同举办“2020年浙江科技成果竞价（拍卖）会”杭州职业技术学院专场拍卖会，省内外数十个企业300多名代表参加。拍卖会推出17项科技成果，其中杭州职业技术学院15项、中国计量大学2项。涵盖智能制造、

2020年12月16日，杭州职业技术学院与联想集团举行共建“联想工业互联网研究院”签约仪式（王新辰 供稿）

健康医疗、教育、新材料、农林畜牧等技术领域，总起拍价678万元的17项科技成果全部成交，成交价958.5万元，溢价率41.4%。

【社会服务能力增强】2020年，杭州职业技术学院加大平台建设力度，申报省职业体验基地“杭职院达利女装学院职业体验基地”。修订《社会服务培训管理办法》，创新实施线上线下相结合培训服务模式，开设中高职师资定制培训等培训班21个。建立退伍军人服务中心，为宁波象山退转军人开展岗前技能定制培训。新建“融善老年大学”，开发“非遗”类、健康养身类等6类课程、20门课程，招生260多人。开展校内外志愿服务活动113次，参加志愿者7700多人次。

【国际交流与合作】2020年，杭州职业技术学院与意大利佛罗伦萨自由美术学院共同举办“服装设计与工艺专业”高等专科教育项目，获教育部批准立项。与博世汽车服务技术（苏州）有限公司申报非独立法人中外合作办学机构——中德博世学院。学校成为“浙江对非高等教育合作伙伴计划”成员。启动菲律宾酒店管理专业留学生项目，校企联合开展中菲高端酒店高素质技术技能人才定制培养。学校获评世界职业院校与技术大学联盟（WFCP）“卓越奖”，蝉联“亚太职业院校影响力50强”，承办2020年中国职业教育服务“一带一路”建设论坛暨“一带一路”与职业教育人才培养圆桌论坛。

【职业教育专家研讨会】2020年10月25日，教育部职业技术教育中心研究所举办的“职业教育政策专家研讨会”在杭州职业技术学院举行，来自教育部、国家职业教育咨询委员会、教育部直属机构、中国职业技术教育学会、各省教育行政部门、高等学校、地方教育局、地方教育行政机构、高职学校、中职学校的40多名专家，围绕“高中阶段职普比大体相当政策的意义与实施中存在的问题”“职业教育分流制度”“中高职一体化发展”“职业教育和普通教育均衡发展”等问题进行交流座谈。按照“政府出题、专家解题、头脑风暴、共同答题”的思路，聚焦职业教育改革发展中的重点难点和紧迫问题，汇聚专家智慧，集思广益，为政府行政决策提供专家观点和政策建议。

【蝉联院校影响力50强】2020年11月13—15日，亚洲教育论坛在成都举办。会上发布“2020年亚太职业院校影响力50强”，经评选工作委员会初评、复评，有11所亚太其他国家和地区职业院校和39所中国职业院校入选。杭州职业技术学院位列其中，连续两年获该荣誉。

【获评大学联盟“卓越奖”】2020年11月27日，世界职业院校与技术大学联盟2020年度世界职教“卓越奖”揭晓，世界各国100多个职教组织和院校在线参会，中国教育国际交流协会在南京组织颁奖典礼中国分会场。经评审，来自中国、英国、澳大利亚等7个国家和地区的职业院校入围2020年度“卓越奖”，中国职业院校获评29个奖项中的14个奖项。杭州职业技术学院获评“促进学习与就业”项目铜奖。

（王新辰）

## 浙江金融职业学院

【概况】浙江金融职业学院是中国特色高水平高职院校建设单位，下设金融管理学院、投资保险学院、会计学院、工商管理学院、国际商学院、信息技术与互联网金融学院、人文艺术学院7个二级学院，设有专门从事思想政治理论课教学与研究的马克思主义学院、为金融系统开展订单式人才培养的银领学院、开展素质教育的明理学院、淑女学院、创新创业学院、国际交流学院，以及与行业企业深度合作的产业学院。开设浙江农村合作金融学院、浙商银行培训学院、金融投资学院等特色培养机构以及高等职业教育发展研究中心、浙江地方金融发展研究中心、浙江互联网金融研究中心、浙江省跨境电商应用技术协同创新中心等科研机构。学校有金融管理、保险、会计、国际贸易实务、计算机信息管理等25个专业，与中国计量大学联合培养互联网金融工程专业四年制本科人才；与杭州电子科技大学、浙江工商大学、浙江财经大学、浙江外国语学院合作开展本科人才培养；与德清县职业中专、浙江信息工程学校、杭州市财经职业学校合作3个“3+2”五年一贯制专科专业，其中金融管理、会计、国际贸易实务、保险、投资与理财、市场营销、商务英语为国家骨干专业；计算机信息管理、国际金融、国际商务、农村金融、财务管理、文秘为浙江省特色专业。学校建有8个校内国家级实验实训基地、60多个省级校内实验实训基地、200多个校外实习基地和100多个校外紧密型产学合作基地。有6个专业立项国家3个项目的试点，金融管理、会计2个专业群立项国家“双师型”教师培养培训基地，“互联网+国际贸易”创新创业实训基地、互联网金融虚拟运营创新创业实训基地2个项目立项国家创新创业实训基地。2020年，学校在编教职员工600多人，其中教授博士近100人、正高级职称57人。在校生1.1万人。

**【国际化合作与办学项目】** 浙江金融职业学院捷克研究中心是教育部备案登记的“国别和区域研究中心”，是浙江省“一带一路”智库合作联盟单位、浙江省服务“一带一路”新型智库培育单位、中国—中东欧国家智库交流与合作网络理事单位。获评教育部国别和区域研究高水平建设单位。学校与澳大利亚阳光海岸大学、美国西雅图城市大学合作举办国际金融、会展策划与管理、国际商务专业办学项目，项目在籍学生600多人；与美国尔湾协和大学合作举办会计专业办学项目且开始招生。学校有来自俄罗斯、尼泊尔、印度尼西亚、哈萨克斯坦、喀麦隆等10多个国家的留学生到校学习。

**【教学综合实力提升】** 2020年1月3日，中国证券监督管理委员会发布第三批全国证券期货投资者教育基地名单公告，浙江金融职业学院证券期货投资者教育基地入围。4月26日，浙江省教育厅办公室印发《关于公布2019年高等学校省级精品在线开放课程和本科高校省级线下、线上线下混合式、社会实践一流课程认定结果的通知》，经高等学校专业教学指导委员会申报推荐、专家评审、网站公示，认定浙江金融职业学院财经应用文写作等15门课程为2019年省级精品在线开放课程。

**【学校绍兴校区共建协议签约】** 2020年7月22日，浙江金融职业学院和绍兴市滨海新区管委会签订浙江金融职业学院绍兴校区合作共建框架协议。根据协议，浙江金融职业学院绍兴校区选址位于绍兴滨海新区江滨区块“东城”区域，定位为高水平国际化应用型高职院校。绍兴校区规划学生规模8000人，每年培训专业人才不少于5000人次。

**【建校45周年系列庆祝活动】** 2020年，浙江金融职业学院围绕建校45周年，以凝聚海内外校友力量、建设高水平高职学校为主题，举办20多项校庆活动。11月6日，省委书记袁家军勉励浙江金融职业学院“持久发力，久久为功，以改革创新为动力，不断提升学院竞争力”。11月8日，学校举行高水平高职学校建设推进暨建校45周年庆祝大会。浙江泰隆商业银行股份有限公司、杭州联合农村商业银行股份有限公司、浙江上虞农村商业银行股份有限公司、中财招商投资有限公司分别向学校捐赠500万元、50万元、35万元、30万元，助力学校“双高”建设。大会协同浙江省金融教育基金会，表彰和颁发金融教育事业“特别荣誉奖”“特别贡献奖”“拓荒奖”等9个奖项。

（武群堂 张鹏超）

2020年7月22日，浙江金融职业学院绍兴校区合作共建框架协议签约仪式举行

（武群堂 供稿）

## 浙江警官职业学院

【概况】 浙江警官职业学院是浙江省政府和司法部共建院校，是一所以培养监狱戒毒人民警察、法院检察院司法警察、基层司法事务和法律服务工作者以及安全防范技术、安全保卫技能人才为主的政法类高职院校。2019年，成为“中国—上海合作组织法律服务委员会”首批交流合作基地，入选国家“双高计划”建设校。2020年12月，入选浙江省高水平职业院校建设单位。至2020年末，累计为浙江省及部分省市区政法系统及其他相关行业培养输送2.5万名毕业生，其中浙江省监狱和戒毒单位一线民警中，浙江警官职业学院毕业生占比70%左右。学校设有刑事司法系、应用法律系、安全防范系、信息技术与管理系、公共基础部、警体教学研究部、培训部、成人教育分院。学校招生专业12个（不含专业方向），其中浙江省“十三五”时期优势专业5个、特色专业5个；有国家级精品课程5门、国家级资源共享课程4门、国家级专业教学资源库1项，省部级精品课程33门、省级在线精品课程3门，获得省部级教学成果奖6项，牵头制订国控专业教学标准4个。拥有浙江省司法行政培训中心、全国法院司法警察培训基地、浙江省人民法院司法警察培训基地、浙江省人民检察院司法警察培训基地、浙江省安全技术防范行业协会培训中心、陕西省司法厅人民警察培训基地、中国—上海合作组织法律服务委员会交流合作基地等培训机构。

【退役军人培训联盟筹备】 2020年4月23日，浙江警官职业学院召开省退役军人教育培训联盟筹备工作会议，中国计量大学、浙江机电职业技术学院、浙江经济职业技术学院、浙江育英职业技术学院的继续教育学院领导参加。成立省退役军人教育培训联盟是落实国家职业教育改革实施方案的具体举措，对完善国家职业教育制度体系具有重要意义。参会的5所高校具有较好基础条件和优势特色，结成联盟有利于实现强强联合、优势互补、资源共享。

【通过优质校成果评估】 2020年9月22日，省教育考试院组织专家组对浙江警官职业学院开展省高职院校优质校建设成果评估。专家组充分肯定学院在优质校建设期间取得的成绩，认为学院推动体制机制综合改革与创新，综合治理水平全面提升；推动司法类优势特色专业群建设，人才培养质量全面提高；培育能征善战名师名教学团队，教师能力素质显著提高；提升司法行业技术服务能力，社会服务水平显著增长；充分利用国际教育资源，开展司法安保国际合作与交流。浙江警官职业学院通过省高职院校优质校建设成果评估。

【安防技能大赛】 2020年12月27日，“宇视杯”首届全国高职院校安防技能大赛在浙江警官职业学院举行。学院领导、浙江宇视科技有限公司负责人、江苏省司法警官高等职业学校领导、全国安防职业教育联盟秘书长等出席。大赛以智能安防技术应用为重点内容，围绕安全防范核心要素，考察学生理解分析基于物联网技术的智能安防实现能力。全国15所高职院校的29支队伍、87名学生参加决赛。

（汪丰茂）

2020年7月22日，浙江省监狱管理局与浙江警官职业学院签署战略合作协议 （汪丰茂 供稿）

## 浙江经贸职业技术学院

【概况】浙江经贸职业技术学院由中华全国供销合作总社与浙江省人民政府共建，是国家、省优质高等专科学校，国家“双高计划”专业群建设单位，浙江省高水平高职院校和高水平高职专业群建设单位。学校下设16个党政管理机构、10个二级学院、1个科研机构和3个教辅机构，开设高职专科专业30个、“3+2”专升本联合培养专业2个和4年制本科试点专业1个。学校拥有全国供销合作总社职教科研中心、全国供销总社杭州国家级科技特派员创业培训基地、国家（杭州）电子商务示范基地技能培训中心、国家职业技能鉴定站等多个培训和科研机构。建有国家教学资源库1个、“中央财政支持高等职业学校提升专业服务能力”项目2个、国家级骨干专业6个、省级优势专业5个、省级特色专业6个、省级财政支持的示范建设专业3个。学校开设国家级精品资源共享课程2门，主持国家级科研项目5项，获得国家级教学成果奖4个，省级教学成果奖13个。立项教育部一般人文社科项目2个，立项省高校重大人文社科攻关计划项目1个。获国家教学成果一等奖1个、省哲学社会科学优秀成果奖一等奖1个。2020年，学校录取来自全国22个省（自治区、直辖市）的新生4537名，超额完成招生计划，录取分数线再创历史新高。15个单独招考专业录取分数线位列全省同类院校同类专业第一名。学校全日制在校生1.15万人，教职工561人。

2020年12月8日，浙江经贸职业技术学院举行产教融合大楼建设工程奠基仪式
（董文萍 供稿）

【教学改革成果】2020年，浙江经贸职业技术学院15部教材入选“十三五”时期国家规划教材，3部教材被立项为省高职高专院校“十三五”时期新形态教材；10门课程被认定省级精品在线开放课程，2门课程被认定为国家级精品在线开放课程；国家级精品在线开放课程认定数量位居全省高职院校第一名，位列全国高职院校第二名。学校教师在省高职院校教学能力比赛中，获一等奖3个、三等奖3个，学校获最佳组织奖。浙江经贸职业技术学院获评浙江省课堂教学创新校。

【产教融合发展】2020年，浙江经贸职业技术学院推进全国数字经济与现代农业流通产教联盟建设工作，持续推进“校社政企”四方合作协同育人机制建设，先后与杭州钱塘新区等地方政府开启新一轮紧密合作，与阿里巴巴集团“政采云”等多个企业达成校企合作项目47个，其中重点项目9个。学校智能财税实践课程体系建设和产教融合协同共育“新零售匠人”2个项目，被认定为省产教融合“五个一批”产学合作协同育人项目。学校“麦苗学院”现代学徒制办学模式，受到麦当劳中国区总部和高校同行高度认可，计划向全国职业高校推广。浙江经贸职业技术学院被教育部列为“全国职业院校非遗教育传承示范基地”。

【特色社会服务】2020年，浙江经贸职业技术学院持续推进具有供销社行业特色、适应区域社会经济发展的技术服务体系建设，深化“新供销·新零售”培训模式，提升“农民点菜、学校送餐”为农服务品牌。学校开展各类培训班10期，共计培训3153人；开展职业技能鉴定1952人次。学校加强乡村振兴人才培养，办好浙江农民大学经贸校区，为深化乡村振兴人才培养、提升为农服务水平提供优质平台。

【国际合作办学】2020年，浙江经贸职业技术学院与乌克兰利沃夫经贸大学签署战略合作协议；作为首批试点院校，参与中泰“中文+职业技能”项目建设。学校加强“泰中罗勇丝路学院”等项目建设，对暂缓到校学习的10名泰国邦纳商学院交流学生“量身定制”线上学习课程。2020年，学校开发输出企业汉语口语、跨境电商基础课等跨境课程5门，开发输出“抖音”线上汉语教学视频30个。

【入选省级双创示范基地】2020年9月，省发展改革委发文认定24

个单位为第四批省级大众创业万众创新示范基地，其中区域示范基地10个、高校和科研院所示范基地13个、企业示范基地1个。浙江经贸职业技术学院被列入新晋省级双创示范基地名单。12月，浙江经贸职业技术学院通过省重点暨优质校建设成果评估，被浙江省教育厅、浙江省财政厅确定为浙江省高水平职业院校建设单位，食品营养与检测专业群被确定为浙江省高职高水平建设专业群（A类）。

**【专升本联合培养协议签署】** 2020年6月，浙江经贸职业技术学院与浙江工商大学签订专升本联合培养协议，双方就“电子商务”与“计算机科学与技术”2个专业的专升本学生联合培养达成一致意见。专升本联合培养协议的签订，是浙江经贸职业技术学院推进“双高”建设的重要举措，将提升学校电子商务“双高”专业群建设内涵。

**【产教融合大楼奠基】** 2020年12月，浙江经贸职业技术学院产教融合大楼建设工程奠基。该项目占地2万平方米，建筑面积6.04万平方米，计划总投资2.66亿元。大楼以“先进性、生产性、共享性、开放性”建设为理念，以“产学研创”目标为主线，按照产业发展研究、科技服务、国际合作、人才培训、实践教学和创新创业孵化六大功能定位，将建成集教学、培训、生产、科研、技术服务、项目孵化等为一体的教学科创实训综合体。

（陶杰炳）

## 浙江经济职业技术学院

**【概况】** 浙江经济职业技术学院下设二级学院9个、继续教育学院1个。开设专业33个，四年制高职试点专业3个。拥有中央财政支持专业6个、国家骨干专业6个、“十三五”时期省级优势、特色专业11个。拥有国家级师资培训基地1个（物流与供应链管理专业国家级“双师型”教师培养培训基地）、国家级协同创新中心1个、国家级生产性实训基地2个、中央财政专项支持的实训基地3个。有浙江省高等学校省级产教融合示范基地建设项目1个，2019—2020年度浙江省产教融合工程项目1个。获批3批、13个全国“1+X”证书，为全省职业教育物流管理专业协作组组长单位，获国家级教学成果一等奖3个、二等奖1个，建有省级以上精品课程34门、国家精品资源共享课7门。2020年，浙江经济职业技术学院有员工622人，其中专任教师448人，其中具有副高级以上职称167人，占专任教师37.3%。引进15名专任教师，其中副高级职称5人。培育建设校级教师教学创新团队5个、教学名师工作室5个、“双师型”教师培养培训基地8个。学校有全日制在校学生1.01万人（含本科）。招生录取3535人，报到3429人，报到率97%。学校与杭州电子科技大学、浙江财经大学联合培养国际经济与贸易、金融学2个专升本专业。获批1个新专业（跨境电子商务），19个专业开展“1+X”培养。

2020年，浙江经济职业技术学院获全国供应链管理职业技能竞赛团体一等奖
（慕景强 供稿）

**【教学科研水平提升】** 2020年，浙江经济职业技术学院获省级精品在线开放课程认定3门，省“十三五”时期第二批教学改革研究项目立项10个、省普通高校新形态教材立项3部，入选“十三五”时期国家规划教材10部。获评全国优秀“网上金课”教学案例1个、省高职院校“互联网+教学”优秀案例特等奖2个、一等奖3个、二等奖3个。入选浙江省课堂教学创新校、教育部“深化新时代学校思想政治理论课改革创新先行试点”学校名单。设立“非遗文创与汉字艺术产业研究院”和“供应链集成服务研究院”，引入“中国工艺美术大师陶瓷技艺传承教学——嵇锡贵大师工作室”。全年科研项目立项111个，其中国家社科基金高校思政课研究专项课题1个、省部级课题7个、厅级项目40项。立项并完成横向课题19个。学校获知识产权56项、发明专利2项。教职工公开发表论文305篇，科研获奖4项，出版著作教材24部。

【国省级技能参赛获奖】 2020年，浙江经济职业技术学院承办人社部组织开展的全国行业职业技能竞赛“供应链管理”和“物联网技术应用”2项国赛，获得人社部及参赛方肯定。浙江经济职业技术学院师生利用“技能文化月”校级竞技平台加强日常训练，在国、省两级职业技能竞赛中，获评省级以上奖项163个，其中获评全国一等奖8个、省级一等奖21个，被授予全国技术能手2人。

【国家职业技能标准开发工作获奖】 2020年，浙江经济职业技术学院教师参与人社部“供应链管理师”“物流服务师”“冷藏工”3个国家职业技能标准的开发和审定工作，获评“全球供应链专业群建设创新奖”“全球供应链人才培养杰出领袖奖”和“突出贡献奖”，在该领域起到示范作用。

【“双高”建设成效】 2020年，浙江经济职业技术学院推动“双高”学校建设，通过申报和专家评审，名列浙江省高水平职业院校建设单位榜首，成为全国高等职业院校技术应用服务联盟汽车专业委员会主委单位。获评教育部深化新时代学校思想政治理论课改革创新先行试点单位。“基于工匠精神培育的高职高专思政课改革创新研究”获得2020年度国家社科基金高校思想政治理论课研究专项立项，获第三届“卡尔·马克思杯”浙江省大学生理论知识竞赛一等奖和优秀组织奖。学校申报的国家“双高”计划专业领域重点课题《新时代高职院校现代物流管理专业领域团队教师教育教学改革与创新》、公共领域课题《“双师型”教师团队培训标准与课程标准研究》获得教育部首批国家级职业教育创新团队研究项目立项。

2020年，浙江经济职业技术学院承办全国行业职业技能大赛物联网应用技术赛项比赛 （慕景强 供稿）

【学校获批省国际化特色高校】 2020年，浙江经济职业技术学院获批“浙江省国际化特色高校”。“梦想创业学院2+1专业人才培养方案”入选联合国教科文组织职教与培训中心向全球发布的《职业技术教育创业学习指南》，供全球职教机构学习借鉴。学校作为联合国教科文组织职业教育在中国的两个联系点之一，在联合国组织的全球抗击新冠肺炎疫情经验介绍中，代表中国介绍中国职教抗疫经验。学校被中央电化教育馆评为“职业院校数字校园建设样板校”。

（慕景强 程余伟）

## 浙江育英职业技术学院

【概况】 浙江育英职业技术学院有民航交通、信息技术、商务贸易、经济管理、创意设计、继续教育6个教学分院，社会科学、体育与艺术2个教学部。开设空中乘务、直升机驾驶技术、城市轨道交通运营管理、计算机应用技术、电子商务、国际经济与贸易、广告设计与制作、会展策划与管理、酒店管理等25个专业。2020年，浙江育英职业技术学院有在校学生8436人，教职工368人，其中专任教师265人。学院在人才培养、教学建设、党群建设、无偿献血、志愿服务等方面均获得较大发展。

【教学成果新突破】 2020年，浙江育英职业技术学院现代航空服务产教融合实训基地入选2019—2020年度浙江省产教融合工程项目名单，这是全省民办高校唯一入选项目。学院4门课程入选2019年省级精品在线开放课程，3部教材入选省普通高校“十三五”时期第三批新形态教材建设项目。5门课程入选浙江省高职院校“互联网+教学”优秀案例，其中特等奖1个、一等奖2个、二等奖2个。8月，浙江育英职业技术学院与老挝教育部职业技术教育司合作的《中老旅游类职业人才培养项目》入选国家第三批“中国—东盟高职院校特色合作项目”，该项目由教育部、外交部亚洲区域合作专项支持5年，学院为三批名单中唯一民办院校。

【学校参赛获奖成果】 2020年，浙江育英职业技术学院学生参加校外各类竞赛获奖36个，获奖297人次。8月，浙江育英职业技术学院篮球队获得第二十二届中国大学生篮球三级联赛全国总决赛第4名。10月，第十七届浙江省大学生程序设计竞赛举行，全省76所本专科院校427支队伍参加，浙江育英职业技术学院代表队在比赛中获得金奖5个、银奖2个，所获金奖占全省金奖总数的45%。11月，第十一届蓝桥杯全国软件和信息技术专业人才大赛全国总决赛举行，全国800多所本专科院校参加，浙江育英职业技术学院代表队获一等奖4个、二等奖17个、三等奖1个，参赛队员均获奖项。在浙江省第五届大学生田径锦标赛上，浙江育英职业技术学院代表队再次包揽男子团体、女子团体、总团体冠军并获评体育道德风尚奖，连续8年获得省级及以上田径赛事团体冠军。在浙江省大学生游泳锦标赛高职高专组比赛中，浙江育英职业技术学院代表队获得总团体冠军、女子团体冠军、男子团体亚军及体育道德风尚奖。在浙江省第十一届大学生网球锦标赛中，浙江育英职业技术学院代表队获得男子团体冠军。12月，浙江育英职业技术学院在浙江省大学生艺术节上，获评朗诵、戏剧、设计、声乐、器乐、书法、摄影等赛项一等奖1个，二等奖4个，三等奖8个。

**【《习近平与大学生朋友们》出版】** 2020年11月19日，《习近平与大学生朋友们》一书由中国青年出版社出版。书中收录浙江育英职业技术学院供稿的《习书记来到学生社团活动中心》篇章，记述2003年4月12日，时任浙江省委书记的习近平视察浙江育英职业技术学院，与师生交流的情景。这是高职高专院校和民办高校唯一入选篇目。2020年5月28日，《中国青年报》第一版专题报道《习书记来到学生社团活动中心—习近平与大学生朋友们（八）》。12月2日，浙江育英职业技术学院举行赠书仪式，向在校师生赠送该书。

**【为抗疫献血77.88万毫升】** 2020年，面对新冠肺炎疫情，浙江育英职业技术学院成立抗疫复学复课工作专班，部署落实各项防控措施，实施“封而有序，闭而有度”网格化管理模式，确保师生员工生命健康。学院积极响应无偿献血活动号召，成为抗疫期间省内首所开展无偿献血高校，全年组织4次无偿献血，2522名师生累计献血77.88万毫升，列在杭高校“热血榜单”榜首。学院获评浙江省高校公寓服务、后勤餐饮2个疫情防控先进集体称号，实现疫情防控和教育教学双赢。

**【育英校友“奖教金”设立】** 2020年10月19日，浙江育英职业技术学院2006届市场营销专业毕业生、宁波驰田汽车科技有限公司总经理温作奖专程到校，设立育英校友“奖教金”，学院举行捐赠仪式。温作奖将每年为母校捐赠10万元，用于表彰在教书育人、服务育人、管理育人中表现优异的教职工。执行院长黄爱平代表学院接受捐赠。温作奖与全体新生分享在校学习期间的成长故事和创业经历，并与学生社团代表进行座谈交流。

**【全国民办高校辅导员高峰论坛】** 2020年11月21—22日，第六届全国民办高校辅导员工作高峰论坛召开。论坛由全国民办高校学生工作者联席会主办、浙江育英职业技术学院承办。来自全国215所民办高校的430多名学生工作专家、主管领导、学生处长及骨干辅导员参加。论坛聚焦“后疫情时期民办高校学生工作创新”主题，通过专家报告、典型报告、创新报告、成长报告等形式，进行互动交流。论坛上还对2020年全国民办高校辅导员优秀论文进行颁奖。

（段曹钢）

**责任编辑　周　丹**

# 辖区街道

## 下沙街道

【概况】下沙街道行政区域面积50平方千米，辖社区19个、筹备组1个，户籍人口4.8万人（不含集体户），常住人口24.8万人。2020年，街道完成财政总收入10.09亿元，地方财政收入5.38亿元，分别比上年增长17.3%和11.3%。规模以上工业企业实现总产值14.4亿元，增长3.1%。固定资产投资36.6亿元。新认定国家高新技术企业43个、省科技型企业43个，引进市D类以上人才4人。推进留用地开发建设，中沙、七格2个国有统筹开发项目启动；新型自主开发项目进度加快，智格、盈都2个续建项目完成主体结顶和竣工验收。提升楼宇品牌，完成楼宇税收5.36亿元，税收1000万元级楼宇超过10幢。助力企业发展，出台高质量发展“5+12”政策体系，新引进浙江康护卫健康产业有限公司、杭州宏日绿建科技有限公司等优质企业32个，全年街道税收1000万元以上企业13个。提升居住品质，实施金沙湖核心区回迁小区品质提升工程，上沙、中沙、下沙3个小区“保笼”拆除完成。加快老旧小区综合整治，巩固“基本无违建街道”创建成效，全年拆除违章建筑7.4万平方米。创建省级垃圾分类示范小区4个、市级垃圾分类示范小区18个，被评为“省级示范街道”“市级达标街道”。开展“污水零直排区”创建，医药港小镇创建验收完成，23个小区通过区级验收。推进“口袋公园”建设，头格、高沙等4个社区“口袋公园”建设完成。

探索数字赋能社会基层治理新模式，推进街道“一站式”社会治理综合服务中心建设。做好信访维稳，化解涉稳问题17个。开展交通安全百日攻坚行动，实现“全市电动自行车交通安全重点整治街道”摘帽。推进邵逸夫医院下沙院区周边交通治理，通过接入“城市大脑”，协调社会停车位资源958个。推进智慧平安社区建设，完成七格、智格、下沙、湾南4个智慧社区

2020年9月20日，下沙街道名城湖左岸小区物业、业委会、社区三方就小区文明公约细则进行商讨（新区融媒体中心 供稿）

## 2020年下沙街道各社区基本情况表

表17

| 社区名称 | 成立时间 | 面积（平方千米） | 户数（户） | 户籍人口（人） | 经济总收入（万元） | 居民人均收入（万元） |
|---|---|---|---|---|---|---|
| 智　格 | 2002年5月 | 0.90 | 793 | 2 955 | 32 325 | 5.5 |
| 高　沙 | 2002年5月 | 0.35 | 417 | 1 980 | 20 789 | 5.2 |
| 七　格 | 2005年6月 | 2.00 | 591 | 2 608 | 19 121 | 5.4 |
| 下　沙 | 2005年12月 | 1.20 | 489 | 1 597 | 16 198 | 5.5 |
| 头　格 | 2005年12月 | 2.50 | 951 | 3 172 | 24 317 | 5.0 |
| 中　沙 | 2005年12月 | 1.50 | 862 | 3 076 | 25 171 | 5.4 |
| 上　沙 | 2005年12月 | 1.70 | 462 | 1 653 | 16 917 | 5.0 |
| 元　成 | 2005年12月 | 4.50 | 589 | 2 297 | 21 560 | 5.2 |
| 东　方 | 2005年12月 | 2.00 | 435 | 1 648 | 19 423 | 5.0 |
| 新　元 | 2005年12月 | 1.80 | 535 | 1 814 | 13 393 | 5.2 |
| 松　合 | 2005年12月 | 0.90 | 457 | 1 813 | 11 058 | 5.1 |
| 湾　南 | 2005年10月 | 1.92 | 672 | 2 562 | 19 892 | 4.9 |
| 新　沙 | 2005年12月 | 0.80 | 129 | 405 | — | — |
| 铭　和 | 2008年9月 | 0.60 | 1415 | 6 843 | — | — |
| 杭　铁 | 2010年12月 | 0.55 | 368 | 843 | — | — |
| 柠　檬 | 2012年7月 | 0.48 | 1 062 | 2 644 | — | — |
| 滟　澜 | 2012年7月 | 0.38 | 1 710 | 4 278 | — | — |
| 早　城 | 2012年7月 | 0.12 | 1 088 | 3 042 | — | — |
| 星　野 | 2018年6月 | 21.86 | 761 | 1 795 | — | — |
| 银　沙 | 2020年9月 | 0.50 | 392 | 1 056 | — | — |

注：新沙、铭和、杭铁、柠檬、滟澜、早城、星野、银沙筹备组8个社区不属于撤村建居社区，其经济总收入不做统计。

试点及34个智慧安防小区建设。实施安全隐患排查整治，完成下沙、松合2个试点社区建筑地下一层隐患整治。提升安全生产、食品安全工作水平，完成815个企业安全生产社会化服务，创建省级四星级街道食安办。

保障社会民生，全年累计对新生儿、退休、金婚等家庭走访1700多户，慰问困难人员、特殊群体2900多户，发放慰问补助金2200万元。保障民生就业，全年累计申报就业创业补贴1478万元，失业人员实现再就业903人。提升改造工疗站，创建新区唯一“省五星级残疾人之家”。提升退役军人服务站建设，入围全省首批“新时代枫桥式”示范型退役军人服务站。强化社区建设，头格社区创建成为杭州市首批示范型街道级居家养老服务中心，新元社区创建成为市级撤村建居示范社区。

推进社区党组织换届，街道所辖社区党组织换届党政“一肩挑”人员平均得票率96.3%，班子成员平均得票率94.2%，比上届提升5%。街道区域化党建“13355”工作法（党建共建办公室实体化运作、明确3张清单、落实3项机制，确定5个必选项目和5个自选项目）和党建引领基层治理工作分别被列入市、区两级试点。街道志愿服务“365行动”全面推行，96支志愿者队伍注册志愿者3600多人。

**【下沙街道8件大事统筹推进】** 2020年，下沙街道落实新区高质量发展要求，部署推进“留用地开发大完善、品牌楼宇大提升、治理中心大整合、安全隐患大整治、4个家园大深化、城市项目大推进、社会民生大耕耘、党建品牌大打造”8件大事。街道班子将任务清单、时间进度、责任部门、工作任务、时间节点细化到月。街道党工委通过例会、现场会等形式进行研究、指导和督查。8件大事目标任务具体为：启动13.33公顷留用地开发工作，结合自身实际，确定开发方式，加强项目对接，保障工作推进；打造1幢亿元级、2幢5000万元级和10幢1000万元级三类重点楼宇，招引项目，做优存量，同时加强“建筑服务”“数字新零售”和“生命健康”3个产业园建设；加快推进街道一站式社会治理综合服务中心建设，整合社会治理资源，理顺机制体制，增强合力；围绕辖区安全隐患重点排查企业，开展安全隐患专项整治，形成发现问题、隐患整治、事后查验的完整闭环；按照红色家园、文化家园、平安家园、美丽家园的建设方向，重点围绕红色氛围营造、“下沙文化”挖掘，进行家园提升建设；配合区域内交通基础设施、城市功能配套及城市有机更新等项目建设，建设好城市“口袋公园”，将项目做好做优；指做好街道十大惠民行动和“暖心入户六必访”工作，做好项目化、机制化的民生工程，体现“下沙温度”；深化聚沙部落党建联盟“13355”、志愿服务“365行动”和基层治理“四个一”三大党建品牌建设，并延伸到各社区。

**【留用地统筹开发启动】** 2020年7月15日，经新区党工委会议审议同意，下沙街道中沙、七格2个社区国有统筹开发建设项目启动实施，该项目为新区首宗多社区统筹开发、国有代建运营的留用地开发项目。下沙街道12个撤村建居社区有留用地指标124.2公顷，已开发建设82.33公顷，剩余41.87公顷。街道前期对滨江区、余杭区、西湖区等地留用地开发进行学习，经多轮酝酿修改后形成中沙、七格社区国有统筹开发建设方案，确定按照“统一规划设计、统一施工验收、统一代办服务、统一返租经营”的模式进行统筹开发。依托金沙湖商务区、医药港平台等优势，围绕城市规划和产业导向，强化与总部经济、数字经济、医药产业等接轨，建设高端楼宇新标杆和区域高质量发展的增长极。

**【下沙退役军人工作】** 2020年，下沙街道做好辖区1087名退役军人的各项服务工作，完善社区站点、党小组、志愿者队伍3个“全覆盖”。下沙街道退役军人服务站占地面积2500平方米，设有思教区、老兵之家、宣教室、活动室、阅览室、心理咨询室。强化退役军人党员管理，服务站将街道退役军人党员均纳入社区退役军人党小组，46名优秀退役军人进入社区“两委”班子。引入专业第三方机构，建立退役军人志愿者服务指导中心，街道所辖19个社区实现退役军人志愿者队伍全部覆盖。推行“老兵关爱行动”，建立重点优抚对象、困难退役军人、重点帮扶对象、新入伍和退伍人员重要节假日必访机制，关注退役军人创业就业、法律援助、树立典型等工作。11月4日，下沙街道本级及所辖4个社区站点获评杭州市首批“新时代枫桥式退役军人服务中心（站）”称号。

**【“六必访”工作机制创建】** 2020年，下沙街道聚焦群众服务需求，创建暖心入户“六必访”工作机制。街道建立“街道干部联社、网格党员联户”制度，出台《暖心入户“六必访”行动实施细则》（简称《细则》），规定对新生儿出生、子女入学、入伍退伍、法定退休、金婚、去世等家庭人生经历的重要时间节点开展走访慰问。《细则》明确慰问标准、方式和时效。街道以辖区78个党建网格为基础构建走访网络，全年街道、社区两级160多名干部参与“六必访”活动，累计走访1700多户，慰问困难人员、特殊群体2900多户，发放慰问补助金2200万元。（刘瑞雪）

## 白杨街道

**【概况】** 白杨街道行政区域面积54.9平方千米，辖21个社区、68个居民小区，总人口52万人，户籍人口10.08万人。2020年，街道实现财政总收入10.73亿元，地方财政收入5.25亿元，分别比上年增长28.4%和26.3%。完成固定资产投资29.68亿元。全年新引进培育国家级高新技术企业17个、省科技型中小企业87个、市级以上企业研发机构5个，企业发明专利授权82个。

促进经济发展，街道组建5个助企“帮帮团”，帮助街属企业复工复产，协助企业与20多个银行开展融资对接，兑现政策扶持资金2000多万元。扩增财政税收，电子商务、科技创新、现代服务业、文化教育、生命健康五大产业贡献财政收入保持10%以上增长；街道百强企业税收贡献占比87.4%，杭州悠可化妆品有限公司、杭州壹网壹创科技股份有限公司贡献地方财政收入均超过1亿元。加大招商引资，全年引进企业约100个，落地重点税源项目11个；培育拟上市企业8个，杭州衣邦人科技有限公司、杭州微念科技有限公司入围2020年万物生长大会“准独角兽”企业。

推进环境整治，淘宝街（清涟巷）雨污水管网改造和路面整治完成。开展“美丽钱塘”环境提升行动，整治流动摊贩、违规经营、城市“牛皮癣”，云水、美达、多蓝水岸等社区重点餐饮商户安装油烟监测监控系统31套。57个居民小区普及垃圾分类，智能化分类覆盖率60%，56个小区实行定时定点投放，3个农贸市场实行生鲜垃圾专项清运。全年街道创建省级垃圾分类示范小区3个、市级垃圾分类示范小区6个。加快老旧

## 2020年白杨街道各社区基本情况表

表18

| 社区名称 | 成立时间 | 面积（平方千米） | 小区（个） | 户数（户） | 户籍人口（人） | 企事业单位（个） |
|---|---|---|---|---|---|---|
| 景　园 | 2003年12月 | 2.00 | 1 | 337 | 1 150 | 12 |
| 大　北 | 2003年12月 | 2.09 | 9 | 3 709 | 4 268 | 55 |
| 月雅苑 | 2003年12月 | 1.57 | 6 | 2 882 | 3 236 | 18 |
| 高　教 | 2003年12月 | 3.91 | 2 | 2 006 | 3 859 | 38 |
| 邻　里 | 2006年3月 | 3.30 | 3 | 2 611 | 134 | 38 |
| 闻　潮 | 2007年6月 | 2.41 | 2 | 3 401 | 1 259 | 40 |
| 云　水 | 2007年6月 | 1.93 | 5 | 3 977 | 5 645 | 4 690 |
| 多蓝水岸 | 2009年10月 | 0.30 | 2 | 2 885 | 4 919 | 40 |
| 朗　琴 | 2009年10月 | 0.14 | 2 | 3 499 | 4 742 | 14 |
| 海　天 | 2009年10月 | 0.48 | 1 | 3 051 | 5 273 | 32 |
| 江滨花园 | 2011年6月 | 0.28 | 3 | 4 538 | 4 466 | 13 |
| 伊萨卡 | 2011年6月 | 0.20 | 1 | 3 148 | 4 057 | 13 |
| 东　湾 | 2011年6月 | 0.50 | 2 | 6 209 | 3 422 | 10 |
| 观　澜 | 2011年6月 | 0.23 | 4 | 3 992 | 4 240 | 3 |
| 云　邸 | 2018年11月 | 1.42 | 2 | 2 327 | 2 950 | 10 |
| 江　潮 | 2013年12月 | 0.37 | 3 | 5 003 | 4 550 | 4 |
| 美　达 | 2013年12月 | 0.22 | 4 | 3 221 | 3 073 | 5 |
| 千帆联合 | 2020年5月 | 1.55 | 6 | 3 655 | 3 077 | 4 |
| 云涛联合 | 2020年5月 | 1.66 | 6 | 6 973 | 10 809 | 5 |
| 晨　光 | 2015年11月 | 0.52 | 2 | 4 752 | 3 785 | 6 |
| 云　滨 | 2016年11月 | 4.87 | 4 | 4 226 | 485 | 25 |

小区改造，落实华顺公寓、北银公寓、盛泰时代山、裕园公寓等老旧小区环境改造，推进老旧小区电梯加装10台，和达城和海天城2个小区二次供水改造完成，47个小区“污水零直排”工程完成。

保障民生救助，改造高教、云水等社区居家养老服务照料中心，投入120万元资金扶持社会组织建设，启动“杭漂老人关爱”“四点半课堂”等民生实事公益创投项目23个，累计资助金额55.8万元。做好帮扶救助，组织600多名70周岁以上老年人接种流感疫苗。帮助困难群众，发放低保、特困人员救助金90多万元，发放老龄和困难群体慰问金60多万元。丰富文化活动，举办街道第九届文化艺术节，制作宣传片《战疫归来是春天》，举办迎“七一”主题演讲比赛等。开展第七次人口普查，完成人口普查长表登记1.27万户，登记人口4.27万人。

维护社会治安，街道社会矛盾纠纷调处化解中心及21个社区工作室挂牌成立，开展《中华人民共和国民法典》专题学习，江潮社区获评2020年省级民主法治村（社区）。做好信访处置，全年受理信访件1332件，接待群众30多批、100多人，调处矛盾纠纷289起。加大技防投入，31个智慧安防小区建设完成。落实安全生产，160个企业风险防控体系创建和103个企业标准化创建完成。引进第三方服务机构，投入300万元加强企业安全生产监管，全年发生火灾27起。

完成社区换届，组织专题培训10多次，66名机关干部联系保障22个换届社区。各社区党组织、居民委员会、居监会实行全面换届，选举产生“两委”班子成员152人。

**【街道财政总收入10.73亿元】** 2020年，白杨街道企业总增值税、企业所得税和个人所得税3项完成财政总收入10.73亿元，比上年增长28.4%，地方财政收入5.25亿元，增长26.3%。百强企业财政总收入8.1亿元，增长32.8%，地方财政收入3.97亿元，增长32.5%，百强企业对街道财政贡献率84.4%。优化产业结构，电子商务、融资租赁、建筑劳务等转化为电子商务、科技创新、现代服务、文化教育、医药健康等多元化结构。查找税收漏点，解决税源企业入库难点。深化“互联网+政务服务”模式，指导企业防控新冠肺炎疫情，推进2000个企业复工备案。强化安全指导，走访企业700多个，发现问题隐患3000多条并落实整改。对接新区财政金融局举办“政银企”对接会，帮助46个企业与20多个银行分支机构开展融资对接。排定驻企服务专员13人，服务重点企业100多个。

**【街道五大民生实事工程】** 2020年1月，白杨街道居民议事会表决产生五大民生实事工程，分别是社区服务综合体建设工程、安全基础强化工程、环境品质提升工程、文体惠民工程和养老服务提升工程。至年末，社区服务综合体建设工程中，景园、大北、邻里、云水、伊萨卡、多蓝水岸、观澜7个社区服务综合体建设工程完成；安全基础强化工程中，30个智慧安全防范小区建设、餐饮企业油烟监控系统建设、市域社会治理新区试点项目建设完成；环境品质提升工程中，33个小区垃圾定时定点投放点位的提升建设、20个小区的污水“零直排”提升改造完成；文体惠民工程中，培育社区文体队伍21支、开展文体活动220多场；养老服务提升工程中，伊萨卡、高教社区居家养老照料中心建设完成，景园、云水、江滨花园、多蓝水岸、晨光、观澜6个社区居家养老服务照料中心获提升改造，增建江滨花园社区老年食堂1个，举办健康促进大讲堂活动80场。

2020年9月25日，白杨街道世茂江滨花园社区举行迎国庆文艺会演
（周星驰　摄）

**【街道矛盾纠纷调处化解中心成立】** 2020年8月7日，白杨街道社会矛盾纠纷调处化解中心挂牌成立。该中心是集综合信息指挥室、人民调解室、信访接待室、心理咨询室等为一体的综合性工作平台，由街道综合信息指挥室、平安建设办公室、劳动监察中队、街道司法所4个部门入驻办公，功能涉及居民询访接待处置、矛盾纠纷多元化调处化解、不稳定事件联处联动等。中心设有综合指挥大厅、大屏显示系统、平安建设信息系统、综治视联网系统和公共安全视频监控系统等。全年中心综合信息指挥室流转办结平台事件2.96万件；平安建设办公室接待居民询访3000多人次，受理办理信访件2990件，调处矛盾纠纷326起；劳动监察中队处理调解案件498起，涉及金额588万元，处理投诉案件52起、涉及金额123万元，处理“12345”信访案件942起，“110”报警联动605起，网络平台调解27起，劳动关系省平台预警183起，受理劳动仲裁案件240件。

**【2个社区入选杭州国际化社区示范点】** 2020年10月30日，白杨街道伊萨卡社区、大北社区被评为杭州市国际化社区示范点。伊萨卡社区于2011年6月成立，面积1.2平方千米，辖伊萨卡国际城1个居民小区，有居住户3148户、人口1.2万人，其中外籍人员200多人。社区拥有面积1600平方米的党群服务中心，设法律援助中心、同心圆调解室、日间照料室、电子阅览区、文体活动室、多功能影音室等13个功能区。开设伊巧手工社、伊阳青少年俱乐部、伊墨学堂、外语角等活动场所，举办中外文化融合活动，保障中外居民衣食住行服务，配备无障碍设施、多功能自助服务一体机、“白杨钉”平安建设系统等智能平台。大北社区于2004年12月成立，面积2.09平方千米，辖区入驻知名企业42个，有住宅小区7个、商住楼宇3个，居民3709户，常住人口1.2万人，外籍居民257人。社区设置双语标牌、英文导引、国际居民宣传栏等，完善涉外专职人员队伍，负责国际居民日常社区事务沟通和帮办工作。开展英语小课堂、国际礼仪、各国风俗等培训，提高社区工

作者涉外服务能力。培育社区社会组织，建立国际志愿者服务队，推进外籍友人参与社区事务协商。

**【街道入选全省城乡社区治理和服务创新实验区】** 2020年10月19日，白杨街道入选省级第三批社区治理和服务创新实验区。实验时间自2020年11月至2022年11月，为期2年。街道完善社区数字化治理体系，分期规划实施实验区建设。选定试点社区，确定数字赋能社会治理的实验区。推广“白杨钉”系统并实现社区全面覆盖，采用“你钉我办”的方式，为社区行政事务、公共服务、社会化服务、居民互动提供数字化、信息化支撑。分析“白杨钉”系统后台数据，找准热点难点，处置共性问题，帮助解决居民第一诉求。“白杨钉”系统运行后，事项24小时内办结率90%。

**【街道获中国智慧城市示范城市奖】** 2020年12月，白杨街道在第十四届“中国智慧城市大会”上获“2020中国智慧城市示范城市奖”。作为杭州市社会治理试点街道，经过前期社会治理项目招投标，街道联合第三方服务公司升级建设全域智治应用平台。融合“智安小区+基层治理”双平台优势，对43个小区原有智慧门禁系统平滑升级，加载智慧消防、出租房管理、智慧物业等应用。整合人口、车辆、房屋、企业、监控数据等，研判疑似问题，联动指挥处置，提高应急管理服务水平，推动社区网格等社会治理单元精准施策。提升基层数据采集时效，人口普查变被动采集为主动登记、变人力采集为机器采集。关注关怀小区孤寡老人、留守儿童、重度残疾人，提升基层服务满意度。

**【街道南区党群服务中心启用】** 2020年12月28日，白杨街道南区党群服务中心启用，“两新”组织党建工作站同时揭牌成立。南区党群服务中心总建筑面积2200平方米，集服务、宣传、教育、孵化四大功能为一体，一层设接待大厅、宣誓厅、大讲堂、党建展厅等，二至三层是企业孵化区域。南区党群服务中心功能定位为服务青年创业、孵化创新项目，主要为创业者提供政策咨询、经验交流等服务。白杨街道按照“东西南北中”布局，建设5个街道级党群服务中心。至年末，西区、东区、中区、南区4个党群服务中心均建成投用，北区党群服务中心在选址建设中。（姜　晨）

## 河庄街道

**【概况】** 河庄街道行政区域面积87.8平方千米，辖20个村、3个社区，户籍人口5.45万人。2020年，街道实现地区生产总值32亿元，财政总收入5亿元，地方财政收入2.57亿元；完成固定资产投资7.68亿元，比上年增长6.6%；农村人均收入4.65万元，增长6.9%。数字经济核心产业产值5.1亿元，增长24.8%。限额以上消费品零售总额增长25.5%。工业投资1.73亿元，增长近7倍。全年新增市场主体1056个，规模以上工业企业实现总产值51亿元，18个投资5000万元以上的产业项目开工建设，产值逾5亿元的企业4个。粮食播种面积1613公顷，完成粮食总产量6546吨，培育农业经营主体37个；新增限额以上服务业企业6个，招引服务贸易企业1个，杭州湾景假日酒店建设完成。

建设“美丽河庄”，投入资金2.48亿元实施20个大项、30个城市功能性项目建设。年内，河庄老农贸市场改造项目建成并投入使用，钱民花苑小区改造及电梯加装项目主体完成，江城幼儿园等学校基建工程竣工，市级示范型居家养老中心、街道综合办事服务中心、安防体验中心启用。建一村部分拆迁区块及民主村整村土地流转完成246.67公顷，产业项目征地及流转46.67公顷；推动地铁8号线、新农村安置房、棚户区改造三期基建项目落地。推进回迁安置，安置农户3300人。

整治街道环境，拆除建筑1.8万平方米，抛荒地整治逾211公顷，新建“口袋公园”7个，新增绿地面积9.39万平方米。推进垃圾分类，12个小区实现垃圾定点投放，5个小区通过杭州市垃圾分类示范小区验收。建设美丽乡村，新围村、围中村通过美丽乡村“改善村”区级验收，江东村创建成为市级美丽乡村“精品村”、省级美丽宜居示范村及全国美丽村。推进全域土地整治，省级试点项目通过市区两级验收，“洁美河庄”行动获杭州市政府嘉奖。

做好帮扶救困，发放保障金1076万元，685名老年人享受政府购买居家养老服务，533名就业困难人员实现再就业，2156名职工落实医疗互助。成立慈善基地，发放救助款223万元，救助814人次；建成市级退役军人服务站4个，创建区标准化市民学校9所，新建群众文化礼堂3个。服务居民百姓，2020年度街道为民办10件实事均完成。

**【全域土地整治省级试点验收通过】** 2020年12月，河庄街道全域土地整治省级试点项目验收通过，成为杭州市首批、浙江省内率先完成区市两级整体验收的项目单位。全域土地整治项目涉及文伟村、新围村、围中村、江东村、新创村、新江村6个行政村，总面积32.47平方千米。项目实施后，增加耕地19.93公顷，耕地质量提升86.78公顷，建设用地减少19.83公顷；土地利用结构优化，农用地面积增长40.1%，其中耕地面积增长29.2%、水田面积增长52.3%；基础设施更趋完善，农

## 2020年河庄街道各行政村（社区）基本情况表

表19

| 村（社区）名称 | 书记（主任） | 户籍人口（人） | 村民小组（个） | 耕地面积（公顷） | 人均收入（元） |
|---|---|---|---|---|---|
| 建设村 | 高 强 | 4 087 | 21 | 213.73 | 46 271 |
| 同一村 | 王伟军 | 2 739 | 16 | 47.00 | 46 291 |
| 同二村 | 高伟法 | 2 546 | 12 | 38.60 | 49 701 |
| 蜀南村 | 童建中 | 3 033 | 14 | 101.80 | 48 001 |
| 向公村 | 俞荣明 | 2 170 | 15 | 85.22 | 46 241 |
| 民主村 | 戚秋法 | 2 418 | 17 | 102.40 | 47 378 |
| 建一村 | 陈观民 | 2 554 | 13 | 107.33 | 46 982 |
| 新和村 | 冯国方 | 2 851 | 17 | 93.53 | 45 333 |
| 群建村 | 任张军 | 2 003 | 6 | 143.10 | 47 682 |
| 群欢村 | 赵国君 | 1 075 | 5 | 61.13 | 46 405 |
| 向前村 | 周建江 | 1 700 | 8 | 12.27 | 46 316 |
| 向红村 | 翁志云 | 1 130 | 6 | 60.20 | 43 729 |
| 闸北村 | 沈欢军 | 3 530 | 12 | 90.47 | 46 230 |
| 三联村 | 俞惠忠 | 3 136 | 22 | 178.33 | 44 028 |
| 文伟村 | 陈芳一 | 3 268 | 22 | 134.27 | 44 200 |
| 新围村 | 谢建民 | 2 676 | 21 | 171.00 | 46 628 |
| 围中村 | 陈宏炳 | 3 694 | 22 | 251.13 | 44 787 |
| 新创村 | 赵再福 | 2 159 | 15 | 148.93 | 45 122 |
| 新江村 | 王伯祥 | 2 382 | 17 | 148.93 | 47 008 |
| 江东村 | 方建庆 | 2 298 | 18 | 156.00 | 46 910 |
| 城隍庙社区 | 汤建良 | — | — | — | — |
| 知行社区 | 高 强 | — | — | — | — |
| 东沙湖社区 | 来燕军 | — | — | — | — |

村道路修缮76.68千米（含“四好农村路”5.23千米）；土地流转效率提升，对55.56公顷土地进行集中流转，盘活集体用地资源，项目区块内善企科创园有27个企业入驻，面积100公顷的现代都市农业园区实现年产值2000万元；生态环境美化，江东村成为美丽乡村样板，完成“三横六纵”总长18.78千米的河道整治及4.18公顷的池塘整治，江东直河成为新区唯一一条省级生态河道。

**【河庄老农贸市场改造完成】** 2020年6月，河庄街道投入资金1500万元，对老农贸市场进行综合改造。老农贸市场为河庄街道中心区重要的生活商品集散地，因业务承载量大、运行年份较久，出现设施老化、配套不全、道路拥堵等问题。该项目为街道2020年民生实事项目之一，建设规模2133平方米。按照“整体靓化、业态优化、环境美化”的理念，街道对老农贸市场原有业态重新布局，对小商品市场一层、二层、三层进行功能调整、提质扩容。建设社区广场、露天影院、台阶剧场、儿童乐园、健身步道等8个大公共景观节点，提升河庄老集镇生态环境活力，改造成为集停车场、小型商贸、休闲娱乐的综合体。

**【城乡一体化安置房回迁】** 2020年9月和12月，河庄街道启动完成城乡一体化安置房（“云上澜苑”小区）两轮回迁工作，累计回迁农户645户，涉及回迁房2101套、回迁人数3386人。安置小区绿化率占总建筑面积30%以上，配套设有儿童游乐区、集中晾晒区、摊位设置区、老年人健身区等生活功能区和物业服务资源。河庄街道城乡一体化安置房小区占地面积26.67公顷，由

2020年12月，河庄街道钱民花苑老旧小区外立面改造完成
（新区融媒体中心 供稿）

绿城乐居建设管理集团有限公司代建，总建筑面积85.65万平方米，住宅面积54万平方米，拥有住宅4918户，配套用房370多间。街道成立城乡一体化安置分房指挥部，设立7个进村入户小组，抽调街村干部集中办公，进行征迁户资料核对和安置方案完善，落实分房各项工作。

**【河庄2个民生工程获市级评定】** 2020年6—10月，河庄街道钱民花苑老旧小区二期改造工程完成并被评为市级样板。小区改造后，配备健身器材、休闲长椅、廊架，完善垃圾分类收集系统、非机动车充电桩等生活基础设施，设置无障碍及适老性设施，新增宅间绿化改停车位50个，实施雨污分流，整修屋面、墙面，粉刷楼道并添置公共照明，小区大门安装人脸识别设施、门禁和监控等。12月，河庄街道污水“零直排”创建市级验收通过。街道确定8个住宅小区、9个公建单位的六大类、35个点为创建单元，通过对原有排水系统、老旧管网进行修复改造，整治雨污混接、管网断头、渗漏、淤堵等问题；集镇区域8个住宅小区新建管道3219米、窨井725只；8个公建单位累计新增管道3854米、窨井948只、沉砂池5只、隔油池18只、化粪池4只。

**【河庄“三中心”建成投用】** 2020年10月，河庄街道“乐聚钱塘”居家养老服务中心投入运营。中心总面积1569平方米，配备欢乐餐厅、助浴区、康复训练区、公共活动室等基础设施，集生活服务、康复护理服务、托养服务等功能于一体。12月，河庄街道公共服务中心新办事大厅启用。大厅建筑面积930平方米，一层为公共服务办事大厅，设置7个功能区域，二层为社会矛盾纠纷化解调处分中心，设6个窗口和4个功能室。同月，河庄街道应急安全体验中心建成。中心占地面积150平方米，集科普展示、模拟体验、实训演练于一体，设应急知识认知、安全演示、互动体验、知识巩固4个功能区，有互动体验区采用场景15个，为新区首批应急安全体验中心。

**【“善合钱塘”慈善基地成立】** 2020年12月4日，新区首个慈善基地试点单位——“善合钱塘”公益慈善基地在河庄街道成立，百合花房地产有限公司等15个区内外爱心单位（社会组织）入驻河庄“善合钱塘”慈善基地。河庄街道以公益联盟的形式搭建慈善常态化交流互助平台，探索融合区内外公益慈善资源，推动河庄公益慈善人才培养和组织孵化、慈善村社建设、慈善活动联办、慈善文化交流和慈善项目对接。河庄街道分会自2010年成立后累计募集善款2324.29万元。十年来，履行扶贫济困、安老抚孤等社会责任，开展系列慈善活动。2020年在原有救助基础上提标扩面，开展“健康扶贫·慈善助医”和“爱心护苗·慈善助学”百万援助行动，河庄初中等5所中小学获得百合花房地产有限公司提供的慈善教育定向资金，建设村等22个村（社区）接受救助金。河庄慈善“双百”工程首批受助者涉及218名困难群众，合计补助款66.7万元。

（钟　辉）

## 义蓬街道

**【概况】** 义蓬街道行政区域面积56.48平方千米，有户籍人口5.9万人，辖22个行政村、6个社区。2020年，街道完成全社会固定资产投资56亿元，规模以上工业企业增加值6.56亿元，社会消费品零售额1.95亿元；实现财政总收入3.16亿元，一般公共预算收入1.74亿元，农村人均收入4.49万元。

推进经济质量发展，出台《关于推进义蓬街道经济高质量发展的若干意见》，激发市场主体活力。加大招商引资，杭州豪博汽车销售服务有限公司、杭州众祺向上汽车销售服务有限公司、宝爱捷（中国）汽车投资有限公司等10个重点项目签约落户。发展税源经济，全年新引进项目9个，新增税收1700多万元。建设产业平台，推动义蓬科创园建设，新引进企业39个，其中科创型企业13个、税源型企业26个；推进小微园区建设，翔成文创园等小微园启动。促进经济发展，新培育钱塘“头雁计划”企业1个、“雨燕计划”企业6个、“雏鹰计划”企业3个；全年关停“低小散”“散乱污”企业（作坊）15个，整治企业（作坊）35个；举办“购物节”“汽车节”等活动，带动销售1.97亿元。

支持新城建设，未来社区、江东大道扩建、艮山东路东延、杭绍甬高速公路、安置房及配套建设等一批重大项目落地。建设“美丽城镇”，街道投入资金4.26亿元，推进10个重点项目建设完工，获评2020年度美丽城镇建设“市级样板”“省级达标”城镇；投入3.6亿元推进89个本级财政投资项目建设，污水“零直排”通过市级验收。建设“美丽乡村”，推进横一线、江东大道等主干道路两侧333公顷农田整理；投入资金1.69亿元，实施62个项目建设，推进1个市级精品村、3个区级示范村创建，4个村均通过市、区验收；开展“美丽杭州”环境整治行动，获评杭州市优胜街道。

做好安置分房，完成义府名苑南区、中北区合计4603套、面积约60万平方米安置房的分配，涉及16个村（社区）、2734户、7200多人。推进征地拆迁，完成杭绍甬高速公路杭州段、艮山东路东延、向阳路北住宅2号地块3个项目的征地拆迁，涉及6个村、225户农户，征用土地31.33公顷；推进土地挂牌出让，未来社区19.97公顷土地以50.19亿元完成出让，南沙村2200平方米村级留用地以每年1710万元完成招租，义蓬路西、艮山东路南等地块挂牌前期工作就绪。

完成村（社区）组织换届，选举产生新一届“三委”班子成员132人，新进班子24人。赋能基层治理，作为浙江省26个基层综合行政执法改革培育单位，完成综合行政执法试点改革，承接下放755个事项。投入1700万元，完善基层管理架构，构建街道“五分钟应急救援圈”；引入数字化治理项目，完成“乡村小脑”“生态管家”“智慧警务室”“清廉村居钉钉圈”等5个场景建设。推进平安建设，通过排查整治，完成重点时段安全保卫，全年接警数5722起，比上年下降5.2%；刑事治安警情717起，下降21.5%，调解纠纷285起。推进道路交通安全整治，1个街道级、26个村（社区）级交通治理工作站建设完成。

办好民生实事工程，完成1条宏伟丁字河、2个老旧小区改造提升，实施“文化兴盛”3年行动计划，创建垃圾分类市级示范小区7个、示范村6个，为老旧小区加装电梯10部，建设智慧安防小区12个。推进文化家园（礼堂）建设，26个村（社区）实现全覆盖。做好帮扶救助，为街道70周岁以上老人发放补助1745万元，为低保户等困难群体发放救助资金1669万元。

**【经济高质量发展大会暨10个重点项目签约】** 2020年9月9日，义蓬街道举行推进经济高质量发展大会暨10个重点项目签约活动，发布《关于推进义蓬街道经济高质量发展的若干意见》，推出“1+3+5”（1个强企目标、3个育英计划、5个领衔方向）政策体系。会上，义蓬街道与“豪帝控股”“广汽传祺”“宝爱捷”“明勒建设”“功匠建设”“永顺保险”“明创优品”“腾珑网安”“越琦科技”“威明顿医疗”10个重点项目的所在企业签约。街道创新企业培育计划，以培育英才企业梯队为目的，推出“升规”“提增”和“优企”计划，给予企业激励奖励；针对年终考评优异的集团企业、工业企业、建筑业企业和服务业企业分别设置奖项和资金鼓励；加大对企业在科研、人才、管理、转型和拓展等领域的奖励力度，为企业健康较快发展提供激励条件。

**【购物节促消费活动】** 2020年4月30日至5月2日，“云惠钱塘·悦享义蓬”消费嘉年华暨义蓬相约春天购物节线下系列活动在义蓬八大商圈举办。购物节线下活动设置“春天美食秀”名菜美食街、“春天来兜风”名车展、“春天住新家”悦居展和“春天新时尚”婚博会四大活动，吸引参展商239个，实现消费引流30

2020年，开发建设中的义蓬街道 （俞建龙 摄）

## 2020年义蓬街道各行政村（社区）基本情况表

表20

| 村（社区）名称 | 书记（主任） | 户籍人口（人） | 村民小组（个） | 村集体可分配收入（万元） | 耕地面积（公顷） | 人均净收入（元） |
|---|---|---|---|---|---|---|
| 蓬　园 | 朱加雪 | 2 629 | 18 | 230 | 1 744 | 44 892 |
| 长　红 | 高　锋 | 2 429 | 15 | 277 | 1 336 | 44 895 |
| 白　浪 | 王　勇 | 2 109 | 13 | 222 | 1 417 | 44 884 |
| 金　泉 | 王迪江 | 2 346 | 12 | 288 | 1 327 | 44 825 |
| 杏　花 | 沈　青 | 1 705 | 10 | 245 | 965 | 44 903 |
| 蜜　蜂 | 周福根 | 2 981 | 19 | 888 | 950 | 45 065 |
| 义　盛 | 施中江 | 2 909 | 19 | 346 | 2 108 | 44 892 |
| 新庙前 | 徐国娟 | 2 488 | 17 | 349 | 2 131 | 44 839 |
| 后新庙 | 童建江 | 1 873 | 15 | 158 | 1 661 | 44 992 |
| 新　益 | 沈志安 | 2 340 | 14 | 202 | 1 764 | 45 274 |
| 灯　塔 | 徐国军 | 2 182 | 16 | 195 | 1 306 | 44 808 |
| 后埠头 | 高建明 | 3 055 | 18 | 147 | 2 406 | 44 845 |
| 火　星 | 倪卫星 | 2 707 | 21 | 481 | 1 644 | 44 865 |
| 全　民 | 蔡文萍 | 2 189 | 15 | 219 | 1 331 | 44 810 |
| 小泗埠 | 陈坚钢 | 3 328 | 23 | 1 089 | 1 545 | 45 090 |
| 金　星 | 沈光浩 | 3 002 | 23 | 287 | 2 581 | 44 917 |
| 义　蓬 | 张福良 | 5 280 | 39 | 2 379 | 1 525 | 44 839 |
| 仓　北 | 黄文通 | 3 046 | 21 | 162 | 2 437 | 44 783 |
| 南　沙 | 赵国君 | 3 847 | 36 | 456 | 3 409 | 44 809 |
| 春　光 | 潘高峰 | 2 246 | 16 | 170 | 1 815 | 45 045 |
| 春　园 | 施高峰 | 2 068 | 15 | 180 | 2 049 | 44 821 |
| 春　雷 | 项国军 | 1 921 | 13 | 150 | 1 584 | 44 862 |
| 江盛社区 | 杨水员 | 369 | 4 | 106 | 512 | 45 041 |
| 义盛社区 | 周国民 | 1 735 | — | — | — | — |
| 义和社区 | 苗再煜 | 233 | — | — | — | — |
| 头蓬社区 | 陈秋平 | 1 714 | — | — | — | — |
| 义隆社区 | 葛利华 | 2 155 | — | — | — | — |
| 向涛社区 | 高建芳 | 731 | — | — | — | — |

万人次，促销产品8万余件，累计实现营业收入1.5亿元。其中：发放钱塘消费券1亿元，被领取额9000万元，带动销售额3000万元，线下品牌集中展销累计销售3800多万元，八大商圈累计销售6000多万元，餐饮行业累计销售额2600万元。

**【综合行政执法队揭牌成立】** 2020年7月22日，义蓬街道综合行政执法队揭牌成立。根据批复文件，街道综合信息指挥室（挂公共管理办公室、综合行政执法队牌子）更名为综合行政执法办公室（挂综合行政执法队、综合信息指挥室牌子），按照有关法律法规增加相应职责，负责在街道区域内相对集中行使行政处罚权，接受有关区级业务主管部门的业务指导和监督。作为2020年浙江省26个基层综合行政执法改革培育单位之一，义蓬街道按照“抢前抓早、统筹推进”的工作思路，制定试点工作实施方案，4次与新区综合执法办对接，2次赴下城区、桐庐县等改革先行区域学习，5次召开改革试点专题推进会议，确定承接下放事项25个方面625项。为保障综合行政执法队办公，街道在金融路2号落实一处办公场地，建筑面积2300平方米，有办公室50间。

**【美丽城镇建设与污水“零直排”创建获荣誉】** 2020年12月，义蓬街道相继被评定为浙江省美丽城镇达标城镇、杭州市美丽城镇市级样板。围绕“美好义蓬”建设目标，街道开展综合行政执法体制改革、未来社区（云帆社区）TOD模式开发试点、东沙湖海绵城市公园建设、颐康医养中心医养体制改革、乡村小脑生态管家试点、消防应急体制模式改革、美丽田园建设、科创园省级小微企业园建设等系列特色项目，取得明显成效；美丽乡村建设过程中，火星村完成市级精品村创建验收，春雷、春光、春园3个村完成区级示范村区级验收。同月，街道污水“零直排”创建通过市级验收。全年街道投资4500万元，推进65个排水单元、164家餐饮等八小行业的污水“零直排”整改；农村污水处理建设管理并重，构建治理长效运维管理体系；针对重点公共场所，完成1所农贸市场改造和雨污水分流建设，完成集镇改造提升公厕21座；建立“河长”“路长”“沟塘长”管理体系，实现常态化管理。

**【义蓬慈善分会上榜示范名单】** 2020年10月，浙江省慈善联合总会公布首批示范慈善分会名单，新区义蓬街道名列其中。义蓬街道慈善分会于2007年成立，是浙江成立较早的镇街慈善分会。分会加强规范化、制度化管理，形成集文化慈善、幸福慈善和阳光慈善“三位一体”的义蓬特色慈善事业。分会成立以来，街道累计发放救助款物3998万余元，救助重病患者、特困群众、贫困学生等1.73万人次，在安老、助孤、帮残、济困、赈灾、助医、安居等方面设立救助项目，为困难群众解决实际困难。加强慈善事业管理，街道坚持公开、公正、透明的原则，在分会涉及的财务管理和善款、善物接受发放等方面，建立专户管理、阳光操作、公示社会的工作制度，确保救助款真正惠及需要关怀和帮助的弱势群体。（包益萍）

## 新湾街道

**【概况】** 新湾街道行政区域面积22.05平方千米，委托管理部队区域15平方千米，辖行政村12个、社区2个，户籍人口2.57万人，在册登记流动人口3.5万人。2020年，街道财政总收入3.3亿元，地方一般公共预算收入1.6亿元。全社会固定投资24.2亿元。农民人均净收入4.21万元。发展街道经济，全年实现规模以上工业企业总产值53.9亿元，规模以上工业企业增加值8.5亿元；新增规模以上工业企业7个，纳入新区重点培育上市企业名录1个，新增国家高新技术企业9个、市级企业研发中心1个、发明专利授权2件；编制小微产业园建设三年行动计划，新增授牌小微产业园5个，园区累计入驻企业131个。做好新冠肺炎疫情防控，助力企业复工复产，成立工作专班，完成222个企业复工审批；开通返工直通车8批次，帮助19个企业、132名员工返岗。开展“基层组织换届季”活动，完成村级组织巡查和清产核资，13个村（社区）选举产生党组织班子成员48人，选举产生村（居）委会成员52人。

**【新宏社区获批准设立】** 2020年5月，新湾街道新宏社区获批准设立。社区四至范围为东至新湾大道、南至冯娄横湾、西至东升路、北至横一路，管辖面积0.84平方千米，有楼盘规划户数7123户，配备社区服务用房建筑面积3500多平方米。新湾街道城市建设步伐加快，多个新住宅地块出让，建成交付的商业、住宅等楼宇数量攀升，人口较快集聚，公共安全、公共管理和公共服务等工作压力增大。街道要求成立新宏社区，综合考虑街道现行规划、小区布局、人口分布、发展趋势等因素，拟定新宏社区四至

2020年8月14日，新湾街道干部大会召开　（新区融媒体中心 供稿）

## 2020年新湾街道各行政村（社区）基本情况表

表21

| 村（社区）名称 | 书记（主任） | 常住人口（人） | 村民小组（个） | 工业产值（万元） | 耕地面积（公顷） | 人均纯收入（元） |
|---|---|---|---|---|---|---|
| 共和村 | 洪柏松 | 1 930 | 18 | 17 134 | 1 610 | 42 653 |
| 共裕村 | 朱伟祥 | 1 988 | 16 | 17 102 | 1 700 | 43 481 |
| 共建村 | 孙忠海 | 2 612 | 24 | 29 253 | 2 343 | 43 481 |
| 共兴村 | 潘国良 | 1 320 | 12 | 2 348 | 1 115 | 42 545 |
| 新南村 | 陆　飞 | 1 287 | 12 | 63 045 | 921 | 42 292 |
| 三新村 | 许伟国 | 3 594 | 31 | 198 138 | 2 229 | 43 767 |
| 建华村 | 王天国 | 2 663 | 21 | 1 000 | 1 166 | 42 302 |
| 冯娄村 | 曹福传 | 1 635 | 14 | 4 458 | 1 245 | 42 453 |
| 宏波村 | 胡成军 | 1 711 | 17 | 70 833 | 1 424 | 41 216 |
| 宏新村 | 王柏利 | 1 713 | 16 | 135 | 1 099 | 40 409 |
| 创建村 | 谢建军 | 1 633 | 14 | 19 642 | 1 311 | 40 024 |
| 创新村 | 周建兴 | 1 555 | 11 | 275 | 761 | 39 814 |
| 新北桥社区 | 柏建林 | 1 680 | — | — | — | — |
| 新宏社区 | 王　芳 | 388 | — | — | — | — |

范围、管理服务对象，形成筹建新宏社区方案，向新区管委会请示获批准通过。

**【新湾10件民生实事工程】** 2020年1月16日，新湾街道第一届居民议政代表第五次会议召开，票选产生10件民生实事工程，分别是城市交通建设、推动村级留用地开发、美丽城镇建设、美丽乡村建设、水环境治理、村级公共服务设施建设、推进垃圾分类全覆盖、居家养老和残疾人之家建设、文化惠民工程、教育卫生提质。全年街道开展调研5次，收集群众意见28条，约请施工单位等活动做好监督，推进民生实事项目落实。至年末，街道完成7件民生实事工程，分别是美丽乡村建设、水环境治理、村级公共服务设施建设、推进垃圾分类全覆盖、居家养老和残疾人之家建设、文化惠民工程、教育卫生提质。余下3件民生实事中，城市交通建设项目均开工建设；推动村级留用地开发项目完成三新村0.53公顷土地摘地前期准备；美丽城镇建设项目在推进，已接受市级初次验收。

**【新湾第三轮城市建设三年行动计划】** 2020年1月，《新湾第三轮城市建设三年行动计划（2020—2022年）》发布。新湾街道提出，三年内全面推进空间布局大会战、平台建设大会战、交通建设大会战等十大会战。加快城市空间扩容，完善城市交通路网，推进城市有机更新，健全城市功能服务，城市建成区争取拓展至10平方千米以上。发展总部经济，力争三年内出让商业商务用地4宗、面积4.67公顷，建设商业商务办公面积13.33万平方米，形成新湾大道以西、闸口路沿线中央商务区。发展楼宇经济，力争三年内培育税收1亿元楼宇2幢。推动村级留用地开发，实行“打破村界、统筹规划、统一选址、连片成块、集中开发、形成规模、规范出让、股份到村”的留用地开发机制，统筹项目招商、业态布局、开发建设，支持创办科创、文创等特色楼宇。做好民生服务，引进五星级万固开元名都大酒店及占地2.6公顷、体量6.5万平方米的商业综合体；开展未来社区建设，加快公共服务、商业商务、邻里服务等配套集聚。完善政府公共服务配套，争取新湾市民中心、办事服务中心、市民广场立项并启动建设，新建1座邻里中心。按照“适应发展、合理布点”的原则，拟投入12.5亿元布局教育及文体设施项目，把新湾建设成为集休闲、运动、健康、教育等于一体的新型城区。

**【新湾小微企业园建设三年行动计划】** 2020年，新湾街道推进产业结构调整和优化升级，启动小微企业园建设三年行动计划（2020—2022年）。计划到2022年使新湾小微企业园入驻企业200个，其中规模以上、限额以上企业新增5个，高新技术企业新增15个，税收“亿元”小微企业园数量达到3个，亩均税收达到40万元，对街道财政的贡献率15%，小微企业园数量达到10个，形成园区功能布局合理、产业特色鲜明、经济效益显著的小微企业园发展格局。围绕发展目标，谋划布局三新村村级留用地项目、商业商务用地项目、南沙未来产业园、新湾文化创意园和部队区域建材交易园等园区建设；建立“负面清单”，引导航空航天、数字经济、新材料等重点鼓励发展的产业及税源型企业入驻园区，提升园区数字化、智能化、产业化水平；加强园区动态管理和退出管理，引入“比学赶超、争先创优”的竞争机制；成立街道小微企业园建设管理领导小组，研究解决重点难点问题，保障园区建设推进。

**【美丽建设会战项目推进】** 2020年，新湾街道围绕城市宜居品质提升，启动美丽建设大会战。年内，通过美丽建设会战行动，盛陵湾河道及两岸环境综合整治和100多公顷美丽田园建设完成；总投资4.25亿元的“一纵一横”滨水环境整治工程启动，街道获评省级“五水共治”工作考核优秀街道和市级“五水共治”（河长制）“二十佳”治水镇街。环境整治成效明显，8个行政村垃圾集置房、6个住宅小区规范化投放点和回收站点建设完成；引入垃圾分类第三方服务，创建市级垃圾分类示范小区4个、省级垃圾分类示范村1个；总部经济大楼完成企业入驻2个，紫瑞华庭、南沙新苑安置房商业店面拍租实施。新湾街道获评2020年度杭州市新时代美丽城镇建设基本达标街道。

**【重点项目地块出让与拆迁】** 2020年2月，新湾街道新四路西商住用地完成出让。出让面积8.56万平方米，出让金额13.49亿元。该地块东至新四路，南至复兴路，西至东升路，北至横一路，地处新湾街道板块中心位置。5月，杭州第四中学新湾校区项目地块拆迁启动，新湾街道制定无产权证房屋拆迁补偿实施细则，完成该项目区块内16户联建房征迁工作。8月，三新村新建片区征迁启动，108户农户征地拆迁完成。征迁腾出土地23.33公顷，拟规划3宗住宅用地，配套1个邻里中心和1所幼儿园。12月，挂牌出让东升路东侧6.67公顷商住地块。该地块东至建华路，南至闸口路，西至规划东升路，北至规划复兴路，配建面积4万平方米的综合性商场。

（裘瑶婕）

## 临江街道

**【概况】** 临江街道行政区域面积44.1平方千米，委托管理“飞地”105平方千米，辖萧东、东庄2个行政村和临江佳苑、高新2个社区，户籍人口7226人，常住人口6.38万人。2020年，街道完成财政总收入9510万元，比上年增长102%；一般公共预算收入4959万元，增长98%；新增规模以上工业企业2个，规模以上工业企业增加值增长6.4%；完成固定资产投资7.14亿元；引入外资项目1个，实到注册资金3520万美元。

加快三大产业平台建设，全年临江科技孵化园新签约企业10个、储备企业20个，引进人才项目1个、高层次人才4人，通过浙江省四星级、五星级小微企业园区和杭州市科技孵化器认定；创慧园大学生创业园新引进大创企业10个，引进大学应届毕业生5人；临江数字文化产业园引进企业4个，实现产值8117万元。企业自主创新取得突破，杭州绿禾汽配有限公司、杭州迦密汽配有限公司获评为国家级高新技术企业，浙江四和机械有限公司被认定为省级高新技术企业研发中心，杭州特瑞自动化科技有限公司等5个企业获“浙江省科技型企业”称号。

优化营商环境，建立由街道班子成员牵头、工作专班参与的重大项目服务机制。全年累计为临江高科园交付项目4个、涉及用地9.53公顷。街道便民服务中心提升改造完成，新增24小时自助办理机1台。提升环境品质，临江街道获评为国家卫生街道和杭州市环境整治月度优胜街道。新建垃圾收集站5座，设置功能站点10个，临江佳苑小区、萧东村、东庄村创建成为市级垃圾分

### 2020年临江街道各行政村（社区、农场）基本情况表

表22

| 村（社区）名 | 书记 | 主任 | 户籍人口（个） | 村（居）民小组 | 耕地面积（亩） | 村集体、可分配收入（万元） | 农民人均纯收入（元） |
|---|---|---|---|---|---|---|---|
| 东庄村 | 潘荣飞 | | 1 632 | 15 | 215 | 2 052 | 41 152 |
| 萧东村 | 李水潮 | | 2 636 | 22 | 415 | 4 038 | 41 369 |
| 临江佳苑社区 | 韩　燕 | | 2 345 | 45 | — | — | — |
| 高新社区（筹） | 陈州峰 | — | 174 | — | — | — | — |

2020年7月，改造升级后的新临江农贸市场 （陆燕楠 供稿）

类示范小区（村）。迎接第二轮中央生态环境保护督查，处置交办任务11件，完成两处违规砂石料场关停和整治，整治面积4.67万平方米，拆除建筑物面积6000多平方米。

保障民生事业，街道居家养老服务中心完成改造升级，佳苑社区老年食堂投入运行。落实社会救助，发放残疾人补贴59万元、残疾人津贴16万元。做好新冠肺炎疫情防控，参与排查1.9万户、4万人次，医学观察378户、718人次，辖区未出现感染病例和疑似病例，街道4个单位创建成为市级健康单位。改进商贸配套，总投资约12亿元的邻里中心项目完成招标摘牌。发展文化事业，引入第三方文化管家，开展文化培训活动120场次；投入150多万元，建成萧东村文化礼堂，辖区农村文化礼堂实现覆盖；投入1000万元，建成面积9940平方米的临江文体中心。举办临江知青五十周年纪念活动，临江兵团知青文化园（临江围垦文化园）获批成为杭州市首批清廉文化示范点。

创新基层治理，街道“反诈骗”宣传被中央政法委“长安剑”等新媒体平台转载推广。配合破解“飞地”治理难题，撰写形成经验材料获《杭州改革》刊物刊发。建成街道食品安全智慧监管指挥中心，对93个重点餐饮单位进行监控处置。建成新区首个综合化应急体验馆，该馆集消防安全、生产安全、危化安全、交通安全、公共安全等多项宣教功能于一体。探索治安、交警联勤执法“交治合一”改革，辖区交通警情、治安警情分别下降 6%和 6.4%；提升社区治理，建成住宅智慧安防小区2个。总投资约7800万元的临江派出所启用运作，85个“一窗通办”事项获省公安厅肯定。街道人民调解委员会主任王东海被评为全国模范人民调解员。推进村（社区）党组织换届，选举产生新一届村（社区）班子成员16人。

**【临江街道高新社区获批准成立】** 2020年7月，经新区管委会批准，临江街道高新社区成立。社区管辖四至范围为东至经五路，西至经四路，南至纬六路，北至纬五路，由润东府、时代花苑和江海时代3个新型小区组成。管辖总面积0.62平方千米，有楼盘规划户2848户，社区服务用房建筑面积1400多平方米，生活小区常住人口4300人、企业员工6400人。受委托管理原临江农二场管辖区域，总面积10平方千米。

**【新临江农贸市场启用】** 2020年7月，改造升级后的新临江农贸市场启用。新市场增设智慧大屏，可直观显示当日交易数据和实物抽检结果；安装信用公示屏和溯源电子秤，可查询70个摊位的营业执照、摊位编号、商户信息、指导价格、食物检测信息等；保障市场安全，新增中央空调、新风系统，提升消防系统、监控系统及照明系统，市场消费环境得到提升。临江农贸市场于2010年开业，2019年临江街道投入1000万元，按照浙江省四星级文明规范市场标准及浙江省放心农贸市场标准，对市场展开全面改造提升。启用前，农贸市场和每位经营户签订食品、农产品安全责任书，增加经营户安全意识。

**【临江佳苑小区改造提升】** 2020年，临江街道投入资金9300多万元对临江佳苑小区实施改造提升。改造内容包括建筑外立面整修，屋顶及墙体漏水修缮，道路、停车场、综合管网整治等。年末，小区改造获新区验收通过。临江佳苑小区总用地面积19.2万平方米，建筑以多层建筑为主。因建造时间早、居住人群复杂，致使房屋渗水、管线杂乱、道路损坏等问题发生，社区居住品质与安全受到影响。临江街道将“临江佳苑老旧小区综合改造提升”列为街道十大民生实事之一，实施并完成该小区改造提升工作。

**【2个“美丽乡村”建设验收通过】** 2020年，临江街道投入资金5565万元，对东庄、萧东2个村实施“美丽乡村”示范样板建设。东庄村位于临江街道北部，面积1.82平方千米。该村着力提升村庄文化气息，美化村民庭院景观，规划形成“一

心育两片、一轴承两带”的结构布局。“一心”为综合服务中心，“两片区”为景致村居、农业农耕园；“一轴”为村庄发展轴，“两带”为两条生态游憩带。萧东村位于临江街道东北部，面积3.95平方千米。该村融入新区集聚发展，建设“产业兴旺、生态宜居、乡风文明、治理有效、生活富裕”的“美丽乡村”。围绕建设目标，完成涉及面积42公顷的江东三路、新世纪大道等主干道路两侧成片农田抛荒地整治，两村33.33公顷流转土地整理发包；完善农业农村基础设施，完成4个美丽池塘建设，两村和农场路沟渠改造工程竣工验收。东庄村、萧东村“美丽乡村”“改善村”建设获新区验收通过。

（陆燕楠　沈永方）

## 前进街道

**【概况】** 前进街道行政区域42.66平方千米，辖前峰、临江、三丰3个行政村和前新、前悦2个社区。有户籍人口8486人，外来人口约4万人。2020年，街道实现工业总产值330.7亿元，比上年增长88.2%；规模以上工业企业完成增加值81.82亿元，增长83.7%；实现税收12.03亿元，增长33.3%；一般公共预算收入3.66亿元，增长24.4%。规模以上工业企业实现总产值3.8亿元，其中新产品产值2.52亿元。固定资产投资6.14亿元。一般公共预算收入4564万元，增长2.3倍；税收收入1.13亿元，增长3.4倍。农民人均收入4.28万元，增长12.9%；集体经济总收入1610万元。聚力产业发展，出台街道招商引税政策，组建招商专班，引进杭州金鱼电器营销有限公司、杭州惠而安售电有限公司和食用米糠油灌装线3个项目。加快前进科创园企业招引，全年入驻企业17个，成立海德创业园和众智电商科创园，注册小微企业151个。加快产业项目落地，启动前进街道三丰村16组区块征迁，涉及农户17户，投入赔偿资金3100万元。

做好民生保障，全年发放慰问金25.79万元、民生资金180多万元、就业补贴15.85万元。开展帮扶救助、残疾人保障工作，完成困难老年人家庭适老化、重度残疾人家庭无障碍改造，慰问走访高龄老人、困难户成员等137人，发放民生补助金130多万元。做好新冠肺炎疫情防控，实行“卡长制”，辖区三村一社区设立卡口14个。启用街道园区企业“滚动居家公寓”，解决外来务工人员隔离住宿问题。投入疫情防控资金370多万元，辖区无新冠肺炎感染病例发生。

**【前悦社区获批准成立】** 2020年3月17日，经新区管委会批准，前进街道前悦社区成立。社区范围东至东三路，南至教工路，西至前进大道（规划），北至江东三路。由江雅苑（公租房）、杭房·悦东方、人才房二期等新型小区组成，规划区域面积0.61平方千米，有楼盘规划户数6525户，配备社区服务用房建筑面积3200平方米。前进街道社会事业稳步发展，外来人口日益集聚，辖区居民群众对加强社区管理的需求日益迫切。街道要求成立新悦社区，多次召开班子会议，商讨社区成立的必要性、成立点位等具体工作事项，形成筹建前悦社区方案并获新区管委会批准。成立后的前悦社区建有街道社区卫生服务中心、绿地公园、体育公园各1个，主要为企业及居民提供综合体式管理服务。

**【便民服务与基层治理提升】** 2020年，前进街道健全便民服务网络，公共服务中心新办事大厅投入使用。开展危桥改造、道路提升工程，完成市民健身广场及社会停车场工程，完成前进第二幼儿园项目主体工程建设。引入优质医疗资源，与省中医院开展合作。改造村（社区）便民服务网络站，新建改建卫生服务站，投用街道居家养老服务中心。建成悦东方幼儿园。农贸市场实现智慧化升级。助力基层治理，开展交通“除黑点、治隐患”专项治理行动，参与开展道路安全专题检查58次，查处违法行为427次；开展电动车专项整治，排查车辆2万余辆；开展交通安全培训35次，消防演练25次；开展流动人口清查，办理流动人口证5.59万本、居住证976本。推进勤务机制改革，健全基层治理工作体系。全年辖区“110”警情1903起，比上年下降

### 2020年前进街道各行政村（社区）基本情况表

表23

| 村（社区）名称 | 书记（主任） | 户籍人口（人） | 村民小组（个） | 村集体总收入（万元） | 耕地面积（公顷） | 农民人均纯收入（元） |
|---|---|---|---|---|---|---|
| 临江村 | 张　伟 | 3 318 | 27 | 327 | 220 | 41 272 |
| 前峰村 | 卢　建 | 1 550 | 14 | 42 | 135 | 38 970 |
| 三丰村 | 丁建欢 | 3 262 | 44 | 1 368 | 37 69 | 40 457 |
| 前新社区 | 王国锋 | 89 | — | — | — | — |
| 前悦社区 | 许　维 | 22 | — | — | — | — |

新区美丽乡村示范段——前进街道三丰村祥和巷（新区融媒体中心 供稿）

7.9%。推进全域智慧治理平台、智慧安防小区、矛盾纠纷调解中心建设，落实居住出租房旅馆式管理和农居房“房长制”管理。

【全域环境整治行动】 2020年，前进街道实施全域环境大整治行动，落实扬尘源头检查和整改，开展建设工地等检查60多次，消纳场地检查40多次，检查工程运输车辆120多辆。整治附房违法建筑，累计拆除违法建筑面积16万平方米。落实“河长制”工作，实现辖区16条河道巡查保洁、水环境治理管理全覆盖，累计巡查河道2900多千米，排查河道入河排放口772处，发现并整改问题96处。深化垃圾分类工作，推动街村融合，推广垃圾分类数字化管理模式，三丰村获评省级卫生村、市级垃圾分类示范村、先进行政村，前悦社区创建成为市级垃圾分类示范小区、市级美好家园。

【党建引领基层治理】 2020年，前进街道建立党员包干联户机制，成立功能型党小组，做好联村联户工作，调整16个二级网格党支部，组建“农业发展致富”党小组、“青春奋斗党小组”等43个片区功能型党小组，引导300多名在册党员包干联系村（社区），累计解决问题100多个。开展党务督查6次，发现问题78个，整改到位75个。推动党建引领基层治理，成立街道各领域党建联盟，推进网格民情走访等制度，扩大区域党建覆盖范围，开展联盟活动10多场。

【市级“退役军人服务站”创建】 2020年，前进街道三丰村“退役军人服务站”履行退役军人服务管理职责，做好就业创业、优抚帮扶、走访慰问、信访接待、权益保障等服务保障，完成杭州市首批“退役军人服务站”创建。三丰村退役军人服务站总建筑面积400多平方米，设有退役军人接待窗口、退役军人之家、退役军人文化活动室、退役军人健身室、老兵调解工作室、老兵法律咨询援助工作室、退役军人图书电子阅览室等配套设施。特设退役军人荣誉墙，增强军人荣誉感。提升软件文化建设，开展拥军爱军活动和文艺演出，提升村民拥军爱军意识。

【“工业特色型”美丽城镇创建】 2020年，前进街道推进美丽城镇建设，创建成为“工业特色型”美丽城镇省级样板。街道投入资金38.5亿元，实施八工段直河东岸生态修复工程、前进街道居家养老中心等项目31个，涵盖教育、环境、基础设施等。推进前峰村市级“精品村”、临江村区级“改善村”、三丰村“整治提升村”的美丽乡村建设，其中前峰村、临江村分别通过新区验收。开展美丽庭院创建活动，完成首批30家美丽庭院建设。推进美丽河湖建设，贯通前峰村断头河，实施前峰村农村生活污水提标改造工程，完成省级美丽河湖的美丽池塘建设和新峰横河的联通。深化美丽河湖长效管理机制、污水“零直排”专项行动，获市级“水美乡村、乐水小镇”称号。推进美丽田园建设，执行耕地保护制度，开展设施农用地再排查和农村乱占地耕地摸排，完成土地巡查90多次。开展抛荒土地复绿行动，完成32公顷“旱改水”土地整治及5.33公顷抛荒土地复绿。

【省级“平安农机”示范街道创建】 2020年，前进街道创建成为2020年度浙江省“平安农机”创建示范单位。作为农业发展重镇，前进街道重视粮食生产，支持农机生产社会化服务组织。面对辖区有8个农机和粮油专业合作社（企业）、作业面积5333公顷的实情，街道保障农机作业和粮食生产安全，加大农机安全投入，与省农机学会开展合作，举办农机安全生产培训，指派专家开展指导。8月，街道提前完成变型拖拉机淘汰。至年末，街道累计开展农机安全和业务培训4次，培训农机作业人员300多人次，指导建设农机示范化项目5个，实施水稻机械化作业面积530多公顷，秸秆还田作业面积逾600公顷。

（施琴杰）

责任编辑 黎洪正

# 人　物

## 新区党工委领导

**朱党其**　男，1966年4月出生，籍贯浙江杭州。2020年8月，任杭州市政府党组成员，新区党工委副书记、管委会主任。1982年10月参加工作，1990年5月加入中国共产党，就读浙江省委党校文化学专业，省委党校研究生学历。历任萧山市所前镇党委副书记、镇长、纪委书记，萧山市计划委党委委员、副主任，杭州市萧山区旅游局党组书记、局长，杭州市萧山区副区长，杭州市建委党委委员、副主任，杭州市环境保护局党组副书记、副局长，杭州市环境保护局党组书记、局长，中共杭州市西湖区区委副书记、代区长，杭州之江国家旅游度假区党工委副书记、管委会主任，中共杭州市西湖区区委副书记、区长，杭州之江国家旅游度假区党工委副书记、管委会主任，中共淳安县委书记（副厅级），中共杭州市富阳区区委书记、一级巡视员。

**赵志军**　男，1971年10月出生，籍贯浙江杭州。2020年5月，任新区党工委委员、公安分局局长（保留副局长级）。1991年8月参加工作，1993年12月加入中国共产党，就读中国人民公安大学公安管理专业，在职大学学历。历任杭州市公安局刑侦支队二大队大队长、一大队大队长，杭州市公安局刑侦支队党委委员、副支队长，杭州市公安局预审支队支队长，杭州市富阳区副区长、公安分局局长。　（陈玲佳）

## “杭州工匠”人物

**张利舟**　男，杭州轩玮鸣模具科技有限公司模具设计技师。从事模具行业13年。2011年，发明实用新型专利，用于热流道模具的冷却机构。2013年，获浙江省企业岗位大练兵技能大比武“模具设计类技能竞赛”第2名，并被评为杭州市“技术能手”、浙江省“青年岗位能手”、浙江省“技术能手”。2016年，获浙江省职业技能大赛模具设计项目第1名，被评为浙江省首席技师、杭州市高层次人才分类认定的C类省级领军人物。2020年，被认定为第四届“杭州工匠”人物。

## 杭州市“五一劳动奖章”获得者

**谢志洪**　男，广汽乘用车（杭州）有限公司董事、党委书记、总经理、工程师。谢志洪先后在广州标致、广汽本田、广汽集团总部和广汽乘用车等部门从事技术和管理工作，在工厂建设、生产管理、安全生产等领域专业经验丰富并取得重大成果，被评为“广州市番禺区科学技术顾问”“广州市番禺区汽车产业高端人才”。2020年，获杭州市“五一劳动奖章”。

**邵宜健**　男，浙江兆奕科技有限公司技术总负责人、助理工程师。邵宜健潜心钻研技术与新产品研发，主导开发13个专利，在5G技术运用、手机新材料更替方面率领技术团队走出一条绿色、低碳、环保的发展道路，为公司结构调整与高质量发展做出贡献，企业销售额由2012年的900万元提升至2019年的13.3亿元。2019年，其研发的产品销售指标增长2.46倍，创税收1.02亿元。2020年，获杭州市“五一劳动奖章”。

**吴生奇** 男，浙江三花汽车零部件有限公司生产部部长。利用业余时间学习工装磨具设计、刀具设计及设备防差错、工装磨具防差错、加工工艺防差错技术，使生产力得到提高。带领团队掌握普通加工中心“快速换磨”技术、故障维修、设备维护技术及TPM维护保养技术。掌握通过切屑判定加工工艺及刀具合理性的关键特有技术，攻克技术难题，为公司在减员降成本方面创造近200万元利润。2020年，获杭州市“五一劳动奖章”。

**贾君芳** 女，杭州世宝汽车方向机有限公司质保部计量科长、计量技师。从事计量检测30年，参与设备技术改进。通过技改老设备，解决齿条螺旋角检测问题，提高工效5倍，年增经济效益约50万元；解决活塞、摇臂轴外径测量难问题，提高检测工效7倍；解决摇臂轴三齿跳动检测问题，消除质量控制盲点，为提升公司产品质量做出贡献。2014年，被杭州市人社局评为“长度计量技师”，入围杭州市紧缺人才库。2019年，被评为新区首届“钱塘工匠”。2020年，获杭州市“五一劳动奖章”。

**陈　浩** 男，杭州顶正包材有限公司组长、技师。参与公司水性油墨推广项目，负责印刷工序，确立最佳工艺参数及操作方式。自2017年7月起投入使用水性油墨，每年减少危废排放量200吨以上，首创凹版印刷行业水性油墨量产。通过技术改造，精进、减少印刷固废产出，每年为公司节约危废处理成本30多万元。2016年，获第五届全国印刷行业职业技能大赛职工组三等奖，被评为浙江省“技术能手”。2019年，被评为新区首届“钱塘工匠”。2020年，获杭州市“五一劳动奖章”。

**乔华冲** 男，杭州吉利汽车有限公司模具维修班长。2009年6月加入杭州吉利汽车有限公司，参与“自由舰”“帝豪”车型模具改款项目，以及“FE-6缤瑞”车型模具的督造、调试、验收工作，为杭州吉利汽车有限公司大江东基地“GE11”“SX12”项目模具的导入奠定基础。

**朱海军** 男，临江街道社区卫生服务中心医务科科长、主治医师。从事医疗工作十余年，秉承“老吾老，以及人之老；幼吾幼，以及人之幼”传统美德和良好医术，在基层卫生部门服务群众，受到社区居民认可。2015年，被评为浙江省首届“优秀基层医师”。2018年，被评为“杭州市优秀医师”。2019年，被评为新区“最美敬老签约医生”。2020年，获杭州市“五一劳动奖章”。

**胡连鑫** 男，新区疾病预防控制中心主任医师，经历“非典”“甲流”“高致病性禽流感”等传染病疫情防控的公共卫生工作者。面对新冠肺炎疫情，组织新区疫情监测和研判，制定防控策略，开展疫情防控技术指导工作；筹措应急物资储备，确保防护用品和消杀物资到位；沟通协调各部门，建立疫情监测、流行病学调查、隔离点设置、疫点消杀、样品送检等疾病防控工作规范并组织实施。发现病例及时开展流行病学调查，分析病例感染来源，提出防控建议。2020年，获杭州市“五一劳动奖章”。

（徐霞丽）

**责任编辑　黎洪正**

# 统计资料

## 2020年新区国民经济主要综合指标一览表

表24

| 指标名称 | 计量单位 | 2020年 | 增幅（%） |
|---|---|---|---|
| 国内生产总值（GDP） | 万元 | 10 957 389 | 2.7 |
| 数字经济核心产业增加值 | 万元 | 1 081 704 | 2.1 |
| 工业总产值 | 万元 | 29 538 660 | 1.3 |
| 规上工业增加值 | 万元 | 6 302 128 | 4.2 |
| 固定资产投资 | 万元 | 4 114 642 | 15.0 |
| 工业投资 | 万元 | 1 098 757 | –9.8 |
| 社会消费品零售额 | 万元 | 3 017 068 | –3.2 |
| 进出口总额 | 万美元 | 1 287 783 | 4.7 |
| 其中：进口总额 | 万美元 | 585 203 | 5.7 |
| 出口总额 | 万美元 | 702 580 | 3.9 |
| 财政总收入 | 万元 | 1 902 535 | –5.4 |
| 其中：一般公共预算收入 | 万元 | 1 003 047 | –5.2 |
| 实际利用外资 | 万美元 | 123 403 | 5.0 |
| 年末常住人口 | 万人 | 77.30 | 4.2 |
| 其中：户籍人口 | 万人 | 31.93 | 4.9 |
| 年末从业人数 | 万人 | 31.20 | –5.9 |

## 2020年新区地区生产总值及构成一览表

表25　　　　单位：万元

| 指标名称 | 2020年 | 增幅（%） | 比重（%） |
|---|---|---|---|
| 地区生产总值 | 10 957 389 | 2.7 | 100.00 |
| 农林牧渔业 | 147 734 | -1.5 | 1.35 |
| 农林牧渔服务业 | 3 344 | 5.2 | 0.04 |
| 工业 | 6 946 241 | 3.6 | 64.40 |
| 金属制品、机械和设备修理业 | 1 699 | 2.8 | 0.02 |
| 建筑业 | 377 670 | 1.4 | 3.45 |
| 批发和零售业 | 542 916 | -3.0 | 4.95 |
| 批发业 | 310 205 | -4.6 | 2.83 |
| 零售业 | 232 711 | -0.6 | 2.12 |
| 交通运输、仓储和邮政业 | 212 598 | -3.1 | 1.94 |
| 住宿餐饮业 | 78 571 | -14.1 | 0.72 |
| 住宿业 | 6 859 | -25.1 | 0.06 |
| 餐饮业 | 71 712 | -12.9 | 0.66 |
| 金融业 | 461 445 | 11.3 | 4.21 |
| 房地产业 | 321 930 | -15.3 | 2.94 |
| 其他服务业 | 1 868 284 | 3.3 | 17.05 |
| 营利性服务业 | 663 371 | 5.3 | 6.05 |
| 非营利性服务业 | 1 204 913 | 2.0 | 11.00 |
| 第一产业 | 144 390 | -1.5 | 1.31 |
| 第二产业 | 7 322 212 | 3.5 | 66.82 |
| 第三产业 | 3 490 787 | 0.8 | 31.87 |

## 2019—2020年新区规模以上工业主要经济指标一览表

表26

| 指　标 | 计量单位 | 2020年 | 2019年 |
|---|---|---|---|
| 规模以上工业企业单位数 | 个 | 617 | 609 |
| 规模以上工业总产值 | 亿元 | 2 953.87 | 2 916.90 |
| 规模以上战略性新兴产业产值 | 亿元 | 1 013.07 | 962.80 |
| 规模以上工业增加值（收入法） | 亿元 | 630.21 | 632.06 |
| 规模以上工业营业收入 | 亿元 | 3 292.16 | 3 205.40 |
| 其中：主营业务收入 | 亿元 | 3 106.22 | 3 070.60 |
| 规模以上工业资产总额 | 亿元 | 3 787.73 | 3 544.70 |
| 其中：流动资产总额 | 亿元 | 2 446.62 | 2 214.40 |
| 规模以上工业负债总额 | 亿元 | 2 263.44 | 2 162.50 |
| 其中：流动负债总额 | 亿元 | 2 029.12 | 1 891.20 |

续表26

| 指 标 | 计量单位 | 2020年 | 2019年 |
|---|---|---|---|
| 利税总额 | 亿元 | 299.68 | 259.90 |
| 其中：利润总额 | 亿元 | 212.38 | 176.00 |
| 工业企业用电量 | 亿千瓦时 | 83.15 | 85.85 |
| 年平均从业人员数 | 万人 | 17.88 | 18.30 |

## 2020年新区规模以上工业分行业主要经济指标一览表

表27

| 行 业 | 企业单位数（个） | 工业总产值（万元） | 新产品产值（万元） | 营业收入（万元） | 主营业务收入（万元） | 利税总额（万元） | 从业人员年平均人数（人） | 工业增加值（收入法，万元） |
|---|---|---|---|---|---|---|---|---|
| 总计 | 617 | 29 538 660 | 12 480 656 | 32 921 609 | 31 062 193 | 2 996 837 | 178 774 | 6 302 128 |
| 按工业主要行业分 | | | | | | | | |
| 农副食品加工业 | 5 | 55 396 | 333 | 119 586 | 117 326 | 13 764 | 425 | 18 920 |
| 食品制造业 | 13 | 989 292 | 53 893 | 1 111 751 | 1 079 802 | 135 576 | 7 662 | 266 839 |
| 酒、饮料和精制茶制造业 | 16 | 640 977 | 89 197 | 899 320 | 856 808 | 102 033 | 5 891 | 220 370 |
| 纺织业 | 43 | 715 923 | 240 392 | 731 386 | 685 567 | 101 289 | 12 235 | 186 231 |
| 纺织服装、服饰业 | 9 | 69 901 | 26 411 | 118 603 | 110 171 | –1 730 | 1 996 | 22 919 |
| 皮革、毛皮、羽毛及其制品和制鞋业 | 1 | 4 315 | 1 789 | 4 785 | 4 545 | –518 | 165 | 402 |
| 家具制造业 | 10 | 371 955 | 172 113 | 418 291 | 370 069 | 136 126 | 6 430 | 108 948 |
| 造纸和纸制品业 | 12 | 283 217 | 87 476 | 291 340 | 280 518 | 36 888 | 2 024 | 69 315 |
| 印刷和记录媒介复制业 | 5 | 56 993 | 4 337 | 56 324 | 55 073 | 2 833 | 600 | 14 187 |
| 文教、工美、体育和娱乐用品制造业 | 2 | 14 023 | 0 | 13 987 | 13 985 | –356 | 259 | 2 443 |
| 石油、煤炭及其他燃料加工业 | 2 | 25 563 | 0 | 27 360 | 27 360 | 964 | 66 | 2 175 |
| 化学原料和化学制品制造业 | 64 | 3 496 116 | 1 489 708 | 3 706 681 | 3 622 115 | 452 531 | 13 876 | 742 102 |
| 医药制造业 | 28 | 2 024 052 | 300 182 | 1 897 568 | 1 874 983 | 397 063 | 9 625 | 749 009 |
| 化学纤维制造业 | 23 | 2 109 906 | 873 561 | 2 411 757 | 1 968 867 | 55 115 | 8 043 | 226 986 |
| 橡胶和塑料制品业 | 40 | 2 931 256 | 882 614 | 3 489 865 | 2 920 589 | 241 311 | 18 086 | 547 770 |
| 非金属矿物制品业 | 23 | 670 973 | 88 048 | 664 076 | 662 182 | 85 753 | 3 162 | 134 716 |
| 黑色金属冶炼和压延加工业 | 3 | 283 591 | 181 492 | 275 970 | 274 390 | 11 613 | 700 | 23 411 |
| 有色金属冶炼和压延加工业 | 3 | 414 959 | 166 992 | 461 666 | 437 406 | 10 511 | 1 167 | 35 065 |
| 金属制品业 | 30 | 416 486 | 134 557 | 532 551 | 510 748 | 43 317 | 4 070 | 102 870 |
| 通用设备制造业 | 66 | 1 012 876 | 462 911 | 1 038 950 | 990 459 | 138 278 | 9 836 | 258 866 |
| 专用设备制造业 | 32 | 828 280 | 275 061 | 870 883 | 849 486 | 157 265 | 8 551 | 292 862 |
| 汽车制造业 | 54 | 3 839 306 | 3 146 562 | 3 895 054 | 3 801 153 | 187 251 | 12 512 | 624 969 |
| 铁路、船舶、航空航天和其他运输设备制造业 | 7 | 65 633 | 39 914 | 74 380 | 73 073 | 4 475 | 1 024 | 18 593 |

续表27

| 行　业 | 企业单位数（个） | 工业总产值（万元） | 新产品产值（万元） | 营业收入（万元） | 主营业务收入（万元） | 利税总额（万元） | 从业人员年平均人数（人） | 工业增加值（收入法，万元） |
|---|---|---|---|---|---|---|---|---|
| 电气机械和器材制造业 | 47 | 3 687 905 | 1 911 589 | 5 066 064 | 4 872 198 | 301 463 | 16 198 | 689 724 |
| 计算机、通信和其他电子设备制造业 | 39 | 3 332 281 | 1 517 458 | 3 505 757 | 3 411 230 | 166 325 | 25 163 | 534 998 |
| 仪器仪表制造业 | 23 | 705 064 | 286 256 | 733 262 | 693 224 | 113 421 | 7 013 | 207 670 |
| 其他制造业 | 2 | 5 397 | 2 032 | 5 420 | 5 193 | 358 | 79 | 1 142 |
| 电力、热力生产和供应业 | 8 | 320 306 | 45 452 | 319 910 | 317 553 | 76 060 | 1 045 | 123 845 |
| 燃气生产和供应业 | 2 | 36 868 | — | 43 547 | 43 430 | 7 105 | 157 | 11 071 |
| 水的生产和供应业 | 5 | 129 849 | 327 | 135 515 | 132 690 | 20 754 | 714 | 63 710 |

## 2019—2020年新区主要工业产品产量一览表

表28

| 产品名称 | 计量单位 | 2020年 | 2019年 | 增幅（%） |
|---|---|---|---|---|
| 乳制品 | 吨 | 128 169 | 132 406 | -3.2 |
| 饮料酒 | 千升 | 3 232 | 5 522 | -41.5 |
| 其中：白酒（折65度，商品量） | 千升 | 1 697 | 1 563 | 8.6 |
| 黄酒 | 千升 | 1 535 | 3 959 | -61.2 |
| 饮料 | 吨 | 2 174 210 | 2 274 733 | -4.4 |
| 纱 | 吨 | 7 614 | 57 053 | -86.7 |
| 布 | 万米 | 9 928 | 17 475 | -43.2 |
| 服装 | 万件 | 3 999 | 3 617 | 10.6 |
| 硫酸（折100%） | 吨 | 179 780 | 186 970 | -3.8 |
| 烧碱（折100%） | 吨 | 236 767 | 246 010 | -3.8 |
| 纯碱（碳酸钠） | 吨 | 295 876 | 317 372 | -6.8 |
| 合成氨（无水氨） | 吨 | 223 180 | 235 096 | -5.1 |
| 农用氮、磷、钾化学肥料（折纯） | 吨 | 467 415 | 365 882 | 27.8 |
| 氮肥（折含氮100%） | 吨 | 467 415 | 365 882 | 27.8 |
| 化学农药原药（折有效成分100%） | 吨 | 25 665 | 13 640 | 88.2 |
| 涂料 | 吨 | 22 212 | 20 161 | 10.2 |
| 初级形态塑料 | 吨 | 134 050 | 143 529 | -6.6 |
| 合成橡胶 | 吨 | 33 374 | 0 | — |
| 中成药 | 吨 | 1 585 | 1 955 | -18.9 |
| 化学纤维 | 吨 | 3 099 456 | 3 226 309 | -3.9 |
| 橡胶轮胎外胎 | 吨 | 57 505 437 | 56 162 701 | 2.4 |
| 塑料制品 | 吨 | 2 241 558 | 2 352 283 | -4.7 |
| 水泥 | 吨 | 475 413 | 561 020 | -15.3 |
| 散装水泥 | 吨 | — | — | — |
| 钢化玻璃 | 平方米 | 1 650 636 | 1 532 004 | 7.7 |
| 夹层玻璃 | 平方米 | 0 | 89 312 | -100.0 |

续表28

| 产品名称 | 计量单位 | 2020年 | 2019年 | 增幅（%） |
| --- | --- | --- | --- | --- |
| 中空玻璃 | （平方米） | 0 | 149 897 | -100.0 |
| 金属切削机床 | （台） | 1 790 | 1 814 | -1.3 |
| 汽车 | （辆） | 89 374 | 108 541 | -17.7 |
| 其中：基本型乘用车（轿车） | （辆） | 30 303 | 8 974 | 237.7 |
| 多功能乘用车（MPV） | （辆） | 0 | 0 | — |
| 运动型多用途乘用车（SUV） | （辆） | 58 833 | 90 275 | -34.8 |
| 其中：新能源汽车 | （辆） | 238 | 9 292 | -97.4 |
| 家用电冰箱（家用冷冻冷藏箱） | （台） | 725 008 | 593 999 | 22.1 |
| 家用洗衣机 | （台） | 2 323 488 | 2 444 374 | -4.9 |
| 电子计算机整机 | （台） | 1 572 044 | 1 908 608 | -17.6 |
| 集成电路 | （万块） | 994.5 | 964.6 | 3.1 |

## 2019—2020年新区规模以上工业能源消费情况表

表29

| 能源名称 | 计量单位 | 2020年 | 2019年 |
| --- | --- | --- | --- |
| 原煤 | 吨 | 2 937 252 | 2 756 585 |
| 焦炭 | 吨 | — | — |
| 天然气（气态） | 万立方米 | 53 365 | 58 408 |
| 汽油 | 吨 | 1 323 | 754 |
| 煤油 | 吨 | 32 | — |
| 柴油 | 吨 | 9 817 | 9 336 |
| 电力 | 万千瓦时 | 831 533 | 858 523 |
| 综合能源消费量（当量值） | 吨标准煤 | 3 767 320 | 3 749 080 |
| 综合能源消费量（等价值） | 吨标准煤 | 4 682 456 | 4 722 250 |

## 2019—2020年新区规模以上服务业主要经济指标一览表

表30

| 指 标 | 单 位 | 2020年 | 2019年 |
| --- | --- | --- | --- |
| 限上企业数 | 家 | 374 | 326 |
| 资产总计 | 万元 | 6 711 206 | 5 545 588 |
| 固定资产原价 | 万元 | 1 999 481 | 1 879 299 |
| 本年折旧 | 万元 | 107 148 | 91 677 |
| 负债合计 | 万元 | 3 848 962 | 2 728 765 |
| 所有者权益合计 | 万元 | 2 862 244 | 2 816 823 |
| 营业收入 | 万元 | 2 795 179 | 2 548 488 |
| 营业成本 | 万元 | 2 167 067 | 2 014 610 |
| 税金及附加 | 万元 | 23 014 | 21 445 |
| 销售费用 | 万元 | 181 026 | 124 844 |

续表30

| 指　标 | 单　位 | 2020年 | 2019年 |
|---|---|---|---|
| 管理费用 | 万元 | 268 523 | 243 468 |
| 营业利润 | 万元 | 109 512 | 116 062 |
| 利润总额 | 万元 | 128 181 | 131 800 |
| 所得税费用 | 万元 | 34 345 | 22 926 |
| 应付职工薪酬 | 万元 | 490 187 | 422 743 |
| 应交增值税 | 万元 | 58 634 | 90 853 |
| 平均用工人数 | 人 | 45 407 | 44 896 |

## 2019—2020年新区限额以上批发和零售业主要经济指标一览表

表31

| 指　标 | 单　位 | 2020年 | 2019年 |
|---|---|---|---|
| 限上企业数 | 家 | 430 | 340 |
| 营业收入合计 | 万元 | 10 656 782 | 9 331 364 |
| 主营业务收入 | 万元 | 10 328 065 | 9 211 349 |
| 销售费用 | 万元 | 878 705 | 684 927 |
| 管理费用 | 万元 | 284 847 | 243 330 |
| 财务费用 | 万元 | 61 679 | 67 875 |
| 资产合计 | 万元 | 6 165 024 | 5 373 299 |
| 负债合计 | 万元 | 4 311 597 | 3 679 582 |
| 所有者权益合计 | 万元 | 1 864 893 | 1 697 064 |
| 固定资产原价 | 万元 | 242 761 | 216 013 |
| 累计折旧 | 万元 | 86 765 | 71 671 |
| 本年折旧 | 万元 | 19 618 | 15 913 |
| 利税总额 | 万元 | 369 154 | 191 409 |
| 利润总额 | 万元 | 221 000 | 85 272 |
| 应付职工薪酬 | 万元 | 248 006 | 248 965 |
| 从业人员平均人数 | 人 | 19 157 | 18 543 |

## 2019—2020年新区限额以上住宿和餐饮业主要经济指标一览表

表32

| 指　标 | 单　位 | 2020年 | 2019年 |
|---|---|---|---|
| 限上企业数 | 家 | 73 | 65 |
| 营业收入合计 | 万元 | 93 441 | 93 770 |
| 主营业务收入 | 万元 | 89 567 | 89 601 |
| 销售费用 | 万元 | 28 907 | 30 119 |
| 管理费用 | 万元 | 18 058 | 18 447 |
| 财务费用 | 万元 | 850 | 1 978 |

续表32

| 指 标 | 单 位 | 2020年 | 2019年 |
|---|---|---|---|
| 资产合计 | 万元 | 79 828 | 78 980 |
| 负债合计 | 万元 | 99 175 | 94 983 |
| 所有者权益合计 | 万元 | −19 364 | −16 148 |
| 固定资产原价 | 万元 | 24 341 | 25 127 |
| 累计折旧 | 万元 | 11 504 | 10 663 |
| 本年折旧 | 万元 | 3 013 | 1 890 |
| 利税总额 | 万元 | −3 259 | −3 978 |
| 利润总额 | 万元 | −3 588 | −3 782 |
| 应付职工薪酬 | 万元 | 14 575 | 13 932 |
| 从业人员平均人数 | 人 | 2 678 | 2 494 |

## 2019—2020年新区房地产企业主要经济指标一览表

表33

| 指 标 | 单 位 | 2020年 | 2019年 |
|---|---|---|---|
| 企业数 | 家 | 88 | 79 |
| 营业收入合计 | 万元 | 1 143 852 | 1 021 915 |
| 主营业务收入 | 万元 | 1 107 088 | 1 010 569 |
| 销售费用 | 万元 | 56 313 | 41 215 |
| 管理费用 | 万元 | 49 577 | 48 356 |
| 财务费用 | 万元 | 83 284 | 14 811 |
| 资产合计 | 万元 | 12 325 780 | 9 467 735 |
| 负债合计 | 万元 | 10 151 992 | 7 421 458 |
| 所有者权益合计 | 万元 | 2 173 788 | 2 046 278 |
| 固定资产原价 | 万元 | 307 010 | 407 275 |
| 累计折旧 | 万元 | 57 866 | 59 719 |
| 本年折旧 | 万元 | 11 838 | 11 835 |
| 利润总额 | 万元 | 35 365 | 227 651 |
| 应付职工薪酬 | 万元 | 31 558 | 33 881 |
| 全部从业人员年末数 | 人 | 1 174 | 1 298 |

## 2020年新区招商引资及对外贸易情况表

表34

| 指 标 | 单 位 | 2020年 |
|---|---|---|
| 招商引资 | | |
| 新批外资项目 | 个 | 67 |
| 中外合资 | 个 | 30 |

续表34

| 指　标 | 单　位 | 2020年 |
|---|---|---|
| 外商独资 | 个 | 37 |
| 外商投资总额 | 万美元 | 275 064 |
| 增资额 | 万美元 | 76 325 |
| 合同利用外资 | 万美元 | 192 340 |
| 增资额 | 万美元 | 55 757 |
| 实际利用外资 | 万美元 | 123 403 |
| 对外贸易 | | |
| 进出口总额 | 万美元 | 1 287 783 |
| 出口总额 | 万美元 | 702 580 |
| 外资企业自营出口 | 万美元 | 462 746 |
| 进口总额 | 万美元 | 585 203 |

## 2019—2020年新区财政收支执行情况表

表35　　单位：万元

| 指　标 | 2020年 | 2019年 | 增幅（%） |
|---|---|---|---|
| 财政总收入 | 1 902 535 | 2 012 001 | –5.4 |
| 一般公共预算收入 | 1 003 047 | 1 057 592 | –5.2 |
| 税收收入 | 926 383 | 967 118 | –4.2 |
| 非税收入 | 76 664 | 90 474 | –15.3 |
| 上划中央税收 | 899 488 | 954 409 | –5.8 |
| 一般公共预算支出 | 1 250 772 | 938 381 | 33.3 |

## 2020年新区分地区户籍人口和户数情况表

表36

| 地　区 | 总户数（户） | 总人口数（人） | 按性别分 | |
|---|---|---|---|---|
| | | | 男（人） | 女（人） |
| 全区合计 | 87 430 | 319 258 | 158 295 | 160 963 |
| 下沙街道 | 13 797 | 47 059 | 23 384 | 23 675 |
| 白杨街道 | 30 159 | 110 613 | 56 146 | 54 467 |
| 河庄街道 | 13 718 | 54 822 | 26 652 | 28 170 |
| 义蓬街道 | 18 118 | 65 709 | 32 067 | 33 642 |
| 新湾街道 | 7 154 | 25 365 | 12 341 | 13 024 |
| 临江街道 | 2 378 | 7 169 | 3 564 | 3 605 |
| 前进街道 | 2 106 | 8 521 | 4 141 | 4 380 |

## 2019—2020年新区教育基本情况表

表37

| 项 目 | 单 位 | 2020年 | 2019年 | 增幅（%） |
|---|---|---|---|---|
| 高中 | | | | |
| 学校数 | 个 | 4 | 3 | 33.3 |
| 在校学生数 | 人 | 4 417 | 3 489 | 26.6 |
| 毕业生数 | 人 | 1 201 | 1 105 | 8.7 |
| 专职教师数 | 人 | 372 | 324 | 14.8 |
| 初中 | | | | |
| 学校数 | 个 | 15 | 16 | -6.3 |
| 在校学生数 | 人 | 13 224 | 13 178 | 0.3 |
| 毕业生数 | 人 | 4 429 | 3 916 | 13.1 |
| 专职教师数 | 人 | 1 263 | 1 167 | 8.2 |
| 小学 | | | | |
| 学校数 | 个 | 27 | 27 | 0.0 |
| 在校学生数 | 人 | 36 647 | 34 423 | 6.6 |
| 毕业生数 | 人 | 4 740 | 4 518 | 4.9 |
| 专职教师数 | 人 | 2 261 | 2 096 | 7.9 |
| 幼儿园 | | | | |
| 园数 | 个 | 83 | 75 | 10.7 |
| 在园幼儿数 | 人 | 21 133 | 20 703 | 2.1 |
| 教职员工数 | 人 | 3 357 | 3 119 | 7.6 |
| 其中：教师数 | 人 | 1 742 | 1 624 | 7.3 |

## 2019—2020年新区卫生事业基本情况表

表38

| 指 标 | 单 位 | 2020年 | 2019年 | 增幅（%） |
|---|---|---|---|---|
| 医疗机构 | 个 | 398 | 332 | 19.9 |
| 医院 | 个 | 13 | 12 | 8.3 |
| 社区卫生服务中心 | 个 | 8 | 7 | 14.3 |
| 区内病床数 | 张 | 1 145 | 1 626 | -29.6 |
| 卫生防疫机构 | 个 | 1 | 1 | 0 |
| 卫生技术人员 | | | | |
| 注册执业医师（含助理执业医师） | 人 | 1 779 | 1 697 | 4.8 |
| 注册护士 | 人 | 1 613 | 1 532 | 5.3 |

## 2019—2020年新区社会保障、环境保护、城市绿化和安全生产情况表

表39

| 指标名称 | 单　位 | 2020年 | 2019年 |
|---|---|---|---|
| 社会保障 | | | |
| 年末职工养老保险总人数 | 人 | 337 691 | 320 244 |
| 年末工伤保险参保人数 | 人 | 426 946 | 363 832 |
| 全年新增就业岗位 | 个 | 55 454 | 31 761 |
| 帮助失土失业人员实现就业 | 人 | 2 934 | 1 800 |
| 工业“三废”排放及处理 | | | |
| 重点调查单位工业废水排放总量 | 万吨 | 4 517 | 4 716 |
| 重点调查单位工业企业废水处理率 | % | 100 | 100 |
| 污水处理厂污水处理能力 | 万吨/日 | 94 | 94 |
| 重点调查单位工业废气排放总量 | 亿标立方米 | 1 313.1 | 1 172.4 |
| 重点调查单位工业固体废物产生总量 | 万吨 | 136.5 | 96.0 |
| 危险废物 | 万吨 | 41.7 | 27.1 |
| 其他废物 | 万吨 | 94.8 | 68.9 |
| 重点调查单位工业固体废物综合利用率 | % | 99.1 | 93.9 |
| 安全生产 | | | |
| 工矿商贸事故死亡人数 | 人 | 4 | 3 |
| 道路交通事故死亡人数 | 人 | 29 | 40 |

文献政策

## 2020年度杭州钱塘新区生态环境状况公报

根据《中华人民共和国环境保护法》
《环境信息公开办法（试行）》的规定，
现发布《2020年度杭州钱塘新区生态环境状况公报》
2021年6月4日

### 综述

2020年，钱塘新区坚持以习近平生态文明思想为指导，以“美丽钱塘”建设为主线，以“三五共治”为抓手，以“最严监管”为保障，扎实推动第二轮中央生态环保督察反馈问题整改落实，全力打好污染防治攻坚战，着力改善环境质量，不断提升人民群众生态环境获得感和满意度。区域化学需氧量、氨氮、二氧化硫、氮氧化物等主要污染物排放均达到省市下达减排目标。全年空气质量改善率位居全市第一，市控以上断面水质达到功能区标准。临江护塘河通过省级美丽河湖创建验收。声、辐射、固废等环境质量总体稳定，环境安全得到有效保障。

### 环境现状

**2020年钱塘新区环境质量情况**

一、地表水环境质量状况

钱塘新区省控功能区断面共1个，全年平均水质符合Ⅱ类水质断面，水质达标率为100%。

区级河道断面共19个，全年平均水质符合Ⅱ类水质断面1个，占比5.5%；符合Ⅲ类水质断面6个，占比31.6%；符合Ⅳ类水质断面7个，占比36.8%；符合Ⅴ类水质断面5个，占比26.3%。区级河道断面达到Ⅳ类水质以上的14个，占比73%。

二、大气环境质量状况

2020年，钱塘新区环境空气质量优良率为90.1%，较上年上升16.9个百分点，大气主要污染物可入肺颗粒物（PM2.5）平均浓度为32.2微克/立方米，降幅为22.6%；可吸入颗粒物（PM10）平均浓度为55.2微克/立方米，降幅为17.4%；臭氧（$O_3$）平均浓度为146微克/立方米，降幅为17.5%。主要污染因子为$O_3$和PM2.5。

### 措施与行动

一、水污染防治工作

编制实施年度水污染防治行动计划。一是推进“污水零直排区”建设。完成医药港小镇、大创小镇、松下工业园、三花工业园等4个工业集聚区、90个生活小区、2个街道污水“污水零直排”创建。二是加强工业污染防治。建立行业整治长效机制，通过开展监督监测、现场检查等方式完成重点涉水行业回头看。督促重点排污单位开展强制性清洁生产验收评估。三是推进长江保护修复攻坚战。实施2轮长江经济带生态环境问题排查和整改，完成3个生态环境问题整改销号。四是加强疫情期间涉水监管。对污水处理厂、隔离观测点、医疗机构等风险点开展现场检查，指导落实消毒措施。开展农村生活污水处理设施涉疫情风险隐患排查处置，完成提标改造项目24个，推动农村生活污水达标排放。

二、大气污染防治工作

编制实施年度大气污染防治行动计划。一是深入推进企业整治。完成新区所有热电锅炉超低排放、工业锅炉清洁化改造，完成2家企业工业炉窑整治、18

台天然气锅炉低氮改造，完成13家挥发性有机物企业整治、16家恶臭异味企业整治。二是推进产业结构调整。完成中策橡胶公司非子午胎产能转移，对6家散乱污企业实施关停。三是推进移动源污染治理。制定高排放非道路移动机械禁用区方案及国三柴油货车禁行方案，开展柴油货车路检路查5次、入户抽测7次。建立机动车排放检验远程审验监管长效机制，每季度开展一次车辆检测机构专项检查。安装黑烟抓拍系统两套，发现并督促超标车辆整改93辆次。四是巩固深化扬尘污染和城乡废气治理。加强工地扬尘精细化管理，推广防尘专用设施设备，落实落细湿法作业、有效覆盖、洒水保洁、净车出场等管控措施，推进道路、施工工地、码头、工矿企业堆场扬尘治理。开展扬尘专项巡查100余次，暗访排查370余次，出动巡查人员620人次，发现并整改问题118个。五是强化绿色低碳引领。编制年度钱塘新区温室气体排放清单。六是推进生态环境管理数字化。推进工地扬尘和道路扬尘在线监测设施建设，试点建设高空瞭望、小微空气监测站，强化空气质量预警响应和工作联动。

三、土壤污染整治和固废管理工作

编制实施年度土壤污染防治暨“清废行动”行动计划。一是开展无废城市建设，编制印发全区无废城市建设方案。二是加强危险废物监督管理。印发《2020年度杭州钱塘新区危险废物规范化管理考核工作实施计划》，列出危废4类企业名单162家，对43家重点危险源企业进行专项检查。全年完成危险废物管理计划备案审核621家，备案危险废物转移联单750余份，对综合保税区内固体废物转移审核24家次，危险废物跨省转移审核25家次。三是推进农业面源污染治理。推进化肥农药减量化使用，加大畜禽养殖废物物资源化利用。年推广商品有机肥使用面积6万亩，测土配方23万亩，化肥减量184吨。完成绿色防控面积2.65万亩，统防统治面积3.95万亩，农药减量2吨。四是加强土壤污染调查和用地风险管控。梳理29家土壤污染重点监管单位并完成周边土壤环境监测。全面推进并完成重点行业企业土壤详查工作，完成119家企业信息采集，完成24个地块的采样。

四、声和辐射环境管理工作

噪声管理。开展中高考期间“绿色护考”专项行动。加强全区夜间施工管理，做好建筑施工夜间作业证明的核准，2020年共出具夜间作业证明1099件，在网上发布夜间施工公告142期。

辐射管理。编制完成全区辐射应急预案。全区11家放射源使用单位在用放射源共计57枚，均设置储源库，在线监控安装率100%。收贮废旧放射源12枚中，收贮率100%。完成辐射安全许可证新（重新）申请审查35家，变更审查19家，延续审查12家，注销审查6家。根据《关于开展医疗机构辐射安全许可和放射诊疗许可跨部门联审联办工作的通知》要求，完成医疗机构辐射安全许可证发放35家次。

五、生态文明建设工作

组织推进美丽杭州建设。对照《新时代美丽杭州建设实施纲要（2020—2035年）》《新时代美丽杭州建设三年行动计划（2020—2022）》，全面分解落实2020年“美丽杭州”建设考核任务，扎实有序推进工作开展。

深化美丽钱塘建设。制定印发2020年目标责任书考核体系和评分细则，推进各街道各成员单位全面落实生态文明建设工作，考核结果纳入区综合考评。实施美丽钱塘比学赶超活动，设置七大类评价指标，有力推进各街道生态环保工作。全区完成生态环保投资2.95亿元。

开展十四五全区生态环保规划前期研究，编制完成前期研究报告，为十四五生态环保规划编制打好基础。

做好生物多样性保护工作。2020年启动全区生物多样性调查。一是对江东湿地区域实施网格化调查，共记录鸟类140种，隶属16目49科。二是开展生物多样性宣传，在官微、官博、官方抖音等多种平台开展鸟类多样性宣传报道。

六、专项工作

（一）生态环境保护督察反馈问题整改

一是完成第一轮中央环保督察问题整改，118件信访件已全部完成整改并销号。二是完成第二轮中央生态环境保护督察迎检，办理并上报中央督察组受理信访件21批次共38件（其中重点件1件），较第一轮中央环保督察信访件下降约67.8%。38件信访件已完成整改32件，剩余按照时序推进中。三是继续推进省级环保督察问题整改，17件信访件已完成整改16件，剩余1件按时序推进。

（二）主要污染物总量控制和应对气候变化

主要污染物减排。围绕改善环境质量核心和打好污染防治攻坚战目标，2020年度主要污染物减排项目全部完成，削减排放量分别为二氧化碳266吨、氮氧化物416吨、化学需氧量258吨、氨氮25.9吨，分别削减3.5%、7.5%、4%、4%（预估量），全区化学需氧量、氨氮、二氧化硫、氮氧化物等主要污染物排放量均完成省下达年度和“十三五”减排任务。

排污权交易。2020年实施排污权有偿使用的新、改、扩建项目13个，交易金额5459.33万元，涉及化学需氧量251.15吨、氧氮13.83吨、二氧化硫821.32吨、氮氧化物1525.24吨。对1家企业实施排污权回购，拨付资金18.72万元，回购化学需氧量2.4吨、氨氮0.17吨、二氧化硫3.28吨、氮氧化物2.88吨。

核发新版排污许可证。按照生态环境部和省生态环境厅工作要求，完成全区固定污染源清理整顿和排污许可证登记工作。完成373家发证或登记企业清理整顿，完成1864家2020年度应发证、登记或注销，实现固定污染源排污许可管理全覆盖。

污染源监测体系。全面完成污染源在线自动监控系统建设和改造任务，完成重点排污单位改造89家、新增83家。做好企业自行监测管理工作，指导督促企业填报公开自行监测信息125.97万条；加强污染源监督性监测，共对148家重点排污单位进行监督性监测并定期公布监测结果。

有序推进应对气候变化工作。2019年应对气候变化工作从发改部门转隶到生态环境部门，根据省市相关工作部署，全区应对气候变化及低碳发展各项工作有序推进，完成2018年、2019年区级温室气体清单编制和重点企事业单位碳排放报告报送与核查工作，完成14家纳入碳交易企业和56家非纳入碳交易企业2018和2019年度碳排放报告报送与核查。配合省市开展新区先期纳入碳交易的8家发电行业企业数据测算、配额申请、交易培训等工作。

（三）环境法治

环境执法与环境风险防范。全年累计出动检查人员4406人次，检查企业1792家次，做出处罚决定62件，五类（按日连续处罚，查封扣押，限产、停产，移送拘留，涉嫌污染犯罪移送公安机关）案件数1件。一是实施多轮专项执法行动，严厉打击环境违法行为。全年开展中央和省级环保督察回头看、秋冬季大气污染防治、挥发性有机废气、排污许可证、危险废物等专项执法行动。二是实施生态环境隐患大排查，排查企业360余家，消除隐患问题150余个。三是加强项目跟踪管理，2020年累计跟踪管理环保竣工验收建设项目65个，核查在线监控301家次。四是强化环境应急和风险防范，完成63家涉危企业的突发环境事件应急预案重新备案，完成《杭州钱塘新区突发环境事件应急预案》《突发辐射环境事件应急预案》《区域环境风险评估》等文件修编。对28家重大环境风险源企业每季度开展隐患排查，完成整改21处，全力保障环境安全。

环境信访、建议和提案办理。累计受理各类环境信访件1199件，其中大气污染信访投诉831件，水污染投诉27件，噪音投诉327件，其余14件。所有信访件全部按时办结。高度重视并做好人大、政协的建议、提案办理工作，收到建议、提案主办件1件、协办件1件。办理情况均获“满意”评价。

建设项目环评审批管理。落实好环评“领跑者”制度。全面落实“区域环评+环境标准”改革，完成“三线一单”制定。全年共计对77个项目实行“区域环评”改革降级管理，对80个项目作出审批决定，26个项目实行“零土地”备案审查。

环境信用等级评价。开展415家企业环境行为信用等级评价，结合实施修复审核37条信用记录。

（四）其他

深入推进“最多跑一次”工作。一是工业项目环评审批备案事项在“亲清在线”平台“在线许可”版块上线，实现“零土地”技改、“区域环评”备案网上备案，开通代办账号，在省内率先实现环评登记表“无感备案”。二是进一步精简审批环节和时间，各类生态环境许可办理承诺时限全省领先。

环境统计与污染源普查。开展污染排放统计核查，完成225家企业环境统计，整理4000余件普查档案，形成2331个污染源普查成果，顺利通过市普查办组织的档案验收。

助企服务。设立“企业环保咨询日”，主动上门服务10余次，帮扶解决企业生产经营中的环保问题。深入开展“走亲连心三服务”和驻企服务活动，累计服企人员1047人次，服务企业525家次，解决问题77条。大力服务招商引资，对六大产业平台明确环保准入要求，助推项目精准落地，共计对约170个项目做好前期对接与指导服务。

环境信息化建设。一是全面推进环境信息化项目建设。试点“电力大数据+环保”排污监测系统，加强对轮胎制造等7个环保重点行业的监管。二是加快推进数字环保项目，整合现有监测监控和业务条线数据，实现问题发现和任务闭环管理。三是实施“便民车检”，提供错峰检测和维修引导，优化资源配置，缓解检测难等情况。

环境监测。2020年整合大江东产业集聚区环境监测站和杭州经济技术开发区环境监测站，稳步推进实验室扩项工作。全年共获取有效监测数据15万余个，实验室出具手工监测数据5000余个，审核社会第三方单位监测数据1.2万个。出具气、水、噪声等各类监测报告187份，审核第三方报告307份。开展环境突发事件应急监测3次。积极参加国家监测总站组织的首轮实验室能力考核，氨氮等三项指标均较好地通过能力考核。在杭州市生态环境监测系统年度大比武中，获团体一等奖和组织奖；3人次分别获综合奖一等奖、二等奖、三等奖，并被团市委授予青年岗位能手称号。

信息公开。全年保持公开电话、传真等渠道实时畅通有效，有效回应公众的信息公开诉求。全年依法发布主动公开处罚、审批、通知公告等信息。

生态环境宣传教育。一是积极开展环保宣传活动。以生物多样性日、世界环境日、浙江生态日为载体，开展生物多样性“云展览”，组织铲除一枝黄花志愿者行动，举办以参观钱塘生态公园和省级生态文明教育基地为主要内容的环保公众开放日活动，近30名热心市民代表参加。组织开展环保文艺演出进社区活动2场。开展环保知识有奖问答，组织第二届钱塘新区中小学环保主题绘画比赛，收集30多所中小学共计500多幅作品。二是积极发出环保声音。通过报刊等传统媒体和微信平台等新媒体，宣传劳动模范、身边闪光人物事迹，展现环保铁军形象。钱塘生态环境微信公众号综合影响力在全省80多个单位中排名21位。全年累计在各级各媒体发表文章120多篇，其中国家级3篇、省级16篇、市级19篇。

## 重要文件目录

### 2020年新区党工委印发的重要文件一览表

表40

| 文　号 | 标　题 |
|---|---|
| 钱塘委发〔2020〕8号 | 钱塘新区党工委　钱塘新区管委会关于表彰2020年杭州钱塘新区劳动模范和模范集体的决定 |
| 钱塘委发〔2020〕12号 | 中共杭州钱塘新区工作委员会关于授予沈杭军等同志“杭州钱塘新区优秀共产党员”称号的决定 |
| 钱塘委发〔2020〕20号 | 钱塘新区党工委　钱塘新区管委会关于加快推进钱塘新区新时代民政事业高质量发展的实施意见 |

### 2020年新区管委会印发的重要文件一览表

表41

| 文　号 | 标　题 |
|---|---|
| 钱塘管发〔2020〕2号 | 关于明确街道财政体制的通知 |
| 钱塘管发〔2020〕3号 | 关于印发《杭州钱塘新区科技创新载体管理办法》的通知 |
| 钱塘管发〔2020〕4号 | 关于下达2020年投资项目计划的通知 |
| 钱塘管发〔2020〕9号 | 关于同意建立前进街道前悦社区的批复 |
| 钱塘管发〔2020〕10号 | 关于开展第七次人口普查的通知 |
| 钱塘管发〔2020〕11号 | 关于印发《杭州钱塘新区政府出资产业基金管理办法》的通知 |
| 钱塘管发〔2020〕14号 | 关于下达2020年“五水共治”（零直排）工程建设计划的通知 |
| 钱塘管发〔2020〕17号 | 杭州钱塘新区管理委员会关于同意成立新湾街道新宏社区的批复 |
| 钱塘管发〔2020〕19号 | 杭州钱塘新区管理委员会关于杭州钱塘新区非住宅房屋征迁补偿货币化安置的实施意见 |
| 钱塘管发〔2020〕20号 | 杭州钱塘新区管理委员会关于同意成立临江街道高新社区的批复 |
| 钱塘管发〔2020〕24号 | 关于同意钱塘新区下沙片区1号渠等24条河道管理范围划界方案的批复 |
| 钱塘管发〔2020〕26号 | 杭州钱塘新区管理委员会关于调整杭州钱塘新区教育与卫生事业管理体制的通知 |
| 钱塘管发〔2020〕29号 | 杭州钱塘新区管理委员会关于同意成立下沙街道金沙湖社区、银沙社区两个社区的批复 |
| 钱塘管发〔2020〕30号 | 杭州钱塘新区管理委员会关于同意成立义蓬街道义隆社区、向涛社区两个社区的批复 |
| 钱塘管发〔2020〕40号 | 杭州钱塘新区管理委员会关于同意钱塘新区（江东片）乡级河道管理范围划定方案、杭州钱塘新区钱塘江（东线一期）省级河道管理范围划界成果的批复 |
| 钱塘管发〔2020〕41号 | 杭州钱塘新区管理委员会关于《杭州钱塘新区生态专项规划》《杭州钱塘新区工业邻里中心布点规划》的批复 |

## 2020年新区党工委办公室印发的重要文件一览表

表42

| 文 号 | 标 题 |
|---|---|
| 钱塘委办发〔2020〕5号 | 党工委办公室 管委会办公室关于增设未来经济招商服务处的通知 |
| 钱塘委办发〔2020〕6号 | 关于调整杭州钱塘新区新型冠状病毒感染的肺炎疫情防控工作领导小组的通知 |
| 钱塘委办发〔2020〕7号 | 关于印发《进一步激励关爱疫情防控一线基层党员干部和医务工作者的操作细则》的通知 |
| 钱塘委办发〔2020〕9号 | 党工委办公室 管委会办公室关于印发《杭州钱塘新区2020年委领导联系重点招商项目工作机制》的通知 |
| 钱塘委办发〔2020〕10号 | 关于印发杭州钱塘新区2020年重点领域改革任务清单的通知 |
| 钱塘委办发〔2020〕15号 | 党工委办公室 管委会办公室关于印发2020年委领导联系重点政府投资项目名单的通知 |
| 钱塘委办发〔2020〕17号 | 党工委办公室 管委会办公室关于印发《杭州钱塘新区产业功能平台体制改革实施方案》的通知 |
| 钱塘委办发〔2020〕19号 | 党工委办公室 管委会办公室关于印发《杭州钱塘新区2020年综合考评实施办法》的通知 |
| 钱塘委办发〔2020〕20号 | 中共杭州钱塘新区工作委员会办公室关于调整和完善《杭州钱塘新区干部考核评价暂行办法》的通知 |
| 钱塘委办发〔2020〕21号 | 党工委办公室 管委会办公室关于成立杭州钱塘新区村（社区）组织换届工作领导小组的通知 |
| 钱塘委办发〔2020〕25号 | 中共杭州钱塘新区工作委员会办公印发《关于推进行政管理体制改革提升街道治理水平的实施方案》的通知 |
| 钱塘委办发〔2020〕26号 | 党工委办公室 管委会办公室关于印发《杭州钱塘新区推进基层综合行政执法体制改革实施方案》的通知 |
| 钱塘委办发〔2020〕27号 | 党工委办公室 管委会办公室关于印发《杭州钱塘新区产业工人队伍建设改革实施方案》的通知 |
| 钱塘委办发〔2020〕28号 | 党工委办公室 管委会办公室关于印发《杭州钱塘新区亚运城市行动实施方案》的通知 |
| 钱塘委办发〔2020〕29号 | 党工委办公室 管委会办公室关于高质量做好2020年村（社区）组织换届选举工作的实施意见 |
| 钱塘委办发〔2020〕31号 | 党工委办公室 管委会办公室关于推进钱塘新区打造现代数字政府建设的若干意见 |
| 钱塘委办发〔2020〕32号 | 党工委办公室 管委会办公室关于印发《杭州钱塘新区优化营商环境集成改革试点工作方案》的通知 |
| 钱塘委办发〔2020〕35号 | 党工委办公室 管委会办公室印发《关于规范街道“属地管理”的实施意见》的通知 |

## 2020年新区管委会办公室印发的重要文件一览表

表43

| 文　号 | 标　题 |
|---|---|
| 钱塘管办发〔2020〕2号 | 杭州钱塘新区管理委员会办公室关于印发《钱塘新区规模以上服务业企业“亩产效益”综合评价实施方案》的通知 |
| 钱塘管办发〔2020〕3号 | 杭州钱塘新区管理委员会办公室关于印发杭州钱塘新区畜禽养殖禁养区划分方案的通知 |
| 钱塘管办发〔2020〕4号 | 杭州钱塘新区管理委员会办公室关于印发《杭州钱塘新区市场主体住所（经营场所）登记管理办法》的通知 |
| 钱塘管办发〔2020〕11号 | 杭州钱塘新区管理委员会办公室关于印发《杭州钱塘新区实施低效工业用地专项清理整治助推“新制造业计划”行动工作方案》的通知 |
| 钱塘管办发〔2020〕21号 | 杭州钱塘新区管理委员会办公室关于印发《杭州钱塘新区推动乡村产业高质量发展的扶持政策意见》的通知 |
| 钱塘管办发〔2020〕24号 | 杭州钱塘新区管理委员会办公室关于印发《杭州钱塘新区企业投资项目审批承诺制改革实施方案》的通知 |
| 钱塘管办发〔2020〕28号 | 杭州钱塘新区管理委员会办公室关于印发《钱塘新区美丽城镇样板街道创建专项资金补助办法》的通知 |
| 钱塘管办发〔2020〕29号 | 杭州钱塘新区管理委员会办公室关于印发《杭州钱塘新区工业用地使用权出让续期办法》的通知 |
| 钱塘管办发〔2020〕32号 | 杭州钱塘新区管理委员会办公室印发《关于进一步规范钱塘新区工业用地做地工作规程》的通知 |
| 钱塘管办发〔2020〕33号 | 杭州钱塘新区管理委员会办公室关于印发《杭州钱塘新区既有住宅加装电梯实施方案》的通知 |
| 钱塘管办发〔2020〕34号 | 杭州钱塘新区管理委员会办公室关于印发《杭州钱塘新区主导产业发展基金管理办法》的通知 |
| 钱塘管办发〔2020〕35号 | 杭州钱塘新区管理委员会办公室关于印发《杭州钱塘新区和达生物医药产业基金管理办法》的通知 |
| 钱塘管办发〔2020〕36号 | 杭州钱塘新区管理委员会办公室关于印发杭州钱塘新区“迎亚（残）运”无障碍环境建设行动计划（2020—2022年）的通知 |
| 钱塘管办发〔2020〕41号 | 杭州钱塘新区管理委员会办公室关于印发《杭州钱塘新区突发公共卫生事件应急预案》的通知 |
| 钱塘管办发〔2020〕42号 | 杭州钱塘新区管理委员会办公室印发《关于进一步完善钱塘新区“飞地”管理工作机制的实施办法》的通知 |
| 钱塘管办发〔2020〕43号 | 杭州钱塘新区管理委员会办公室关于建立落实义务教育教师工资收入长效机制的通知 |
| 钱塘管办发〔2020〕44号 | 杭州钱塘新区管理委员会办公室关于印发《杭州钱塘新区小微企业园建设的实施意见（试行）》的通知 |
| 钱塘管办发〔2020〕45号 | 杭州钱塘新区管理委员会办公室关于公布钱塘新区2019年度工业企业亩产效益综合评价结果的通知 |
| 钱塘管办发〔2020〕47号 | 杭州钱塘新区管理委员会办公室关于优化钱塘新区政府投资建设项目前期事项内部办理流程的意见（试行） |
| 钱塘管办发〔2020〕49号 | 杭州钱塘新区管理委员会办公室关于印发杭州钱塘新区居民高质量小康生活2021年工作任务的通知 |
| 钱塘管办发〔2020〕51号 | 关于印发杭州钱塘新区加快5G先导区建设若干政策的通知 |

## 杭州钱塘新区组织机构及负责人
## （2020年1月至12月）

**中共杭州钱塘新区工作委员会**

书　记：柯吉欣

副书记：何美华（2020年8月止）
　　　　朱党其（2020年8月始）
　　　　施华森
　　　　陈金生

委　员：许　昌（2020年4月止）
　　　　王永芳
　　　　俞　斌
　　　　李　鹏
　　　　李　栋
　　　　李国梅（女）
　　　　王学雄
　　　　董蒋灿
　　　　陈炯林
　　　　陈金泉
　　　　戚海滨（2020年5月止）
　　　　赵志军（2020年5月始）

**杭州钱塘新区管委会**

主　任：何美华（2020年8月止）
　　　　朱党其（2020年8月始）

常务副主任：施华森

副主任：陈金生
　　　　许　昌（2020年4月止）
　　　　王永芳
　　　　俞　斌
　　　　李　鹏
　　　　李国梅（女）
　　　　董蒋灿
　　　　陈炯林

总规划师：王学雄

**纪检监察工委**

书　记：李　栋

副书记：瞿亦农（2020年7月止）
　　　　金　达
　　　　朱宏明（2020年7月始）
　　　　吴令军（2020年7月始）
　　　　俞仙根（2020年7月止）

副处级纪检监察员：郑敏珍（女）
　　　　　　　　　李建华

**党工委、管委会办公室**

主　任：周伟东

正处长级工作督查专员：赵贤富
　　　　　　　　　　　解长安

副主任：金如森
　　　　胡雪锋（2020年9月始）
　　　　苏　凡
　　　　陈　兴（2020年7月止）

**党工委政法委**

书　记：许　昌（2020年4月止）
　　　　陈金生（2020年4月始）

专职副书记：郭　强

副书记：戚海滨（兼）（2020年5月止）
　　　　赵志军（兼）（2020年5月始）
　　　　刘　波（兼）
　　　　钱　铖（兼）
　　　　林建军
　　　　徐　臻
　　　　盛　斌
　　　　王瑞军

**党群工作部（组织部）**

部　长：陈金泉

副部长：陈月松
　　　　王卓胤（兼）（2020年6月止）
　　　　汪新君（兼）（2020年7月止）
　　　　韩建明（兼）
　　　　杨丽敏（女）
　　　　施正森
　　　　戎婷蓉（女）

人才办主任：陈金泉

常务副主任：陈月松

副主任：王　景（女）
　　　　曹冲锋（兼）

**财政金融局**

局　长：袁　月（女）

正处长级工作督查专员：刘晓平

副局长：肖新宏
　　　　陈　坚（2020年7月止）
　　　　龚　青（女）
　　　　汤　波
　　　　余兴君
　　　　杨紫健（2020年1月始）

**经发科技局（统计局）**

局　长：范悦诚（2020年1月始）

副局长：范悦诚（2020年1月止）
　　　　余庆锋
　　　　朱　政

吴文斌（2020年5月止）
李　亮
丁　婕（女，挂职）
高玲玲（女，2020年1月始）
江东区块企业服务中心主任：刘晓宁（女，2020年7月止）
临江区块企业服务中心主任：於振洪（2020年7月止）
前进区块企业服务中心主任：张建强（2020年7月止）
企业服务中心主任：冯宝林（2020年12月始）
企业服务中心副主任：张建强（2020年7月始）
刘晓宁（女，2020年7月始）
社会经济调查队队长：傅立春（2020年3月始）

## 社会发展局

局　长：韩建明
正处长级工作督查专员：沈水良
童华清
副局长：郑建国
郁　力（女）
庄加棒
陈国锋（2020年7月止）
蔡晓琦（女）

## 教育与卫生健康局

局　长：钱晓华
副局长：俞光辉
王国平
罗　勉
朱志俊（女）
金加喜
王燕平（2020年3月始）

## 建设局（城市建设发展中心）

局　长：泮炳锋
副局长：邵　明
李冰涛
高利忠
滕泽军（2020年7月止）
王　罡（2020年7月止）
方启军（2020年7月始）
城市建设发展中心主任：泮炳锋（2020年7月止）
副主任：方启军（2020年7月止）
李冰涛（2020年7月止）
徐红亮（2020年7月止）
李军纪（2020年7月止）

## 招商与人才局（招商服务中心）

局　长：陈　静（女）
正处长级工作督查专员：彭公进
副局长：陆贤超
冯宝林（2020年5月止）
邵勤华（女）
招商服务中心主任：陈　静（女）
副主任：蒋　霖
丁　岚（女）

## 应急管理局

局　长：朱宏明（2020年7月止）
叶萧红（2020年7月始）
副局长：李　强
孔铁林
陈财生
何智勇

## 行政审批局（行政服务中心）

局　长：陈　琦
副局长：钟建荣
吴丽华（女）
宋国泉
顾小军（2020年7月止）
行政服务中心主任：陈　琦
副主任：倪国锋

## 综合行政执法局（城市管理局、综合行政执法队）

局　长：孙　琦
副局长：徐　强
杨　峰
俞春传
陈　军
陈利平（2020年6月始）

## 经开区人民法院

党组书记：刘　波
党组副职书记：余莲娟（女）
党组成员：吴文峰
许　俊
吴跃明
邱　彤（女）
院　长：刘　波
常务副院长：余莲娟（女）
副院长：吴文峰
政治处主任：许　俊
执行局局长：吴跃明
审判委员会专职委员：邱　彤（女）

## 经开区人民检察院

党组书记：钱　铖
党组成员：李征宇（女）
刘国建
胡葵阳（女）

纪检组组长：刘国建
检察委员会专职委员：俞　瑾（女，2020年8月始）
检察长：钱　铖
副检察长：李征宇（女）
　　　　　胡葵阳（女）
政治处主任：刘国建

## 杭州市公安局钱塘新区分局

党委书记：戚海滨（2020年6月止）
　　　　　赵志军（2020年6月始）
党委副书记：金跃平
　　　　　　黄汉臣（2020年7月止）
党委委员：蒋晓敏
　　　　　黄　涛（2020年7月始）
　　　　　俞　婷（女）
　　　　　董　杰
　　　　　叶永辉
　　　　　余忠明
　　　　　倪建良
　　　　　李　煜
　　　　　严建中
　　　　　顾时金
纪委书记：俞　婷（女）
局　长：戚海滨（2020年6月止）
　　　　赵志军（2020年6月始）
政　委：金跃平
常务副局长：黄汉臣（2020年7月止）
副局长：蒋晓敏
　　　　黄　涛（2020年7月始）
　　　　董　杰
　　　　叶永辉
　　　　倪建良
政治处主任：余忠明
督察长：戚海滨（2020年6月止）
　　　　赵志军（2020年6月始）
第一副督察长：俞　婷（女）
大江东分局交通警察大队大队长：徐　晓
教导员：沈小奇
大江东分局巡特警大队
教导员：李勇良
教导员：胡一鸣
大江东流动人口管理办公室副主任：严建中
经开区分局巡特警大队大队长：顾时金
教导员：陈家梁
经开区分局刑事侦查大队大队长：朱　建
教导员：俞　鹏
经开区分局经侦（禁毒）大队教导员：曹　明
经开区流动人口服务管理委员会办公室主任：董　杰
副主任：盛　斌
下沙派出所所长：沈雄飞
白杨派出所所长：刘　鑫
闻潮派出所所长：蒋　坚
金沙湖派出所所长：刘　芳（女）
河庄派出所所长：吕建芳
义蓬派出所所长：任建国
新湾派出所所长：屠晓蔚
临江派出所所长：傅国祥
前进派出所所长：单建尧

## 杭州市规划和自然资源局钱塘新区分局

局　长：卢小强
副局长：孙　浩
　　　　董幼红（女）
　　　　朱坚鹏
　　　　忻　苏（女）
　　　　程国辉（2020年1月始）

## 杭州市生态环境局钱塘新区分局

局　长：盛春灵
正处长级工作督查专员：徐岳阳
副局长：阮顺良
　　　　陈天龙
　　　　翟敏卫（2020年8月始）

## 杭州市市场监督管理局钱塘新区分局

局　长：田晓祥
副局长：莫祖明
　　　　王卫锋
　　　　郑　郁
　　　　陈如寿

## 机关党委

书　记：陈金泉
专职副书记：汪新君（2020年8月止）
　　　　　　施正森（2020年8月始）
副书记、机关纪委副书记：白明跃

## 总工会（团工委、妇工委）

主　席：陈金泉（2020年10月始）
　　　　虞付月（2020年10月止）
常务副主席：汪新君（2020年10月始）
副主席：章国民
　　　　徐志成
团工委副书记：金灵华（2020年7月止）
　　　　　　　王　芳（女，2020年9月始）职务职级分离

妇工委副主任：徐伟英（女）

### 产城融合建设发展中心（2020年7月始）

主　任：滕泽军（2020年7月始）
副主任：徐红亮（2020年7月始）
　　　　李军纪（2020年7月始）

### 农业水利发展服务中心

主　任：沈水良（2020年7月止）
　　　　陈　兴（2020年12月始）
副主任：陈　兴（2020年7月至2020年12月止）
　　　　於振洪（2020年7月始）
　　　　余　军

### 医药港管理办公室（医药港小镇发展服务中心）

党工委书记：施华森（兼，2020年5月始）
党工委副书记：陶　峰（2020年5月至2020年9月止）
　　　　　　　卢建军（2020年9月始）
党工委委员：黄　斌
　　　　　　卢建军（2020年5月至2020年9月止）
　　　　　　洪伟达（2020年5月始）
　　　　　　陶　青（女，2020年9月始）
办公室主任：陶　峰（2020年5月至2020年9月止）
　　　　　　卢建军（2020年9月始）
办公室副主任：黄　斌
　　　　　　　卢建军（2020年5月至2020年9月止）
　　　　　　　洪伟达（2020年5月始）
　　　　　　　陶　青（女，2020年9月始）
中心主任：卢建军（2020年12月始）
　　　　　陶　峰（2020年9月止）

### 大创小镇管理办公室（大创小镇发展服务中心、人才创新服务中心）（2020年5月始）

党工委书记：陈金生（兼，2020年5月始）
党工委副书记：曹冲锋（2020年5月始）
党工委委员：沈丹凤（女，2020年5月始）
　　　　　　王琴芳（2020年5月至2020年9月止）
　　　　　　虞向群（2020年5月始）
　　　　　　陆贤超（2020年8月始）
办公室主任：曹冲锋（2020年5月始）
办公室副主任：沈丹凤（女，2020年5月始）
　　　　　　　王琴芳（2020年5月至2020年9月止）
　　　　　　　陆贤超（2020年8月始）
　　　　　　　虞向群（2020年5月始）
　　　　　　　金卓平（2020年9月始）
　　　　　　　王　强（挂职，2020年12月始）
发展服务中心主任：王卓胤（2020年6月止）
　　　　　　　　　曹冲锋（2020年12月始）
人才创新服务中心主任：曹冲锋

### 综合保税区管理办公室

党工委书记：王永芳（兼，2020年5月始）
党工委副书记：李路宁（2020年5月始）
党工委委员：李宗凯（2020年5月始）
　　　　　　徐竹标（2020年5月始）
　　　　　　张立溧（2020年5月始）
　　　　　　李建明（2020年5月始）
办公室主任：李路宁（2020年5月始）
办公室副主任：李宗凯（2020年5月始）
　　　　　　　徐竹标（2020年5月始）
　　　　　　　张立溧（2020年5月始）
　　　　　　　李建明（2020年5月始）

### 江东芯谷管理办公室（2020年5月始）

党工委书记：王永芳（兼，2020年5月始）
党工委副书记：施　峰（2020年5月始）
党工委委员：吴文斌（2020年5月始）
　　　　　　刘晓宁（2020年5月始）
　　　　　　何碧青（2020年5月始）
办公室主任：施　峰（2020年5月始）
办公室副主任：吴文斌（2020年5月始）
　　　　　　　刘晓宁（2020年5月始）
　　　　　　　何碧青（2020年5月始）
　　　　　　　魏　旻（2020年5月始）

### 临江高科园管理办公室（2020年5月始）

党工委书记：李　鹏（兼，2020年5月始）
党工委副书记：冯宝林（2020年5月始）
党工委委员：楼天齐（2020年5月始）
　　　　　　虞志军（2020年5月始）
办公室主任：冯宝林（2020年5月始）
办公室副主任：楼天齐（2020年5月始）
　　　　　　　虞志军（2020年5月始）
　　　　　　　盛　斌（2020年5月始）

### 前进智造园管理办公室（2020年5月始）

党工委书记：陈炯林（兼，2020年5月始）
党工委副书记：胡　潜（2020年5月始）
党工委委员：丁　岚（女，2020年5月始）
　　　　　　高玲玲（女，2020年5月始）
　　　　　　金宏波（2020年5月始）
办公室主任：胡　潜（2020年5月始）
办公室副主任：丁　岚（女，2020年5月始）
　　　　　　　高玲玲（女，2020年5月始）
　　　　　　　金宏波（2020年5月始）

### 下沙街道

党工委书记：沈建立
党工委副书记：郭国先

叶萧红（2020年7月止）
顾小军（2020年7月始）
党工委委员：芮智全
高洪亮（2020年7月始）
施慧烽
刘志豪
刘　芳（女）
郑洲峰
陆建华
纪工委书记：刘志豪
政法委员：叶萧红（2020年7月止）
顾小军（2020年7月始）
办事处主任：郭国先
办事处副主任：施慧烽
陆建华
张　颖（女）
人大工委主任：张　志
人武部部长：韩新港（2020年11月止）
高洪亮（2020年11月始）

**白杨街道**

党工委书记：李跃清
党工委副书记：贺学兵
陈　雨
党工委委员：梅广勤
翟敏卫（2020年8月止）
余旭辉
胡雪锋（2020年9月止）
丁松法
蒋　坚
纪工委书记：翟敏卫（2020年8月止）
政法委员：陈　雨
办事处主任：贺学兵
办事处副主任：余旭辉
王琴芳（女）
人大工委主任：胡瑞祥
人武部部长：梅广勤

**河庄街道**

党工委书记：施　峰（2020年6月止）
汪华锋（2020年12月始）
党工委副书记：汪华锋（2020年12月止）
徐建伟（2020年7月始）
党工委委员：谭雪华（女）
杜伟标
高　瞻
杜柱佳（2020年7月止）
汪梦智
高　洁（女）
高志强
吕建芳
纪工委书记：谭雪华（女）
政法委员：杜伟标（2020年7月止）
徐建伟（2020年7月始）
办事处主任：汪华锋（2020年12月止）
办事处副主任：高　瞻
汪梦智
高志强
彭建富
陈　可（女）
人大工委主任：许志伟
人大工委副主任：颜伟丽（女）
人武部部长：杜伟标

**义蓬街道**

党工委书记：邱建庆（2020年6月始）
党工委副书记：邱建庆（2020年6月止）
张　瑛（女，2020年7月止）
吴　波（2020年6月始）
党工委委员：胡　瑾（女）
李志松（2020年7月止）
俞燕萍（女）
郭　瑜（女）
任建国
金灵华（2020年7月始）
陈志平（2020年3月始）
纪工委书记：俞燕萍（女）
政法委员：张 瑛（女，2020年7月止）
办事处主任：邱建庆（2020年6月止）
吴　波（2020年6月始）
办事处副主任：胡　瑾（女）
李志松（2020年7月止）
沈华锋
季剑峰（2020年3月始）
人大工委主任：吴志祥
瞿亦农（2020年7月始）
人大工委副主任：陈晓峰（2020年7月始）
人武部部长：陈志平（2020年8月始）

**新湾街道**

党工委书记：金　明
党工委副书记：叶小明
杜柱佳（2020年7月始）
党工委委员：高洪亮（2020年7月止）

王水潮
李国军
徐建伟（2020年7月止）
吴令军（2020年7月止）
陈晓峰（2020年7月止）
屠晓蔚
陈国锋（2020年7月始）
纪工委书记：吴令军（2020年7月止）
政法委员：杜柱佳（2020年7月始）
办事处主任：叶小明
办事处副主任：王水潮
李国军
陈晓峰（2020年7月止）
颜燕炯（女）
潘海波（2020年3月始）
人大工委主任：傅岳良
人大工委副主任：李志松（2020年7月始）
人武部部长：高洪亮（2020年8月止）
陈国锋（2020年8月始）

**临江街道**

党工委书记：杜晔彪
党工委副书记：谢国锋
陈永江
党工委委员：傅国祥
汪建伟
谢小燕（女）
寿华成
金永刚
高红鸣（女）
纪工委书记：谢小燕（女）
政法委员：陈永江
办事处主任：谢国锋
办事处副主任：寿华成
金永刚
高红鸣（女）
人大工委主任：封　祥
人武部部长：汪建伟

**前进街道**

党工委书记：胡　潜（2020年6月止）
王卓胤（2020年6月始）
党工委副书记：吴　波（2020年6月止）
张　瑛（女，2020年7月始）
党工委委员：单建尧
郁竣耀
武海蓉（女）
沈　立
纪工委书记：沈　立
办事处主任：吴　波（2020年6月止）
张　瑛（女，2020年7月始）
办事处副主任：郁竣耀
武海蓉（女）
胡飞洋
人大工委主任：孙先根（2020年7月止）

**杭州经济技术开发区资产经营集团有限公司（2020年7月止）**

董事长：姚晨蓬（2020年7月止）
董　事：盛　开（2020年7月止）
秦广怡（2020年7月止）
曹知白（2020年7月止）
总经理：姚晨蓬（2020年7月止）
副总经理：盛　开（2020年7月止）
秦广怡（2020年7月止）
曹知白（2020年7月止）
党委书记：姚晨蓬（2020年7月止）
党委委员：盛　开（2020年7月止）
秦广怡（2020年7月止）
曹知白（2020年7月止）

**杭州东部城市建设投资集团有限公司（2020年7月止）**

董　事：沈军玉（2020年6月止）
陈　冰（2020年7月止）
总经理：沈军玉（2020年6月止）
副总经理：陈　冰（2020年7月止）

**杭州大江东国有资产经营管理有限公司（2020年7月止）**

董事长：胡文波（2020年7月止）
副总经理：吴进华（2020年7月止）

**杭州大江东投资开发有限公司（2020年7月止）**

党委书记：泮炳锋（2020年7月止）
党委副书记：柴　明（2020年7月止）
董事长：泮炳锋（兼，2020年7月止）
总经理：柴　明（2020年7月止）

**杭州钱塘新区建设投资集团有限公司（杭州东部城市建设投资集团有限公司）（2020年7月始）**

董事长：王　罡（2020年7月始）
董　事：柴　明（2020年7月始）
黄　成（2020年7月始）
徐　建（2020年7月始）
总经理：柴　明（2020年7月始）
监事会主席：陈　冰（女，2020年7月始）
党委书记：王　罡（2020年7月始）

党委副书记：柴　明（2020年7月始）
　　　　　　陈　冰（女，2020年7月始）
党委委员：黄　成（2020年7月始）
纪委书记：陈　冰（女，2020年7月始）

**杭州钱塘新区产业发展集团有限公司（2020年7月始）**

董事长：姚晨蓬（2020年7月始）
董　事：盛　开（2020年7月始）
　　　　曹知白（2020年7月始）
　　　　张　剑（2020年7月始）
总经理：姚晨蓬（2020年7月始）
副总经理：盛　开（2020年7月始）
　　　　　曹知白（2020年7月始）
监事会主席：秦广怡（2020年7月始）
党委书记：姚晨蓬（2020年7月始）
党委副书记：秦广怡（2020年7月始）
党委委员：盛　开（2020年7月始）
　　　　　曹知白（2020年7月始）
　　　　　张　剑（2020年7月始）
纪委书记：秦广怡（2020年7月始）

**杭州钱塘新区城市发展集团有限公司（2020年7月始）**

董事长：胡文波（2020年7月始）
董　事：陈　坚（2020年7月始）
　　　　吴进华（2020年7月始）
总经理：陈　坚（2020年7月始）
副总经理：吴进华（2020年7月始）
监　事：杜益南（女，2020年7月始）
党委书记：胡文波（2020年7月始）
党委副书记：陈　坚（2020年7月始）
党委委员：吴进华（2020年7月始）
　　　　　杜益南（女，2020年7月始）

（陈玲佳）

## 新区机构全称及规范化简称

1.中共杭州钱塘新区工作委员会办公室（简称新区党工委办公室）
2.杭州钱塘新区管理委员会办公室（简称新区管委会办公室）
3.中共杭州钱塘新区纪检监察工作委员会（简称新区纪检监察工委）
4.杭州经济技术开发区人民法院（简称经开区法院）
5.杭州经济技术开发区人民检察院（简称经开区检察院）
6.中共杭州钱塘新区工作委员会政法委员会（简称新区党工委政法委）［杭州钱塘新区信访局（简称新区信访局）］
7.中共杭州钱塘新区工作委员会党群工作部（组织部）［简称新区党群工作部（组织部）］
8.杭州钱塘新区财政金融局（简称新区财政金融局）［杭州钱塘新区审计局（简称新区审计局）］
9.杭州钱塘新区经发科技局（简称新区经发科技局）［杭州钱塘新区统计局（简称新区统计局）］
10.杭州钱塘新区社会发展局（简称新区社会发展局）
11.杭州钱塘新区教育与卫生健康局（简称新区教育与卫生健康局）
12.杭州钱塘新区建设局（简称新区建设局）
13.杭州钱塘新区招商与人才局（简称新区招商与人才局）
14.杭州钱塘新区应急管理局（简称新区应急管理局）
15.杭州钱塘新区行政审批局（简称新区行政审批局）
16.杭州钱塘新区综合行政执法局（简称新区综合行政执法局）［杭州钱塘新区城市管理局（简称新区城市管理局）］［杭州钱塘新区综合行政执法队（简称新区综合行政执法队）］
17.中共杭州钱塘新区管理委员会机关委员会（简称新区管委会机关党委）
18.杭州市公安局钱塘新区分局（简称新区公安分局）
19.杭州市规划和自然资源局钱塘新区分局（简称新区规划和自然资源分局）
20.杭州市生态环境局钱塘新区分局（简称新区生态环境分局）
21.杭州市市场监督管理局钱塘新区分局（简称新区市场监管分局）
22.杭州钱塘新区企业服务中心（简称新区企业服务中心）
23.杭州钱塘新区招商服务中心（简称新区招商服务中心）
24.杭州钱塘新区行政服务中心（简称新区行政服务中心）［杭州市公共资源交易中心钱塘新区分中心（简称新区公共资源交易分中心）］
25.杭州钱塘新区农业水利发展服务中心（简称新区农业水利发展服务中心）
26.杭州钱塘新区产城融合建设发展中心（简称新区产城融合建设发展中心）
27.杭州钱塘新区建设投资集团有限公司（简称新区建设集团）
28.杭州钱塘新区产业发展集团有限公司（简称新区产业集团）
29.杭州钱塘新区城市发展集团有限公司（简称新区城发集团）
30.杭州东部城市建设投资集团有限公司（简称东部城投集团）
31.杭州钱塘新区总工会（简称新区总工会）
32.杭州钱塘新区城市有机更新指挥部办公室（简称新区

城市有机更新指挥部办公室）
33.杭州钱塘新区“五大市场”管理办公室（简称新区“五大市场”管理办公室）
34.杭州钱塘新区重大交通项目建设办公室（简称新区重大交通项目建设办公室）
35.中华人民共和国钱江海关驻下沙办事处（简称钱江海关驻下沙办事处）
36.国家税务总局杭州大江东产业集聚区税务局（简称大江东税务局）
37.国家税务总局杭州经济技术开发区税务局（简称经开区税务局）
38.杭州市消防救援支队钱塘新区大队（简称新区消防救援大队）
39.国网浙江省电力有限公司杭州市钱塘新区供电公司（简称新区供电公司）

（新区管委会办公室　供稿）

## 先进名录

### 浙江省科学技术奖一等奖

大型复杂光学级零件注塑成型工艺与装备的研发及产业化
杭州电子科技大学
泰瑞机器股份有限公司
北京化工大学
苏州汇川技术有限公司
大型高效水力发电机组关键技术及工程应用
浙江大学
浙江富春江水电设备有限公司
中国葛洲坝集团机电建设有限公司
杭州力源发电设备有限公司
杭州杭发发电设备有限公司
中国水利水电科学研究院
浙江金轮机电实业有限公司

### 浙江省科学技术奖二等奖

基于金融云平台技术的现金流通全程管控系统关键技术及核心装备
维融科技股份有限公司
华中科技大学
温州市质量技术检测科学研究院
浙江万联电器有限公司
浙江方圆检测集团股份有限公司
杭州惠光科技有限公司
移动智慧传感采集与诊断预警研究
浙江大学
杭州百富电子技术有限公司
杭州高特电子设备股份有限公司

### 浙江省科学技术奖三等奖

矿用全钢工程机械子午线轮胎的研发
杭州朝阳橡胶有限公司
浙江同济科技职业学院
农业照明用量子点耦合荧光粉光色调控高品质LED技术及其产业化
中国计量大学
杭州华普永明光电股份有限公司
杭州益昊农业科技有限公司
山东伟丽种苗有限公司
新型开关设备态势感知与智能运维关键技术及产业化
杭州电力设备制造有限公司
国网浙江杭州市余杭区供电有限公司
东北电力大学
国网浙江省电力有限公司金华供电公司
重庆大学
临床重要病原微生物分子流行病学分析及快速检测方法的建立
浙江大学医学院附属第二医院
杭州创新生物检控技术有限公司
浙江省人民医院
共聚改性亲水型醋丙乳液整理剂关键技术研发及产业化
杭州传化精细化工有限公司
浙江传化功能新材料有限公司
传化智能股份有限公司
广东传化富联精细化工有限公司

### 新区2020年度浙江省AAA级“守合同重信用”企业公示名单（续申报）

杭州沃镭智能科技股份有限公司
杭州九源基因工程有限公司
浙江三花汽车零部件有限公司
永杰新材料股份有限公司
杭州萧山三江净水剂有限公司
杭州世宝汽车方向机有限公司
浙江功业建设有限公司
浙江环艺电力照明工程技术有限公司
杭州江东建设工程项目管理有限公司
浙江明杰建设有限公司
电联工程技术股份有限公司
浙江明境控股集团有限公司
杭州龙奔建设工程有限公司

## 新区2020年度浙江省AAA级“守合同重信用”企业公示名单（新申报）

浙江正泰中自控制工程有限公司
杭州和达市政园林建设有限公司
浙江盛达江东铁塔有限公司

## 2020年浙江省A级“守合同重信用”企业公示名单新公示企业（23家）

杭州路格科技有限公司
杭州昂尚电气技术有限公司
杭州敦固建筑特种工程有限公司
杭州乐秀电子科技有限公司
杭州铜都广告有限公司
杭州长治建筑劳务有限公司
杭州儒汉章贸易有限公司
浙江龙航建设工程有限公司
浙江品盛建设有限公司
杭州永仁建设有限公司
章华化妆品科技有限公司
杭州水务工程建设有限公司
杭州鼎伟电子有限公司
杭州临北餐饮管理有限公司
浙江万品实业投资有限公司
杭州久悦建材有限公司
杭州泰晟企业管理有限公司
浙江伟业体育工程有限公司
杭州钱塘华数数字电视有限公司
杭州鑫蓬建设有限公司
浙江安瑞环境服务有限公司
杭州保斯洁物业有限公司
浙江振杭建设工程有限公司

## 2020年浙江省A级“守合同重信用”企业公示名单继续公示企业（7家）

杭州华新电力线缆有限公司
杭州维港物业服务有限公司
杭州万豪家私有限公司
杭州万宏市政建设工程有限公司
杭州晨基住工科技有限公司
浙江众邦保安服务有限公司
杭州沙仑建筑景观设计有限公司

（新区市场监管分局 供稿）

# 抗疫表彰

## 2020年新区获杭州市新冠肺炎疫情抗疫表彰人物

先进个人21人

白杨街道闻潮社区卫生服务中心党支部书记、主任、社区主任医师
张伯礼
河庄街道社区卫生服务中心护士
徐文强
新区疾病预防控制中心医师
胡涵琼（女）
下沙街道办事处公共服务办公室副主任
王　冰
临江街道党工委委员、办事处副主任
高红鸣（女）
前进街道办事处公共卫生服务办主任
全志锋
河庄街道群欢村党总支书记
赵国君
白杨街道海天社区党支部书记
蔡春宇（女）
新湾街道冯娄村党总支书记
曹福传
杭州市公安局新区分局情指行中心副主任
仲　恒
新区教育与卫生健康局党总支书记、副局长
朱志俊（女）
新区党群工作部（组织部）宣传科副职负责人
糜利萍（女）
义蓬街道美郡园小区业委会主任
陈月坚
新区“潮小青”志愿服务队志愿者
李　炜
国宏融资租赁（杭州）有限公司车辆融资专员
虞宴青
杭州大创小镇管理办公室经发部部长
于坚栋
综合保税区管理办公室企业服务部负责人
李伟军
新区企业服务中心副主任、江东芯谷管理办公室副主任
刘晓宁（女）
杭州和达物业管理有限公司项目负责人
胡勇军

杭州海仓科技有限公司党支部书记、总裁
单　力
杭州品尚物业服务集团有限公司保安部主任
陈　峰
先进集体 8 个
河庄街道社区卫生服务中心
下沙街道下沙社区卫生服务中心党支部
白杨街道党工委
下沙街道滟澜社区党委
新区建设局党总支
杭州市公安局钱塘新区分局义蓬街道派出所
新区蓝天公益服务中心
杭州和达市政园林建设有限公司环卫班组
优秀共产党 2 人
白杨街道闻潮社区卫生服务中心党支部书记、主任、社区主任医师
张伯礼
白杨街道海天社区党支部书记
蔡春宇（女）
先进基层党组织 3 个
下沙街道下沙社区卫生服务中心党支部
下沙街道滟澜社区党委
新区建设局党总支
杭州担当作为好干部 2 人
新区党工委委员、管委会副主任
俞　斌
下沙街道党工委书记
沈建立

（高骏森）

## 媒体看新区

**2020年新区在省级以上部分媒体报道情况表**

表44

| 序　号 | 媒体名称 | 报道标题 | 刊登日期 |
|---|---|---|---|
| 1 | 人民日报 | 直击：在杭州别墅小区公租房中鏖战疫情的三色暖心者 | 2020年2月7日 |
| 2 | 人民日报 | “一竿到底”全链条服务 杭州综保区内企业100%复工 | 2020年2月15日 |
| 3 | 人民网 | 杭州钱塘新区首家“滚动居家公寓”为返杭员工提供温暖的“家” | 2020年2月14日 |
| 4 | 人民网 | 杭州钱塘新区首个战“疫”党建联盟在前进街道成立 | 2020年2月23日 |
| 5 | 人民网 | 浙江杭州市钱塘新区：推出党建引领复工复产“十招” | 2020年3月25日 |
| 6 | 人民网 | 杭州钱塘新区“投资之家”全面启用 | 2020年4月14日 |
| 7 | 新华社 | 并肩抗“疫”钱塘新区的他们这样做！ | 2020年2月21日 |
| 8 | 新华社 | 杭州亚运会配套工程“码”上吹响“复工曲” | 2020年2月28日 |
| 9 | 新华社 | 守护天空，他们让候鸟落脚安歇 | 2020年10月9日 |
| 10 | 新华社 | 杭州人专属的邻居节，今年有点不一样 | 2020年11月12日 |
| 11 | 新华网 | 钱塘新区探索党建引领基层治理新模式 | 2020年6月7日 |
| 12 | 新华网 | 钱塘新区财政资金“直达”模式起效　25亿元踏上惠企利民“体验之旅” | 2020年7月24日 |
| 13 | 新华网 | 杭州钱塘新区精准推进集成电路产业发展 | 2020年8月17日 |
| 14 | 新华网 | 杭州钱塘新区“吹哨一件事”改革有八招 | 2020年10月1日 |
| 15 | 新华网 | 杭州钱塘新区巧用“口袋公园”扮美城乡 | 2020年10月29日 |
| 16 | 新华网 | 杭州钱塘新区加速创新链和产业链对接 | 2020年11月3日 |
| 17 | 新华网 | 民生幸福树标杆 坚持围绕“三个最”，钱塘新区高品质描绘老旧小区新风貌 | 2020年11月23日 |
| 18 | 新华网 | 杭州钱塘新区义蓬街道“四转变”推进政务服务再上新台阶 | 2020年12月11日 |
| 19 | 经济日报 | 费列罗：中国消费市场发展后劲足 | 2020年7月1日 |
| 20 | 经济日报 | 花西子全新单品陶瓷口红弘扬中国传统文化 | 2020年11月30日 |

续表44

| 序号 | 媒体名称 | 报道标题 | 刊登日期 |
|---|---|---|---|
| 21 | 经济日报 | 2020浙江省“万亩千亿”航空航天产业国际峰会在杭州举办 | 2020年12月10日 |
| 22 | 中国新闻网 | 钱塘新区改革攻坚 为城市“清肺”“杀菌”“除癣”“活血” | 2020年1月8日 |
| 23 | 中国新闻网 | 跨境电商出口退货海关监管业务落地：出的去　退的回 | 2020年1月10日 |
| 24 | 中国新闻网 | 开往杭州的列车：三千里 只为你 | 2020年2月17日 |
| 25 | 中国新闻网 | 杭州钱塘新区：“千名党员结千企”为企业产能按下“快进键” | 2020年2月28日 |
| 26 | 中国新闻网 | 杭州钱塘新区首批36名“共享员工”：顶岗补位还享受补贴 | 2020年3月17日 |
| 27 | 中国新闻网 | 钱塘新区“力度”与“温度”双兼顾：防控境外疫情输入 | 2020年3月22日 |
| 28 | 中国新闻网 | 共克时艰 钱塘新区发放1.08亿元防疫专项政策补贴 | 2020年3月24日 |
| 29 | 中国新闻网 | 玫琳凯：紧抓防控生产 线上发力迎接消费变化 | 2020年4月21日 |
| 30 | 中国新闻网 | “杭向未来”人才成果云享会启动 杭州向全球人才邀约 | 2020年4月30日 |
| 31 | 中国新闻网 | 杭州试点进境生物材料检疫改革 千余家机构企业将受惠 | 2020年5月14日 |
| 32 | 中国新闻网 | 改革干部聘用制度 钱塘新区六大平台激发产业“新”活力 | 2020年5月20日 |
| 33 | 中国新闻网 | 杭州钱塘新区：打造长三角一体化高质量发展重要增长极 | 2020年6月5日 |
| 34 | 中国新闻网 | 杭州钱塘新区发布未来社区规划 为创客提供一站式服务 | 2020年7月1日 |
| 35 | 中国新闻网 | 全国首创大进口新模式 天猫国际首个保税区工厂正式投产 | 2020年7月22日 |
| 36 | 中国新闻网 | 家电、汽车、服装行业深度游，杭州新推出的系列工业旅游「圈粉」无数人：还有一波在路上！ | 2020年7月30日 |
| 37 | 中国新闻网 | 76个项目集中签约开工投产 杭州钱塘新区发展再添活力 | 2020年8月12日 |
| 38 | 中国新闻网 | 杭州钱塘新区：强化产业培育 加速助推企业上市 | 2020年8月19日 |
| 39 | 中国新闻网 | 首届杭州历史经典潮玩节：让百年产业焕发新活力 | 2020年9月5日 |
| 40 | 中国新闻网 | 2020年全国双创活动周浙江分会场在杭州钱塘新区启动 | 2020年10月16日 |
| 41 | 中国新闻网 | 中国（浙江）自贸区钱塘区块启动 30个项目签约落地 | 2020年11月11日 |
| 42 | 中国新闻网 | 中国医药行业盛会在杭州钱塘新区举行 议医药产业创新 | 2020年11月28日 |
| 43 | 中国新闻网 | 杭州钱塘新区创新“码”上监管 以“非羁码”提办案效率 | 2020年12月7日 |
| 44 | 中国新闻网 | 第四届浙江药学大会举行 院士专家齐聚谈守护全民健康 | 2020年12月7日 |
| 45 | 中国新闻网 | 杭州钱塘新区推云端“你带我办”让纳税人办“轻松税” | 2020年12月17日 |
| 46 | 中国新闻网 | 杭职院举行科研成果拍卖会 17项成果竞拍总价958.5万元 | 2020年12月17日 |
| 47 | 央广网 | 钱塘新区“淘宝街”大变样 未来要变身特色街区 | 2020年4月9日 |
| 48 | 央广网 | 杭州钱塘新区为学校配备“校园健康副班主任” | 2020年4月13日 |
| 49 | 央广网 | 杭州综试区率先实现跨境电商B2B出口4种模式全覆盖 | 2020年7月2日 |
| 50 | 央广网 | 1.9万亩荒地整出好风景 杭州钱塘新区分类施策唤醒土地资源 | 2020年12月14日 |
| 51 | 浙江日报 | 战疫·钱塘新区丨这条防疫“暖心热线”24小时运行 | 2020年2月5日 |
| 52 | 浙江日报 | 战疫·钱塘新区丨不用纸笔 新区入城用上“数字表单” | 2020年2月6日 |
| 53 | 浙江日报 | 战疫·钱塘新区丨开通“绿色通道”286万只口罩驰援一线 | 2020年2月7日 |
| 54 | 浙江日报 | 战疫·复工丨钱塘新区可口可乐复工 首日生产了151万瓶 | 2020年2月11日 |
| 55 | 浙江日报 | 加速复工 钱塘新区企业“包”了一趟高铁接员工回杭 | 2020年2月18日 |
| 56 | 浙江日报 | 一个党员四个身份 杭州钱塘新区春耕战“疫”这样干 | 2020年3月2日 |

续表44

| 序　号 | 媒体名称 | 报道标题 | 刊登日期 |
|---|---|---|---|
| 57 | 浙江日报 | 杭州钱塘新区全力建设制造业示范地<br>产业立区，下好高质量发展“先手棋” | 2020年3月16日 |
| 58 | 浙江日报 | 打破+重构 杭州钱塘新区六大产业平台“新”在哪？ | 2020年5月21日 |
| 59 | 浙江日报 | 抢抓机遇 按下全面接轨“快进键”<br>杭州钱塘新区：扬帆逐潮区域协同发展 | 2020年5月27日 |
| 60 | 浙江日报 | “六新”巡礼聚焦钱塘新区 读懂它们就读懂了杭州 | 2020年6月18日 |
| 61 | 浙江日报 | 坚持强链补链 杭州医药港聚焦招引“金凤凰” | 2020年7月14日 |
| 62 | 浙江日报 | 推进安全体系建设 钱塘新区迎来风险管控“大管家” | 2020年7月15日 |
| 63 | 浙江日报 | 攻坚克难创美丽城镇 | 2020年9月1日 |
| 64 | 浙江日报 | 心无旁骛抓经济 钱塘新区平台体制改革成效初显 | 2020年9月25日 |
| 65 | 浙江日报 | 推进完成50余项改革任务 钱塘新区打造一流营商环境 | 2020年9月30日 |
| 66 | 浙江日报 | 杭州刮起粉色旋风 女子半程马拉松在钱塘新区开跑 | 2020年12月6日 |
| 67 | 浙江日报 | 数字赋能 杭州钱塘新区开启“土地码”全新模式 | 2020年12月7日 |
| 68 | 浙江日报 | 打造中国的西雅图 钱塘新区瞄向航空航天的雄心靠什么？ | 2020年12月11日 |
| 69 | 浙江日报 | 共融共生共成长 杭州钱塘新区“美好教育共同体”启动 | 2020年12月17日 |
| 70 | 浙江日报 | 钱塘新区上线“融境”服务系统 外国友人安居乐业更方便 | 2020年12月24日 |

## 产业·平台

### 杭州钱塘新区全力建设制造业示范地
### 产业立区，下好高质量发展“先手棋”

新春伊始，即将年满1岁的杭州钱塘新区，正阔步向前。

近日，《杭州钱塘新区经济社会发展情况报告》公开发布。报告显示，2019年，钱塘新区预计实现地区生产总值1100.2亿元，其中农业增加值13.6亿元、规上工业增加值658.4亿元、服务业增加值324.8亿元；固定资产投资357.76亿元，工业投资，交通投资，生态环保、城市更新和水利设施投资，高新技术产业投资快速增长，同比增速分别为8.1%、49.7%、12.7%、11.5%；社会消费品零售总额同比增长8.7%；货物进出口总额846亿元；完成一般公共预算收入105.8亿元。从这份“成绩单”来看，钱塘新区较好地实现了“一年打基础”的既定目标。

以打造全省“标志性战略性改革开放大平台”为目标，钱塘新区从诞生起，就承载着重要的战略使命。近一年来，该区不断加快体制机制整合，紧紧围绕重点任务与中心工作，全力以赴、迎难而上，下好高质量发展“先手棋”。尤其是，这一年中钱塘新区谋定出台了高质量发展三年行动计划、“新制造业”计划和“1+4+X”等产业新政，不断通过项目和企业的“外引内培”，激发了区域经济发展的蓬勃动力。数据显示，2019年，钱塘新区在第三产业增加值、工业投资、高新技术产业投资等多项主要产业指标上表现亮眼。

#### 新规划、新政策频出
#### “顶层设计”激活发展新引擎

“钱塘新区能在成立不到一年的时间中，完成经济发展的漂亮‘转身’，首先得益于顶层设计。”钱塘新区管委会相关负责人表示。

2019年4月2日，省政府批复同意设立杭州钱塘新区。从地缘上来看，钱塘新区地处21平方公里长三角城市群“桥头堡”位置；从时间上来看，在浙江“四大新区”（杭州钱塘新区、宁波前湾新区、绍兴滨海新区、湖州南太湖新区）中，钱塘新区是设立最早的，在全省“大湾区”建设中具有探索与示范意义。

从设立之日起，钱塘新区就将产业，尤其是制造业作为强区之本、立区之基——这里的工业产值约占杭州全市的20%，列各区县（市）前茅；更聚集了长安福特、西子航空、格力、吉利等大批领军型制造业企业，“亿元级”企业数量全市领先。2019年下半年，杭州推出“新制造业计划”后，钱塘新区更是作为杭州数字经济和制造业的“主阵地”和“主引擎”之一，主动承担起了再造杭州发展新优势的重要任务，全力建设全省制造业“示范地”。

近一年来，钱塘新区率先编制并发布了产业发展规划，聚焦打造“515”现代产业体系——全力聚焦半导体、生命健康、智能汽车及智能装备、航空航天、新材料等五大先进制造业，超前探索布局未来产业，积极发展研发检测、电子商务、科技金融、软件信息、文化旅游等五大现代服务业；随后，钱塘新区又陆续出台了高质量发展三年行动计划、“新制造业”计划等，为制造业的未来锚定了发展方向。

根据钱塘新区产业发展规划，这里将加快产业空间整合，加快产业要素集聚，构建“一轴双湾五园”的产业总体布局。“一轴”即由东至西，贯穿钱塘新区的“创新发展轴”，“双湾”即分列钱塘江两岸的金沙科技港湾与东沙融创港湾，“五园”即重点建设半导体、生命健康、智能装备、新材料、未来产业五大产业园，打造千亿级产业集群，为杭州乃至全省大项目、大产业提供支撑。

2019年10月，钱塘新区颁布了“1+4+X”产业新政。这个系列新政以《关于推动钱塘新区高质量发展打造智能制造产业高地的若干意见》为纲领，分别实施钱塘头雁计划、钱塘雨燕计划、钱塘雏鹰计划和钱塘凤凰计划等4个“领飞计划”，覆盖面更广、系统性更强，对不同类型企业进行精准扶持，鼓励企业做大做强。

同时，钱塘新区还制定实施产业“六大行动”，涵盖企业发展、产业平台、创新引领、数字赋能、全域亩均、最优营商等多方面，集全区之力，全面推进产业转型升级。

此外，钱塘新区还实施推进临江高新区提升发展规划，创新谋划大批创新产业服务平台等。通过从规划、计划，到新政、行动等“组合拳”，钱塘新区为制造业蓄力赋能，同时也为产业的全面发展提升奠定了坚实基础。

### 线上线下，全链式跟踪服务<br>亲商助企释放发展新活力

今年3月10日上午，在位于钱塘新区的杭州新松自动化系统集成车间，伴随着第一个“全自动焊接导向座”产品的成功下线，工程师们情不自禁欢呼起来。

“总算把耽误的时间补回来了。”新松公司相关负责人表示。作为钱塘新区从事智能机器人制造的重点企业，这里的生产一度因新冠肺炎疫情受到严重影响。在公司陷入困境之时，钱塘新区“企业网格员”伸出了援手——

复工时间、员工来杭安排、公司宿舍管理规定、现场办公防疫措施、用餐、资金状况应急……“企业网格员”与新松公司一起，将12大类47个问题逐一解决。2月18日，新松公司顺利复工。

除了解决问题，“企业网格员”还全方位落实管控措施，除监督每天两次对公共区域的消杀外，还帮助新松公司在员工就餐区域施行“考场式就餐”，让企业吃下了“定心丸”。截至目前，新松公司的竹砧板自动化线、自动焊接线等多个项目已完成调试工作并顺利通过客户验收，年后第一批订单即将交付。

产业的发展，离不开企业的贡献。针对区域内制造业企业多的特点，钱塘新区以“服务”为突破口，建立亲商助企服务机制，打造亲清政商关系，充分保护好、引导好、发挥好企业发展的积极性。

2019年下半年，钱塘新区建立了两个企业服务中心，并进驻了新区行政服务中心。这里有“企业网格员”等服务专员，对于企业的困难，他们随叫随到，专解企业发展过程中遇到的“堵点”和“痛点”。尤其是，在新冠肺炎疫情期间，钱塘新区“企业网格员”“全天候无死角”为企业提供大量服务，帮助企业顺利安全复工。

此外，钱塘新区还建立了企业服务在线平台，打造了集问题反映、政策服务、项目申报、运行监测、产业地图等功能于一体的信息化平台，并落实线上交办、流转、响应、反馈的一体化机制，让企业反映问题、解决问题更方便、更快捷。截至今年3月，钱塘新区共走访服务4383家次重点企业，收集困难问题929个，反馈率100%，销号率92%，剩余问题继续跟踪协调中。

同时，钱塘新区紧盯企业和项目的引入，建立了跟踪协调制度。例如，钱塘新区的“例会制度”，2019年走访重点企业（项目）100多次，协调解决了80多个重点问题。

钱塘新区还出台战略性新兴产业认定办法和工业项目按期开竣投奖励办法，鼓励企业加快投资，推动项目建设进度。近一年，钱塘新区共引进“152”工程项目7个，引进10亿元以上产业项目15个，总投资达768亿元。包括投资350亿元的积海项目、投资100亿元的华瑞航空等在内的一批重点项目，已顺利落户钱塘新区。

### 转型升级提升“亩均效益”<br>科技创新培育发展新动能

走进位于西湖边的松下电器旗舰店，无论是自动掌握火候的“控温专家电磁灶”，还是能做出多种料理的“三合一微蒸烤机”，或是具备健康监测功能的智能坐便器……都足以让你感叹智慧科技为生活带来的便利。

这是2019年10月，松下开出的全球第三家、中国首家电器旗舰店。作为最早来到钱塘新区的世界500强企业之一，松下也一度遭遇发展瓶颈。低谷时，该品牌在国内家电市场的市场占有率已不足3%。而如今，不断“上线”的科技产品，让松下重新抢回了市场。

“对于我们来说，科技创新就是产业的生命线。”钱塘新区经发科技局相关负责人说，自新区成立以来，以平台与人才为抓手，大力支持企业创新。截至目前，钱塘新区先后引进中科院肿瘤与基础医学研究所、药明康德创新公共服务平台、浙医一院创新中心等重大创新平台，并引入省领军团队7个，海外高层次人才108名，推荐申报国家高企131家、省级企业研究院5家、省级研发中心24家、杭州市雏鹰计划企业53家。

根据“1+4+X”产业新政，钱塘新区更是每年从财政支出中按不低于20%的比例安排专项扶持资金，加大招商引资，鼓励创新创业，提升产业层级，加快集聚人才，实现高效优质发展。

以松下为例，在相关部门的帮助下，该公司不断加大研发投入，通过内部持续不断的技术变革，充分利用大数据、AI等前沿技术内容，让传统企业迸发出更强的活力。

钱塘新区还结合传统制造业改造提升，大力推进低效产业用地“腾笼换鸟”。通过“收储一批、转迁一批、提升一批”等模式，将低效能产业提升为高效产能，提升“亩均效益”。截至目前，钱塘新区共计完成签约企业9家，收储土地面积825亩，重点发展科技研发、检验检测、软件信息等生产性服务业。

此外，钱塘新区还充分利用区域内14所高校资源，全面深化“14+2+N”区校战略，制定区校合作专项政策，从平台共建、产业共兴、人才共育、资源共享、氛围共创五个方面鼓励区校合作。同时，钱塘新区还鼓励国内外高校院所在新区建立市场化运作的技术转移机构，并对科技中介及高校促成科技成果在新区内转化并实现产业化给予奖励。

摘自2020年3月16日《浙江日报》

## 抢抓机遇　按下全面接轨“快进键”
## 杭州钱塘新区：扬帆逐潮区域协同发展

放眼21.17万平方公里的长三角城市群，杭州钱塘新区十分特殊——它地处杭州湾V字型拐点，是杭州乃至浙江接轨长三角的桥头堡。

一年前，杭州钱塘新区应运而生。以打造标志性战略性改革开放大平台为目标，从诞生之初，它便肩负着建设产城融合发展示范区的重大使命。这一年里，钱塘新区坚持全面接轨，抢抓战略机遇，强化使命责任，不断加大与长三角城市的合作力度，推动长三角更高质量一体化发展。

“众寡同力，则战可以必胜，而守可以必固。”近日，钱塘新区六大产业平台全新亮相，并对平台工作人员实施聘用制，打破过往的“铁饭碗”，为创新发展带来新样板。在长三角一体化发展国家战略从“全面部署”到“全面实施落实”的关键阶段，钱塘新区正以“三个地”的担当，持续发力奋进，激活长三角一体化发展“一池春水”。

### 打破体制机制　用制度创新释放发展活力

去年年底，《长江三角洲区域一体化发展规划纲要》正式印发，长三角一体化高质量发展上升为国家战略一年多后，明确的顶层设计，为破除区域间要素流动的机制体制障碍指明了方向。

要实现长三角真正的一体化发展，必须要实现资金、技术与人才的跨区域协同，但对于由大江东产业集聚区和经济技术开发区合并而成的钱塘新区而言，并不容易。如何以体制机制改革为牵引，为长三角更高质量一体化提供内生动力？

建区之初，为了强化顶层设计，钱塘新区便组建了由主要领导挂帅，各局室、各平台主要负责人为成员的长三角一体化发展工作领导小组和6个专项工作组，形成“1+6”的工作推进机制。

一体化、一张图、一盘棋，一场打破体制机制的改革拉开序幕——

对内，钱塘新区在机关内部深化“最多跑一次”改革，推出以浙政钉和OA办公系统融合为基础、不断加入外部新应用模块的移动协同办公系统，告别机关传统的“纸来纸往”，拥抱“网来网去”：249项部门间办事事项、30项多部门联办“一件事”事项上线发布，实现新区机关移动办公全覆盖。

对外，钱塘新区率先尝试打破地市间的行政界限。去年10月23日，钱塘新区与海宁市政府签署了全面战略合作协议，双方在规划政策对接、产业协同发展、平台合作、功能聚合等方面进行协同，打破行政区划限制，促进人口、资金、信息等要素的自由流动和相关领域的融合发展。

这场体制机制的改革，特别聚焦在产业规划上，理顺了未来发展的方向。以长三角一体化发展战略和大湾区建设为契机，钱塘新区全面完成新区产业规划编制工作，构建“515”现代产业发展体系，即全力聚焦半导体、生命健康、智能汽车及智能装备、航空航天、新材料五大先进制造业，超前探索布局未来产业，积极发展研发检测、电子商务、科技金融、软件信息、文化旅游五大现代服务业。

与之相伴的是，钱塘新区还打破过往体系，实施人事管理、考核评价、要素保障等一系列创新尝试。不久前，钱塘新区召开产业平台建设推进大会，杭州医药港、杭州大创小镇、杭州综合保税区、杭州江东芯谷、杭州临江高科园和杭州前进智造园六大产业功能平台全新亮相，开启了高质量发展新征程。一个极为引人注目的变化是，抽调进入六大平台的153名机关、街道、国企的工作人员，全员实行聘用制，能者上，庸者下，打破了“铁饭碗”。

**产业全面融入　积极参与长三角城市合作**

长三角一体化发展，是篇“互连互通”的大文章，不是地理空间的简单相连，而是在合作发展上互通有无、优势互补。钱塘新区成立不久，在杭州市委十二届七次全会上，明确提出要在钱塘新区设立长三角小镇，在产业、科创、开放平台、公共服务等领域全方位对接上海等长三角城市高端要素，打造杭州的“浦东”。“这一年，我们按照‘有核无边’理念，有序开展长三角小镇的编制调研工作。”杭州钱塘新区经发科技局相关负责人说。

大旗已举，谋定而后动。钱塘新区成立后，不断加大在长三角各地区的招商力度，尤其是紧紧抓住上海部分产业的溢出效应，首次“走出去”的招商推介会，就是在上海举办的。去年11月13日，第二届中国国际进口博览会刚刚闭幕，钱塘新区在会上全面推介了产业结构、发展规划和营商环境，向参会嘉宾介绍全面融入长三角的各项优势。功夫不负有心人，这一年，钱塘新区的长三角招商硕果累累：总投资56亿元的天境生物、总投资21亿元的得力普乐士项目、总投资10亿元的药明生物生物药研发公共服务平台项目先后落户……

作为一个刚刚成立的新区，如何为新一轮产业发展奠定基础？在项目招引的同时，钱塘新区同步加快布局科研平台。这一年，钱塘新区已完成引进中科院肿瘤与基础医学研究所、中国药科大学（杭州）创新药物研究院、中国科学院上海技术物理研究所杭州大江东空间信息技术研究院等一批区域科研合作平台。为了加强长三角区域平台间的联动发展，钱塘新区积极推动医药港小镇成功加入长三角G60科创走廊生物医药产业联盟，打造生物医药产业高地、研发的集聚地和人才的吸引地。

要实现长三角一体化高质量发展，加快实现产业从“要素驱动”向“创新驱动”转变刻不容缓。在大创小镇，钱塘新区以区校合作为抓手，联合上海交大校友会、985高校上海联盟校友会推动成立“沪杭众创联盟”，打造一个以上海高校为主体的长三角高校联盟众创空间。借助区校合作，钱塘新区向长三角高校广大校友发出回归创新创业邀请，推出“浙子回归梦钱塘”工程，成功在大创小镇落地校友经济项目31个，越来越多的一流人才来到钱塘新区追梦。

未来钱塘新区的产业如何融入长三角？钱塘新区立下了自己的雄心壮志——将全面实施《长江三角洲区域一体化发展规划纲要》和全省关于杭绍甬一体化发展的决策部署，加快钱塘新区与绍兴滨海新区、宁波前湾新区全面合作。

**共享公共服务　打造长三角民生“幸福圈”**

5月25日下午，在钱塘新区行政服务中心下沙分中心，嘉兴人谢鑫楠不到两分钟，就完成社保参保证明打印事项。“以前办事要花上大半天赶回老家，没想到在杭州就能办，还不用排队，实在太方便了。”

谢鑫楠感受到的便利，来自钱塘新区和嘉兴海宁市在公共服务上的共建共享，两地以自助终端为突破口，分别在自助办事区放置自助终端，实现两地市民可凭身份证异地自助办理社保参保证明打印、房产证明打印等业务。其中，嘉兴市民可以在钱塘新区自助办理762个行政许可事项；杭州市民可以在杭海新区自助办理257个公共服务事项。

去年启动的长三角政务服务“一网通办”，打造了长三角版的“最多跑一次”。在钱塘新区行政服务中心大江东分中心和下沙分中心，设立了“G60科创走廊长三角‘一网通办’综合服务窗口”，在浙江政务服务网钱塘新区平台也专门设立长三角政务服务“一网通办”专栏，并依托统一的EMS物流体系，实现异地收件、证照送达。数据显示，自长三角地区政务服务“一网通办”正式开通运行以来，在钱塘新区，已有51个政务服务事项实现“一网通办”，包括30个企业服务事项和21个个人服务事项。

线上省时省力，线下也变得更加四通八达，交通是长三角一体化发展的基础和关键。钱塘新区的最新发展规划，让每个人对长三角未来的交通图景充满了期待——加快谋划江东高铁客运站、机场东进线和江东三路过江通道，加快推进艮山东路过江隧道、江东大道提升改造、杭绍甬高速公路新区段等工程建设。特别是江东高铁站为钱塘新区融入长三角提供了更多想象，目标直指“沪杭战略通道上重要节点”和“长三角跨市域同城化发展示范区”。

当下，长三角一体化给各城市带来了难得的历史性机遇，也为彼此提供了一个互相学习的平台。在杭州城市大脑经验输出上海的同时，钱塘新区借助“上海经验”确立了新一年优化提升营商环境的方向，在起草的营商环境工作举措审议稿中，施工许可、企业开办、财产登记、跨境贸易等指标的部分内容，与上海的思路基本一致。“下一步，我们还将在企业登记无差别办理、不动产异地交易、异地就医直接结算等事项上下功夫，让更多老百姓感受到实实在在的温度。”杭州市钱塘新区行政审批局相关负责人说。

从共建共享到相加相融，“一体化”正让长三角人的幸福生活，逐渐成为一种“理所当然”。

摘自2020年5月27日《浙江日报》

## “六新”巡礼聚焦钱塘新区 读懂它们就读懂了杭州

风口已至，杭州蓄势待发。

今年，杭州将全面实施“强化数字赋能、推进‘六新’发展”行动，加快布局以数字基建为核心的新基建，全面赋能和推进新消费、新制造、新电商、新健康、新治理，不断增强城市吸引力、创造力、竞争力。

以动能的“进”来支撑经济运行的“稳”，杭州的“六新”发展行动如何成为这座城市未来的助燃剂？它又是否能带领杭州走入快车道？6月15日，杭州启动“六新”巡礼活动，浙江新闻客户端杭州频道特此推出《杭州寻“新”记》栏目，与杭州各区县融媒体中心共享联盟联动，讲述杭州“危中寻机、发力蓝海”的生动故事，用我们自己的脚步和眼睛，去寻找杭州“六新”发展路上的星火——

杭州亮剑“六新”，总让人联想到一个充满朝气的地方——钱塘新区，这不仅仅是因为字面上同有“新”，更重要的是内核上的关联。

这里有杭州“新制造”的基因。打造世界级智能制造产业集群，是钱塘新区建区时就树立的目标。这里的工业产值约占杭州全市的20%，列各区县（市）前茅，聚集了长安福特、西子航空、格力、吉利等大批领军型制造业企业，“亿元级”企业数量全市领先，是杭州制造业的“主阵地”和“主引擎”之一。

这里有杭州“新健康”的未来。在杭州规划的生物医药产业“一核三园多点”产业布局中，位于钱塘新区的医药港小镇就是其中的“核心区”，已集聚各类生物医药企业1000余家，吸引辉瑞、默沙东等全球十大药企中的7家落户，健康产业产值规模350亿元，占杭州市生物医药产值“半壁江山”。

……

不久前，钱塘新区还重磅推出了六大产业功能性平台，我们也能在其中看到“六新”的影子。本期的“六新”巡礼，带大家走进钱塘新区“新制造”“新健康”。

### 寻“新”坐标：中欣晶圆

从智能手机到超音速飞机，从起搏器到超级计算机——在这其中的每一个设备内部，都有必不可少的技术使之成为可能，它叫半导体。半导体产业不仅仅是全球先进产业，更是我国战略性新兴产业，在过去长期以来都依赖进口。

中欣晶圆位于钱塘新区的江东芯谷，该平台以半导体等产业和未来产业为导向，重点发展集成电路等产业，打造半导体千亿产业大平台。走进中欣晶圆展厅，记者看到墙上展出了5英寸、6英寸、8英寸、12英寸等不同型号的半导体硅片，形如镜片。

“小尺寸硅片主要用在精度要求比较低的产品上，如果要用到高精尖的设备上，就需要大尺寸的硅片，比如无人飞机、人造卫星、宇宙飞船等。”中欣晶圆总经理郭建岳说，只要是需要读数据的地方，都得用到传感器，而传感器里，就需要半导体硅片。

一枚半导体硅片的制造，需在无尘环境下进行，经历滚磨、研磨、切片等近20个工序，中欣晶圆在生产流程管理上已做到行业标杆。“以其中一项工艺要求的10级环境清洁度为例，每立方英尺空气中，0.5微米大小的颗粒，不能超过10个，而中欣晶圆将这个数据做到更低。”郭建岳说。

记者在采访中得知，2017年，中欣晶圆正式落户钱塘新区，短短三年，企业已发展成国内规模最大的半导体大硅片生产厂。其中，8英寸半导体硅片年产420万枚，位居行业第一。当下，中欣晶圆正发力于12英寸半导体硅片的生产，预计实现年产240万枚，大力满足浙江乃至我国对大尺寸半导体硅片的需求。

培育经济发展新动能，包括集成电路在内，今后，杭州还将围绕信息技术、生物医药、航空制造和人工智能等核心产业重点布局发展，推动“新制造”再上新台阶。

### 寻“新”坐标：格力电器

去年12月，格力电器在钱塘新区建设了快4年的产业园终于竣工。产业园总用地1417亩，总投资75亿元，这是格力电器在国内规模最大的生产基地。“厂区一天可生产空调近两万台，年产空调超500万台。产品以出口为主，兼顾内销，出口主要面向中东、北美等区域。”杭州格力电器总经理助理王臣章介绍说。

一只只不知疲倦的机械手，一条条高速运转的自动装配线，走进钱塘新区格力电器生产厂区，随处可见这样的景象。

但更为特别的是，厂区里的很多生产设备都是格力自己制造的。比如，在占地1万平方米的注塑车间里，所有注塑设备都印着醒目的“GREE”字样，只有寥寥几位工人留意着机器，只要它们正常运行即可。“由格力自主研发的自动化产品，已覆盖工业机器人、智能AGV、数控机械手、大型自动化线体等10多个领域。”王臣章说。

靠着在创新上的执着与坚持，格力电器跑出非一般的创新速度。在厂区展厅，记者看到了一款能杀病毒的新风空调，这是格力在新冠肺炎疫情期间研发出来的。

“新风空调采用双向流新风换气技术，模拟人体呼吸方式，‘呼’出室内多余的二氧化碳和含有甲醛异味的污浊空气，‘吸’入经过多重过滤后的室外新鲜空气。”王臣章介绍说，同时，该空调还添加了“杀菌”功能，借助紫外光照射的方法，破坏空气中细菌和病毒的生物结构。

在杭州，许多像格力电器这样的制造业企业，正加快数字化转型步伐，助推企业提质增效，这也反映出杭州数字经济发展的亮点——数字产业化与产业数字化并进齐飞、良性互动。

### 寻“新”坐标：史陶比尔

位于钱塘新区的史陶比尔（杭州）精密机械电子有限公司，成立于1997年。初期生产的是纺织机械，通过产品的持续迭代、技术的攻坚克难，公司逐渐将产业链向工业连接器、工业机器人等高端领域延伸，成为纺织机械、工业连接器和工业机器人三大领域机电一体化解决方案的专业供应商。

走进史陶比尔展厅，记者看到了琳琅满目的工业机器人。站在一款带皮肤的机器人前，只要用手触摸机器人的表面，它便立即停下手头忙碌的工作，以达到保护“主人”的作用。“靠着卓越的速度、精度和可靠性，我们的产品在激光切割、生命健康、汽车制造等行业，占据了很高的市场份额。”史陶比尔（杭州）精密机械电子有限公司总经办主任陶雪军说。

以汽车制造为例，宝马、奔驰、奥迪、大众等知名汽车品牌都是史陶比尔的客户。史陶比尔制造的喷涂机器人，能实现精确到0.02毫米之内的油漆喷涂。“这种机器人手臂上可连接超过十个接头，就像枪盘轮换一样，随时可以针对不同的车型，换上相应的工具。”陶雪军说。

扎根杭州的20多年间，史陶比尔靠着坚持不懈的创新，让工业机器人在多个细分领域稳坐头把交椅，成为名副其实的隐形冠军：“拥有运动速度能够达到200次每分钟的全世界最快的4轴拾取机器人”“首家利用调制器、减速机和马达一体化关节技术的机器人企业”“工业机器人基础编程全部对外开放”……

对传统制造业而言，转型升级是时代带来的新挑战，寻找合适路径是面临的新课题。杭州推出的“新制造业计划”，为打造新引擎提供了指引。在杭州，万向、吉利等企业，也瞄准高端制造，加快产业升级，为杭州蓄积了高质量发展新动能。

### 寻“新”坐标：奕安济世

除了新制造，钱塘新区的新健康同样出类拔萃。今年4月，钱塘新区的生物医药产业平台成功入选浙江省第二批“万亩千亿”新产业平台，也是杭州唯一入选平台。

在生物医药行业，众所周知，创新药研发如同万里长征，研发周期长达15年左右。但成立后短短5年，奕安济世却创造了初创型新药研发企业“杭州速度”——先后获得礼来亚洲基金、淡马锡、红杉资本等投资机构的融资，和另一家医药巨头迈博斯生物合并，涉及10余个涵盖肿瘤、骨病、肾病等领域的新药研发。

走进杭州医药港的奕安济世生物药业，这是一个面积约13000平方米的研发中心和生产基地。“生产基地严格按照国内和国际标准建造，能够同时符合中国、美国和欧盟的GMP标准，确保药物的高质量生产。”奕安济世相关负责人说。

除了钱塘新区的研发生产基地外，奕安济世成功搭建了全球业务布局：在苏州设有药物发现和转化研究中心，在上海、北京和美国波士顿分别设有临床开发中心。截至目前，奕安济世数个生物药已进入全球临床试验阶段，今年4月，胃癌创新药一期临床试验已通过中美审批，创新药物研发可同时面向中美两国市场，为未来发展开拓广泛前景。

生物医药企业发展迅速，得益于杭州积极推动产业链、创新链、资金链和政策链的深度融合，构建“热带雨林”式的生物医药产业生态，除了为生物医药企业制定所需的扶持政策外，还为产品研发、实验与产业化提供全程服务。

当下，杭州已出台《促进杭州市生物医药产业创新发展的实施意见》，确定了以钱塘新区的杭州医药港为核心，以高新区、余杭区为重点，“中国智慧健康谷（萧山）”、富阳药谷小镇等多个集聚点共同构建的产业空间格局。

杭州的生物医药产业，正在向阳而生。

摘自2020年6月18日《浙江日报》

## 打造中国的西雅图<br>钱塘新区瞄向航空航天的雄心靠什么?

西雅图，一座闻名世界的航空之城，知名飞机制造商波音公司总部就位于此。如今，在杭州第一缕阳光升起的地方，钱塘新区也有了发展航空航天的飞天梦。

12月9日，2020浙江省“万亩千亿”航空航天产业国际峰会在钱塘新区举办，中科院院士曹春晓、中国商飞CR929总设计师陈迎春、波音空客高管等大咖齐聚于此，讨论的正是这个话题。

会上还传来消息，杭州将对标美国西雅图、法国图卢兹等“航空城”，在钱塘新区打造有竞争力的航空航天产业集群，力争成为浙江省航空航天产业发展的主平台。

钱塘新区成立仅一年有余，支撑“飞天梦”背后的雄心，靠的是什么？我们不妨看看关于它的昨天、今天、明天，究竟是什么。

**昨天丨杭州也有航空之城基因**

这次峰会上，浙江理工大学教授渠长根是位特殊嘉宾，作为一名研究马克思主义的学院院长，渠长根被邀请参与“钱塘新区如何发展航空航天‘万亩千亿’新平台”论坛，同另外5位航空航天领域的专家学者圆桌“论道”。

原因在于，过去十多年，渠长根一直从事杭州乃至浙江航空航天事业相关史志的研究，已先后出版了《笕桥中央航校史话》《民国杭州航空史》《浙江航空史志》等研究著作。在渠长根眼里，“杭州不仅有开展航空事业的历史传统，也有航空情怀，杭州更是一座英雄的城市。”

可能现在很多杭州人都已不大知道，位于笕桥的中央航空学校，曾被誉为“中国空军的摇篮”，这里培养了中国第一代战斗机飞行员；

笕桥有当时全国最大的飞机制造企业“中美合资中央杭州飞机制造厂”，走出了很多新中国航空事业的专家，包括“两弹一星”元勋钱学森、吴自良等；

钱学森的老师王助，为波音设计了第一架C型机，也是“中美合资中央杭州飞机制造厂”第一任监理。在杭州，他主持制造了中国第一架轰炸机……论坛上，渠长根分享的点点滴滴，让每位参会嘉宾深感震撼。

从历史出发，探求基因的意义，更是为了着眼当下。去年，位于钱塘新区前进智造园的航空航天新产业平台，被列入浙江省首批7个“万亩千亿”新产业平台培育名单，规划万亩左右空间，未来实现千亿元以上产出。不久前，浙江省委十四届八次全会对“十四五”期间浙江省做优做强航空航天产业作出部署。

瞄准发展航空航天产业，钱塘新区在制造业上拥有稳固的基础，不少产业有了齐全的产业链，发展势头迅猛。以前进制造园为例，已集聚福特、林肯、吉利三条整车生产线，形成汽车及零部件、智能装备制造和航空航天等三大主导产业。今年1–10月，前进制造园规上工业总产值248.44亿元，同比增长101.53%。

正如渠长根所言，“杭州在钱塘新区继续追逐航空梦，有着天时地利人和的优势”。

**今天丨“飞天”集聚需要量身定制**

航空制造是工业领域的王冠，航空航天产业作为高端装备制造业的代表，被认为是国家综合国力的集中体现和重要标志。峰会现场，中国商飞CR929总设计师陈迎春致辞分享的PPT上，赫然写着“CR929合资成立复合材料制造供应商——华瑞”的字样。

再过段时间，投资100亿元的华瑞航空项目将在钱塘新区开工，将从事飞机金属及复合材料零件制造、飞机结构部件组装、飞机技术服务等业务。

除了华瑞，在航空航天制造供应链上，钱塘新区已集聚西子势必锐、艾美依航空、嘉航科技等一批具有核心竞争力的企业与研发机构。数据显示，在前进智造园里，已集聚47家知名规上企业，其中航空航天主导产业企业6家。

特别是，由西子航空与美国势必锐合资成立的西子势必锐。今年6月，全球著名航空公司空客召开供应商大会，西子势必锐航空成功入选空客“挑战者供应商”。“截至目前，我们已在研发制造上投入10亿元，已成为欧洲空客、美国波音、加拿大庞巴迪、中航工业和中国商飞5大航空巨头的供应商。”西子航空董事长王水福说。

为了打造航空航天全产业链，杭州市和钱塘新区下决心量身定制相关扶持政策。比如，伴随杭州“新制造业计划”的出台，前进智造园及时做好宣传兑现，通过“亲清在线”平台对国家级制造业“单项冠军”示范企业、省级制造业“隐形冠军”企业，分别给予200万元、100万元的奖励。

当然，航空航天全产业链的打造需要一个过程，需要持续推动招商引资、项目建设和人才培育。正如杭州前进智造园管理办公室主任胡潜所说，要以龙头企业为核心，构建发展航天航空产业的新机制和新载体，才能吸引更多行业优质企业落户。

**明天丨向外向内都应有底气和资本**

杭州市投促局副局长杨福颂从向外看和向内看角度抛出的观点，也值得思考。在从事招商工作前，他在空军部队服役了28年。他说，从一名“飞机普通用户”，到“产业招商人员”，深切感受到杭州发展航空航天产业的机遇已来。

向外看，C919大飞机的总装线位于上海，伴随长三角一体化上升为国家战略，杭州距离上海两百公里左右，能享受到更多C919大飞机的溢出效益。此外，舟山的波音737交付中心也处于杭州的2小时交通圈之内。

向内看，近年来，杭州在高端制造业发展上，特别是电子信息、汽车产业、生物医药等产业都取得了长足发展，唯独航空航天产业是短板。伴随数字经济飞快发展，杭州亟待借航空航天产业“换个赛道”，提升整个制造业，实现高质量发展。

与此同时，杭州数字经济处于全国领跑地位，数字经济的很多理念模式，都可以正向牵引到航空航天产业中，在智能化工厂上有广阔前景。

比如，阿里云已与中国商飞合作，以数据驱动制造，解决飞机制造中影响产能提升的问题，用数据实现优化工艺设计、智能排产排程、精准物流配送、优化质量控制等目标。

此外，杨福颂也认为杭州具备发展航空航天产业的现实条件。“今年以来，杭州在‘两战’上交出漂亮答卷。1月至9月，杭州GDP实现3.2%增长，地方财政收入也很稳健，全国各地的人才涌入杭州，这些都是杭州发展航空航天产业的底气和资本。”

在钱塘新区的远景规划里，除了围绕航空制造和研发企业，前进智造园将以杭州航空航天生态小镇为抓手，构筑以航空航天为主题的，集爱国教育、科普展览、产业创新、观光体验、社区服务于一体的生态智慧小镇。

相信在不久的将来，一座航天航空科技城将在钱塘江畔冉冉升起。

摘自2020年12月11日《浙江日报》

## 打破+重构<br>杭州钱塘新区六大产业平台“新”在哪？

5月20日上午，杭州钱塘新区召开产业平台建设推进大会。杭州医药港、杭州大创小镇、杭州综合保税区、杭州江东芯谷、杭州临江高科园、杭州前进智造园——六大平台重装上阵，逐一亮相。

在杭州乃至整个浙江，产业平台的数量不少。可对于钱塘新区而言，这六大平台的变化非同寻常。除了区域、产业体系等功能性调整外，钱塘新区还打破过往体系，实施了人事管理、考核评价、要素保障等一系列创新尝试。一个最引人注目的变化是，抽调进入六大平台的153名机关、街道、国企的工作人员，全员实行聘用制，能者上，庸者下，打破了“铁饭碗”。

打破+重构。“从产业层面来说，今天将是钱塘新区值得铭记的一天。”一位刚刚前往新平台履职的工作人员告诉记者。

钱塘新区的六大平台“新”在哪？作为全省改革开放大平台，杭州融入长三角的“桥头堡”，它们将会对区域产业带来什么样的影响？读懂这次大会，或许你就读懂了钱塘新区的新未来。

### 打出“组合拳” 激发产业新动能

10天前，浙江召开了全省开发区（园区）改革提升推进会。会议指出，要围绕打造高水平现代化平台体系，对全省开发区（园区）来一次系统性重构和创新性变革。

而钱塘新区此次产业平台建设推进大会，就是对全省战略方向的落实和深化。“我们现在提出平台体制改革，既不是从一张白纸开始，也不是重复过去走过的路。而是在一个大平台、一个统一主体下进行的新的平台重构。”钱塘新区管委会主要负责人说。

要想重构，就要科学谋划，对于钱塘新区而言，一套适合本地发展的产业平台“组合拳”，需要尽快成型——

六大产业平台，打破了区域限制。过去，总面积达531.7平方公里的钱塘新区，实体化运作产业平台仅8.2平方公里。而如今，六大产业平台没有了传统的区域“分界线”。尤其对于处于原下沙区域的杭州医药港和杭州大创小镇，再次获得了宝贵的发展空间；

六大产业平台，今后将聚精会神抓经济。此次调整进一步明晰了产业平台和属地之间的职责边界，六大产业平台主要负责区域内的产业培育、招商引资、开发建设工作，而对应街道则主要是负责辖区内公共服务、公共管理、公共安全职能。此外，每个平台的书记由钱塘新区委领导兼任，同时联系相关街道，大大加强了平台与属地之间的协同，为平台心无旁骛抓经济促发展提供良好环境。

“离企业更近了。”江东芯谷管理办公室主任施峰表示。此前，他是河庄街道党工委书记。“从街道到平台，我能把更多精力投入到为企业和项目的服务中去，加快园区的转型升级。”

同时，六大产业平台从着眼长远出发，厘清了相互之间的产业定位。比如，杭州医药港重点发展生物医药、高性能医疗器械、数字医疗和健康食品，全力打造生物医药万亩千亿产业大平台；大创小镇重点发展双创、人才科技项目和总部经济，打造数字经济、校友经济、总部经济等五个高地；江东芯谷以半导体等产业和未来产业为导向，重点发展集成电路等产业，打造半导体千亿产业大平台；前进智造园主攻航空航天、汽车及零部件、智能机器人等高端制造产业……经过再次分工，各平台立足钱塘新区“515”现代产业发展体系，减少了功能重叠，加快优势产业链条的构建。

而对于大创小镇管理办公室主任曹冲锋而言，他接下来的一大目标，就是加强与区域内高校的合作。“大创小镇附近有14所高校，20多万师生。学校的创新资源，是创新的宝贵财富。接下来，我一定要把这些财富用好、用足。”

此外，钱塘新区专门建立了协同考核机制，对平台、属地和相关职能部门采取捆绑考核的形式，使它们成为了携手进退的“共同体”，激活各方力量，提振产业动能，服务转型升级。

### 打破“铁饭碗”　不拘一格用人才

对于钱塘新区此次产业功能平台体制改革而言，另一大亮点就是产业平台的去“机关化”“行政化”——26名管理层和127名来自机关、街道、国企的工作人员，实行全员聘用制，每届聘期三年，期满重聘，行政事业人员进入平台工作的，一律实行档案封存管理。

这打破了过去行政人员的“铁饭碗”，从“行政体制”转向企业化、扁平化管理，以目标驱动来完成转型升级的重要任务。正如钱塘新区相关负责人在会上所言，“平台的干部要时刻牢记，去平台工作是去创事业的，不是去当官的，绝不能搞成机关化。”

有压力，也有动力。对于产业平台的用人，钱塘新区也设置了一系列灵活的用人机制。例如，六大产业平台实行员额制管理，允许平台在员额控制数内调整充实人员力量；又例如，平台之间开展良性竞争，打擂台赛成绩，比学赶超；平台内部全员绩效考核，任务按月逐项分解到人，月评季考，年终排定等级；此外，钱塘新区的今后各类评比和推荐人选上，奖励和名额均向平台倾斜……

打破“铁饭碗”，也为年轻干部提供广阔的成长空间和发展机遇。这组数据可见一斑——此次平台聘任的127名工作人员中，90后53人，占41.7%；80后57人，占44.9%；70后17人，占13.4%。工作人员均为大学以上学历，其中，硕士研究生以上学历的51人（博士10人），占40.2%。

### 全力“争项目”　打造改革重要窗口

从钱塘新区的角度来看，构建全新产业平台的动力，既是形势需要，也源于自身。

受新冠肺炎疫情影响，实体经济大多遭受了巨大冲击。尽管一手抓防疫，一手抓复工，但对于以制造业为主力的钱塘新区而言，肩上的压力不轻。但同时，疫情也带来全球产业的结构化调整，若及时“转身”，更有机会搭上发展的下一班“顺风车”。

作为浙江省、杭州市重点打造的标志性战略性改革开放大平台，钱塘新区有义务、也有责任成为“先锋”和“试验田”，引领杭州乃至全省的产业发展。

去年下半年起，钱塘新区就开始了对南京江北新区、天津滨海新区、舟山群岛新区等兄弟新区进行了多轮调研。“与兄弟新区相比，钱塘新区还是缺大项目、缺好项目。”钱塘新区党工委主要责任人表示，“项目引进慢、推进慢、见效慢，这对一个以发展实体经济为使命的战略性平台而言，是非常致命的。”

因此，在六大产业平台进行改革的同时，它们的最新任务也已明确——就是全力“争项目”。根据钱塘新区的目标，接下来，六大平台将争取“月月都有集中签约”，接下来一年时间内，每个平台将力争引进1-2个“152”项目、20-30个亿元以上项目。

“咬定青山不放松，越是困难越向前。我们已经准备好了，争分夺秒、挂图作战，争取越来越多的项目签约、开工。”曹冲锋表示。

为了更快更好引进项目，钱塘新区也给予了六大产业平台的体制机制创新空间。例如，对于园区内规划、区一级政策落实等，各平台享有一定的灵活度。此外，在六大产业平台内，钱塘新区还将积极推行“网上办”“就近办”和“全程代办”等，努力实现“办事不出平台”，为企业和项目带来更多便利。

摘自2020年5月21日《浙江日报》

## 坚持强链补链
## 杭州医药港聚焦招引“金凤凰”

近日，记者来到位于杭州钱塘新区的杭州医药港采访时看到，位于核心区域的中科院肿瘤与基础医学研究所一期地面工程已初具雏形，正在加紧内部及外立面景观建设。“预计今年9月投入使用。”杭州医药港管理办公室党委副书记陶峰说。

作为钱塘新区成立后引进的首个高质量科研平台项目，由中科院院士谭蔚泓领衔的中科院肿瘤与基础医学研究所项目的快速推进，是杭州医药港在疫情下锚定高标准目标、推进高质量发展的一个缩影。

目前，杭州医药港已集聚各类生物医药企业千余家，产值规模突破350亿元，占杭州全市生物医药产业产值的近50%。虽然疫情带来一定影响，但杭州医药港坚持长远眼光，继续紧盯招商引资、招才引智和强链补链，今年1月至5月，实现工业总产值151亿元。

稳中有进，实属不易。疫情给生物医药行业带来前所未有的考验。“好在，杭州医药港历经4年打造的‘好生态’，让我们有了转危为机的底气。”陶峰说。

发展生物医药产业是一项“长跑”，各方面保障十分重要。杭州医药港自设立以来，就致力于构建全产业链体系，加强政策服务支持，筑牢人才和项目招引的根基。

为营造良好产业生态，杭州市和钱塘新区推出系列举措：出台专项政策，率先设立50亿元生物医药产业基金；优化营商环境，强化与浙江大学、中科院等高校院所的合作共建；聚焦招引“大好高”项目，已成功引入辉瑞、默沙东等全球十大药企中的7家。

“针对疫情期间出现的问题，我们坚持强链补链，用服务做优生态圈。比如帮助企业主动与省内医院的临床中心对接，线上引导国内风投资金进驻，搭建平台举办赛事吸引人才项目签约落地。”杭州医药港管理办公室相关负责人介绍。

今年上半年，杭州医药港和浙大一院等机构联合举办全球健康医疗创新创业项目征集大赛，广泛邀请海内外各级医疗机构、医学科研机构、高校实验室的创新项目参与，共征集到95个参赛项目，最终共有45个项目获奖，强化了杭州医药港在生物创新药、高端医疗器械等领域的影响力。

在此次大赛中获奖的浙大一院创新转化中心执行主任刘明耀即将把项目落在杭州医药港。他告诉记者，选择来这里，主要是杭州医药港有相对完善的产业生态，让他对未来发展有信心。

大批“领头羊”团队也陆续而来：今年5月初，付小兵、于起峰、马大为等院士领衔的团队，纷纷加入杭州医药港；多位院士发起建设生物医药研发中心；杭州医药港与知名院校建立合作，招收研究生近50名、博士后100名，打造国际领先的核酸、细胞和药物研发中心。

摘自2020年7月14日《浙江日报》

## 心无旁骛抓经济　钱塘新区平台体制改革成效初显

近日，浙非服务中心项目签约仪式在钱塘新区举行，浙非服务中心（浙非发展促进中心）正式入驻钱塘新区大创小镇，帮助企业“走进非洲、建设非洲、融入非洲”，为促进中非经贸发展保驾护航。

这是钱塘新区平台体制改革成果的一个缩影。今年5月，钱塘新区整合设立杭州医药港、大创小镇、综保区、钱塘芯谷、临江高科园和前进智造园6个产业平台，正式拉开平台体制改革的序幕。

### 六大平台支撑高质量发展

这次亮相的六大产业功能平台，聚焦经济发展主责主业，减负放权赋能，制定出台了干部人事管理、财政保障、招商决策、审批服务、考核评价、要素保障六大配套体制机制，真正理清平台、部门、街道、国企的职责分工，明确平台的职责就是主攻招商引资、项目推进、企业服务。

特别是，六大平台全力聚焦半导体、生命健康、智能汽车及智能装备、航空航天、新材料五大先进制造业，超前探索布局未来产业，积极发展研发检测、电子商务、科技金融、软件信息、文化旅游五大现代服务业，坚持差异化发展原则，着眼长远产业定位，着力培育生物医药、半导体、新材料、汽车及零部件四个千亿级产业和航空航天1个百亿级产业，加快打造全省战略性标志性改革开放大平台。

平台体制改革启动4个多月以来，效果初显。今年三季度，新区共有26个总投资281亿元的项目集中签约，35个总投资563亿元的项目集中开工，15个总投资80亿元的项目集中投产。截至目前，列入杭州全市招商赛马榜的亿元以上制造业项目48个，百事百草味、天境生物等5个项目入选“大好高”代表项目榜。

据了解，接下来六大产业功能平台将结合自身发展优势，充分发挥各平台自身区位优势、空间优势和发展潜力，努力成为钱塘新区、全杭州市乃至全浙江省经济高质量发展的重要支撑。

### 产业平台心无旁骛抓经济

今年的全省开发区（园区）改革提升推进会上指出，要围绕打造高水平现代化平台体系，对全省开发区（园区）来一次系统性重构和创新性变革。

钱塘新区的平台体制改革，就是对全省战略方向的落实和深化。“我们现在提出平台体制改革，既不是从一张白纸开始，也不是重复过去走过的路。而是在一个大平台、一个统一主体下进行的新的平台重构。”钱塘新区管委会主要负责人说。

六大产业平台，打破了区域限制。过去，总面积达531.7平方公里的钱塘新区，实体化运作产业平台仅8.2平方公里。而如今，六大产业平台没有了传统的区域“分界线”。尤其是处于原下沙区域的杭州医药港、杭州大创小镇以及杭州综合保税区，再次获得了宝贵的发展空间。

六大产业平台，今后将聚精会神抓经济。此次调整进一步明晰了产业平台和属地之间的职责边界，六大产业平台主要负责区域内的产业培育、招商引资、开发建设工作，而对应街道则主要是负责辖区内公共服务、公共管理、公共安全职能。

此外，每个平台的书记由钱塘新区委领导兼任，同时联系相关街道，大大加强了平台与属地之间的协同，为平台心无旁骛抓经济促发展提供良好环境。

不久前，中国（浙江）自由贸易试验区扩展区域挂牌仪式举行。其中，杭州片区钱塘区块实施范围为10.1平方公里，由杭州综合保税区、大创小镇、东部湾总部基地等组成，将重点发展数字经济、跨境电商、生命健康、智能制造、保税贸易等产业，着力打造国际领先的数字贸易先行示范区、国内领先的数字赋能新制造业基地、全球一流跨境电商示范中心。

可以想象的是，重大利好之下，钱塘新区六大平台未来可期。

摘自2020年9月25日《浙江日报》

## 杭州钱塘新区“投资之家”全面启用

去年8月，“钱塘人才安居乐业一件事”窗口揭牌，该窗口基本覆盖了人才在钱塘新区安居乐业所需办理的全部事项。近日，杭州钱塘新区又立足“企业视角”，全面启用钱塘新区“投资之家”，从投资者、投资行为、投资项目需求侧出发，为项目落地前准入、落地后审批、投产后服务提供全生命周期的“一站式”服务平台。

以人为本，以企兴区。作为杭州加快推进数字经济发展和实施新制造业计划的“主阵地”和“主引擎”之一，钱塘新区自去年4月成立以来就十分重视对高端人才及企业的培育和招引。

来到位于幸福南路上的“投资之家”下沙分中心，记者看到这里设有前台接待区、宣传展示区等区域，全方位展示了钱塘新区总体规划等投资相关信息和生活配套信息，让企业可以在最短时间内充分了解钱塘新区的投资环境。

“去年12月‘投资之家’进入试运行阶段，将涉企审批、管理、服务事项统一到平台流转，实现服务前移，力争让投资者‘只进一扇门’，最多跑一次。”钱塘新区行政审批局局长陈琦表示。

杭州维丽杰旅行用品有限公司今年将实施厂房改扩建，建筑面积从约18000平方米扩建至29564平方米，以应对业务增长。

“前段时间我们来办理施工图审查，一开始对工程建设项目审批流程和系统操作都不熟悉，多亏了‘投资之家’的窗口人员一次次和我们对接，及时解决了图审摇号等问题，让我们顺利完成了前期报批。”维丽杰旅行用品有限公司王先生表示。

打造有深度、有温度、有广度的投资服务平台，优化营商环境，这正是打造“投资之家”的重要目标。

“自‘投资之家’试运行以来，我们已经接待了2192人次的企业代表，为企业办理相关业务1211件。”工作人员表示。

除了线下办公点，钱塘新区“投资之家”还有网上平台。投资者可在网站上完成新区政策信息“一键查询”、诉求提交、项目申报等多项业务。

“下一步，‘投资之家’将做优线上服务，做强线下服务，重点培育一支服务于企业全生命周期，具有综合服务能力的队伍，建立一套部门间高效协同的运行机制。”陈琦表示。

摘自2020年4月14日人民网

## 钱塘新区财政资金“直达”模式起效 25亿元踏上惠企利民“体验之旅”

近日，位于钱塘新区的明峰医疗系统股份有限公司等3家企业收到了贷款贴息补助款共计193.12万元，这是钱塘新区直接支付到疫情防控重点保障企业的又一笔特殊转移支付资金。

今年6月底全省落实中央财政特殊转移支付机制的决策部署会议精神以来，钱塘新区积极响应、迅速落实，准确把握政策精神，创新资金拨付“直达”模式，实现资金直达基层、直接惠企利民。

传统模式下，财政资金需要逐级层层转拨才能落实到位，如“惠企”资金首先要由财政部门下达给各经济主管部门，再由主管部门下拨到企业；“利民”资金则需经过财政、主管部门、街道、村社等多次转拨才能到达群众手上。传统拨款模式的资金链条冗长，既不利于财政资金尽快发挥效益，也容易造成资金截留挪用、虚报冒领等问题。

钱塘新区以推进“两直”政策资金拨付方式转变为契机，积极协调相关部门、街道、国库、代理银行等各方关系，依托“国库集中支付”和“亲清在线”等信息化工具，对传统拨款模式进行改造优化，创新了资金拨付的“直达”模式。“‘直达’模式简化了资金层层转拨过程，转为直接将资金由国库支付到企业和百姓，真正实现了‘惠企’资金国库直接支付、‘利民’资金直达群众，同时也实现了财政资金运转更加高效、更加安全。”钱塘新区财政金融局相关负责人介绍。

值得一提的是，此次“直达”模式的创新，在原有杭州市“1+12”政策兑现基础上，不仅实现了区级惠企政策全覆盖，还打通了残疾人补助、城乡低保低边、特困人员救助等利民资金的下达渠道。同时，依托资金监控系统，对特殊转移支付资金建立全覆盖、全链条、动态化的全程监控，并建立实名台账，确保资金下达和资金监管同步“一竿子插到底”，尽快发挥效果。

截至目前，新区安排通过“直达”模式拨付的惠企利民资金25亿元，惠及企业600余家、群众1万余人。

摘自2020年7月24日新华网

## 杭州钱塘新区精准推进集成电路产业发展

25个“芯智造”产业链项目同时落地、总投资超300亿元……日前，杭州市钱塘新区举行三季度项目集中签约仪式，占项目总数三成多的“芯”板块，格外引人注目。

集成电路产业作为信息技术产业的关键核心，是支撑经济发展和保障国家安全的战略性、基础性和先导性产业。今年以来，钱塘新区抓住杭州全力打造全国数字经济第一城的发展机遇，设立江东芯谷产业发展平台，深入推进“芯智造”产业链强链、补链、稳链。在项目招引、协同发展、人才引培等方面紧紧围绕“链”字做文章，积极培育集成电路产业发展新增长极。

钱塘新区此前已集聚中欣晶圆、士兰微、立昂微电子等集成电路产业相关上下游企业66家，2019年实现规上工业总产值237亿元，在半导体原材料、设备、IC设计、晶圆制造、封装测试及终端产品等“芯智造”产业链上，均形成了一定的产业基础。

“但从整个集成电路产业发展环节看，像芯片制造、高端制程等领域，我们都还处于起跑阶段，需要更加精准谋划链式发展新格局。”江东芯谷管理办公室主任施峰说，今年新区专门拟定集成电路产业扶持政策，针对芯技术、芯材料、芯设计、芯制造、芯应用“五芯”重点方向，量身定制研发补助、平台补助、经济奖励和配套支持等14项扶持举措。

坚持产业链上“锻长板”。钱塘新区引导已有集成电路企业不断进行产业技术创新，目前，中欣晶圆8英寸、12英寸半导体硅片项目已顺利实现量产，立昂微电子已具备年产120万片8英寸硅外延片生产能力，士兰微建成6英寸、8英寸模拟及数字混合集成电路制造生产线……

“此外，平台重点在谈项目28个、总投资384亿元。其中，10亿元以上重点盯引项目17个、总投资347亿元。可以预见，未来一批强链项目将陆续落户新区。”钱塘新区江东芯谷平台相关负责人介绍。

精准把脉“补短板”。钱塘新区专门成立集成电路产业专班，并与杭州电子科技大学等14所高校合作，聘请行业专家组建芯谷平台项目评审智库，为新区“芯智造”产业链发展“问诊”。首批纳入专家12名，已帮助研判项目10个。同时，钱塘新区还与高校合作，实施“订单式”人才培养计划。

及时纾困解难，才能“稳”到企业心坎里。钱塘新区通过联动集成电路产业各环节企业，充分发挥龙头企业带动作用，打造技术标准规范、资源信息共享、知识产权维护等领域公共服务平台，实现区域内全链条融通。

新落地的至芯紫外芯片项目最近就感受到“芯智造”产业链联动的“稳”。“项目急需启动资金，新区立即协助联系多家银行，不到一个月，就获得了第一笔2000万元的信贷资金。”至芯半导体（杭州）有限公司副总经理黄小辉说，现在项目已顺利落地，预计半年内就将产出第一枚芯片。

摘自2020年8月17日新华网

## 杭州钱塘新区加速创新链和产业链对接

“能在预期价格范围内竞拍成功，对这个结果我们是比较满意的，同时也给企业与高校的合作开了个好头！”签完成交确认书后，杭州杭欣启慧科技有限公司总经理施利江表示。

这是近日发生在2020浙江科技成果竞价（拍卖）会钱塘新区专场暨中国计量大学“计量拍”专场活动上的一幕。当天共有16项科技成果参与竞拍，16项成果无一流拍，全部拍出，总成交价1251万元，溢价率19.71%。

施利江和他的团队是今年才入驻钱塘新区的，作为一家初创科技型企业，他们把目光投向了新能源汽车充电站相关的软件开发和平台搭建。拍卖会之前，他们就锁定了竞拍的目标——光学与电子科技学院提交的充电桩数据计量平台研发成果。该项成果可以在大规模的设备中获取数据信息，并根据信息变化对充电桩进行及时反馈。

拍卖会现场，在拍卖师的“循循善诱”下，竞拍价格不断升高，“每次加价10万，我最后举了三次才拍下来。”施利江回忆。最终，他们以120万元拍下了起拍价80万元的充电桩相关成果，这也是当天全场成交价格最高的项目。

科技成果成为科技创新的关键因素，其重要性、紧迫性日益显现。作为浙江省和杭州市重点打造的经济发展主平台，钱塘新区自成立以来便进一步强化科技创新引领作用，为推动高质量发展、走出振兴发展新路提供新动能。一年来，新区累计推进国家重点科技项目14个；新增省重点研发计划项目9项；今年，新区申报杭州市科技成果转化入库项目12项，其中8项是转化项目，4项是竞拍项目，科技成果拍卖已成为新区科技成果转移转化的重要形式，有效推动科技成果转移转化。

中国计量大学作为浙江省科技成果竞拍会主办单位之一，已经举办多届计量特色科技成果专场拍卖。此次科技成果竞价（拍卖）会，系钱塘新区与中国计量大学共同举办，为新区推动产学研合作发挥了重要作用。接下来，钱塘新区将结合地方产业发展需求，定向征集筛选优质科技成果举办专场活动，加速推进科技成果转化，培养和引进优秀创新创业人才。

摘自2020年11月3日新华网

## 费列罗：中国消费市场发展后劲足

“中国在抗击新冠肺炎疫情过程中表现出的坚定、韧性与决心让我们印象深刻。中国人民的责任感与自律也令我们折服。中国人民向全世界展现了坚毅、团结和奉献精神。”意大利费列罗集团中国区总经理马如城在接受《经济日报》记者采访时表示，虽然疫情给人们的工作和生活带来了暂时影响，但费列罗看到了中国经济的强大韧性和无限潜力。

“疫情不会改变中国经济可持续发展的良好态势。我们预计，疫情过后，中国市场的消费需求将稳步恢复，中国未来消费市场的发展后劲将更足，动力也将更强。”马如城说。

2月10日，费列罗杭州工厂成为杭州市首批核准复工的企业之一。马如城告诉记者，杭州钱塘新区相关负责人多次走访工厂，实地了解工厂复工复产情况与相关需求。“疫情期间，当地有关部门给予了费列罗最坚实的工作支持与政策指导，帮助公司全面有序开展疫情防控的相关部署安排，竭尽所能为企业创造公开透明且便捷优越的营商环境，使公司在最短时间内实现安全有序复工复产。”马如城表示，在实施严密防控措施、确保员工健康安全的前提下，目前费列罗已全面恢复上海总部办公室及杭州办公室员工的正常工作。

此外，马如城还提及了一件令他尤为感动的事。今年3月份，位于上海徐家汇的费列罗中国总部办公室收到徐家汇街道营商中心捐赠的4800只一次性医用口罩，用来支持费列罗意大利总部抗疫。

对于疫情给行业带来的影响，马如城表示，疫情不仅促进了行业线上线下多渠道加速融合，也让更多企业意识到全渠道布局的重要性。“作为全渠道零售的重要一环，电子商务领域蕴藏了广阔的发展空间与增长潜力，中国在这一领域的发展引领全球。”马如城表示，此前，费列罗已与阿里巴巴、京东等国内电商巨头建立了战略合作伙伴关系，借助这些合作伙伴的大数据优势、营销体系以及庞大的用户群体，企业品牌数字化运营水平明显提高，“费列罗将通过与中国领先电商平台不断合作创新，把握这一领域前所未有的发展机遇，为费列罗在中国市场的长期发展提供助力”。

资料显示，自上世纪80年代进入中国市场以来，费列罗已在本土建立起坚实的渠道网络。马如城表示，随着市场环境与消费需求的不断演化，在后疫情时代，费列罗将继续加速全渠道零售布局，让公司产品更好触达消费者，带来更优质的产品体验。

中国是费列罗在全球范围内最重要的增长支柱之一。在马如城看来，中国拥有全球增长最快的消费市场。背靠集团在全球丰富的品牌与产品组合，费列罗将继续向中国包装类甜食市场迈进，开展多元化的品类布局。“未来，还将有更多费列罗新产品陆续与消费者见面，让中国消费者不出国门，就能享受更丰富的‘甜蜜体验’。”马如城表示，费列罗对中国消费市场的前景充满信心。

马如城认为，特殊时期涌现出的新机会、新商业模式将成为新的常态化模式，产品与消费者之间的互动方式也将进入新阶段。

“费列罗将继续加大中国市场开拓力度，不断探索新的可能性。”马如城说。

摘自2020年7月1日《经济日报》

## 花西子全新单品陶瓷口红弘扬中国传统文化

近日，东方彩妆品牌花西子继“苗族印象”之后推出全新产品——“陶瓷口红”。该产品复刻定窑白瓷工艺，采用真正的陶瓷材质；管身复刻宋朝莲瓣纹，寓意连年有余，美好相伴。此次以“陶瓷”为灵感推出定制口红，展现花西子对中国传统文化的坚守和“扬东方之美”的品牌愿景。希望陶瓷口红宛若古代陶瓷一样，走出国门、走向世界，成为东西方交流的重要名片，让西方国家可以通过彩妆，领略到中国现代制造水平与审美水平。

据花西子有关负责人介绍，陶瓷口红外观复刻定窑白瓷工艺，展现口红温润、雅致质感。定窑白瓷素有“天下第一白”的美誉，白釉外观纯净莹润，如凝脂美玉，质感高级。口红膏体复刻东方微浮雕工艺，结合现代技术匠心打造，将传统瓷艺雕琢工序体现于膏体之上，致敬制瓷匠心。

想要打造陶瓷口红并不简单。陶瓷这一材质较多应用于护肤品容器，甚少应用在彩妆产品之中，此次也是花西子首次尝试将陶瓷工艺运用在产品上。据了解，为达到真实的定窑白瓷质感，该产品研发时长达两年之久。

在陶瓷口红实现量产的过程中，如何保持白瓷通透雅致之感及稳定性，成为难题之一。陶瓷口红在烧制时会因环境湿度、温度和时长等因素，导致最后呈现的效果与定窑白瓷大不相同，报废率极高。前期针对陶瓷口红外观的稳定性就做了上百次实验，最终克服重重困难，才让这款陶瓷口红得以量产。

据介绍，这款陶瓷口红采用了色粉预处理技术，解决口红上唇显色不均匀的问题，可以保障口红上唇肤感，实现上唇轻薄、无负担的目标。同时，采用全新低折射率轻油脂，不同于一般油脂的厚重油感，该油脂可以降低光线折射率，使妆效自然哑光，真正打造出羽感哑雾唇。在选色上，陶瓷口红颜色源自真实的红釉瓷色，每一款色号都添加陶土色调，白皮更显白，黄皮不显黑。

花西子正逐步走出国门、走向世界。在刚刚过去的双十一，花西子“苗族印象”系列产品就受到海外消费者追捧。根据天猫双十一期间公布的国货美妆出海榜单中，花西子位居国货美妆出海榜榜首，共有100多个国家和地区的消费者参与购买了花西子彩妆产品。

摘自2020年11月30日《经济日报》

## 2020浙江省“万亩千亿”航空航天产业国际峰会在杭州举办

日前，2020浙江省“万亩千亿”航空航天产业国际峰会在杭州钱塘新区举办。来自全球的重量级专家学者、投资机构、院校、政府机构和产业界人士等近260人相聚钱塘江畔，共谋新发展格局下航空航天产业发展新机遇，共画产业发展新蓝图。

杭州市副市长、钱塘新区党工委书记柯吉欣表示，加快发展航空航天产业，推进建设“万亩千亿”新产业平台，是浙江省推动产业向高端迈进、实现经济高质量发展的重大举措。所谓“万亩千亿”即规划万亩左右空间，将来实现千亿以上产出的产业平台。杭州钱塘新区作为全省航空航天领域唯一的“万亩千亿”新产业平台，将全力打造具有较高集聚度和竞争力的高质量航空航天产业集群。本次峰会是航空航天领域多方交流对话、寻求战略合作的一次盛会，希望借助峰会这个契机为产业界提供一个开放对话、深入讨论、有效沟通的新机遇。

杭州钱塘新区前进智造园主任胡潜表示，2020年新生的前进智造园，将航空航天产业作为园区的支柱来规划。本次峰会也是在向产业界宣布，一个立足长三角、辐射全国、链接全球的“空天新平台”诞生了。

据悉，杭州钱塘新区航空航天产业平台坐落于前进智造园内，总规划面积约5.43平方公里（8150亩），被列入浙江省第一批7个“万亩千亿”新产业平台培育名单。目前已拥有47家知名规上企业，15家世界500强企业，基本形成了航空航天、汽车及零部件、智能装备制造三大主导产业。

杭州钱塘新区航空航天新产业平台处于长三角南翼展翅支点，具备“依托杭州+紧临空港+比邻上海”的多重区位优势，以浙江“大航空”战略为引领，着力优化平台航空航天产业发展环境，努力成为浙江省航空航天产业发展新引擎和主平台。

下一步，杭州钱塘新区将以此次峰会为契机，紧紧围绕主导产业定位，充分发挥新区发展航空航天产业的独特优势，深耕细作，积极打造航空智造园、航空科创谷、航空服务区，并构建以宇航高端产品和核心电子元器件、宇航产品研发与总装测试集成、基于卫星互联网的卫星综合应用3大重点产业为主体，以航天智慧创新1大核心为支撑，以N个“航天+”产业为拓展的“3+1+N”航天产业体系，努力为浙江省大湾区打造具有影响力的航空航天制造业集群奠定坚实基础。

摘自2020年12月10日《经济日报》

## 玫琳凯：紧抓防控生产 线上发力迎接消费变化

“目前整体员工到岗率90%左右，生产线产能恢复了85%左右。”近日，从玫琳凯中国有限公司获悉，继2月10日全国各地陆续启动复工复产以来，公司总部、工厂、各地分公司、经销商一边战“疫”，一边生产，一边保护员工，一边恢复业务。一周前，玫琳凯武汉分公司也伴随着4月8日凌晨江汉关大楼激越的钟声开启复工，正式迎来2020冰雪消融后的春天。

秉承着“黄金法则”“生活优先次序”和“乐施精神”为核心的企业文化，玫琳凯公司在疫情期间的表现令人瞩目。从宣传教育资料筹备到防疫设施采购、从人员情况统计到保障措施制定、从远程线上服务到严格线下防控……玫琳凯在每一环节都周密部署、有序安排，据介绍，相关工作早在春节假期期间便已开始筹备实施，各部门开始行动，远程电话会议服务、协同工作程序、在线培训服务……正式开工前夕，玫琳凯员工的邮箱中收到了一封又一封来自HR、IT、销售等部门的邮件通知，详细的安装步骤和使用指南引领员工通过电脑端、移动端的线上支持，充分实现远程办公交流无障碍，确保工作有序开展，销售人员也第一时间将线下面对面的培训、顾客沟通移至线上进行，充分利用各种社交平台开展售前及售后服务。

位于上海的玫琳凯行政中心聘请专业公司对大厦区域进行了全面消毒查杀，对于员工的行动轨迹、健康状况全面了解掌控，并合理规划推进复工进程，截至今日，基本已根据当地政府要求实现全员安全复工。而位于杭州钱塘新区的亚太生产中心也经历了产能分阶段逐步恢复的过程。据相关负责人介绍，在前期采取的是不同地区、不同身体状况人员分级管理制度，优先安排无流动风险、身体健康的员工返岗工作，因此在开始阶段仅能保障最低需求产能，直到最近工人们陆续回到杭州并确认健康风险排除，才实现85%以上的生产能力。

“线下体验是化妆品行业在新零售时代有效的突围之道，而线上购物方式符合现代消费者快速、便捷的消费习惯。现在虽然缺少了线下体验的环节，但我们正在通过多种多样的手段努力让消费者在线上体验玫琳凯不一样的产品魅力。”玫琳凯中国总裁翁文芝表示，从2月2日起，玫琳凯便开始了在线销售及云培训，为方便及时准确地处理顾客的业务咨询，大年初四便紧急恢复微信客服服务，配备充足的客服人员详细解答相关问题。玫琳凯同步启动多种传播渠道和方式，通过卡通漫画、短视频、图文推送传播健康知识、理性抗“疫”，两个多月以来，进行了十余场直播活动，每一场次都引发数万观众围观并直接形成销售。“目前市场一定积累了很多消费需求，随着疫情情况逐渐好转，我们将充分讨论市场趋势变化，做好用户分析、产品分析，挖掘用户需求，建立产品和服务的比较优势，打造特色，做好内容传播、活动运营，提供有竞争力的产品和服务。”

摘自2020年4月21日中国新闻网

## “杭向未来”人才成果云享会启动 杭州向全球人才邀约

4月29日，2020“杭向未来”人才成果云享会（以下简称“云享会”）启动仪式暨生物医药专场发布会在杭州钱塘新区举行。杭州向海内外高层次人才发出邀约，欢迎他们带着项目来杭州创新创业，持续为高质量发展汇聚“最强大脑”。

据悉，本次“云享会”将招才引智和招商引资有机结合，通过“线上发布+云上连线”的方式，积极促成人才、项目、资金、产业资源等多种元素充分碰撞，为广大人才发挥作用、成就事业搭建舞台。

杭州市委人才办副主任王孟辉介绍，云享会活动将打造享项目、享专家、享需求、享资金、享政策和享服务“6个享”亮点，活动时间为4—7月，将举办生物医药、人工智能、数字经济等不同领域专场对接会，邀请行业内知名企业、风投机构参加连线对接，洽谈合作可能，促进成果落地转化。

启动仪式现场，中科院院士、中科院肿瘤与基础医学研究所所长、中国科学院大学附属肿瘤医院院长谭蔚泓，浙江大学医学院附属第一医院党委书记、肝胆胰外科专家梁廷波作为专家代表分享了最新的科研成果。诺贝尔奖得主、挪威心理学家和神经科学家爱德华·莫索尔，西湖大学生命科学院研究员周强，阿里巴巴集团副总裁、阿里达摩院数据库与存储实验室主任李飞飞等国内外专家云上分享最新研究进展，并通过直播向海内外发出技术合作和人才邀约。

值得一提的是，会上，杭州银行发布人才金融服务“繁星计划”，该计划将聚焦生物医药、数字经济、人工智能等重点领域，成立未来产业研究院，主动发现人才价值。同时，该行将成立行业投融资团队，专注创新产业链，传递政策信息，对接创投资金，整合孵化资源，优化一揽子人才创业信用贷款产品，额度更高、利率更低、期限更长。

下一步，杭州将以“云享会”活动为契机，突出产业导向、聚焦发展需求，将紧紧围绕打造“全国数字经济第一城”、世界级生物医药产业创新高地以及建设国内顶尖、国际一流的人工智能产业集聚高地等目标，开展形式多样的专场对接会，续写人才招引新篇章。

摘自2020年4月30日中国新闻网

## 杭州钱塘新区：打造长三角一体化高质量发展重要增长极

杭州之东，钱江之畔。2019年4月，浙江省人民政府正式批复成立杭州钱塘新区，赋予钱塘江畔这片土地新的使命，新区自此开启发展新篇章。

2019年，钱塘新区实现地区生产总值1100.2亿元（人民币，下同），实现第三产业增加值324.8亿元，实现规上工业增加值658.4亿元；高新技术产业增加值占规上工业增加值比重达66%；固定资产投资保持上扬态势；工业投资、交通投资、生态环保和公共设施投资、高新技术产业投资同比增速为8.1%、49.7%、12.7%、11.5%；社会消费品零售总额同比增长8.7%；货物进出口总额846亿元；完成一般公共预算收入105.8亿元……钱塘新区较好实现了“一年打基础”的既定目标。

澎湃钱江，天开图画，浩浩涛头立。作为浙江省“标志性战略性改革开放大平台”，长三角一体化融合示范区，自诞生起，钱塘新区就承载着重要的战略使命。2020年，钱塘新区将全面吹响深化改革的“集结号”，聚焦经济产业发展，营造高质量营商环境，打造高能级产业平台，为长三角一体化高质量发展贡献“钱塘新区”力量。

### 胸中有丘壑 规划有章法

智者顺时而谋，作为杭州的年轻新区，钱塘新区自挂牌以来始终在探索“路在何方”。挂牌成立之初，钱塘新区即以打造“全省标志性战略性改革开放大平台”“长三角地区产城融合发展示范区”为目标，开启高质量发展新篇章。

新区发展，规划先行。“钱塘新区在成立一年多后完成经济发展的漂亮‘转身’，首先得益于顶层设计。”钱塘新区管委会相关负责人表示。

2019年7月，钱塘新区邀请中国各地十余位专家学者组成“智囊团”，为新区未来发展方向谋篇布局。不到两个月，《杭州钱塘新区规划纲要（战略规划）》正式出台。该规划近期至2025年，远期到2035年，远景展望至2050年。

一系列动作紧随其后，“1+4+X”政策体系、产业规划发布；确定“一江双城四组团”的空间格局、“515”现代产业体系、“四港”交通布局；创新打造六大产业平台……系列政策机制创新“组合拳”为新区锚定未来发展新坐标。

数据统计显示，截至2019年，新区建立健全50余个议事协调机构，整合出台220余项政策制度，引进10亿元以上产业项目15个，总投资达768亿元，其中包括投资350亿元的高端半导体制造项目、投资100亿元的华瑞航空项目等重大产业项目。

产业规划落地发展，人才是关键。“让人才‘宜居’，才能让企业‘宜商’，这是我们推进高质量发展的两张王牌。”钱塘新区相关负责人表示。

坐拥浙江省最大的高教园区，20余万师生的高教资源是钱塘新区一个不可多得的“人才库”。新区内创新创业氛围浓厚，建成投用各类创新平台220万方，集聚国家级、省级海外领军型人才214人，国家高新技术企业461家，成功创建国家双创示范基地、国家创新人才培养示范基地、浙江省首批海外高层次人才创新创业基地。

为加快推进“人才特区”建设，“钱塘人才安居乐业一件事”窗口创新亮相，该窗口基本覆盖了人才在钱塘新区安居乐业所需办理的全部事项，在人才关心的“关键小事”上探索实行更加积极、更加开放、更加有效的人才政策举措。

航标已经锚定，蓝图正在绘就。伴随产业规划、城市基础设施、公共服务配套、人才政策等推进完善，一座宜居宜业宜游的新城正从规划步入现实。

## 深耕新产业　再创新优势

规划开局良好，蓝图绘就，战鼓擂响。2019年9月，杭州全面实施“新制造业计划”，掀起一轮科技和产业革命巨浪，一个崭新“智造时代”正踏步而来。

制造业是国民经济的基础，作为省市对外开放主窗口和工业经济主平台，钱塘新区目前集聚“三个500强”项目141个、规上工业企业581家，年产值100亿元以上企业3家、50亿元以上企业8家、10亿元以上企业62家。

如何创新破题，吹响发展集结号？以生命健康产业为例。新春伊始，突如其来的疫情考验着政府的应变能力，众多行业不得不按下暂停键时，钱塘新区生命健康产业化疫情之危为发展之机，乘势而上，迎来全新发展机遇。

据悉，疫情期间，在杭州医药港小镇，众多生物医药公司全体总动员投入抗“疫”复工攻坚战中，指导40多家企业、1000多名员工复工复产，积极筹备口罩生产工作，一场场救援和复产的奇迹在短短几个月里上演。

新区能快速复工复产，离不开大量智能装备产业。受疫情限制，工人不能如期复工，使用工人较多和采用传统生产的企业受到极大影响。在此背景下，杭州前进智造园的智能装备企业带头复工复产。数据统计显示，新成立的前进智造园目前拥有最高端装备制造业企业21家，2019年规上工业总产值12604亿元，占比67.9%。

站在新的历史起点，钱塘新区加快构建一流营商环境，干在实处、走在前列、勇立潮头，激发新动力，再创新优势，奋力交出一份创新答卷。

作为浙江大湾区五大新区的龙头，钱塘新区建设全方位融入长三角一体化发展国家战略，并率先尝试打破地市间的行政界限。2019年10月23日，钱塘新区与海宁市政府签署了全面战略合作协议，争取突破行政壁垒，打破行政区划限制，促进人口、资金、信息等要素的自由流动和相关领域的融合发展。

挂牌一周年之际，钱塘新区在高质量转型创新发展上迈出更大的步伐。2020年5月20日，钱塘新区坚持差异化发展原则，重点打造的六大产业功能平台全新亮相，将重点做好产业培育、招商引资、企业服务等工作。“此次体制机制改革，就是要让平台能轻装上阵，心无旁骛抓经济，进一步激发加快发展、做强主业的生机活力，推动新区经济提质增速。”钱塘新区相关负责人介绍。

## 锚定新坐标　导引新未来

抓大机遇者得大发展。从设立之初，钱塘新区就将产业作为强区之本、立区之基。作为杭州市实施“新制造业计划”的主战场，钱塘新区的半导体、航空航天、新材料等新兴产业正如奔腾不息的钱塘江水，激活钱塘新区高质量发展的澎湃动能。

2020年，新冠疫情让数字化应用场景需求进一步扩大，钱塘新区就有这样一支“核芯部队”，他们与时代大潮同频共振，成为创业创新的变革者，也让新区看到“新型基础设施建设”中半导体产业的发展风向。

“我们可以预见，半导体产业将进入新一轮发展黄金期。”作为六个产业功能平台之一的杭州江东芯谷相关负责人介绍，该平台半导体产业布局多样，随着核心企业陆续落地，产业链聚集趋势和虹吸效应不断发酵，越来越多关联企业被吸引过来。“下一步，我们将重点发展集成电路、人工智能、5G、区块链等产业，致力打造半导体千亿产业大平台和杭州的芯片之城。”

数据统计，钱塘新区拥有半导体及相关行业企业22家，2019年实现规上工业总产值210亿元。今年一季度，半导体产业实现工业总产值37.67亿元。其中7家企业保持增长，实现工业总产值29.97亿元。

与此同时，钱塘新区在航空航天产业发展上更是充满优势。2019年4月，浙江省首批7个“万亩千亿”新产业平台培育对象名单公布，位于钱塘新区的航空航天“万亩千亿”新产业平台“榜上有名”。

2020年是高水平全面建成小康社会的收官之年、实现第一个百年奋斗目标的冲刺之年，也是钱塘新区整合融合的巩固提升之年、高质量发展三年行动计划落地落实的关键之年。钱塘新区有关负责人表示，钱塘新区将紧紧把握浙江建设“重要窗口”的战略机遇，对标国内一流新区，进一步深化改革、大胆创新，奋力打造产业的高地、城市的窗口、开放的前沿。

知行合一，干字当头！当好长三角一体化高质量发展的重要增长极，钱塘新区在行动。

摘自2020年6月5日中国新闻网

## 家电、汽车、服装行业深度游，杭州新推出的系列工业旅游「圈粉」无数人：还有一波在路上！

蓝牙连接，手机操作，掌握108道食谱的炒菜机器人3分钟炒出一盘飘香的土豆丝；

只需放入面粉，面条机自动加水、擀面、和面、醒面，15分钟即可获得面条、饺子皮、空心粉等面食；

地下、地面、空中三条通道交错运行，汽车总装车间1小时下线20辆车；

借助智能制造力量，制作一件量身定制的旗袍，最快只需2小时；

……

上述一幕幕在现实中发生的场景，专于某个特定行业的人或许熟知，但大部分人可能并不知晓。而这些，皆是杭州市民旅游所见之景——工业旅游。

如果说普通的旅游，让人阅尽世界美景、生活百态，那么工业旅游则是让人走进工业企业，走进车间，近距离感知消费升级，了解熟悉的产品陌生的背后故事。

新冠肺炎疫情下，产品的销路成为大问题，所以才有了当前各种拓市场活动的迸发。在这一特殊时期下，近日在杭州，为了推广杭州好产品，杭州市经信局组织开展系列工业旅游活动，积极助力企业拓市场、去库存。一批批市民代表享受“服装游”、“家电游”、“汽车游”，走进杭州的各类工业企业，并被“圈粉”无数。

家里做饭有油烟怎么办？不会做饭怎么办？会做饭，但不会做那么多美食怎么办？

在位于杭州钱塘新区的“家电游”行程中，市民代表走进杭州九阳小家电有限公司，近距离感受了一把消费升级的魅力。

倒入调料，倒入切好的土豆丝，盖上盖子。蓝牙连接手机，点击炒土豆丝，立刻开启炒菜的炒菜机器人瞬间成为全场焦点。区别于家常炒菜时的油烟，氤氲冒出的气体是蒸汽。很多人表现出好奇，并挥手加以确认。

一两分钟的时间内，土豆丝的香味已飘出。一位杭州阿姨直呼：“好香，真的好香。”时间到了3分钟，土豆丝出锅。惊喜竟有这种产品之余，市民代表们纷纷上前品尝。

对于炒菜机器人版炒土豆丝的风味，大家频频点头，予以肯定。有人不禁感慨，“看来厨娘要下岗了。”有人则表示：“不会炒菜的人有福了。”

这个类似家用锅具大小的炒菜机器人拥有108道菜谱，荤菜、素菜、煲汤皆可。手机选择哪个菜谱，温度和时间便会相应切换。就连每道菜需要放多少油盐酱醋，都注明了克数，并配备各类勺子，1克的，0.5克的……据介绍，完成一道素菜一般需要3分钟，一道荤菜也仅需4分钟。

一旁放置的面条机也引起大众的好奇：它可以做什么？该如何操作？工作流程是什么？据介绍，只需放入面粉，面条机将自动加水、擀面、和面、醒面，根据自主使用的模具，15分钟即可获得面条、饺子皮、空心粉等面食。

折叠水壶、不用手洗破壁豆浆机、自清洗静音智能破壁机、120度高温蒸汽溶解擦拭油污的蒸汽拖把……一大波好产品的集中来袭，不仅丰富了市民代表的眼界，也激起了他们消费升级的欲望。

“这款产品已经上市了吗？”“这个多少钱？”……现场，一位男士表示：“到这里看过之后，家里的东西都要更新了。”他还打趣道，要是可以以旧换新就好了，家里的放着可惜，好的又想要。

事实上，在这一次“家电游”中，市民代表从九阳的历史开始了解起，了解企业的发展历程，历年来产品的不断迭代，做过的重大项目，最先进的产品，也给了他们亲身体验的机会。现场宛如一个大型的“购物现场”，不少人被各类产品“圈粉”，当场就“买买买”。

结束“家电游”，迎接这波市民代表的是下一站“汽车游”——走进杭州吉利汽车有限公司，参观其位于钱塘新区的整车基地。从冲压车间、焊接车间到总装车间，他们初次深入汽车工厂，一睹汽车工厂内部的真容，了解汽车生产的流程及最新技术。

顺着焊接车间往里走，门口一块手工线是工人最多的地方。越往里走，就会发现几乎看不到什么工人，有的只是300台巨型机器人，部分正在有序工作中，在空旷的工厂中显得分外壮观。“我们焊接车间的自动化程度很高，达到了90%。”该公司相关负责人表示。

走进6.6万平方米的总装车间，地下，地面、天上的通道交错而行，汽车在这里有序移动，一步骤完成前往下一工序。眼前，有着7种颜色的icon系列车正在组装。高处的电子屏幕上，记录着计划产量、实际产量、开动率等实时进度。据介绍，一辆车从钢板到下线需要三天，若是已进入到总装车间，1小时可下线20辆车。

“现在汽车很普遍，很多家庭都有车，但这还真是我第一次来到汽车生产车间，见识这没见过的这一切，真的很壮观。”市民代表蒋女士表示。

总装车间中亦有机器人的身影，如较为重要的轮胎自动分装线。原本需4个工人，但有了3台机器人配合后，现在1个工人都没有。只见机器人吸取螺帽，抓取轮胎，调整位置、蓝光扫描，安装轮胎，拧紧螺帽，轮胎便装配完成。

此前的“服装游”也带来诸多惊喜。生产车间里的生产线可把衣服运送到指定工位；制作一件量身定制的旗袍，最快只需2小时……不为外行人所知的是，服装行业也悄悄插上了智能制造的“翅膀”。

过去，一件旗袍从生产到顾客拿到手需历经量体、制版、绣花、裁剪、缝纫等各个工序，以及3-4周的时间。而现在，只需输入肩宽、胸围等20多个数据，相关平台就能自动生产旗袍样板，不再需要人工一个个打样。

杭州市经信局相关负责人介绍，举行工业旅游是为了推广杭州好产品，集中展示本地优势产业和优质产品。接下来，制造业企业代表和市民代表还将走进建德新安江水电站、青岛啤酒、双马生物等企业参观、游览、购物，帮助企业进一步拓展消费市场。

他表示，现在的工业旅游还是小规模地尝试，一次四五十人。目前，也有一些单家的企业在做工业旅游。未来，希望可以串起一个个零散的企业，在杭州打造几条热门的工业旅游路线，真正实现市场化。

摘自2020年7月30日中国新闻网

## 76个项目集中签约开工投产 杭州钱塘新区发展再添活力

8月12日，杭州钱塘新区举行重大项目集中签约、开工、投产活动暨生物医药万亩千亿新产业平台建设推进会，76个项目集中签约开工投产。

其中，签约项目26个，总投资281亿元（人民币，下同），涉及生物医药、区校合作、跨境电商、集成电路、新材料、智能制造等领域；开工项目35个，总投资563亿元，涉及产业、社会事业、重大基础设施以及城市配套等领域；竣工投产项目15个，合计达产年产值80.2亿元。

杭州市副市长、钱塘新区党工委书记柯吉欣在现场表示，本次活动是对新区产业平台的集中检验，为新区未来高质量发展注入了强大动力、集聚了重要力量。他要求，钱塘新区相关部门要继续为企业营造一流的环境，促进项目高标准实施、高效率推进，为打造万亩千亿产业平台贡献重要力量。

经济发展，项目是关键。一直以来，作为杭州经济发展的重要平台，钱塘新区始终坚持产业立区、项目为王，在招大引强、扩大有效投资等方面下功夫、抓成效，加快推动新区高质量发展。

今年年初，钱塘新区高端生物医药产业平台入选浙江省第二批“万亩千亿”新产业平台培育名单。杭州医药港相关负责人介绍，目前，杭州医药港正加速建设发展。下一步，将继续加大招商引资和项目建设力度，切实打响“投资钱塘就是投资未来”品牌，力争到2025年将生物医药产值做到一千亿。

值得关注的是，为进一步集聚主导产业，今年5月，钱塘新区启动产业平台体制机制改革，围绕招商引资、项目推进、企业服务组建六支攻坚队伍，并在浙江省率先实现六大平台全员聘用制，形成了“人人谋划项目、人人关心项目、人人服务项目”的浓厚氛围。

摘自2020年8月12日中国新闻网

## 杭州钱塘新区：强化产业培育 加速助推企业上市

8月19日，位于杭州钱塘新区的杭州格林达电子材料股份有限公司在上海证券交易所挂牌上市。截至目前，钱塘新区已有上市企业11家。

据了解，自挂牌成立以来，钱塘新区充分发挥多层次资本市场在优化资源配置中作用，把推进企业上市作为优化产业结构、增强区域竞争力的重要举措，鼓励引导企业强化资本意识，推动企业上市，打造资本市场的“钱塘板块”。

为推进辖区企业上市，钱塘新区成立金融专班，开展一对一走访服务；建立重点拟上市企业培育库；开展企业座谈、董秘培训和上市服务沙龙活动，邀请证券交易所、券商、律师事务所、会计师事务所等相关专家专题讲课，帮助重点企业对接股票交易所审核专家。截至目前，新区累计为拟上市企业协调和解决政策兑现、用地、厂房确权、上市咨询等问题200多项。

上市企业数量的稳步增长，离不开钱塘新区完整的产业培育政策。以“领飞计划”为例，作为钱塘新区去年颁布的“1+4+x”政策体系的重要内容，新区每年安排预算不少于5亿元（人民币，下同）培育一批“钱塘头雁”“钱塘雨燕”“钱塘雏鹰”及“钱塘凤凰”企业。通过企业梯队培育方式，分层次促进企业向专精特新、单项冠军企业攀升，引领和带动更多企业做优做强，增强新区经济发展后劲。

其中，钱塘新区在“钱塘凤凰”政策中设置上市500万元、并购最高500万元、上市公司落地1000万元、拟上市公司落地600万元及各类鼓励企业再融资、惠企政策提前兑现、支持企业资产重组和转增股本、支持持股平台落地、保障上市企业总部建设、支持企业设立并购基金的奖励。目前已向壹网壹创等11家企业发放“钱塘凤凰”政策奖励近3000万元。

钱塘新区相关负责人表示，下一步，新区将继续引导优势企业制定上市发展规划，及时协调解决上市培育企业存在的问题，大力支持金融投资机构参与拟上市公司的上市推进工作。

摘自2020年8月19日中国新闻网

## 首届杭州历史经典潮玩节：让百年产业焕发新活力

9月5日，以“引领国风文化潮流 传承杭州经典产业”为主题的首届杭州历史经典产业潮玩节在杭州钱塘新区启幕，活动旨在通过经典产业与现代元素的融合，让杭州百年历史经典产业在新时代下传颂新“经典”，焕发新活力。

本届潮玩节由杭州市经济和信息化局、杭州钱塘新区管委会主办，杭州大创小镇、玩物得志承办。张小泉、王星记、万事利、西泠文创等30多个杭州历史经典产业IP首次集中亮相会场，赵建忠、朱炳仁、钱高潮等多位国家级工艺美术大师云集现场，活动通过网红带货、潮人代言、电商直播、互动市集等新玩法，探索杭州经典产业保护传承、创新发展路径。

杭州市经济和信息化局副局长汤丽玉在会上指出，杭州作为历史文化名城，经典产业资源丰富，传统技艺源远流长。当下科技的进步、产品和工艺的创新让历史经典产业焕发新活力，“互联网+”和新零售的出现赋予经典产业新发展空间。

传承发展杭州历史经典产业，既是传统产业转型升级的必然要求，也是当代杭州人传承历史文化的责任担当。随着电商直播新经济的兴起发展，杭州历史经典产业正迎来加速发展和转型的重大机遇。

对此，钱塘新区党工委委员、党群工作部部长陈金泉在会上介绍，本届潮玩节是浙江省内首个历史经典产业与“新人群、新媒体、新渠道”的互动盛会，千万级线上带货平台与线下产业发展实现联动，为经典产业增添活力，实现古韵弥新。

活动现场，杭州市经信局发布《杭州历史经典产业地图》，杭州大创小镇、杭州丝绸、工美、茶叶等相关协会、龙头代表企业及玩物得志平台共同发起设立“杭州历史经典产业联盟”，同时启动联盟首个直播中心，通过加快经典产业与文化互动交融，借力数字赋能，抢抓历史经典“潮玩”新机遇。

摘自2020年9月5日中国新闻网

## 2020年全国双创活动周浙江分会场在杭州钱塘新区启动

10月15日，2020年全国双创活动周浙江省分会场暨钱塘芯谷启动仪式在杭州钱塘新区钱塘芯谷举行。

创新创业的高质量推进，正为浙江“重要窗口”建设贡献源源不断的源动力。据悉，浙江省现共有两院院士53人，11个设区市全部实现人才净流入；企业技术创新能力居中国第3，区域创新能力居中国第5，科技创新综合实力居中国第6，创新实力居中国第一方阵。

创新创业的蓬勃发展为浙江“两个高水平”建设和高质量发展奠定坚实基础。2019年，浙江省数字经济核心产业实现增加值6228.9亿元（人民币，下同），同比增长14.5%，占GDP的10%；高技术、高新技术和战略性新兴产业增加值分别增长14.3%、8.0%和9.8%，增速均高于规模以上工业的6.6%。

作为浙江省分会场的承接地，钱塘新区成立一年多来，新增市场主体23213户，已累计建成投用各类创新平台220万方，集聚国万、省万和各类海外高层次领军型人才225名，国家高企、省级科技中小型企业、省级以上研发机构等创新主体1819家。

杭州市副市长、钱塘新区党工委书记柯吉欣表示，钱塘芯谷是钱塘新区今年5月新成立的重要产业平台，此次双创活动周启动仪式在这举行，也是希望通过双创的力量加快芯谷建设，助力浙江省集成电路产业发展。

据悉，芯谷规划总面积138平方公里，以半导体产业、未来产业为主导方向。平台成立至今100多天，已落户集成电路相关产业项目13个，总投资158亿元，其中投资10亿元以上项目10个；在谈有意向落户项目32个，总投资超过284亿元。

摘自2020年10月16日中国新闻网

## 中国医药行业盛会在杭州钱塘新区举行 议医药产业创新

11月28日，“2020中国医药企业家科学家投资家大会”在浙江杭州钱塘新区举行，政府、企业、专家和资本齐聚一堂，共探医药产业创新发展新路径。

据悉，“中国医药企业家科学家投资家大会”已连续召开十一届，活动旨在打通政府、企业、技术、资本、临床等各要素，构建中国最权威的医药新产品创新发布平台，打造中国医药产业生态的价值链接平台。

大会开幕式上，十三届全国政协常委，农工党十六届中央专职副主席兼秘书长、监督委员会副主任曲凤宏，杭州市副市长、钱塘新区党工委书记柯吉欣，中国科学院院士、中国医药生物技术协会理事长魏于全，中国医药企业管理协会名誉会长郭云沛到场致辞，杭州钱塘新区党工委副书记、管委会常务副主任施华森作杭州医药港介绍。

国家药监局药品审评中心前首席科学家徐增军，西湖大学副校长许田，中国医药企业管理协会名誉会长于明德，微医创始人、董事长兼CEO廖杰远分别围绕“中国药物研发全球征程中的现实和逻辑”“中国药物创新的原创与产业化”“变局中开新局——医药形势与应对”“打造高效、安全、融合、共赢的医药产业链供应链”等相关主题分享行业洞见。

作为本次大会的主办单位之一，杭州钱塘新区一直以来高度重视生命健康产业的发展，目前，新区内的杭州医药港已集聚生物医药企业1300余家，主营业务收入超350亿元（人民币，下同），已落户辉瑞、默沙东、强生等全球500强药企，药明生物、华海药业等行业领军企业。

针对生命健康产业特点，钱塘新区强化要素集聚、系统整合，构建起了涵盖临床前研究、临床试验、产业化、上市销售的生命健康全链式产业生态：建成投用投资10亿元、可提供全方位研发服务的药明生物公共服务平台；与浙大一院、浙大二院、邵逸夫医院、浙江省人民医院、浙江省肿瘤医院等一流医院共建临床试验中心，推动临床资源向企业开放。

摘自2020年11月28日中国新闻网

## 第四届浙江药学大会举行<br>院士专家齐聚谈守护全民健康

第四届浙江药学大会开幕式日前在杭州钱塘新区举行。作为浙江全省医药行业的年度盛会，第四届浙江药学大会由浙江省药学会、杭州钱塘新区管委会主办，以“发扬抗疫精神，守护全民健康”为主题，邀请中国医药领域院士、专家围绕前沿热点问题作大会报告，并设立药物制剂、制药工程、化妆品等专业论坛进行学术交流。

现场，钱塘新区党工委副书记、管委会主任朱党其在致辞中表示，一直以来，浙江省和杭州市都非常重视医药产业发展，以钱塘新区为核心加强规划布局。

目前，钱塘新区已聚集了中科院基础医学与肿瘤研究所、中国药科大学创新药物研究院、浙江大学智能创新药物研究院等顶尖科研资源，引进了辉瑞、默沙东、药明生物等全球领军型企业，拥有浙大一院、浙大二院等全国领先的临床资源，吸引了一大批医药领域创新创业人才，杭州特别是钱塘新区的医药产业正在全速发力，逐步成为长三角医药产业发展的新引擎。

朱党其表示，浙江省药学会是政府、企业和科研机构对接交流的重要桥梁。希望借助浙江省药学会这一平台，钱塘新区能够与更多的企业和科研机构开展深度、紧密的合作，共谋发展、共创未来。

现场，中国工程院院士李兰娟作《科学防控疫情 护卫人民健康》的主题报告。李兰娟结合自身一线疫情防控的丰富经验，联系实际、深入浅出，为做好当前疫情防控常态化工作提供了精准有效的指导。

国家药品监督管理局药品审评中心主任孔繁圃则以《深化审评制度改革 推动药品高质量发展》为题，聚焦药品审评审批改革进展，以专业化的语言、系统化的内容，带来了一场既有理论高度又有思想深度的报告。

值得注意的是，在本次活动中，中国药学会与浙江省科协，浙江省药学会与杭州钱塘新区还进行了战略合作签约，旨在通过强强联手，助力创新药物研发以及医疗技术提高，推动浙江全省医药产业发展再上新台阶。

钱塘新区方面表示，下一步，钱塘新区将持续完善医药产业“生态链”，为医药产业发展装上“加速器”，进一步迈向高质量发展。

摘自2020年12月7日中国新闻网

## 杭职院举行科研成果拍卖会<br>17项成果竞拍总价958.5万元

“成交价，60万元！”随着锤子落定，杭州职业技术学院电梯工程技术专业教师崔富义“基于lonworks网络的电梯分布式监控系统”的专利拍出了60万元（人民币，下同）的高价。

12月16日，2020浙江科技成果拍卖会杭州职业技术学院专场在浙江杭州举行。最终，总起拍价678万元的17项科技成果全部成交，总成交价958.5万元，溢价率41.37%。

据悉，本次拍卖共推出17项科技成果，其中杭州职业技术学院（下称“杭职院”）15项、中国计量大学2项，涵盖智能制造、健康医疗、教育、新材料、农林畜牧等技术领域。

拍卖会上，企业对感兴趣的科技成果争相举牌竞价。

其中成交价最高的“一种电动叉车用锂电池组及其管理系统”竞拍价为120万元；溢价率最高的“西红花抗连作栽培技术”从16万元起拍价被一路追至80万元成交，溢价率400%。

崔富义“基于lonworks网络的电梯分布式监控系统”的专利被拍出了60万元。

以前，一部电梯有几百个电气部件，所有信号都集中传输到机房，不仅布线工作复杂，汇聚了大量信息的机房也很容易出现故障。崔富义设计的系统，就是让各部件实现本地控制，降低主控制器的系统压力。“采用该系统的电梯每部可以降低生产成本8000元。”崔富义说。

杭职院校长徐时清表示，科研成果转化的“最后一公里”是否顺畅，既关系到教师科研团队的积极性与自信心，又对区域经济发展和产业布局带来重大影响。“杭职院会发挥好自身的资源优势，联合浙江知识产权交易中心的平台优势与钱塘新区的区位优势，积极开展技术合作，打造技术技能创新服务高地。”

活动现场，还同时举行了产学研合作签约仪式。本次活动由杭州职业技术学院、杭州钱塘新区管理委员会共同主办，钱塘新区经发科技局、温岭市科技局、浙江知识产权交易中心以及中国计量大学科技处联合承办。

摘自2020年12月17日中国新闻网

## 杭州试点进境生物材料检疫改革 千余家机构企业将受惠

杭州近日被海关总署正式批复为进境生物材料检疫改革试点城市。据杭州海关方面透露，此项改革预计将惠及1000余家科研机构、高校院所、进出口企业和医药研发生产企业。

近年，随着杭州市生物医药产业迅猛发展，随之带动了对进口高端生物实验材料和实验动物的旺盛需求，如何便利生物材料进口，成为提升杭州生物医药技术研发水平、助力生物医药产业创新发展的关键一环。

杭州海关动植物检疫处动检科副科长郑冲介绍，此次海关总署在杭州试行的进境生物材料检疫改革新政就针对便利生物材料进口推出了多项利好。

据了解，此项改革缩短了进境无特定病原体动物（下称“SPF”）实验鼠隔离期，满足一定条件的进境SPF小鼠或大鼠进境隔离期将由30天调整为14天。

“新政确实解决了我们的燃眉之急。”杭州钱塘新区“生物医药产业进口实验动物平台”相关负责人说，隔离期的缩短，满足了该平台一大批研发使用机构对实验小鼠日龄的要求，让各大高校、研发机构的科研工作获得有力保障。

此外，该项改革也优化了监管措施，进口基因检测用动植物及其相关微生物DNA/RNA，免于提供出口国家/地区官方检疫证书，进境时随附国外提供者出具的成分说明和安全声明，口岸查验合格后即可直接放行。改革还简化了进境实验动物隔离场审批，进境SPF鼠指定隔离场使用证由批批办理调整为一次办理6个月内多次使用。

摘自2020年5月14日中国新闻网

## 改革干部聘用制度 钱塘新区六大平台激发产业“新”活力

5月20日，杭州钱塘新区召开产业平台建设推进大会。会上，钱塘新区六大产业功能平台全新亮相，重磅推出干部人事制度改革，新区以打破体制机制障碍、聚焦经济发展、打造高能级产业平台为目的的体制机制改革号角再次吹响。

据悉，六大产业平台的153名干部均来自机关、街道、国企，他们将告别编制和终身制，实行全员聘用制，个人绩效薪酬直接与考核等级挂钩，从而全面激发广大干部的干事创业活力，助力钱塘新区打造名副其实的浙江省标志性战略性改革开放大平台。

从推进会现场获悉，此次调整优化的六大产业功能平台包括杭州医药港、杭州大创小镇、杭州综合保税区、杭州江东芯谷、杭州临江高科园和杭州前进智造园。该六大产业功能平台将发力“515”现代产业发展体系，深耕半导体、生命健康、智能汽车及智能装备、航空航天、新材料五大先进制造业，探索布局未来产业，积极发展研发检测、电子商务、科技金融、软件信息、文化旅游等五大现代服务业。

同时，六大产业功能平台将聚焦经济发展主责主业，减负放权赋能，制定出台干部人事管理、财政保障、招商决策等配套体制机制，进一步明晰产业功能平台、街道、部门等之间的职能，做到职责明确，责任清晰，为平台心无旁骛抓经济提供良好环境，把更多精力用在招商引资、服务企业上，形成“平台龙头引领、部街合力助推”的新局面。

钱塘新区相关负责人表示，六大产业功能平台区位优势、空间优势和发展潜力得天独厚，将以各自发展的独特优势，努力构成新区乃至杭州市发展的重要力量。

为做好多点产业集群，钱塘新区坚持差异化发展，着眼长远产业定位，按照强化特色、发挥优势、错位发展的思路，实现新区全域开发建设、经济发展全履盖。在做好做大生物医药、半导体、新材料、航空航天和汽车及零部件五大千亿产业平台的基础上，未来还将打造数字经济、校友经济、人才集聚、创新创业、总部经济五个高地。

### 干部人事聘用制度　淡化身份只拼业绩

改革的关键，主要在人。淡化身份、编制、级别的差别，去“机关化”“行政化”是钱塘新区此次改革的一大亮点。据悉，新区在杭州市率先探索深化平台干部人事管理制度改革，取消人员身份限制，全面推行全员岗位聘用制，每届聘期三年，期满重聘，行政事业人员进入平台工作的，一律实行档案封存管理。

同时，钱塘新区创新平台人员薪酬体系，平台内部实行全员绩效考核，任务按月逐项分解到人，月评季考，年终按照排名评定SABCD五大等级；推行“基本工资+绩效薪酬”的岗位绩效工资制，绩效薪酬由平台自主分配，优绩优酬，彻底解决“干与不干一个样、干多干少一个样、干好干坏一个样”。

此外，钱塘新区高度重视工作人员的年轻化、专业化。据悉，此次聘任的工作人员中，90后53人，占41.7%；80后57人，占44.9%；70后17人，占13.4%，其中面向世界前100所，国内“双一流”高校招聘的党政储备人才28人，占22%，旨在让优秀年轻干部到平台一线扛大旗，为年轻干部提供广阔的成长空间和发展机遇。

下一步，钱塘新区将以改革为牵引，调优调好，以加快产业转型升级，强化创新驱动引领为重点，探索“市场化运作、企业化管理”的平台体制，激发加快发展、做强主业的生机活力，为实现“世界级智能制造产业集群、长三角地区人产城融合发展示范区、全省标志性战略性改革开放大平台和杭州湾数字经济与高端制造融合创新发展引领区”发展目标提供强大的动力支撑。

摘自2020年5月20日中国新闻网

## 全国首创大进口新模式<br>天猫国际首个保税区工厂正式投产

当季燕窝原料从马来西亚空运到国内，经过海关检疫后进入保税区。消费者下单当日，在保税区工厂炖煮，第二天，小瓶装的鲜炖燕窝即可送达消费者手中。

7月21日，天猫国际联合杭州综保区正式启动“保税区工厂”项目，全国首创“保税进口+零售加工”大进口新模式。这是双方在进口供应链升级上的又一新进展，也是天猫国际推进阿里巴巴5年2000亿美元进口战略取得的新成果。

当天，保税区工厂的首条品牌生产线——马来西亚品牌“正典”鲜炖燕窝工厂正式投产。

据介绍，“保税进口+零售加工”的模式发挥了综保区制度优势，对成熟的跨境零售进口供应链进行流程改造，将海外的成品终端加工前置到国内保税区，通过进口原料保税加工后，实现面向消费者零售、定制化销售。

“以保健食品为例，我们发现，消费者对‘鲜炖燕窝’这类的进口短保期商品需求特别强烈，但原本的跨境供应链很难满足这类新需求。”天猫国际副总经理王浩洋表示，而将生产加工环节前置到国内，就可大幅缩短供应周期，打造新的进口模式。

“消费者当天下单，工厂当天生产，第二天就能品尝鲜炖燕窝，让每日配送成为常态。”正典燕窝品牌负责人介绍，品牌在保税区的工厂已于今年6月开始试运行，截至目前已卖出近4万瓶鲜炖燕窝。

“保税进口+零售加工”的大进口创新模式不只服务于鲜炖燕窝这类短保质期商品，接下来还将会扩大到进口坚果、果干、咖啡茶制品、以及家居轻纺等品类。

今年以来，天猫国际持续推出品牌入驻新政策、进口新模式，帮助海外品牌抓住国内疫情后涌现出的多样化消费新需求。疫情也未阻挡海外品牌进入中国的步伐，数据显示，今年上半年，海外新品牌入驻天猫国际的数量同比增长超60%；618期间，海外品牌成交同比增长43%，超4000个海外品牌同比增长翻倍。

摘自2020年7月22日中国新闻网

## 中国（浙江）自贸区钱塘区块启动30个项目签约落地

目前，中国（浙江）自贸试验区杭州片区钱塘区块启动暨2020钱塘新区（上海）投资推介会在上海举办。据悉，本次推介会也是浙江杭州参与第三届进博会的重要配套活动，经过前期洽谈会商，推介会共签约30个项目，投资总额约110亿元（人民币，下同），涵盖生物医药、智能制造、集成电路、跨境电商等诸多领域。

其中，松下家电（中国）智慧电器项目、星月沪杭科创谷项目等10个总投资33.1亿元的项目落户自贸区钱塘区块；中肽泰德医药项目、高光制药新药研发项目等10个总投资74.8亿元的重点项目落户自贸区联动创新区。

此外，钱塘新区与浙江工商大学合作的中国（浙江）自贸学院项目、钱塘新区与浙江传媒学院合作的中国（杭州）直播电商产业教育学院项目等10个共建项目也签约落地。

据悉，中国（浙江）自贸试验区杭州片区钱塘区块由杭州综合保税区、杭州大创小镇、杭州东部湾总部基地等组成，定位为打造全球一流的跨境电商和生物医药产业创新高地，全国一流的国际创新人才培养和国家双创示范基地，长三角数字贸易与国际合作协同发展的引领区，杭州湾数字经济与智能制造融合发展的引领区，力争成为浙江省标志性、战略性改革开放大平台。

该区块自2020年9月纳入浙江自贸区范围以来，已落户近200家企业。

摘自2020年11月11日中国新闻网

## 杭州综试区率先实现
## 跨境电商B2B出口4种模式全覆盖

7月1日凌晨，钱江海关成功验放海关监管方式代码为“9710”（跨境电商B2B直接出口）的出口报关单和出口申报清单、海关监管方式代码为“9810”（跨境电商出口海外仓）的出口报关单和出口申报清单，标志着杭州综试区在全国范围内率先实现了跨境电商B2B出口4种模式全覆盖。

6月12日，海关总署发布2020年第75号公告，决定自7月1日起在北京、天津、南京、杭州、宁波、厦门、郑州、广州、深圳、黄埔等10个海关开展跨境电商企业对企业出口（跨境电商B2B出口）试点。增列海关监管方式代码“9710”（跨境电商B2B直接出口）和“9810”（跨境电商出口海外仓），引导企业把原来从普通货物通关转为通过跨境电商B2B出口管理模式下通关，便利海关直接按照相应监管方式汇总统计这部分跨境电商出口数据，有效解决跨境电商出口统计问题。

“在这个特殊时期，跨境电商B2B出口新政的落地真是及时雨，为我们企业的未来发展带来新的契机！”参与此次试点企业之一的杭州全瓒电子商务有限公司负责人谢何铭说，“公司主要在亚马逊平台销售沙发套、棉布样等家纺类产品，新政帮助我们尝试向B2B和B2C两个方向拓展，应对变局，及时做出新的调整，探索形成一个比较全面的市场体系。”

据海关关员介绍，此次新政突出了新业态信息化程度高、平台交易数据留痕等特点，海关进一步释放改革红利，采用企业一次登记、一点对接、简化申报、便利通关、优先查验、退货底账管理等有针对性的监管创新措施；同时为中小微出口企业提供了更加便捷的选择，顺应了跨境电商企业批量出口的需求，有助于企业增强业务韧性、提升抗风险能力，为跨境电商行业注入复苏动力。

摘自2020年7月2日央广网

## 跨境电商出口退货海关监管业务落地：出的去退的回

随着跨境电商出口业务迅速增长，商品退运回国的需求也随之增大。如何解除跨境电商平台的后顾之忧？近日，杭州缔联客跨境科技有限公司申报了2单、总价值约21美元的跨境电商包裹出口退货商品。中国杭州海关关员在结合机检和人工查验确认该批商品无异常后，准予通关放行。

据杭州钱塘新区相关负责人介绍，这是2020年1月3日跨境电商出口退货海关监管业务正式启动以来，中国首批成功退运进境的，以特殊区域1210模式出口的跨境电商包裹。退单包裹被放行不仅标志着特殊区域出口完成了正向物流和逆向物流的闭环，也意味着具有海外仓内移特点的特殊区域出口“退货难”问题，有了新的解决方案。

一般而言，跨境电商出口包裹退货比例约为5%—30%，而跨境电商平台海外处理退换货存在人力成本高，处理效率低以及面对海量SKU（库存量单位）无法在海外建立全品类售后团队等痛点。

而此前，跨境电商出口的产品如出现滞销或因其他原因需退回国内，只能以进口的方式再“买回来”，需另外报关、缴税。一整个流程下来所需费用甚至超过商品本身，许多企业只能无奈放弃退运。

据了解，根据中国海关总署出台的相关监管方案，经海关审核为原出口商品1年内退回的，可以复运进境，其中跨境电商包裹出口商品可单独运回也可批量运回。

对于跨境电商出口商品不退回国内市场仅需退回海关特殊监管区域的，企业按照海关特殊监管区域管理规定办理进境入区手续，可按规定在区内对退货商品以保税状态进行仓储、维修、分拣打包、加贴标签及运单等整理并复运出境。

杭州综合保税区相关负责人表示，跨境电商卖家直接触达买家，使得卖家必须有能力承担传统贸易环节中的多重角色。跨境电子商务出口商品退货监管方案的落地，使得跨境卖家在提升海外客户购物体验的同时，降本增效，减少浪费，为中国品牌出海，解除了后顾之忧。

摘自2020年1月10日中国新闻网

# 民生·治理

## 守护天空，他们让候鸟落脚安歇

当农历八月十八的大潮汹涌过后，钱塘江边的秋意便愈发明显。每年10月以后的钱塘江边，江风一吹似乎能带走所有的水分，江边的芦苇荡黄了，防护林也开始落叶了……秋景之外，有另一番生机正在酝酿。

“来了来了，它们又回来了。”这两天，杭州钱塘新区大江东绿色生态组织的志愿者郑建江欣喜地发现，临江街道附近江边的江海湿地里出现了今年第一批候鸟的身影。

排成人字形纷飞的大雁，在水域畅游的野鸭，大潮过后滩涂上觅食的鸬鹚……杭州这片53.8平方公里的江海湿地，正迎来一年中最佳的观鸟季。

而这样的和谐背后，其实有很多人的心血。钱江晚报记者要跟大家分享的，就是这片湿地以及湿地上的生灵和一群杭州人的故事。

【地利】

接下来2个多月40多种候鸟会陆续光临

江海湿地位于杭州钱塘新区江东区块最东面的钱塘江边，有人称这里是杭州第一缕阳光升起的地方。

江海湿地紧靠钱塘江的杭州湾入海口，岸线长达20多公里，湿地规划面积约为53.8平方公里。

这一大片湿地恰好处于东亚——澳大利亚的候鸟迁移路线中段，每年到了秋冬季都会有大批从北方向南迁移的候鸟光临。

“野鸭、白骨顶、鸬鹚、大雁都是成群成群地飞过来的，少说有40多种。”郑建江说，这些候鸟，大部分是在短暂停留休整后继续南飞，一直到南半球，也有一部分会选择留在杭州越冬，有的会在这片湿地里安家。

10月初，迁徙而来的候鸟种类和数量还不是很多。

按照往年规律，10月下旬以后，江海湿地里会热闹起来。那时，从钱塘新区江东区块的十工段江边一直到二十工段，都能观赏到候鸟。“去年，这里还来了20多只野生白天鹅，不知道今年它们还会不会来。”

【保卫】

不能让这么美的湿地毁了 一群人自掏腰包打起“保卫战”

从地理位置和生态环境等方面来说，江海湿地绝对是候鸟迁移路线中一处非常理想的“中转站”。

远离喧嚣的闹市区，湿地里水草肥沃，毗邻钱塘江觅食方便……这些天然优势，也让江海湿地顺理成章地成了“候鸟天堂”。

然而，如果把时间回拨到5年多前，这片绝美的江滩湿地却是很多过境候鸟的噩梦。

那时，在摇曳的水蒲草丛中，会藏着隐秘的捕鸟网。滩涂上，一不小心还能踩到捕鸟夹。“每年到了秋冬季，能看到捕鸟网上奄奄一息的鸟类。”郑建江说，那时湿地里有不少捕鸟人，捕得最多的就是野鸭和白骨顶。在他的记忆里，过去湿地核心区里最多的时候有七八十个捕鸟棚，百余张捕鸟网。

5年多前，郑建江是个小工厂的老板，但看到湿地鸟儿被捕杀后，他心里就一直不是滋味。“总要想想办法的，这样下去，这片湿地要被破坏的。”

2015年底，在一群热心公益朋友的参与下，郑建江发起成立了大江东绿色生态公益组织，并在公安、农业等部门的指导下，开始了钱塘新区江东区块的钱塘江沿岸生态保护志愿服务。

“我们做的第一件事就是劝阻非法捕杀鸟类，拆除捕鸟网和捕鸟棚。”郑建江说，2015年底到2016年初的4个多月是最艰难的。“捕鸟人骂我们多管闲事，断了他们财路。有时候去劝导，差点被打。”

【结局】

志愿者已达500名 江海湿地的保护已纳入当地战略规划纲要

但是，大家从没有想到过放弃。为了守护这片湿地，这支队伍已投入了近百万元资金购置各类装备和物资。

“买了巡逻车、快艇，还配备了很多装备，用于救助各类来到湿地的野生动物。”郑建江说，这些资金基本上都是志愿者们自掏腰包众筹来的。

现在，这个绿色生态公益组织已经有固定成员30余名，志愿者500余名。他们的公益服务范畴也从保护湿地鸟类升级到了保护救助湿地里的野生动物。绿色生态公益组织也成为杭州野生动物救助中心的一个救助站。

就拿今年来说，这个绿色生态组织已经救助各类野生动物至少20起。这个国庆假期里，一只猫头鹰误闯居民家中，他们迅速出动，检查猫头鹰健康状况后，将它带到湿地附近的林子里放生了。

“每天都会有4班巡逻人员，从凌晨开始一直巡逻到深夜。”郑建江说。让大家开心的是，现在湿地里非法捕杀野生动物的情况已经很少。“零星能发现捕鸟和放地笼捕鱼的情况。不过和5年前相比真的好太多了。”

和郑建江一样，沈海刚也是公益团队的一员。他说，在湿地里清理捕鸟网和捕鸟棚可不是容易的事儿。蒲草和芦苇长得比人还高。有时候在湿地外一眼看见的捕鸟网，人走进湿地里就找不到了。“我在湿地里迷路过好几次，还曾陷入湿地的沼泽里。”但他说，看到如今鸟儿们在湿地里自由翱翔，一切都值了。

眼下，候鸟迁徙季已经到了，郑建江和大家又要忙起来了。“鸟儿们迁徙不易，保护好它们，明年他们还会再来的。”

对于这个绿色生态组织的付出，杭州钱塘新区的农业部门也看在眼里。“我们很敬佩他们，也很支持他们。”钱塘新区农发中心相关科室负责人说，一直以来钱塘新区都非常重视野生动物保护和生态环境保护，也将持续打击非法捕猎等行为。“新区已经把江海湿地的保护纳入了重大战略规划纲要。”

摘自2020年10月9日新华社

## 杭州人专属的邻居节，今年有点不一样

一根黄丝带，寄托的是浓浓邻里情。

昨天上午，旭日暖阳，钱塘新区白杨街道邻里社区邻

里中心，枝条、椅子、书架上都系着黄丝带，随风飘扬。

专属于杭州人自己的节日——邻居节，来了。

从2004年第一届邻居节到今年，杭州市邻居节已经陪伴我们走过了17个年头。这个已经渗透到每个杭州人日常生活中的节日，成为了杭州一张响亮的金名片。

今年的邻居节，继续由杭州市文明办与钱江晚报、市民政局、市妇联等单位联合主办，主题是“文明健康，有你有我”。其形式，也不再是单一的文艺表演和热闹的邻居聚会。所有参与的市民，都会进到社区，通过卫生打扫、公益宣传、文明劝导等，来赋予全新的“邻里情”概念。

“共同爱护我们的家园，创造一个良好的居住环境，才能真正促进邻里关系。”邻里社区的志愿者陈阿姨说。

### 今年的邻居节　有点不一样

2020年，新冠疫情促使我们思考，应该如何更好地维护小区的环境。树立科学正确的生活理念、倡导文明健康的生活方式，已经成为全民共识。

今年5月，杭州开展了“杭州市公共文明素质提升五项行动”，其中的重点内容就是“社区文明志愿引导专项行动”，倡导“文明养宠、文明出行、规范停车、垃圾分类”等一系列与社区生活息息相关的文明习惯，发动居民从清洁居家环境做起，参与社区环境卫生整治，共同提升卫生水平。

而这些，都延续到了今年的邻居节。杭州市文明办主任钮俊说：“通过与社区居民的共同劳动，积极营造整洁有序的人居环境，让美好的环境成为文明的种子、让环境的提升带动素质的提升。”

现场参与开幕式的市民，无论平时是什么职业、身份，回到社区就都是业主，大家卷起袖子，干起了力所能及的事。

有人拿起抹布清洗绿化带内的雕塑；有人插“爱护绿化”、“保护环境”等文明提示牌；有人张贴“文明餐桌”、“节约粮食”、“公筷公勺”等桌面提示及宣传海报；也有人清洁充电桩、更换充电警示贴；还有人在进行文明安全出行劝导，提醒骑电动车的市民要戴头盔，后座不带人……

“一个小小的文明行为，能让社区进步那么一点点，就是非常值得的。大家都应该约上自己的邻居，一起为家园的美好出一份力。”社区居民陈大伯说。

### 住进邻里社区　他们更爱杭州了

创建于2006年的邻里社区，有些与众不同。它是专为外来务工人员提供服务的社区。

社区书记张敏华介绍，居民来自28个省市区，都是在附近工作的人，平均年龄不超过21岁。为了让居民们更有归属感，夏天，社区举办了小候鸟暑期班，将居民们的孩子们接过来，找老师给他们上课，带他们认识杭州；除夕，社区会把留在杭州的居民聚集在一起，吃团圆饭，看春晚。

“我们更喜欢杭州了。”小郝和小任这对小夫妻正在食堂里吃午饭。他们是河南人，都是东芝工厂的员工，住进邻里社区才一年时间。之前，他们在深圳待了七八年。虽然住的地方只是员工宿舍，他们把它当作了真正的家。

“别看我们都是外地人，房子是租来的，但是大家都挺爱护的，小区环境更加舒适，治安也很好。”小任说。夫妻俩正在考虑，等真正安定下来，再把孩子接过来。“杭州这座文明的城市，更有利于孩子成长吧。”

社区里，有这样想法的人不在少数。

来自江西的周师傅，是来杭州帮忙带孙子的。“媳妇舍不得把孩子送回老家，我们就跟过来了。别说，和我们老家还真不一样。一开始不习惯，现在也适应了，毕竟还能碰上好些老乡，也不会担心没有朋友。”

来自五湖四海的人们，在全新的环境，建立起了全新的邻里关系，这也算是今年邻居节在这里举办的意义之一吧。

摘自2020年11月12日新华社

## 杭州钱塘新区巧用“口袋公园”扮美城乡

利用城市边角空间打造精巧美丽的“口袋公园”，正在成为浙江省杭州市钱塘新区城市品质升级的新方法。自2020年3月环境整治工作开展以来，钱塘新区对辖区环境进行了大规模清洁整治，同时不断挖掘用地潜力，因地制宜将一些小角落打造成为适合居民们日常休闲的“口袋公园”，美化城市环境的同时，给周边居民提供了休闲娱乐和体育健身场所。

家住义蓬街道南沙村的陈女士欣喜地面对这种变化。“原先这地方就是一个臭水塘，全是淤泥，大家走都走不过去，到了夏天还会有难闻的气味。现在路面都重新铺过了，种了花草，我们没事就喜欢来这里锻炼遛弯。”她由衷感叹道。

陈女士口中所说的地方，就是新区打造的“口袋公园”之一。通过重铺路面、种植绿苗等手段，这块占地仅1100平方米的“零碎地”华丽转身为自然宜居、层次丰富的便民公园，受到周边居民的欢迎。街道还以此为载体，在已有的公园基础上提升改造党建廉政广场，加强党建文化元素宣传，如在隔墙上增加宣誓墙、党建廉政广场牌等，把“口袋公园”作为遵纪守法教育、党风廉政建设的教育阵地。同时，将公园附近的闲置垃圾房改造提升为村级可再生资源回收站点，每月固定时间点由第三方回收机构工作人员进行回收作业，有偿兑换各类可回收物，既让老百姓得了实惠，也让街道垃圾减量的成效越来越明显。

如今在钱塘新区，这样的“口袋公园”正在越来越多的角落里悄悄绽放。新区正在推进建设占地约5000平方米的智格“乐智”口袋公园，园内有树木花草、彩色健身跑道、篮球场等，预计今年11月底完工。

钱塘新区城管委负责人表示，接下来新区将在常态化整治的同时，不断从民生实事入手，推进建设大田花海、社区公园等“口袋公园”，逐步实现周边居民“推窗见绿，出门见景”，让群众共享环境整治成果。

摘自2020年10月29日新华网

## 民生幸福树标杆 坚持围绕“三个最”，钱塘新区高品质描绘老旧小区新风貌

“把人民对美好生活的向往作为我们的奋斗目标！”杭州深入贯彻习近平新时代中国特色社会主义思想，践行以人民为中心的发展理念，把老旧小区综合改造提升作为城市有机更新的重要组成部分，不断增强市民群众的获得感、幸福感和安全感。

作为2020年杭州十大民生实事之一，杭州老旧小区综合改造提升工作正在不断加速推进。今年杭州实施老旧小区改造提升民生实事项目300个，改造面积超1200万平方米，受益居民将超15万户……着眼于民生福祉，探索于老旧小区改造未来方向。杭州不仅在完善推进体系、破解各类难题、探索未来方向等方面作出了富有成效的探索，还积极打造“有完善设施、有整洁环境、有配套服务、有长效管理、有特色文化、有和谐关系”的宜居小区。

眼下，各区纷纷从自身的实际情况入手，在创新中寻找破题之策，为老旧小区改造摸经验、探路子，走出了一条大刀阔斧的立新之路。

### 最具效率的改造　多方协同，精治共治把实事办好

为政之道，民生为本。

今年，钱塘新区政府投资项目建设计划中涉及老旧小区改造项目共有5个，其中临江街道临江佳苑老旧小区综合改造提升工程被列入杭州市2020年老旧小区改造计划。

位于杭州钱塘新区临江街道纬六路1077号的临江佳苑小区，总建筑面积193571平方米，共有住宅楼幢67幢，住宅单元155个，住房1696套。经过前期排查汇总，共整理出小区内涉及建筑楼顶、外墙、楼道、围墙等十三个方面的老旧问题。

秉承着贴近居民需求、解决民生问题的角度出发，钱塘新区临江街道迅速开展细致摸底、实地踏勘，第一时间明确改造对象范围、合理确定改造内容，第一时间将老旧小区综合改造提升工作列入重点领域改革任务以及民生实事工程，以“居民‘点餐式’改造”“一次改造、长期保持”的改造思路，切实把老旧小区改造工作好事办实、实事办好。

“我们专门拜访了临安、萧山等已经完成老旧小区改造的区县，现场踏勘了多处已完成改造的小区并详细询问了改造过程和对方先进的经验和做法，并邀请杭州市老旧小区改造技术导则编制单位，针对临江佳苑老旧小区改造进行方案及施工图设计。”

据临江街道相关负责人介绍，街道成立了由街道主任为组长，各分管副主任为副组长的工作领导小组，将小区67幢建筑单体划分为4个标段，每个标段对应专门的工作组开展老旧小区改造的附属物拆除、工程项目推进、协调居民关系等具体工作。

努力不被辜负，经过近15个月的努力，街道顺利将整个小区2400余个保笼，2000余个雨棚花架，屋顶200余台太阳能热水器全部顺利拆除，并开展4个单元楼栋的电梯基坑开挖和电梯采购工作，完成6个单元的电梯采购意向征求和审批。目前街道辖区内临江佳苑“老旧小区改造”项目已基本完工，并向市区两级申报项目验收。

据悉，作为临江街道目前唯一投入使用的居民拆迁安置房——临江佳苑，历来受到街道高度重视，由于小区建筑体量大，居住人员复杂等原因，街道在小区投入使用后也与时俱进，不断完善小区的功能配套，2017-2019年，在“老旧小区改造”项目正式启动前共投入约1000余万元，完成了小区“阳光房”专项整治、小区“污水零直排”专项整治和小区“生活垃圾分类”示范社区创建等多项民生工程。

### 最有温度的改造　从民意中提取，城市更新的“密码”

“部分建筑屋面漏水，建议修缮改造并增加防水措施；楼道照明弱，建议整体更新，同时增加智能安防措施；小区缺少新能源汽车充电桩，停车位也不足，建议增加……”这是钱塘新区临江街道临江佳苑社区在老旧小区改造过程中所征集到的居民意见。

社区连着千家万户。今年年初，受疫情影响，社区通过电话，召开第一次居民小组会议，与居民沟通老旧小区改造事宜。这一做法也得到了居民的肯定，大家踊跃参与，发表自己的想法和建议。

“以前都是社区说怎么建，现在轮到我们居民说怎么建就怎么建。”不少居民对此颇有感触。如何在共建过程中充分发挥居民主体作用，体现“由民做主”？“改哪里，群众说了算；怎么改，群众拿主意。”临江

街道临江佳苑社区居委会主任韩燕说，共建过程中充分赋予小区居民知情权、监督权和话语权，居民全程参与项目建设，项目建什么、怎么建，实行“菜单式”服务模式。

为了把项目建设工作与居民各项需求结合起来，不断提升居民的获得感，社区结合工作实际，创新了一套工作机制。社区组织成立了居民小组，一方面开门征集“金点子”，另一方面组织人员听取居民意见，最终召开征求意见会，对征集到的意见进行民主协商、民主决策。

据了解，本次老旧小区改造，临江街道充分尊重小区居民的意愿，大到建筑立面的样式和颜色，小到雨棚花架的大小和材质，包括屋顶钢结构、真石漆、木望板、屋顶油毡瓦等主材的品牌均最终由小区居民代表进行票决产生，既保证了主材的品质，也得到了小区居民的肯定。

同时，为了保证项目质量，社区还招募热心居民轮岗当起施工“监理”，监督施工方以“绣花”功夫建设小区。临江街道老旧小区改造的做法赢得了居民群众的支持和欢迎，促进了小区和谐幸福。同时，探索出了一条以老旧小区改造为切入点，引导居民共建共治共享的基层社区治理新路子。

“即1+1+X的舆情处置协调机制，居民对于小区日常出现的问题原来只能通过口头反映给物业或者社区，时间一长容易出现越级信访和积访问题。本次小区改造，我们将施工单位、监理单位、专班人员的联系方式在各个楼栋间公布，居民有问题可以随时联系任何一个人，做到了有事反映不出社区，有事解决不出街道，让各方信息沟通更便捷。”临江街道相关负责人介绍，故改造完成后，街道在小区业主群的基础上，将社区、居民代表、联社区干部按照分工包片，针对小区业主提出的问题，通过电话、微信等方式第一时间得到解决。

**最全方位的改造　改造的是环境，赢得的是民心**

“比以前清爽多了。”“雨棚都是统一做的。”“快去楼道里看看……”临江佳苑社区的居民你一言我一语，讨论着眼前这个“新家”。

结合“美好家园”建设和老旧小区综合改造提升工作，临江街道全面做好住宅小区整体环境提升，做到无车辆乱停乱放、无建筑乱搭乱建、无毁绿种菜、无饲养家禽、无卫生死角，垃圾杂物及时清运、垃圾分类规范到位、违建信息报告及时、公共区域整洁有序。

“不留下一处死角，不漏过一个弱项，不放过一个盲点。集中整治旨在消除住宅小区及其周边可视范围内的‘脏乱差’现象，主要针对楼道、绿化带、房前屋后公共区域杂物乱堆放，阻塞影响消防通道、消防登高面的车辆或长期占用公共空间的‘僵尸车’，老旧小区违规占道经营，小区绿地违规种菜或饲养家禽等环境卫生和公共秩序问题。”临江街道相关负责人表示，以决战决胜的干劲做足做好“绣花”功夫，精益求精地提升城市现代化治理水平，打造一个干净整洁、文明有序的美丽家园。

此外，围绕“宜居”“乐居”“安居”三个方面，临江街道着手进行了全方位改造。“宜居”方面，优先满足小区基础设施功能的正常使用，完善垃圾分类收集系统、非机动车充电桩等生活基础设施，实施雨污分流，整修屋面、墙面，粉刷楼道等。并在现有的公共空间环境基础上，满足居民“乐居”，对小区公共空间内的休闲活动平台、人行道、绿化空间进行改造，通过修路、增设休憩座椅、补种绿化，增加无障碍及适老性设施等，提升小区居民生活品质。此外，小区还新增智慧系统、消防设施等，在满足基本生活需求的基础上，消除安全隐患，让居民更加“安居”。

通过老旧小区改造，小区内共打造了7个主题公园，并在小区主次入口、现有绿化带等位置，拓展空间，建成了富有特色的小区入口两处，新增停车位200余个，进一步完善小区生活配套。还将原小区内1200余平方米的老年活动室改造成为居家养老服务中心，中心内图书馆、电子阅览室、托老所、乒乓球室、舞蹈室、影音室一应俱全，为社区老年人提供了一个设施齐全、环境优美、服务良好的养老环境。

眼下，粉刷一新的墙面和楼道，干净的休闲长椅和廊架，整齐划一的地面停车区域……这些高端小区的“标配”如今在钱塘新区临江街道临江佳苑社区已经得到普及。

“老旧小区改造是看得见、摸得着、实打实的民生项目。改造老旧小区不仅要改外露的面子，更要做到老百姓的心坎里。”钱塘新区旧改办负责人说，衡量老旧小区改造成功的标准，不仅是工程验收的文件，更应是居民发自内心竖起的大拇指。

在实践中探索改造路径，杭州越来越多的老旧小区正变得焕然一新，化蛹成蝶。

摘自2020年11月23日新华网

## 杭州钱塘新区为学校配备“校园健康副班主任”

近日，杭州钱塘新区为做好校园卫生健康工作，建立了“校园健康副班主任”工作制度，重点帮助学校和幼儿园加强传染病防治工作，提升师生的健康水平和健康素养。

记者了解到，钱塘新区以班级为单位组建了“1+1+1+X”健康副班主任签约服务团队。即“1”名社区卫生服务中心医生担任各班级的“健康副班主任”，“1”名社区卫生服务中心护士或校医（保健老师）为签约医生助手，“1”名班主任老师为协调员，X为公共卫生医师、专科医师、药师、健康管理师、心理治疗师或心理咨询师、康复治疗师、营养师、社工、义工等其他卫生健康专家。团队长由签约健康副班主任担任，按实际需要进行工作分工。以团队形式为签约学生提供服务，提供可及性、实用性、连续性的健康管理服务。

“校园健康副班主任服务团队”具体提供哪些服务？又要如何保障这些服务的落地实施？

钱塘新区教卫局相关负责人表示，为了解当前校园卫生健康工作需求，相关部门多次召集下属街道社区卫生服务中心和中小学、幼儿园负责人开展主题讨论，总结归纳出了“校园健康副班主任”服务团队的“双七服务”，包括校园层面七项服务和师生层面七项服务。

据悉，在校园层面主要有新冠肺炎疫情防控指导服务，“亮眼控肥”工作指导服务，校园卫生监督服务，突发公共卫生事件处置指导服务，传染病、常见病预防与管理指导服务，计划免疫服务，校园医务室工作指导服务；师生层面主要有健康档案服务、“亮眼控肥”个性服务、健康教育服务、健康咨询服务、家庭医生签约服务、签约就诊转诊服务、医保诊疗优惠服务。

此外，钱塘新区还建立了学校与中心的互联互通工作机制。由教卫局牵头建立校园健康工作的联席会议制度，定期召开会议商讨解决存在问题。建立考核机制，要求“健康副班主任”团队结合校园、班级具体健康服务需求，拟定全年健康服务计划，并有序推进健康服务工作，做到有计划、有时序、有重点，切实完善传染病防控等校园卫生工作，提升在校学生签约率、签约服务知晓率，降低近视率和肥胖率。

摘自2020年4月13日央广网

## 杭州刮起粉色旋风<br>女子半程马拉松在钱塘新区开跑

12月6日，2020努力奋斗·杭州女子半程马拉松（以下简称杭女马）在钱塘新区华丽开跑，来自全国各地的5000名女性跑友在钱塘江畔展开一场属于她们的马拉松盛宴。

今年是杭女马在钱塘新区奔跑的第四年，这条将大学城、钱塘江景、湿地公园等元素一一呈现的赛道，如云的芦苇花、红如火的枫叶路、幽静的沿江树林，白鹭掠过的湿地风光和波澜壮阔的钱塘盛景成为了历代跑友心目中魂牵梦绕的景色。

而杭女马赛事的不断升级，经过三年的不断努力，终于实现了从铜牌-银牌-金牌的华丽变身。今年，杭州女子半程马拉松以金牌赛事的新形象给所有参赛选手不同的赛事体验。

为了让所有跑者能够安全顺利地完赛，赛前，组委会全面而仔细地审视了跑者参赛的每个流程、环节与场景，制定对应的疫情防控工作方案。为保证每位跑者的健康安全，本届杭女马未邀请国外精英运动员参赛，赛事规模也缩减至5000人。

在她们当中，有一群人，在疫情最严重的时候，逆风而行，迎难而上，她们就是最美的逆行者——医护人员。今天，她们一起从蝴蝶状的拱门出发，用奔跑来感受生命的力量。

今年的参赛服还是主打粉色，浪漫而又充满了少女心，女性的力量，温柔而有力量。下摆的英文展现了赛事的主题“美力从现在开始”。背后的建筑图案，展现了钱塘江沿畔的杭州城市文明。收腰的设计，完美展现了女性的运动身材，跑完了一场杭女马，仿佛连空气都是粉粉的甜。

今年的奖牌也沿袭了以往的粉色，代表了热情、浪漫、幸福的少女色彩；心形的设计，充满了满满的少女心，钻石的切面更具设计感；奖牌中心，展现了六和塔以及钱塘江沿岸建筑，体现了杭州现代城市风貌。

奖牌中心铺满翻滚的潮水，展现了钱塘潮“一千里色中秋月，十万军声半夜潮”的盛况；奖牌的侧面，一支桂花铺陈而上，用黄色的碎钻点缀，展现了杭州市花“绿云剪叶，低护黄金屑”的风范。

而在奖牌另一侧，一只俏皮的老鼠活灵活现地展现其上，呼应了今年鼠年的生肖。从今年开始，杭女马奖牌正式开始使用生肖奖牌。

摘自2020年12月6日《浙江日报》

## 共融共生共成长<br>杭州钱塘新区“美好教育共同体”启动

近日，由杭州钱塘新区教育与卫生健康局主办，浙派名师研究院承办的中国·钱塘“浙派名师”新时代美好教育共同体发展高峰论坛在杭州钱塘新区文海教育集团举行。

论坛启动了“美好教育共同体”建设，以“共融共生共成长 创新创强创未来”为主线，不断加强协作交流，结对互助，深入推进“三跨一联”集团化办学、“互联网+义务教育”、城乡教育结对互助等工作。杭州滨江实验小学、海宁市长安镇初级中学、海宁市仰山小学，与杭州钱塘新区临江小学、杭州市下沙中学、杭州市基础教育研究室附属学校分别签订美好教育共同体建设合作协议，努力提供更为公平、优质的教育服务。

实际上，半个月前，浙江省教育厅刚就《关于深化教育教学改革全面提高义务教育质量的实施意见（征求意见稿）》向社会公众公开征求意见。其中提到，要建设新时代城乡教育共同体。推进城镇学校与农村学校组建城乡教育共同体，覆盖所有乡村小学和初中，促进城乡教育资源优化整合和优质资源共建共享，共同发展。

"从多年实践经验看，集团化办学、集群式发展、结对互助等教育共同体建设，是一条康庄大道、一套有效方案。如果说名校集团化办学是让名校去带动弱校，那么美好教育共同体则是让结对学校共建共享，优势互补，共同发展。因此，建设美好教育共同体，不是改弦更张、另辟道路，而是让更多美好学校能熠熠生辉。"钱塘新区教育与卫生健康局局长钱晓华告诉记者，钱塘新区应该是全省首个建设美好教育共同体的区。但签约仪式、挂牌成立等，从根本上讲，都只是一个外在形式，真正体现建设实质的是工作有没有落实到位。

浙江省教育厅一级巡视员、省教育学会会长韩平也在论坛上表示，钱塘新区谋划、推动"美好教育共同体"建设，为全省新时代城乡教共体建设提供了新思路、开辟了新路径、增添了新样本。"浙江省教育厅已草拟形成'关于新时代城乡教育共同体建设'，推动义务教育从基本均衡迈向优质均衡发展的新阶段。"韩平说。

论坛的又一小高潮出现在三地三校间的同步课堂。相隔着屏幕，三地三校孩子同步上课。杭州市文海实验学校（初中部）优秀青年教师执教社会学科，集团内成员校启源中学和城乡互助结对学校淳安县临歧镇初级中学，同步参与课堂教学活动。杭州市文海实验学校（小学部）市级名师执教一节小学语文课，"互联网+义务教育"结对学校临江小学和城乡互助结对学校德清县新市小学，无障碍、零延迟全程参与课堂教学。紧接着，在国内知名特级教师唐少华、教育教学专家吕映带领下，三地三校教师，透过大屏幕，实时互动交流观课心得体会，教学研讨气氛热烈。

"率先推动美好教育共同体，体现了钱塘新区的视野与担当，希望通过集团化办学、'互联网+义务教育'、城乡互助共同体建设等工作，钱塘新区不断激发学校办学活力，努力成为杭州教育又一张金名片。"杭州教育局副局长蒋锋表示。

摘自2020年12月17日《浙江日报》

## 钱塘新区上线"融境"服务系统 外国友人安居乐业更方便

12月24日，钱塘新区行政服务中心下沙分中心，来自卢旺达的NUKE拿着护照，在一台"外国人综合服务机"上操作不到5分钟，就完成了外国人住宿登记申报，申报完成后，他还拿到了一个"融境码"。而在过去，他每次都要去所在的派出所登记，时常碰到语言不通的情况。

NUKE办事越来越便利，得益于当天上线的海外人才安居乐业一件事"融境"系统。"今年新冠肺炎疫情期间，钱塘新区公安窗口因防控需要关闭多个人工窗口，致使境外人员无处申报住宿登记。为了让境外人员服务不断档，我们依托数字赋能，研发'融境'综合服务平台。"杭州市公安局钱塘新区分局相关负责人说。

据了解，"融境"综合服务平台通过三种模式，为办事人员"减环节、减时间、减跑动"——

线上办，以服务企业为目的，实现"亲清钱塘"PC端融入公安出入境线上系统，推出境外人员住宿登记、签证预受理预审核、涉外单位登记备案等便民服务措施，提升服务效率；

掌上办，以服务广大境外人员为目的，优化"亲清钱塘"手机端，新增钉钉端、微信公众号预约申请、信息登记等模块，提供申报登记、办事指南、进度查询服务；

自助办，以服务海外人才为目的，依托钱塘新区38个网点的"杭州办事服务"24小时综合服务机，实现境外人员住宿登记自助申报。

特别是在自助办上，钱塘新区为海外人才赋"融境码"，关联健康码、杭州人才码、市民卡服务平台等数据。"融境码"将作为外国人办理政务服务事项的统一身份码，实现"一码畅享全服务"。

"未来，我们将推动融境系统在更多场景应用，为外国友人的生活提供更多便利。比如，外国友人通过'融境码'，可在钱塘新区享受到体育健身、公共自行车、停车费补缴等近70项服务。"钱塘新区行政审批局相关负责人说。

摘自2020年12月24日《浙江日报》

## 杭州钱塘新区发布未来社区规划 为创客提供一站式服务

日前，经过3个半小时竞拍、报价超过100轮，"云帆社区"——杭钱塘储出[2020]6号地块成功出让，融创以501939万元人民币竞得。同日，杭州钱塘新区发布未来社区规划，全面展示云帆社区建设方案。

据介绍，作为浙江省首批未来社区试点创建项目之一，规划建设的云帆社区位于杭州大江东核心区7号线塘新线站口，南至艮山东路东延线，北侧紧邻东沙湖水景公园，东西两侧至规划道路，计划于2023年竣工完成。

区别于传统社区，云帆社区以“智扬云帆 创享钱塘”为核心理念，以生态发展为导向，围绕社区全生活链服务需求展开设计，将容纳未来邻里、教育、健康、创业、建筑、交通、能源、物业和治理九大场景，大幅提升社区居民获得感和幸福感。

自授牌成立以来，杭州钱塘新区肩负打造世界级智能制造产业集群、长三角地区产城融合发展示范区使命，产业力量不断积聚，产业生态不断完善，旨在让人才“宜居”、让企业“宜商”，全面推进新区高质量发展。

在云帆社区的规划上，社区专门设置一个2万平方米的创业空间，配置一个可以容纳5000人的公寓。同时，社区规划了双创和云帆广场，社区建成后将在这两个广场上不定时举办各类露天创业演讲、露天创业路演、露天招聘、露天产品演示等活动，为创业人员们提供更多灵感和创业一站式服务。

“我们将大力做好人才服务，在社区内建设人才专项租赁用房、人才服务公寓等配套设施，吸引人才来这里创业。云帆社区周围还有10多万方的商务办公楼，人才项目可以先在我们的孵化器内成长，然后无缝进驻这些办公楼。”杭州市规划和自然资源局钱塘新区分局相关负责人介绍道。

摘自2020年7月1日中国新闻网

## 钱塘新区探索党建引领基层治理新模式

在每户党员户门口挂上身份牌，亮党员姓名、联系电话，晒家训，这是钱塘新区河庄街道蜀南村的“老传统”。

为什么要这么做？“只有党员户‘亮身份’‘做表率’，群众才会信任你，以你为模范。”蜀南村党总支书记童建中说。

村里的90余名党员，分成三个网格，每名党员联系6到8位农户。村域面积虽然只有2平方公里，但民主协商的风气很浓：村里的大小事务都严格遵循事前座谈、事中党员讨论，村民代表表决，村监会全程监督实施，并做到事事时时村务、党务、财务及时公开，该村因此被评为浙江省2019年度省级“民主法治村（社区）”。

户长大会听事、党小组议事、村民代表大会决事，蜀南村构建的三级协商机制，正是钱塘新区探索“沉入式街社”党建引领基层治理模式的缩影。

治国安邦，重在基层。自去年成立以来，钱塘新区不断强化1362个基层党组织建设，持续提升2.3万余名基层党员的素质作风。“沉入式街社”党建引领基层治理模式，正是钱塘新区按照问题导向、在积极探索新形势下党建引领基层治理形成的答卷。

6月3日，钱塘新区召开党建引领基层治理试点动员推进大会，全面启动“沉入式街社”党建引领基层治理1+N指导性方案试点工作，推动组织引领、治理权限、资源服务、民主协商、党群阵地、数字支撑“六个下沉”，构建区域统领、街道龙头、村社主导、三方协同、多元参与、群众自治的“党建领和”治理机制，打造群众离不开的基层党组织。

围绕“六个下沉”，钱塘新区制定了26个子项目，每项工作都标明了各自的牵头单位、责任单位和主要试点单位，权责清晰、一目了然。比如，为解决街道村社在基层治理中权限不足、有责无权的难题，新区将以深化行政管理体制改革为抓手，进一步推动部门权力下放、人员下沉、重心下移，形成各方合力，打通基层治理的“最后一公里”；推动机关企事业单位在职党员全面下沉到居住地和结对地村社，以党员服务单、村社评价单压实在职党员到村社“双报到、双领办”，引导在册在职党员积极参与村社治理。

接下来，钱塘新区将持续推动“六个下沉”，着力打造群众离不开的基层党组织，确保党建引领基层治理在新区出成绩、出经验、出亮点。

摘自2020年6月7日新华网

## 杭州钱塘新区“吹哨一件事”改革有八招

“加入1支党员志愿服务队，每年参加1次专业志愿服务培训，至少参加1次志愿服务活动……”看似普通的“3个1”，考验的是如何发挥在职党员在基层治理中的先锋模范作用。

9月29日，杭州市钱塘新区召开党建引领基层治理暨“街社吹哨、部门报到”试点工作现场推进会，围绕“街社吹哨、部门报到”机制改革，在总结前期经验基础上，试点探索“吹哨一件事”改革，对“街社吹哨、部门报到”机制改革进行再部署、再深化、再落实，为杭州市贡献钱塘经验。

今年6月，钱塘新区召开党建引领基层治理动员推进大会，正式发布“沉入式街社”党建引领基层治理“1+N”文件体系，建立组织引领、治理权限、资源服务、民主协商、党群阵地、数字支撑等6项下沉赋能机制，推动基层组织体系重构，街域治理体制扩权赋能，资源集聚协商破难，将治理力量不断向基层延伸，逐渐蹚出一条具有钱塘特色的红色治理之路。

深化机关在职党员“双报到”，是推动工作再部署、再落实中的一项重要措施。什么是“双报到”？就是机关在职党员到居住地村社和单位结对村社进行报到。除了“3个1”，结对村社的党员还必须根据自身特长和能力认领服务，每年领办服务不少于2次，认领“微心愿”不少于1次。

通过“双报到”，进一步发挥党员在基层治理中的先锋模范作用，建立常态化机关服务基层、服务群众走访破难机制，协助村（社区）推进落实换届选举、人口普查、兴村治社等重点工作，切实增强机关部门在基层治理中的协调推动力和支撑保障力。

此外，钱塘新区还就“吹哨一件事”的流转渠道进行了梳理，接下来将主要依托三服务“小管家”、小区治理办“服务直通车”、基层治理综合信息平台等渠道进行流转交办。

针对涉及体制机制、村（社区）建设发展、群众关注热点等领域问题，村（社区）党组织可通过三服务联系干部，将“吹哨”事件反馈至三服务“小管家”平台进行流转办理。针对涉及小区物业、业委会、三方议事及小区特种设备等领域问题，村（社区）党组织可通过区街两级“三方办”联络群，将“吹哨”事件反馈至钱塘新区小区治理办“服务直通车”协调交办。

针对涉及综治工作、综合执法、市场监管、便民服务等领域问题，村（社区）党组织可通过基层治理综合信息平台进行流转交办。

除此之外，钱塘新区还通过基层治理“一事一评”逆向评价、机关部门服务基层年度满意度测评和服务基层“比武打擂”等方式加强考核，发挥考核指挥棒作用，倒逼各街道、部门（单位）进一步明确自身责任，一级抓一级，层层抓落实，推动“吹哨一件事”改革任务落到实处。

接下来，面对村社换届与基层治理“两大战役”叠加的新情况，钱塘新区将持续做好“双线作战”准备，进一步加强自身力量配备，明确路线图、时间表、责任人，确保“两战全胜”“两战全赢”。

摘自2020年10月1日新华网

## 杭州钱塘新区创新“码”上监管<br>以“非羁码”提办案效率

“现在太方便了，我每次离杭只要通过手机APP向民警线上申请就行，再也不用跑派出所去找民警填写审批报备手续了。”安装使用杭州非羁押数字监控系统（下称“非羁码”）后，此前因案件被取保候审的蔡先生只需按规定进行手机人脸打卡和请销假审批，就可以自由出入杭州，这为因工作原因经常出差的他带去极大便利。

据了解，今年9月以来，杭州市公安局钱塘新区公安分局作为杭州市试点，对辖区取保候审和监视居住等非羁押人员全面推广安装使用“非羁码”，实现人员的动态监管。依托杭州城市大脑，“非羁码”综合运用人工智能、大数据、云计算等技术，通过一系列电子化管控措施，确保被监管人能够在必要的管控下回归日常生活。

此外，根据非羁押人员在取保候审、监视居住期间的行为动向、打卡情况，“非羁码”系统后台还会对其现实表现进行综合研判评估，将代表不同风险等级的绿、黄、红三色监管码推送给办案民警及社区民警，民警根据推送信息，针对性采取变更打卡频率、上门巡视、提醒告诫等措施，督促非羁押人员遵守法定义务，管控效力及权威得到大幅提升。

钱塘新区分局基层基础管理大队民警章佳彬告诉记者，“非羁码”的推广使用不仅获得非羁押人员的好评，也使得公安机关管控执法能力得到较大提升。截至目前，钱塘新区警方已对在辖区内执行的262名非羁押人员完成接收纳管，并对作出取保候审决定的250人进行“非羁码”注册安装，安装监管率达96%。

如今年6月的一起非法出售增值税专用发票案件中，钱塘新区分局经侦大队经综合评估后认为，对犯罪嫌疑人李某采取取保候审更有利于案件办理，也符合宽严相济的法治精神。

为保障执法效果，在对李某作出取保候审决定后，警方同步采取“非羁码”监管，通过该措施，警方在对李某动向进行常态监管的同时，还对案件线索持续深挖，一举查获李某上家金某，查扣增值税专用发票一百余份，增值税普通发票上千份。

上述案例仅是“非羁码”应用效果的一个缩影，“码”上监管不仅搭建起非羁押人员与公安机关间的信任桥梁，形成司法良性互动，同时也促使办案民警、检察官能够接收办案对象的实时电子信息，加快案件办理进度，倒逼执行机关落实有效监管，提升办案效率。

据悉，自“非羁码”应用推广以来，钱塘新区分局非羁押类案件办案效率同比提升11%，取保候审平均用时下降17天。

摘自2020年12月7日中国新闻网

## 杭州钱塘新区推云端“你带我办”<br>让纳税人办“轻松税”

日前，国家税务总局杭州大江东产业集聚区税务局（以下简称“大江东税务局”）依托杭州钱塘新区投资之家，上线运行税务版“网店”。

该“税务网店”搭载钱塘新区首创的“云端”远

程辅导模式——“你带我办”功能，纳税人可通过视频连线、屏幕共享等方式，实现与税务人员云端互动，让咨询解答和办税引导更加直观有效，大大提高“网上办”“掌上办”的便利度，推进办税服务由传统办税向智能化服务转变。

杭州某服饰有限公司是钱塘新区的一家服装制造企业，近期需要到税务部门缴纳房产税。由于办公地点在主城区，遥远的路途让企业财务人员徐会计犯了难。就在这时，徐会计收到了大江东税务局推送的“税务网店”操作指引。

“我当时也是抱着试试看的想法，如果网上能解决，我也不用老远跑一趟了。”徐会计成功下单后，不到5分钟就收了税务后台人员的电话。

随后，大江东税务局税务人员利用“你带我办”的“屏幕共享”功能，对首次体验“税务网店”的徐会计进行了“同屏同步”的可视化辅导，顺利帮助徐会计完成从租计征房产税申报。

“现在政府的创新服务举措真是让我眼前一亮，税务局的同志告诉我，他们用的这个功能叫做‘你带我办’，真心点赞，下次遇到问题我还会到‘税务网店’来找你们带我办的。”在感受到钱塘新区智慧政务模式带来的便利后，徐会计激动地夸道。

“你带我办”功能不仅让办税辅导更加高效，同时也让税收政策宣传更加及时。

在指导徐会计完成房产税申报后，大江东税务局结合纳税人实际情况，及时推送了《房土两税征期调整提醒》消息至该家企业，并利用“你带我办”屏幕共享功能“手把手”指导徐会计阅读《房土两税征期调整提醒》消息。

“业务咨询、政策辅导能够一次性得到解决，我做了几十年的会计，真没想到现在跟政府打交道是这么方便的一件事。”徐会计感慨不已。

今年以来，大江东税务局通过钉钉征纳沟通平台累计向9036户纳税人推送惠企新政信息。同时通过“你带我办”功能，远程指导纳税人阅读并享受政策优惠，实现100%阅读。

“税务网店”搭建线上平台，“你带我办”建立税企沟通纽带。大江东税务局将这两者有机结合，促成线下业务整体向线上转移，带给纳税人“网购式”的非接触办税体验。

大江东税务局纳税服务科负责人表示，“接下来，我们将继续以政府数字化转型为契机，不断创新和优化行政服务模式，大力推广‘你带我办’‘税务网店’等系列便民办税服务举措，为群众办事‘一次都不跑’创造条件，持续推进新区营商环境的优化。”

据悉，自“税务网店”“你带我办”10月上线以来，大江东税务局已完成90余次“同屏辅导”，解决疑难问题102个，递送惠企新政21条，惠及纳税人4.1万户次。同时，大江东税务局业务窗口个数减少61.5%，办税服务厅上门办税人数也同比下降18.5%，有效减少了排队等候时间，进一步提高了服务质效，真正实现了纳税人办“轻松税”。

摘自2020年12月17日中国新闻网

## 钱塘新区“淘宝街”大变样<br>未来要变身特色街区

新铺就的沥青路，新划下的停车线……4月8日下午，记者走进位于杭州钱塘新区的清涟巷，经过不到11个月的环境整治，昔日脏乱差的“淘宝街”迎来大变样。

对很多在钱塘新区上过大学的人来说，“淘宝街”是一个能淘到宝的好地方，这条仅有500米长的街区，开着餐饮店、杂货店等136家商铺。

“大概在2007年，‘淘宝街’的名字就火了，那时，下沙区块的配套还不完善，这条街就成为大学生们常来淘宝的地方，来这里淘各种划算的生活品。”钱塘新区白杨街道党工委委员丁松法说。

可最近几年，“淘宝街”这片区域变了味——逼仄的巷子里，不仅挤满了乱停的车辆，路边的下水道常年堵塞，散发着一阵阵异味。

“特别是店铺门口堆满了杂物，占道经营的情况很严重，一到下雨天，路面都是积水。”住在“淘宝街”旁的童水福告诉记者，很多居民宁愿绕路，也不愿意走这条巷子。

去年4月底，白杨街道成立由行政执法、市场监管、公安、物业等多部门组成的专班，对“淘宝街”区域开始实施全面综合整治，对无证经营的店铺和不符合规定的餐饮店全部关停。

此外，白杨街道还投入600余万元，对“淘宝街”区域进行了雨污水管网和路面改造，在“淘宝街”区域的进出口，安装了电动隔离墩，禁止机动车随意驶入。

目前，“淘宝街”上不少商户正在主动调整业态，进行转型升级。“未来，我们想把这片区域打造成具有文化气息的特色街区。”白杨街道云水社区相关负责人说。

摘自2020年4月9日央广网

## 1.9万亩荒地整出好风景<br>杭州钱塘新区分类施策唤醒土地资源

城市化快速推进过程中，拆迁规划、工程建设等常造成杂草丛生、渣土云集的荒地。今年9月以来，杭州钱塘新区针对近年来城市建设造成的1.9万余亩荒地集中整治。短短3个月以来，钱塘新区将9800余亩荒地种上小麦、油菜等粮油作物，剩余抛荒地完成场地平整，跑出荒地整治加速度。

据了解，钱塘新区是省市的重要粮仓，粮食复种面积达8.99万亩，每年上交国家订购粮约2.55万吨。“我们始终绷紧国家粮食安全这根弦，把稳定粮食生产作为农业供给侧结构性改革的前提，将重点聚焦在荒地整治上。”钱塘新区农业水利发展服务中心主要负责人陈兴介绍。

在荒地整治过程中，钱塘新区集全区之力，分类制定不同解决方案。比如，对于面积较大的抛荒地，通过招投标，委托种粮大户和农业主体打造千亩粮仓；对农户弃农经商、外出务工等原因造成的零星荒地，村委会引导土地使用权合法流转，让有耕种能力的农户或经营主体发挥作用；对于短期批而未用的建设地块，则视情对土地进行平整。

整治荒地，让百姓有了满满获得感。在钱塘新区新湾街道建华村，千亩荒地变成油菜麦田，村民们在家门口随手一拍就是美景。在青六北路和江东大道交叉口，杭州秋琴农业发展有限公司总经理施秋琴承包的2000亩土地，已变成了绿油油的麦田。她告诉记者：“曾经尘土飞扬的荒地变身粮仓，来年能收获上百万斤小麦。”

下一步，钱塘新区将瞄准整治企业工厂内部的荒地，确保实现全区每亩土地都不撂荒，在扮靓城市风景线的同时，巩固提升粮食综合生产能力。

摘自2020年12月14日央广网

## 杭州钱塘新区义蓬街道“四转变”推进政务服务再上新台阶

随着“最多跑一次”改革的持续深入，杭州钱塘新区义蓬街道在推进政务服务“就近办”中，加快实现“四个转变”，推进政务服务改革再上新台阶。

据介绍，义蓬实现了从“咨询办”向“提醒办”转变。加强义蓬发布、义蓬广播等常规渠道宣传力度，积极印制分发新区下放的160项就近办事项清单、86项网办事项清单、24小时自助机操作指南等宣传资料，依托村社网格力量逐户进行上门宣传；投入10余万元升级街道公共服务中心显示屏，全天候播放“最多跑一次”改革视频，进一步提高居民群众对办事事项、办事流程、办事途径的知晓率。

以街道社保业务、房管业务为例，前期两个业务就近办率不够高（6月社保业务就近办率为60%，房管业务就近办率仅为6%），通过加大宣传、告知、提醒力度，7月、8月社保业务就近办率保持在72.42%；房管业务7月就近办率为83.85%、8月为92.86%、9月为88.24%，数据较6月都有较大幅度的提升，取得了较好成效。

同时，实现从“中心办”向“家门口办”转变。义蓬辖区26个村（社区）委员会都设立了便民服务站，开通无差别受理窗口，村干部轮流担任专职代办员，随时收集本村（社区）居民办事申请材料，定期集中赴街道公共服务中心帮助统一办理，老百姓无需自己再去街道公共服务中心办理事项。

同时在所有村社便民服务站和义蓬社区卫生服务中心都安置了24小时自助服务机，邀请华数公司人员举办24小时自助机专题培训，居民凭一张身份证，可自助完成8大类、349项个人事项办理，并可通过关联浙里办App扫码办理其他类194个事项，相关举措获得浙江在线等新闻报道。目前自助机月办件量、增幅量、平均每台办件量连续三月都保持新区比学赶超前三名。

此外，实现从“线下办”向“线上办”转变。在义蓬，群众通过政务服务网直接线上办理，是实现“就近办”“跑零次”的最有效途径。义蓬街道在街道公共服务中心专门开辟了功能齐全的网办区，专门购置了4台一体机、高拍仪、复印机等设备，窗口也及时配置了6台平板电脑。

考虑到大量办理业务群众年龄偏大，智能机使用不熟练等问题，专门配备1+1人员（即1名帮办员+1名志愿者），通过口传口宣传、手把手操作，培养群众网办掌办行为能力和办事习惯，推动网上办、掌上办从“可办”向“好办、易办、实际办”迭代升级。

目前，街道商事登记业务网办率、房屋租赁登记等房管业务网办率都达100%，社保类民生业务网办率也从12%提升至近50%。

义蓬还实现了从“代你办”向“带你办”转变。针对北部村社离街道公共服务中心距离较远的实际情况，街道在新区行政审批局的指导下，在南沙村、江盛社区、仓北村、全民村、头蓬社区、春光村、春园村、春雷村8个村社推出全新的“视频办”工作。

目前，街道8个村社的平板电脑、高拍仪、无线打印机等设备已配备到位，实行定岗定人，相关业务培训也已完成，已可通过“视频办”连线办理10余项业务。

摘自2020年12月11日新华网

## 钱塘新区改革攻坚为城市“清肺”“杀菌”“除癣”“活血”

2019年以来，杭州钱塘新区综合行政执法局一手抓城市精细化管理，一手抓综合执法改革，在进行常态执法的同时，先后开展了“清尘行动”“‘僵尸车’整治行动”“沿江序化治理行动”等专项行动，为企业营商、居民生活营造了一个良好有序的社会环境。

**环境整治为城市“清肺”“杀菌”**

作为一头初生的“拓荒牛”，杭州钱塘新区目前正处于高速发展的过程中，随处可见紧张作业的工程场地。为了节约成本，部分企业与个体户选择了偷倒乱放、无证运输、抛洒滴漏的方式来“处置”工程渣土。

渣土管理，不仅关乎当地的生态环境，也影响整个地区的空气质量。

为了打击类似的违法行为，杭州钱塘新区综合行政执法局于2019年7月11日至8月10日开展了为期一个月的工程渣土专项整治行动。在重点路段设卡检查，查看运输车辆的渣土处理证件和车辆密闭化情况，根据《城市建筑垃圾管理规定》《杭州市城市市容和环境卫生管理条例》等规章开具罚单，这一次行动不仅集结了钱塘新区9个中队的力量，还制定了严密的执法流程，以前所未有的力度对渣土倾倒进行了严管重罚，为城市“清肺”。

据统计，此次行动共计出动人员3069人次，出动车辆837车次，检查建设工地571次，检查工程渣土运输车5160辆，查扣147辆，立案142件。

燃气在为居民生活带来便利的同时，也同样带来了安全隐患。

为了整治隐患为安全“杀菌”，钱塘新区组建了一支瓶装燃气专项整治小组，集中打击无证经营、非法存储、违规使用等违法行为。

“28714户，这是钱塘新区的存量瓶装液化气用户数；45851只，这是液化气钢瓶的总数。”工作人员介绍，在执法过程中，首先要做的就是对瓶装燃气用户建立一户一档，在摸清底细的基础上做到精准排查。

整治行动开展以来，整治小组重点加强对老旧小区、出租房、中低档餐饮场所等区域的隐患治理工作。对于外来人口集聚的七格、智格、高沙等五个燃气隐患高发的老小区，工作人员逐户上门检查免费更换皮管、减压阀，为这些小区拧紧“安全阀”。

除了燃气安全外，杭州钱塘新区综合行政执法局还联合相关单位，对高空“飞线”充电、电动车违规停放充电、消防逃生通道堆放杂物、弱电井私拉电线、电动车库脏乱差等小区常见隐患进行了排查整治，力求让隐患消失在萌芽阶段。

**序化整治为钱塘江“活血”“除癣”**

“‘僵尸车’是指那些被人废弃、长期不使用的车辆，这些车辆长期停放在道路上，不仅严重阻碍交通，也影响到了市容市貌。”谈及“僵尸车”，杭州钱塘新区文海实验学校的陈老师有些苦恼地揉了揉眉头，据他介绍，新区很多学校都遭遇了这个问题，学生家长的投诉也塞满了校长信箱。

事实上，除了学校周边，在地下车库、住宅小区都能发现这些“顽癣”。

2019年7月19日，一场“僵尸车”专项整治行动在新区火热开展，通过张贴整治工作告知单、走访联系车主、强制将车拖移至特定的停车场等手段，腾出泊位186个，公共空地（绿地）91处，让道路恢复整洁面貌。

沿江一带是许多新区居民休憩锻炼的首选之地，每逢钱塘江大潮，还会吸引众多的观潮爱好者。随着人流、车流而来的，还有无证摊贩、占绿乱停、随意烧烤等不文明现象，江岸美景遭到破坏。

对此，钱塘新区综合行政执法局牵头有关部门、单位自2019年8月中旬开始开展了沿江序化专项治理行动。经过整治，截至2019年10月底，共对占绿停车教育劝改300辆次，占绿锁车7辆次，处罚6起；查处人行道违停80起；查处违法洗车92起；教育劝改无证摊贩46起，处罚18起。

保护好钱塘江，关键之处更在于生态保护。尽管每年3月1日至6月30日是钱塘江干流禁渔期，但流域内电鱼、网鱼、迷魂阵（地笼）等非法捕捞现象仍时有发生，来自上虞、柯桥等地的非法渔船跨区域捕捞也屡禁不止。

在做好禁渔期间的24小时值班值守和与邻近区域渔政部门联合执法外，钱塘新区综合行政执法局前后组织了7次非法捕捞专项整治，针对垦区三工段横河、四工段横河、围垦沿塘河、抢险河等十条重点河道（168.7公里）加强巡查，劝导捕鱼人员1350余人次，收缴数以百计的各类捕鱼工具，非法捕鱼乱象得到有效遏制，为钱塘江“活血”。

摘自2020年1月8日中国新闻网

## 推进安全体系建设
## 钱塘新区迎来风险管控“大管家”

日前，杭州泽元安全技术咨询有限公司的专家们进驻杭州日芝电气有限公司，着手排查企业的安全风险点，并帮助企业编制安全风险清单。

怀着忐忑的心情，公司当家人吕军默默跟在专家的身后，看专家们“运筹帷幄”，听专家们“出谋划策”。“真是想不到，我们虽然是中小企业，却发现了不少风险点。那些平时我们忽略的地方，其实存在着很大的安全隐患。”吕军竖起大拇指夸赞专家的精准服务。

不仅仅在日芝电气公司，眼下，杭州钱塘新区195家企业，36个园区都迎来了风险管控的“管家”，正如火如荼开展安全风险管控体系建设。

“安全生产重在防控，安全风险辨识则是预防的基础，目前新区内企业安全风险意识薄弱，风险辨识的能力也不足，所以推进该项工作已是箭在弦上。”钱塘新区应急管理局相关负责人说。

“今年省市都非常重视这项工作，4月10日省里文件一下来我们就开始谋划，梳理首批试点企业名单，确定工作方向和标准，并于5月9日召开大会，以购买安责险、安全风险指数较高的195家企业和36个园区为试点，逐步开展这项工作。”

据了解，钱塘新区计划7月底完成试点工作，如何在3个月内，快马加鞭推进体系建设，出色完成企业数量和园区数量并不少的工作?

前期，钱塘新区走访学习5个样板企业，在认真吸取他们的经验和不足的基础上，加以总结提炼，要求各试点企业在危化领域以杭电化集团为指引，工贸领域以朝阳橡胶为模板开展此项工作并挨家挨户调研7个属地街道，帮企业解决第三方社会化服务机构敲定、服务价格、服务周期等实际问题，共解决问题315个。

同时，自加压力，主动申报1个正泰中自科技园列入省级的试点园区，申报10个涵盖了不同行业和区域企业列入市级试点单位，高标准推进安全风险管控体系建设。

确定第三方社会化服务机构后，专家对生产作业活动进行安全风险辨识，根据辨别结果进行分级管控，共排查风险点146082个。

为了使企业员工能够读懂安全风险点，专家还按照各类风险点的危害程度，将不同级别的风险点分成红、橙、黄、蓝四个等级，对每家企业绘制四色风险图，对不同等级的安全风险，采取有针对性的管控措施，重点紧盯红色、橙色风险点，确保安全风险始终处于可控、受控状态。

“8月份，我们将对所有的生产型加工企业开展安全风险管控体系建设。对先前已经建好的企业将持续改进、完善，确保安全工作抓实抓细抓好。”相关负责人表示。

摘自2020年7月15日《浙江日报》

## 攻坚克难创美丽城镇

烈日当空，钱塘新区前进街道河流旁的一群人仍在用汗水清洁家园，在蔚蓝的天空下成了一幅美丽的画面。

今年，前进街道作为工业特色型美丽城镇创建单位，在环境提升上也毫不懈怠，用干净整洁的环境吸引人、留住人，“前进”一直在行动中。

美好家园的打造离不开一群群人的付出。夏日炎炎，当人们纷纷以各种方式防暑降温时，有一群人却迎着高温在烈日下坚守，用汗水换来河道的干净整洁。

4只保洁船只，几把钳子、扫把，一些垃圾袋，21名保洁人员日复一日地守护着前进街道三工段横河、四工段横河、八工段直河、九工段直河、四联闸横河共25.1公里的河道。

“我们的工作时间是每天早上7点到11点，下午2点到6点。”根据保洁人员介绍，保洁队伍分为2组，其中15名为河道保洁人员，负责清理地笼、河面漂浮物，保持河道生态平衡，同时确保行洪通畅，船只通行不受影响。6名为岸边保洁人员，负责清理河道两岸的白色垃圾。

据悉，保洁人员日均清理垃圾1.5吨，包括河面漂浮物、地笼等河道障碍物。此外，在保洁过程中，工作人员还会对影响河道水体水质的行为进行制止，如非法捕鱼、非法排污等。

一流的环境是新时代美丽城镇建设的重要组成部分。为了营造良好的人居环境，提高新老前进人生活满意度、幸福感，前进街道引进智慧垃圾分类系统，打造垃圾分类3.0版，通过全民动员、全力推进、全域覆盖，让垃圾分类成为辖区新风尚。

垃圾分类智能系统平台查询三丰模式即垃圾分类数字化管理模式，是前进街道三丰村率先探索的农村垃圾分类管理模式。这个智慧系统分为前端信息收集和终端信息反馈两部分。前者包括带芯片的垃圾桶和配有摄像头的垃圾清运车，保洁人员在清运垃圾时会将垃圾桶放到车子一侧的电子秤上，简单一放，实现称重、拍照、记录等多项操作。此外，工作人员还会根据分类情况作出合格、不合格、空桶等评价。同时，村民们也可以走进村委会，通过垃圾分类智慧大屏查看自己和邻居近期分类情况。利用大数据进行管理后，村民分类情况得到记录，出现问题亦可追溯，解决起来也更有针对性。

不仅如此，为更好地推进此项工作，生活垃圾分类处置项目已成为2020前进街道十大民生实事之一，目前江雅苑小区已通过垃圾分类创建市级示范小区验收，前新福苑正准备迎检，已在临江村、前峰村安置小区推广“三丰模式”，预计10月底实现行政村全覆盖。

下一步，前进街道将快马加鞭抓落实，持续推进环境深化提升工作，为美丽城镇创建打下坚实的基础。

摘自2020年9月1日《浙江日报》

## 数字赋能　杭州钱塘新区开启“土地码”全新模式

“数字赋能”已经成为杭州新的时代标签，与城市发展息息相关。日前杭州市全面深化改革委员会第五次会议传递出一个信号，杭州正谋划一个新的改革举措——构建“一地一码”协同服务平台。

什么是“土地码”？土地码是地块唯一身份识别码，贯穿规划、用地、不动产登记全过程，实现一块地数据信息“一码归集”，用地服务“一码管理”，企业权益“一码证明”，宏观决策“一码辅助”。

杭州市“土地码”工业项目审批服务改革是全面深化“最多跑一次”改革的又一创新举措，“土地码”的应用不仅简化了部门之间的审批，促进了政府数字化转型，而且极大方便了企业办事，进一步促进了亲清政商关系。

钱塘新区作为全市唯一试点，克服了各种各样的困难和问题，改革工作有力推进，在谋划新、切入准、配合好和成效实四个方面亮点突出，形成一套特有的“钱塘经验”。

**六大实施亮点　稳步推广“钱塘经验”**

一、稳基石。试点工作立足机制创建，围绕三个“一”，做实四梁八柱，主要是坚持一个专班统筹、一套方案实施、一张清单贯穿的思路，分阶段、分任务、分责任精准有序推进工作。

二、拓路径。试点基于土地码“一码多能”理念，围绕数据传导、信息共享、扫码服务三大功能开展试点多路径探索，实现赋码上云、码上服务和见码发证实践探索积累。

三、增引擎。新区结合实际有效发挥自身优势，多点发力推试点，主要是依托完善的规划编制体系构建基础数据“一张图”和“土地码”底板，依托产业平台创新体制实现“土地码”应用下沉和延伸，依托新区行政审批局建立试点工作快速响应机制。

四、谋协同。试点应用是一项系统工程，从准备到试点上线，新区各职能部门始终落实联动机制，在项目策划、审批服务、不动产登记和监管中保持高度协同，服务产生化学反应，不断提升一体化服务效能。

五、建链条。以市区两级联动为基础，在试点实践中逐步创建数据归集供应链、试点应用协同链和互动体验反馈链体系，以改革指引试点，以试点撬动改革，实现改革与试点应用的良性循环。

六、育载体。新区以打造一流营商环境为契机，牢牢抓住营商环境集成改革这个载体，在营商环境各项试点工作中，进一步集成各领域政策，充分发挥政策驱动效应，不断为“土地码”试点应用获取政策红利提供支撑。

**五大实施成果　用数字赋能土地**

一、编制图。“土地码”协同服务平台有效融合“多规合一”系统，建立了统筹管理“一张图”，年度任务一盘棋布局、编审过程一体化管理、共享成果动态化利用的统筹管理机制在做地招商中发挥重要作用。

二、数据网。以“土地码”形成有效串联，打通审批协同平台、亲清平台、多规合一平台、“读地云”等多系统平台，建立数据系统一张网，实现数据跑路，让企业办事可以不再跑。

三、服务链。“土地码”成为全流程系统数据跑路的新引擎，通过信息共享，各事项上形成有效串联，材料简、时间短、环节少、响应快的服务机制推动审批协同服务形成一条链闭环。

四、登记码。“土地码”在新区成为了新型“代办员”，依托信息沉淀，在工业项目不动产登记实现了“一码代办，快递送达”，“扫一个码，发一本证”成为新区常态化服务的新模式。

五、智治芯。“土地码”成为审批各环节的信号灯、通行证，见码通行、见码办事让审批环节不停留，全程公开透明，实现办事留痕，监管促廉，在审批服务中建立智慧治理、廉政管理新机制。

随着改革的不断深化，杭州数字赋能也深入社会治理全过程。钱塘新区以“土地码”为契机，以群众为出发点，大力推进审批服务方式改革、审批流程优化再造，优化营商环境，为钱塘新区创造一片投资蓝海。

摘自2020年12月7日《浙江日报》

## 推进完成50余项改革任务
## 钱塘新区打造一流营商环境

“加入1支党员志愿服务队，每年参加1次专业志愿服务培训，至少参加1次志愿服务活动……”看似普通的“3个1”，考验的是如何发挥在职党员在基层治理中的先锋模范作用。

近日，杭州市钱塘新区召开党建引领基层治理暨“街社吹哨、部门报到”试点工作现场推进会，围绕“街社吹哨、部门报到”机制改革，在总结前期经验基础上，对“街社吹哨、部门报到”机制改革再深化，为杭州市贡献钱塘经验。

包括街社“吹哨一件事”改革在内，钱塘新区统筹推进特殊工时审批试点、未来社区试点、国企改革等50余项改革任务，力争通过改革解决更多问题，加快打造现代化产业体系、国际化城市配套和高水平营商环境，努力打造全省改革提升示范样板。

**数据“多跑路”　移动办公有新突破**

面对“跨江”多地办公的现实状况，如何提升行政运行效率？

去年8月，钱塘新区推出以浙政钉和OA办公系统融合为基础，不断加入外部新应用模块的移动协同办公系统，从收文、发文、党工委议题递交等15个高频处理事项入手，让移动办公成为“必选项”。

“从拟稿开始，到发文、最终存档全部在线上完成，文件的审核平均时长从原来的3天缩短到3小时之内，实现了文件的‘全生命周期’无纸化移动办理。仅办公纸张相关费用一项，同比节约30余万元。”钱塘新区相关负责人说。

今年以来，钱塘新区对移动办公扩面，已实现各级机关、街道、村社移动办公全覆盖；除涉密、敏感信息外，目前新区所有公文一律线上流转，消除信息壁垒。新区机关内部“最多跑一次”办事平台全面运用，17个部门174个办事事项实现100%“网上办”或“跑零次”，月均办件量增长近36倍。

截至目前，新区浙政钉注册人数从两区整合初的3500人提升到8602人，实现激活率、完善率两个100%，活跃率达89%，全体机关干部100%接入浙政钉协同办公平台，办文办会办事效率通过网上办、掌上办大幅提升，浙政钉注册人数、工作群数、微应用总点击量都位居杭州市第一。

### 突破传统政务　打造一流营商环境

数面多媒体屏、温馨咖啡吧台、全新办事大厅……今年4月，钱塘新区在杭州市率先全面启用“投资之家”，为企业提供项目落地前准入、落地后审批、投产后服务三个阶段的“全生命周期”投资服务。

“传统政务服务一般采用柜台服务模式，办事企业群众取号等候，工作人员叫号服务，而‘投资之家’实现了三大转变。”钱塘新区行政审批局相关负责人说，这些变化主要体现在——变柜台服务“面对面”为圆桌服务“肩并肩”，变柜台里的“被动等候”为洽谈区的“主动靠前”，变办事企业“排队叫号”为服务专员“随叫随到”。

在三大转变的背后，是钱塘新区打造的由招商与人才局、经发科技局、人才办等12个部门36个代办员组成的“金牌管家”服务队伍，商事登记、工程建设审批、人才服务、不动产登记、税务咨询等所有涉企事项都可在“投资之家”一站式服务平台办理。

与此同时，钱塘新区还推出“投资之家”网站，涵盖投资钱塘、办事审批、政策服务、项目申报、服务超市、诉求办理6大功能。

打破传统政务服务模式，钱塘新区一直在进行尝试。钱塘新区还打造了“亲清钱塘”、“钱塘汇商”、政府投资项目全生命周期信息系统、城市大脑数字驾驶舱等特色数字化平台，并与阿里巴巴共建“数字钱塘”联合实验室，在政府深化应用、政企联动服务增效、社会治理创新方式等领域深化合作。

比如，依托智慧门禁系统，新区目前已完成105个居民小区的疫情精准防控，率先使用钉钉“万人群发”功能开展新冠肺炎疫情宣传，投用全省首个入城通道扫码数字化疫情登记系统，积极开发各类“数字表单”，为新区打赢防疫攻坚战发挥重要助力作用，数字抗疫工作得到央视《新闻联播》等重量级媒体刊播。

摘自2020年9月30日《浙江日报》

## 防疫·复工

### 直击：在杭州别墅小区公租房中鏖战疫情的三色暖心者

2月6日一大早，下沙高教园区。寂寞深院锁初春，梅花零落开无主。

街道两旁，疫情防控点上的测温计懒洋洋的躺在桌上，唯有防控人员在寒风中“战斗”成了一道风景。

“没有学生返校，外围把控严实，目前，我们压力还比较小……”正在校门口查巡的杭州师范大学钱江学院的丁院长告诉记者。

记者在高教园区努力的寻找着值得记录的东西……

“可往白杨街道江潮社区看看，那边有经济适用房、公租房、高档小区、别墅！有隔离……”钱塘新区一好友给记者发来一条微信。

导航显示江潮社区距记者位置不足两公里。

远远的，一位戴口罩的女士迎面而来。“我是社区书记滑宝霞……”隔着口罩逆风而来声音的十足响亮清脆，语速不紧不慢，充满了电台主持人的味道。

开门见山无寒暄。早上8点是滑书记早班的第一轮巡查。

“李记者，快，前面拿小喇叭的是我们社区一位老党员，这几天可帮我们大忙啦。”

滑宝霞说的老党员叫虞时荣，住江潮社区景冉佳园不满一年。疫情发生后，虞时荣第一时间报名，从1月30日，每天都作为党员志愿者带头参与社区防疫工作，参与社区防疫宣传巡逻、小区门禁体温检测、为居家隔离对象送物资等活动。

“他主动承担两小区小喇叭播放任务，每天早上亲自录制播放宣传语，保证小区正常播放。除参与志愿者服务，还为社区防疫出谋划策，很多居民都被他的正能量带动起来了……”

“李记者，这位是我们景冉业委会主任钟伟兰，每天7点到晚上10点，连续四五天一直在为疫情防控做贡献，宣传引导、执勤站岗、现场办理疫情通行证……”

滑宝霞告诉记者。

这些天，让滑宝霞最感动的是居民党员志愿者的付出。

“我们滑书记每天七点多到门岗检查人员到岗，保安执勤管控，八点半社区部署当天工作，每天无数次的巡岗，去居民家送东西，楼道查看，解决各种各样的紧急事件，奔走小区各地，每天微信朋友圈的步数都是她最多……”一位社工告诉记者。

## 工作中的滑宝霞书记

“这段时间，大家确实都很辛苦，所有社工早上六点到忙到晚上十点，没怨言，不退缩。”滑宝霞说。

“唯一担心的就是怕哪个环节没做到位，让防控工作功亏一篑。”滑宝霞一边叮咛办理出入证的居民别相互距离太近。

“滑书记连续七八天，天天忙上忙下，我们都担心她身体，劝她多注意休息。专家说这次疫情对免疫力低的人影响很大，媒体报道说，除水果蔬菜外，桑黄对提高人的免疫力很有帮助，真想买点送给书记和社工们，特殊时期买不到……”一位居民遗憾的说。

“辖区居民真的很热心！当我们物资紧缺时，他们就自发的发动所有关系帮筹集物资，怕社区人手不够，组成各种公益队伍，帮我们一起宣传、走访、巡逻……真心感谢他们！”滑宝霞说。

滑宝霞为一位踊跃报名要做志愿者的大姐竖起大拇指。

防控疫情工作，最重要的是畅通信息，只有跑赢病毒，才能有效防控疫情。

记者了解，杭州白杨街道江潮社区居家医学观察管理小组自组建起就落实了每日两会商制度，每日上午11时和下午4时进行会商，会商新增人员情况，根据每户的实际情况商讨防疫措施，并进行有针对性的医学指导。社区的抗击疫情秘诀之一，就是让信息畅通的跑起来，不隐瞒、不积压，接收一个立即处理一个。

将居家医学隔离户贴上封条，是为能识别隔离对象是否出户的一个手段，但最关键的还是靠隔离对象本身自觉，江潮社区在研究封条内容时下了一番心思，定下了“平安是福”这四个字，让所有人都觉得很温馨舒服。

“隔离不能隔开关爱！”滑宝霞说。

社区办公室墙上贴有两张《杭州日报》，下面藏有玄机。“这是辖区疫情统计情况，担心来办事居民看了心里不舒服，就用报纸遮挡下。工作人员需要时再揭开……”

为更好的区分排查人员类别，便于梳理，提高工作效率，杭州白杨街道江潮社区将辖区内湖北籍人员信息全部进行排查，对排查出的信息分类标记。

## 防疫好办法：“红黄蓝”

江潮社区总结出了一套“红黄蓝”分类管理办法，使得人员管理更有针对性，管理思路更加清晰。

什么是“红黄蓝”分类管理法？

“我们将排查发现需要采取防疫措施的居民，用“红黄蓝”三色进行分类管理。”社区负责宣传的郭见楠介绍。

红色管理模式：对纳入该管理模式人员，采取“一人一档”、“一人一专班”、一天两报告、车牌监控、物资帮送服务、污染垃圾专门分类等方式，确保该人员足不出户、不产生二次传染。

“一人一档”即对纳入红色管理模式的人员的基本信息、近期动态、家属情况、接触类别等情况进行采集。

“一人一专班”即对纳入红色管理模式的人员组建一名街道领导、社区负责人、社区医生、社区专员、社区民警组成的隔离指导专班，对该人员隔离措施进行研判和指导。

一天两报告即是由社区医生和社区专员与隔离对象通过微信建立三人指导小组，要求隔离对象通过微信视频和微信定位的手段，每天两次确认该人员的体温、是否在家等情况。车牌监控即将隔离对象的车牌纳入系统红色专管清单，使得其进出能够得到监控。

物资帮送服务即对于隔离对象提出需要采购物资的要求，社区派专人送物资上门。污染垃圾专门分类即要求隔离对象将家中用过的餐巾纸、厕所用纸、废弃口罩等分类到专门的垃圾袋中，社区安排专人处理。

黄色管理模式：对纳入该管理模式人员，仍然保留微信三人指导小组，采取“三天一联系”、车牌掌控等方式，了解掌握其生活动态，进出小区动态。

疫情式有序排队办理出入证的居民。

蓝色管理模式：对纳入该管理模式的人员，由社区医生进行指导，社区工作人员密切关注，指导其根据社区医生的建议采取自我观察或自主就医，并视病情转为红色管理模式。

实行三色管理模式后，有什么成效？

首先，人员力量分配更有针对性，防疫工作运作更加畅通。在“红黄蓝”分类管理的作用下，对于本身存在人员力量不足的社区，更能够将力量用到实处，责任也更能落到实处。

其次，确保了排查发现需要采取防疫措施的人员得到有效的指导，确保不产生二次传播。

记者截稿前，江潮社区发动群防群治力量722人次，其中网格员参与75人次、发动志愿者164人次，一场抗击疫情的战役仍在紧张持续着。

采访结束刚要离开时，滑宝霞书记的手机有人发来微信视频邀请，“估计居家观察的居民来的。”她看也没看就接通了。“女儿啊，你这电话太难打啦……”原来是远在千里之外的老父亲发来的了连线视频，滑宝霞也惊着了。“你这用谁的电话啊？……”

担心女儿身体安康，老人家打了很多次电话，滑宝霞都没接。这次，老人出其不意换成微信，终于逮到了女儿。

摘自2020年2月7日《人民日报》

## 杭州钱塘新区首家“滚动居家公寓”为返杭员工提供温暖的“家”

近日，钱塘新区首家园区企业滚动居家公寓在前进街道正式启用，为没有条件接受居家医学观察的返杭员工提供了一个温暖的“家”。

最近一周，前进街道工作人员日夜奋战，短短几天时间内为接受医学观察的企业员工装修了一幢楼，并安排专人做好各项后勤保障工作，为他们提供必要的生活服务，情暖外地员工，使他们安心留观。

### 配齐“十个一”，环境很给力

每个房间配备一张床、一套床上用品、一套桌椅、一些洗漱用品、一个暖风机、一台热水器、一台电视机、一个信号良好的无线网络、一个逃生应急包，整幢公寓配备一套安防设备，2月12日晚前进街道园区企业滚动居家公寓正式交付启用。

走进公寓内部，每个房间都有近四十平方米。房间分为3部分，阳台、卧室、洗手间。站在阳台可以看到窗外的风景，卧室内床铺、电视、桌椅配备齐全，洗手间内也安装了热水器，水壶、洗漱包等必备用品一样不落。

“这是我们为企业职工返杭后接受医学观察准备的。”街道工作人员告诉记者，在多方努力之下，前进街道园区企业滚动居家公寓开通了水电，配齐了物资。如今企业职工返回后可第一时间拎包入住。

街道还联系物业公司、社区卫生服务中心、消防部门等，组建了一支维护公寓秩序、提供人性化服务和医疗服务的队伍，让企业职工住得安心、舒适。

### 急企业所急，解企业难题

“开工后，我们有一批员工从外地回来需要接受医学观察，街道能不能帮忙解决？”复工在即，浙江西子航空工业有限公司却遇到了难题。因为春节假期的原因，大部分员工都选择回老家过年，返杭之后不少员工拿到了黄码和红码，上班前需要接受7天和14天的医学隔离观察。

公司复工，人员是首要条件，前进街道的不少园区企业都面临着同样的困境。19家世界500强企业、2家民营500强企业，4万余名外来务工人员，这是摆在园区企业和前进街道面前的一道难题。

面对外来务工人员众多，商务酒店房间有限，职工宿舍也安排不下的现状，前进街道第一时间装修了空置的单身公寓，安置返杭职工。尽管以床铺有限，但政府对企业的真心服务无限。随着街道安排居家公寓入住人员表，不同企业的员工将分批入住，集中医学观察处的床铺也随之“滚动”起来。

### 建复工专班，创发展模式

为了更好地管理园区企业滚动居家公寓，服务接受集中医学观察的企业职工，前进街道联合经发科技局、教育与卫生健康局、综合行政执法局、园区企业等成立了工作专班，下设7个专项工作小组，多方联动，助力复工。

据了解，7个专项工作小组分别为综合组、信息核查组、有序入住组、居家管控组、后勤保障组、隔离点建设组、突发事件处置组，每个小组都由对应的政府部门工作人员和企业联络员组成，真正做到了信息共享、协同联动。

此外，前进街道在在统筹好疫情防控的同时，严抓企业安全生产工作，努力实现抗疫情、稳经济多元平衡。

摘自2020年2月14日人民网

## 杭州钱塘新区首个战“疫”党建联盟在前进街道成立

2月21日，杭州钱塘新区前进街道“美丽智谷·战役先锋”党建联盟成立仪式在该街道江雅苑员工公寓的临时会议室顺利举行。战“疫”党建联盟的成立，既是非常时期基层治理模式的有效探索，更是当前党建引领防疫抗疫和复工复产两大硬仗的生动实践。

“美丽智谷·战役先锋”党建联盟由前进街道、社区，新区经发科技局、新区城发集团和长安福特、广汽、吉利、格力电器、华东医药等9个单位组成，联盟成员既有属地政府，又有主管部门，还有5家世界和中国500强企业，可谓阵容强大。

据悉，钱塘新区前进街道辖区内共有38家规上企业，其中世界500强企业19家、民营500强企业2家，外来务工人员超过4万名，占街道实有人口的80%。如何做好一手抓疫情防控、一手抓企业复工，这成为了前进街道亟需解决的重要问题。街道负责人告诉记者：通过建立党建联盟，在不改变现有党组织隶属关系的前提下，积极探索区域党建互动的纽带，进一步打破街道、企业、社会组织等各层级各类型党组织之间的“无形藩篱”，以“一盘棋”的思维赋予前进基层党建新活力，求同存异、发挥优势，形成紧密型党建共同体。

当前，该街道江雅苑员工公寓中就居住着近2000名返乡员工。党建联盟成立后，又随即成立了江雅苑临时党总支，下设9个临时党支部，支部书记担任每一幢的楼道长。9名书记将带领目前已经入驻的200余名来自五湖四海的十余家企业的“流动党员”担起重任，他们将充分发挥党员先锋模范作用，主动深入防疫一线，开展纵向到底、横向到边的走访排摸、联络和沟通，第一时间完善一份楼内居民清单，建立一个楼内党员钉钉群，收集一批当前抗疫及复工复产的意见建议，召开一次支部会议，织密一张疫情防控的大网，同时党建联盟也将及时提供一批活动和服务清单，给予一定的物质和精神的奖励，形成一个联盟、总支和支部之间职责清晰的闭环，真正为外来流动的党员打造“不流动的家”。

“我愿意把8小时工作之外的时间都投入临时党支部里。”11幢楼的支部书记孙圣棋说道。他是长安福特的一名党员职工，租住的11幢公寓是江雅苑里人数最多的一幢，身为该公寓的支部书记，孙圣棋的工作量比别人都大。他说：“作为一名流动党员，能在公寓里给大家做点事，我觉得很有价值。”

接下来，前进街道将以党建联盟和临时支部门为载体，充分发挥流动党员的作用，全力以赴筑牢疫情防控的“防火墙”。同时将在确保长效上下功夫，全面打造“红色堡垒”，待疫情过后，让战“疫”先锋真正成为经济建设主战场的战役先锋。

摘自2020年2月23日人民网

## 并肩抗“疫”钱塘新区的他们这样做！

自新型冠状病毒肺炎疫情发生以来，钱塘新区上下迅速行动，广泛动员。生活在新区的外籍人士也不例外，他们与新区人一同并肩抗“疫”。正因为有了他们的参与，在新区的抗击疫情阻击战中，多了一股暖暖的国际温情。

“Thank you，health code is so cool！”外国友人拉着社区工作人员的手，连声称赞道。他叫Kilian，来自西班牙，2月17日上午刚刚返回到杭州，但是在小区门口被保安拦住了，小区的保安说不来英语，他的中文也不好，一来二去就僵住了。

正巧这个时候下沙街道滟澜社区党总支副书记陈琴正在滟澜社区茗轩小区的卡口附近巡查，了解了情况，陈琴马上打开了自己的手机，向他介绍并帮助他申领了杭州健康码。

对于杭州市推出的健康码通行政策Kilian表示理解，同时也为方便了像他这样的外籍人员的出行这样的便民方式给予了点赞。

这几天，在白杨街道朗诗国际街区门口都能看到一位黄头发的小伙子，测体温、拿快递、为居民找菜、发防疫卡，小伙子叫Yoyo，他来自突尼斯，能说一口熟练的汉语。

同住一个小区的Yoyo的弟弟，因为疫情管控要求需要居家隔离，刚开始，他对此很不理解，感到焦虑。作为一个“中国通”，Yoyo马上托社区给弟弟送去了许多生活用品，并打电话向他解释严格管控的意义，通过这件事情Yoyo意识到社区内可能还有许多外籍人士需要帮助，于是他主动联系社区，报名成为志愿者。

除了帮助居民解决一些日常事务，他还在社区的帮助下开通了“Love Hotline”咨询热线，积极帮助社区联络那些接到通知要求暂缓回杭的外籍居民，并为需要帮助的外籍居民提供政策咨询与解答。

来自土库曼斯坦的外籍居民何心，春节前返回了自己的国家。接到社区通知近期不能回杭，他非常不理解。通过Yoyo的沟通和解释后，何心不仅了解了杭州现在疫情管控的举措，而且表示回来以后，也要加入到志愿者队伍中来。

疫情打乱了这些外国友人原有的计划安排，但新区给他们的温暖没有“断”。

以滟澜社区为例，目前这里居住着100多位外籍人士。连日来，滟澜社区创新工作方式，推出了“1234”工作法：设立一条“双语”热线、开辟两个咨询渠道（线上微信群与线下专窗）、组建三人工作小组、设立四步流程法则“when（何时返杭）、where（从哪里返回）、why（返回缘由）、what（返杭注意事项）”，了解外籍人员的诉求与注意事项，方便及时作出答复。

“面对疫情，我关心中国的心情和你们是一样的，我和身边的朋友都不相信在网络上流传的假消息，这只会引起不必要的恐慌。社区会定期与我们保持联系，住在杭州感到特别安心。”外籍居民Andrea表示。

摘自2020年2月21日新华社

## 钱塘新区“力度”与“温度”双兼顾：防控境外疫情输入

记者22日从钱塘新区获悉，为全面做好境外疫情输入防控工作，钱塘新区严防严控，精准对接，暖心服务，坚守疫情防控“安全大门”，显示出“力度”与

"温度"。

据悉，为抢抓防控工作先机，钱塘新区迅速建立防控境外疫情输入工作领导小组，下设综合协调组、信息排摸组、口岸对接组、监管服务组等四个专项工作组，制定工作应急预案，建立执行每日会商制度。

按照"应排尽排、应管尽管"原则，钱塘新区从源头上开展排摸核查，做到底数清、情况明、动态准，第一时间对入境人员实施相应防控措施，打好"防、控、救、治"组合拳，切实做到全覆盖、精准化、闭环式管理。

如由专业人员组成的接送班组落实24小时接机任务，日夜兼程专职做好口岸和机场入境人员接送、移交等工作，环环相扣，紧密配合，科学精准传好接送工作的每一个"接力棒"。据悉，截至目前，接送专班共出车70余趟，全力做好各项接送、隔离等防控服务工作。

面对入境人员语言、地域等差异，钱塘新区则充分尊重境外人士文化生活习惯，提供多语言服务，耐心做好政策解释，释放"钱塘温度"。如下沙街道在小区原有卡点人员基础上，增配有外语基础的工作人员，建立"何时返杭、哪里返回、返杭缘由、返杭注意事项"四步标准化询问流程。

白杨街道则抽调4名英语专业工作人员组建入境返杭人士专管小组，开通境外人士服务热线，建立24小时在线的一对一防疫群。

据悉，接下来钱塘新区将按照周密、细致、联动的工作要求，切实落实入境防控服务等管理措施，用心用情做好境外疫情输入防控工作。

摘自2020年3月22日中国新闻网

## 战疫·钱塘新区
## 这条防疫"暖心热线"24小时运行

"叮铃铃……"

这两天，在杭州钱塘新区下沙行政中心310办公室，电话声不断。两条热线，16名志愿者，24小时不间断运作……1月22日以来，钱塘新区疫情防控"暖心热线"，成了上千人的"心灵港湾"。本地市民、外来务工者、居家隔离人员乃至一线防疫工作者们，都通过这两条热线得到了心理疏导。

2月4日傍晚，记者来到了这间小小的办公室，记录下一幕幕感人的瞬间。

### 一下午接听七八个电话，志愿者不敢喝水
### 最喜欢听到的话是：谢谢你，我好多了

"没有去过疫区，也没有和疫区人员密切接触，感染的可能性很低，其实根本不用紧张！"

"我建议您，可以做做手工，练练瑜伽，多和家人聊聊天，尽快放松下来。"

……

走进"暖心热线"工作室，记者立刻被各种"私语声"包围。握着电话听筒，这里接听热线的工作人员始终小声说话。他们告诉记者，这样做既能互不干扰，又能尽量安抚电话那头的情绪。

鲁民是"暖心热线"的16名志愿者之一。此前，她的身份是下沙街道公共卫生服务中心的工作人员。作为二级心理咨询师，她在得知"暖心热线"招募志愿者时第一时间报名，来到了这间小小的办公室。

她接听的上一通电话，来自钱塘新区的一位"单亲妈妈"。鲁民告诉记者，这位40多岁的女士这两天总觉得自己胸闷、心悸、吃不下东西，哪怕去了医院检查指标一切正常，她还是认为自己"中招"了，于是打进"暖心热线"求助。

"这两天，类似的求助电话最多。"鲁民告诉记者，由于疫情防治需要，不少居民整天"宅"在家中。"通过电脑、手机上网，他们时不时会接触到负面信息，导致了心理压力。"

鲁民和这位女士一聊就是半个多小时。她了解到，对方18岁的女儿正在备战艺考，两人交流不多。这两天，工作单位延迟上班，在家中倍感孤独，她的压力更大了。

"我也有个女儿，和你女儿差不多大。其实，母女之间，最重要的就是多交流。虽然你女儿要考试了，但还是可以每天抽出半个小时，和她聊聊天……"在聊天中，鲁民和对方的距离越来越近。

临近通话结束时，鲁民还教了对方一套"放松操"——闭上双眼、肩膀下沉、吸气、呼气，反复1–2分钟。"最重要的，是相信自己，疫情一定会过去的。"

当天下午，鲁民接听了七八个电话，有时，刚放下听筒，电话立刻又响了起来。"嗓子像火烧一样，又不敢多喝水，怕上厕所。"志愿者们告诉记者，虽然辛苦，但只要听到电话那头说"谢谢你，我好多了"，他们又充满了干劲。

### 两路电话，16名志愿者，24小时值守
### 这"暖心热线"也是谣言"粉碎者"

0571–89898585、0571–89898092，两组号码，16个数字，在这个"非常时期"被赋予了"非常意义"。

杭州钱塘新区疫情防控办公共服务组副组长商涛告诉记者，两条热线本是新区的职场解压热线。"防疫工作开展以来，这里不断接到来自基层的心理疏导需求，我们就干脆把它们改成了'暖心热线'。"

1月22日，“暖心热线”正式开通。“刚开始，不少电话是我们根据基层需求，主动打给对方的。但后来，知道两条热线的人越来越多，电话也越来越繁忙。”商涛说，为此，钱塘新区加大了志愿者的招募，并把一间值班室腾了出来，专供热线接听使用。

这里接听电话的志愿者，也从开始的4人上升到16人。每个班次2-5名志愿者，24小时值守。他们中，既有来自一线的精神卫生医护工作者，也有大学教师、社区工作者、热心市民等。这里还成立了临时党支部，用组织的力量团结大家，更好地为需要帮助的人服务。

2月2日，一位来自湖南的80后打工者在回到钱塘新区后，因在高铁上接触疑似病例而被医学观察。一开始，他很不理解，在隔离区多次撞门、踢门想出去。“暖心热线”工作人员主动给他打了电话，经过连续3次心理疏导，他的心情逐渐平复了下来，还主动帮忙劝说其他被隔离人员；

2月3日，一位在钱塘新区工作的人打进“暖心热线”。原来，他因密切接触了疫区人员被居家隔离。在隔离期间，他越来越担心身在海外的父母。志愿者们一次又一次和他聊天，不仅帮助他走出困惑，还帮忙联系好了隔离期满后送他去机场的车辆；

……

10天来，市民、外来务工者、隔离人员，甚至是一线防疫工作者，“暖心热线”帮助的人越来越多。有时，趁着来电间歇，志愿者们也会交流心理疏导的心得。他们还准备了“暖心热线日报表”，把每一通电话的情况记录下来，方便日后跟踪回访。

此外，为了能让志愿者们更好地工作，钱塘新区还为他们准备了最新政策汇编和大量心理疏导方法，让志愿者们不仅能缓解压力，还能及时将最新、最准确的政策传达到电话那头。

“暖心热线”也成了防疫政策的“宣传热线”和不实谣言的“粉碎者”。

**来电太多，紧急开发了“小程序”**
**可预约时间，还能指定志愿者聊天**

据统计，开通以来至今，钱塘新区“暖心热线”的电话接听量已经从开始的约40个/天上升到了约150个/天，10天内已累计帮助了上千人。

随着来电越来越多，两条“暖心热线”也碰到一个新问题：撞线。“电话打不进来。尤其在每天的中午和傍晚，是来电的高峰期。但志愿者的数量有限，无法同时接听更多电话。”商涛告诉记者。

对于需要帮助的人来说，如果反复遇到“暖心热线”忙音，甚至有可能加重他们焦虑的情绪。怎么办？

钱塘新区疫情防控办紧急开发了一款微信小程序——求助者不仅可以拨打热线电话，也能够通过扫码关注小程序，预约心理疏导。而所有的服务，只需要象征性地收1分钱。

记者也打开小程序看了看，发现不仅能预约心理疏导的时间，还能选择与指定的志愿者通话。而且，预约成功后还可以选择普通电话、微信通话等多种沟通方式，让求助者更加方便、安心。

“无论你是否来自钱塘新区，都可以拨打我们的‘暖心热线’，或者关注我们的小程序。”商涛告诉记者，“疾病无情人有情，也希望‘暖心热线’能够帮助更多的人，帮助大家顺利度过难关。”

摘自2020年2月5日《浙江日报》

### 战疫·钱塘新区
### 不用纸笔 新区入城用上“数字表单”

“嘀……”2月6日下午，杭州钱塘新区下沙东入城口，下高速的司机纷纷掏出手机，对着工作人员手中的二维码扫一扫，几分钟时间，就完成了车牌、姓名、始发地等信息登记，顺利进城。

这是钱塘新区新推出的回杭“数字表单”。2月5日起，钱塘新区范围内的下沙东、下沙南、苏绍新湾、文海北路县道4个入城口，都已在医学检测点推出“数字化”表单的疫情登记系统。

“随着‘三返’高峰临近，钱塘新区高速道口的车流量一直很大，常常会有车辆因为检查登记堵在高速出口，而一线工作人员防控压力巨大，最多一天，受检车辆近万辆，受检人员达1.8万多人次。”钱塘新区疫情防控办相关负责人说，传统的手工登记不仅速度慢，还容易引发“二次污染”，给司机和工作人员的健康带来威胁。

而该系统上线后，工作人员只需对进入钱塘新区的人员进行体温检测，驾乘人员用微信扫描二维码，很快就可完成车牌、姓名、始发地等信息登记。这既有效减少了路口车辆滞留和人员接触，也大大提高了车辆人员信息登记和流转速度。

“原来采用手工登记，之后我们还需要对着手工输入的表格进行数据整理，通常要花去一个白天加晚上的时间，效率低、不卫生不说，还容易出错。现在，后台一秒钟就可以准确下载登记信息数据，可以腾挪精力来干更重要的事情。”钱塘新区交通道口专项组一线志愿者瞿旭峰表示。

此外，“数字表单”系统不仅涉及提前精准预警、及时识别防控重点区域和高危人群等内容，还可以帮助快速确定传染源、切断传播途径。

"借力新技术与疫情'赛跑'，让我们的防疫工作更加的精准、高效、务实又接地气，助力钱塘新区在防控中跑得快、打得赢。"钱塘新区大数据资源中心相关负责人介绍。

摘自2020年2月6日《浙江日报》

## 战疫·钱塘新区
## 开通"绿色通道"286万只口罩驰援一线

2月7日11时30分左右，11辆集装箱货车鱼贯驶入位于杭州钱塘新区的杭州综合保税区。在保税仓库，早已等候在此的30多名工作人员忙开了。理货、分拣、发货……11辆货车上的286万只口罩，将火线支援各地的防疫前线。

就在2天前，这批口罩还在千里之外的南非。杭州一家企业的采购了这批口罩，包机运抵萧山机场，并通过杭州综保区的防疫物资"绿色通道"完成进口。这也是"绿色通道"开通后，从杭州综保区进口的最大一单防疫物资——这286万只口罩，共计装了7000多个纸箱，占地空间约600立方米。

"通过'绿色通道'，我们大大加速了防疫物资的进口流程。"杭州综保区相关负责人告诉记者，通过一般贸易进口，货物从落地到入库，一般需要3天左右。而这批口罩只花了不到12小时，真可谓"使命速达"。

效率的大大提升，源于杭州综保区开通了防疫物资通关专用窗口，做到报关即报即审、即放，货物即到即提。为了加快通关流程，海关还为这批货设计了灵活特色通关路线，即"区港联动"+"保税物流"。

在"区港联动"模式下，286万只口罩在抵达萧山机场后，将被直分拨至杭州综保区"城市货站"，报关、查验、提货等作业流程统统可在综保区城市货站完成，不仅大大缩减了时间，灵活度也更高；

在"保税物流"模式下，企业可以将口罩保税存储在综保区。对于这样一次进口量大、发货对象多的情况，"保税物流"能让手续更为简便，物流更为快捷，让口罩更快到达防疫一线。

此外，针对目前不少仓储物理企业停工的状况，钱塘新区多部门联合办公，特事特办，让负责这批口罩接运的仓储物流企业完成了复工审核。在口罩运抵仓库前，30多名健康员工已经提前进入仓库，并做好防疫工作，严阵以待了。

"接下来，我们还将继续通过绿色通道，加速防疫物资的进口，并建立建立保税物流账册等，实现进口防疫物资的快速通关。"杭州综保区相关负责人表示。

摘自2020年2月7日《浙江日报》

## "一竿到底"全链条服务
## 杭州综保区内企业100%复工

记者从杭州钱塘新区综合保税区管理办公室获悉，截至2月14日下午，综保办共收到企业复工申请51件，51家企业全部通过复工备案并实现复工，其中工业企业14家、物流及电商企业37家。

这样的速度，离不开综保办推出的涵盖"一网初审、特事特办""一事共办、手续照办""一人通办、全程服务"的"一竿到底"全链条服务模式。

"自2月3日以来，区内51家企业陆续前来咨询复工事宜。"综保办相关负责人表示，面对这一情况，综保办派专人对企业复工开展一对第一的指导，并重点关注企业复工方案、防疫工作体系、企业应急预案等相关工作的准备和落实情况，协助企业做好复工的"准备动作"。

结合企业性质，综保办搭建"综保区生产企业+下沙园区跨境电商"两大服务群，及时收集企业需求，发布审批流转程序，实现审批资料电子化传输、审核和储存，"一网初审"大大提升了执行力和审批效率。

为助力配合阿里慈善从南非进口的防疫物资，综保办立即进行现场办公协调，并在第一时间完成了相关材料的网络审核，并及时发送给相关部门。"这个时候必须要保障企业能够尽快复工，所以我们特事特办，专门为这批进口防疫物资开通绿色通道。"综保办相关负责人表示。

"一网初审、特事特办"仅是综保办打好复工战的其中一部分。综保办还依托"浙政钉——复工企业服务组"平台，建立多部门共享的"申报材料信息库"，对企业申报的7张表格材料通过信息的互通互联、综合分析，主动向企业提供提醒和咨询服务，有效避免企业多头申报、无序申报等问题，实现了"一事共办、手续照办"。

为更好地完成复工审批备案工作，综保办练内功、强服务，通过"以老带新"、"以熟带生"，培养业务"多面手"。"特别是政策解读方面，如一人一档建立，内容包括返浙时间和交通方式、前14天本人外出情况、与病人接触情况等，不仅要指导企业做好相关信息搜集工作，我们的工作人员也要不断地向其它业务部门学习。"综保办相关负责人表示。

与此同时，综保办还通过"疫情防控——企业服务群"，加强与企业的交流，通过线上、线下的业务实时指导，实现"一人通办、全程服务"。

摘自2020年2月15日《人民日报》

## 浙江杭州市钱塘新区：推出党建引领复工复产“十招”

浙江杭州市钱塘新区坚决贯彻“一手抓疫情防控、一手抓经济社会发展”，以“党建十招”帮助企业按下复工复产“快进键”。截止目前，新区企业复工已超过2.3万余家，复工率达到99%以上，复产率达到九成。

第一招：组建复工复产临时党支部。发挥党组织战斗堡垒作用，开展“百座堡垒战一线”行动，抽调部门、街道、园区、小镇、企业党员干部，组建复工复产临时党支部100余个，带动3000余名党员协助企业疫情防控和复工复产。经发科技局成立企业网格化管理临时党支部，党员干部冲锋在企业复工复产第一线。大创小镇党委组织成立复工攻坚临时党支部，与园区、企业合作开展“地毯式”排查、防控，为企业复工做足做好准备。

第二招：选派复工复产红色网格员。发挥党员先锋模范作用，开展“千名党员结千企”三服务活动，选派1000余名党员、青年骨干担任“红色网格员”，深入3650余家企业当好咨询员、指导员、网格员、审核员、服务员，以“保姆式”温情服务解决企业疫情防控、复工复产问题1350余个，加快推动企业提升产能、达产稳产。

第三招：开设复工复产全天候红色热线。为精准服务企业和员工诉求，新区党工委开通企业用工帮扶、法律政策咨询、劳动关系处置3条红色复工热线电话，为复产企业和返岗职工答疑解惑，已接听企业与劳动者咨询1000余人次。同时开通劳动监察24小时应急处置电话，在线引导劳动者通过劳动人事争议调解仲裁网络平台及“浙里办”APP网上申请劳动仲裁30余次、解决劳资纠纷10余起。

第四招：组建复工复产青年突击队。坚持党工团一体化发力，号召新区各企业广泛动员青年组成青年突击队，守好企业防“疫”大门，保障企业安全顺利复工。长安福特杭州分公司、正泰中自等企业组建“青年突击队”100余支，吸收青年职工2000余名，参与员工隔离服务、体温测量、健康绿码核对、消毒消杀、食宿保障等工作。

第五招：组建复工复产党员公益服务团。紧扣复工复产引发的次生问题，发挥党员队伍中专业人才聚集的优势，新区律师行业党委在10家律师事务所遴选31名优秀律师，组建“企业复工复产律师公益服务团”，为企业复工复产提供专业法律服务70余次。民个协会党委从新区企业、高校、科研院所、银行等招募28名专业人士，成立企业复工复产知识产权志愿者服务队，为复工复产企业提供知识产权一站式综合服务，并与重点企业进行结对式帮扶。

第六招：开展复工复产先锋大竞赛。新区两新工委组织开展争创党员示范岗、宣传引导员、排查监督员、志愿服务员、联系帮扶员“一岗四员”先锋行动，在企业车间班组、行政办公、科研团队、销售服务等岗位，组建临时党小组、红色战疫小组4000余个，形成“一党员一小组、一小组一条线”的争创格局，做到关键岗位有党员、技术攻关有党员、困难面前有党员。浙江太古可口可乐饮料有限公司组建党员抢修攻关小组，第一时间解决生产线CBE变频器故障问题。怡得乐电子有限公司党总支书记带头组建20余人党员生产突击队，支援生产一线。

第七招：释放复工防疫党建联盟合力。发挥区域化党建联盟资源集聚优势，为打赢疫情防控和复工复产两场硬仗提供保障。下沙街道“聚沙部落”党建共同体发动街社两级100余家共建单位，通过“资源联动、信息联通、队伍联防”，汇聚共战疫情、共助复工红色力量。前进街道联合经发科技局、城发集团、广汽等9家单位成立“美丽智谷・战役先锋”党建联盟，浙江财经大学工商管理学院党委与观澜社区党支部、白杨消防救援站党支部与闻潮社区党支部分别在一线签订党建共建协议，携手战击疫情，服务企业复工复产。

第八招：推出复工防疫红色诊疗车。为避免返岗复工员工到定点医疗机构扎堆体检造成人员聚集现象，尽量降低疫情传播风险，助力企业尽快复工，教卫工委将工作关口前移，统筹调配新区医疗机构资源，安排4辆“红色流动诊疗车”开进工厂、宿舍，为企业员工提供上门体检服务，把好疫情防控的第一道关卡，给员工、企业吃下“定心丸”。三花集团排队等待体检的老刘说：“我老家在西安，接下来要和大家在一个车间里工作，自己也有点担心。现在给我们上门体检，放心多了。”目前，“红色流动诊疗车”已为60余家企业的3600余名员工开展上门体检。

第九招：选派复工防疫党员守门员。在复工复产中，新区党工委针对小区、厂区、商区、园区、工地、公共运输工具等“小门”防控，开展“一名党员一扇门”行动，从经济发展和社会事业各领域选派2000余名党员、干部、志愿者，按照网格化管理模式，对密切接触人员、居家隔离人员等重点人全程跟踪、严格监管，做到“门门有党员、处处见党员”。

第十招：探索复工防疫线上智慧党建云服务。新区党工委注重运用信息化手段，提升疫情防控安全性能和复工复产服务效率。税务局党委上线办税服务厅“非接触式叫号”系统，纳税人通过手机扫描二维码操作，即可实现数据实时交互校验、网上取号排队，无需接触公共设施，最大可能避免交叉感染。民个协会党委通过“众食安”App和“阳光厨房”智慧监管系统实现企业餐饮“无接触”监管，检查食堂及餐饮单位110家，发现问题33个，已完成整改30个。

摘自2020年3月25日人民网

## 杭州亚运会配套工程“码”上吹响“复工曲”

在2022年亚运会配套工程——杭州下沙路与12号路提升改造项目施工现场，吊车、桩机、成槽机等大型设备机声轰鸣，运输车辆往来穿梭，获得杭州健康码绿码的中铁十八局集团施工人员正戴着口罩精心作业。焊接声、切割声、锤打声、指挥哨声交织，奏响疫情防控和复工复产“交响曲”。

出示健康码、量体温、戴口罩、全身喷雾消杀、手机上每日健康打卡登记“报平安”，是所有复工人员的标准动作，这也让大家心里更加踏实。“严格落实疫情防控各项举措是工地复工的前提。为了确保科学高效复工，我们提前做好了分批次的复工筹划。”中铁十八局集团杭州下沙路与12号路提升改造项目经理朱俊表示。

为实现项目疫情防控与复工两不误，项目部第一时间成立疫情防控领导小组，根据项目实际情况精准施策，制定复工方案及疫情防控应急预案。同时按照当地政府要求，分批次召回现场管理人员及施工人员。疫情发生时在杭州留守的管理人员和工人是复工的“第一梯队”，对于“第二梯队”的150多名返岗人员首先安排非疫情重灾区及获得杭州健康码绿码的技术人员和工人“码”上返回复工，100多名工人作为“第三梯队”将于近日返岗。

“获得杭州健康码‘绿码’，等于有了绿色通行证，我已经顺利上班了，你们都放心吧。项目部安排车子到车站接我，还发口罩、消毒液、测温计、防护手套，想得很周到。”家住山东省菏泽市牡丹区杨庙村的电焊工李同喜一回到项目部，就给家人打电话报了平安。近日来，该项目部已陆续安排100余名施工人员安全有序返岗。

项目部对复工返岗人员实施“一人一登记一档案”管控，严格把控复工复产第一关。“我们优化施工工序，分批次安排施工人员错峰返岗，并充分运用大数据支撑，掌握每名员工健康状态，做到一人一返岗方案，确保复工安全。”朱俊说。

项目部组织管理人员对拟返岗人员一对一在线指导帮助其在家申请“杭州健康码”，督促“健康码”颜色为黄色及红色的职工每天在手机上健康打卡报平安，争取“健康码”早日变绿。外省务工人员获得“绿码”后，项目部为其开具返城复工证明，安排专车到车站进行接站，“打通最后一公里”，从而实现快速上岗。

杭州健康码帮助项目复工复产更精准，员工每天上班，均需进行“健康扫码或健康打卡”及“测温合格”后，才可进入岗位，保证岗位环境安全。此外，健康码还能提供员工出差外地健康关联、全员健康状态分析、精准监管等功能。项目部党支部书记卢卫东说：“健康码针对人员健康实现分级动态标记，精密智控，从而让施工生产和生活‘码’上动起来，实现既坚持防控到位，又做到施工有序。真是我们施工单位贴心‘码’！”

中铁十八局集团担负施工的杭州下沙路与12号路提升改造项目位于钱塘新区，是“天目—环北—艮山”快速路的重要组成部分，含管廊工程、隧道工程、桥梁工程、地面道路工程、给排水工程、配套机电工程、隧道装修工程、景观绿化工程等。建成后可实现杭州“拥江发展”战略，实现主城、副城及组团45分钟时空圈。

作为杭州市重点工程的下沙路提升改造项目是杭州市首批在建工程复工项目之一。获得复工批复后，中铁十八局集团项目部迅速按照指定的复工方案组织。目前50余名管理人员、130余名施工人员和3台履带吊车、2台液压式抓斗机、1台三轴搅拌机等大型设备在现场集结，进行管廊主体结构的顶板结构及其防水施工和2号隧道围护结构地连墙施工，稳步推进工程建设。

“我们能参与到亚运配套项目，倍感自豪。工期紧、任务重，施工需要争分夺秒，但防控疫情也是责任，严格落实疫情防控各项举措是复工的前提。”朱俊说。

为防控疫情，中铁十八局集团项目部启动封闭式管理，严守每一道“防护门”。施工现场采取封闭式管理，对进出施工人员进行“绿码+测温+登记+消毒”的管理方式，严格监控施工现场人员的健康状况。同时优化施工工序，分批次安排施工人员错峰错时施工。

虽然封闭管理拉开了距离，但项目部的关爱从未隔离，项目部成立党员先锋队，早晚对公共场所进行消毒，为员工营区配送食材，同时做好心理疏导和防疫知识讲解工作。

夜已深，春寒料峭，可是在施工现场却是一片繁忙景象，人来车往，焊花闪烁，一面鲜红的“共产党员突击队”旗迎风飘扬，建设者们正撸起袖子加油干，争分夺秒抢工期、赶进度。

摘自2020年2月28日新华社

## 开往杭州的列车：三千里只为你

黄初龙终于抵达了杭州，以一种自己从未想过的方式。

15个小时前，他还不知道自己应该如何从贵州老家回到工厂复工，年前订好的票都退了，这几日的票太紧张，更何况一买就要四张。

16日22时07分，当列车缓缓抵达杭州东站，肩上扛着一个大编织袋、手里提着天蓝色行李箱的他，第一个风风火火走下了车。

编织袋里是重30斤的大火腿，是黄初龙特意从老家带出来的。这次妻子和一双儿女都跟着他回到了杭州，这只大火腿最多可以供一家四口吃上十多天。

十多天究竟是长还是短，黄初龙突然有些摸不着头脑。

42岁的他，离开家乡有数十个年头了，今年还是第一次在老家呆上这么久。妻子和一双儿女整日围着他。他只能盯着手机，守着工作群里传来开工的消息。村里封锁了，也无法出门，不能多呼吸一口外面的空气。

漫长，等待，十多天时间像是被拉长成看不见尽头的隧道。

因为这场疫情被打乱生活节奏的，不止黄初龙一个人。

今年春节，杨艳和丈夫在老家贵州凯里多住了20天。凯里是杭州的对口帮扶地，在凯里招工的杭州企业有很多，当地政府每年也会输送不少劳动力到杭州。杨艳很满足，在杭州一个月有5000多元的工资，比在凯里要挣得多。

不过在杭州打工了两年多的她，并不太习惯这里冬天的湿冷气候。老家冬无严寒，像这几天天气就一直不错，中午最热时有十几度，恍如春日。

但杨艳还是早早就翻出了羽绒衣。“马上就会回杭州的吧”。

这种期待与焦虑一直伴随着她。手机上显示的不是班次取消便是暂无余票，而公司复工的消息已经传开了。“我们怎么回去？”不断有工友在社交平台上发问着。

“明天下午有一趟贵阳开出、途径凯里的复工专列，杭州免费来接大家回去了！”

消息一出，杨艳激动地赶紧和丈夫整理起行李。

16日13时57分，载有近300名贵州籍旅客的G4138次列车从贵阳北站开出。这也是中国首趟服务企业外地员工返程的复工人员定制专列。

三千里外的杭州，杭州中策橡胶集团综合办主任慕晓宇也忙开了。这趟“包车”上有企业的30多名员工，腾出宿舍和观察室，准备接车牌、食物，教员工申请“杭州健康码”……他说，忙是忙了一些，但心里踏实了许多。

“订单和生产任务排得很满，我们每天都在等着他们早点回来。”慕晓宇说。

这端的翘首以待，那端的归心似箭，此刻连成一线。列车就要进站了。

杭州市经信局的工作人员抬头看了看时钟，小声说着“快到了”。他们手中拿着厚厚一叠黄色信封。当列车停稳，工作人员立马守在车门前，准备递上新年里来自杭州的第一份礼物——口罩。

站台上还等满了各路媒体，闪光灯聚焦着黄初龙等拖着大包小包的乘客，快门声不断。

“感觉像是成了大明星。”下了车的黄初龙笑着嘟囔了一句。

他的身后，妻子和一双儿女则有几分不知所措。黄初龙带着他们很快找到了企业的接车牌，“1，2，3，4……”企业工作人员一个个对照名单数着，生怕遗漏一个。

60余家杭州企业的近300名贵州籍员工，在企业与杭州东站工作人员的引导下，分成多组有序走出站台。

出站口，杭州东站枢纽管委会综合科科长姜英豪带着二十几名工作人员早已守候在侧。他们拿着测温计，同样分多组对出站乘客进行体温检测和身份核验。

“我们抽调了一些核录区的同事一起来帮忙，要准确、细致地做好每一位乘客的检测工作，让大家安心返回岗位。”姜英豪说。

安心返岗，平日里普普通通的一句话，在疫情肆虐的这段日子里，变得谈何容易。

因疫情导致的交通出行不畅，是阻碍外来员工返回杭州的主要障碍，也成为影响用工短缺的重要因素。

这列全国首趟复工人员定制专列的背后，有浙江省和贵州省两地人力社保部门的紧密对接，有黔东南州与杭州市并未间断的劳务协作，有杭州市经信部门的深入摸排企业用工需求，及铁路部门对专列开行给予的全方位保障……

三千里，只为你。在各界通力合作下，这趟开往“春天”的列车，终于抵达。

“快跟上，快跟上”“一个也别落下啊”……

春节里沉寂已久的杭州东站，此刻仿佛又生动了起来。

摘自2020年2月17日中国新闻网

## 杭州钱塘新区：“千名党员结千企”为企业产能按下“快进键”

近日，杭州市钱塘新区以“千名党员结千企”为载体，把深化“三服务”与推进复工复产紧密结合起来，将1000余名“红色网格员”派到企业当好“咨询员”“巡查员”“服务员”“指导员”。以管家式服务助力企业按下复工“快进键”，加快推动企业产能提升。

据了解，钱塘新区组建了以党员、青年骨干为主的企业用工专班，开通企业复工咨询、用工帮扶、法律政策咨询、劳动关系处置4个专线，通过电话、钉钉、微信、QQ等“线上”服务，实时向企业发布第一手的官方消息，在线解答企业在复工备案、政策申请、招聘补助、调剂补贴和交通补贴方面的疑问。

“复工之后我们对于如何做好疫情防控，向钱塘新区的企业复工热线进行询问了解，他们不但帮我们解决了问题，还来我们企业进行实地考察，保障抗疫物资的齐全。”辖区内某企业负责人说。

钱塘新区相关负责人介绍，针对疫情期间出现的各类人力社保、劳动关系等涉企工作，用工专班还还开展劳动用工指导，累计答复企业1870余家次，回复问题6000余个，第一时间纾解企业和员工的疑问。

企业复工后，钱塘新区还统一派出巡查员深入企业开展防控安全检查，重点在企业门口、生产车间和办公室、食堂、宿舍等地了解企业日常的测温、消杀、员工管理、集中隔离点设置等举措，掌握企业疫情防控物资、生产原料、员工返岗率等基本情况，第一时间知晓企业员工“杭州健康码”等级动态情况，完成43批次共计16320条人员的健康码复核工作。

此外，为促进浙江省17条、杭州市“1+12”以及新区“助企帮复10条”扶持政策落好落实，并掌握企业产能提升中存在的问题和困难，钱塘新区派出400余名驻企服务员，列明服务清单，深入企业按照分级办理机制予以协调解决，累计走访服务企业4383家次，收集解决企业上报问题1043个。

截至2月27日，钱塘新区为1300余户企业及个体工商户减免租金6400余万元，帮助企业联系协调统筹区内宾馆旅社床位5000个，为企业争取到口罩等物资45万余件，办理车辆通行证887张，企业员工海宁通行证约9000张，“助企帮复”线上免费招聘会审核通过62家企业500多个岗位需求，后台简历8000余份。

据了解，在政策扶持的基础上，钱塘新区还选拔31名律师骨干组成“律师公益服务团”，为企业免费提供在复工复产期间疫情防控、经营管理等方面法律服务，联动19家政银企党建联盟金融机构及时对接企业金融需求，统筹区内8家医疗机构资源为企业上门“送体检服务”。

摘自2020年2月28日中国新闻网

## 杭州钱塘新区首批36名“共享员工”：顶岗补位还享受补贴

3月17日，记者从杭州市钱塘新区了解到，为全面推进该区企业复工复产，保障受疫情影响企业员工的利益，根据《杭州钱塘新区关于支持企业复工复产保障企业用工的实施办法》，疫情期间，区内企业输出临时富余职工到区内用工紧缺单位工作一个月以上的，新区将给予调出企业1000元/人和调剂职工500元/人的一次性调剂补贴。目前，钱塘新区已有36名满足要求的“共享员工”。

徐彪是杭州某不锈钢厨房设备公司的工人，受疫情影响，其公司订单量有所减少，公司近70名员工返岗后难以投入到实际生产。2月18日就从江西老家回杭的他，无奈地闲了下来。

“虽然公司有发补贴，日常生活需求也能满足。但像我们这样出来打工的，还是希望能多挣些钱补贴家用。”徐彪说，只要有班上，他的心里才踏实。

通过前期走访调研，杭州钱塘新区社会发展局了解到，像徐彪这样的问题较为常见。为此，该区组织开展了首批调剂企业洽谈，提出通过“共享员工”的方式，在劳动关系、待遇基本不变的情况下，将富余员工调剂到有员工缺口的企业，实现员工和双方企业的“三赢”。

“共享员工”在该区的实施，不但解决了员工生活的燃眉之急，更是新区内企业的福音。

新区内生产高档冰箱的外贸型企业金松优诺就是第一批受惠企业。

据悉，金松优诺的主要客户群分布在日本、德国、波兰等地，2–3月份正是企业生产、销售的旺季。尽管复产后企业自身员工到岗率已达到90%，但员工缺口还有40多人。为了吸引更多调剂员工能无后顾之忧地来企业上班，企业开出了优厚的薪酬条件。

在洽谈会上，凯利不锈钢、大德克塑料有限公司与杭州金松优诺电器有限公司达成首宗调剂意向，36名富余职工将于近日入职金松优诺，助力企业复产。

钱塘新区相关负责人表示，接下来，新区还将根据区内企业需求组织相关活动，按照“政府支持、企业互助、职工自愿、合作共赢”的原则，不断深化服务，更精准有效地对接企业，积极鼓励企业开展用工余缺调剂，促成区内人力资源的合理配置。

摘自2020年3月17日中国新闻网

## 共克时艰 钱塘新区发放1.08亿元防疫专项政策补贴

3月24日记者从钱塘新区获悉，连日来，钱塘新区主动对接、靠前服务，为辖区企业纾困解难。通过严格控制和压减一般性支出，目前钱塘新区已安排市区两级各类防疫惠企资金1.9亿元（人民币，下同），已累计兑现1.08亿元。其中0.44亿元通过“亲清在线”平台兑现，0.64亿元通过国企房租补贴兑现。

“3月初，这笔2万元的补贴就到账了，不仅有利于公司提升业务量，更对我们有很大鼓舞。”杭州久瑞餐饮有限公司负责人徐学所说的补贴，是钱塘新区按照补贴商贸服务企业政策实施细则，对年税收50万元以下的商贸、餐饮、旅游、住宿、交通运输、物流配送等行业的小微企业给予的补贴。

商贸企业受疫情冲击较为严重，徐学用“经历一场寒冬”来形容自己从事的餐饮行业。久瑞餐饮从事的是集体餐配送，承包新加坡科创园和孵化器科创园两栋写字楼食堂，服务区域内数百家企业的数千名员工。园区企业开工越晚，其受影响越大。“随着周边客户企业逐步复工复产，现在两家食堂加一起产能恢复了55%。”徐学说，当前还是保证外送为主，开放的堂食也是严格按照封闭用餐进行管理。

在浙江省、杭州市、钱塘新区政策密集发布后，久瑞餐饮安排专人研究政策及时申请。“新区相关部门不仅细致地讲解政策，还手把手帮助申请，政府的支持让我们有信心克服眼前困难。”徐学说。

按照补贴商贸服务企业政策实施细则，对于2019年增值税月均纳税额的市以下地方留存部分额度，政府给予两个月补贴。2019年纳税不足2个月的，按1个月的额度予以补贴；超过2个月但不足一年的，按2个月的额度予以补贴。截至3月23日，钱塘新区共为2754家该类企业完成政策兑现，金额达933.05万元。

与此同时，针对疫情期间的各项普惠性专项政策也不断落地。如通过“亲清在线”平台，钱塘新区已兑现资金0.44亿元，其中“员工租房补贴”一项就超过2400万元，惠及了区内多家企业员工49650人。“及时申报、及时到账，让我们感受到了在杭州的幸福感。”中策橡胶方面如是表示。

此外，钱塘新区还推出了招聘补助、调剂补贴、交通补贴及房租补贴等“四大补贴”。同时，在确保资金运作安全前提下，财政金融局创新审批方式，授权各主管部门资金审批“自主权”，以最快速度、最少环节、最高效率帮助企业解决复工复产难题。

记者了解到，除上述补贴外，钱塘新区还为46家企业兑现“物管补助”988.48万元，为1276户居民兑现“居家看护补贴”63.80万元。

摘自2020年3月24日中国新闻网

## 战疫·复工
## 钱塘新区可口可乐复工 首日生产了151万瓶

2月11日下午，位于杭州钱塘新区下沙区域的浙江太古可口可乐饮料有限公司，全自动生产线不断“吐”出大家熟悉的可口可乐和雪碧。该公司于2月10日下午正式复工，一天时间，两条生产线共生产了151万瓶。

“这样的产量不到往常的一半，”浙江太古可口可乐下沙工厂负责人说，“能开工生产，我已经很满意了。”她相信不久以后，工厂就会恢复到正常的生产水平。

### “休息”了21天
### 排摸2100人，确定120名员工上班

受新冠肺炎疫情的影响，浙江太古原定于1月31日结束春节假期的工厂，正式复工时间推迟了一周。

“2月8日我们接到可以申请复工的通知，立刻按照程序在网上申请了，24小时就通过了审批，成为了杭州市首批复工的企业之一。”公司负责人说，相距停工时，工厂已经“休息”了21天。

收到复工通知后，浙江太古立刻着手进行复工前的各项准备：“我们排摸了工厂2100余名员工，按照健康要素、居住地以及复工的防疫标准，最终确定了120人左右的复工员工名单，这些员工春节都未离开过杭州，其中有将近100名是下沙工厂生产线和物流方面的员工。”

### 未开工先防护
### 员工“上线”前先消毒，厂区里建立临时隔离室

根据钱塘新区的要求，复工前，浙江太古可口可乐下沙工厂和杭州总部都做好了各项疫情防控工作，公司采购了大批口罩、额温枪和消毒液，还在厂区和办公楼里建了临时隔离室。

“我们每天会给一线生产的员工发放两个口罩。”工厂负责人说。

2月10日一大早，员工们陆陆续续到岗。到岗后的第一件事，不是生产，而是消毒。员工们对下沙厂区、生产线、物流车辆等进行了消毒。一直到下午，消毒工作才结束。

考虑到原材料、包装的库存，以及生产线复工人数和物流运力等综合因素，复工首日，工厂只开了两条饮料生产线。

“我们一共生产了4个批次的饮料，分别为550ml装的冰露饮用水、330ml装的可口可乐和330ml装的雪碧，总计151万瓶。”工厂负责人说，这样的产量不到往常的一半。“非常时期嘛，一切都会一点点变好的。”她说，相信不久以后，工厂就会恢复到正常的生产水平。

### 新产品很快能买到
### 复工后还向医院进行捐赠

这3款151万瓶饮料将于不久后出现在浙江的市面上。

如果你是“神奇快乐水”的粉丝，而你买到的可乐、雪碧生产日期恰好是2020年2月10日，生产厂商是浙江太古可口可乐公司，那正是昨天复工后的第一批，“也可以说是大家努力抗击疫情的小小见证。”

此外，记者还了解到，浙江太古可口可乐公司一复工，就向浙医二院送去了纯净水和饮料。“接下来，我们将向西溪医院等定点医疗机构共计捐赠2500余箱饮料，也是我们的一点心意。”浙江太古可口可乐公司的负责人说。

摘自2020年2月11日《浙江日报》

## 加速复工
## 钱塘新区企业“包”了一趟高铁接员工回杭

“请下车的旅客准备好自己的健康码……”

2月17日15时13分，高铁G2396次列车停靠杭州东站1站台。来自河南省周口市西华县的600多名务工人员抵达杭州，出示显示绿色的杭州健康码，并核验身份证后，搭乘大巴前往钱塘新区。

这也是钱塘新区企业——杭州耕德电子有限公司的员工“专列”。列车的乘客都是该公司员工。

### 不仅包“专列”，员工到杭还有临时宿舍

“我们都是第一次来杭州，作为外出打工人员，能有‘包高铁’这样的待遇，我们已经感受到了杭州的热情。”程晓尚和刘静楠是乘车前来的一对情侣。“我们是在学校招聘会上了解到的这个企业，与家人合计了一下，便决定来试试。”

耕德电子是钱塘新区一家电子产品研发和生产企业，也是一家疫情防控应急物资生产配套企业，一线作业人员需求量巨大，员工总量最多时达万人。

包“专列”前来的已是该企业今年从西华县招募的第五批员工。“这五批员工总共约有一千八百人，在来杭州前都已居家隔离14天，并申领好了杭州健康码，现在这20辆大巴就会把他们送到公司为他们租下的员工宿舍，再进行7天的隔离观察，解除隔离后他们便能培训上岗。”耕德电子相关负责人说。

此前，耕德电子已在相关部门协调下，为新到岗员工安排园区外临时宿舍，解决疫情防控期间员工过渡性住宿、隔离医学观察等问题。

### 市际包车也不少，还有18家酒店满足过渡需求

目前，钱塘新区的复工企业超过2000家。无论是政府和企业，都为员工归来尽力创造条件。

来自艾博生物医药（杭州）有限公司的伍小姐顺利返杭，看着举着欢迎牌接站的同事们，她不由热泪盈眶。“过完年就开始发愁怎么回杭州，现在不仅有高铁专列直接接我们回来，还有这么多同事接站，特别开心。”

“大家都是凭杭州‘绿码’出来的，后来到了东站又核验身份、量体温。全程都很严密，对企业和员工都有保障。”搭乘G4138次列车，中策橡胶也迎来了30多名员工“回家”，这为企业逐步提高产能提供了保障。

为了解决面广量大的企业复工和员工返程需求，钱塘新区除了及时对接杭州专列信息外，还计划在省内开通市际包车。针对员工返回后，钱塘新区统一协调了18家酒店，提供3700余张床位，满足企业所需要的观察隔离点和住宿过渡房需求。

摘自2020年2月18日《浙江日报》

## 一个党员四个身份
## 杭州钱塘新区春耕战“疫”这样干

节气不等人，春日胜黄金。

眼下，正是春耕备耕的重要备战期，杭州市钱塘新区在做好新冠肺炎疫情防控前提下，广大党员走上田间地头，化身“春耕指导员”“物资保障员”“红色指挥员”和“产品推销员”，做到战疫情、备春耕“两不误”。

### “春耕指导员”进村入户助力生产

疫情当前，钱塘新区一些农村党员既是“疫情防控员”，又是生产的“春耕指导员”，在农户身边引导开展春播春种，保障农业生产稳步推进。

党员积极动员区内农业企业春节不停工、不停产，共发动约158家农业企业持续生产，保证了疫情发生以来的粮油、蔬菜等生活物资的供应。

在河庄街道，党员们积极推进涉农企业有序化、规范化复工复产，安排飞地工作组和菜篮子基地工作组两个工作组深入一线，走访和指导涉农企业及个体35家、菜篮子基地3个，全面排摸现状，掌握第一手数据。

新湾街道党员来到田间地头，实地引导农民群众和各类经营主体以“分片下田，分时下地，分散干活”的“三分”方式抓节令春耕备播。同时，党员还来到农户家中，积极发动本村村民投入到简单的春季蔬菜种植过程中，确保土地不荒废。

临江街道将农场区域分成三片，党员干部每天走访，科学指导企业在做好疫情防控的前提下，分类分批有序复工复产。目前，街道40个农业分场、2个水电管理站，总计42家单位全部复工投产。

### “物资保障员”打好基础备战春耕

农民春耕，需要化肥、种子、地膜、农药等农资。

为确保不耽误农时、农资产品能够有效供给，一些党员化身“物资保障员”，主动对接农资供应点，对种子肥料店等经营主体开展点对点审批服务，加快复工复产速度。

目前，钱塘新区可供应市场化肥达3060吨、种子11万公斤、各类农药650吨、农膜350吨，可以完全保障供应今年春耕期间的农业生产需求，为春耕备耕打好坚实

的农资基础。

义蓬街道努力保障农业经营主体正常复工，要求农业企业和种子肥料店等严格按照规范要求，组织春耕备耕等重点工作，同时也对农资经营门店开展抽查暗访，确保春耕生产期间农民能够购买到放心种、放心肥。

新湾街道有序推进各项农业生产，辖区内的农资点也做到了100%恢复供应，并且及时畅通农资运输通行，为春耕提供保障。

**“红色指挥员”开辟物流“绿色通道”**

兵马未动，粮草先行。在疫情防控期间，物流运输成了摆在农民、农业企业面前的难题。

为此，钱塘新区各街道党工委安排专班专人，对于农产品的物流运输开展急速审批，对符合条件的相关车辆开具“绿色通行证”，车辆凭证就可以上路通行。25张车辆专用通行证、237张运输车辆临时通行证明……为农业企业、农产品基地打开市场销路。

在河庄街道，党员干部为辖区内5家市级农业龙头企业、专业合作社、种植大户办理浙江省疫情防控车辆专用通行证，用于保障疫情期间蔬菜、肉类等民生物资供应，开启农产品省内运输的“绿色通道”。

针对疫情期间企业用工难、运输车辆少、防疫物资缺等困难，临江街道成立物流运输专班，街道党员下一线协助农户对接物流公司，及时受理解决饲料、兽药、化肥、农药等农资产品调运难题。

**“产品推销员”尽心尽力排忧解难**

在抗击疫情的特殊时期，不少农户、养殖户的农产品销路变得狭窄，往年不愁卖，今年却出现滞销。就在犯难之时，一些党员主动站了出来，化身“产品推销员”，帮助群众解决困难。

在前进街道，螃蟹养殖户沈老板看着自己1万余斤螃蟹库存犯了难，党员了解情况后，第一时间安排与沈老板对接，及时为他办理临时运输车辆，同时还帮助制作方便转发分享的图文推送，借助微信链接，螃蟹售卖信息在朋友圈、微信群引来不少人的关注。

光有“散客”还不够，根据农户的实际情况，将螃蟹的滞销信息上报至新区农发中心，寻求对口的买家。在各方努力下，沈老板的朋友圈传来了好消息，滞销的螃蟹已经售卖一空。

此外，钱塘新区农业发展服务中心积极探索“互联网+基地+村社”的农产品销售新模式，通过“杭州农业农村”“钱塘三农”等微信公众号平台，向社会公开推广了一批有一定供应能力和配送能力的市级“菜篮子”基地农产品，每天不间断向市区百姓提供平价新鲜的蔬菜。

摘自2020年3月2日《浙江日报》

## 围垦实录

### 新区江东片区原所在的萧山围垦

萧山围垦，系中华人民共和国建国后，经历年筑堤圈围、开发建设的钱塘江畔的新土地。其北、东、西三面均濒临钱塘江，南接南沙大堤。地理坐标为东经120゜09′～120゜40′，北纬30゜08′～30゜22′。至1995年底，围垦总面积达到51.82万亩毛地；1991年底，设有6个乡、47个行政村、9个农垦场，落户定居的移民共23090户、75412人。围垦，为大规模整治钱塘江河口段流道，消除沿江人民因“坍江”决堤而流离失所、家破人亡的灾难，为开发利用钱塘江滩涂资源，缓解萧山人多地少的突出矛盾，书写了光辉的篇章，其业绩为中外所瞩目。

**（一）**

萧山北部境域，随着钱塘江河口段流道之变迁而变迁。历史上，河口段流道先后走南大亹（航坞山至赭山之间）、中小亹（赭山至白虎山之间）、北大亹（白虎山、蜀山以北，海宁海塘以南）。明末清初，南大亹逐渐淤塞；清乾隆中期，中小亹亦淤，遂形成了北海塘以北，赭山、白虎山、蜀山以南的沙涂平原，即南沙。南沙成陆后，堤外仍有滩涂淤涨。据民国3年（1914）绘制的五万分之一军用地图：赭山、白虎山之西及白虎山、蜀山之北，有广袤久熟之沙地，均宽约5千米，村落稠密。民国《萧山县志稿》中的《萧山县境域图》，则展示民国17年时这片沃土平畴依然存在，其向北淤涨的面积比今日之垦区有过之而无不及。以这片沙地为业者，或佃，或买，或霸占土地，从事种植、制盐、放牧、商贸等。民国20年邑人顾士江编著的《萧山乡土志》中的《萧山全县市镇图》标明，在头蓬以北，自西至东沿江有曹案埠、小泗埠、三岔埭3个市镇，其地分别在今垦区新围、钱江、宏图乡境。这足以证明这一带当时的兴旺景象。

然而，随着滩涂淤涨，江道被束狭，钱江潮更为汹涌澎湃，对于岸堤的冲击力也明显增强，而那时大堤多为柴塘土堤，故遇大风大潮，常决堤“坍江”。赭山、白虎山以西以之沙地，自清光绪二十五年（1899）至民国17年，逐年坍失，岸线南移15千米，江潮侵入南沙；白虎山至新湾段南沙大堤外之沙地，亦时有坍失，而从民国31年起“坍江”加剧，至民国35年短短5年间，这一带沙地坍失殆尽，曹案埠、小泗埠、三岔埭3个市镇均坍入江中，岸线回归到了南沙大堤，且危及头蓬、新湾等地；新湾、党湾以东沙地，自民国37年中秋节后开始坍失，至当年底，坍去农田万余亩、盐田2万余亩，新在新湾、党湾街上，可见不远处“江水连天，桅樯如织”。据民国36年6月南沙水利会所估计：自清代以降，萧山南沙大堤外之沙地及赭山西侧部分南沙，累计坍失44万亩以上。

每当决堤“坍江”，沙地人民便深受其害。民国时期的大规模“坍江”，尽管死难者不及明崇祯元年（1628）一次性淹死南沙瓜沥一带1.7万余人之数，也不及清乾隆三十五年（1770）一次性淹死沙地业者万余人之众，但南沙大地之外，尤其是白虎山至新湾一线以外的人口，相当部分已落户定居，因而每次“坍江”都使许多人失去家园，流离失所，乃至卖儿鬻女，饿殍遍野。仅民国37年（1948），新湾、党湾以东沙地狂坍，无所归依的灾民即达6万之多；而民国10年的潮灾，仅仁字号一带地方饿死者就有300余人；民国36年出现“坍江”，灾民卖儿卖女多起，每名少女价值250万元法币。翻阅1946年4月至1949年初的《东南日报》，萧山沙地多起“坍江”的“哗嚓”之声可闻，遍地拆屋逃难、哀号恸哭的惨状历历在目。

何时能制服滔滔的钱江潮？何时不再让赖以生存的桑田沦为沧海？这是萧山沿江人民多年来梦寐以求的愿望。历代封建王朝和民国政府，尽管也采取过不少治江措施，但终因各项工程缺乏规划、筑堤保地缺少投资、组织民工软弱无力而望江兴叹。钱塘江河口段真正得以治理，是在中华人民共和国成立后，省水利部门进行统一规划，实行“治江与围垦相结合”的方针，以南沙为依托，有计划地向北及向东围涂造地，在开发利用大片滩涂资源的同时，促使该段江道由“宽、浅、摆动”转变为“狭、深、稳定”，使江道畅通、航运改善，并使广袤的南沙平原不再有坍失之虞。50年代初期，加固原有的“西兴坝组”，并兴筑钱塘江大桥至西兴段的“临桥三坝”；1958年，开始整治南沙险工地段——赭山湾凹岸，建造控制江道流势的4座主力坝：美女山坝、九号坝（加固延长）、赭山湾一号坝和七堡下游右岸顺坝，并于1966年竣工。这些重点工程，不仅有效地控制了江流主槽的摆动幅度和“坍江”失地，而且使萧山西起浦沿半爿山，东至白虎山的南沙大堤之外一带，先后重新淤涨起一片片滩涂，为萧山的围垦创造了先决条件。

（二）

萧山围垦历史悠久。南沙这块土地实质上是南大亹淤塞后萧绍农民自发为主围垦而成的［除赭山、南阳、河庄一带系清嘉庆十八年（1813）由海宁改隶萧山之土地外］；民国时期大规模“坍江”前南沙大堤以外的几十万亩沙地，亦系以农民自发为主的围垦。这种“涂涨就开垦、‘坍江’即逃难”的围垦，与中华人民共和国建国后的围垦，有根本区别；前者随钱塘江流道的变迁而变迁，缺乏主动性，后者是有意识的治江、促淤、围涂。以农民自发为主的围垦，在建国后尽管仍然多次出现，但因已纳入钱塘江整治总体规划，因而有了永久成陆之可能。各级政府和人民群众统一认识，从思想上到行动上将治江与围涂真正结合起来，协同作战，则是在60年代中期。1966年下半年，省、杭州市、萧山县联合在九号坝下游凹囊内围得毛地2.25万亩，揭开了萧山大规模围垦的序幕。从那时起，一期期大规模的围涂应运而生，至1995年，共进行了17期万亩以上的围涂，其中的几次围涂战役在萧山围垦史上具有重大意义。

1968年的三万六千亩围垦，是历次大规模围涂中最具攻坚性的一仗。赭山湾整治工程基本完成后，钱塘江主槽趋向东北，40年代坍失的白虎山至蜀山段南沙大堤外滩涂重新淤涨，至1968年已达到可围高程。此块滩涂因西、北、东三面临江，需三面筑堤，故是萧山围垦史上难度最大的一次围涂战役。为了落实勘察、设计、组织、施工、抢险等责任，1968年6月成立瓜沥地区围垦指挥部，7月该指挥部组织瓜沥地区（时为大区，包括义蓬区、瓜沥区）15个公社、2个镇进行围涂，12月3日工程竣工，围得毛地3.6万亩。该块滩涂的围成，犹如在该段南沙大堤西端筑起一座巨大的“丁坝”，使其东面逐步淤涨起大片滩涂。于是，就有了1969年的二万七千亩围垦、五万二千亩围垦和1970年的军民联围十万亩围垦等。可以说，没有三万六千亩围垦，就没有其东面后来的块块围垦。

军民联围十万亩围垦，是萧山围垦史上面积最大的一次围涂。1969年二万七千围垦和五万二千亩围垦围成后，其东侧及南部新湾丁坝至十二埭闸大堤东侧均淤起大片滩涂，有近10万亩。省革命委员会决定由中国人民解放军驻浙某部、南京军区浙江生产建设兵团和萧山县在此联合围涂，并成立浙江省萧山军民联合围垦指挥部，萧山县围垦指挥部负责具体施工。围涂分两期进行。第一期工程先围北块滩涂。1970年11月20日开工、25日竣工。参加围涂的有：中国人民解放军驻浙某部，南京军区浙江生产建设兵团二师六团和八团，萧山县的靖江、义蓬、南阳、卫东、瓜沥、坎山、闻堰、楼塔、所前、城南、衙江、螺山、戴村13个公社，军民日出工7万人，围得毛地5.92万亩。第二期工程围南块滩涂，仍由上述单位参加，日出工6万人。1971年1月15日动工，21日完工，围得毛地3.79万亩。

另一块意义重大的围垦是1986年的五万二千亩围垦。其时，萧山农村已实行家庭联产承包责任制，“政社合一”的人民公社体制亦取消，过去那种“出劳力、记工分”的办法已不再可行。如何把各自经营、四处分散的农民动员组织起来，集中力量搞围垦，成了一大难题。县委、县政府鉴于这块已达可围高程的滩涂，如不及时围起，一旦江道走势变化，势必坍失的紧迫性，向干部、群众广泛深入地宣传土地资源的重要性，强调共产党员和各级干部必须顾全大局，带头参加这期围垦，并制定了全县农村的“劳动积累”制度，以保证围垦等农田水利工程的劳力，在将工程任务落实到各乡镇的同时，仍然坚持“谁出力、谁投资、谁得益”的土地分配政策。11月下旬，义蓬、瓜沥、城北、城南4区的43个乡镇共15.4万名民工和干部浩浩荡荡开赴工地施工。该块滩涂终于围成。

进入90年代，已推行社会主义市场经济，萧山农村二、三产业发展迅速，大批劳力向二、三产业转移，且劳动力工价日益昂贵，过去那种用行政手段分任务、靠劳力密集搞围涂的办法，已不适应市场经济的规律。为此，1993年的一万三千亩围垦首次进行机械化施工，用泥浆泵代替人工筑堤开河，主体工程采取公开竞争招标承包的办法，市围垦指挥部工程队、市水利建筑工程公司、市江河疏浚工程公司、义蓬水利建筑工程处、河庄水利建筑工程队5个单位中标承包施工。10月20日开工，12月7日竣工。累计出动泥浆泵3447台套，投工2.21万工，耗电92.7万度，完成土方166.53万立方米；投资436.12万元，全由萧山地方财政支出。该块土地不再分给乡镇，而是设立市农业对外综合开发区，专门经营管理。这次机械化施工的成功，增强了全市干部、群众在新时期继续围垦的信心。1994年11月20日至1995年12月30日，在一万三千亩围垦附近，仍采用以泥浆泵为主的机械化施工，分4期逐块围涂，共围得毛地1.9万亩。

1949～1995年，萧山在南沙大堤外围得滩涂毛地51.82万亩。这些土地由南沙大堤自西至东划分为5个垦区，各垦区名称及面积分别为：半爿山至红卫闸垦区为1.28万亩，顺坝垦区为2.32万亩，九号坝垦区为4.15万亩，美女山至十二埭闸垦区（亦称“萧围”垦区）为38.97万亩（含“益农五围”3000亩），益农垦区为5.1万亩。至1995年底，各垦区共筑大堤235.45公里；累计投工6459.49万工，完成土石方6867.56万立方米。

（三）

作为世界围垦史上的奇迹，50余万亩滩涂的围成，是萧山干部、群众艰苦奋斗、开拓创新的结果。

在茫茫江畔围涂，条件十分艰苦。需住草棚，睡泥地，饮咸水。冬季气温比内地低2～3℃，风力要强1～2级。历次大规模的围涂战斗中，具体负责围涂工程的市（县）领导与区、乡镇（公社）领导一起，均亲临前线组织指挥，与广大民工同吃同住，冒严寒，顶北风，赤脚踏冰，挖河筑堤。60年代和70年代，农民收入菲薄，民工以咸菜、萝卜干为菜肴，日挑土3～5立方米。而抢险护堤和劈山采石更有生命危险。自1966年大规模围涂始至1988年，为围垦事业而牺牲者达52人。正是由于萧山干部、群众不屈不挠的献身精神，伟业终成。

钱塘江的强涌潮，举世罕见，每平方米有7吨多的冲击力，破坏性极大，萧山围垦亦因此而遭受过多次失败，1974年十工段至十二工段外的3万亩围涂就是其中的一次。由于受“批林批孔”运动的干扰，所围滩涂地程偏低，大堤断面偏小，加之未能及时加固，导致大堤在6月下旬决口，尽管组织大批民工奋力抢险，终告失败。8月，又受十三号台风和天文大潮同时袭击，这块土地坍失无存。但萧山干部、群众没有因此而气馁，他们在实践中摸索出一套又一套既符合钱塘江整治总体规划要求，又遵循钱塘江洪潮规律的围涂工程方案。根据钱塘江洪潮特点，萧山围涂一般选择在冬季进行，其时潮汛小、雨水少、农事较闲，且留有足够的时间在次年汛期前做好大堤的加固工作。涂地高程一般在吴淞基点6.5米左右，堤外留足滩地。作为围涂主体工程的筑堤，一般分两期进行，第一期工程集中大量民工，抓住大潮尾、小潮头的7天左右时间，突击开河筑堤，用挖河之土垒筑大堤，堤身高程一般达到吴淞基点9米左右，并在外坡堤脚铺设临时性防潮宕渣。至是，大批民工撤回、留下技术人员和专业队伍对堤身进行灌水密实。然后进行第二期工程，将大堤加高至设计要求，并抛石护坡，对临江险要会段的大堤还适时进行浆砌块石护坡。

大堤筑成后，由于洪潮冲击，以及台风暴潮袭击或江流变迁等原因，堤外滩涂坍失、抛石被卷失、堤脚被刷深的现象常有发生，大堤往往出险，故素有“筑堤不容易、保堤更艰难”的说法。险工地段需常年年抛石护坡，并须在大堤备有抢险用的石方，此外还需构筑挑流保堤的丁坝和水下防护工程。萧山围垦的挑流保堤丁坝有高坝（盘头）、中坝、低坝、小凸体4种。小凸体实为微型丁坝，系县农机水利局和围垦指挥部试筑成功，建在浆砌护坡的“大方脚”外，主要特点是低、短、密，具有整体性强、抗冲力好、施工易、造价低、挑流护堤脚效果显著等优点，萧山围垦指挥部管辖的北线大堤和东线大堤筑有164座这类丁坝。水下防护工程主要是在盘头和主力丁坝的坝头构筑沉井，形成沉井保护丁坝、丁坝保护大堤的格局。由于筑堤围涂和抢险护堤均需大量块石、宕渣，山宕和运石船队应运而生，山宕最多时达120多处，个别山峰（如雷山）的地表山体已全部采尽。

每期大规模围涂要组织数万乃至十几万民工施工，如此“大兵团”上工地，需要有一个坚强有力的领导机构来统一和协调各方面的工作，故每期大规模围涂均建有临时性的总指挥部，由市（县）委、市（县）政府领导和区委、区公所及市（县）级机关有关部门负责人组成，协调有关乡镇和水利、电力、交通、商业、供销、物资、公安宣传、卫生等部门，搞好宣传发动、物资准备、组织施工和检查验收。为巩固围涂成果，垦区还设立了萧山市（县）围垦指挥部、益农围垦指挥部、顺坝围垦指挥部3个常设机构，负责对所辖垦区大堤的经常性养护和巡察水情、组织抢险。

为了加快新围滩涂的开发利用，市（县）委、市（县）政府把垦区的水利设施建设作为首要任务来抓。为解决新围滩涂地盐分过高，不利于农作物生长的问题，首先进行“西水东调”工程建设，把钱塘江萧山段上游和浦阳江的淡水引至垦区，洗却垦区土壤的盐分。1970～1979年，相继建成钱塘江排灌站、七甲排灌站、江边排灌站、浦沿排灌站，这4站的提水能力共计每秒83.6立方米；加上原为南沙地区服务的小砾山排灌站、坎山排灌站、方迁溇排灌站，形成了包括垦区和南沙在内的统一的排灌体系，总提水能力为每秒116立方米。同时，开挖了先锋河、北塘河等河道，使淡水能通达垦区。1967～1990年，先后建成排涝闸11座，总孔径达178米，最大流量为每秒1928立方米，不仅使垦区能排涝泄咸，而且承担了南沙和蜀山平原的部分排涝任务。由于各块围垦先后围成的，土地高程不一，为调节水量、分格排水泄咸，在垦区先后建立了89座节制闸，共180孔，总孔径722.4米。在垦区的主干河道两侧则建起925座电力排灌机埠，总装机969台、1.24万千瓦，还建有3084千米输水渠道。整个垦区已构成“淡水有来源、咸水有去路、旱时可引灌、洪时可排涝”的水利系统。

（四）

围垦的成功，明显缓解了萧山人多地少的矛盾。1949年，萧山共有耕地80.69万亩，而筑路开河、建工厂企业和城乡人民住房、兴办学校和医院等社会事业，平均每年用地约万亩左右，但至1991年全市有耕地87.7万亩（不包括军垦农场等不属萧山管辖的耕地），不仅没减少，反而增加了7万亩，这完全得益于围垦的功绩。随着围涂面积的扩大，从1970年开始，按照自愿原则，以义蓬、瓜沥两区为主的农民开始到垦区安家落户。最早的移民集中在新围公社前身的“新围垦种”和益农垦区，后居住点逐渐扩展。1978年，经省革命委员会批准在垦区正式成立新围、钱江、宏伟、宏图、前进、益农6个人民公社（后改为乡），有47个生产大队（后改为行政村，其中4个村属内地乡镇管辖），还建立了钱江农场、红垦农场、棉花原种场、棉麻试验场、第一农垦场、第二农垦场、萧山林场头蓬分场等国有农林场和集体所有制的红山农场；内地一些经济实力较强的乡镇、村和企业也到垦区办“农业车间”或农场共88个。此外尚有3个军垦农场。

垦区开发初期，主要是发展种植业，后养殖业亦相应发展。1969～1970年，萧山县围垦指挥部与省农科院、浙江农业大学进行合作试验，把水稻和油菜作为垦区种植的“先锋作物”，摸索出一套经验，获得“当年围涂，次年垦种和收获”的效果，并迅速在垦区推广。随着土壤的改良和农业机械化的逐步发展，垦区农作物产量不断提高，在全市的比重逐年增大。1991年，生产粮食7.95万吨，占全市总产量的16.54%；产皮棉2671吨，占全市总产量的41.4%；产生麻2.5万吨，占全市总产量的29.21%；产油菜籽8401吨，占全市总产量的46.3%；产西瓜3.27万吨，占全市总产量的90%；全年饲养生猪7.57万头，占全市的11%；饲养家禽26.33万羽，占全市的3.1%；淡鱼养殖产量8274吨，占全市的71%；产蚕茧506吨，占全市的47%。为改善垦区的生态环境，1971年起开始营造防护林。1981年，萧山被列入我国东南沿海防护林工程建设试点县，其工程主要在围垦区。至1991年，垦区共营造防护林带1007条，折面积762.07公顷，其中竹林带499.27公顷。目前，垦区已成为萧山粮、棉、麻、油、水产、畜禽、蚕茧、西瓜、竹笋等商品基地。

垦区的工业近10余年发展迅速。至1991年，工业企业有乡办51家、村办84家、市属农垦场办46家、水利系统21家、粮食系统办1家。有纺织印染、针织服装、机械五金、建筑材料、食品酿造、蔬菜加工、配合饲料、化工、塑料、医药等门类。减速器、水泵、速冻蔬菜、仿毛华达呢、水泥等产品出口许多国家和地区。1991年，这203家工业企业有职工19454人，创产值10.89亿元，缴纳税金2548.4万元，获得利润2888万元。此外，还有建筑企业12家，全年施工面积21万平方米，产值6687万元，缴纳税金101.5万元，获利润102.72万元。

为适应经济发展的需要，垦区的交通、邮电、电力等建设也逐步得到加强。1970～1991年先后建成公路201.2千米，机耕路1526.76千米，公路桥梁62座，机耕路桥梁259座。能通航20～40吨级船舶的水路达253千米。垦区6个乡及东江围垦均设有邮电所，配有共电式电信交换机总容量800门。电力设施方面，共架设高低压输电线3390千米，配变压器588台，总容量为40750千伏安。

1991年，垦区商业网点主要有基层供销合作社1个、供销站7个、收棉站3个、收麻站5个、收茧站4个、农业生产资料供应点18个、化肥农药站58个、粮站5个，以及一些物资购销点。还建有新围、前进、钱江、宏图、益农、红山等集贸市场。金融部门亦相继在垦区建立机构，1991年末，存款余额1.58亿元，占全市存款余额的5.9%；贷款余额2.38亿元，占全市贷款余额的10.3%。

教科文卫事业相应发展。1991年，建有幼儿园15所、初中9所、小学35所，还有市职业中学1所。垦区各乡和各农场均有农业技术推广站或农技办公室，村有农科队、农科户。有科学技术协会、学会、研究会42个，会员1952人。1978～1991年，萧山共获有关围涂、护堤、垦种、养殖等方面的市（县）级及以上科技成果奖45项，其中《钱塘江水下防护工程的研究与实践》获国家科技进步二等奖。垦区各乡及农场大多建有文化站和广播电视站；有38个行政村设有广播室。喇叭入户率75.7%。各乡及城北区东江围垦均办有卫生院，还办有直属市卫生局、有18个科室和住院部的头蓬人民医院。各行政村均建有卫生室。各农场分别建有医院或保健室。

垦区农民收入逐年增加，生活明显改善。1991年，垦区6个乡的农民人均净收入1381元，比内地的1334元高出3.5%。红山农场变化更为显著，1991年人均净收入2210元，比内地高出65.5%。80年代以前，垦区住宅为遍地茅舍，而今多系楼房。

（摘自《萧山围垦志. 概述》，1999年8月出版）

## 下沙围垦的头三年

张承模

从1971年2月至1973年6月，我在下沙围垦工地度过了三个春秋，那段时间，共围得土地1.18余亩。这是余杭县当时最早由下沙、九堡、乔司、翁梅四个公社联合进行的一次大规模的围垦活动。离开今天虽然已有40余年，但岁月并没有冲淡记忆。

我在写这段回忆时，重新翻开了封存已久的工地日记，这些本子又似乎还带有潮水浸湿过的腥味和新围沙土的芳香，许多陈年旧事都激起我无限的情怀。历史告诉人们：土地是人类珍贵的自然资源，但它得来并不容易。

### 县委领导找我谈话

我从淳安夺煤回来，“户口”暂时让我放在县革委办事组，等待分配新的工作。

1971年2月初的一天，县革委会政工组组织办公室通知我，要我到机关里去一趟，说：“县委领导有事找你。”

找我的县委领导是副书记王祖庭，到了他办公室，我们寒暄了几句，很快就进入了正题。他对我说：“老张，今天请你来，想同你谈一件事，临平地区四个公社（下沙、九堡、乔司、翁梅），正集中了一万多民工在下沙钱塘江畔搞围垦。围江造田是个大工程，一定要抢在潮汛到来之前完工，任务很重，时间很急，县委又抽不出人来。经研究，要你到那里去帮助工作，你看怎么样？”

我听了以后没有马上表态，而先问他：“王书记，县里叫我去下沙搞围垦，要多少时间？”他说：“大约半个来月吧！”。当年，我还年轻力壮，没有理由向组织“讨价还价”，刚刚从淳安夺煤回来，着出这么一件事情来中，也只好服从了。我就对他说：“五十年代我在乔司工作时常去下沙，当时的下沙是由四格、新元和下沙三个小乡组成。我熟悉下沙，但不熟悉钱塘江，现在叫我去搞围垦，我服从组织决定。”他接着对我说：“就这样吧，那边有一个联合围垦指挥部，你代表县里到那里去帮助工作，有些事情去了再讲好了。”

简短的谈话结束了，我从“上山”到“下海”，等待我的即将是进入下沙围垦海涂的前沿阵地。

### 受命到联合指挥部报到

翌日上午，我骑着一辆县革委办事组给我使用的自行车，跟往常下乡一样，带着简单的铺盖和一只装着面盆的网线袋（里面盛放着毛巾、杯子、肥皂和牙刷牙膏等日用品），朝下沙方向进发了。

骑了两个小时的车，按着先联系好的地点，先到了下沙公社的智格大队，再往前行，就到了联合指挥部所在地中沙大队。这是一间大而破旧的横舍，我将自行车停放在阶沿头，将行李卸落来，就走了进去。这时，只听得大家正在七嘴八舌议论工地上的事，人声鼎沸，听不清他们在讲些什么内容。我的到来，当然也引起了一些人的注意，尽管多数人并不认识我。

联合指挥部由四个公社党委和革委会派出的代表组成。他们有：九堡公社朱培根、高振坤，乔司社区冯三兴，翁梅公社王炳林、高咬齐，下沙公社叶培基。总负责是九堡公社党委副书记朱培根，他是我的一位“老相识”，以往大家都习惯地叫他“小老朱”，是一位十分精干务实的同志。县里要我来协助他工作。他看见我进去，显得很兴奋，马上站起来，同我打招呼，热情地对我说“老张同志，你来了！县里已经同我打过招呼，说派你到指挥部来帮忙。我们本来就熟悉，你来，真是太好了，你先休息一下。我这里还有点事。”我们见面后，他又继续与有关同志研究工地上的事。

草舍前面的道地上，停放着好多自行车，这是下沙地区的主要交通工具，也横七竖八地放着一些钢丝车（也叫跃进车）备用。

草舍里面分成三大间：中间放着一张八仙桌作办公和开会用，晚上是指挥部工作人员的席地统铺，东面是临时食堂，搭起了灶头，供烧饭、烧开水用。里面一只角是临时广播室，摆了一台县广播站送来支援围垦工地的大型立式广播机，作传播工地信息和工地指挥这用。

过了一歇息，小老朱向我介绍工地上的工程进展情况，他说："这次大围垦已经开始好几天了，下沙初六开工，九堡初七，乔司初八，翁梅初九。天气冷，结冰带冻，劳动很艰苦，九堡公社五星大队有十几个人脚被冰戳破。毛主席号召农业学大寨，我们搞围垦造田，过去是'小围垦'，小打小闹，现在四个公社下决心，联合起来大搞了，干部群众情绪都很高。"他在谈到工地上存在的问题时说："民工睡觉问题大，早出晚归，花在路上的时间太多。"他又说："挑土筑埂，主要是质量问题，挑埂要防止坍埂，潮水勿饶人！"他掰着手指对我说："老张同志，这次大围垦规模大，任务重，时间急，困难多，不几天潮汛就要来了。"从他的眼神里也可以看出由于工地上的"千头万绪"带来的丝丝忧虑。

在指挥部工作人员中，最基本的这样几支队伍：土工程师，是各个公社派来的，有周阿根、徐和兴、隆再林、吴阿钊等，他们是围堤工程中最基本的施工力量。电工及线务员有：李永保、朱洪兴、曹洪德、朱见先、李妙才、徐耀兴等，他们是工地上的"开路先锋"。工地广播站播音员有张萍萍、柏荣、李建芳等，他们都是这四个公社的下乡知识青年，李建芳还被大家称为"指挥部的独养女儿"。

### 在海涂上

是日，我们在指挥部吃了中午饭，与朱培根还有几位公社同志，一起来到了海涂。

潮水到来之前的钱塘江，向南远眺，除了水天相连，白茫茫的一片江面外，就是无边无际的滩涂，偶尔还能听到从天空飞过成群的野鸭和沙头鸟的鸣叫声。长长的白日万籁俱寂，一片苍凉。未围住的海涂沙土，带有一轮轮的花纹，且很规则，这是被潮水不断冲击而又退走后留下的痕迹。

就在原先的三号大堤通出去，经过土工程师按海塘部门"治江"的要求，测量放样定点，标出一条新的大堤——被称为"四号大堤"将要在这里诞生。

我们很快来到了万人挑战的围垦工地。

沿着堤线，红旗招展，高音喇叭不断地播放着革命样板戏、革命歌曲，同时还播放开展挑战应战的劳动竞赛信息。尽管已是早春二月，茫茫滩涂上还是天寒地冻，当天掘土形成的"水汪凼"，很快结成了冰，但密密麻麻的挑埂头大军，斗志昂扬干劲冲天，人人手持锄头、泥笪，扛着扁担，上万人挑着泥、减着号子，多装快跑，川流不息，场景十分壮观。

工地上口号是"响应毛主席农业学大寨"的号召，向海涂进军，向江滩要粮！"苦战三年，造田三万，为实现棉麻农不吃商品粮而奋斗！"，"移山填海为革命，敢洒热血绘新图！"广为流传的一句话是："手中有粮，心里不慌，脚踏实地，喜气洋洋"。

据统计，这期大围垦工程到工地的有1.5万多人，四个公社共有劳动力21769人，其中下沙3444人、九堡7696人、乔司5375人、翁梅5255人。

按浙江省钱塘江水电工程局和杭州市海塘工务所的规则，下沙围垦的四号大堤，是指七格下游从智格大队对出1号下字坝0+000处至2号坝，堤线长度1500米，被围土地为3600亩，沙头高程从5.89米至7.4米不等（均指吴淞标高）。

第一期工程分为三个战役，第一战役堤线长度为1500米，大堤标高为11米，面宽8米，坡度为外1比25、内1比1，参加联合围垦的公社，各"吃"一段，公社又将它分配到51个大队、294个生产队施工。

在施工中，干部和党员的模范带头作用最为明显：四个公社的党委书记都亲自带领围垦战士在最前线，公社机关"倾巢"而出，全搬到了工地。据九堡、乔司、翁梅三个公社统计，36个大队党支部中有28位支书和群众一起劳动。九堡公社五星大队副支书于树成，虽然身体虚弱，还是"冲在前"。一队社员披星戴月，早晨四点半就出早工。十队从早晨一直干到晚上八点钟才收工。这个大队有一位陈金昌的老社员，大队没有安排他来围垦，他自己坚持要到工地上来"征服海龙王"。翁梅公社东升、新丰两个大队有170名妇女，有梳着麻花辫的大姑娘，有盘着田螺头的壮年农妇来到工地参战，她们战胜了生理上的困难，在围垦工地上人人蓬头垢面，却大显"娘子军"的英姿。新丰大队蚕桑队74岁的朱甫兴和16岁的宋水林是工地上年龄最老和最小的一对，被传为佳话。青年突击队的活动十分活跃，翁梅公社新谊大队红丰生产队有6位年轻人开夜工搞突击，竟从晚上一直干到次日凌晨四时。他们体力的消耗已经到了极致，咬紧牙关要把潮起潮落的海涂变成良田而贡献自己的青春年华。

挑土筑堤是围垦工程最基础的工作，一般只要投入劳力就能完成任务，但有时也会遇到难题，如被潮水出没时冲得很深的那些"浪花沟"，又叫"潮沟"，水深、淤泥深，这就是可怕的"陷沙"。当地人说，过去就有人落了"陷沙"而不能自拔，越陷越深，最后被陷死了。这种传说，究竟是否确有其事，也无人考证，但却给人们的心理投下了一道阴影。还有人告诉你办法：如果在海涂上遇上了陷沙土，身体不能直立，必须迅速横卧着滚出来，这样就有救了。

现实问题在于这种地段究竟分给谁呢？无奈，只得用抽签的方法来分配任务“硬吃”。但即使任务落到公社后，也还是一个难题。下沙公社分到的这一段在组织攻坚战中，宣传工作做得并不多，而公社书记周毛姑——这个青年时代就以抓潮头鱼出名的“老沙头”，背了一把铁耙，喊了一声“跟我来！”自己站到浪花沟干了起来。这样，干部和青年就跟了上来。

劳动就是这样的艰苦，生活又是怎样呢？围垦战士们头顶青天，脚踏沙滩，喝的是咸水，自带口粮（因群众口粮比较紧张，许多大队动用了贮备粮，照顾参加大围垦的农民每人每天半斤或一斤粮票）。采用“野营拉练”的办法，一个大队组成几个炊事班，在江滩安营扎寨，风餐露宿。挖掘地洞搭锅灶，蹲在地上吃饭。下饭的菜一般是自带的咸菜萝卜干，也有“盐花笃笃”的。柴火规定每人带一捆“麻骨柴”（这一带盛产络麻，麻杆是一种上好的燃料）。住宿用几根小竹子、几片草荐或在秧板田里使用过的破旧塑料纸搭成人字形“沙头舍”。如遇到一阵风雨，都被打散或吹掉。但这种“沙头舍”塌塌快，搭搭也快，经常重新来过。我们指挥部工作人员住的，算是工地上最高级的草舍，办公、吃饭、睡觉成一统，但实在破旧，有一天晚上下大雨，草舍漏水，大家爬起来四、五次搬迁地铺和垫在地上潮湿的稻草，折腾了一个晚上，才湿淋淋地挨到天明，早上起床身上散发出一股潮气，还夹杂着咸味，因这里原先堆放过盐饭。有的“沙头舍”里，还发现有好几条四脚蛇，实在吓人。

当时上级强调战备观点：“在思想上落实打，生活上适应打，军事上学会打。”围垦生活正好符合战备观点，拉练、野营、露餐，哪一条不符合？

当然，由于人多，工地上出现的问题也多，如树木被斩，春花地被踏，电线被剪，小火车水泥枕木被拿去搭灶头，芦苇根被掘起拿走当柴烧等等。还有驻地解放军6515部队的机埠闸刀和火表被偷。解决这些问题的办法：一是抓阶级斗争，“年年讲、月月讲、天天讲”；二是强调“三大纪律、八项注意”教育。讲解放军不拿群众一针一线，我们围垦战士不拿解放军的一针一线。

在工地上，一万多人的大小便也成了问题，“方便”成了最不方便的事。男同志小便可以随便，大便则要跑到远一点沙滩上去解决。为数不少的女围垦战士们，只好为她们在沙滩上搭一点遮体来解决她们的方便问题。后来，索性“扩大战果”。万人上塘成了积肥的好机会。

当时，物资十分匮乏，连工地上用的一些简易的工具也很难解决，既无处买，又无钱买，怎么办？没有土箕自己编，工具坏了自己修，没有技工自己学，碰到困难大家想办法。乔司公社每一位到海涂挑土的民工，都自带搓好的一段草绳，解决无钱买“放样绳”的困难。

“兵马未动，粮草先行”。后勤兵们工地服务跟得很紧，九堡公社供销社在老支书张宝根、支委沈小毛带领下，13名职工肩背行李、挑拉着商品来到工地。滩涂上，寒风凛冽滴水成冰，用蜡烛照明做出5000只刀切馒头和5000块年糕供应围垦战士。翁梅公社供销社负责人顾礼根、沈金海，正月初三就到工地，自己动手搭起简易草棚办起了日常生活用品供应点，为民工提供方便。指挥部线务工和电工同志，在沙滩上踏着冰水，探路架标杆，在四天时间里架设了1500米线路，先后架了300多根广播杆，装上高音喇叭25只、小喇叭70余只。同时竖起了200余根电话线，开通电话18只，实现了围垦大堤筑到哪里，电话就通到哪里，广播就响到哪里。

在施工过程中，我们指挥部同志主要抓进度，抓工程质量。在质量方面，经常出现几个方面的问题：一是大堤土方标准达不到要求。二是挖“埂脚”（规定挖掘泥土时要保证埂外留5米，埂内留15米，这个标准总是达不到。）三是挑土不足，“踏泥”不实，揌埂密塞不到位。特别是队与队之间的交界处形成了一条“沟”。这必将成为潮水涌来时的突破口。

指挥部和公社指挥所同志，脚踏车整天拖进拖出，在工地上进行重复劳动——“抓教育，抓纠编”，重复着这个动作。

万人上塘挑土筑堤，这种大兵团作战的形式，调动积极性靠什么？概括为“三个头”，即一斤头（口粮补贴）、三角头（出工补贴）、十分头（工分）。这“三个头”当然重要，但并不只靠这个。从大的方面来说，要靠强大的思想政治工作，靠激励机制，靠劳动竞赛，靠共产党员、共青团员和革命干部的模范带头作用，靠青年人的突击作用，当然也靠严密的劳动组织纪律和技术指导。

1971年2月4日，县委分管围垦工作的副书记王祖庭到围垦工地指导工作，他提出总的围垦计划为2.6万亩，先围0.5万亩。他说：“石方要造出计划，请刘主任写信找市里陈司令（杭州市革委会负责生产指挥的一位领导）。8号坝要拉几个大队过去，解决2.6万亩扎营盘问题”。在工地广播大会上，他代表县委、县革委会向广大贫下中农和围垦战士表示慰问，并向大家提出了工作要求。

抓两头（先进和落后）和开现场会也是常用的工作方法。“报喜”的形式在上世纪70年代相当盛行，当时工地上也不例外。2月7日，乔司公社东风大队劲吹生产队和下沙公社幸福大队等13个单位提前完工，敲锣打鼓向指挥部报喜。他们在各自的工地上，插上了红旗。

8日（正月十二日）下午潮水到来，尽管这一汛是小汛。但进度慢的队也被潮水“打屁股”。

2月9日，1500米新堤埂全部完工，每一段面挑土108.75立方米，完成土方163125立方米，投工105000工。

接着就是新围垦大堤逐个地段质量验收，超过标准的受到了表扬，不合格的被通知“补课”。

首期工程结束了，这样大兵团作战的形式搞围垦大家都是第一次亲临其境，工作场面之大，战线之长，任务之重，参战人数之多，劳动之艰苦，生活条件之差，是以往其他工程都无可比拟的。

我们在工作现场作了小结，强调对围垦工作的艰巨性要有足够的思想准备，存在的问题是：1.围堤工程只是开了一个头，而且是“小头”，真正是万里长征走了第一小步；2.大堤只完成了土方任务，宕渣和块石都没有上；3.大批围垦战士每天主要靠步行往返，途中消耗的时间和损失的劳动力太大。

下一步工作：准备迎战潮水到来，保住新围大堤；做好第二期工程开工的准备工作。同时着手创造“内建”条件，争取新围土地垦种。

鉴于工地上存在的一些困难和问题，联合指挥部向县里领导汇报：1、围垦工地干部很缺，请县里派些人来。建议公社同志不要随意变动，派到围垦失要定下来；2、物资方面急需200条船组织运石，相应配上“偷鸡包”（船的动力）；3、四个公社围垦与春耕的关系安排问题，请县委与有关公社打招呼；4、建议县委将围垦海涂列入重要议事日程。同时请县里向上级打报告。围垦指挥部向县市写了一个请求支持的报告，县农业局签上了“情况属实，请市解决”送到了市里。5、建议组织到萧山参观围垦，学习他们的经验。

2月20日，第二期大工程开始了，实际上是第一期工程中第二个战役。社员们于19日下午到工地报到，除下沙未到外，有10244人上塘。这期工程天不作美，第一个晚上就下起雨来。夜里，社员们棉被几乎被雨水淋湿，不少同志由于不熟悉这里的周边环境，脚被锋利的芦苇蔀头刺伤，但这些都没有影响出工。驻乔司公社军宣队的小李同志衣裤湿透了，照常挑泥劳动。成为大家的学习榜样。学稼大队董长明、蔡永水坚持冒雨挑土不收工。九堡公社实到工地3570人，情绪高涨。向阳大队五队党员队长张仁贵还带领50人冒雨出早工。翁梅公社新谊大队25名青年冒雨突击挑土筑堤不停。直到指挥部广播了因雨暂时收工的紧急通知后才罢。

至2月23日，第二期大工程基本完工，投工6万人，堤长1500米，堤线又向大江延伸了一段。

由于工地上工作环境、工作条件和生活太苦了，县里某部门一位被派来参加围垦的同志不辞而别。这事我们没有向领导机关汇报。后来又发现了另一个系统也有一位“熬不住苦”的同志自动跑掉。

2月26日晚，县委副书记王祖庭、县革委会常委干耀梅召开了有关围垦的各部门负责人会议。指挥部朱培根同志和我参加。县领导提出要在黄梅雨以前抛下5万立方石头，组织200条船从临平至翁家埠“对开”，要求每两天运到现场三次。同时，已围土地要垦种。关于力量问题，有关部门要去的人一定要到现场。各公社“三代会”（贫下中农代表会等）后要研究加强力量，否则十多万工生活要“泡汤”。

### 一个有启示的座谈会

完成土方工程虽然是个胜利，但真正考验是潮水涌来时。上万人的大部队撤回去了，整个工地留下了1598人的抢险专业队，分地段把守。因为是第一次抢险，大家都没有经历过种场面，既无经验，又无实力（石渣和块石），就这样仓促上阵了。

大堤筑成的第二天，是1971年2月27日，即农历二月初三，接着初四，潮水横冲直撞呼啸而来，按规律它朝着牢固的三号大堤（海塘老堤）撞一头就回转了，现在首当其冲的是这条新围的土质还很疏松的四号大堤。我们指挥部以及公社指挥所同志都在大堤上与一批抢险队员日夜巡逻守候，大家眼睁睁地看着潮水冲过来，又看着潮水退下去。人立在大堤上，觉得堤脚在摇晃，瞬间，江道形势急转直下，竟会变得如此严峻、险恶。面对着汹涌而来的潮水，大伙的心悬了起来，新大堤究竟能否经受得住这严峻的考验？如果大堤“奔涌”了，冲坍了，站在大堤上抢险的人群就会被无情的潮水一起卷走。咣，咣，脚下大块大块的泥块被削去、冲走。但在这生死攸关的时刻同，没有人退却，没有人逃跑，我们与抢险专业队的同志们一起坚守并战斗在大堤上。此时只有一个行动，紧堤铁耙、土箕、草包，不时地堵住被冲破的缺口。最后幸好潮水没能爬上大堤的平台。在这一次潮汛中，整条大堤虽被冲得伤痕累累，但由于全力抢护，新大堤没被潮水吞噬。

第二次考验又来了。这就是十七、十八（农历）的“当大汛”。

“要严密观察和对付潮巢”，这是“老沙头”们对我们的告诫。但尽管继续全力抢险，终因土方松、无石料，整条大堤被潮水蚕食得所剩无几。开始时，冲开了几个缺口，到潮汛来，大堤已被分割成几段，有的地段，成了“江中孤岛”。

面对着挫折和失败，人们泄气了，沮丧了，各有各的说法。在“今后怎么办”的问题上意见纷纭。有的同志说：“围垦海涂，‘大四清’‘小四清’时都搞过，冷饭头吃光，钵头敲光，最后做了一场白场工。”乔司公社的一位大队支部书记来找我郑重地对我说：“老张，我们大队要求退出围垦，已花去的劳动力也不要算了，条件是:你们指挥部只要同意我们退出，谢谢你们了。”还有的人说：“你们会不会算账呀？‘外面’（指围垦区）即使围几万亩，‘里面’（指家里）七、八万亩还要不要？你们这种搞法是‘上山赶雏鸡，甩掉屋里的老母鸡’。这样搞下去呀，真给你们掩煞哉！”也有的同志提出“现在搞围垦与报纸上搞好春耕的社论有矛盾，同省委通知有矛盾。你们去看一看这篇社论是怎么讲的吧”。

面对这些意见，我们不是没有压力，当然也不能人云亦云，经过分析，我们认为要重点组织学习毛主席有关指示，重点是“农业学大寨”，宣传围垦工作的重要性和必要性，还有它的艰巨性、反复性和长期性。这五个“性”是我们说服人的“救命稻草”。当时，强调“茫茫大海有航线，条条工作有路线”，又强调“生活在阶级斗争这个纲上，活动在两条路线斗争这个线上”，我们就搞“革命大批判”，批判“围垦得不偿失论”“围垦失败论”“围垦危险论”“联合围垦吃亏论”“农民出力，国家出钱合理论”等，意在创造有利于围垦舆论环境。当然，说是“大批判”，实际上是坚持“对事不对人”，虽然有时也点到“阶级敌人企图破坏围垦”，但并没有找出活靶子来打。诚然，有一些错误观点确实存在，也需要扫除，但最终问题的解决还是要靠“具体情况具体分析”。因为，有的些情况，往往是错误观点与正确观点混同在一起，不合理的意见和有益的建议都有。而基本上是认识上的问题。

诚然多数同志从本质上是赞成，支持搞围垦的，下沙、九堡、乔司、翁梅四个公社地少人多，当时人口是86459人、土地76514亩，人均只有0.885亩，每年要吃国家商品粮1500万余斤，要改变这一现状，向海涂要田是一个办法。究竟要不要围的问题，应该是肯定的，县委、区委和有关公社下的决心是正确的，后悔并没有必要。至于现在围好？还是今后围好？大围好？还是小围好？独家围好？还是联合围好等问题，也是可以逐步统一的。

这时，几位在钱塘江边土生土长的土工程师说出了他们的看法，他们说：“过冬沙这句话并不是没有道理，堤线这么长，围垦线这么‘出’，离深江这么近，石头又这么少，如果没有措施，围住了也难保。”他们的这些话，显然是很不乐观的，但他们是不是悲观论者吹冷风？这些观点是不是为围垦工作设置“路障”？他们的忧虑是否真正有道理？这个疑团在以后的实践中将会逐步得到澄清。

同是这一天，县委副书记王祖庭到下沙围涂现场察看情况，并召开了有公社干部和部分大队支书参加的座谈会。

下沙公社幸福大队支书李来法说：“县委已下大决心，要我们棉农不吃商品粮，这是对的，但围垦问题过去有过经验教训，阴历十月至明年二月这段时间潮水小，把握大，从阴历三月起，特别是五月，很危险，做牢了也不保险，江水要猛涨。县委决定，我们是干的，但干了没有把握。”

下沙大队支书沈有祥说：“县委决定搞围垦这是对广大贫下中农的关怀，在旧社会，我们吃钱塘江塌江的苦，十年三塌，弄得家破人亡，党领导治江、搞围垦，是群众的要求。四清时搞过一次，当时沙头标高已过七米以上，正月初五开工，十五、六里完工，‘八高八面’（大堤高程8米，面宽8米），到七月份就塌光。不是我们思想右倾，要土地是迫切的，但危险性太大，去年八月初头汛，潮水从5号坝抛过，8号坝上面有一人头水，铁轨被拉断，保一汛、二汛是可能的，一直要保牢是难的。这块沙头，1963年就很高了，春天削，冬天涨，年年如此。黄梅雨时，5号坝到9号坝这段路，年年沉船，去年还沉掉过3只江船。”

在这个座谈会上，下沙公社领导冯振荣、朱桂生、周永康、沈百焕等同志也无保留地陈述了自己的观点。

已经发生的事情和后来的事实都证明几位公社领导和大队支书的发言并不是散布悲观论调，他们向领导讲的是真话和实话，是负责的话。县委领导当时听了大家的发言后说：“围垦一定要搞，这是定下来的。但革命干劲要与科学态度相结合，护堤保堤措施中石头要作为突出的重点来抓。”其实，两期工程中已经碰到的也正是这个问题。

### 石方、石方，还是石方

既然石头对围垦那么重要，究竟需要多少石头？石头又从何而来？市海塘工务所同志说：“萧山搞围垦先把沿埂河开通，做到畅行无阻，运石头的船像老鼠咬老鼠的尾巴一样，一只接一只在大堤上运石抛石。”但萧山老大哥的经验如何才能学到手呢？还是很茫然。该所工程师严东茂提出1米大堤不能少于20立方块石。他说：“我考虑这条埂的技术措施要求要慎重，要接受同盘村的教训（指50年代海塘出险而死人的事件），因为这里沙头低，出问题时，人有危险。”但这么多石头从何而来？抛石资金至少也得有120万元。可当时我们手里四个公社，总共才筹集了9000元钱。再就是这些石头如何开采，如何拿到现场？这都是大题目和难题目。

受县委和县革委会领导的委托，我与小老朱多次到省市海塘水利部门去汇报情况，请求支援。有关部门领导向我们转达了省市几位领导在这一问题上的原则意见，概括起来，对围垦的态度一是鼓励和支持，二是强调群众自力更生。

没有石头搞围垦，是无米之炊。正当我们处于很困难时，出现了一个机遇。在一次工作接触中，省水电工程局向我们透露了该局想在杭州附近选择一个地方搞家属生产基地的意向，如果联合搞的方案能定下来，首先考虑的问题是确保新围大堤安全。要巩固新围大堤的石方初步计划为15万立方，省局负责10万立方，我方负责5万立方。

我们迅即将此信息向县委领导作了汇报。领导指示我们不要放弃这个机会，决定与该局谈判有关合作事项。

3月5日，省水电工程局生产指挥组同志来我们指挥部，在现场共同研究，今年为了促进2.6万亩围垦计划的实现，坚持围垦与治江相结合，考虑四条具体意见：1.8吨大货车10辆，从临平运石到围垦现场，搞1000立方，带水踏堤，创造汽车和双轮车同时上堤的条件；2.组织800辆双轮车运石，每四辆搞一立方米，12天时间拿下2400立方；3.赭山江中来船运1000立方；4.钱江航运队1000立方米，合起来5400立方米，先上这些，也只是先顶一顶。

思路是明确的，所谓“合同”，实质上就是抢险，就是保堤。四号大堤保住了，三号大堤当然就稳固了。这就是围垦与治江结合的实质所在。

1971年3月11日，县委常委研究围垦问题。我被指定在县委常委会上汇报围垦工作的进展、问题和今后打算，常委们听取汇报后展开了讨论。王祖庭同志说：“围垦问题我们有一个认识过程，开始新围大堤塌掉，感到是个问题，张承模和朱培根两同志到水利局汇报联系回来，增强了信心。县里开了一个会，四种态度，北面六个公社说，如果作为战备任务，我们是来的。下沙座谈会有六条建议：1.现在做准备；2.春耕生产到了，这是个问题；3.围一段，保一段；4.线路是否可以缩小一点；5.施工时取土要‘挖洞’；6.建议县里领导来观察四天潮水。根据以上情况，我认为还是现在做准备，先保一段，冬天再动手。”

董家年同志（县委常委、县革委会副主任）说：“我赞成下沙的办法，现在全力巩固现有堤线，积极做准备，冬天大搞。”

胡广清同志（县委副书记）说：“我看这样好，一做巩固工作；二做准备工作，到秋冬一下子突上去，不是不搞，而是更好地搞。”

我们从县里汇报回来，又作了多方面的调查研究，特别是征求了四个公社领导、市海塘工务所和熟悉钱塘江特点的“老沙头”的意见。在调查中有同志说：“如果条件不成熟，硬搞是冒险，如果条件具备了，不搞是右倾。”这话当然是对的，但对于我们指挥部来说，处境也实在太难了，像在夹缝中非要犯一种错误不可了，如有一步之差，可能会“全盘皆输”，这是一次多么重要、多么关键，又是多么困难的抉择啊！

有同志建议：召集四个公社大队支部书记到围垦工地上来“放鸣”一天，再定下来。但县里领导没有采纳这个意见。我们指挥部根据县委常委的指示精神，经过反复的、慎重的研究，提出了11条意见：

1.第三期工程决定上马，堤长2850米，要求大堤一次合拢。

2.要特别保证大堤质量要求，一律在堤外取土，必须在埂脚15米以外，捴水踏堤一定要过硬。

3.大堤土方任务完成后，岩渣和块石同时上0.8万方。

4.立即着手测量，划分作战位置，分配好具体任务。

5.画好行车路线图。双轮车和汽车运石分开走。

6.搞好照明设施，作好开夜工抛石的准备。

7.安排好航运站农船运石的具体问题。

8.七格与翁家埠通小火车。

9.石料上车上船时所需抬杠、麻绳、跳板、箩筐、山袜等要迅速运到现场。

10.安排好民工住宿点，五号坝不能睡人，不准影响工地通车。

11.要求县里各部门对围垦的支援迅速到位。

以上意见，以指挥部意见的名义向县、区委作了汇报，并得到了原则同意。这样，围垦“今后怎么办”的问题，大局就定下来了。接着的问题是紧张地动员起来，做好一切准备，打好、打胜这一仗。

看来，作为一名现场工程的指挥员，没有比实事求是和群众路线更为重要的事情了。对上负责和对下负责的一致性也只能在这里体现出来。从实际出发和坚持走群众路线并不是形式，也不是顺序，而是贯穿到工作全过程中去的一种“总和”。很难用简单的是非题或选择题来判断是否体现了这个要求。这里科学性固然重要，但也不能否认客观机遇所起的作用。决策是困难的，但却对振作人们不怕艰难、不怕失败的精神有很大的鼓舞力。

潮汛刚过，1971年3月7日，第三期大工程动工，至25日，历时9天完成，四个公社共有劳力21769人，能来的都来了。大堤一次合拢，完成土方12.25万立方、块石0.6万立方、宕渣0.22万立方。这次上石，在不同地段有不同要求，特别加强了迎潮面。虽然石料上去还不足1万立方米，但工作量已经很大，从省局放来的多辆重型卡车、“610”小火车，到大批钢丝车都出动了。也有不少自行车投入了运石。人民战争的力量是惊人的，如果不动这场人民战争，在短时间内是不可能搞到这个规模的。

应省“五七”干校的主动要求，该校同志来工地参加了支援这次围堤工程劳动，他们艰难地担任起了挑土方任务，但最后终因“疲劳不堪”而将铺石方任务留给了农民兄弟。尽管他们没有完成全部任务，但他们却付出了如此巨大的努力，也实属不易。

当时下沙公社书记周毛姑同志提出：“要严密观察潮巢，要特别加固防范，护埂队伍要有退路。”指挥部根据第一次抢险的经验教训对此作了具体部署。

3月9日（农历三月初三）春季第一次大潮到来。傍晚，乔司护堤段有一个“小丁坝”被急水冲垮，大片塌埂，同时冲出了一个深潭，情况危急，当时有381人在现场抢险，27个“天打洞”全部被补上。翁梅公社新谊大队支委翁敏正在扒土时，指甲被扒脱，也坚持不下火线。

在紧要关头，我们指挥部紧急致电九堡、下沙公社党委书记，请他们火速派钢丝车来围垦工地运石抢险。九堡、下沙两公社深夜十二时出动数百辆双轮车往新围大堤紧急运石，九堡由朱金法书记亲自带领，出动了110辆双轮车深夜赶赴现场，运石护堤直至凌晨3时。

为了保卫围垦的成果，干部群众抢险积极性十分高涨，五星大队接通知要他们到工地来20辆钢丝车，实际来了30辆，支书郁阿海凌晨3时出门，冒雨参加抢险，说我们五星大队这段埂头如果被潮水冲进，大家都要遭殃，一定要“死守”。

30日凌晨，该公社卫东大队支部副书记童忠力带领8名围垦战士在大堤上巡逻护堤，当他发现有的大队的大堤责任段被潮水冲开一个洞口时，又带头踏进了一个深潭，经过奋力抢险，堵住了洞口，等潮水退走才回去。

在抢险时，体会最深的就是石头的重要。与潮水的较量，实质是石头与潮水的较量。因此，石头就是实力，石头就是希望，有时石头甚至就是生命。把石头提得这么“高”，并不为过。当然，从全方位的角度来看，要依靠科学技术的力量，只有真正掌握潮水的客观规律，才能立于不败之地。再说抛石要有基础，这个基础就是大堤，大堤的质量好坏往往是在潮水冲来时最能得到检验，这是经过实践得出来的铁一般的结论。

在我们处于石头来源很困难又急迫需要时，海塘工务所严工程师告知：工务所刘主任同意指挥部借用1-5号坝备石1万立方，这对我们真是雪里送炭，我们简直欣喜若狂。但他又特别强调：七格盘头的备石一块也不能动，为什么呢？这总有他的道理。后来刘主任又让叶培基同志告诉我：“备石1.4万立方现在可以借用，秋天一定要还上，否则，三号大堤出险要你们负责。”工务所负责人把话讲得如此“绝”，这不是同我们为难，而是他们出于对海塘安全职责，既包含了对围垦的支持，又是对围垦前途和可能出现的险情的深深的忧虑。

我们简直是在走钢丝，谁也难以预料今后将会有什么天大的风险要降临到我们的头上来，天无绝人之路吧！也只有“船到桥门自会直”，顾了眼前这一天再说了。

这时，由航运站潘德法、马德基两同志负责调度的150吨运石船皮已经到位，外江船408吨船皮也已落实，还有300吨西湖船队由内河转外江运石。尤其是南下老干部老马同志，为了调度船只，那种声嘶力竭的样子，实在让人感动。4000米“610”小铁轨也已落实，先投入40节车厢运行。石料和石料运输的形势像是好了起来。

在这一汛，全线出现三处较大的缺口，但都被堵住了，我们这才稍微松了一口气。

### 指挥部从中沙大队搬到白洋桥

1971年春季雨水特别多，围垦工地抢险战斗同时摆开两个战场，既有潮水的进攻，又有洪水的威胁。

新围的3600亩，一半面积有积水，平均20厘米，总水量约17万立方，像是一个自然水库。是水库也好，问题在于偌大的水面，在风雨中掀起的水浪很大，以“里攻出”的形式冲击着大堤。据1971年4月9日记录：4台大型柴油机抽水六天四夜，水位不降，反而从6.8米上升到6.4米。看看是上升了0.1米，但这是投入了多少人的艰苦劳动才获得的，后增加至12台8匹马力柴油机，排水24天，水只浅了10厘米。指挥部周阿根是一位公而忘私的土工程师，他具有多种施工技能，他和他的操作组，夜以继日，天天在埂头上过夜，搞得满脸污泥，筋疲力尽。在修建新沙闸时，他强忍失子之痛，第二天就回工地参加战斗，使许多人为之悲痛动容。

为了搞好围垦工作的上下联系，县委同意在县机关内设立围垦海涂办公室，后来设在临平区委机关内，先后选派了吴云南、赵絮才等同志来指挥部工作。这两位同志前不久我们一起在淳安夺煤，很高兴他们现在又能来海涂再度共事。各公社也增派或调换了干部来指挥部工作，乔司公社曹寿良、丁祖兴，下沙公社寿锦林，九堡公社葛来富，翁梅公社陈锦松等同志。此时县农业局也派来了一位属于国家干部编制、上海专业学校毕业的水利工程师沈德明同志。

另外，一次偶然的机会，我看到由九堡指挥所送来的一篇抢险报道，写得很实在，是下乡知青俞为民所写，经九堡公社党委商量，将他抽到指挥部来与孔其林一起搞政宣。

整个围垦工地，紧紧抓住了几支队伍建设：干部队伍、思想政治工作队伍、工程技术队伍、后勤队伍；后来跟上来的船队、小铁道队伍和开采石矿队伍。

驻地解放军6515部队十分关心和支持围垦。不但把军用电话线借给我们使用，还多次借汽车给我工地上运送伤病员。我们与部队同志结下的情谊特别深。

由于县领导多次动员和组织各有关部门支援和参与围垦工作，多数部门对围垦工作都很重视，县广播站最早将广播转播机和其他广播器材送到工地。电力部门多次到围垦工地勘察设计，着手解决通电。邮电部门将围垦开始时借用部队军用线改为直接与临平放线通话。航运部门调度船只，态度坚决，速度快。

4月11日，县革委会副主任彭秀贵主持召开了四个公社党委书记会议。我在会上作了汇报：

这次围垦海涂已经打了三仗（即三期工程），已把从一号坝到二号坝一条长达10华里的大堤筑起来了，围住土地3600亩。第一、二期潮汛较小，其投放十多万劳力，基本上被冲掉。而第三期工程（即一次围牢）后的月初汛，遇到今春以来最大的潮水，有两个大队地段被潮水抢上平台，有三处“险一险”被突破，但最后还是保下来了，这是一个胜利。围住了三千多亩固然好，但更重要的是我们搞起了这么大的一个“挑水坝”，对二号坝至八号坝更长的地段沙头淤高，好处很大，为今冬大围垦创造了条件。存在的问题是江道形势变化莫测，危在旦夕。保住大堤，任务十分艰巨。特别是头子上千把公尺地段很危险，土方还是临时段面，石块每1米只有二三方，而潮水一汛大一汛，这一些临时措施难以抵挡。

当时有两种不同看法：一种认为这条埂头保不牢，总有一天要“笃落”（即坍掉），因此很消极、很悲观。另一种看到危险性，争取“可能性”（即保住），据省市海塘部门同志分析，保住是有可能的，关键在于决心，在于措施，在于石头。

我们认为，在第三期工程以前，可以研究今年还要不要搞的问题，而现在应该说没有讨论这个问题的余地了，而是非搞不可。如果不搞，不仅是已经得到的三千多亩要落空，整块沙头削低，冬天大围计划也打破了。

彭秀贵同志听取汇报后作了讲话。他同意指挥部对围垦形势的分析，强调我们搞围垦是用实际行动学习河南红旗渠。

1971年5月，白洋桥旁，三号大堤内侧，划出了一方土地，盖起了七间大横舍，以后又盖了几间平瓦房，同时县商业部门给我们运来了几块特大油布，搭起了大型工棚。县围垦指挥部就搬到这里办公，四个公社围垦指挥所也同时建了起来，我们还在3号大堤内侧河岩种上了大批树苗。这意味着我县的围垦海涂战斗摆开了进一步大干的阵势。

就在5月的一天，县委书记、县革委会主任刘延儒，县委副书记、县革委会副主任彭秀贵，县委副书记王祖庭，县委常委、县革委会副主任董家年亲临围垦工地检查指导工作。县多位领导对围垦取得的成绩给予了充分肯定，对今后工作作了指示。这给予广大围垦干部和战士很大的鼓舞。县委还组织县级近20个部门领导来工地察看工作。县商业局革领小组组长庄瑞康说：“看了围垦现场很感动，这里可以概括为六大：工程大、困难大、成绩大、潜力大、贡献大、前途大。”尽管围垦海涂未来的道路还是那样的艰难，但他讲的六个“大”，越来越被后来的事实证实。

## 抢险压倒一切

1971年5月下旬，连降大雨，大堤面临洪水考验，抢险准备工作已经紧张地进行。省水电工程局支援的“762”和“610”铁轨已分别到位4000米 和2500米，多数已在运作。省水电工程局驻翁家埠工地负责人张裕瑶同志表示再到奉化工地去调1000米“762”轨道来下沙。抗洪抛石计划为1.5万立方，确定了四个抛石点，有点有线有面。

与省水电工程局搞联合的问题，指挥部广泛地征求了四个公社领导的意见，他们都很赞成，至于条款，嘱我们要强调治江与围垦结合。省市着重讲治江与围垦结合，重点强调治江。我们讲治江与围垦结合，侧重面强调围垦，因为围垦不出事，治江也就有保证，归根到底是一回事。

我方对省局修改后的协议书征求意见稿提出了如下意见：1.土地面积与位置；2.石方承担，分工原则；3.劳力资金；4.沉井和盘头的安排；5.我方在协议书签字的代表姓名的确定。

1971年5月15日，指挥部召开围垦四公社党委书记会议，研究与省局签订协议纪要一事。同时研究决定：1.大堤确保11米高程（吴淞标高），在20号前完成，确保能铺上“762”铁轨；2.抢险专业队每10米配一人；3.小围垦政策；见青苗为准，谁种谁收。

就在5月15日上午，九堡公社幸福大队贫农社员、运石船工包文元同志在冒雨运石途中不幸落水身亡。围垦工地上痛失了一位忠诚的围垦战士，他为了围垦事业，献出了宝贵的生命，人们将永远怀念他。

5月28日，每秒9000立方米流量洪水逼近埂脚，预报明、后两天最为紧张，对此，指挥部作了紧急部署：1.抢险队伍搞三班制，每班800人；2.抢险现场处置了小型发电机，解决工地照明；3.立即组织力量填好三、四号大堤交接处的两个缺口；4.指挥部与各指挥所领导一律到现场指挥，医务人员到现场作好抢救伤病员的准备。

5月31日，翁梅公社接到抢险通知后，马上召开了紧急广播大会，公社党委书记洪生林作了动员。晚饭前就有100人到达工地。“潮水凶，洪水猛，围垦战士更坚强”。原已在工地上的联盟大队支委梅洪庆带领七名围垦战士，虽然都是“折头工”，却超额完成了抬石任务。乔司向阳大队共产党员郁连德，一天一夜不睡，第二天又干了一整天。九堡向东大队46人带10辆钢丝车来工地抢险，党员赵要掌发冷热病，坚持不下岗。上游大队炊事员何来友，凌晨二点钟将早饭烧好再出工，脚被石头压起血肿仍在坚持战斗。抢险工地黑夜与白天一样，下雨与天晴一样。

6月3日下午测量：坍江埂脚410米；坍速：15分钟坝50厘米，一天坍48米。据严工程师估计，现沙头标高6.5米，坍2米，剩4.5米，抛石至8.5米高程，每一段面需块石8立方米。险要地段还要增加。要重点抓好“750”头子延伸过去500米，让它起到“顶坝”作用。先上7500立方块石。

一天，我带着大堤严重的险情和抢险方案，晚饭赶紧扒了几口就骑上自行车直奔临平，向县委领导作紧急汇报。一路上，狂风大作暴雨如注，参照环卫工人式的雨衣雨裤也无济于事，雨点就像鞭子似的抽打在身上。脸上只觉阵阵蜇痛，雨水顺着面颊往脖子里灌，淋得眼睛都睁不开，眼镜镜片一片模糊。从围垦到下沙这段路是条泥路，一下雨就坑坑洼洼，我骑着自行车逆风而上，连气也难透，多次下车推行。到临平时，全身已被雨水泥水浸透。汇报结束已是九点多钟，我回家换衣服，天已这么晚，风雨还是这么大，家人知道我独自一人还要连夜重返下沙工地时，感到担忧和无奈。当我回到下沙指挥部时已是晚上十二点了，但指挥部等着我回去的几位同志都没有睡，还是静候县里领导有关抢险的具体意见。

1971年6月5日，杭州市革委会召开抗洪紧急电话广播大会，县委对下沙围垦工地提出了三点要求。

近七天来，乔司公社党委书记钟根水来工地三次，帮助乔司围垦指挥所工作，青年徐福林到工地一星期，天天出工，衣服湿透，被称为“小铁人”。青年倪仁康与另一个农民工抬一块约700斤重的大块石，脚上剖开两条裂缝，硬是坚持了下来。立新大队原来在工地上割羊草成风，共产党员周金荣一到工地，以身作则，迅速刹住了这股风。用1小时20分钟时间将35斗车块石、7个车厢宕渣运到了目的地。

干部模范带头作用影响着群众，“一不怕苦，二不怕死”，九堡公社围垦指挥所负责人叶世坤顾不上“拉肚子”，坚持在工地劳动，指挥战斗。

由于工地上与“石老虎”打交道，受伤人数增多，仅乔司公社就出现六起。不少伤员到指挥部医务室就诊时，医生只好作忍痛“拔指甲”处理。

1971年8月，县农业局派来了一位水利工程师沈德明，他毕业于上海工业专科学校，来指挥部后，以自己的一技一长为围垦出力，解决了工地上诸多难题，而且培养了不少水利技术人员，至今遍及杭州郊县，而他自己却因不在机关，多次失去了评职称和分房的机会，对此他仍低调面对，说：“我能为下沙围垦作一点贡献，值得。”

## 海塘部门的同志和朋友

“声驱千骑疾，气卷万山来。”这是清代著名文士吴锡麒对钱江午潮奇观的壮采，海宁盐官固然是观潮胜地，可是我们新筑成的四号大堤“750”头子也决不会逊色。八月十七、十八、十九这几天涌潮特别高，它似一条白色的巨龙，正以排山倒海之势，雷霆万钧之力，咆哮奔腾而来。同迎潮面一头撞（在“750”头子的险要地段每一米段面抛石已在100立方以上以至数百方，抛在标高“负”以下，因此牢牢地扎住了脚跟），威势倒了一半，直往七格盘头方向奔驰而去。这时抓潮头鱼的人纷纷下水，拖上来的是几十斤重的江鱼，也有海蟹等其他鱼类。鳗鱼多得打团，一球一球的，被叫作“鳗团”，抓住一球足有五六斤。当然，如果不是“沙头鬼”，想去抓潮头鱼，只能是被潮水吞没。据“老沙头”介绍，这里已经发生过多次不熟悉钱江水性而冒险下水抓潮头鱼被潮水冲走的人，被说成“到七格盘头喝茶去了”。潮水卷过来的新鲜海蜇头，都是一大蓬一大蓬的，拎起来起码有十几斤重，呈红褐色，晶莹剔透，十分好看。我欣喜地以为“这些海鲜足够我们饱餐几顿了。”谁知拿到指挥部食堂，因不懂加工技术，过了一夜这些海蜇就变成了一泡水。

乘着潮水而来的成群结队的江船抛石，是潮水到来时另一壮观。它的最大特点是准时和快速，否则就有搁浅的危险。每汛一般都来60船上下，船只吨位有大有小，都撑着大帆帐，船工还唱着粗犷豪放的船歌，顺风顺水，好不威风。一到大堤边，迅速将载来的块石在指定地段卸下，由指挥部验方人员验方计算。我们实在佩服这些船老大的本事，他们坚定必胜的自信心，勇敢顽强的拼搏精神，异常熟练的撑船技巧，十分精确的时间计算，科学的“潮头”形势的动态观察都达到了最佳状态。

省水电局一位同志来工地对我们说：“每日掌握在

我们手里的块石有0.8万立方，为什么块石到不了现场来？因为有流失。所以，一要加强山场管理。二是严格控制爆破材料，有的宕口拿了我们的爆破材料去卖‘黑市石头’。三是确保码头备石充足，船只随到随装。四是扩大运输力量。从下潮汛起，块石直接抛到二号坝，请七格盘头老金同志直接通知船队。”这里正是实施这一外江船运石抛石计划的一个现场。

“石头，埂头，人头”是围垦工地工作日复一日、无限循环往复的主题，有了石头才能保住埂头，而石头和埂头都要靠“人头”，就是靠人的努力。当然，石头不完全是简单地“抛”，根据海塘工程师和技术员们的设计，按照不同地段有不同的抛石要求，在迎潮面开始做“浆砌护坡”，再在“护抛”外面抛石。这样增强了抗击涌潮的能力，效果更好。

我除了多数时间跑工地外，也有不少时间用在“跑上面”：向县、区委和有关部门汇报围垦工作情况、遇到的困难、要求解决的问题等。也用在“跑周围”：与有关公社党委同志保持密切联系，征求意见，协调关系。还跑省市，沟通与省市水利海塘部门的关系，“讨石头、要资金、要设备”求得他们的支持和支援。

我接触最多的是市海塘工务所主任刘凤昆、工程师严东茂，省水电工程局黄荣道、张裕瑶等这样几位领导同志。还有多位海塘水利工程师。后来，我们与省局合作关系定下来了，他们索性派了五六位技术人员常驻工地，包括省水科所的一些专家，有时与我们一起跑工地、作技术指导。他们来工地，我们只是向县里有关部门打了一份报告，要了一点补助油票和煤球给围垦食堂。至于日常生活，完全同我们“同甘共苦”，没有一点特殊要求。

在日常接触中，我感到省市海塘水利部门的同志非常务实，一谈话，就是潮水、洪水、石头、断面、标高、抢险、规划、运输线等等这样一些话题。他们对治江有经验、有办法，也有实力。人与人之间的关系也可信。即便是与我们搞合作，也不搞什么“水分”，很守诚信。有时，工务所同志也要发几句牢骚，讲几句埋怨我们的话，如说：“你们没有石头搞围垦，靠我们几块备石怎么围法？”又说：“我们向余杭买石头，买来的石头再借给余杭搞围垦。”对此，我们也说不出多少辩解的话，我们真是给石头“迷住”了心窍，只要他们肯给石头就好。其实，我们的心是相通的，因为大家都在第一线，都在最基层，作战的对象都是凶猛的潮水和洪水，围垦与治江大目标一致，互相有一种“海涂语言”。这就是钱塘江情结，是命运相关吧。

“君子之交淡如水”，他们来指挥部，我们从来没有请过他们一次客，碰到吃饭，就是食堂里多蒸几盒饭，一人一碗大锅菜，难得找人抓几条鱼来烧烧。平时指挥部食堂偶尔吃一次红烧肉或清蒸鲻鱼（江鱼），有时没有料酒，没有生姜，虽然有腥味，大家还是吃得很味道，很开心。当时也曾听到乔司公社东风大队抢险专业队的同时找到过一种海涂上的“菜源”，叫“海龙头菜”，从江里捞上来，有鲜味，又像是苋菜味。但我们指挥部食堂没有去找来尝过，也没有推广。

现在想想，我们这些人当时也实在太不懂人情味了，倒反而有一次，记得我与下沙的叶培基同志到翁家埠工地找省水利工程管理局张裕瑶同志商量工作，那天正好是星期天，他家属也在那里，烧了几个菜请我们吃中饭，还拿出“二锅头”酒来。我虽然不会喝酒，但事后培基对我说：“这个大老张真客气，是我们要他帮忙，又不是他要我们帮忙，‘二锅头’也拿出来了，这是一种好酒呀，价钱很贵的。”事后想想，也真有点过意不去。

群众运动的伟大场面，深深地感动了省市水利海塘部门的同志。1971年5月10日下午，我去杭州海塘工务所联系工作，刘凤昆主任说：“你们搞围垦，市里是支持的，陈司令是同意的，不管怎么说，在地图上，国家总是多了这一块土地，也为治江作出了贡献。我上次同老刘（指市海塘工务所副主任刘登品）去看现场，你们搞到这样的规模是了不起的，这是群众运动的伟大，这个坐在家里是体会不到的。”

我向海塘工务所的领导直言：“我们现在已经只能出劳动力了，劳动力是最宝贵的，在农忙时已尽了最大努力，而围垦土地分配，一个生产队只分到几亩，出工补贴费倒已花掉九百多元，贮备粮也已吃得差不多了，所以石头和资金一定要省市帮助解决了。”

说实话，我们口头上在批判“农民出力，国家出钱”，实际上，凡是了解下情的人，心里都认为，四个围垦公社的农民已经出了那么大的力，再要他们拿钱来抛石，无论如何是不现实的。

刘凤昆同志继续说：“今天这样一围，江道形势大变，下半年肯定会更好，大有作为，我们海塘工务所，与省局是老关系，与你们余杭是地方关系。你们围垦又搞在我们三号大堤（指治江角度）前面，我们只会感到高兴，不会同你们脱钩。”

1971年4月16日，第四期工程，从临时断面做到吴淞标高11米，土方共232194立方，修复老埂0.2万米、9.6万立方土，投工903982工，上塘人数1.3万人。指挥部召开各指挥所负责人会议，研究确定土地划分的顺序，从一号坝出发为：下沙—九堡—乔司—翁梅—省水电工程局。二号坝到五号坝：按同样顺序划给各公社临时管理，秋后由指挥部统一分配。三号坝至八号坝，决定划地段“管沙头”，占领地盘，以上内容均以写出纪要为准。

从这时开始，我们心里对这已经到手的三千多亩土地感到踏实了。

## 环境教育人

海涂上的夏秋季节，天气特别热，那样大面积的沙滩地，既没有一点绿荫，又没有一处凉棚，太阳直照，沙滩地又将热量反射上来，脚踏在沙滩上滚烫、滚烫，闷热得使人透不过气来。由于劳动强度大，汗水出得多，需要饮水也特别多，而饮用水是盐碱水，又是生水。由于县有关部门的帮助，指挥部搞到了一批煤球，但也无济于事，因为需要量太大了。有人说劳动强度大，出汗多，抵抗力也强，但拉肚子的事在工地上时有发生，尽管没有造成大的疾病流行。

每到晚上，海涂上没有任何文娱活动，我们只好到三号大堤上去乘凉。塘外的江风比塘里的风大，要凉快得多，但你想乘凉就是吃不消这里特大蚊虫的叮咬，不知昆虫学家把它们叫作什么名字？反正被它叮住，不仅痒，而且刺痛难忍，真要痒痛得跳起来。身上会起鸡皮疙瘩。大家只好穿着抬石块时用的老布山袜，加之一人一把拍打蚊虫的大蒲扇，这样“全副武装”才能应对。连工地广播站的两位小姑娘也不例外。这些事对于没有到那里生活过的人，简直是难以想象，更难以相信。环境确实能够锻炼人，二十来岁的下乡女知青，居然也能与我们一样在海涂上吃这样的苦，那么长时间都熬了下来。

我初到围垦工地，是36岁，虽然年纪还轻，但我毕竟不是工农出身，没有经过劳动关，这是我的不足。在这以前，我虽然经过长期基层工作的锻炼，16岁就在一个乡里参加土地改革，后来担任大乡基层党委书记，“文化大革命”前是团县委书记。这些虽然多是农村工作，也是基层工作，但缺乏面对面直接到现场指挥的工作经验。而一到围垦工地，情况就完全不同了，要求我像当一年生产队长那样去直接操作，“天天派工”的任务摆在我面前。在这个转变中，我之所以能顶下来，可能同我在“文化大革命”期间受到的磨难，在“五七”干校和下放农村劳动那段时间打下的基础不无关系，在那段时间里，我练了一些“基本功”，也不乏经历了不少惊险的场面，这给了我一种特殊的学习机会，以至于我在围垦工地上有一定的适应性。现在回忆起来，这些倒成了当时的社会环境送给我的一份宝贵财富。当然我更应该深深地感谢围垦工地的许多同志和朋友对我的支持和帮助。

## 县委常委再次讨论围垦

1971年大半年的围垦战斗总算这样过来了，明年怎么办？8月10日，我到市海塘工务所联系工作，两位刘主任和大老张都在。刘主任说：“建设兵团来过了，他要围，从五号坝围到八号坝，最多让到六号坝，其他寸步不让。”说“都给余杭围去了，我水往哪里出？”但他又担心与民争地，影响不好。我叫他“还是把现有土地搞搞好。如果围到8号坝，总要再用10万方石头，急要急在石头上。上半年围了这三千多亩实在好，比原来设想‘伸出一只手’，再筑一个丁字坝要好得多。”我很快地将上述信息向县里领导作了汇报，便于他们在作决策时参考。

1971年9月28日，县委常委会研究围垦工作。临平区委书记陈圃兴和我列席参加。王祖庭同志首先发言，他说：“现在沙头普遍在6米以上，比刘主任从省里打电话回来叫我们组织公社书记去看时高出1米。要围是肯定的。至于围多大？一次计划可以分两步走。参加公社要否扩大？可以研究。总之，措施要超过规模。萧山是全县动员的，我们对围垦的认识、性质、政策、组织都要作些研究，重点是资金和石头。要批准一些单位开石矿，要解决必要的运输工具，同时对机械设备的要求也不会少。领导问题，县里要抽调一定力量，要定下来。围起来塌掉的可能性也要有准备。”

董家年同志说：“把整个围垦方案搞一下，土方、石方、劳力、资金都弄出来了，这是好的。我们可以决定几个问题：围2.4万亩，今后里面还要搞渠道。参加对象除现有四个公社以外，是否再扩大几个？根据投放劳力来分配土地。丁河、宏畔‘进来’可以考虑，如不参加，可以协作。物资问题：先解决现实的东西，机电设备先不要考虑，否则把人吓死了。土地围起来以后，再搞这个，积极性就高了。石头：翁梅、乔司可与上海搞断，扩大矿基。”

彭秀贵同志说：“要不要围？一定要围。突变事件，萧山二十万亩搞了七八年了，还经常被冲掉，所以不要把战线拉得过长，要稳中有快，快中有稳。关键在于保，在于巩固。”

县革委会主任刘延儒最后作了小结，他提出下沙围垦的性质是民办公助。按照投放劳力来承担义务，分配土地。组织问题，一个公社抽调一个人，搬到塘上去住，到时间帮助研究一下。行政建指挥部，党内建党总支，关键是人。

这次常委会在经历大半年围垦实践后，进一步肯定了我县县委和县革委会的坚强决心，明确了一系列的原则意见。应该说在关键时刻研究和确定了关键问题。

由于县委的重视，指挥部的领导力量有了加强。1971年9月29日，县委发文公布余杭县围垦海涂指挥部组成成员名单。总支书记兼指挥施松林，总支副书记兼副指挥张承模，总支委员、副指挥朱桂生、俞德胜、徐桂龄。在围垦开始时作出很大努力的朱培根同志，回到了九堡负责公社党委家里的工作。

1971年10月13日，临平区委书记陈圃兴主持召开围垦工作会议，围绕“要不要围”“能不能围”和“怎么样围”的问题，统一认识，落实计划。四位公社书记作了“对围垦工作怎么看和怎么办”的发言，施松林指挥作了小结性发言。

1971年10月27日，县委副书记王祖庭组织四个公社领导和大队支部书记参观萧山围垦区，重点是看了四、五、六工段。据介绍该县围垦从1968年3月开始，4个公社搞，第二期17公社搞，现在31个公社参加，已围住21.9万亩，第一期被潮水冲掉，已修复。指挥部直接抓船队有船860只，4500人常年运石，边围边建。机埠已造好125个，高压线190华里，变压器2200千伏安。他们的突出优点是决心大、规模大、措施硬，而我们有很大差距。

当然，我们与萧山有许多不同的客观条件。萧山自然条件好，堤线短，腹地阔，土地围得多。而我们余杭是堤线长，腹地狭，土地围得少。萧山水路“路路通”，我们因水系的原因“水路”不通是最大的问题。通过参观萧山围垦使大家开了眼界，鼓了劲。

1971年11月30日，围垦指挥部总支召开工地党员会议，到会党员33人，总结工作，迎战新的任务。

至1971年11月24日，“762”铁轨已上3公里（价值10万元），“610”铁轨已上4.3公里，拥有小火车车厢75节。已培养土铁道工33人，形成了一定规模。

上述情况，连同整个围垦工作的进展和问题，由我向县革委会胡广清、董家年两位副主任作了专题汇报。两位领导对围垦取得的成绩作了肯定和鼓励，对今后工作提出了指导性意见。

1972年1月22日，第五期工程开始。上塘人数：1月23日14131人，24日15199人，25日17044人，26日16987人，27日14787人。

工程开工前，搭成了工地简易草舍418间，“喝碱水，住工棚，两片竹簟三根竹，露天夜宿是我家！”在工地的住宿条件比前有所改善。

本期被围土地3700亩，共完成土方232194立方，投工99398工。

每搞一期大围垦，余杭县的版图就要改画，一部分江面变成陆地，划到余杭县的县图上来了，这真是劳动群众创造历史。如果说在围垦工地上有苦也有乐，大批土地被围起来，改变了钱塘江的现状，改画了市县地图线，这是很大的乐。

1972年1月29日下午，围垦工地发生了一起重大的安全事故。这天下午，从翁家埠开到四号大堤的运石“762”小火车（蒸气发动），共有31节车厢，车到目的地卸掉块石以后，空车往翁家埠方向回转，下午4点40分左右，车子开到三号大堤接轨道口时，突然有一个人在三岔道中间推一辆空车，车上负责指挥的人眼看就要碰撞，立即摇动小红旗，要驾驶员紧急刹车，这时正好碰上铁轨上的一块石头，结果有7节车厢出轨，翻了车，坐在车厢外的卸车班民工陈益鑫同志当场被轧死，他为下沙围垦事业献出了自己年轻的生命。卸车班长、共产党员周金荣左脚粉碎性骨折，受了重伤。

事故发生后，我们指挥部和市海塘工务所几位负责同志立即赶到现场，会同乔司公社党委对死者及其家属作了妥善处理和安排。将周金荣同志急送杭州抢救治疗。

2月2日，围垦总支专门召开会议，讨论如何吸取这次教训，切实搞好安全生产问题。对小火车运石安全和整车抢险队队伍安全生产问题作了全面部署。

1972年3月，根据县委统一部署，工地上开展了群众性的揭批林彪反革命罪行的革命大批判活动。在指挥部总支召开的批林大会上，有25位同志发言。工地上还普遍进行了解放前后回忆对比的阶级教育。翁梅公社新丰大队是这方面的一个典型。这个大队132户人家，解放前有93户给地主做长工，16户做“相帮”，21户卖掉31个儿女（其中8人至今下落不明），10户讨饭。解放后发展到300户、1440人，建瓦房8幢、169间，集体瓦房79间，有双轮车27辆，手扶拖拉机、电动机4台，抽水机、粉碎机、冲谷机、冲粉机、脱粒机各1台。积累了贮备粮29万斤，公积金和公益金5万元。有毛线衣1000件，呢裤子239条，自行车168部，高靴套鞋300多双。他们有一道顺口溜：过去青草熏烟当蚊帐，蓑衣稻草当棉被，现在是床上盖的红绿被，丝棉棉袄加大衣。

全工地共评出五好围垦战士109人。1971年6月22日召开工地广播大会，集中表扬好人好事。同时开展四个对比，与解放前塌江的苦头比；与萧山老大哥围垦的革命干劲比；与省市水利部门革命职工对我们支援比；与工地上涌现的先进事迹比。

1972年3月，县委刘延儒、胡广清、王祖庭、董家年四位领导再次到围垦工地检查指导工作。

1972年3月31日，施松林同志和我向县委常委会汇报围垦工作进展情况。至此，堤线长度已达11774米，投放土方127万立方米、石方26255立方米、劳力100万工。新围3700亩，土地高程在标高7米，（高程超过3600亩这一块）迫切需搞内建，待垦种。资金已用7.1万元，公社投资2.1万元，县里拨给1万元，向银行贷3万元，向临平借1万元（不包括国家已投入抛石资金30余万元）。常委研究意见，县里拿14万元，搞一船队，先从大寨江借3万元，同时跑省市争取资金。

根据县领导意见，在临平选定围垦专用石矿工作一直在进行，条件是：1.不是国防施工地段；2.离水路近，方便；3.有开采前途。据此，下沙、九堡两个围垦石矿首先启动。

围垦工作的“几步走”，逐步为人们所认识。第一是围；第二是保；第三是建；第四是“种”。这四个字已成为围垦工作“四字诀”。

一是建水闸。从1972年3月10日开始动工，经过七十多个工作日，采用“领导、群众、技术员”三结合的方法建成了新沙闸。其投放劳动力11000多工，开挖土方4.698万立方，混凝土236立方米，浆砌与干砌块石1193立方。

该闸为排灌两用，机房部分由三台圬工轴流泵组成，安装电动机三组，共84千瓦。每台圬工轴流泵出水量为0.7立方米／秒立方米，相当于普通用二至三台28千瓦的出水量。泵室底板标高4米，出水渠标高为6.4米，最高扬程为2.5米。

在建造中，最为困难的就是“抢底”。4月3日参加抢底的九堡、翁梅两公社的围垦战士，奋战了一个通宵，计划一早抢底，但这时却遇到了抬沙土，上午挖了60厘米，下午反而抬高1米。要战胜抬沙土，无捷径可走，只有一鼓作气地挖，中途不停。分两班坚持日夜24小时连续作战，大家通宵达旦，眼睛熬红了，人已精疲力竭。随着底脚越挖越深，塌方也就越来越严重，不巧的是中途又下了一场雨，变成了一池“豆腐浆”，人也走不下去。这时，下沙公社东方红大队党支部书记带领了180名社员前来支援。支援大军的到来，给大家增添了信心，铁耙耙不牢，就搭起跳板用粪桶挑。为了制止坍方，在四周又筑起一道石墙，这样连续作战，在11日终于战胜了抬沙土，土方挖到标高2.8米，凌晨3点15分终于完成了全闸抢底任务。

指挥部领导日夜没有离开过工地现场，副指挥徐桂龄、俞德胜亲自带队，率水利技术人员到江苏华安县参观学习。工程师沈德明对圬工轴流泵作了精心设计，多位土工程师付出辛勤努力。

新沙闸的建成并顺利通水，极大鼓舞了围垦工地的广大干部群众的积极性，使大家终于看到了围垦工程前面的曙光。

另一个重要问题是电力。近万亩新围土地开发利用，最大的问题是电力来源。县委刘延儒书记给农一师刘政委写了请给予支援的信，刘政委给刘书记写来了原则上表示同意的回信。

接着就是具体落实的问题，我和指挥部其他几位同志多次到农一师（即兵团）联系，誉师长和张参谋长亲自接待我们，表现得很热情，但具体问题并无着落，要我们再去找几位分管的部长和参谋长。而当我们接着去找时，给我们的回答还是“再研究研究”。他们态度很客气，但涉及实质问题“一动也不动”。此事让我们再也“耐不住”了，因为季节实在不饶人。鉴于此，经指挥部研究，决定由我负责起草一封致农一师首长的求援信。我本着把理由讲足、把该讲的话“讲透”，写成了一封信。信的原文如下：（现保存有手写稿）

刘政委、誉师长：

关于我们围垦要求通电问题，我们根据县委领导同志的意见，遵照农一师刘政委给我县刘书记的一封回信的精神，曾多次到一师有关部门请示汇报，具体要求落实，后勤部首长和有关领导同志曾多次热情地接待我们，但到目前为止，这个问题还没有得到解决。

本来我们想，不应该为了这样一件具体事而来打扰师首长，但确实出于我们对这一问题越来越焦急的心情，只好直接向师首长请示，请师首长在百忙中能帮助我们解决这个问题。

要解决整个围垦用电问题，我们计划配合电力部门，搞一条直线，目前正在积极筹建。但一下子又确实上不去，而已围土地今年要种植早稻四千余亩，目前正在翻耕，有的已完成插秧。现在的情况是机埠已建成，电动机已运到现场，急等通电。时间那么紧迫，因此目前解决这一问题的唯一途径是请兵团帮助我们解决当务之急。我们准备“两条腿走路”，除用一部分柴油机外，“翻水”总只好用电动机，我们所要求解决的“当务之急”，仅仅是要求接上一只180千伏安的变压器。

根据装备科和直属营的意见，要电力公司签字，即保证不出问题。而电力公司领导和技术员不同意这样做。他们为此事曾特地到建设兵团跑了五次，他们一次又一次地讲：从兵团主变的负荷情况来看是完全可能的，是没有问题的，并不是不敢签字，而是签字不能由他来签，因为这是围垦同兵团的关系（用户是围垦，转供电单位是兵团）。

我们写了一份《报告》（讲了几条保证），已送给兵团，请师首长审查批示。

时间越来越紧迫了，对这个问题的解决，我们的心情也越来越急了，万望首长在百忙中帮助我们解决。如有不当，请首长指正。

此致

敬礼！

余杭县围垦海涂指挥部

一九七二年五月十六日

信发出后不久，果然收到了效果，农一师终于正式同意通电了，这好像是打开了一个“总开关。”这封信加上多次反复做工作的“积累”效果，农一师于1972年6月6日与我们余杭县围垦海涂指挥部签订了《关于余杭县围垦指挥部和兵团一师用电协议》。这里的决定关键是县委和农一师领导互通的信件。我们一直是遵照这两封信的精神做汇报和协调工作的。因而问题才最终得到了解决。

随着围垦工作的进展，内部一些矛盾也逐渐出现。一个是参加联合围垦的单位互相之间的“吃亏便宜”问题；一个是大小围垦之间的关系问题，尤其是土地归属的纠纷。

开始矛盾激化是翁梅和九堡公社两个大队开始引发的。他们分别以口头和书面形式向上反映，同时已采取行动，一个大队在围住的工地上种了咸青籽；另一大队将分配给乔司8个大队的地段已下种的咸青籽扒掉。

对于上述问题，我们指挥部同志作了大量调查研究，耐心地进行协调。最难的问题，还是靠县、区委领导出面做工作才得以解决。最后，指挥部形成了两个文件：《几个政策问题的讨论纪要》和《六月十一日会议纪要》。

已围土地能不能种？能不能出成果？直接关系到围垦的积极性。1972年3月21日，县、区委领导召开了围垦垦种紧急会议。

1972年5月18日，我们以指挥部的名义向县、区委写了一份《关于新围土地播种早稻的情况和意见的紧急报告》。“报告”肯定了几个好的典型，指出了有关问题。计划播种早稻3389亩，实种只有223亩。《报告》特别推荐下沙公社1970年秋围的1800亩第一年种早稻，既获得好收成，又改造了土质的成功经验。

对少数刚插种秧苗呈现枯黄的情况，《报告》找到了四条原因：（1）断水，不换水，这是致命伤；（2）插得太深或太浅；（3）种“白水田”营养不良。海涂上本来就没有一点肥气，再不放肥，秧苗自然活不了；（4）缺乏新沙地上插种水稻的实践经验，有的同志甚至抱着“顶多甩掉几颗种谷”的态度。

1972年，共试种早稻3070.5亩，产量较高的只有415亩，有收成的154亩，颗粒无收的竟有2410.5亩。

从宏观的角度来分析，第一年早稻没有种好的原因，一是水利设施没有到位；二是对种新围垦田未引起重视，责任制又不落实；三是缺乏盐碱田耕作经验。

到种植的第二个年头，情况有了好转，1973年共试种早稻3549亩，收获早谷31万斤，虽仍是低产，有诸多的原因，但也出现了亩产631斤的田块，突破了“盐碱地要种三年咸青籽、土质拔拔淡才能种棉麻”的传统习惯，这明显是一个进步。由政宣组俞为民同志收集资料并写成的《新围海涂稻花香》一文，送到了县广播站和浙江日报站，不多天，《浙江日报》登载了这篇报道。

1972年6月1日，杭州市召开围垦工作会议。县领导要我去参加。会议由陈祥生同志主持并讲话。他首先传达了全省围垦工作会议精神和省领导王起同志讲话内容，强调调查研究与科学规划、科学设计的关系，坚持三个结合：围垦与治江相结合、围垦与蓄淤相结合、围与垦相结合。我在会上作了汇报发言。陈祥生同志对我县的下沙围垦给予了充分肯定和鼓励。

省围垦处钟祖荫、李雪龙两位同志告知我们：“省革委会王起同志指示，1972年冬春，全省要围垦25万亩。你们余杭要考虑围2.6万亩。要投放多少土石方？其中县里多少？民办多少？要求省补助多少？要尽快报。10号左右省里要开会研究，要争取排上队。”我们得此信息后，立即向县里作了汇报，并马上向省市写了报告。

1972年7月5日，县委常委会再次讨论围垦工作。指挥部由我作汇报，陈圃兴同志作了补充。

胡广清副书记说：“先把船搞好，先运起来。再同省市研究，帮助我们解决一只船闸和一座桥的资金物资，方案实施由县农业局、临平区再与公社商量一下。”

董家年副主任说：“多考虑几个方案，已围0.71万亩‘保’的问题，首先要考虑。3.4万亩是长远规划，现在一是巩固住，二是种好。如果保不牢，更加失去信心。第二，8号坝这块土地已围了一圈，准备它跑掉，秋季以前不动这块脑筋了，看守它，不让别人拿走。第三，从外乔司通开，要费老劲，问题不会少。通公路桥先设计起来。土地赔的问题，兵团肯不肯干，再找公社商量。再一个方案，从富阳和西湖上泗买石头，从钱塘江拉。第四个问题，扩大一些公社，博陆、亭趾可以考虑。真不要干的公社可以放弃。”

刘延儒书记说：“围三万亩不能动摇，已围的七八千亩要千方百计保住。要保住，要围三万亩，都要解决运输问题。”

县革委会副主任董家年批给围垦指挥部三万支病次毛竹，缓解了一些工地上围垦战士生活设施缺少材料的困难。

## 围垦干部队伍建设

如何加强围垦干部队伍建设？1972年8月14日，指挥部召开总支委员会会议。各组负责人列席参加，认真地过了一次组织生活。有的同志说“现在我们指挥部住的是横舍，睡的是竹榻（原来睡地铺），还有天落水吃（建造了一积水池，下雨时积天落水，虽无咸味，但水色带黄），生活改善了，同围垦战士的差距拉大了”。这是实话。也正是这段话告诉我们，什么叫特殊化？不能离开基础和起点。

曾有一段时间，指挥部有的同志提出："听说大寨江工地上施工人员各发一双元宝套鞋，这既是工地劳动需要，又体现福利。我们能不能也发一双？"经总支研究，我们没有发。一是我们没有钱，二是管理人员与围垦战士差距不能拉大。怪不得有的同志马上半玩笑地批评我们说："你们指挥部领导呀，只有政权，没有财权。"当然他们话是这样说，发发牢骚而已，工作还是任劳任怨地干着。

指挥部除县委任命的正副指挥和总支委员会成员外，既有县里派来工作的，又有公社派驻的。有熟悉海涂的工程师，也有下乡知识青年。还有几位电、机、木、泥各类能工巧匠。工地的艰苦斗争，把大家紧紧团结在一起，认真负责，各守其职，艰苦奋斗，互相帮助，这真是一种缘分。

当时的同志关系，虽然七几年时值"文化大革命"期间，但在围垦工地上并没有出现"你斗我，我斗你"的情况，也没有互相"防一脚"的现象，整个形势虽是"以阶级斗争为纲"，但围垦工地"念念不忘"的仍是石头和埂头，大家开门见山，讲错了就再讲讲过。有意见就当面讲，直来直去。体现了同志关系的真诚与直率。为了工作上的争论，搞得面红耳赤的事也有，谁也不让步。但我们每每拖出那辆自行车到工地上跑一圈回来（算是一种"实地调查研究"），"争论"往往自然地解决了。

记得我刚从机关到工地的头几天，有一天我跟着几位电工师傅出去，他们去探路笃杆子，我去看"沙头"，走散了，因为不熟悉这里的地形，在茫茫海涂上迷了路，一时找不准方向。此时，早过了吃晚饭时分，天又渐渐暗下来，江雾很大，一片雾茫茫，晚潮就要上来了，我被困在滩涂上干着急，不知所措，幸亏指挥部电工徐耀兴师傅等，骑着自行车在海涂上兜大圈子及时赶来，终于找到了我。这件事回想起来确实让人后怕！

话又得回到前面讲的题目上来。还有各公社围垦指挥所的同志，如九堡邬善明、汪增绥、王礼祥、吕童庆、叶世坤，下沙汪大钊、王文杰，翁梅王炳林、陈锦才、冯友法、俞永富、马林钰、赵木水，乔司倪永浩、徐加祥、陈妙根、顾月根、顾祖根、郁连德等同志，他们都用自己的行动证明自己为围垦海涂作出的努力。

围垦工地那么大，存在的问题也实在多，有时我同小老朱一起跑工地，出发前他有时要同我"约法三章"："老张，今天你到工地上跑，勿可'骂人'（指批评工程质量上的问题），看到问题也勿可响。"其实，我和他都做不到这一点，"响"是一句方言，就是"讲"的意思。性格决定了我们，不能不"响"，因为实在熬不住。一看到问题就要指手画脚，把问题点出来，要人家改过来，补上课才放心，才肯走，哪怕"招怪"也罢。

我当时根据围垦工地上存在的一些问题，概括为"八怕八不怕"：1.不怕现场出现的问题多，就怕有问题不反映，反映了不解决；2.不怕抓工作的人多，就怕人人抓，人人又不抓；3.不怕技术不懂，就怕不懂又不学，又不肯问内行；4.不怕能力差，水平低，就怕不学习，不提高自己；5.不怕性子急，就怕慢腾腾；6.不怕出问题，就怕不接受教训；7.不怕群众意见不统一，就怕干部态度不明朗，措施不果断；8.不怕潮水急、洪水猛，就怕人心不齐。我在总支会议上建议以这八点来改进我们的工作。在讨论中，总支同志都认为这八个方面的问题确实存在，可能还不止这些。

4月25日，指挥部总支研究围垦规划，研究分析了围垦形势。大家一致认为，县委、县革委会对围垦工作是重视、关心和支持的。把围垦工作多次提到县委常委会上来研究，层次算高了，仔细读一下常委同志有关围垦的发言，感到他们很认真、很实际。要讲存在的问题，主要是经费投入太少，我们的围垦实力严重不足。还有一个问题，指挥部同志去县级有关部门寻求支援，要求解决某些具体问题时，常有"碰壁"的情况。当然，"统一"也是强求不来的。

后来，省市增加了对我围垦工程的支持，一次拨给围垦经费12万元。县农业局扣回1971年借给的5万元，还银行贷款3.2万元，还剩下很少一点。

1972年10月4日，在700亩围垦自然水库放养了6万尾鱼苗，说也奇怪，海涂养鱼，用同样的内塘鱼苗，放在这里长得特别肥，味道也特别鲜美，特别是鲈鱼被省市接待外宾的交际处获悉后来工地上与我们挂钩，他们认为半斤左右的鲈鱼为上品，这个过去我们并不懂。

春天，在新围的海涂上种上了近万株树苗。还有翁梅在新围的土地上试种221亩晚稻，收净谷137020斤，亩产620斤，其中1.62亩、亩产689斤。大家尝到了自己从围垦工地上种出来的新米，特别香糯。

1972年11月3日，察看5000亩未围沙滩，沙滩被潮水削低范围达1公里，实在可惜呀！钱塘江这个地方真是变幻莫测，常常会发生这种喜忧参半的事。

### 继续战斗

1973年，继前两年围住7300亩之后，又投入了紧张的第三年度围涂造田的战斗。先是做准备工作，测量定点，省市海塘工程师来工地帮助审点，各公社负责人在现场划分埂头并研究相关政策。1月7日，大批民工报到。8日，大围垦开工。9日，王祖庭、陈圃兴同志在现场主持召开公社党委书记会议，汇报交流开工后的工地情况。10日，指挥部召开各指挥所负责人会议。先是召开了工地广播动员大会，开工后的第6天，即13日，召开了工地经验交流广播大会，有5个大队作了经验介绍。

当筑堤工作进入到关键时刻的14日下午，天突然下雨，几天不停，工地上1万多围垦战士本来就过着“尼龙草片当瓦盖，海涂沙地当床睡”的艰苦生活，天一下雨，境况更为恶劣，但大家没有顾及这些，还是冒着风雨，挑土运石。

本期工程上塘人数是17167人，其中年龄最大有79岁，最小的仅15岁，整个工程18日基本完工，堤线全 长5380米，共完成土方344672立方，宕渣和块石近万方，围住土地4500亩，在昔日江潮滚滚的七格二号坝下游，一条面宽6米、标高11米的长堤又巍然屹立起来

在施工时，又遇到了前两年同样的情况。下沙公社中沙大队，有一条宽50多米的“流化沟”，沟水深、面宽，四周都是“抬沙土”，人一走下去，直往下陷，施工非常困难。这个大队干部群众踩着齐膝深的陷泥冰水，顽强地挑土填沟，上面寒风扑面，下面冰水刺骨，但大家个个干提热汗直流。可是，经过两个多小时的激战，效果并不明显，新挑上去的土，随着流水向边上淌开了。这时指挥部送去几百只草包，先用泥袋挡住流水，这样经过四天激战，才将这一地段的任务拿下来。

在这次战斗中，广大妇女社员是一支生力军。下沙公社有2000多名女社员主动挑起了运送石料的重担。参战的有60多岁的老大娘，也有15岁的小姑娘。在运石途中，路滑泥陷，一遇到哪怕是很小的“浪花沟”，就陷下半只车轮，五六位女同胞一辆车，硬是把七八百斤重的块石拖过了一条又一条浪花沟。她们付出的体能已经达到了极限。钢丝车成群，脚踏车数不清，还有大小拖拉机，有的大队把牛也牵出来运石头。

由于阴雨连绵，钱塘江水位迅猛上涨，严重威胁着新围五号大堤的安全。据2月21日上午10时测量，大堤外面的沙滩，最远处还有145米，最近处还有95.4米，一天时间就坍掉60米，深度达3-5米，“深水”逼近埂脚。

越是风大雨急，就越要到最险要的地段去指挥护堤抢险战斗，经常通宵达旦地进行到天明。我们这些指挥部和公社指挥所的同志，雨天尽管穿着像环卫工人那种样式的雨衣和雨裤，腰间还系着一根带子，也还是免不了一 身湿。处于此时此境，可以说没有时间概念了，不论白天黑夜，就是一个劲地往工地上跑，往“出事”的地段跑。到晚上9至10点才吃晚饭也很平常。“豁出去”大概就是这么一回事，一个人到人紧要关头，直会产生一种巨大的冲击力。

2月25日，施松林同志和我一起到临平向县委刘延儒、王祖庭同志和县农业局分管领导汇报险情及工作对策。王祖庭副书记随即来到了抢险现场，同我们一起指挥战斗。

2月26日下午开始，“快水”往大堤方向靠拢，危在旦夕。

是日晚，指挥部研究已围土地泄洪办法，决定是否要开“南大门”。研究结果，考虑到涌潮要涌进的风险太大，决定大堤不开口子。省水电工程局和市海塘工务所每天与我围垦指挥部通电话五六次来了解险情，县里的联系电话更是不断。

杭州市林水局来电传达领导指示：1、要全力保住大堤，备石用0.5万立方，可再用1万方；2、两个船队650吨块石从17号开始给你们，这几天水急，过几天就好办；3、已派人到赭山湾去看山了，一定要发动群众保堤，请海塘工务所派技术员到现场去。

我们作出了这样的安排，立即动手挑一条格堤从1+750处通向四号大堤，长1000米，面宽6米，高程9.5米标高，每一断面40立方土。五天内铺好“762”和“610”铁轨，钢丝车完成0.3万立方块石。

28日凌晨，在大堤2+200处，被冲开一条宽达80多米缺口，又很快延伸到300米处。十多华里长的大堤处于被水冲毁的危险之中。面对着这一严重情况，指挥部一面向县、区委和有关部门汇报，一面立即部署抢险战斗，县、区委负责同志立即赶到现场，察看险情，指挥战斗。杭州市林水局和市海塘工务所领导及技术人员多次深入工地，一起分析研究，对我们全力进行支援。

在这次抢险中，我们采用了歼灭战的办法，即在整条堤线中，集中力量先保住1850米这一段，保住了这一段，“立住脚”，就有了主动权。根据这一部署，从2月27日开始，4个公社出动了400多辆跃进车，最多时达600辆，顶风冒雨，披星戴月运块石。社员们衣服被雨水淋湿，手脚被石块砸伤，不顾车路滑，坚持在水里拉车（沙滩上有没脚背的水），到3月5日，已运块石4050立方，连同海塘工务所调来的船只抛石，共计5850立方，起到了初步“挡一挡”的作用。

为了防止大堤缺口继续扩展，3月4日，一万多名社员奋战了一天，新筑了一条长达1350米的抢险格堤。

在这次抢险战斗中，下沙公社承担了三号大堤和五号大堤交接处的245米大堤铺设“762”铁轨的关键任务。这一段地势低，积水 多，施工条件困难。经过两天的艰苦努力，硬是把这一仗拿了下来。在这次抢险战斗中，每一个公社都是竭尽全力的。

为了堵住洪水冲开的缺口，从3月28日开始，4个公社集中劳力，新筑了一条标高11米、面宽6米的抢险大堤。这一工程4月1日基本结束，历时五天，上塘人数

达10863人，共完成土方129940立方。在完成大堤的同时，又挖出了一条面宽20米、底宽8米、深2米的内河，缓解了“内水攻出”的威胁。

与此同时，四个公社的抢险专业队伍又继续奋战，抬石护堤，铺设铁路，加固堤埂，至1973年4月12日止，在大堤的1850米地段已抛石19097立方（其中外江船抛石9405立方，钢丝车拉石8000立方，从临平内河运来块石1692立方）。市海塘工务所抛的两条“丁坝”，又称“抢水坝”底脚已经形成，并正在起作用。新铺通“762”铁轨1100米，从翁家埠运来的块石可以直接到新围的五号大堤险要地段。

5月9日，围垦公社书记开会研究险情。5月10日。向杭州市委常委高峰和市林水局领导汇报险情。5月16日，洪水与潮水相遇涌高，大堤出险，2+900处冲开缺口，市海塘工务所主任刘凤昆来现场察看。5月17日，市林水局通知，省拨给我余杭围垦经费10万元、木材10立方、钢材3吨。5月18日，指挥部召开各指挥所支书会议，研究大堤出险以后怎么办，施松林同志代表指挥部提出了“三保一争取”的方案：确保1850米、确保四号大堤、确保1350米直堤安全，争取塌掉的大堤再拿回来。一句话：保四号大堤的最好办法是抢五号大堤。

1973年5月，县农业局总支副书记、革领小组副组长宋竹友向指挥部传达船闸问题，市拨款18万元，二三个月完成。这是从根本上改善运输条件的开始。

5月19日，我白天到海塘工所，晚上向县、区委和农业局领导汇报大堤出险后的工作安排。

5月20日，临平区委召开公社书记会议，施松林同志通报了情况，下沙周毛姑、乔司魏永标、九堡朱金法三位公社书记发言。临平区委书记陈圃兴最后说：“这次围垦线最长、土地最多、花工最大、灾害也最重。决定于6月7日做一条2000米格堤，同时铺上小铁轨。”

1973年5月28日下午，这个1954年大水20周年、1963年大水10周年的日子，围垦大堤受到新安江下来的9000立方米／秒流量的洪水冲击，流速快，沙头削低，出现了严重的“削皮坍”。

6月6日下午3时42分，坍堪离埂脚410米，一天坍速达48米。

我们带着我们自己手绘的江道形势图（示意图）向县领导汇报抢险形势及意见，要点是死守四号大堤，确保1850米直堤。

工地上下，广大干部和围垦战士坚定、快速、高效、忘我地抢险战斗动人心弦，翁梅公社抢险专业队连续战斗20小时，有的同志脚被石头剖开了，还跳下齐头颈的水中顽强地战斗。大堤不时地出现“天打洞”，一出现险情被修复……英雄事迹层出不穷、可歌可泣。三年的围垦海涂战斗仅是我县整个下沙围垦工程中跨出的第一大步，更大规模、更有成效、更为艰苦的大仗还在后头。

（摘自余杭区政协文史资料第28辑《下沙围垦实录》，
余杭区政协文史和教文卫体委员会编）

# 索　引

**说　明:**

一、本类目设主题索引、资料和表3个分目。

二、主题索引采用分析索引方法，中文标目按第一个字汉语拼音（同音字按声调）顺序排列；第一字相同，按第二个字音序排列，依次类推。数字、英文字母开头的标目则按数字和英文字母顺序排列。

标目后的阿拉伯数字表示内容所在页码。数字后的英文字母a、b、c分别表示从左到右第一、二、三栏。标目后有多个页码的，则表示相关信息在这些页码中均出现。副标目或说明语缩后两个汉字放在主标目下面。

本年鉴的“特载”“大事记”“统计资料”“附录”均未做主题索引。

三、表格按序号排列，仅标注所在页码，不标注分栏。

四、资料按标题第一字汉语拼音（同音字按声调）顺序排列；第一字相同，按第二字音序排列，依次类推。所在位置标注方法同上。

## 主题索引

G



H

J

K



L

M



N



P



Q

R



S



T

## Y



## Z

## 图表索引

图书在版编目（CIP）数据

杭州钱塘新区年鉴. 2021 / 杭州钱塘新区地方志编纂委员会办公室编. -- 北京：方志出版社，2021.12

ISBN 978-7-5144-5056-9

Ⅰ. ①杭… Ⅱ. ①杭… Ⅲ. ①区（城市）—杭州—2021—年鉴 Ⅳ. ①Z525.54

中国版本图书馆CIP数据核字（2021）第275648号

杭州钱塘新区年鉴（2021）

编　　者：杭州钱塘新区地方志编纂委员会办公室
责任编辑：王　娜

出 版 者：方 志 出 版 社
地址　北京市朝阳区潘家园东里9号（国家方志馆4层）
邮编　100021
网址　http://www.zgfzcb.cn
发　　行：方志出版社图书经销中心
电话(010)　67110500
经　　销：各地新华书店
印　　刷：杭州佳园彩色印刷有限公司

开　　本：889×1194　　1/16
印　　张：23.5
字　　数：601千字
版　　次：2021年12月第1版　　2021年12月第1次印刷
印　　数：0001~1000册

ISBN　978-7-5144-5056-9　　定价：360.00元